# 大国格局

## 全面解密二战中美苏英德法等大国的格局及其对现代世界秩序的影响

上

[美]约翰·托兰 著　一兵 编译

# THE LAST 100 DAYS

## THE TUMULTUOUS AND CONTROVERSIAL STORY OF THE FINAL DAYS OF WORLD WAR II IN EUROPE

BY
JOHN TOLAND

HAN BOOK 版 武汉出版社
WUHAN PUBLISHING HOUSE

(鄂）新登字 08 号

**图书在版编目（CIP）数据**

大国格局：全面解密二战中美苏英德法等大国的格局及其对现代世界秩序的影响：上下册 / [美]约翰·托兰著；一兵编译. -- 武汉：武汉出版社, 2017.4

ISBN 978-7-5582-1247-5

Ⅰ. ①大… Ⅱ. ①约… ②一… Ⅲ. ①第二次世界大战－历史－通俗读物 Ⅳ. ①K152-49

中国版本图书馆CIP数据核字(2017)第052088号

著　　者：[美]约翰·托兰

责任编辑：祝凤梧

编　　译：一　兵

装帧设计：主语设计

出　　版：武汉出版社

社　　址：武汉市江汉区新华路490　　邮　编：430015

电　　话：（027）85606403　85600625

http: //www.whcbs.com　　E-mial: zbs@whcbs.com

印　　刷：北京嘉业印刷厂　　经　销：新华书店

开　　本：787mm × 1092mm　1/16

印　　张：38　　字　数：603千字

版　　次：2017年4月第1版　　2017年4月第1次印刷

定　　价：88.00元（上下册）

# 来自媒体和读者的精彩评论

“扣人心弦，充满悬念……可读性非常强……全面展现了二战末期翻天覆地的巨变。”

——《纽约时报》

“每一个故事——人物描写、作战计划、讽刺手法、谍战大幕、大规模暴行、疯狂、外交官、将军、士兵、狙击手、冷静之人和狂热之人。希特勒的占星术、艾森豪威尔将军受降日早晨之所读、吉斯林的最后一次乘车、命令、新命令、烦躁不安的政治家、战略争论、战火与死亡的恶臭、发往莫斯科的电报、冲锋陷阵的大军、离散的难民……扣人心弦，研究透彻、细节翔实——尽在此书之中！”

——艾略特·弗里蒙特·史密斯《纽约时报》

“整本书可读性都非常强……风格明了而收放自如，极具争议的历史片段均有呈现，而良好品味却一成不变……读来受益匪浅。”

——泰尔福特·泰勒《星期六评论》

“我所读过的关于那一动乱年代的最棒的书——蕴含丰富的全新细节，读来引人入胜。”

——马修·邦克·李奇微将军

“一部引人入胜的编年史……叙述场景多样，从每条战线、每个会议室的秘密场景，到解放了的营地，到希特勒的地堡，再到美国兵轰炸莱茵河上的铁路桥……一幅历史画卷在托兰德手中编织出来。”

——约翰·H. 汤普森《芝加哥论坛报》头版评论

“本书讲述了二战末期那段激动人心的历史时期的故事，讲述了纳粹、法西斯及其主要人物希特勒和墨索里尼的灭亡。”

——艾伦·威尔士·杜勒斯

“约翰·托兰德找到了一种历史写作新方法。他将重要但有时实际上并不为人知的文件与对历史见证者的采访结合起来……这是一本非常有趣且引人思考的书，其材料也符合史实。”

——奥托·斯科尔兹内上校

“对重大事件进行巧妙的、全景式重构，读来扣人心弦，难以忘怀……在这本百日记录里，作者提供了众多全新的生动细节，使人在读这些历史大事时，仿佛是第一次看到。”

——约翰·巴克汉姆《星期六评论》报业集团

“此书写得激动人心！书中包含丰富的有趣材料，我先前闻所未闻……约翰·托兰德显然已竭尽所能，以求清楚公允地展现史实。”

——海军元帅卡尔·邓尼茨

“难得的佳作……令读者从头到尾都心存悬念……每个场景仿佛都是特写镜头，直截了当，让人感觉身临其境，仿佛在历史现场倾听人物对话，权衡得失，体会首脑们的情绪。”

——S.L.A. 马歇尔《纽约时报书评》头版评论

# 自 序

也许，在人类的历史上，再没有另外的一百天，会比第二次世界大战中欧洲战场上的最后一百天更为举足轻重，更为影响深远。三个月之内，罗斯福、希特勒以及墨索里尼先后离世。同样告别这个世界的还有纳粹主义与法西斯主义。欧洲胜利日标志着一个时代的结束，同时也标志着另一个时代的开始。而在这个新的时代中，存在着极其美好的希望与极其惊人的恐怖。

我试图像叙述一百年前发生的事件那样，记下那些非同寻常的日子，并且试图本着客观的原则，而非从一个与其同时代者的角度，勾画出希特勒、希姆莱，以及戈林之流的形象。

本书的内容基于数百次采访。受访者来自二十一个国家，都曾亲身卷入书中所描述的这些事件。凡有可能之处，这些当事人都是所记述事实的基本来源。他们用自己的语言，揭露了——有时甚至是谴责了——他们自己。现在应该做的是揭露，而非控诉。

此外，本书还基于数千份第一手的资料：包括事后报告、参谋部的日志和专题文章，以及至今史学家们仍未得见的大量绝密信件和私人文献（例如，巴顿的参谋长霍巴特·盖伊中将首次允许我们使用他根据巴顿命令所记的日记）；最后，我还参考了大量已经出版和尚未出版的书籍。

本书中的对话片断并非臆造。它们均来自正式文本、速记的记录，或是当事人的回忆。

马克斯·比尔博姆曾经写道：“历史是一部艺术作品，既无离题之事，亦无遗留问题。”我的希望是，通过本书再现历史，既要让时间的流逝保证对往事的追忆相对平静，又要让那些历史的调味品、“离题之事和遗留问题”不致全然消失。

# 目录
contents

# 第一部
# 凌厉的攻势

# 东线狂澜

1945 年 1 月 27 日清晨，柏林东南仅一百空英里[1]远的萨岗空军第三战俘营里，上万名盟军战俘中弥漫着一股克制的兴奋。尽管寒气彻骨，鹅毛大雪连绵不停，战俘们仍挤在营房外，议论着刚刚得知的最新消息：俄国人已攻至东距萨岗不足二十英里之处，并且仍在继续进军。

两周之前，红军发动了一次重大进攻，这消息第一次通过焦虑不安的看守们传进了战俘营。战俘们情绪高涨，然而，不久，几名暴徒——看守们——暗示说，柏林已传来命令，要使战俘营成为一座堡垒，一座固守到底的孤堡。几天之后，另一传言不胫而走，德国人将以战俘为人质，一旦俄国人试图占据此地，便立即枪决他们。更恐怖的传闻紧随其后：德国人打算把淋浴室改建成毒气室，直接灭绝战俘。

战俘们的士气迅速低落，甚为担忧，于是，萨岗战俘营中的盟军高级军官，美军准将阿瑟·瓦纳曼，不得不对战俘营的五个营区发布命令，要求立即停止一切谣传，加速做好可能向西部急行军的准备。

一名战俘在日记中写道：“我们的营房看上去就像妇女慈善缝纫小组在举办集会。”男人们盘腿坐在鹿皮鞋子上，有的从大衣下摆裁着手套的形状，有的在设计风雪帽和护面罩，还有的在用裤子改制行军背包。几个雄心勃勃的人甚至在用零散的废木料和床板打造雪橇。

但是，什么都阻止不了谣言的蔓延。1 月 26 日，瓦纳曼在战俘营最大的一间礼堂里召开了会议。他阔步迈上讲台，宣布自己刚刚通过秘密无线电偷

---

[1]空英里：空中飞行的长度单位，一空英里相当于一国际海里（1852米）。——译注

听到了 BBC 的新闻，得知俄国人距此只有二十二英里。战俘们欢呼不已，他举手示意安静，然后继续说道，他们很可能将全体行军横跨德国。“我们能够得以幸存的最佳机会在于，团结一致，万众一心，准备好面对可能到来的一切。上帝是我们唯一的希望，我们必须对他抱有信心。”

1 月 27 日上午，萨岗的战俘们已经整装待发。撤退时需要的装备大包小包地堆放在各营房的门前；其他一些用品则摆放在床铺上，随时可以迅速打包。雪越积越高，大家怀着一种奇异的平静感，警惕地等待着。很多人一直在透过高高的铁丝网向外眺望。在他们的视野里，只有那一排排整齐划一的松树，树枝上压满了厚厚的雪。而松树前面，则是一片茫茫未知的天地。

希特勒曾经占领了几乎整个欧洲和北非的领土。他的军队深入俄国境内，比神圣罗马帝国当年所控制的疆域更为广袤。如今，在将近五年半的战争之后，他的辽阔帝国已被压缩至德国的边界之内了。美国、英国、加拿大、法国四国联军，已在从荷兰至瑞士的德国西部边界做好部署，准备发起最后的进攻。而从温暖的亚德里亚海，蜿蜒至冰封的波罗的海，这条曲折的东部前线，也有十几处被突破。红军解放了南斯拉夫的一半，匈牙利的大部分，以及捷克斯洛伐克[1]东部的三分之一。至此，这一军事史上最伟大的进攻已经持续了十五天。

1 月 12 日，近三百万俄国军队——相当于诺曼底登陆日军队人数的十二倍还多——在大规模的火炮以及似乎川流不息的斯大林坦克和 T-34 坦克的支援下，对从波罗的海到波兰中部长达四百英里的战线上的七十五万装备落后的德军发动了突袭。在最北部，伊万·达尼洛维奇·切尔尼亚霍夫斯基元帅的白俄罗斯第三方面军，向波罗的海附近的东普鲁士古城柯尼斯堡迅速推进。在他左侧，年轻精悍的康斯坦丁·罗科索夫斯基元帅，率领着白俄罗斯第二方面军向但泽[2]进军，正在接近塔能堡。那里正是第一次世界大战期间德国取得最辉煌胜利的战场。罗科索夫斯基的左侧，是红军将领中声名最盛的 G. K. 朱可夫元帅。他麾下的白俄罗斯第一方面军在三日内便攻下了华沙，此刻正在包围波森。他的终级目标是柏林。最后，这一伟大进攻的最南翼，是伊万·科涅夫元帅统领的乌克兰第一方面军。此刻逼近萨岗战俘营的，正是他

[1] 捷克斯洛伐克现在分为捷克和斯洛伐克两个国家。——译注

[2] 德语称“但泽”，波兰语称“格但斯克”。波兰波美拉尼亚省的省会，也是波兰北部沿海地区的最大城市和最重要的海港。在二战前为东普鲁士的一部分，隶属德国。——译注

的一支先锋部队。

四星上将格奥尔格·汉斯·莱因哈特的北方集团军，是切尔尼亚霍夫斯基与罗科索夫斯基共同的主要目标。两周之内，他的部队便已陷入困境。其中一支，即第四军，已经开始全线撤退。该军的司令，弗里德里希·霍斯巴赫将军，不顾希特勒的严令禁止，自作主张，开始向西运动。罗科索夫斯基已深刺该军腹部约二百英里。霍斯巴赫明白，如果不且战且退，他的部队将会全军覆灭。更重要的是，他觉得，为那些赶着马车或徒步西去避难的五十万东普鲁士人民开辟一条逃生走廊，是自己的责任。

他的顶头上司莱因哈特对此表示认可。然而，在得知东普鲁士大部分地区在几乎毫无挣扎——甚至未经他同意的情况下便被放弃时，陆军参谋长、东部前线总司令海因茨·古德里安大发雷霆。古德里安出生在东普鲁士的维斯杜拉河畔，从小便认定俄国是自己最为势不两立的敌人。他是个地道的普鲁士人，早已下定决心，要将他的国家从布尔什维克的手中解救出来。尽管如此，当希特勒召其到帝国总理府，指责霍斯巴赫和莱因哈特叛国之时，他还是坚决地替两人辩解。

“他们应该被送上军事法庭，”元首说，“他们应该立即被解职，还有他们的幕僚。”

“我愿意拿我的右臂替莱因哈特将军担保。”古德里安答道。“至于霍斯巴赫，”他接着说，“在任何情况下他都不能被看成是一个叛徒。”

希特勒毫不理会古德里安的说辞。他当即免了莱因哈特的职，取而代之的这位非同寻常。不久之前，这个人对自己陷入围困中的部队说：“当形势变得绝望，你们不知所措之时，就以拳击胸，大喊：‘我是一名国社党[1]党员，我能移山倒海。’”这就是洛塔尔·伦杜立克将军。他是奥地利人，是一位天才的军事历史学家。他举止潇洒，喜爱舒适的生活。他聪明敏锐，对希特勒应付自如；对于他的部队来说，幸运的是，他还很称职。

此前，洛塔尔·伦杜立克右方的中部集团军司令刚刚被希特勒剥夺了指挥权。当时古德里安同样对此事强烈反对，尤其是因为继任者是希特勒的爱将之一斐迪南德·舍尔纳将军。

舍尔纳是位身强体壮、乐观开朗的巴伐利亚人。他正需要这些品质来收

[1] 国社党：即纳粹党。——译注

拾刚刚接手的残局。他的左翼已被朱可夫摧毁，右翼被科涅夫包围着。他开始巡视前线和后方，更换了指挥官，改组了后勤系统，普遍震动了他所视察过的所有机构。在后方，他抽出文职人员，发给他们武器，这让人们对他怨恨不已。而在前线，士兵和年轻军官们，从未如此近距离地接触过一位集团军司令，因此，他赢得了下属的极大尊敬。他威胁道，如有逃兵，就地枪决；他答应，将最好的粮食和服装运到前线；他逢人便像朋友一样，轻拍对方的肩膀，这使那些旧式军官非常反感；他辱骂那些在他看来活该挨骂的将军，却把饼干和糖果发给士兵吃。

舍尔纳忠于希特勒，就像内伊元帅对拿破仑一样始终不渝。在 1 月 27 日之前，舍尔纳已经通过他极度非常规的方式，将中部集团军拼凑成了一条摇摇欲坠的战线。无论如何，这终究是一条战线，它一度顶住了俄国人势如潮涌的可怕进攻。当然，他没能堵住朱可夫在他和伦杜利克之间打开的危险缺口。朱可夫，是德国人最害怕的俄国人。

这是古德里安最为担忧的问题。他对希特勒说，要阻止朱可夫的装甲部队那势不可挡的进攻，只有一个办法：那就是立即组建一支应急集团军，去堵住舍尔纳和伦杜利克之间的缺口。古德里安希望，这支队伍可以由陆军元帅马克西米利安·冯·魏克斯指挥，这是一位杰出骁勇的长官。希特勒同意组建这样一支新集团军，但他认为，魏克斯已经筋疲力尽。“我怀疑他是否还能胜任这项任务。”他说，并且提议，把这项任务交给帝国元首[1]海因里希·希姆莱——德国拥有至高权力的第二人。

古德里安甚为愤怒，他抗议道，希姆莱毫无军事经验。希特勒反驳说，党卫军全国领袖是一位伟大的组织者和管理者，单凭他的名字就能激励士兵们誓死战斗。古德里安决心避免“在不幸的东部前线干出这样的蠢事”，继续固执地坚持自己的反对意见。他的固执激怒了武装部队最高统帅部首脑、陆军元帅威廉·凯特尔。同僚们总是嘲弄凯特尔，按他名字的德文谐音给他起了一个意为“奴才”的绰号。

希特勒的态度同样强硬。他说，希姆莱作为补充军司令，是唯一有能力在一夜之间组建一支大型部队的人选。言外之意，希姆莱是为数不多的几个他仍然可以绝对信任的人之一。

[1] 海因里希·希姆莱是党卫队帝国元首。

对元首提出的任何倡议，希姆莱都表现出一种盲目的热情，此时，他又以同样的热情接受了这项任务。他宣称自己要把俄国人堵截在维斯杜拉河。与之相应，这支新军被命名为维斯杜拉河集团军。希姆莱乘坐专列前往东部前线。在距柏林五十英里处，他渡过了奥得河，然后继续前进，停在了但泽南边的一个地方，这里与维斯杜拉河仅有咫尺之遥。要堵截朱可夫，他只有寥寥几个参谋和一张过时的态势图。除了几支分散的部队外，维斯杜拉河集团军只是个空架子。几个新建师抵达后，希姆莱接受了错误的建议，开始设置一道从维斯杜拉河到奥得河的东西防线。这道防线只能对北面的波美拉尼亚提供保护。换句话说，希姆莱严严实实地挡住了侧门，却让正门四敞大开。

朱可夫可没打算被转移视线。他直接绕过希姆莱的侧面防线，继续西进，一路上只遭到了一些零散敌军的骚扰。1 月 27 日，他的先头部队距柏林仅一百英里。前面，就是奥得河。这是抵达帝国总理府之前，必须跨越的最后一道重要的天然屏障。

萨岗以东那些战俘营中的战俘已经开始向西撤退。此刻，他们正与难民队伍一同在漫天大雪中艰难跋涉。一批美国战俘一星期之前便上路了，他们中的很多人都是在阿登战役中被俘的。自那之后，在持续不断的营与营之间的转移中，每人的体重平均减轻了三十磅，因此非常容易成为肺炎和痢疾的猎物。在离开维斯杜拉河附近的斯措宾战俘营时，全队共有一千四百人，而到 1 月 27 日，即仅剩九百五十人。

天气非常寒冷。詹姆斯·洛凯特中校的围巾刚刚被风从耳边掀开一角，裸露出来的皮肤立刻像被烧伤一样脱落了。这天傍晚，战俘们被带到一个农庄，在四面透风的谷仓和猪圈里歇下了脚。病得无法继续步行的一百一十八人被送上了一列货车，其他人则生起了一堆堆的小火，烘烤着他们的鞋袜。但是，让人惊讶的是，他们全都情绪高涨，下定决心要一路步行抵达目的地——无论那将是哪里。

吃过热乎乎的稀薄的大麦土豆粥，战俘们昏昏欲睡。他们梦想的，不是女人，而是食物。很多人都想起了一位前广告撰稿人拉里·费伦中尉所写的诗。他将这首诗献给自己的妻子，她是“世上最可爱的女孩——可能她压根不会喜欢这首诗”。

我如囚徒般梦想，
回味着已逝的人生；
摊鸡蛋、油酥松饼，
洋葱汤、法式焗龙虾；
烤牛肉、排骨、炸里脊，
火鸡胸、鸡腿、或鸡翅；
香肠、枫蜜、荞麦蛋糕，
烤鸡、炒鸡肉、或奶油浓汤。
我日复一日地渴望着圆面包或者面包卷，
热乎乎的玉米面包、饼干和费城玉米肉饼，
奶油芦笋或者酸辣芦笋，
深盘烘制的肉馅饼，或者越橘馅饼、苹果馅饼。
我渴望着浸着黄油的奶油牡蛎，
并且偶尔，亲爱的，我渴望着你。

几十万德国百姓逃离他们在波兰的农场，赶着大车，与战俘们沿着同一路线并肩前进。孩子、老人和病号骑马或者坐牛车，身强体壮的则在一旁曳足而行，他们头上套着装土豆用的麻袋，眼睛处开了两个洞。农场的大型货车、轻便的双轮马车，甚至还有雪橇——凡是有轮子和冰刀，可以走动的东西全在这里。只有少数的车子有顶篷，其他乘客都在潮湿的稻草上挤作一团，或者钻进湿透的鸭绒被里，徒劳地试图抵御这刺骨的寒风和纷飞的大雪。

漫长的队伍在越来越大的风雪中缓慢前行。大多时候，是那些年轻的农场奴工们推进了队伍的行程。他们中有法国人、波兰人，还有乌克兰人。和他们的主人一样，此时他们也急于远离身后的俄国人。不仅如此，过去主人们对他们大多数人都不错，所以，如今他们决心要将“他们的”家人带往安全之处。

不过，与再往东二百五十英里那些正试图逃离东普鲁士的人相比，这些逃亡者算是幸运的了。当地纳粹党领袖埃里希·科赫宣称，东普鲁士永远不会落入俄国人之手，并严禁向西转移。但是，在切尔尼亚霍夫斯基闯过了边界之后，几位勇敢的地方长官便开始公然反对科赫，命令自己的百姓外逃。百姓们即刻动身。此时，他们衣衫褴褛，食不果腹，正与齐膝深的大雪奋力抗争着。他们唯一的愿望，是将来势汹汹的红军抛在身后。

在波兰西南端奥斯威辛集中营，科涅夫元帅的一支部队已经到达那里。这个集中营看上去清白无辜，甚至还有几分吸引人。几排整齐坚固的砖房排列在两边长着树的街道上，前门上方挂着一条大字标语："劳动使人自由。"这里曾经关押了二十多万战俘，但是当红军到来时，只剩下五千人了，而且他们虚弱得甚至无法鼓掌欢呼。其他的幸存者早已被逼步行或乘船去了西部的其他集中营，以防他们被解放。在过去的一周里，党卫队焚烧了几库房的鞋子、衣服和头发，目的是掩藏大屠杀的痕迹。1941 年夏天，希姆莱对奥斯威辛的指挥官鲁道夫 · 赫斯说："元首下令，要彻底解决犹太人的问题，而我们党卫队，要执行这一命令。"奥斯威辛是最大的死亡营，因为它远离公众的视线，又有极其发达的公路、铁路网。

赫斯是一名非常认真严谨的党卫队队员，在占地四十平方公里的奥斯威辛集中营里，他亲自监督了三个中央集中营和三十九个卫星集中营尽可能多地行刑。他想为部下做出优秀的表率，并且"免遭'己所不欲，却施于人'的指责"。因此，从犹太人的车队抵达铁路调车线，到焚烧他们的尸体，赫斯一直身处第一线，高效地进行工作。在路上，党卫队就选出了大约两千名男人、妇女和儿童，并告诉他们要去淋浴室，然后把赤身裸体的他们赶进了毒气室。有些人猜出了真相，犹豫却步，于是便被棒打狗咬。

抹去一切屠杀痕迹的努力持续到了 1 月 27 日清晨。那天，所有毒气室和五座焚尸炉全部被炸毁。然而，尽管如此，也无法消除过去四年来这里所发生的一切的可怕证据。虽然大火焚烧，炸药轰炸，但红军仍然发现了几吨重的牙刷、眼镜、鞋子和假肢，以及埋着数十万人[1]的大墓穴。

首批难民的车队到达了柏林郊区，恐慌的巨浪顿时席卷全城。不过，很多市民仍然相信戈培尔的诺言：几件神奇的武器将在最后时刻拯救德国。值得盟军庆幸的是，V-2 型火箭直到去年秋天仍未能付诸大规模使用，否则，按艾森豪威尔将军的说法：盟军在法国的登陆"很可能被取消"。然而眼下，由三十四岁的维尔纳 · 冯 · 布劳恩博士领导，在佩内明德火箭实验中心进行

[1] 前苏联政府提供的数字是四百万。英国学者杰拉尔德·瑞特林格在他的《最后解决》一书中认为，在奥斯威辛焚尸炉中有六十万人被杀，另外还有三十万人死于疾病、饥饿或枪杀。鲁道夫·赫斯在一份宣誓口供中证明，共有二百五十万战俘被屠杀，另外五十万战俘因饥饿和疾病而死；但是后来在华沙审判中，他又把总数改为一百一十三万五千人。

开发的V-2型火箭，正在给伦敦、安特卫普[1]和列日[2]带来浩劫。最近，布劳恩重新审查了一艘多级火箭的初步设计，用带翼的V-2型火箭作为上面的一级。这一级位于助推器的顶端，可以将卫星送入轨道，或是攻打纽约——这是当时更为流行的一种说法。

制造这些神奇武器的负责人之一，瓦尔特·多恩伯格准将，此时正在柏林召开一次会议。他刚刚被委以重任，要负责生产一种导弹。这种导弹可以万无一失地摧毁任何企图攻击德国的飞机，并且终结盟军的空中优势。在仔细研究了这一领域中进行过的多次实验之后——由无制导防空火箭到从地面或空中发射的遥控导弹，“多恩伯格参谋部”的十名成员得出了结论：他们成功的唯一机会在于，将全部精力集中在少数几个项目上。他们一致同意仅保留四艘制导防空火箭：瓦格纳教授的“蝴蝶”；一艘能达到超音速的火箭；克莱默博士的“X-4”，一种由飞机发射的导弹；以及“瀑布”，一艘正在佩内明德开发的由无线电控制的大型火箭。多恩伯格小组达成进一步的一致意见，所有与制造这些武器相关的工厂、技术研究所和研发中心都要迁至德国境内，尽可能地远离战区。比如，位于波罗的海沿岸的佩内明德，它很可能将在几周之内被朱可夫占领。

隔着几个街区，那些准备去参加下午的元首会议的人，正走进帝国总理府。军人走一个门，党员们走另一个门。古德里安将军和他的副官贝尔恩德·弗莱塔格·冯·洛林霍芬男爵——一位少校——登上十二级台阶，走到沉重的橡木门前。进门之后，两人要绕一段路才能走到元首办公室，直通那里的走廊已被盟军的炸弹炸毁。他们从贴着纸板的窗前走过，穿过没有任何壁画、地毯和挂毯的几道走廊和几个房间，最后终于来到了候见厅。警卫们手持冲锋枪站在那里。一名党卫队军官礼貌地要求他们交出随身武器，并且仔细检查了他们的公文包。自1944年7月20日起，这种检查已经成为常规了。那天克劳斯·冯·施道芬堡伯爵在元首会议开始之前，在希特勒的座椅旁安放了一枚定时炸弹，炸弹爆炸时，两名与会者死于非命。但令人惊讶的是，希特勒却只受了一点轻伤。从那天开始，甚至对总参谋长、东部前线司令古德里安，也采取了严格的保安措施。

---

[1]安特卫普：比利时的第二大城市。——译注

[2] 列日：比利时城市。——译注

下午四点，候见厅内已坐满了军政两界的要人，其中包括戈林、凯特尔和他那位能干的作战参谋阿尔弗雷德·约德尔上将。几分钟之后，元首办公室的门打开了，里面十分宽敞，但装潢却很简单。房间的一端，法式窗户上挂着灰色窗帘，地毯遮住了大部分地面。一面墙壁前的正中央位置，放着希特勒的巨大办公桌；桌后是一把铺着软垫的黑色椅子，正对着花园。高级与会人员坐在厚实的皮椅上，他们的副官和地位较低的与会者或是站着，或是坐在直背椅上。房间里总共有二十四个人。

四点二十分，阿道夫·希特勒拖着沉重的步子走了进来。他双肩佝偻，左臂垂悬，跟几个人无力地握了握手，然后缓慢地走向他的办公桌。一名副官向前推了一下他的座椅，他重重地坐了下去。那些只是偶尔见过希特勒的人，会认为他那几乎已经废掉的左手是施道芬堡的炸弹的结果，但事实上，在那次爆炸中受到轻伤的是他的右臂，并且早已痊愈。希特勒在1942年患过一次严重的流感，私人医生特奥多尔·莫勒尔为他注射的药剂最终造成了他的左手局部瘫痪。注射之后，流感完全好了，但是左眼却开始不时地流泪。几周之后，左腿开始感觉麻木，不久又转移到左手。希特勒时常对他的私人司机、党卫队中校埃里希·肯普卡说，这只手只是略感不适，最近自己养成了把手插进口袋里的习惯。

那次爆炸之后，希特勒苍老了许多[1]。这并不是因为身体上的伤害，而是因为他痛苦地得知，这一阴谋中竟然卷入了那么多高级将领。尽管已有数十名嫌犯在一次残酷的清洗中被处决，另外还有数十名在等待审判，但希特勒仍然感觉心神不宁，几乎对所有军官都不信任。与此同时，他又过度地嘉奖那些在7月20日表现忠诚的人。比如，他把奥托·雷默少校擢升为上将，并且一再用动人的言辞感谢凯特尔，仅仅是因为他把自己从瓦砾堆中解救了出来。对于军人的怀疑让他进一步靠近了所谓的核心集团——即他的秘书、侍者、军事副官，以及其他的家庭成员。他像父亲一样，耐心地倾听他们的私

---

[1] 爆炸事件发生几个月之后，来为希特勒体检的眼耳鼻喉科专家埃尔温·吉森医生发现，莫勒尔两年来用以舒缓元首慢性疼痛的“克斯特尔医生的防毒药丸”含有士的宁与颠茄。莫勒尔简单地把大量药物给了希特勒的贴身侍从海因茨·林格。元首一要求用药，林格便拿出来。吉森把他的发现报告给希特勒的首席医生卡尔·勃兰特。勃兰特警告希特勒，他被慢性下毒了。然而，勃兰特却被立即解了职。很有可能正是因为大量服用这些药物，才加剧了1945年希特勒身体情况的恶化。

人问题，提出建议或是训斥他们。他对他们的衣食安乐关心有加，给予他们尊严与礼遇。“我是帝国首屈一指的民主人士。”他常这样对肯普卡说。

会议开始了。首先，古德里安对东部每况愈下的惨败作了一份非常现实的报告。希特勒打断他，说道，必须在俄国人解放他们之前，采取措施把萨岗的战俘全部撤离。一位副官离场去传达这项命令，古德里安继续报告。与以往不同的是，希特勒仅提出了几条建议。然而，当西部前线的问题提上议程时，他马上表现出了强烈的兴趣。当帝国元帅赫尔曼·戈林用夹杂着很多行话的语言，解释为什么库尔特·斯图登特上将应该继续指挥在荷兰和下莱茵地区的H集团军时，希特勒耐心地听着。戈林说，斯图登特的诋毁者不可理解。他讲话时语速非常慢，这只是一种个人习惯。“他们认为他是个傻瓜，但是他们不像我这样了解他……如果能把他调回来，我将非常高兴。因为我知道，他可以给他的空降兵带来士气。”然后他模仿斯图登特那慢吞吞的语气说道：“他说，‘元首……告诉……我的！’我了解他，而其他人不了解……有一天，某人问我，他是不是个傻瓜。我说，‘不，他不是傻瓜。他一直这样说话……’”

“他的确做过一些非同寻常的事。”希特勒承认道。

“那么，如果他能回来，我将非常高兴。因为我知道，一旦危机爆发，你就会勃然大怒，并且立即将他召回。我期待着那一天。”

“我不会。”希特勒冷冷地反驳道。

戈林继续这个话题。“也许以后他讲话会更慢，这很有可能。但是同样，他撤退得也会更慢一些。”

“他让我想起了费尔斯，我的那个来自荷尔斯泰因的新侍者，”希特勒说，“每次我让他去做什么事，他总得过几分钟才明白。他简直像头牛一样沉默寡言，但是的确工作很努力，只是反应慢了些。”

接下来，话题转移到了西线的另一位司令官，党卫队上将保罗·豪赛尔的身上。

“他看上去像只狐狸……”希特勒思忖着说道。

“像鞭子一样敏捷。”古德里安插嘴道。

“扣动扳机迅速。”凯特尔说。

“……有双狡猾的眼睛，”希特勒继续说道，他的思绪并未被打断。“但是，可能刚刚受到的重伤对他会有影响。”（豪赛尔脸上有一块皮肤被弹片刮掉了。）

“不，他的伤并不是很严重。”党卫队准将赫尔曼·菲格莱因说。他是希姆莱在总理府的联络官，以前是个马夫，举止十分粗俗，在武装党卫队里一步登天之后，整个人却变得优柔寡断起来。他之所以受到重用，主要是因为他在东部前线的战绩不俗，同时也与他刚刚娶了格利特·布劳恩分不开。格利特是爱娃的妹妹，而后者则是希特勒多年的情妇。“如果不是对此事非常有把握，帝国元首（希姆莱）是不会建议任命他（豪赛尔）的。否则，他就会受到指责。帝国元首对这种事是很敏感的。”

“难道我们不是都很敏感吗？”希特勒不无幽默地说。

“但是帝国元首总是受到批评。”菲格莱因坚持道。几名年轻军官强忍住没有笑出声来。背地里，他们都叫菲格莱因“土包子”。

“那只是在把什么事情办糟了的时候。”希特勒咕哝道。

菲格莱因没有意识到元首已经开始不耐烦了，继续笨拙地辩护说：“不仅如此，豪赛尔认为，一个六十五岁老兵的最佳归宿，就是在前线英勇地战死。”

“但是我并不希望这样，”希特勒说，“这是一种毫无价值的哲学。”

“并非完全如此，”古德里安表示反对，“豪赛尔是个热爱生活的人。”

“无论如何，他甘冒一切风险，”菲格莱因继续道，“他在枪林弹雨中勇敢前进……”

“要是我，肯定会躲起来。”希特勒说。然后，像往常一样，他转移了话题，开始讨论第一次世界大战。“我的手下只有一位将军不会躲避——因为他的耳朵不太好使。”过了几分钟，又有件事让他回忆起过去。“在第一次世界大战期间，1915 年和 1916 年，弹药限额真是让人毛骨悚然。”接着，他又回忆起他当年的军团的炮火，似乎不愿意正视眼前军事上的惨败。“多数情况下，我们都受到严格的限制。但是发动进攻时，我们就可以尽情开炮。我记得 5 月 9 日那天，帕赛瓦尔少校的炮兵接连发射了将近五千发炮弹。他们一整天都在全力开火，也就意味着，每门炮打了一百发炮弹。”

约德尔试图将话题转向平静的意大利前线。

“我不知道……”希特勒心不在焉地低声说。很明显，他一直在考虑另外一件事，因为他突然开口说道：“难道你们没有仔细想过，其实英国人对俄国人的胜利并不是那么高兴吗？”

“他们当然不高兴。”约德尔说。他感觉丘吉尔也像他们一样，意识到了布尔什维主义的危险。

“如果事态继续如此发展，过不了几天，我们就会收到一封电报。”戈林插话道，“他们（英国人）可没想到，我们会像疯子一样在西线奋力抵抗，牵制他们的脚步。而与此同时，俄国人却日益深入德国境内，几乎攻占了大部分领土。”他的语气中带着一种讽刺的意味。因为，和古德里安一样，他也认为，当东线濒临崩溃之时，西线却仍在顽强抵抗，实在是荒谬之至。

希特勒对帝国元帅的挖苦语气置若罔闻，热情高涨地谈论起了外交部长约阿希姆·冯·里宾特洛甫是怎样故意让一份情报落入了英国人手中。该情报透露，俄国人正将一支由二十万“彻底感染了共产主义”的德国战俘组成的军队派往德国。“这将使他们（英国人）彻夜不眠，心生警惕。”他得出结论道。

“他们向我们宣战，是为了阻止我们赶赴东线，”戈林说，“可不是想让东线推进到大西洋岸边。”

“这一点毋庸置疑。但事实上，这毫无意义。英国报纸已经刻薄地追问：‘这场战争的目的究竟是什么？’”

会议继续进行。大家漫无边际地谈论着。约德尔就南斯拉夫的战事作了报告。希特勒大谈俄国人的一种新型坦克，并且要设计一种新型炮弹去摧毁它。不久，希特勒和戈林突然展开了一场激烈的争论，在降低级别、重新服役的退休军官的地位问题上，两人始终意见相左。戈林，这位在第一次世界大战中声名远播的里希特霍芬战斗机中队的最后一任司令，总是像军官一样看待事情；而下士出身的希特勒，思考起问题来则像个士兵。此外，自从遭遇谋杀之后，希特勒对整个军事系统变得更加不信任。“这整个官僚主义的体系，都应该立刻清除干净，”他尖锐地说道，“机构过分臃肿，文职机关的官僚机构与之相比，简直就是蚂蚁与大象。”

戈林没有理会他，继续激动地争论说，军官们应该量才而用，但是要保持他们以前的军衔。

“但我不能按以前的军衔来使用他们。如果因为某人以前是个上校，于是就把一个团交给他，那就很可能意味着谋杀这三千人。他现在也许甚至连一个班都领导不了。”

“要是那样的话，就让他去当警卫。我已经向我的几位将军提供了这个选择……”戈林不肯松口，于是两人开始像小学生一样争吵起来。希特勒再次重复道，军衔与工作应当相称。帝国元帅立即驳道：“只有一个彻底的杂种才会接受降级。如果他不是，肯定宁愿自杀。”

希特勒试图让他冷静下来，许诺说，即使将退休军官作为中士重新征用，也不会降低他们的饷银。但是戈林大叫道："我会把钱丢到他们的脸上，对他们说：'你们让我丢尽了脸！'你知道，直到如今，这仍被视为对一名军官最大的侮辱。"

希特勒可没漏掉"直到如今"这几个字。"并非完全如此，"他气冲冲地说道，"这只是你这种人的看法。"

争论无休止地继续着。古德里安在椅子里心神不宁地挪来动去，不耐烦地想要返回他在措森的司令部，去处理办公桌上那堆积如山的来自东部前线的难题。

"今天，我们正处于紧急状态，"希特勒抑扬顿挫地说道，"我必须为一名连队指挥官设身处地地着想。这个连队指挥官是一名中尉，对于领导一个连队游刃有余。而他的上级虽是一名上校，却根本无法领导一个连队，因为他已经远离此行足足二十五年。那么，让这么一个身着上校军装的人去领导一个排，甚至也许不止是一个排，这将导致多么糟糕的后果？该让那名连队指挥官向这个上校行礼致敬吗？"

"这种根本性的改变会颠覆并且摧毁迄今为止存在的一切。"戈林坚持道，"这种想法至今仍令人难以理解。"

"可在世界其他地方，"希特勒回答道，"早就这样做了。"

凯特尔和陆军人事部首脑威廉·布格道夫陆续举出一些相关的事例支持元首。在三百万心怀报复的俄国人正在东部边境大举进攻的情况下，这些论据几近荒诞。与此同时，古德里安继续坐立不安。

最终，希特勒开始逐条列举他的论据。

"首先，我不能让这些人回家。我不能偏心地征用一些已经五六十岁的不适合的人，却遣散那些服役多年的四十多岁的士兵。这不可能。其次，我不能把部队交给那些没有能力带兵的人。"

戈林打断他的话："第三，而我，不能告诉那些曾经有能力指挥部队的人……他们不能再带兵了……"

争论兜了一个大圈子，又一次从头开始。

"如果他们有能力，"希特勒说，"他们就可以再去带兵。"

"他们曾经有……"

"如果那样的话，他们将很快再有。他们唯一需要做的，是重新学习。那不算丢脸。毕竟，我不也得学习如何做一个帝国总理吗？我是政党的领袖，是我自己的主人，然而，作为帝国总理，我必须服从帝国总统。有段时间，我甚至做过布伦瑞克的政府官员。”

1932 年，布伦瑞克的一位纳粹部长安排希特勒在政府任职，这样，希特勒就可以自动获得德国国籍。不过，希特勒很不愿意回忆此事。

“但那不是服现役。”戈林简短地回道。突然之间，会场出现了一阵令人窘迫的沉默。

“你怎敢这么说！”希特勒怒道，“我为那个地区做了很多工作。”

尽管流言四起，说因为纳粹德国空军的衰落，希特勒对戈林已经毫无信任可言，但此刻他们这样的一场谈话，让人不难看出，他们的关系仍旧非常亲密，并且凸显了一个事实，帝国元帅依然是元首的合法继承人。

此时，一个传令兵走了进来，把一份报告交给了菲格莱因。这名矮胖的将军吸引了希特勒的注意。“萨岗的一万名英美军官和士官将在两小时内被押送走。”他说。接着，他又补充道，已经通知萨岗以东的另外一千五百名战俘，他们可以留在战俘营，等待俄国人的解放。“他们拒绝了，”他激动地说，“他们愿意为我们而战！”

甚至连约德尔这个老顽固都被菲格莱因的激动情绪感染了。“如果我们能让英国人和美国人去对付俄国人，”他说，“那真是太棒了！”

但是希特勒仍有所怀疑。“也许是他们中的某个人说了句类似的话，然后被夸大了。我对整件事非常怀疑。”

“非常好，”菲格莱因说，似乎元首方才表现出的不是怀疑而是热情。“如果这事有可能，也许我们可以做点什么！”

两个年轻的军官互相碰了碰胳膊肘。

“但不能仅仅因为某个战俘这样说了一句。”希特勒厌烦地说道。

下午六点五十分，会议结束了。古德里安和弗莱塔格·冯·洛林霍芬动身返回柏林正南二十英里的措森。将军早已厌烦了，他们喋喋不休了整整两个半小时，却没有就东部前线的危急局势作出任何重要决策。

东部前线集团军司令之一，斐迪南德·舍尔纳刚刚作出了一项艰难的决定，并试图和希特勒通电话。他想方设法地堵上了朱可夫渡过奥得河时在自己动荡不安的北翼打开的缺口，然而另一场危机却出现了，这次是在他的南翼。在那里，科涅夫正向第十七军发动猛烈的进攻。

舍尔纳匆忙视察了告急地段。他深信，如果不立即撤离，整个部队将会全军覆没。然而，撤退就意味着放弃上西里西亚最关键的工业区，那里是除鲁尔区以外，帝国仅存的最大的工业区和产煤区。希特勒已经数次发电报给舍尔纳，要求在任何情况下都严禁放弃该区域。但是，无论他做何挣扎，这里终将失守。舍尔纳命令第十七军司令撤退。他告诉他的参谋长沃尔夫迪特里希·冯·胥兰德少将，在自己跟希特勒通话时，让他在分机上监听。

“元首，”舍尔纳开门见山地说，“我刚刚下达了命令，要求部队撤离上西里西亚工业区。”

胥兰德草草记下他们的对话，等待着元首勃然大怒，要求撤销命令，但是柏林那头却悄然无声。

“这些部队已鏖战两周，如今已经筋疲力尽了。”舍尔纳继续说道，“如果我们再不让他们撤退，将会失去整个第十七军，而通往巴伐利亚的公路也将四敞大开。我们要撤回奥得河地区，并驻扎在那里。”

话筒那端是长长的沉默，终于，一个疲惫的声音说道：“好的，舍尔纳，如果你认为这样做是正确的，我不得不表示同意。”

在萨岗，几名战俘正在阅读一本恳请他们与布尔什维克战斗的小册子。

**英联邦的士兵们！**

**美利坚合众国的士兵们！**

当前，布尔什维克的强大攻势已经越过德国的边境。莫斯科克里姆林宫的那些要人们相信，征服西方世界的道路已然打开。无疑，对于我们来说，这将是一场决定性的战役。但是对于英国、美国以及西方文明的维系来说，这同样是一场决定性的战役……所以，此时此刻，我们向你们提出，作为白人向白人提出……我们确信，你们中间大多数人都了解，欧洲的毁灭——不仅仅是德国，而是整个欧洲的毁灭——将意味着你们自己国家的毁灭……

我们认为，我们的战斗已经同样变成你们的战斗……我们邀请你们加入我们的行列，加入那些被共产主义者打垮、征服的东欧国家的上万名志愿者的队伍。那些东欧国家曾经必须作出抉择：是屈服于最残暴的亚洲统治，还是将来在欧洲理念中作为国家而存在。当然，那些理念，大部分是你们自己的理想……

请将你们的决定告知领队的军官，那么你们将享有和我国士兵同样的特权，因为我们期望你们能够分担他们的职责。这远远超越了一切国家的界限。今日的世界，正遭遇着东方与西方的战斗。我们要求诸位仔细思量。

是支持西方的文化，还是支持东方亚洲式的野蛮？

现在，作出你们的选择！

萨岗的战俘们的反应，与更东面的那些战俘恰恰一样——也与希特勒的预期恰恰相同，没有人主动请缨。那些细心地把小册子装进行囊的人，只不过是想留做纪念，或是当作厕纸。

当晚，五个营区的大多数战俘都在为行军做着最后的准备。但是在南营里，却有大概五百人正在观看一场生动的演出：他们的小剧场作品《你不能带走它》。演出厅是战俘们自行设计建造的，坐席都是加拿大红十字会的木箱。票需要预订，价格是一块煤砖。脚灯和反射镜都是用大个的英国饼干罐做的。舞台两侧的上方甚至还有悬空的窄道，架着可移动的聚光灯。自从2月份的首演之后，南营的战俘们创作了多个音乐杂耍、独幕剧，以及一些百老汇剧目，比如《首页》《谈情说爱》，还有《客房服务》。当然，剧中的女性角色都是由男人们自愿扮演的。

大厅四角燃烧的炉火只能稍解演出厅内的严寒，但是人们沉迷于考夫曼和哈尔特的喜剧之中，忘了身体的不适。七点三十分，前门“砰”的一声打开了，C. G. 罗戈·古德里奇上校，南营里的高级军官，穿着他手工刻制的木头鞋子“梆梆”地从座席间的通道上走到了台前。他身材矮壮，以前是美国轰炸机驾驶员，后来在非洲上空跳伞时摔坏了脊梁。他刚登上舞台，厅里立刻一片寂然。

“看守们刚才来了，让我们在三十分钟内到前门集合，”他说，“收拾东西，整队！”

战俘们连忙赶回营房。他们换上干净的内衣、袜子以及最好的军装，彼此没有多说话。那些幸运儿们拿出了替换的鞋子。带不走的食物被狼吞虎咽地“干掉”。大家互相帮着穿上外套，背起背包；把毯子捆在肩上。哈罗德·德克尔中校用皮带把营区秘密电台捆在背上；耳机已经缝在帽子里了。其他人正在掘着坚硬的地面，如果冻得太硬，还得生火烘烤，好取出埋在下面的密码本、地图和钱。

各个营区里的战俘分别站成一队。大家互相检查，系紧背包，然后在寒风中站成一圈，双脚无意识地踏着拍子，等待着——自从入伍以来，他们早已习惯等待。寒风刺骨，没有面罩的那些人感到头疼。三十分钟之后——似乎足有几个小时——大概一百名看守紧紧地扯着十多只狂吠的警犬，开始将战俘们赶出南营。当他们列队走过西营和北营时，他们的战俘伙伴们向他们大喊“再见”、“好运”。当这支两千人的长队终于跨出前门，冒着漫天大雪向西走去时，已经是十点过几分了。

接下来出发的是西营。走出大门时，本已行囊沉重的人们又依次接过一个重达十一磅的红十字会的包裹。他们中许多人只留下了像巧克力和沙丁鱼之类的特殊物品。很快，路边的沟渠里就丢满了食物。

中营里的高级军官德尔马·斯皮维上校告诉营里的战俘们，瓦纳曼将军将走在他们队伍的最前方，他希望大家服从德国人的一切命令。“只要万众一心，我们就能安然无恙。”斯皮维说道，并且警告大家不要试图逃跑。

由于已经上路的人们行进缓慢，所以直到将近 1 月 28 日凌晨四点，最后一支队伍才走出大门。

此时，走在这条八英里长的队伍最前端的人们已经精疲力竭了；他们已经跋涉了整整七个小时。一阵狂风扬起，再加上足有两英尺厚的积雪，让迈出的每一步都痛苦不堪。尽管如此，阿尔伯特·克拉克上校，这位 1942 年被击落的美国战斗机驾驶员，还是不愿丢掉他那两本厚重的德国报纸剪贴簿。他开玩笑说，如果谁能帮他搬书，就送给谁一箱苏格兰威士忌。威利·兰福德上校信以为真，临时打造了一架雪橇，现在正拉着书在雪上走。包括克拉克在内的其他六个人轮流跟他换班，因为精明的兰福德把雪橇做得很大，上面放着他们全部的背包。

每隔几个小时，队伍就要停下来。人们在路上挤成一团，两腿伸直，就像坐在一个平底雪橇上。每个人都靠在后面人的身上。没人说话，也很少开玩笑。替换用的鞋子、衣服、纪念品——长期细心攒下来的——都丢在了路边，背包被重新整理了一番。一些人用珍藏已久的信件和日记生起了火。

重新上路后，尽管已经扔掉了很多东西，但背包却似乎比以往任何时候都更重了。一个人踉跄了几步，倒在地上。两个伙伴怕他会被枪毙，连忙扶起他，扔掉他的背包和毯子，拖着他继续往前走。不过，筋疲力尽的战俘们只是被拉上了车子。因为现在战俘和看守已经差不多了。看守们也都扔掉了背包。有个上了年纪的德国人素来对战俘们很和善，现在，几乎是由两个美国人在抬着他走，而另一个美国人则背着他的枪。

上午十点左右，先头部队在距萨岗十八英里的一个村子停了下来，在三个谷仓里扎了营。落在后面的人们继续赶路，越来越多的人倒在路上，衣服都被大雪和汗水湿透了。通常，一个同伴会留下来替体力不支的人搓手取暖，直至救援车辆赶到。如果车上已经塞满了人，某个身体状况稍好些的就会下车，让出自己的位置。

下午三点，中营的战俘们抵达哈尔堡镇。再不休息，他们就寸步难行了。他们在刺骨的寒冷中等候，一名德国中士去寻找宿营地。最终，一位教士打开了一座可容纳五百人的路德教堂，接着又打开了停尸房、几间地下室和一所小学校。

一千五百人挤进了教堂，占据了从地下室的厕所到阳台的每一英寸空间。他们紧紧地挤在长凳上，谁也动弹不得；而其他人则睡在长凳下面的地板上。很快，这么多人身体的热量就让教堂里热得使人很不舒服。大家开始不断地挤向门口的浴盆，那里面盛着融化的雪水。黑暗中，抢着去厕所的人甚至更多。但是，要穿过这密密麻麻的人群实在太难了，那些病号还没走到门口就吐在了熟睡的伙伴身上。那些痢疾患者等不及了，拼命地挤进人群。没过几个小时，教堂里的气味便变得令人作呕。想睡觉的和推推搡搡要挤出去的争执起来，几乎酿成了一场恐慌。

突然，有人大喊一声："安静！"是斯皮维上校。他穿着内衣站在讲坛旁，身边是年轻的丹尼尔牧师。

"如果再让我发现谁打架，"骚动终于平息之后，斯皮维说道，"就让他在外面的雪地里站一整夜。告诉你们，被推、被挤、被踩，甚至被吐在身上，要远远好于可能发生的最糟糕的事。现在，我们待在屋子里，而三个小时之前，我们还在户外，冻得要死。"他让大家帮助病号，谦和对待紧挨着的伙伴。"如果你睡不着，就坐起来想想家里。如果你说不出什么好听的话，就闭上该死的嘴。晚安！"

年轻的牧师走上前来，柔声说道："你们可曾想过，也许此刻是上帝正在考验我们的信仰？”然后他开始祈祷，请求上帝保护那些病号和疲惫的人们。“给予我们必须的力量吧，让我们得以生存，向着自由与解放继续前进！阿门。”

人们平静了下来，大多数人都睡着了。

恰好在朱可夫针对柏林的主攻路线上，有另一队盟军战俘正在前进。八天前，他们离开了位于波兰什科肯的战俘营，此刻正接近德国边境以西二十英里的乌加滕村。这是一支不寻常的队伍：七十九个美国人，两百个意大利人，其中有三十位老将军，他们是在意大利翁贝托国王投降后被俘的。战俘们的领导者是赫尔利·富勒，美国第二十八师的一名团长。他在阿登战役中被俘时，他的一位士官曾说过：“德国佬肯定会为抓到赫尔利而感到后悔的。”从一开始，富勒就实践了这一预言。在东进[1]的第一天，好像是在指挥自己的部队一样，他突然命令大家停下来休息，然后率先“躺在积雪上”。不知所措的看守们从富勒的上级们那里了解到，这个四十九岁的得克萨斯人非常难以对付。他对威胁视而不见，看守们不得不让他来领导队伍的前进。在过去的一周里，富勒一直在想方设法破坏这次向西的艰难撤离；他希望被俄国人解救。因此，现在他们才刚刚到达乌加滕，否则早就应该渡过奥得河了。

德国翻译保罗·黑格尔中尉在一所学校里为战俘们找到了宿营地，并且给他们送来了食物。他曾经在纽约学习银行业务，度过了将近五年愉快的时光。因此，他很亲美。“你跟我们合作吧，”富勒对他说，“我们一定会想办法让你再去美国。”

那天晚上，黑格尔在广播里听到戈培尔正在发表一则安抚人心的报道：虽然东部形势严峻，但我们绝无理由恐慌；元首的神奇武器即将臻于完美，俄国人将轻而易举被击退。然而，黑格尔刚刚关掉无线电，就清楚地听见了隆隆的炮火声。

次日，即1月29日拂晓，看守队队长马茨上尉听到不远处传来机关枪的嗒嗒声，他觉得，不被俄国人追上的唯一办法就是把战俘们丢下。他来到学校，把黑格尔喊醒，然后开始用德文写一张纸条。大概七点左右，他把纸条交给富勒。上面写道：“我们必须把这些美国军官丢下，因为俄国重型坦克已经突破防线，并且他们也无力再继续行进。”

---

[1] 原文如此，似应为西进。——译注

“等俄国人赶上我们，你这个杂种，我要跟他们借件武器，追上你，把你杀掉。”富勒厉声说道，假装很愤怒，但实际上，他非常高兴终于摆脱了马茨。他真正需要的是一名翻译。他走向正在匆忙着装的黑格尔，拿走他的瓦尔特枪和账簿，说道：“你和我们一起留下来。”然后，他让黑格尔穿上一整套美国军官制服，包括美军的内裤和短袜，还分配给他一个军人身份牌编号。“从现在起，你就是一个美国人了——乔治·马尔鲍尔中尉。”马尔鲍尔不久前从队伍中逃跑了。“别担心，”富勒对茫然不安的黑格尔说，“你一直对我们不错。我会让你平安无事的。”

上校召集了美国人，让大家待在学校里，并且警告他们，如果抢劫，将会受到严惩。马茨离开的消息迅速传开，没过几分钟，乌加滕村的村长便来了。他从富勒那儿得到唯一一个任务，负责食物和其他供给。随后来了两个波兰士兵，说有一百八十五名波兰人愿意为他们效力。富勒接纳了他们。几分钟之后，他又收留了十七名法国俘虏，其中一人会讲俄语。他在村公所为这支不断扩大的部队建立了指挥部，并且命令收缴村中全部武器。一经武装之后，他准备抵御任何来乌加滕的人——无论是德国人还是俄国人。

富勒的队伍中已有三个人此刻正在与德国人作战。一个星期前，多伊尔·亚德利中校和另外两个美国人逃离了西行的队伍。随后，当一支红军装甲部队追上他们时，红军指挥官搂住亚德利的肩膀，轻拍着他的后背喊道：“美国人，罗斯福，丘吉尔，斯大林，斯蒂倍克[1]，雪佛兰，棒极了！”他给美国人拿来伏特加、食物和毯子，并且坚持要他们加入自己的军队，作为好盟友与德国人作战。

1月29日，这三名美国人正在乌加滕附近参与一次红军装甲部队的进攻。突然，三架ME-109飞机向装甲部队俯冲下来。美国人本能地跳进了战壕，这让俄国人大笑不止。俄国人若无其事地站在路上，用步枪、机枪，甚至手枪向飞机开火。部队一刻不停地继续前进，把牺牲的战友留在路上，径直开进了克罗依茨村。在那里，俄国步兵们彻底清除了最后一小撮顽抗的敌人。

到当天晚上，富勒上校和他的参谋人员已经使乌加滕成了一座坚固的堡

[1] 斯蒂倍克：美国汽车品牌。——译注

垒。除了马茨和他手下丢弃的二十六支步枪和两挺机枪外，他们还从村民手里收缴了所有的猎枪、步枪、手枪和匕首。富勒武装了美国人和一百八十五个波兰人，并在村子四周布置了哨兵。他们在村东挖了散兵坑，把那两挺机枪安置在里面。到九点钟为止，他们已经吓走了好几支德国小分队，并抓获了三十六名散兵。

一个小时之后，睡在村长家二楼的富勒、克雷格·坎贝尔中尉和黑格尔被炮火惊醒了。富勒望向窗外，只见十多辆关着灯的坦克正隆隆地开过来。看上去不像德国人的，高高的轮廓应该是美国的“谢尔曼”坦克。三人还没穿好衣服，前门就传来了咚咚的敲门声。有人在门外喊叫。

“他们喊的不是德语。”坎贝尔说。

“我认为是俄语。”富勒说，“把门打开。”

楼梯上已经响起了咯哒咯哒的脚步声。黑格尔连忙喊道：“美国人！美国人！”

门开了，几个俄国人向三人冲来，猛地将冲锋枪顶上他们的胸膛。富勒一直用手指着隔壁房间的门，俄国人终于明白了，过去找到了亚历克斯·贝尔坦，那个会说俄语的法国战俘，把他带了过来。当俄国人头目马雅丘克上尉得知三人是美国军官时，不禁挖苦地笑了。“美国人怎么会在东部前线？而且走到了红军的前头？”说着，他把枪向富勒的胸口顶得更深。

贝尔坦连忙解释了一番。俄国人紧紧拥抱了富勒，并且亲吻了他的脸颊。他说，不管美国人想要什么，都可以得到。富勒说，他需要德国弹药和蜡烛；还想摆脱那三十六名俘虏。上尉说，他可以带走他们，接着试图再次亲吻富勒。然后他说，必须立即对德国百姓实行宵禁，于是富勒叫人找来了村长。村长非常愿意合作，说他会立刻让街头公告员公布下去，说完便匆匆离开了。

两位盟友向村中的广场走去。美国根据《租借法案》提供给俄国的“谢尔曼”坦克聚集在广场上的教堂周围。那三十六名德国俘虏从一个地窖里被放了出来。其中一个伤得很重，躺在一辆手推车上。正当上尉再次拥抱富勒之时，又是一声枪响。富勒连忙转身，只见车上的伤兵跌了下来，已经死了。

# “最后一分钟”

1 月 30 日清晨五点之前，一架“空中霸王”——美制 C-54 运输机——降落在了马耳他岛。机上载着温斯顿·丘吉尔和其他英国要人。他们之所以来到这里，是要参加一次代号为“蟋蟀行动”的与美国军政领导人之间的四日会议。这是克里米亚胜地雅尔塔的三巨头会晤的前奏。

马耳他总督、地中海总司令以及其他许多人都来到了机场迎接。丘吉尔的私人助手 C. R. 汤普森推开舱门向外看了一眼。让他尴尬的是，他发现仅在睡衣外面披了件外衣的自己，完全暴露在聚光灯下面。而当他得知马耳他总督已经在严寒中等待了一个多小时的时候，就更为不安了——宣告丘吉尔到来的电报上说的是格林威治标准时间。

美国陆军参谋长乔治·C. 马歇尔也已经醒了。一个小时之前，一名热心的英国士官给他送来了一封信，上面写着“特急”。这是一份雕花请帖，邀请他次日到总督官邸赴晚宴，并且请求立即答复。

十点钟，马歇尔与美国参谋长联席会议[1]的其他成员在马耳他首都瓦莱塔的蒙哥马利酒店开会，打算决定他们在“蟋蟀行动”首次正式会议上所要采取的立场。他们就黎明前收到的邀请开了几句玩笑，又讨论了一会儿眼下身处的这所冰冷的石头房子，然后，便开始讨论“蟋蟀行动”所面临的最重要的军事问题：西部前线的最终战略。

施道芬堡对希特勒的暗杀发生几天之后，盟军在诺曼底取得了重大突

[1] 美国参谋长联席会议：美国总统及国防部长领导军事的咨询机构与指挥军队的执行机构。隶属于国防部。——译注

破。就之后如何进一步攻入德国领土这一问题，英国人和美国人之间曾有过严重的分歧。第二十一集团军司令，陆军元帅伯纳德·蒙哥马利从他在法国的司令部提出意见，认为应该由他来指挥，通过鲁尔区向德国北部进军。他需要的，除了他自己的部队外，只有美国第一军。但是，美国陆军指挥官们迫切要求在他们所处的遥远的南部，向美因河畔的法兰克福同时发起进攻。鉴于德国军队的无序撤退，英美陆军指挥官们都不无理由地认为，如果可以不受约束的话，到 1944 年底，他们将大获全胜。不过，盟军总司令德怀特·D. 艾森豪威尔上将不但是位陆军司令官，更是位政治家。他给出了一个折衷方案：蒙哥马利在北部主攻，给养优先，而乔治·S. 巴顿中将则率领美国第三军，在南部较小的范围里发动进攻。

作为这一方案的结果，盟军在一条广阔的战线上不断向东推进，并于 9 月份抵达德国边境——仅因缺乏给养才暂时中止。接下来的三个月里，这条战线上的战事寥寥可数，以致希特勒得以将在法国受到重创的军队重组为一条自荷兰到瑞士的坚固防线。战事的暂停也为他提供了机会，发动了一次猛烈的突袭——阿登战役。趁美国武装力量失去平衡之际，德国人一路猛捣，直达默兹河。尽管希特勒的部队已经被逼回德国边境，美国军队的士气与威望仍然被大大削弱了。

蒙哥马利要求单刀直入德国境内所引起的争论，在阿登战役期间进一步激化了。艾森豪威尔突然将阿登战场的北部移交给了陆军元帅蒙哥马利。布雷德利极为震怒，因为正当他感觉自己已经控制了局面时，却失去了一半兵力。继而，在战役取得胜利之后，当蒙哥马利告诉记者他如何“收拾”残局时，布雷德利大发雷霆。他认为，蒙哥马利夸大了他自己的角色，并且“利用了我们在阿登的危急困境”。

艾森豪威尔对这场争执了然于心，于是制定了进攻德国的最后计划。战线与去年秋天大体相同，沿自荷兰到瑞士的德国边境依次排开。最北端，是蒙哥马利的二十一集团军，包括三个军：加拿大第一军、英国第二军和美国第九军。然后是布雷德利的第十二集团军，包括美国第一军和第三军。南部是雅各布·L. 德弗斯中将的第六集团军，包括美国第七军和法国第一军。

在这一背景下，美军参谋长们此刻正在倾听艾森豪威尔的参谋长沃尔特·比德尔·史密斯中将阐述盟军总司令的战略：蒙哥马利将率领他的二十一集团军通过鲁尔区发起主攻；布雷德利则发起第二主攻，率领美国第十二集团军攻向南部美因河畔的法兰克福附近。时机的选择，史密斯说，是需要考虑的最重要因素；并且，当德国人正在红军势不可挡的攻势下受到重创之时，盟军应该向东发起猛烈的进攻。

中午，英国参谋长们加入了美国人的行列。他们共同组成了联合参谋部——负责指挥西部的战事。英国陆军参谋长，陆军元帅艾伦·布鲁克担任主席。他外表迷人，却在自己忠实记录的日记里写满了尖刻的思想。他自信远比艾森豪威尔更知道该怎样赢得战争，但却极力掩藏自己对总司令的判断的怀疑。不过，对于他的密友来说，有一点绝非秘密：他认为艾森豪威尔总是被最后一个与之交谈的人过度影响。布鲁克对马歇尔也持保留意见。他更希望麦克阿瑟——他心目中这场战争里最伟大的将军——担任美国陆军参谋长。

他礼貌地听着史密斯介绍艾森豪威尔的计划，心里一直在想，布雷德利的所谓第二主攻很有可能变得与蒙哥马利的主攻近乎同样重要。最后，他温和地说道，英国人认为，要进行两个规模巨大的军事行动，兵力不够充足，必须对其做出选择。而在这两者之中，蒙哥马利在北部的行动似乎最有前途。

史密斯因为皮肤溃疡而变得更加暴躁。他回击道，艾森豪威尔打算交给蒙哥马利他可以解决后勤供给的所有部队——三十六个师，还有十个后备师。他补充说："南部的挺进并不打算和北部的进攻竞争。"这番解释只是进一步加深了布鲁克的怀疑。他说，他愿意接受这个解释，但是仍然感觉布雷德利的进攻可能会过多地分散北部的兵力，导致蒙哥马利陷入困境。马歇尔显然恼了。他忍住怒气说——与之前众多美国将军所说的相同——仅仅依靠对柏林单枪匹马的挺进是不安全的。如果蒙哥马利陷入困境，他认为，有另一条可供求助的进攻线路是非常必要的。

英国人现在确信无疑了，美国人正在策划一个第二主攻，于是，他们开始尖锐地批评艾森豪威尔的另一计划。这一计划在还没有任何人渡过莱茵河之时，就把全部兵力调集到莱茵河附近。史密斯非常不悦，反驳道，艾森豪威尔从未打算在渡河之前就把莱茵河以西整个地区的德国人全部赶走。艾森豪威尔的作战官，能言善道的哈罗德·布尔少将证实了这一点。他说，如果靠近莱茵河意味着耽搁，那么这并不是故意的。但是布鲁克私底下仍然相信，这最终只会成为沿莱茵河发起一次全面进攻的借口，以取代蒙哥马利的主攻。他认为，任何有乔治·巴顿参与其中的第二行动，必然会成为一次主要行动。因此，他礼貌而又坚定地说道，联合参谋部与其马上通过艾森豪威尔的计划，不如暂时先把它记下来，以后再说。

行动被推迟了。会议刚一结束，比德尔·史密斯便立刻发电报给身在凡尔赛的艾森豪威尔：

……英国参谋长们坚持要求一份书面说明，以确定北部的主攻将被按计划推进，并且在消灭莱茵河西岸的所有德国人之前，您不会推迟其他军事行动。

在这场辩论进行的同时，两国的政界领袖都在船上。停泊在瓦莱塔港口的“H. M. S. 猎户星座”号上，丘吉尔正因为发烧而被迫卧床休息。而罗斯福总统乘坐的“昆西”号美国新巡洋舰三天来一直在马耳他附近海面航行。罗斯福认为，“蟋蟀行动”有一天就足够了。重要的是，他不愿就他穿过巴尔干向维也纳和布拉格进军的宝贵计划，与丘吉尔展开冗长的辩论。

这天是总统六十三岁的生日。他的独生女，安娜·伯蒂格夫人为他举行了一场宴会。全美国都在为他最钟爱的慈善团体“优生优育基金会”募捐，以此庆祝总统的生日。

在德国，1 月 30 日也是个值得庆祝的日子。1933 年——也就是罗斯福第一届任期开始的那年——保罗·冯·兴登堡总统任命阿道夫·希特勒为德国总理。十二年后的今天，人们认为，各条战线上的党的领袖们，都应该向他们的手下讲讲光明的前景，并且向他们保证，这场战争终会胜利。驻意大利党卫队和警察的首脑，党卫队中将卡尔·沃尔夫尽责地召集起了手下的重要成员。他曾任希特勒的副官，大块头，精力充沛，头脑非常简单，笃信国家社会主义。他与帝国元首交往甚密，在写给帝国元首的私人信件上，他都署名为“小狼”[1]。然而，当沃尔夫看到他本来应该讲的那些话时——比如“最终

---

[1] 其中一封信写于1939年，万一沃尔夫死亡，将由特别信使呈递帝国元首。

我的帝国元首！

因为不知道在我死去之时能否适当地向您告别，所以我用写信的方式提前告别。

借此机会，我最后一次向您道谢，感谢您给予我的全部友情、活力，以及您对于我来说所代表的一切。不仅对我而言，对全德国而言，您都是一切善、美和男子气概的化身，也是一切值得为之奋斗的事物的化身。我们之所以有今天，都应归功于您和元首。

的胜利”——它们全都卡在了喉咙里。如果没有奇迹发生，这场战争怎么可能胜利？结果，他即席讲了一番话，里面只字未提未来的光明的日子。

讲话结束之前，沃尔夫已经作出了他一生中最重要的决定——他要去见他的上司希姆莱，要求他对一个问题做出直接的回答：那些希特勒许诺说将会使战争取胜的惊人的飞机和神奇的武器到底在哪里？如果希姆莱回答不了这个问题，他就会去问元首；如果问题仍然被回避，他将支持光荣的和平。他已经对意大利人民产生了很大的好感。为什么他们要再多受一天煎熬？为什么一个又一个党卫队队员或是国防军士兵要白白去送死呢？

沃尔夫打电话给希姆莱的司令部，得知帝国元首已远赴东部指挥维斯杜拉河集团军。不过，如果非常必要，不久将有一项任命。沃尔夫说，几天内他将飞往德国。

那天下午，马丁·鲍曼——纳粹党总部主任，希特勒目前最为依赖的人——又给鲍曼夫人，他的“亲爱的小妈咪”写了一封如往常一样多愁善感的信，寄往贝希特斯加登附近他们的住所。他建议她贮存干菜和“五十磅蜂蜜”；还对她谈到了东部发生的事情：

> 布尔什维克正在毁灭一切。你和孩子们千万不要落入这些野蛮禽兽的手中。不过，我极其希望这种危险永远不要来临，希望元首可以如从前的许多次一样，成功地避开这次重击。有二三百万人被迫离乡背井，你可以想象得到，在他们中间，有多少难以形容的痛苦与不幸。孩子们忍饥挨饿，寒冷至死，而我们所能做的一切，就是硬起心肠，更加猛烈地战斗，以挽救余下的同胞，建立一条新的防线。我们必须成功。
>
> 你最忠实的马

---

如果我还能表达最后的愿望，我希望，来世您能允许我再次追随您，为了德国而战。

向您和德国致以最好的祝愿，愿我们的理想得以实现。我将和所有善良的灵魂一起，从巍峨的瓦尔哈拉高地忠实地注视着您。

希特勒万岁！

您忠实的

“小狼”

在鲍曼信中所提到的难民里，有三万多人正试图乘四艘班轮从海路逃回德国。船队刚刚绕过海尔半岛，离开但泽湾进入波罗的海，驶向汉堡附近的一个港口。四艘船中最大的一艘是载重两万五千吨的“威廉·古斯特洛夫”号，它从未运载过如此多的旅客——一千五百名潜艇训练兵，还有将近八千名老百姓——是“卢西塔尼亚”号上人数的八倍。没有人确切地知道，在但泽有多少疯狂的难民挤上了船。尽管要求每个人都必须有船票和撤离的文件，仍有儿百人偷偷上了船。有的藏在箱子里，有的穿上裙子，假扮成女人。为了从俄国人的手中逃脱，难民们无所不用其极，已经顾不得脸面。不久前在皮拉乌，有一艘难民船规定，只许带小孩的成年人上船。于是，有些母亲就从甲板上把自己的孩子扔给码头上的亲戚。同一个小孩往往做了六七次“船票”。在混乱中，有些小孩掉进了水里，有些则被陌生人抢走。

“威廉·古斯特洛夫”号向西驶入了浪涛滚滚的波罗的海。此时，一名中年难民，保罗·乌施德拉维特登上了甲板。他正是那些反对科赫，让自己的百姓出逃的东普鲁士地方官员之一。他本人和他的司机理查德·法比安和一路挺进的红军勉强擦肩而过。

其他的三艘船正沿着波美拉尼亚海岸航行，以避开俄国的潜水艇。但是“威廉·古斯特洛夫”号吃水太深，只能由一艘扫雷舰开道，独自行驶。乌施德拉维特四下寻找另外三艘船，不过只能看见一英里开外的扫雷舰。他很庆幸自己的先见之明，早就查看好了船上的最佳逃生出口，以防船被炸沉。正在这时，船长通过扬声器宣布，有救生带的男子请立即将救生带交出，分发给妇女和儿童。禁止收听无线电，禁止使用手电筒。

波罗的海波涛汹涌，大多数妇女和儿童都晕船晕得厉害。因为禁止大家去栏杆处，船上很快就臭不可闻了。病号都被集中到船中部，那儿的颠簸不那么猛烈。乌施德拉维特发现一把空闲的安乐椅，连忙坐了下来。在过去的一周里，他睡得很少。此刻，他一边打着瞌睡，一边想着是否还能再见到自己的妻子。还有，如果他能安全抵达德国，是否会因不服从科赫的严格命令而受到惩处呢？

船在距离波美拉尼亚海岸二十五英里的位置向西航行。还有很多灯亮着，在黑暗的波罗的海的映衬下，清晰地勾画出“威廉·古斯特洛夫”号的轮廓。晚上九点十分，乌施德拉维特被一声沉闷而又巨大的爆炸声惊醒。他努力地想记起自己身在何地，这时，又传来了第二声巨响。他的司机法比安从他的身边冲了过去，对他的呼喊充耳不闻。然后，是第三次爆炸声。那些早在几个小时之前就该熄灭的灯光灭掉了。港口附近埋伏着一艘俄国潜艇，正等待着在必要时刻向班轮发射第四枚鱼雷——或者击沉赶来救援的任何船只。

乌施德拉维特起初以为是有人向船上投了炸弹。当他看到船身向港口方向倾斜时，才意识到是中了鱼雷。他沿着一条漆黑的走廊摸索前行，不知怎么就找到了他的行李。他取出一件毛皮里子的狩猎夹克，一顶滑雪帽，一把手枪，以及一个装着公文的地图盒。他打开窗户，跳到下一层的散步甲板上。这里没那么黑，他可以看见一个男人正挥动一把椅子，砸向一扇平板玻璃窗。那窗户不可能被砸碎。乌施德拉维特发现了一扇通往船头的门。他跑过去，看见喧嚷的人群正向甲板蜂拥而去。他们都没有救生带。在塞满了人的一道道门口，男人们用力推开歇斯底里的妇女和儿童，把她们挤到一旁，为自己撕扯出一条通路。高级船员们试图制止大家的恐慌。有几个人掏出手枪，做出威胁的手势，但是他们下不了狠心开火，结果被人群推搡到了一旁。

船身向港口的方向倾斜了二十五度。机房里的船员们仍坚守岗位，而其他船员则关闭了舱壁，开动了抽水机。甲板上，船员们与港口那面的救生艇斗争着，可是吊柱冻得太结实了。发狂的乘客们推开船员，跌跌撞撞地滚进了救生艇。

船头，乌施德拉维特看见几朵红色的烟火腾空而起——是呼救信号——他希望尽快有船前来搭救。在他下方，是一片疯狂的景象。数百名旅客歇斯底里地尖叫着，手足并用地向正在翘起的船尾攀爬。他登上梯子，朝剩下的救生艇爬去。一条铁梁掉落在他前面；他跳了回来，绕过舰桥。突然，“威廉·古斯特洛夫”号猛地一歪，他听到了无数失魂落魄的尖叫。他转过身来，只见几个妇女和孩子从一艘翻倒的救生艇上跌进了漆黑一片的大海之中。

突然，有人抓住了他的胳膊，是一名妇女。在码头等船时，两人曾交谈过。她怀里抱着一个婴儿，还有两个孩子紧拉着她的裙子。“救救我！”她哭喊道，“您是个男人，您一定知道我该怎么办！”他的脑子里一片空白。所有的船都开走了。这时，他想起了橡皮筏。“跟着我，”他说，“我试试找个橡皮筏，来救你和孩子们。”

“你疯了！我不能让孩子们待在冰冷的水里。”她愤怒地盯着他，“你们男人只会袖手旁观，无计可施。”她惊恐地瞪着眼睛，拥着孩子们向后甲板走去。

她的恐惧动摇了乌施德拉维特。他看向狂暴的波涛。气温在零度以下，冰冷刺骨。他听见几声枪响，压过了尖叫声。波涛溅起的飞沫打湿了他的脸庞。

他突然感到本能的恐惧：他不想死；他怎么能够留下妻子孤单一人在这样的世界上？终于，他控制住了自己的情绪。“要体面地死去。”他想道。他记起曾经有位海军军官禁止他在船上吸烟，当时他开玩笑地回答：“如果船沉了，就一定会允许我吸烟。”他决定在死去之前最后吸一支烟。吸了几口之后，他把烟丢进水中；然后又点燃一支，又神经兮兮地扔掉了。第三支烟，他终于吸完了。

“你怎么能在这种时候抽烟？”有人气愤地问道。那是一位高级军官，胸前佩戴着一枚骑士十字勋章。

“你也来一支吧。不管怎样，很快就能抽完了。”

那人像看个疯子一样看看他，嘟哝了一句什么，然后消失了。一名船员在船栏杆旁边脱下制服，跳入水中。一个高大的身影在昏暗之中拖着步子，向乌施德拉维特走了过来。那是一名潜艇训练兵。他面色苍白，两眼圆睁，用手指了指自己的大腿。一块腿骨从他的制服裤子里刺了出来，鲜血淌到了结冰的甲板上。

“怎么了，孩子？”乌施德拉维特问道。

“刚刚在下面，我被一块弹片击中了。这下我要完蛋了，妈的！”他慢慢地移步走开，转过身去。“下面……上千人像老鼠一样快被淹死了。过不了多久，我也要和他们一道去了。”

有三艘船赶来援救：两艘六百吨的驱逐舰——“T-36”和“雄狮”号，还有一条驳船。十点钟，“T-36”的船长黑林观测到了这艘正在下沉的船。他驾着驱逐舰向其驶近。这时，他看到那艘驳船已经靠近了“威廉·古斯特洛夫”号。但是浪头太大，两艘船开始相互碰撞。人们惊慌失措，纷纷从班轮的上层甲板向摇摆不定的驳船跳去。一些人安全落地，但很多人却落进水里，在两船之间被挤得血肉模糊。黑林意识到，如果自己也靠过去，实在很不明智；他的船舷很可能会被压断。他只能停在一边，援救幸存者。他关掉发动机，这样，声波探测仪可以更容易地定位那些敌潜艇。他知道，它们肯定埋伏在水下，等候着更多的受害者。

乌施德拉维特不知道救援的船只就在一旁，他紧握栏杆，以防在倾斜的甲板上滑倒。“威廉·古斯特洛夫”号的船头几乎已经完全没进了水中。他看见一位海军上尉，于是大声喊道：“现在彻底完了。”上尉爬了过来，正是禁止他吸烟的那位军官。“过来，我们要想办法活命。”他对乌施德拉维特说，“爬到左舷去，我们给你放一只救生筏，你要抓紧。快，不然就来不及了。”

海风在乌施德拉维特的耳边呼啸着，他开始小心翼翼地向舰桥爬去。他的脚在结冰的甲板上一滑，砰地撞到了栏杆上。“快！”他喊道。上尉和三个训练兵解下一只救生筏，向乌施德拉维特推去。救生筏冻得硬如岩石，正撞在了他的胫骨上。幸亏他穿了那双厚重的靴子，才没把骨头撞断。不过，他甚至都没对自己的疼痛多加思考。

五人刚刚爬上救生筏，一个巨浪就突然打来，猛地把他们推到了舰桥的窗上。乌施德拉维特看着玻璃那边盯着他的人们，他们好像是在鱼缸里一样。这简直是个怪异的梦。又一波浪头把他打进了海里。突如其来的寒冷让他突然有了精神，奋力游向漂开的救生筏。不知何故，恐惧已经化为乌有。他和其他四人紧紧抓住了救生筏。

“划，快划，我们要被卷进浪里了！”上尉喊道。五个人都用一只手攀住救生筏，另一只手疯狂地划动着。前进了五十码[1]之后，乌施德拉维特的皮毛夹克和靴子坠得他直往下沉，他试图爬进救生筏里，但是上尉告诉大家，再过五十码再上去。

最后，他们终于笨拙地爬上了救生筏。乌施德拉维特认为，自己可能会死里逃生。他回头望去，只见那艘大班轮的后甲板高高翘起，就像一座倾斜的塔楼。他可以听见数百名妇女和儿童的尖叫。这骇人的声音几乎使他发狂。这是这恐怖的一夜中最为可怕的场面。

船头沉得更深了，大船开始颤抖。舱壁已然坍塌，海水涌进了下层甲板。随着“威廉·古斯特洛夫”号向一侧翻去，船上的尖叫声更为惨烈。乌施德拉维特脸色发狂，也尖声叫喊起来：“要是这一切再不结束……”上尉紧紧地扶着他的肩膀。

缓慢的翻转开始加速，“威廉·古斯特洛夫”号的汽笛长鸣，轰然倒向了一侧。五个人看着大船的轮廓开始下沉，越来越低，越来越低……直到踪影全无。

“还有个人活着。”上尉大喊。

乌施德拉维特看见一条胳膊探出海面，便一把抓住了它。他把一名年轻的船员拉上了救生筏。现在，筏上有六个人了。他们在寒风中坐着，浑身瑟瑟发抖，默默地凝视着大海。系着救生带的尸体漂浮在他们周围。幸存者们情绪低落，不愿开口。每次被推到浪尖上时，他们都能看到不远处有一条救生艇——除此之外，别无他物。这是他们附近唯一的生命迹象。

[1] 码：长度单位。一码等于0.9144米。——译注

乌施德拉维特注意到，救生筏上的海水正缓缓地漫上他的腿，不过他什么也没说。

“我相信我们正在下沉。”上尉说。又一波巨浪袭来，他们又看到了自己的邻居——那艘救生艇，这时上尉命令大家用双手划水。他请求登上救生艇，但是有人答道，船上的人已经过多了。当筏上的几人还在继续用手划水时，救生艇飞快地划着桨离开了。

乌施德拉维特用一片木头当桨划，直到意识到自己的双手已经失去知觉。他扔掉木头，又用手划起来。在那一瞬间，生命似乎重新回到了他们身上。上尉一直在呵斥那四名年轻船员，让他们快点。四人嘟嘟囔囔发着牢骚，不过还是服从了。

“T-36”和“雄狮”号在黑暗中漂动着。它们仍然关着发动机，只是在船侧放下了救生网，打捞幸存者。突然，“T-36”的声波探测仪发现了一艘潜艇。黑林立刻开启发动机，避开了潜艇。

“看！我们的驱逐舰！”筏上突然有人喊道。所有人都开始奋力划水。起初乌施德拉维特什么也看不见，不久，一个隐约的黑影在一百码开外显现了出来。接着，一束探照灯光线扫了过来，照在他们身上。他知道的下一件事情是，一个浪头把救生筏打向了“T-36”。上尉抓住从驱逐舰上扔下来的一根绳子，让四名船员依次爬了上去。乌施德拉维特催上尉赶紧上去，但是上尉紧握住绳子，简单地说：“你快上，我最后一个上。”有人抓住了乌施德拉维特的胳膊，他被猛地拽上了“T-36”号。当他踉跄着从晃动不已的甲板上站起来时，发现救生筏正向远处漂去，而上尉还留在上面。

在T-36上，乌施德拉维特得到了悉心的照顾。船员们脱去他的衣服，用毯子包好，然后把他像包裹一样放在一个吊床上。他浑身颤抖，突如其来的暖热比寒冷更使人痛苦。然而，他心里唯一惦记的，是救生筏上的上尉——是他拯救了大家的生命。

黑林从波罗的海中共打捞起了六百多人。其中一些已经被冻死，其他的也奄奄一息。突然，又一艘潜艇出现在声波探测仪的屏幕上，“T-36”号被迫立即逃离，迂回前进以躲避鱼雷。正在这时，元首的声音在扬声器里隆隆响起，开始颂扬十二年前他掌权的那个伟大日子。接着，扬声器突然不响了。一个船员走了进来，告诉打着寒颤的满屋乘客不要害怕，“不过我们马上要发射几枚深水炸弹”。他的话音未落，就听见了一声沉闷的重击，船体因反作用力而抖动了一下。接着又是一声轰鸣，再一声。殊死的决斗继续进行着。潜艇发射了第二枚鱼雷。黑林掉转自己的船，又一次逃离了危险。

妇女和儿童抽泣着，这简直比沉船更糟糕，因为她们本以为自己已经安全了。乌施德拉维特身边是个满脸泪水的十六岁的男孩。当“威廉·古斯特洛夫”的船长宣布只有妇女和儿童才能保留救生带时，他交出了自己的。后来，他的母亲说服了他，让他穿上自己的救生带，因为那样他就可以救她了。可是，在恐慌之中，他们失散了。“如果我没拿那条救生带，妈妈就还会活着。”他一次次地对乌施德拉维特说，“我会游泳。”

救援船只搭救的仅有九百五十人。其余的八千多人都丧生于这次最大的海难之中——相当于“泰坦尼克”号海难失踪人数的五倍多。

黎明时分，“T-36”启程向科尔贝格驶去。所有男性幸存者都被要求聚集到甲板上。乌施德拉维特登上舷梯，站在他前面的正是他的司机法比安。两个男人激动得说不出话来，只是紧紧地拥抱在一起。

前一天中午，俄国联络官切奥多修斯·伊尔什科中校来到了乌加滕村，为富勒的手下带来很多食物和酒。他说，乌加滕将成为盟军掉队士兵的集结点，并任命这位得克萨斯人为这里的司令官。在告诫富勒要好好维护这里的治安之后，伊尔什科离开了——带走了富勒收缴的所有武器。

朱可夫的先头部队离开乌加滕村向柏林挺进，几乎没遇到任何抵抗。到达乌加滕以西十英里处的重镇兰茨贝格时，发生了一场小规模冲突，但是 1 月 31 日上午十时左右，战斗便结束了。

部队继续西进，接近了奥得河畔的屈斯特林市。这里离帝国总理府仅五十二英里，有一条直达那里的公路。中午时分，IIIC 战俘营的美国士兵排成五路纵队匆匆离开战俘营；突然，数枚七十五毫米的炮弹在他们的正前方炸开了，与此同时，机关枪的子弹也横扫而至。美国人看见三辆“谢尔曼”坦克正朝他们开来，猜测那是俄国人的队伍。技术军士查尔斯·斯特朗、上士赫尔曼·克利和下士莱莫恩·穆尔草草做了几面白旗，开始迎着坦克走去。但是不知何故，俄国人以为他们是匈牙利人，朝他们开了火。穆尔死了，克利受了伤。等俄国人发现他们是对盟军开了火时，美国人已经五伤五死。

在奥得河口正北九十五空英里处，佩内明德火箭实验中心的技术主管维尔纳·冯·布劳恩博士正和他的主要助手们开秘密会议。他们一起研制出了

A-4 火箭，并认为这是太空飞行的第一步。然而，希特勒却把它看成是一件远程武器，因此戈培尔把它重新命名为 V-2，即复仇 2 号 [1]。

布劳恩对他的助手们解释说，他之所以召开这次会议，是因为今天接到了两个互相冲突的命令——都是党卫队官员下达的。党卫队中将汉斯 · 卡姆勒博士被希姆莱任命为这一项目的特派员。他今天发来电报，指示火箭专家们撤往德国中部。而希姆莱本人，作为维斯杜拉河集团军的司令，又发来急件，命令布劳恩手下的所有工程师参加人民冲锋队，这样他们就可以帮助这一地区防范日益逼近的红军。

“德国已经输掉了这场战争。”冯 · 布劳恩博士继续说道，“但是我们不要忘记，是我们的团队第一个在抵达外层空间的研究上有所成就。因为坚信这种火箭在和平时期的伟大前景，我们承受了无数的艰难困苦。如今，我们肩负重任。每个战胜国都希望拥有我们的知识，我们必须回答的问题是：我们应该把这份遗产托付给哪个国家？”

留在原地，投身于俄国人的建议被断然否定了。最终，他们一致同意向美军投降。第一步是服从卡姆勒的命令，向西撤退。没有时间可以浪费；撤退的准备工作至少要花上两周，而他们已经可以隐约听到南边传来的朱可夫的隆隆炮声。

尽管坏消息不断从东部前线传来，希特勒却并不气馁。下午的会议之后，有些与会者没走，留下来听希特勒随意地谈论着政局。元首偶尔会召开这种非正式的会议，目的是劝服他的军事领袖们——尤其是像古德里安那种只会用生硬的军事术语思考问题的人——现代战争与经济、地缘政治以及意识形态也有着密切的联系。

只有少数人意识到了希特勒有着绝佳的记忆力。当他在谈话中提到大量从粗略浏览过的书刊中记下的事实和数据时，表面上看来，他对复杂问题的领悟和见解非常深刻，大家总是对此印象很深。会场的气氛很轻松，希特勒像个教授面对自己的得意门生般讲着话。他首先解释了自己为什么要发动阿登战役。他说，他终于意识到，战争不再是仅凭军事手段便能取得胜利。唯一的解决方式是与西方之间达成体面的和平。这样，他便可以用德国的全部力量去对付东方。但是，要取得这一和平，他首先必须处于有利的谈判地位。因此，他召集

---

[1] 复仇英文为vengeance，缩写为V。——译注

一切可用的力量去进攻阿登，并试图打到安特卫普，在英国和美国之间打进一个楔子。一直以来，丘吉尔几乎和他一样惧怕布尔什维克，这次军事上的挫败很可能会成为首相的一个借口，使他坚持与德国达成某种协议。希特勒承认，这场赌博在军事上失败了，然而却赢得了某种意料之外的心理上的胜利。英国人和美国人已经公开地就战争的打法激烈地争执不休，盟军的分裂近在咫尺。

古德里安一直不耐烦地看着自己的表，但是年轻的军官们——比如元首的武装党卫队副官，身高六英尺的奥托·京舍——却似乎痴迷其中。希特勒又在解释他为什么不听古德里安的意见，没让党卫队上将约瑟夫·迪特里希的第六装甲师去对付朱可夫或者科涅夫，而是将其从阿登调往了匈牙利。“个中缘由，”他说，“远远超出了军事上的意义。首先，迪特里希即将发动一次突袭，这不仅能保住他们在匈牙利最后的石油资源，还能使他们重获罗马尼亚的石油。其次，更为重要的一点，他在赢取时间。总有一天，西方会认识到，布尔什维克才是他们真正的敌人，他们会与德国一同发起一场联合运动。丘吉尔和我一样，深知如果红军攻占了柏林，那么欧洲的一半就会立即变成共产主义者的，过不了几年，剩下的一半也会被吞掉。”

“我从来不愿意和西方打仗，”他突然略带痛苦地说道，“是他们逼我这样。”然而，俄国的计划日益昭彰。他继续道，斯大林最近表示，承认由共产主义者支持的波兰的卢布林政府。对此，就连罗斯福也不禁大吃一惊。“时间是我们的盟友。”他补充道。这就是他为什么决定让库尔兰集团军留在拉脱维亚。这不是显而易见的吗？当英国人和美国人最终加入德国的阵营，距列宁格勒仅三百五十英里的拉脱维亚将成为他们联合进攻的桥头堡。同样，他们在东部固守的那些要塞，在将来英美德联军横扫犹太—布尔什维主义时，会成为一块块跳板。这不也是显而易见的吗？

“这一联合进攻，”希特勒愈加兴奋地说道，“已然唾手可得。”他用一支红色铅笔在一份关于英美内乱的外交部报告上鲜明地划了几道。“看这里，这里，还有这里！”他喊道。人们正在反对罗斯福和丘吉尔当前的政策，很快便会要求与德国议和，对他们共同的敌人——赤色俄国开战。希特勒因为激动而抬高了嗓门，他提醒他的听众们说，1918 年，祖国被总参谋部在背上砍了一刀。要不是他们过早地投降，德国本来可以取得体面的和平，不会出现当时战后的混乱，也不会有共产党篡国的尝试，更不会出现经济萧条。

“这一次，”他恳求道，“我们一定不能在黎明即将到来之时放弃。”

# “很可能是一次决定性的会议”

希特勒预言英美之间将会有日益扩大的裂痕，这并非基于纯粹的愿望。像 1944 年，英国人希望仅由一支部队进攻德国北部，而美国人则要求发动更广阔的攻势。艾森豪威尔又一次进行折衷：蒙哥马利做主角，领导主攻；而布雷德利则在南部发动第二攻势。和以前一样，这一折衷方案只是让双方都不高兴。

1 月 31 日，在马耳他联合参谋部的第二次会议上，比德尔·史密斯宣读了艾森豪威尔的一封电报，他向大家保证，自己仍然计划让蒙哥马利以“最大的兵力以及完全的决定权”，从北部渡过莱茵河，然后等待布雷德利和德弗斯迫近这一区域。不过他又补充道，只有“当南方的局势允许我在不过度冒险的前提下集结必需的军队时”，才会采取这一计划。

布鲁克感觉很泄气。对他来说，这封电报不过是又一次试图取悦双方。这只会使本已混乱不堪的局面更加混乱。同时让他比以往任何时候都更加相信，艾森豪威尔是一个“二流玩家”。那天晚上，他在日记中写道：“因此，我们又一次被困住了。”

如果能知道马歇尔对当天议程的看法，肯定很有趣。不过，他不写日记。事实上，他甚至很少和自己的部下讨论此类问题。一次，他对自己的密友约翰·E. 赫尔少将、作战师里相对年轻的首脑说，他永远也不会写书，因为他无法使自己直言不讳地评论某些人。

马歇尔最为遗憾的一件事是，他本人没能成为欧洲的盟军总司令。丘吉尔本来属意于他，但是罗斯福听取了莱希、金和阿诺德的意见，认为五角大楼更需要他。后来，马歇尔推荐了一位著名的飞行员，他的前任作战参谋弗兰克·M. 安德鲁斯中将。但不久这位将军便在冰岛死于飞机失事。马歇尔的第二选择是德怀特·D. 艾森豪威尔，在珍珠港事件发生时，艾氏还是一位相对无名的准将。有些人说，艾森豪威尔只会对马歇尔随声附和。然而，像赫尔那样的亲密伙伴却声言，如果说二者之间是父子关系，那么马歇尔的确从不独裁。关于这一点，私下了解两人频繁往来的书信内容的任何人都可以证实。艾森豪威尔和他的参谋部作出的决定，马歇尔几乎每次都予以批准；即使不同意，参谋长也只是进行询问，而从不批评。

尽管在马耳他会议期间，马歇尔看上去如以往任何时候一般沉着冷静，但实际上，他正强捺着因英国人不信任艾森豪威尔而愈燃愈旺的怒火。他们一再要求给艾森豪威尔配个副手，让其指挥一切地面军事行动。马歇尔担心，这将使他们有机可乘。英国人一直声称，这样一个任命，可以给艾森豪威尔更多的时间，使他能够充分履行总司令的职能。马歇尔始终反对这个建议。几天前，他曾对艾森豪威尔说："只要我还是参谋长，就绝不让他们强加给你一个地面总指挥官。"

那天夜里，布鲁克正准备上床睡觉，比德尔·史密斯突然到访，要和他聊聊天。闲聊了几句之后，布鲁克说，他怀疑，作为总司令，艾森豪威尔是否"足够有力"。这促使史密斯建议两人开诚布公地谈谈——坦率地，非正式地。当然，布鲁克接受了这一建议。于是他开始直言不讳地吐露说，他非常怀疑艾森豪威尔，因为他对战地指挥官们的意愿过分注重。史密斯回答道，艾森豪威尔管理着一批高度个人主义的将军，像蒙蒂[1]、巴顿和布雷德利那样的人，只有软硬兼施才能驾驭。

这丝毫没有引起布鲁克的关注。他说，艾森豪威尔过去经常因为别人的意见而背离自己的目标。他特别擅长协调盟军之间的分歧，然而，他对各方观点的同情，却使他总是被最后一个与之交谈的人过度影响。史密斯尖锐地反驳道，最好将艾森豪威尔的能力问题提交联合参谋部。布鲁克立刻改口，承认艾森豪威尔具有很多杰出的品质。布鲁克本来不也批准了任命艾森豪威尔为总司令吗？他说，他所希望的是，史密斯本人能够意识到，将兵力集中在北部是非常必要的。不能允许布雷德利把针对法兰克福的"第二"进攻变

[1] 蒙蒂：蒙哥马利的昵称。——译注

成主攻。

两人放心地分手了。布鲁克确信，作为艾森豪威尔计划的起草者与执行者，史密斯是同意自己的观点的。史密斯则肯定，布鲁克认为艾森豪威尔比其他任何人都更有资格当总司令。两个人都误解了对方。

当晚早些时候，在总督官邸举行的隆重的正式晚宴上，小爱德华·斯退丁纽斯和丘吉尔谈了话。小斯退丁纽斯现年四十四岁，刚刚接替了患病的科德尔·赫尔，成为美国历史上第二位最年轻的国务卿。不过，与其说谈话，不如更确切地说，他遭受了一场猛烈的口头攻击。丘吉尔用他惯常的尖刻语言说话——会议秘书们必须不停地将其从记录中删掉。丘吉尔责问斯退丁纽斯这个鬼东西公开攻击他最近在意大利问题上的立场，究竟是想干什么。罗斯福的首席顾问哈里·霍普金斯已经警告过斯退丁纽斯，丘吉尔会在这个问题上“痛击我们所有人”。虽然如此，这位新晋国务卿仍然对首相攻势之猛烈准备不足。斯退丁纽斯有着一头蓬乱的银发，两道浓重的黑眉，让人一见之下印象非常深刻。他曾是美国钢铁公司精干的董事会主席，年薪十万美金。在弗吉尼亚大学上学期间，他曾去主日学校教书，并利用空闲时间为山区的教众宣读《圣经》。他不吸烟，不喝酒，也不爱好运动——却依然很受欢迎，总是被选为班长。他为人诚恳，做事认真，毫无政治野心。他唯一的渴望就是为国效劳——可以不计报酬。然而，这并不足以使他胜任国务卿的工作。未加准备便涉足复杂的国际事务，这使他难以应付丘吉尔、艾登、斯大林和莫洛托夫这样的职业外交家。

在国务院，他几乎总是听从顾问的意见。有一次，送来一份外发文件要他核定并签字，他唯一的意见是，页边的空白宽窄不合适。不过，虽然某些职业外交家嘲笑他，认为他庸俗呆板，没见识，他却因自己的谦逊与温厚的天性而受到人们的普遍喜欢。也许正是这些特质，才让罗斯福选择了他。由于赫尔生病，总统自己做了一段时间的国务卿。比起詹姆斯·贝尔纳斯那种强势者，也许罗斯福更想要一个能够不加争辩地执行自己意愿的人。这也许解释了为什么罗斯福指示他忠实而精明的助手哈里·霍普金斯随同斯退丁纽斯前往马耳他，并且密切监督他的行动。罗斯福政府的敌人已经公开指责说，斯退丁纽斯只不过是霍普金斯的“傀儡”，并且轻蔑地称他为“白发男孩”。

丘吉尔继续对斯退丁纽斯进行攻击，就好像他本人应该对美国人持续批评英国首相一事负责。首相命令英国驻雅典部队攻打刚刚与纳粹战斗过的共产党游击队，这让美国人有很大意见。丘吉尔说，如果英国没有在希腊驻军，希腊共产党早就已经轻松地夺取了政权。

翌日，2 月 1 日清晨，斯退丁纽斯开始了较为安宁的一天。他和英国外交大臣安东尼·艾登一起，离开英国轻型巡洋舰“H. M. S. 猎户星座”号，到码头上散步，并且准备就雅尔塔会议上可能提出的问题做友好的讨论。与他的叔叔不同，艾登举止文雅，性情平和。倒不是说他没有激动的时候。尽管公众以为他是一个温顺、温和，甚至温雅的绅士，事实上，他有时也会勃然大怒。小羊作狮吼，这才最令人惊惶。

上午晚些时候，艾登、斯退丁纽斯和他们的助手在美国人暂住的“天狼星”号上会面，准备重新研究他们在雅尔塔会议上将采取的立场。艾登认为，美国人过度重视创建世界组织的提议，而对波兰问题有所忽视；除非可以“劝说或迫使苏联适当地对待波兰”，否则“不值得下力气”去创建联合国。

尽管波兰问题起源久远，但当前的危机却可以追溯到 1939 年 8 月 23 日。那一天，令大多数世人都为之惊愕，俄国和德国签署了《莫斯科条约》。里宾特洛甫与莫洛托夫达成协议，两国瓜分波兰，以换取俄国不干涉。9 月 1 日，德国坦克滚滚驶向华沙。两天之后，英国、法国对希特勒德国宣战。第二次世界大战爆发。

对于波兰来说，盟国的参战仅仅意味着道义上的支援。三周之内，德国人和俄国人占领了波兰全境，数十万波兰人被关进纳粹或苏联的集中营。不过，途经罗马尼亚和法国逃至英国的波兰政府，却被西方民主国家承认为合法的流亡政府。

1941 年 6 月 22 日，希特勒又一次让全世界瞠目结舌：他背信弃义，进攻了苏联。几周之后，罗斯福与丘吉尔的《大西洋宪章》面世。这给抱有各种政治态度的波兰人都带来了新的希望——至少为一个真正自由的波兰提供了基础。不久，当俄国对宪章的准则表示认同，许诺“不再扩张，无论是领土还是其他方面”，波兰人的乐观主义似乎有了现实的基础。但是，当战局扭转，红军与德军势均力敌之时，斯大林却坚持说，俄波的边界应东移至分界线——即 1919 年寇松勋爵在巴黎和会上所建议的那条。这意味着俄国将保留红军在 1939 年占领的波兰领土的绝大部分。波兰人被激怒了，但是他们的争辩却没能影响丘吉尔。他和斯大林一样，相信战局的戏剧性转变必然会改变政治。罗斯福也有同感。1943 年，这两位在德黑兰会议上秘密地答应斯大林，他们会承认寇松线。

波兰总理斯坦尼斯瓦夫·米科拉伊奇克当然不知道这一协定。他前往美国，请求罗斯福亲自做出保证，将支持波兰的权益。两人于 1944 年 6 月 6 日即诺曼底登陆日会面。罗斯福只字未提寇松线，仅答应波兰将会取得自由和独立。

“斯大林持什么态度？”米科拉伊奇克问道。

“斯大林是个现实主义者。”总统一边点烟一边回答，“在判断俄国人的行动时，我们千万不能忘记，在国际关系方面，苏联政权仅有几年的经验。不过，有一点我很确定：斯大林不是帝国主义者。”他接着说，波兰人必须与斯大林达成谅解。“单凭自己，你们没有任何机会打败俄国。现在让我告诉你，英国人和美国人都无意与俄国作战。”罗斯福注意到米科拉伊奇克显然非常担忧，于是补充说：“不过，不用担心，斯大林并不打算剥夺波兰的自由。他不敢这样做，因为他知道，美国政府一直坚定地站在你们背后。波兰在这次战争中不会受到伤害，我会对此负责。”总统力劝米科拉伊奇克尽快会见斯大林，争取达成谅解。“如果事情已经无可避免，”他说，“就应当努力使自己适应它。”

作为强大的农民党的领袖，米科拉伊奇克和大多数波兰人不同，他并不坚持说决不向俄国人作丝毫让步。他同意飞往莫斯科。然而，在途中，他得知斯大林专横地将红军解放的波兰领土，交给了在卢布林新成立的波兰民族解放委员会，气得差点立即返回。该委员会的领导人，不是波兰共产党就是波共同情者。

7 月 30 日，他抵达俄国。简直没有比这更戏剧性的时刻了。科西尤斯科电台刚刚广播了对华沙人民的呼吁，请求他们“积极开展巷战”，协助正在迅速接近的红军。呼吁的最后几句甚是激动人心：“波兰人，解放的时刻即将到来！波兰人，拿起武器吧！决不能错过时机！”当波兰的地下领导人听到这些话语，立刻实行了“风暴行动”。这是一次反对纳粹的全面起义。地下人民军总司令博尔将军（其真实姓名为塔德乌什·科莫罗夫斯基）下令，战斗将于 8 月 1 日正式展开。那一天，约三万五千名装备落后、年龄各异的波兰人攻击了华沙的德国驻军。德国党卫队和警察队伍——包括缓刑期间的罪犯和憎恨波兰人的、变节的俄国俘虏——在党卫队少将埃里希·冯·德姆·巴赫—泽勒维斯基的指挥下，涌进城中，发动了一场极其残忍的运动，企图在镇压起义的同时，将华沙彻底夷为平地。

波兰人坚持战斗，深信近在维斯杜拉河彼岸的红军很快就会解放华沙。然而，几天过去了，俄国人眼看着德国飞机向人民军的阵地俯冲，已经进入了他们的射程，却连一次火都没开。

米科拉伊奇克抵达四日之后，终于见到了斯大林。斯大林勉强答应，如果伦敦的波兰人能够和卢布林的波兰人达成谅解，他可以作出一些让步。于是，米科拉伊奇克与卢布林的波兰人会谈了几次。后者表示同意由米科拉伊奇克担任联合政府总理，但是坚持要让博莱斯瓦夫·贝鲁特，一位公开的共产党人做总统。并且，内阁的十七个席位中，要有十四个由其他共产党人或他们的同情者拥有。在此期间，米科拉伊奇克拼命地尝试为华沙争取军事援助。一次，斯大林对他说，红军受到了德国四个新装甲师的进攻，因此无法跨过维斯杜拉河。但是之后却又说道，无论如何，他听说华沙目前并无任何战事。

在英国和美国，波兰人的困境引起了公众的广泛舆论。因此，罗斯福不得不批准派遣美国飞机前往华沙的建议。在给人民军空投物资之后，它们将继续飞行，到俄国领土上加油。但是，苏联政府拒绝了这一计划。他们声称，华沙起义“纯属冒险主义行动，苏联政府不能施以援手”。

“如果这确实反映了苏联政府的立场……”W. 艾夫里尔·哈里曼大使在给华盛顿的报告中写道，“它的拒绝是基于无情的政治因素——而不是基于否认抵抗运动的存在，或是作战行动困难。”尽管遭到了拒绝，罗斯福和丘吉尔仍然继续呼吁为华沙提供援助。然而斯大林立场坚定，发电报给二人说：

> 有关发动了华沙冒险行动的一小撮意图夺权的犯罪分子的真相，迟早将大白于世。这些异己分子，利用华沙人民的轻信，将实际上手无寸铁的老百姓暴露于德国的枪炮、坦克和飞机之下。尽管如此，最近不得不应对德国新反扑的苏联军队仍然在竭尽所能地击退希特勒的进攻，并在华沙附近发动大规模的新攻势。我可以向你们保证，红军将不遗余力地粉碎华沙的德军，并且为波兰人解放该城。对反纳粹的波兰人而言，这将是最好的、真正行之有效的援助。

即使红军真的没有能力解放华沙——这一点极为可疑——斯大林将这场起义说成“冒险主义行动”仍旧表明，他期望德军彻底摧毁人民军。消灭这些波兰人之后，共产党人控制的卢布林政府要接管战后波兰就容易多了。

1944 年 10 月 2 日，在六十三天的英勇抵抗之后，博尔将军最终投降了。在这场起义中，约有一万五千名人民军战士阵亡，另有二十万波兰人民与他们一起战死。整个华沙几成废墟。一周之后，丘吉尔抵达莫斯科，试图为苏联在东欧、南欧扩张所引起的新问题寻求令人满意的解决之道。伦敦的波兰人仍旧在强烈指控斯大林对华沙的背叛，因此，丘吉尔担心他们会扰乱三巨头之间的有效关系。此时，米科拉伊奇克已懊恼地飞回伦敦。丘吉尔发电报给他，坚持要他带一个代表团再来莫斯科，与卢布林的波兰人继续磋商。

尽管非常不情愿，米科拉伊奇克和一队伦敦的波兰人还是在几日后抵达了莫斯科。然而，他们只是受到了又一次打击。在 10 月 14 日的一次会议上，莫洛托夫泄露了这个秘密：罗斯福早在德黑兰会议上便已接受了以寇松线作为边界。米科拉伊奇克不愿置信地转向丘吉尔和哈里曼，希望得到他们的否认，然而他们尴尬的沉默足以说明一切。伦敦的波兰人使出他们最擅长的手段——激烈地抗议。而丘吉尔只是同样激烈地回应道，他们的愚顽将会“毁掉欧洲的和平”，并且触发与俄国的战争，将有两千五百万人因此而丧生。“你们在为什么而战？”他吼道，“为了被镇压的权利？”

米科拉伊奇克愤愤不平地要求跳伞到波兰，加入地下工作者的队伍中。“我宁愿为了祖国的独立而战死，也不愿将来当着你们英国大使的面被俄国人绞死！”

虽然一时怒火难抑，米科拉伊奇克很快就意识到，必须作出妥协。回到伦敦之后，他催促流亡政府与莫斯科达成一项新协议。不出所料，他们拒绝背离《大西洋宪章》；同样不出所料，丘吉尔随后对米科拉伊奇克说：“如果一月份你听从了我们的忠告，接受寇松线，如今就不会有卢布林那些讨厌的波兰人！”丘吉尔威胁要对伦敦的波兰人“撒手不管”，因为他们过分顽固。米科拉伊奇克深受刺激，问道：“在联合国的这么多国家里，为什么只有波兰要承受领土的牺牲，而且如此迅速？”

“好吧，那么，”丘吉尔讽刺地答道，“就让卢布林的波兰人继续掌管波兰的事务，因为你并不想从他们手里接管。”伦敦的波兰人控制战后波兰的唯一途径，他说，就是马上就寇松线达成妥协。若能如此，他们便将获得英美两国的支持。“除非今明两天你给我一个答复，否则，我将认为一切都已了结。如果波兰政府不能作出任何决定，那它实际上就并不存在。”

“倘若没有任何适当的保证，我无法说服我的同僚们接受如此苛刻的条件。”米科拉伊奇克回答道。

“我受够了！”丘吉尔嚷道，“你只能在一件事上讨价还价——寇松线。”

“这太强人所难了，”米科拉伊奇克指出，“毕竟，这关系到让五六百万波兰人迁徙到那些波兰的新地区去，同时，还要让七百万德国人从那里搬走。”

“那你回伦敦是干什么来了？”丘吉尔像个狂怒的小男孩一样跺着脚，又发出几个威胁，然后突然问道，“你是否准备明天晚上动身去莫斯科？”

“不，我不能去。”

“后天呢？”

米科拉伊奇克认为，他需要更多时间才能取得流亡政府的同意，作出新的妥协。

丘吉尔甩开一切拘束，狂乱地挥动着双臂，大叫道：“如果你持否定态度，那就勇敢地说出来！我将毫不犹豫地站出来反对你。你已经白白浪费了整整两周时间，无休止地争论，却毫无所获。这将导致什么结果？今天，我最后一次告诉你。过了今晚，我将不再和你谈话！”

米科拉伊奇克将这一切报告给他的内阁，正如他所预料的那样，他们拒绝仓促作出决定。左右为难的米科拉伊奇克递上了辞呈。

正是在这一争论、怀疑与密谋的背景之下，2 月 1 日早晨，斯退丁纽斯和艾登在“天狼星”号上商讨起了波兰问题。斯退丁纽斯认为，承认共产党人控制的卢布林民族解放委员会为波兰政府，会在美国引起极大愤恨。艾登表示赞同：英国人也不能承认卢布林。对他来说，唯一的解决办法是“在波兰成立一个新的临时政府，并保证一旦条件允许，便立即进行自由选举”。会谈结束之后，艾登在日记中写道，他们已就“一切主要问题达成了共识”，他已尽力“向斯退丁纽斯强调，这次轮到他们（美国人）来挑起担子了。我们本应全力支持他们，但是现在需要换手。我们双方都必须竭尽全力”。

当联合参谋部下午开会再次讨论西线战事之时，外交官之间的和谐却被军人之间的新摩擦取而代之了。马歇尔要求举行秘密会议，这样他们就可以更加开诚布公地讨论。会议秘书们离开房间之后，马歇尔竭力劝说大家接受艾森豪威尔的进攻计划，不要再多加异议。布鲁克断然拒绝了，仅仅同意会“注意一下”。

这次会晤的本意是要为雅尔塔会议做准备，谁知却制造了一场危机。

几个小时以后，斯退丁纽斯和霍普金斯，与丘吉尔和艾登在“猎户星座”号上共进晚餐。丘吉尔表示了对受难人民的关心；凝视世界，他只看到了悲痛与流血。最后他说，战后的和平与稳定，依赖于英美两国的紧密和谐。

这并非他的悲观情绪的唯一实例。三周之前，他曾致电罗斯福：

> ……强大的同盟国正日益分裂，战争的阴影在我们面前无尽地拉长。在这样一个时刻，这很可能是一次决定性的会议。现在，我认为，这次战争的结束可能会被证明比上次战争的结束更令人失望。

这封电报发出之后，不仅三巨头，就连其他的西方伙伴都变得更加四分五裂。除非英美两国能在第二天便解决它们的分歧，否则，在雅尔塔获得任何持久性成功的希望都将非常渺茫。

2月2日上午九点三十五分，美国巡洋舰“昆西”号通过了瓦莱塔港口入口处的防潜艇网。这是一个温暖晴朗的早晨。航道两侧都是拥挤的人群；他们来这儿是为了看看坐在舰桥上那个身着棕色大衣、头戴粗花呢帽的人。“昆西”号缓缓驶过停泊在那里的“猎户星座”号，温斯顿·丘吉尔——身着海军制服，嘴里叼着雪茄——向其挥手示意。坐在舰桥上的人挥手还礼。当人们转向罗斯福时，突然一片寂静。艾登想：这是这样的一个时刻，所有人仿佛都静止不动，人人都意识到了历史的标记。

突然，寂静被打破了：一队英国喷火式战斗机在头顶呼啸而过，枪炮隆隆致礼，港口停泊的船只上，乐队都奏起了《星条旗永不落》。

富兰克林·D. 罗斯福抿嘴一笑，对欢迎的阵势显然很满意。这是他一生中权力巅峰的开始。接下来的几天里，他和另外两人将拥有一个空前的机会，来创造一个美丽的新世界。

岁月与痛苦都写在他的脸上。但同样可以看到的，还有他的决心与自信。在华盛顿与罗斯福夫人道别时，他重申了自己对雅尔塔会议的高度希望。“我能够在巩固我与斯大林元帅的私人关系问题上，取得真正的进展。”他对她说。

尽管病痛缠身，他仍决定继续工作，以保证这个世界持久与公正的和平。他与丘吉尔的关系非常值得注意。两人情同手足，有着兄弟般的复杂情感。1940年，英国处于生死存亡的致命关头，罗斯福拿自己的政治前途冒险，根据《租借法案》对英国施以援手。然而，在救助了自己的兄长之后，他却一直就殖民主义的不道德问题对其大加指责。英国官方保证“在英联邦范围内实现自治”。罗斯福对此充耳不闻，仍然决定要帮助殖民地人民——包括大英帝国的殖民地人民——取得最终的自治。

“我认为你正在试图搞垮大英帝国。”一次丘吉尔私下对他说。的确如此。“殖民体系就意味着战争，”罗斯福对他的儿子艾利沃特吐露说，“剥削印度、缅甸、爪哇的资源；掠夺这些国家的所有财富，但是从不回馈他们任何东西，比如教育、像样的生活条件、最低限度的卫生条件——而你们正在做的一切，就是在和平得以实现之前，否定任何以和平为目的的组织体系的价值。”

不过，殖民主义只是他将在雅尔塔面对的问题之一。就在离开美国之前，他召见了伯纳德·巴鲁克，想征询一些意见。“伯尼，昨天晚上，我实在受够了那些人。”他这样说是为了解释为什么自己双手颤抖。他表示，希望自己能在克里米亚会议上，为世界和平打下基础。

巴鲁克曾率真地描述自己为“显而易见的善于阐明事理的专家”。他早有准备，将一封写有自己建议的信交给了罗斯福：

> 在《圣经》里，历史上，都不乏这样的使命，无数人们都不遗余力地去帮助自己的同胞。
>
> 从没有任何一项使命，像您即将着手进行的这项一样，充满了如此之多的可能性。
>
> 您肩负的不仅是世界的希望，您还有机会通过实现和平，使先前的一切尝试都取得成功，并在和平中开花结果……我们可以从过去的错误中吸取教训。您的使命必须成功。我会为那些寄希望于您的人们祝福祈祷，我知道，您不会让他们失望。

罗斯福深受感动，他说，他会让他的秘书埃德温·帕·沃森少将在每次会议之前为他朗读此信。“我不能带你一起去，伯尼，”他说，“你容易晕船。但是我向你承诺，我不会为和平条约作任何妥协。当我最终签署合约时，你一定会坐在我身边。”

“不要提出任何建议。”巴鲁克劝他，并用胳膊搂住总统的肩膀——这是他第一次被感动得和总统如此亲密。“并且要记住，”他补充说，“不管您坐在哪里，都是正座。”

罗斯福不禁热泪盈眶。他低下头，好掩饰这种异乎寻常的感情流露，然后默默地坐下了。

2月2日上午十一点刚过，乔治·马歇尔向总统作了报告。在场的还有海军上将欧内斯特·金。马歇尔和金看到总统憔悴枯槁的面容，不禁大吃一惊。罗斯福没有意识到他们的担心，饶有兴致地倾听着二人描述与英国参谋长们不愉快的会晤，以及英国人对布雷德利渡过莱茵河问题的强烈反应。

总统要了一张地图，仔细察看一番之后，他说，他对那里的地形很了解，因为他曾在波恩和法兰克福地区骑自行车旅游过。因此，他由衷地赞成艾森豪威尔的计划。马歇尔和金不想让总统太过疲劳，半个小时后就离开了。登上送他们上岸的驳船之后，他们仍然因总统的面容而震惊，不禁惊愕地彼此对看了一眼。不过当着船员的面，他们只是摇了摇头。

正午时分，丘吉尔在艾登和女儿萨拉的陪同下登上了“昆西”号。在接下来的午餐中，虽然病痛尚未痊愈，首相却仍凭他敏捷的思维、机智的言辞主导了谈话。罗斯福提到，丘吉尔一直没在《大西洋宪章》上签字，他却在自己的那份文件上签了首相的名字。他开玩笑地说，希望丘吉尔将来能在文件上签字，以使宪章真实有效。丘吉尔幽默地回答，最近他阅读了《独立宣言》，高兴地发现，宣言的内容都包含在宪章之中。

午饭后，艾登对斯退丁纽斯说，他认为总统比去年秋天在魁北克会议上看上去轻松多了。但是，他却在日记中写道：“……他给人体力日渐不支的印象。”不过，斯退丁纽斯并未因艾登的安慰而感到放心。他仍清楚地记得，在最近一次就职演说中，罗斯福的整个身体和双手都颤抖得厉害。并且，就在刚才的午宴上，罗斯福还说，在前来马耳他的航行途中，他每晚都要睡十个小时，可还是觉得“没睡醒”。

当天下午，总统和他的女儿受马耳他总督的邀请，在岛上做了一次三十英里的悠闲之旅。总统后来在日记中记录道："天气宜人。"这一愉快的间歇让罗斯福重新精力充沛。六点钟，他在"昆西"号上的军官起居室初次会见了丘吉尔以及联合参谋部人员。和往常一样，大部分时间都是丘吉尔在讲话，罗斯福很少发言，只是不时地点点头。当丘吉尔爽快地通过了艾森豪威尔的计划，关于西线战略的棘手问题便出人意料地轻松解决了。不过，首相解决一个问题，只是为了提出另外一个问题。而这正是马歇尔长期以来一直担心的：他建议任命驻意大利盟军总司令哈罗德·亚历山大为艾森豪威尔的副手，指挥一切地面军事行动。美国参谋长们坦率地说不。丘吉尔没被吓住，又建议一旦渡过莱茵河，便由蒙哥马利指挥绝大部分部队。美国参谋长们再次说不。丘吉尔平和地接受了他们的拒绝。会议暂时中止了。

正当马歇尔等待上岸时，罗斯福将其召回。罗斯福说，丘吉尔仍然极其渴望任命亚历山大为艾森豪威尔的副手。马歇尔回答说，他永远不会赞成这一举措。然后罗斯福让他走了。

当天早些时候，在比利时的斯帕，布雷德利向美国第一军、第三军和第九军的司令——中将考特尼·霍奇斯、乔治·巴顿和威廉·辛普森——传达了艾森豪威尔的计划。当得知蒙哥马利将担任主攻，而辛普森的第九军仍将由他指挥时，他们的反应都在意料之中。

他们三人是老朋友了，有着很多的共同经历。他们军人生涯的开端都不顺利。在西点军校时，辛普森的毕业成绩是他们班最差的。而巴顿和霍奇斯1905年考试不及格，成了下级生。巴顿最终和辛普森一起在1909年毕了业，但霍奇斯则因数学"有所欠缺"，不得不再次从头开始，作为普通士兵进了正规军。他们都曾在墨西哥追击过潘乔·比利亚，都参加过第一次世界大战。虽然三人的个性差异很大，但都同样积极进取，非常称职，急于毫不拖延地立刻粉碎德军。

他们听着布雷德利继续解释，不由地越来越沮丧。布雷德利说，霍奇斯和巴顿可以继续向齐格菲防线——即德国人所说的"西部壁垒"——发动有限的进攻，直到蒙哥马利的大规模进攻启动。在那之后，战役就只能随机而动了。

巴顿火了。他说，他和霍奇斯更有可能率先到达莱茵河。此外，他对英国军队的攻势并不持过高的评价，他确信霍奇斯对此也会表示赞同。巴顿认为，这样结束战争，对美国人来说是种愚蠢且可耻的方式。那些该死的师，哪个都应该发动进攻。如果真能如此，那些德国佬恐怕没什么办法来阻止他们。

关于雅尔塔会议上将要考虑的政治问题，罗斯福一直对艾登和丘吉尔避而不谈，这让两人很是不安。当晚，在“昆西”号上安排了一次小型晚宴，以期补救这种局面。斯退丁纽斯感到，在波兰、联合国，以及德国的处置问题上，“美国人和英国人的态度”都已阐明。然而艾登却很悲观。对他而言，所有问题都没有找到答案。他在日记中写道：

> ……甚至不可能接近问题的实质。后来，当哈里（霍普金斯）进来时，我相当尖锐地对他提及此事。我指出，我们即将召开一次决定性的会议，然而迄今为止，却既没有就我们届时要讨论什么达成一致，也没有决定该如何与虎谋皮，但是老虎却肯定清楚哈里的打算。

艾登认为，总统“心思莫测”。而且他和丘吉尔都为英美两国首脑没能进行真正的磋商而焦虑不安。

晚宴之后，罗斯福和丘吉尔赶赴卢卡机场，准备乘飞机去与斯大林会晤。首相登上他的四引擎“空中霸王”，上床休息了。而总统则仍旧坐在轮椅上，被人推进一架特殊电梯里，然后直接升进了他那架改装过的C-54飞机。这是他第一次使用这架飞机。除了不喜欢飞行的单调之外，罗斯福还认为，专门为他造一架私人飞机，是一项没必要的开销。尽管如此，此刻他却轻松而兴奋。前方是新的冒险。不久他被告知，飞机要几个小时后才起飞，于是他也去睡觉了。

夜色清冷，繁星满天，七百名准备飞往雅尔塔的与会者登上了二十架美国“空中霸王”和五架“约克”飞机。黑暗的飞机场上，气氛非常紧张。因为美国情报部门报告说，希特勒已得知三巨头会议的确切地点。三天前，由亨利·迈尔斯中校进行的试航差点毁于一场灾难。飞机在克里米亚半岛的萨基机场着陆后，迈尔斯发现机身上有很多高射炮打出的枪眼。也许是顺风曾把他带到了德国人占领的克里特岛上空，也许是土耳其炮手们误把他当成了德国人。

晚上十一时三十分，卢卡下起了冰冷的细雨，第一架飞机启程前往萨基，全程一千三百七十五英里。其他的飞机拉开均匀的间距，相继起飞。他们的飞行计划要求，先向东飞三个半小时，然后向北转弯九十度，避开克里特岛。总统的座机于凌晨三点三十分出发，丘吉尔的座机紧随其后。没有护航机，灯光全部熄灭，巨大的运输机很快就消失在了细雨蒙蒙的黑暗之中。随着引擎的嗡嗡声逐渐消失，在将近七个小时之内，美国总统的命运将无人知晓；所有飞机都严禁使用无线电通话。

前一半航程平安无事。但是不久，六架 P-38 战斗机在希腊山区上空与罗斯福的 C-54 会合，随后，这七架飞机的机翼上都开始结冰。一架 P-38 的一个发动机失灵了，离开机群，返回了雅典。特工人员十分担心，考虑叫醒总统，让他穿上救生衣。但是，危险过去了。克里米亚时间（比马耳他时间早两小时）刚过正午，飞行员对准萨基机场附近的一个无线电发射台做了个九十度的转弯——这一动作表示自己是朋友。

十二点十分，罗斯福的座机在一条类似砖地的水泥跑道上着陆，然后滑过覆着冰的狭长路面，在离尽头不远的地方停了下来。田野里没有树木，空荡而阴沉。当飞机滑向停机坪时，机上乘客可以看到身着漂亮制服的俄国士兵站在机场周围，手里握着冲锋枪。一个红军精锐团立正站好，一支大型军乐队奏起了威武的乐曲。外交委员维亚切斯拉夫·M. 莫洛托夫、大使哈里曼和斯退丁纽斯登上飞机，欢迎总统，并告诉他斯大林元帅尚未抵达克里米亚。

十二点三十分，首相的“空中霸王”在六架 P-38 的护送下降落了。丘吉尔走向罗斯福的座机，看着他乘电梯下了飞机，然后由警卫队长迈克尔·赖利搀扶着上了一辆根据《租借法案》提供给苏联的美国吉普车。仪仗队队长向两位西方首脑致欢迎辞，乐队奏起《星条旗永不落》。吉普车从队伍前面缓缓驶过，丘吉尔在一旁步行，他的嘴里叼着一支八英寸长的雪茄，就好像一门小钢炮。

随后，罗斯福换乘一辆轿车，前往七十五英里外的雅尔塔。一路上没有任何其他车辆，很多武装哨兵身着厚重的长大衣，系着腰带，以一百码的间隔依次站在路边。一些哨兵戴着羊皮帽子，其他人的帽子都是鲜亮的绿色、蓝色，或者红色。总统的豪华轿车经过时，每个哨兵都迅捷地行持枪礼。安娜·伯蒂格拽了拽父亲的袖子。“看！”她惊奇地说，“有那么多女孩！”站在十字路口的是些穿着制服的女孩，每个人都拿着两面旗子，一面红色，一面黄色。如果路上很安全，巡逻的女孩就用黄旗指一下轿车，然后将两面旗都塞进左边腋下，用右臂轻快地行礼。这让美国人印象深刻，也使他们对总统的安全放心多了。

路程的前三分之一是绵延起伏、积雪覆盖的旷野，让人不禁联想起美国的大平原。不过，与美国不同，这里的田野里点缀着很多被击毁的坦克、烧坏的建筑、炸坏的货车，以及战争留下的其他痕迹。车子经过克里米亚首府辛菲罗波尔之后，开始沿一道崎岖的山脊蜿蜒而行。从另一侧下山之后，车队开过了黑海边的许多农庄，然后沿着海岸向南驶去。晚上六点左右，车队穿过雅尔塔，继续南行两英里，最后抵达利瓦吉亚宫，这里将成为罗斯福的大本营。这座宫殿有五十个房间，由克拉斯诺夫按照意大利文艺复兴时期风格设计，于 1911 年沙皇尼古拉在位时建造。这座巨大的白色花岗岩建筑物矗立在海拔约一百五十英尺的基石上，临着浩瀚的大海和陡峭的群山。在斯退丁纽斯眼里，这是一幕让人无法呼吸的景色，使他想起了太平洋海岸上的某些地方。

革命成功之后，利瓦吉亚宫改成了工人阶级的结核病疗养院。德国人将其洗劫一空，甚至连墙上的嵌板都拆了下来，只留下了两幅小油画和成群的蟑螂。在过去的十天里——在大使哈里曼的女儿凯蒂的监督下——俄国人从莫斯科大饭店运来各种家具设备，还调来一大队泥水匠、管道工、锅炉工、电工，以及油漆匠，将毁坏的窗户和墙壁整饬一新，并且修理了供热总站。至于蟑螂，则留给了爱干净的美国人。停泊在塞瓦斯托波尔的一条美国海军辅助舰“卡托克廷”号的船员们，彻底消灭了这里的蟑螂。

罗斯福住在一楼的一间套房里，这里配有私人餐厅，原来是沙皇的台球室。马歇尔分到了皇帝的卧室。风趣的金上将则占据了皇后的闺房，而他的同僚们一直不让他忘记这一点。然而，虽然这里非常奢华，对于这二百一十六名美国人来说，却有一个巨大的困难：只有罗斯福拥有私人浴室。俄国女仆们在进入其他的浴室时都不敲门，对吓了一跳的美国男人们的尴尬完全视而不见。

丘吉尔和他的随行人员没有马上离开机场，而是跟随莫洛托夫来到了一个暖洋洋的大圆帐篷。帐篷里有数张自助餐桌，上面摆满了热茶、伏特加、白兰地、香槟、鱼子酱、熏鲟鱼、熏鲑鱼、白煮蛋、黄油、奶酪和面包。

饭后，大家上路了。前往雅尔塔的这段路程，他们比罗斯福多花了一倍的时间。中午，某个精明的参谋准备了三明治，吃过之后，他们又在雅尔塔以北的海滨小城阿卢什塔停了下来，莫洛托夫在那里招待了一顿丰盛的午餐。客气的英国人不得不尽力装出饥饿的模样，肚子都快要撑破了。他们从罗斯福的利瓦吉亚宫大本营前驶过，继续前行了六英里，到达了约索波夫大公的宫殿，斯大林将在那里下榻。英国人继续沿着海岸南行了四英里，来到了他们自己的住处，沃隆佐夫宫。虽然这里不如利瓦吉亚宫那么大，却非常舒适豪华。从一侧看上去，它很像一座苏格兰古堡，而从另一侧看上去，又像一座摩尔式宫殿。与之相称地，大门两侧刻着两只雄狮。而在餐厅里，丘吉尔看见了一幅非常眼熟的油画。“我知道我以前见过这个。”他对汤普森司令说。那是赫伯特家族的一幅肖像，他曾经在威尔顿看见过；沃隆佐夫大公的一个姊妹嫁进了赫伯特家族。

和利瓦吉亚宫一样，这里的家具、设备和工作人员全来自莫斯科。当丘吉尔的参谋长黑斯廷斯·伊斯梅走进宫里时，他认出了两个曾经在莫斯科国家饭店为他服务过的侍者。他对他们露出微笑，但对方却不予理睬，这让他大惑不解。不过，当只剩下他们三人在场时，两个侍者却双膝跪地，亲吻他的手——然后匆匆起身，一言不发就离开了。

在决定希特勒德国命运的会议即将召开前夕，纳粹自己仍然在审问那些之前试图结束第三帝国却未能成功的人们。人民法庭已经证实有数百名被告参与了“七·二〇”阴谋。其中包括前莱比锡市市长卡尔·格德勒，正是他在 1943 年写了那封致德国将军们的秘密信件：

> ……认为德国人们的道德力量已经耗尽，这是一个巨大的错误。事实不过是有人蓄意削弱了它。救赎的唯一希望在于，清除秘密与恐怖，恢复正义与正直的政府，从而为伟大的道德复兴铺平道路。我们不能动摇我们的信仰：德国人民将会像过去一样渴望正义、正直和诚实。同样，像过去一样，少数几个不这样希望的堕落分子，应由国家的合法政权进行约束。

最有用的解决方式是创造条件，即使只有二十四小时也好。在这些条件下，才能说出真理，恢复信心，相信正义和法治终将重获胜利。

2月3日，诉讼进程照常由人民法庭庭长罗兰·佛莱斯勒主持。此人精明、能干、言辞锋利。年轻时，他曾是一名热情的布尔什维克，因此被希特勒称为“我们的维辛斯基[1]”。在过去的六个月里，他实践了这一称号。他身兼公诉人与法官二职，对被告嘲笑、攻击、恫吓，当这一切都无济于事之时，他便扯开嗓子大喊大叫。当他责骂地主埃瓦尔德·冯·克莱施特—斯门津时，就连法庭尽头都可以听见他刺耳的声音。但是克莱施特丝毫未被激怒，反而骄傲地承认，自己一直反对希特勒和国家社会主义。坐在被告席上的其他犯人默默地倾听着，期望自己也能以同样的尊严面对法庭。克莱施特的回答让佛莱斯勒惊慌失措，他突然宣布拒绝受理这一案件，开始审理律师出身的年轻参谋法比安·冯·施拉布伦多夫案。施氏不仅是“七·二〇”阴谋的参与者之一，还曾于1943年3月在希特勒的座机里安放了一枚定时炸弹。不过，炸弹没有爆炸。被捕之后，他饱受折磨，但却始终既没有认罪，也没有招出同谋。刽子手们用大棒毒打他，往他的指甲缝里钉进大头针，还把一个满布尖钉的烟囱形状的东西按在他裸露的腿上扎他。

佛莱斯勒挥舞着一个装满施拉布伦多夫的“罪证”的文件夹，对他吼道：“你是个叛徒！”这时，空袭警报响了，审判匆匆中止。囚犯们被戴上手铐脚镣，集合起来押送进了一个防空洞。佛莱斯勒也进去了。大约两万五千英尺的高空中，美国空军第八军的上千架“空中堡垒”开始投掷炸弹。施拉布伦多夫听见一声震耳欲聋的重击，确信这就是“世界末日”。而当烟尘散尽之后，他看见原来是一根大梁掉了下来，压在佛莱斯勒和另一个审判员身上。医生被叫来了，但是佛莱斯勒已经死了。施拉布伦多夫看见了无生气的佛莱斯勒仍然紧紧攥着他的“罪证”材料，心头涌上了一股苦涩的胜利感。他对自己说：“上帝的方式如此神奇。我是被告，他是法官。现在，他死了，我活着。”

盖世太保把施拉布伦多夫、克莱施特和另一名被告推搡出了防空洞，押进一辆小汽车，送往盖世太保的监狱。这时刚过正午，但天空却已被烟尘染

[1] 维辛斯基：前苏联政治家、外交家、法学家，曾任前苏联检察长。此处希特勒意谓二人职能相近，信仰相同。——译注

得一片昏暗。到处都着了火，就连艾尔布莱希特亲王大街9号的盖世太保大楼——他们的目的地——也在熊熊燃烧。不过防空洞只受到了轻微的损坏。施拉布伦多夫从另一个犯人威廉·卡纳里斯身边走过时，对他喊道：“佛莱斯勒死了！”卡纳里斯是最高统帅部情报处的前处长，一直策划反对希特勒。

这一好消息迅速在犯人中间传遍了——其中包括前陆军参谋长弗朗兹·哈尔德上将和军事检察官卡尔·沙克。幸运眷顾了大家，在下一次开庭之前，盟军便将解救他们。

在利瓦吉亚宫，从不相信德国有强有力的地下组织的罗斯福，为即将召开的会议平静地准备了一夜。次日清晨，在一个向着海面的阳台上，他会见了自己的军事顾问们，就下午的首次三巨头会议做了最后一次情况汇报。海军上将威廉·莱希说，他们一致认为，应该允许艾森豪威尔直接与苏联总参谋部沟通。马歇尔指出，像英国人所坚持的那样，事事经过联合参谋部，已经不再可行——那样会浪费过多时间，而眼下俄国人距柏林仅四十英里。

参谋长联席会议的成员们将要离去时，大使哈里曼和斯退丁纽斯与国务院的三名官员一起来到了阳台上。这三名官员是：弗里曼·多克·马修斯、查尔斯·奇普·波伦和阿尔杰·希斯。斯退丁纽斯力劝参谋长们留下，听听国务院的外交立场。在马修斯频繁的提示和建议下，斯退丁纽斯列举了他认为三巨头应该考虑的一些问题。其中最为重要的有波兰问题，联合国组织的建立，对德国的处置，对中国政府与中国共产党之间分歧的解决。唯一没有参与讨论的是希斯[1]。

总统同意代表团的看法，认为对卢布林政府应该不予承认，并且要求准备一份关于波兰的文件，以便交给丘吉尔和斯大林。

当天上午，斯大林经过乏味的长途旅行，从莫斯科乘火车抵达了这里。下午三点，在赶赴利瓦吉亚宫参加第一次全体会议的途中，他在沃隆佐夫宫停下来，对丘吉尔做了礼节性的拜访。斯大林表达了他对战争局势的乐观；德国即将煤尽粮绝，运输系统也已被毁掉。

“如果希特勒向南运动——比如说，撤到德累斯顿，”丘吉尔问道，“您准

[1] 后来人们普遍认为，希斯是一个苏联间谍，曾说服罗斯福在雅尔塔向斯大林作出让步。不过，没有证据证明，他曾在会议期间向总统或其顾问们提出过此类建议。

备怎么做？”

“我们将紧追其后。”斯大林平静地回答。然后，他又补充说，奥得河已不再是障碍。不仅如此，除了古德里安，希特勒已将他最好的将军们弃置不用——“他是个冒险分子。”纳粹将十一个装甲师留在了布达佩斯周围，实在是很愚蠢。难道他们没发现吗？德国已不再是世界强国了，没有能力再到处布兵。“他们会及时明白的，”他冷冷地作出结论，“不过那已经太晚了。”

斯大林告别了丘吉尔，与莫洛托夫、一名翻译一起，乘坐那辆黑色的普斯卡尔德大轿车继续前往利瓦吉亚宫。他们还要去拜访罗斯福。四点十五分，会议计划开始的四十五分钟之前，他们被请进了总统的书房。除了总统之外，能讲一口流利俄语的波伦是唯一在场的美国人。罗斯福首先向斯大林致谢，感谢他尽力为自己提供舒适便利的居住条件。接着，他开玩笑地说道，在航程中，大家打了很多赌：俄国人能否在美国人到达马尼拉之前抵达柏林？斯大林承认，很可能是美国人率先达成目标，因为“目前，奥得河战线正在进行艰苦的战斗”。

罗斯福对斯大林说，在横跨克里米亚的旅途中，他因那里受到的严重破坏而感到非常震惊。这让他感到德国人比一年前“更加嗜血成性”。“我希望您能再次为五万德国军官被歼灭而举杯。”他说。斯大林回答说，对于德国人，所有人都比过去更加嗜血成性。和乌克兰比起来，克里米亚受到的破坏简直微不足道。“德国人都是野蛮的畜生。他们似乎对人类的一切创造性成果都怀着刻骨的仇恨。”

简单地讨论了战局之后，罗斯福问斯大林，他和戴高乐十二月份在莫斯科会面时，相处得怎么样。

“我并没发现戴高乐是个很复杂的人。”斯大林回答，“不过我感觉，他在这点上有些不切实际：在这场战争中，法国没打过几次仗，却要求与挑起作战重担的英美俄享有同样的权利。”

罗斯福不喜欢这位法国首脑，仅仅把他看成甩不掉的麻烦。他咧嘴一笑，透露说，在卡萨布兰卡，戴高乐曾将他自己比做圣女贞德。斯大林颇为欣赏这则趣事，不禁微笑了起来。和丘吉尔在一起时，斯大林总是以礼相待，而对罗斯福，他则更为亲切。事实上，斯大林和罗斯福相处得非常融洽，甚至可以彼此吐露些秘密。罗斯福告诉斯大林，最近谣传，法国并不打算马上吞并德国领土，而是希望将其置于国际控制之下。斯大林摇摇头，将戴高乐在莫斯科告诉他的重复了一遍：莱茵河是法国的天然边界，他希望法国军队常驻该地。

这次交换意见让罗斯福很放心。因此，他宣布，他要讲一些欠慎重的话，一些不会当着丘吉尔的面说的话：战争结束之后，英国人希望能有二十万法国军队沿法国东部边界驻扎，从而，在英国人集结自己军队的同时，这支队伍可以拖延德国人的任何进攻。“英国人是个独特的民族，拿着蛋糕，既想留着又想吃。”

罗斯福继续透露，在德国占领区的问题上，他和英国人之间遇到很多麻烦。斯大林洗耳恭听。“您认为法国应该拥有占领区吗？”他问总统。

“这主意不坏，”罗斯福答道，继而又补充说，“不过只是出于好心。”

“那将是给他们一个占领区的唯一原因。”斯大林坚定地回答道。一直没出声的莫洛托夫此时以同样的坚定对斯大林的看法表示赞同。他是个沉着、冷静的谈判代表。罗斯福给他起了绰号，叫“石头驴”，因为他可以一直坐在谈判桌前，一而再、再而三地重复同一项提案。

总统注意到，还差三分钟就到五点了，于是建议大家前往隔壁的会议室。三大国的军事参谋人员已经开始入场；参加此类会议时，他希望看到自己进场的人越少越好。他坐在一个带脚轮的小凳子上，由人推进了那个巨大的房间。那里曾是沙皇尼古拉的宴会厅和舞厅。来到大圆会议桌前，罗斯福用他强健的双臂支撑着坐到一把椅子上。波伦作为他的翻译坐在他身边。

斯大林、丘吉尔、斯退丁纽斯、艾登、莫洛托夫、马歇尔、布鲁克以及其他军政首脑们正在就座，军事摄影记者们一直在为他们拍照。顾问们坐在了各自长官的身后。总共有十个美国人、八个英国人和十个俄国人。大家拥坐在会议桌旁，开始了这次决定性的会议。此刻肩负的工作如此重要，这让大家都激动不已。很多人紧张地咳嗽起来，还有些人则清了清嗓子。

斯大林建议由总统致开幕词，就像德黑兰会议时那样。会议就此开始了。那些从没见过斯大林的美国人十分惊讶，他竟然这么矮——只有五英尺六英寸——而且他讲话的方式竟是如此和蔼可亲。

罗斯福非常自然地感谢了斯大林，然后说道，他所代表的人民渴望和平更甚于一切，希望这场战争能够尽快结束。由于大家对彼此的了解比过去更加深入，他放心地建议会谈可以不拘礼仪，以便大家坦率自由地各抒己见。他提议首先讨论军事问题，“特别是所有战线中最为重要的东线的军事问题”。

苏军副参谋长阿列克西·安东诺夫作了一份关于新攻势的发展情况的报告。接下来，马歇尔简要介绍起西线的形势。斯大林突然打断他，说道，在波兰，红军有一百八十个师，而德军仅有八十个。苏联炮兵拥有压倒性的优势——四比一。苏联在突破口地段，有九千辆坦克，而在一条相对狭窄的战线上有九千架飞机。最后，斯大林询问盟国希望红军做些什么。

丘吉尔同样毫无拘束地发了言。他表达了英美两国对苏联及其胜利进攻的感谢之情，并且仅仅要求红军继续进攻。

“当前的攻势并非起因于盟国的希望。”斯大林有些恼火地回答道。他特别强调这一事实：在德黑兰会议上，没有任何协定要求苏联必须发动一次冬季攻势。“我之所以提及此事，仅仅是为了强调苏联领导人的精神，他们不单单是在履行他们正式的义务，而且还在进一步实践他们自己认为对盟国应该承担的道义上的责任。”应丘吉尔个人的请求，他提前发动了大规模攻势，以分担美国人在阿登战役中承受的压力。至于是否继续进攻，他简要地补充道，如果天气和道路状况许可，红军会继续的。

罗斯福呼吁开诚布公，如今，他的愿望实现了。他马上说了几句安抚的话。丘吉尔连忙附和，说他完全相信，只要条件允许，红军一定会继续进攻。

除了这个小插曲之外，首次全体会议的整个基调，按斯退丁纽斯在备忘录中的说法，“是极为合作性的”。在晚上六点五十分休会时，所有人的心情都很好。过了一会儿，两个被选派为斯大林警卫的人民内务委员会成员找不到斯大林了。他们急匆匆地在走廊里四下寻找，寂静的恐慌逐渐开始蔓延。这时，斯大林平静地从一间盥洗室里走了出来。

当晚，罗斯福总统在利瓦吉亚宫设正式晚宴，款待他的两位同行、三国外长和几位重要的政治顾问——总共十四人。晚宴是俄国菜和美国菜的大杂烩：鱼子酱、鲟鱼、俄国香槟、美国南方风味的炸鸡、蔬菜和肉馅饼。众人频频举杯。斯退丁纽斯后来饶有兴趣地写道，喝了半杯伏特加之后，斯大林偷偷往杯子里加满了水。观察敏锐的斯退丁纽斯对这次会议记录得巨细无遗。他还写道，元帅喜欢抽美国烟。

莫洛托夫向斯退丁纽斯敬酒，说希望能够在莫斯科见到他。罗斯福开玩笑说：“您认为斯退丁纽斯在莫斯科的表现会和莫洛托夫在纽约时一样吗？”他的言外之意是，“石头驴”在纽约的日子相当放荡。

“他（斯退丁纽斯）可以匿名来莫斯科。”斯大林嘲弄道。

玩笑越开越过分。最后，罗斯福对斯大林说：“我想告诉您一件事。两年来，丘吉尔首相和我互相发了很多电报。我们每次提到您，总是称您‘乔大叔’。”

斯大林的下巴僵在了那里，他生硬地问总统这是什么意思。美国人虽然听不懂他的问话，但他的语气显而易见。译员翻译的间隔，让场面变得更为尴尬。最后，罗斯福说，这是一个表示喜爱的词语，然后，他又要了一杯香槟。

“是不是该回去了？”斯大林问道。

罗斯福叫道：“噢，别走！”

元帅冷冷地说，时间太晚了，他还有些军务要处理。美国战争动员局局长詹姆斯·贝尔纳斯试图打圆场。“不论如何，”他开口说道，“既然您不介意谈论山姆大叔，那么乔大叔这个称呼又有什么不好呢？”

莫洛托夫总是充当调解人。他转过身来笑道：“你们别被骗了。元帅是在和大家开玩笑。这个称呼我们两年前就知道了。全俄国都知道你们叫他‘乔大叔’。”

斯大林究竟是真的恼火了，还是假装恼火？这一点谁都不知道。不过，他答应待到十点半。丘吉尔一向善于处理这种场面。他提议为这次历史性会晤干杯。整个世界都在拭目以待，他说，如果他们能够成功，百年的和平将随之而来。奋力作战的三大国应该维护这一和平。

这次祝酒，再加上可能是祝酒的时机，触动了斯大林一根特别敏感的神经。他举起酒杯，郑重地说道，三大国经受了战争的冲击，从德国的统治下解放了很多小国。接着，他又讽刺地补充说，某些被解放的国家似乎认为，三大国是被迫去流血解放它们的。“现在，他们指责诸大国无视于小国的权利。”他准备和英美一起维护这些权利。“但是，我永远不会同意，任何一个大国的任何一项行动要服从于小国的意见。”

这一次，斯大林和丘吉尔的意见一致——而罗斯福则成了局外人。“如何与小国打交道，这个问题并不简单，”他说，“比如，在美国，有很多波兰人都对波兰的未来极为关注。”

“但是，在你们那里的七百万波兰人中，只有七千人参与选举，”斯大林反驳道，“我曾经查证过。我知道，我说的是对的。”

碍于礼貌，罗斯福没有说这话错得可笑。而丘吉尔显然是为了岔开话题，提议为全世界无产阶级大众干杯，结果，这只是引发了一场关于人民自治权的踊跃的讨论。“尽管我一直被痛斥为反动分子，但在座各位中间，我是唯

——一个可以因我国人民的普选权而随时失去职位的代表。”首相说，“从个人角度来讲，我因这种危险性而倍感光荣。”斯大林指责说，丘吉尔似乎有些害怕这些选举。丘吉尔答道：“我不但不害怕，而且还为英国人民有权在任何他们认为合适的时间更换政府而感到自豪。”

片刻之后，斯大林承认，他准备与英美合作，保护小国权利。但是又一次声称，他绝不会服从于它们的意见。这次轮到丘吉尔持不同意见了。他说，根本不存在小国命令大国的问题。但世界大国有道义上的责任，在运用自己的力量的时候，既要适度，又要尊重小国的权利。“老鹰，”他解释道，“应该允许小鸟唱歌，而且不必在意它们因何而唱。”

现在，他和罗斯福站在同一阵线了——而斯大林成了局外人。不过，这只是一次友好的争论，是在葡萄酒和伏特加的作用下，为将来的辩论而进行的一场演练。实际上，斯大林兴致很不错，一直待到了十一点半。当他和罗斯福一起走出房间时，两人仍是兴高采烈。

不过，艾登却沮丧不已。在他看来，这是“一次可怕的聚会”。罗斯福“含糊其辞，漫不经心，相当没有效率”，而丘吉尔则“过于长篇大论，以致一切无法重新顺利进行”。至于斯大林，他对小国的态度让艾登印象深刻。艾登认为他“即使不算阴险，也够冷酷无情了”。当“宴会终于结束”时，外交大臣大大地松了一口气。

然而，辩论并未真正结束。当艾登和丘吉尔在波伦的陪同下走向轿车时，首相说道，他们应该允许苏联的每个加盟共和国在联合国投票——而这正是美国人所反对的。艾登火了，他极力为美国人的观点辩护。他的嗓门越来越高。丘吉尔尖锐地回答道，一切都依赖于三大国的团结。没有它们的团结，他说，世界将会遭受无法估量的灾难。他愿意为任何维护这一团结的东西投票。

“这样一个安排怎么能吸引小国加入这样一个组织？”艾登问。然后，他说道，他个人相信，“这样做不会得到英国人民的支持”。

丘吉尔转向波伦，想知道美国人对于投票问题有什么解决办法。

波伦圆滑地以一个玩笑回答道：“美国人的提议让我想起了南方庄园主的故事。庄园主送了瓶威士忌给一个黑人。第二天，他问那个黑人，觉得威士忌怎么样。‘太棒了。’黑人说。庄园主问他这话什么意思，黑人说：‘如果这是瓶好酒，您就不会给我了。如果这是瓶坏酒，我就不会喝它了。’”

丘吉尔若有所思地看着波伦。最后，他说道：“我明白了。”

# “以牙还牙，以眼还眼”

德国不仅受到东西两线的地面夹击，还不断遭到来自空中的轰炸。尽管东线灾难的严重程度仍然对公众和希特勒隐瞒着，但是几乎所有德国人，包括希特勒在内，都身处空战的第一线。2月4日，纳粹党总部主任马丁·鲍曼写信给他的妻子格尔达，描述了元首总部的惨状。

> 我亲爱的女孩：
>
> 我刚刚躲进了秘书的办公室，这是这里唯一一间装有临时窗户，还算暖和的房间。帝国总理府的花园里是一幅让人惊讶的景象——弹坑遍地，树木倾倒，小路全被碎石和垃圾掩埋了。元首的官邸多次遭到重击；冬花园和宴会厅只剩下残垣断壁；过去国防军卫兵站岗的那个临着威廉大街的门厅，已被夷为平地……
>
> 尽管如此，我们仍必须继续勤勉工作，因为战争仍在各条前线上继续着。电话通讯仍旧瘫痪，元首官邸和党部仍未与外界恢复联系……
>
> 更惨的是，在这个号称政府区的地方，照明、电力和用水的供应仍然短缺！总统府前面停着一辆水车，这是我们仅有的饮用和洗漱用水。而米勒告诉我，最要命的是厕所。突击队的那些脏鬼一直在用，却没一个人想着打桶水冲洗冲洗……

当天晚些时候，他又给“亲爱的小妈咪”写了一封关于东线溃败的信，里面谈到了正在日益增长的危险，这比他向元首本人透露的要严重得多。

……局势迄今仍没有彻底稳定下来。确实，我们已经投入了一些预备队，然而苏联人的坦克、大炮以及其他各种重型武器要比我们多数倍。面对它们，即使人民冲锋队再拼命，再坚决地反抗，也无能为力……

如果我不把你看成勇敢而善解人意的国家社会主义者同志，就不会给你写这些了。对你，我可以直言不讳，告诉你局势有多么不容乐观——事实上，如果我非常诚实的话，应该说，有多么绝望。因为我知道，你和我一样，永远不会对最终的胜利失去信心。

在这个问题上，亲爱的，我知道自己并没有要求你做力所不逮的事。正因如此，我才体会到，在这样令人焦虑不安的日子里，你对于我来说是多么的珍贵！

时至今日，我才明白，有这样一位忠实的国家社会主义者做我的妻子、生活的伴侣、我的爱人、我的孩子的母亲，是多么了不起的事！时至今日，我才真正感激自己的幸运，能拥有你和你的孩子们……你，我亲爱的，我最美丽的，你是我一生的宝贝！

对纳粹的虔诚狂热使他们的爱情变得古怪。例如，在引诱了女演员“M”后，鲍曼在给格尔达的一封长信中描述了所有的细节，并声称自己是个走运的家伙，如今“难以置信地快乐地又结了次婚”。格尔达在回信中写道，这个消息让她非常高兴，但“这么漂亮的姑娘不能生孩子，真是太可惜了”。接着她又写道，对于不能和“M”交换意见，不能并肩作战，为元首持续提供党员，她深表遗憾。显然，她和马丁已有的十个孩子并不够。

富勒上校目睹了鲍曼描述的暴乱场面。他给附近的弗利德贝格红军司令部的指挥官写了封信。

我热切盼望您能得知我们正在此地，并将此事告知负责遣送我们归队的俄国参谋。

目前，我们还不缺食物。但是做面包用的面粉很快就要不够了。因为村子里断电了，而这里的磨坊用的是电磨。

借此机会，我希望能表扬一下阿哈莫夫上尉。2 月 3 日，他在本村迅速、果敢地制止了一起暴力事件……

阿哈莫夫是一名和蔼可亲的苏联联络官。一天前，他到了乌加滕村。就在他离开这里，动身去弗利德贝格的几个小时后，北边传来了炮火声。一位俄国上校告诉富勒，德国坦克正在反攻。上校命令在村子北边挖些散兵坑，以击退敌人的进攻。

黄昏时分，隆隆的炮声越来越近。富勒带上贝尔坦做翻译，离开村子去找要他们挖坑的那个上校。刚走出一英里，他们就被一个多疑的哨兵拦住了。哨兵押着他们，穿过厚厚的积雪，来到了数辆在大雪中围成一圈的坦克旁。两个更加多疑的哨兵和一个高声威吓的军官又把他们拦在了这里。

贝尔坦紧抓住富勒的肩膀。"上校，他们要枪毙我们！"他说，"他们肯定以为我们是游击队。"

争辩了好久之后，那名军官终于允许他们继续上路去司令部。"但是如果今天晚上有哪个俄国士兵出了事，他"——他指着富勒，"必死无疑！"

司令部就设在邻近的一个农庄里。所有人都在喝酒。参谋部的一些人不省人事地躺在地上。指挥官是个上尉，他也以为他们是游击队。不过，当他终于相信富勒确实是美国人时，便开始为斯大林和红军祝酒。

但是，由于德国坦克即将横穿这一地区，上尉认为自己应该护送他们回去。他们朝乌加滕村走去。突然，一个哨兵骑在马上疾驰而来，狂乱地挥舞着冲锋枪。当哨兵将枪对准富勒时，上尉连忙喊道："他是美国人！"但那哨兵已经酩酊大醉，根本不明白他在说什么，反而将枪指向了上尉。再次高声争辩了许久之后，哨兵骑马而去了，两个伙伴终于平安地回到了乌加滕村。

次日清晨，一架小型俄国双翼机降落在附近的一块空地上。两个军官走了出来，索取村里所有等待遣送归队的盟军战俘的名单。他们还透露说，与他们同一部队的十名美国军官已经前往敖德萨准备遣返。其中一人名叫乔治·马尔鲍尔，正是他们过去的看守兼翻译黑格尔冒名顶替的那个人。富勒赶忙给这个德国人改了个新名字：乔治·F. 霍夫曼，下士，军人编号，0-1293395。富勒让他记熟自己的新简历：曾在佐治亚的本宁堡受训；之后就读于弗吉尼亚军官学校；后在富勒的第一零九团参谋部工作；在阿登战役中被俘。从这天起，富勒不停地提问黑格尔，经常把他从沉睡中叫醒，然后严格盘问。

在阿登战役中被俘的另外三千名美国人近日抵达了IIA战俘营。这座战俘营建在新勃兰登堡的高地上，位于柏林以北约一百英里。除了美国人，那里还有七万五千多名塞尔维亚人、荷兰人、波兰人、法国人、意大利人、比利时人、英国人和俄国人，分别关押在不同的营区里。这是一座专门关押士兵的战俘营，里面只有两名美国军官：一个是医生，另一个是天主教牧师弗朗西斯·桑普森神父。神父在巴斯托涅附近被俘，当时正试图在德军战线的后方捡一些药品。他本来结实强壮，乐观开朗；如今却瘦骨嶙峋，面容憔悴，病魔缠身——不过仍然乐观开朗。德国人之所以允许他和士兵们待在一起，是因为一个愿意合作的塞尔维亚医生使战俘营的长官相信，桑普森神父的两片肺叶都感染了肺炎，不能移动。

2月初的一个早晨，桑普森神父领着一队美国人去仓库领取美国红十字会送来的第一批包裹。骨瘦如柴的战俘们挤在大纸箱周围，满心想的都是食物。桑普森神父想起了他来战俘营后吃的第一顿饭：卷心菜汤，里面漂着几片萝卜，还有无数的青虫。一名战俘大口喝掉盛在皮鞋里的自己那份汤，然后抬头看看神父，说道："我唯一不满意的是——这些虫子不够肥。"

大家急切地撕开了红十字会的纸箱。一阵紧张的寂静之后，响起了连珠炮般的咒骂声。桑普森神父和伞兵们在一起待了十八个月，还从未听过如此不堪入耳的谩骂。摆在他们眼前的是羽毛球拍、篮球短裤、乒乓球和拍子，还有几百套体育器材和一打足球垫肩。

下午，桑普森神父第一次参观了战地医院。医院坐落在美国战俘营区附近，里面有几个塞尔维亚医生和波兰医生。他看见一个波兰医生截掉了一个年轻美国人的双腿，然后敷上卫生纸，再用报纸包扎。病人在穿越德国的长途行军和搭乘火车中冻坏了脚，以致生了坏疽。医生满面泪痕，对神父说，这是第五个失去双腿的美国人；还有十八个人被截去了一条腿。

正当桑普森神父和其他美国病人谈话时——其中大多数患的是痢疾和肺炎——一个留着希特勒式小胡子的德国看守大摇大摆地走了进来。他是营里最可恨的人，大家都叫他小阿道夫。尽管他只是一名下士，却在党内任职——就连战俘营的指挥官也得对他毕恭毕敬。在IIA战俘营里，小阿道夫的话就是命令。其他看守大体来说对囚犯还算不错。他们声称，所有的暴行都是小阿道夫指使的。

小阿道夫总是让桑普森神父想起一名打着领结的小办事员。他喜欢讨论“文化”和“文明”。此刻，他转向神父问道：“你怎么看布尔什维克？你怎能为你们与不信上帝的俄国人结盟而辩护？”

神父回答说：“目前，纳粹才最为危险。因此我们要接受一切帮助，好把纳粹摆脱。”

“你肯定是疯了！”小阿道夫喊道，“如果你不肯相信事实，我就让你看看这些俄国人有多脏！”他伸手指向俄国人的营区。那里污秽遍地，臭气弥漫了整个战俘营。

“他们住在猪圈里。”桑普森神父承认，“那他们怎么能干净得了呢？”

“你没抓住重点。其他国家的人都能保持干净。俄国人的营区里还有教授。我跟他们谈过，他们是俄国人中头脑最聪明的，却分不出文明和文化有什么区别。”

“这只是个语义学的问题。”

“不，不，你还是没明白。那些人完全看不出二者的区别。那些俄国人极其没有人性。你知道吗？上次死了一个人，他们竟把死尸留了好几天。”

“那只是为了拿到他那份口粮。”神父指出。共有两万一千名俄国人被关进了战俘营，而目前只剩四千人还活着；大部分人都是饿死的。

“你们自己的医生霍斯验过尸，证实有人吃了同伴的尸体。”小阿道夫说。塞西尔·霍斯上尉的确证实过这件事。即便如此，桑普森神父仍然认为，这种行为的责任不在俄国人。他自己饿过七个星期的肚子，认识到对于一个快要饿死的人来说，没有什么事做不出来。

小阿道夫把桑普森神父带到医院里专为俄国人预备的地方。房间里的景象极为恐怖。垂死的病人们躺在肮脏的地上，一个紧挨着一个，连腿都伸不开。他们咳嗽着，把痰吐在彼此的身上，虚弱地互相推挤着，抓挠着。他们抬头看向桑普森神父，眼神一片空洞，甚至都没有祈求；每个人都很清楚，自己很快将死去。在这里照顾他们的唯一一人是位法国牧师。他的皮肤很嫩，一条皱纹都没有，看上去也就二十出头。整个战俘营都知道，他把自己的口粮全给了这些垂死的俄国人，而且几乎每一秒钟都和他们待在一起。桑普森神父看向他。虽然病人们全无感激之情，他却仍然在细心地照顾着他们。

“看，他们只不过是畜生！”小阿道夫临走时评论道。他刚一消失，那个“年轻”牧师——实际上，他都快五十岁了——就走过来对神父说，有一车尸体马上要被拉走。“神父，车上有几个人还活着——他们想尽快摆脱这些病人！”德国人不让他跟车，所以他请求这个美国人做点什么——什么都可以。桑普森神父匆匆赶去，却只来得及看见一辆装满尸体的大车向墓地滚滚而去。他看见一些胳膊和腿无力地晃动着。那些人要被活埋——而他只能眼睁睁地看着。

神父心生惧意，转身便往回走。来到正门附近时，他看见一个看守正在搜查一个俄国人。他让他解开裤子，一块酸腐的德国面包掉了出来。看守捡起面包，俄国人立刻抢了回去。看守将刺刀架到俄国人的脖子上，但他仍不肯交出面包。看守一枪托打在俄国人的脑袋上，俄国人倒下了。看守连打带踢，然而，俄国人仍旧顽强地抓着面包。桑普森神父只能自问，究竟谁是畜生？

为了阻止这一暴行，他开始恳求那名看守。“我是神父。”他指着自己的十字架，一遍又一遍地对看守说。然而毒打仍在继续。于是桑普森神父跪在俄国人身边，开始祷告。看守犹豫了。或许是神父的十字架使他羞愧，或许是上尉的肩章使他敬畏，他叫另外两个看守把俄国人抬到看守室。俄国人被拖走了，他的手里还紧攥着那块面包。

在法兰克福和奥得河以东几英里的地方，红军刚刚截获了另一支难民队伍。一名红军军官用俄语高声吼了起来。十六岁的德国男孩埃尔文·施耐德知道，他喊的是，“以眼还眼，以牙还牙！”

俄国人之所以如此激愤，是因为有很多宣传员在鼓动他们，一定要复仇。

2 月 6 日这一天，在柏林，元首对他的心腹们说，三巨头打算“摧毁”德国[1]。“我们已到了生死关头，”他忧心忡忡地说道，“形势很严峻，非常严

[1] 鲍曼应希特勒的要求，将其在1945年2月至4月期间的私人谈话全部如实地记录了下来，以传给后人。1945年4月17日，希特勒将这些标注为《鲍曼手记》的文件，托付给了一个前来拜访的纳粹党官员，并指示他将其藏于安全之处。直到1959年，这些引人注目的文章——每页都有鲍曼的亲笔签名，确保其真实可靠——才得以出版，并被冠名为《阿道夫•希特勒的政

峻，甚至可以说毫无希望。”不过他坚持说，只要逐步地保住祖国的领土，就仍然有胜利的机会。“只要我们坚持战斗，就总会有希望。而这必定将足以使我们不再认为一切已成败局。终场哨声响起之前，没有胜负可言。”他回忆起俄国女皇的暴亡使腓特烈大帝的命运发生了戏剧性的转变。“我们和腓特烈大帝一样，也是在和一个联盟作战。记住，一个联盟不是一个稳定的整体。它仅仅是因为少数几个人的意愿而存在。如果丘吉尔突然不复存活，那么一切都会在刹那间改变！”

他激动地提高了嗓门。“我们仍然可以在最后的冲刺关头夺取胜利！希望我们还有时间这样做。我们目前必须做的，就是拒绝认输！对于德国人民来说，只要能够继续独立自主地生存下去，就是胜利。仅此一条就足以证明，这场战争绝非无益之举。”

驻意大利的党卫队地区总队长，希姆莱的“小狼”卡尔·沃尔夫将军来到帝国总理府，希望就他提出的关于神奇武器和德国前途的问题得到满意的答复。他的上司帝国元首无法给出答案，因此，他便亲自前来询问元首。外交部长约阿希姆·冯·里宾特洛甫也在场。三人在房间里踱来踱去。“元首，”沃尔夫说道，“如果您不能给我一个制成神奇武器的确切日期，那么，我们德国人就必须着手接近英美，谋求和平。”沃尔夫的语速很快。他接着透露说，出于这一目的，自己已经建立了两个联系人：一个是米兰的舒斯特大主教，他是教皇的密友；另一个是英国情报局的特工人员。在他讲话的期间，希特勒一直像戴了面具般没有表情。

沃尔夫停住了。希特勒没有发表意见，只是将指关节按得咯咯作响。沃尔夫认为这是允许他继续说下去，于是便建议说，该从这两个调解人当中选择一个了。“元首，”他继续道，“我通过自己的特殊渠道收集到了一些证据，很显然，在这些非天然的盟国（三巨头）中，存在着很多天然的分歧。不过，请您不要见怪，我想说，如果没有我们主动的介入，我相信这个联盟不会自己解体。”

希特勒抬起头，似乎是对此表示同意，同时还继续按着指关节。然后，他微微笑了一笑，这意味着二十分钟的会见结束了。沃尔夫和里宾特洛甫起

---

治遗嘱：希特勒—鲍曼文件》。

身告辞了。出门之后，两人兴奋地谈论着，元首对这一大胆建议似乎持接受的态度。不错，他始终一言未发，也没有给出任何明确的指示，但是，他也没说不行。随后，二人各奔东西。沃尔夫去意大利探索某些可能性，里宾特洛甫则前去瑞典。

一个街区开外，鲍曼正在他的办公室里给格尔达写另外一封信。这一次，他描述的是前一天为爱娃·布劳恩举办的生日宴会。当然，希特勒也出席了。

> 爱娃情绪不错，不过抱怨说没有好舞伴，还用一种完全不属于她的刻薄批评了许多人。

她之所以心烦意乱，是因为元首刚刚告诉她，她和其他几位夫人近几天就得离开柏林。在收到这封轻松的信之前，格尔达给鲍曼写了一封激情洋溢的信件，里面充斥着她对国家社会主义的赞美：

> ……元首给我们灌输了帝国这一思想。该思想已经、并且正在秘密地向全世界传播。我们的人民做出了令人难以置信的牺牲——他们之所以能够做出这些牺牲，仅仅是因为这一思想已经浸透并占有了他们的身心。这些牺牲证明了帝国思想的力量，也向全世界表明了我们的斗争是何等正义和必要。
>
> 终有一日，我们梦寐以求的帝国将会诞生。我在想，我们，或是我们的孩子，能够活着看到这一天吗？你知道，在某些方面，这让我想起了《埃达》[1]中的《诸神的黄昏》。巨人和侏儒，芬里尔狼[2]，米德加德巨蛇，以及一切邪恶的势力，都联合起来反对众神。大多数神祇都倒下了，而魔鬼们已踏断了通往众神之所的桥。死去的英雄们组成大军，打响了一场无形的战斗。女神们赶来支援，众神的宫殿倒塌了，失败似乎已成定局。可是，突然之间，一座新的宫殿拔地而起，并且比从前更为宏美。巴尔德尔也复活了。
>
> 爹地，神话故事中，尤其是《埃达》中的祖先们竟与当今的时代如

---

[1]《埃达》：冰岛史诗。——译注

[2] 芬里尔狼：北欧神话中造成众神毁灭的元凶。——译注

此相似，这总是让我非常惊讶……

亲爱的，我完全彻底地属于你，我们会活下去继续战斗，哪怕在这场可怕的战火中，我们的孩子们只有一个能够幸存。

你的

妈咪

对于民主国家的人民来说，纳粹哲学很难理解，只是一种扭曲的幻想；可对于德国人民来说却并非如此。因为他们亲眼见到希特勒把他们的国家从即将爆发共产党革命的状态中拯救了出来，从失业和饥饿中拯救了出来。尽管纳粹党员人数相对来说并不多，但是，有史以来世界上还从未有过这样一个人，能够如此彻底地催眠数百万人。从一介无名小卒，到完全统治一个伟大的民族，希特勒凭借的不单单是强权和恐怖，还有思想。他为德国人勾勒了一幅美妙的前景，让他们认为自己值得拥有阳光下的骄傲地位。而与此同时，他又不断地提醒他们，只有摧毁犹太人，并粉碎其妄想由布尔什维主义来统治世界的险恶阴谋，这一地位才能得以实现。

最重要的是，十多年来，他一直不停地向德国人灌输对布尔什维主义的仇恨。正是这一仇恨促使东部前线的战士们如此拼命地抵抗。希特勒反反复复地告诉他们，红军将会如何对待他们的妻儿，他们的家，他们的祖国。因此，如今他们在无望地战斗着——在仇恨、恐惧和爱国心的驱使下，他们拼的不是机器和武器，而更多的是决心、绝望和纯粹的勇气。虽然红军来势汹汹，在坦克、枪炮和飞机方面占绝对优势，但是东部前线却逐渐开始稳定了下来。而在一周之前，这似乎是不可能的事。

汉斯—乌尔里希·鲁德尔上校就是东部这种战斗精神的化身。他是一个“斯图卡”式轰炸机大队的指挥官，身材中等，却极富活力，这给人留下了最为深刻的印象。他不是走路，而是跳跃；不是说话，而是滔滔不绝地高声往外喷词。他长着一头浅棕色的卷发，一双浅橄榄绿的眼睛，面部轮廓非常清晰，简直像是用石头雕刻而成的。他毫无保留地信任希特勒，却比任何人都更加坦率地批评党员们及军事首脑们的错误。六年间，他执行战斗任务近两千五百次，战功显赫，已成传奇。他击沉过一艘苏联战舰，并摧毁了约五百辆坦克。

2月8日，鲁德尔的部下在屈斯特林和法兰克福之间，沿着奥得河同已经穿过希姆莱集团军防线的朱可夫先头部队作战。事实上，除了奥得河这道天然障碍，分散在河岸上的几支分队，以及鲁德尔的“斯图卡”式轰炸机——每架飞机都相应地装饰着一个六百年前东征的条顿骑士团的徽章——希姆莱并无其他手段去阻止俄国人。“斯图卡”已不再是空中的威胁，它速度缓慢，行动笨拙，俯冲投弹时很容易被击中。鲁德尔本人就被击落过十多次，左腿被机枪子弹打伤了，现在还打着石膏。在过去的两周里，他的部下沿着奥得河飞来飞去，像紧急消防队一样，试图阻止势如破竹的红军坦克队伍。他们炸毁了数百辆坦克，但是又有几千辆不屈不挠地向奥得河两岸冲来。

在阿登战役中，鲁德尔被召到元首在西线的司令部，接受一枚特别勋章。

“你已经飞得够多了，”希特勒紧抓住他的手，盯着他的眼睛说道，“我们德国的青年人可以从你的经历中获益匪浅，你应该为此而珍惜生命。”

对于鲁德尔来说，没有比让他停飞更糟糕的事了。他说：“元首，如果不允许我继续率领我的大队飞行，我就不能接受这枚勋章。”

希特勒仍然紧握着鲁德尔的右手，凝视着他的眼睛。他用左手拿出一个天鹅绒衬里的黑色盒子。盒子里面，钻石的光芒熠熠生辉。那是他亲自为鲁德尔特别设计的一枚勋章。希特勒严肃的表情缓和了一下，他微笑着说道：“好吧，你可以继续飞行。”不过几周之后，他改变了主意，命令鲁德尔停飞。鲁德尔非常生气，打电话给帝国元帅戈林，但戈林出去了。他又想找凯特尔，但凯特尔在开会。没办法，只好直接打给希特勒本人。当他要求接通元首的电话时，一个怀疑的声音询问他的军衔。

“下士。”他开玩笑说，接着听到了一阵赞赏的笑声。过了一会儿，希特勒的副官尼古拉斯·冯·贝罗上校接过了电话。贝罗说道：“我知道你想干什么，但是我请求你不要激怒元首。”

鲁德尔决定亲自去找戈林求助。此时，戈林正在卡林霍尔乡下的家里。帝国元帅身穿一件鲜艳的长袍，宽松的袖子像大蝴蝶的翅膀一样扇动着。“一周前，我特意为你的事去见了元首，”戈林告诉他，“元首这么说：‘当着鲁德尔的面，我不忍心告诉他必须停飞；我确实不能这么做。不过你这个空军的头儿是干什么用的？你可以告诉他，我不能。像我这么一个喜欢看见鲁德尔的人，在他服从我的意愿之前，我不想再见到他。’这是元首的原话，我不想再对这个问题多加讨论了。我很清楚你的意见，很清楚你会反对。”

于是，鲁德尔没再争辩，而是返回了前线。他决心像从前一样继续飞行。他的确继续飞行了，不过是偷偷的，直到一份战报中称赞他在一天之内炸毁了十一辆坦克。命令随之传来，让他立刻去卡林霍尔报到。

戈林怒不可遏。“元首知道了你还在飞，”他说，“他让我警告你，必须马上放弃飞行。你不要逼他对你做出违抗军令的惩处。另外，他也不愿对一个因英勇战斗而获得德国最高勋章的人采取这种行动。我就没有必要再多说什么了。”

两周后的 2 月 8 日，鲁德尔仍旧在飞。当晚，阿尔伯特 · 施佩尔到访。他是希特勒最为聪明能干的一位部长，掌管着军备和军工生产部。“元首计划袭击乌拉尔军火工业使用的水坝。”施佩尔开口说道，“他希望能够中断敌人的武器生产，尤其是坦克生产，至少要中断一年。”这次行动将由鲁德尔来组织。“但是你不能亲自去飞；元首特意强调了这一点。”

鲁德尔提出了抗议。没有人比他更适合这项任务；他的俯冲轰炸经验非常丰富。他逐条列出自己的反对意见，可施佩尔只是回答道：“这是元首的意思。”然后他说，他将送来乌拉尔计划的详细方案。临别时，他对鲁德尔吐露道，德国工业所遭受的巨大破坏让他对未来很是悲观，然而，他希望西方能够看清形势，不要让欧洲落入俄国人的手中。接着，他叹了口气，说道：“不过，我相信，元首才是解决这一问题的合适人选。”

2 月 9 日，元首每天召开的例会之前，陆军参谋长、东线总司令海因茨 · 古德里安带着一种彻底的挫败感，正在研究形势报告。他不擅防守，也没有能力指挥这种层面上的战斗。基本上来说，他只是一个童子军领袖，一个直率坦诚、热血沸腾、生性开朗的战士。正因他一直凭着这些能力与热忱投身战斗，他的部下——从军官到士兵——才都虔诚地追随他。在普鲁士军事学院学习了四年之后，他参加了他父亲指挥的步兵连。第一次世界大战期间，他历任信号官、第四步兵师参谋，最后任总参谋部参谋。

他对坦克的兴趣日益浓厚。英国人和法国人认为，坦克的优势在于它的超强火力和防护能力。而古德里安则声称，这两点使坦克不得不限制它的行军速度，以使步兵跟上其步伐。在他看来，装甲战的精髓在于速度和灵活性，其次是火力，最后才是防护能力。对于他来说，一个装甲师不是简单的一群坦克，而是一支完全独立的特遣队，它包括高射炮、反坦克炮、摩托化步兵和工兵。应该将几个这样的师组编为协同作战的装甲部队，那才是一支行动神速、威力无比的力量。

然而德国总参谋部与英法专家意见一致。直到希特勒上台后，古德里安的梦想才得以实现，因为发动闪电战的可能性让希特勒激动不已。古德里安的理论最终在波兰付诸实践。如果在坦克部队横穿比利时境内时，希特勒没有突然下令停止进攻，他很有可能及时赶到英吉利海峡，阻止敦刻尔克大撤退的发生。

1941 年夏对俄国发动进攻后取得的最初战绩，同样主要归功于古德里安的方针。然而，开始下雪之后，他恳求希特勒让他破釜沉舟地打到莫斯科去，元首却拒绝了，命令他包围并占领基辅。他照办了，但这浪费了很多宝贵的时间。于是，他要求元首允许他等到春天再占领莫斯科。希特勒再次拒绝。对俄国首都的进攻立即发动了，随之而来的是无尽的灾难。其后，希特勒剥夺了古德里安的指挥权；直到两年后的斯大林格勒大溃败，才将他重新起用。尽管将军被晋升为最高统帅部首脑，但他与元首之间的裂痕似乎只是从表面上得到了弥补。而每次会议之后，这一裂痕都有重新裂开之势，以至于古德里安的副官弗莱塔格·冯·洛林霍芬男爵很为他上司的性命担心。

为了参加 2 月 9 日的元首会议，古德里安离开了措森，前往北面的柏林。在这二十英里的路上，他一直烦躁不安，怒气冲冲。有些事情必须要做了，他说。往北很远的地方，库尔兰集团军的十二个师被阻断在了拉脱维亚海岸，远离了战争，因为希特勒不愿让他们从海路撤退。沿海岸往南一百二十五英里，北方集团军也被困在了柯尼斯堡地区。和北面的战友一样，他们全靠空运和海运提供给养。这两个集团军都没有对德国的这场战争作出任何贡献。还有希姆莱的维斯杜拉河集团军，和从前一样，只不过是个空架子。在阻止朱可夫向柏林进攻的问题上，几乎无所作为。尽管首都正受到朱可夫的直接威胁，希特勒却仍向南部的匈牙利发动了大规模进攻。这真是太可笑了，古德里安喃喃自语。然后，他又说道，今天就要和元首最后摊牌。

和往常一样，在允许他们进入希特勒的办公室之前，党卫队的卫兵仔细搜查了他们合体的制服，彻底得简直让人觉得饱受侮辱。会议刚一开始，古德里安就突然要求希特勒推迟进攻匈牙利，立即对朱可夫逼近柏林的先头部队进行大反攻。朱可夫已经断了给养，对他先头部队的两翼同时发起进攻，就可将其拦腰截断。

希特勒耐心地听着。接着，古德里安提出了进行这一反攻的必要条件：立即撤出库尔兰、巴尔干、意大利和挪威的所有驻军。希特勒粗鲁地拒绝了。古德里安只能继续争辩说："你必须相信我，我并不是出于固执才坚持从库尔兰撤军。除此之外，我看不到什么其他方式可以保卫首都。我向你保证，我所做的一切都只是为了德国的利益。"

希特勒站起来，左半身颤抖着，高声喊道："你怎敢这样对我说话！你难道认为我不是在为德国而战吗？我的一生都在为德国而奋斗！"戈林走到古德里安身边，拽过他的胳膊，把他拉进了隔壁房间。两人喝着咖啡，古德里安极力抑制自己的愤怒。可刚一回到会议室，他便再次要求从库尔兰撤军，这让所有人都大吃一惊。希特勒怒火冲天地挣扎着站了起来，拖着脚走到古德里安面前，而古德里安也从椅子上跳了起来。两人相对而立，死死地盯着对方。希特勒甚至都挥舞起了拳头，但古德里安还是拒绝退让。最后，古德里安手下的一个参谋，沃尔夫冈·托马勒将军抓住古德里安的衣角，把他拽了回来。

这时，希特勒已经控制住了自己。让大家出乎意料的是，他竟然平静地同意了让古德里安发动反攻。他补充说，当然，反攻的规模不能像将军希望的那么大，因为不可能从库尔兰撤军。然后，他简单描述了自己的想法：动用目前希姆莱用于保卫波美拉尼亚的军队，从北部发动一次极为有限的进攻。

古德里安打算反驳，不过，他最终决定，小规模的进攻总比压根不进攻强。至少，他可以挽救波美拉尼亚，并打开一条通向东普鲁士的道路。

朱可夫丝毫没有意识到这种反攻的可能性，继续将他的先头部队向德国内陆推进。在屈斯特林和法兰克福之间的奥得河西岸，他已经建起了一座桥头堡，现在正准备以此为跳板攻向柏林。

2 月 9 日早晨，德国空军司令部通知鲁德尔，俄国坦克刚刚从桥头堡过了河。最高统帅部无法及时调来重炮部队，阻止不了这些坦克向柏林全速推进。只有"斯图卡"能阻止它们。几分钟后，鲁德尔和能召集到的所有飞行员飞上了天空，向冰封的奥得河飞去。他命令一个中队去攻击法兰克福附近的一座浮桥，然后亲自率领反坦克小队突袭西岸。

他看见雪地上有很多车辙。是坦克还是防空拖车的？他冒着密集的高射炮火，降低高度，向雷布斯村飞去。这时，他发现了十几辆精心伪装的坦克。接着，高射炮火砰的一声击中了他的机翼，他连忙将飞机急速向上拉升。他看到下面至少有八门防空炮，意识到在这样一片既没有高大树木也没有建筑物的平原上，追逐坦克就等于自杀。若是平时，他自然会选择一个更好的轰炸目标，但今天，柏林正处于危险之中。于是，他用无线电通知大家，由他和他的机枪手恩斯特·加德曼上尉单独前去轰炸坦克。其他人原地守候，待看到高射炮的火光后，再设法将其炸毁。

鲁德尔观察了一番地形，终于看见一队 T-34 坦克正从树林中潜出。“这一次，我就全靠运气了。”他对自己说。然后，他掉转机头，向下俯冲。炮火在机身两侧呼啸而过，但他仍继续俯冲。在离地面大约五百英尺处，他微微将飞机向上拉升，然后突然翻转机身，向一辆正在隆隆前进的坦克冲去。他不想从一个过陡的角度进攻，那样有可能会脱靶。他的两门炮同时开了火，坦克顿时浓烟滚滚。随即，第二辆 T-34 进入了他的瞄准器。他对准坦克尾部开了火，一朵蘑菇云腾空而起。在接下来的几分钟里，他又炸掉了两辆坦克。然后，他飞回基地补充弹药，之后再次返回发动第二次攻击。又干掉几辆坦克之后，他勉强飞回了基地。他所驾驶的“斯图卡”两翼和机身都被炮火炸出了裂痕，不得不换架飞机继续战斗。

到第四次出击时，他已经击毁了十二辆坦克，只剩下了一辆体形巨大的“斯大林”式。他拉升飞机，一直飞到高射炮的射程以外，然后突然翻转机身，从斜刺里呼啸着向下疾冲，同时不断地左右剧烈摇摆，以避开迎头的炮火。靠近坦克时，他将“斯图卡”拉平，开火，然后呈“之”字形迅速飞离，直到飞出炮火的射程，这时就可以安全地再次向上拉升了。他向下望去，只见“斯大林”已冒起了浓烟，却仍在前进。他太阳穴处的血管砰砰地跳动着。他知道，这是一场危险的游戏，每飞过去一次，被击中的可能性就增加一分。但是，那最后一辆坦克上的某种东西激怒了他。他必须摧毁它。这时，他注意到飞机上一门炮的红色指示灯开始闪烁不停——后膛被堵住了！而另一门炮只剩下一发炮弹。他又飞到两千五百英尺的高度，心里激烈地斗争着。为什么要拿一发炮弹冒险呢？但回答是：也许正需要这一发炮弹，就可以阻止那辆坦克碾过德国的土地。“太夸张了吧！”他对自己说，“即使你炸掉这辆坦克，还会有更多的坦克碾过德国的土地——但你还是会炸掉它，一切均取决于此。”

他呼啸着俯冲下去。在操纵飞机翻滚扭动的同时，他看见地面的数门大炮喷出了火舌。他猛然拉平机身，开了火。“斯大林”顿时火光冲天。鲁德尔欢喜地一掠而过，然后开始盘旋上升。突然，喀嚓一声，像是有把火红滚烫的铁器刺进了他的右腿。他的眼前顿时一片黑暗，什么也看不见了。他急促地呼吸着，努力控制住了飞机。

“恩斯特，”他气喘吁吁地通过对讲机对他的机枪手说，“我的右腿断了。”

“不会的。”加德曼平静地说，“如果真断了，你就讲不了话了。”他的职业是医生，而副业则是名天生的战士。在医学院上学时，他就进行过数场决斗。他是如此酷爱战斗，所以才当上了机枪手。“左翼着火了。”他镇静地说，“你必须马上降落。我们被高射炮打中了两次。”

“告诉我在哪儿紧急着陆！”鲁德尔仍旧什么也看不见，“然后快点把我拉出去，不然我就会被活活烧死。”

加德曼指挥着失去视觉的飞行员。“降落！”他喊道。

有树或者电话线吗？鲁德尔心想。还有，机翼什么时候会折断？此刻，腿部的疼痛盖过了一切，他只能机械地应着喊声操作。

“降落！”加德曼又一次吼道。

这话像是一盆冷水泼在他的脸上。“地形怎么样？”他问道。

“很差……是一片小丘。”

他随时都有可能昏倒。此时，他只知道，自己必须降落。他感觉到飞机歪了一下，连忙踢向左方向舵。左脚顿时一阵灼痛，他不禁尖叫了起来。不是右腿受了伤吗？他心想。他忘了，自己的左腿本来就打着石膏。

鲁德尔轻轻拉起机头，好让飞机平坠着陆。这时，飞机已经着了火。他感觉到飞机震动着撞上地面，然后歪向一侧，接着听到了刺耳的滑行声。随后是突如其来的寂静。他如释重负，昏了过去；一波疼痛的巨浪袭来，他苏醒过来，随即又昏了过去。当他再次醒来时，发现自己躺在奥得河西岸几英里处的一个急救站的手术台上。“腿没有了？”他虚弱地问道。

身旁的外科医生低头看看他，点了点头。鲁德尔想，再不能滑雪，跳水，再不能撑杆跳高了；然而，有那么多战友伤得更为严重，这又有什么区别呢？只要能够为拯救祖国略尽绵薄之力，丢掉一条腿又算什么呢？

外科医生正在道歉：“……只剩下了少量肌肉碎片和一些纤维组织，别的什么都没有了，所以……”过了一会儿，戈林的私人医生来了。他说，帝国元帅希望将鲁德尔送往位于柏林动物园的地下医院。他还告诉鲁德尔，戈林已将此事报告了希特勒。在对这位德国最伟大的英雄能够幸免于难表示庆幸之后，希特勒说，“当然，初生牛犊不怕虎。”

如果说鲁德尔是希特勒理想的武士，那么，四十七岁的约瑟夫·戈培尔博士就是他理想的知识分子。七岁时的一次手术，使戈培尔的左腿比右腿短了三英寸。上学之后，他更执著于智力方面的追求。二十多岁时，他曾在业余时间先后写过小说、戏剧、电影——而每一次都最终落败。他在很多方面都有点小天赋，却饱受挫折。最后，他成了希特勒思想的狂热鼓吹者。

马丁·鲍曼和戈培尔一样，都是狂热的纳粹分子。他们二人可能是希特勒最忠实的追随者。两人都愿意为元首肝脑涂地；两人都不信任希姆莱，也不被后者所信任。虽然有这么多相似之处，两人的区别却更为鲜明。鲍曼身材矮胖，脖子粗得像个摔跤手。他的圆脸宽鼻使他更显得粗壮，让他看上去很残忍，简直像头牲口。他这人乏味无趣，不爱说话，因此更喜欢躲在幕后。而戈培尔则相对瘦小，爱冲动，像个男明星一样喜欢炫耀。在聚光灯下抛头露面，是最令他快乐的事情。他禀性幽默，不论是面对很多听众，还是仅有一个倾听者，都能凭借他的魅力和睿智深深影响对方。鲍曼总是单调乏味、孜孜不倦地追求精确的细节，而戈培尔则富有想象力。用施佩尔的话说，他拥有一个拉丁人的思想，而不是德国人的。这对于他成为一位大演说家、一位宣传大师不无裨益。

可能是因为国家社会主义对教会的谴责，其民族主义思想，以及为个人发展提供的机遇，鲍曼才对它如此笃信。过去，作为鲁道夫·赫斯的助手，他一直只是个小卒；即便现在，他已经是帝国总理府的首脑，却仍然在德国默默无闻。他成了希特勒忠实的影子，随时待命，准备去做最琐细或最艰难的工作——元首只是随口一说，他便立即行动。有一次，在贝希特斯加登山上的贝格霍夫别墅，希特勒从巨大的观景窗望出去，发现附近的一栋村舍实在刺眼，便说，在那所房子的老主人去世之后，他希望将它拆掉。几天之后，希特勒发现他的眼中钉不见了。言听计从的鲍曼简单地拆掉了那栋房子，让主人搬到了一座虽然更好，但他们并不喜欢的房子里去。

他是国家社会主义领袖中最为神秘的人物。他拒绝勋章和公开的荣誉。

事实上，他避免一切抛头露面的机会。他的照片很少见，所以没有几个德国人能认出他。他最为希望的是，能成为一个希特勒离不开的人。

1943年4月，鲍曼被正式任命为元首秘书。这个身份，让他掌握了惊人的权力。希特勒该见谁，该读哪份文件，全都由他来决定。不仅如此，几乎每次会见，鲍曼都要出席。

“七·二〇”谋杀事件之后，希特勒变得越来越依赖少数几个他认为可以绝对信任的人。而在这些人之中，只有鲍曼能够将各种意见和计划简化为清晰、简单的建议。有一次，希特勒说：“鲍曼的建议总是言简意赅，我只需要说‘行’或‘不行’。有了他，我十分钟就可以处理好一堆文件，换了其他人，就得花上几个小时。如果我告诉他，六个月后提醒我这件事或那件事，我可以确信他一定不会忘记。”有时别人会抱怨说，鲍曼处理事情时非常无情。希特勒回答道：“我知道他冷酷无情。但是他言出必行，我可以完全依赖于此。”

这两位“高级牧师”，有着如此之多的相似之处，也有着如此之多的不同。他们一直在为元首的青睐与信任而激烈竞争，不过，这是一场秘密的、无声的决斗。戈培尔深知元首有多依赖鲍曼。聪明的他，不让一切流于言表。而鲍曼也明白，戈培尔仍然是元首亲密的私人朋友。因此他本能地不让争斗公开化。

除了宣传部长的职务外，戈培尔博士还是柏林的防卫者。2月初，他以这一身份，在自己的办公室里向几个人发表了讲话。当时出席的有柏林军事长官布鲁诺·冯·豪恩希尔德少将，柏林市长，柏林警察局长，戈培尔的助手、国务秘书维尔纳·瑙曼，以及豪恩希尔德派驻戈培尔身边做联络官的卡尔·汉斯·赫尔曼上尉。在过去的九天里，年轻的赫尔曼一直待在戈培尔家里，住在其夫人和前夫之子的卧室里。赫尔曼曾听说过戈培尔的风流韵事[1]，此时却惊讶地发现，他是个体贴细心的好丈夫。在赫尔曼看来，虽然有些小插曲，夫妻俩的关系却非常亲密和谐。一天夜里，一家人因空袭躲进了防空洞，赫尔曼注意到，戈培尔夫人握起了丈夫的手，深情地贴在自己的脸颊上。

在2月份的这次会议上，戈培尔宣布，他将要透露一个国家机密，要求

[1] 1938年，戈培尔决定与妻子离婚，另娶捷克女演员丽达•巴洛娃，终因希特勒极为不快而放弃。

在场的所有人发誓不往外泄露。“我刚刚见过元首，”他说道，然后戏剧性地停顿了一下，“无论发生什么，元首此刻已经明确地下定决心，他不会离开柏林！”大家纷纷告辞了。所有人都充分地认识到了保卫首都的紧迫性。不过，对于戈培尔而言，这同时还证明了他对鲍曼的首次伟大胜利。戈培尔一直主张，希特勒的死亡，如果终将到来的话，应该是在柏林，他所有的主要伙伴都要在场。而讲求实际的鲍曼则希望希特勒逃往贝希特斯加登。事实上，这根本不是什么胜利。尽管戈培尔和鲍曼各执己见，希特勒决定留在柏林，却是出于自己的理由——如果状况改变，他第二天就可能出尔反尔。

在欧洲所有的国家元首中，只有希特勒，因为他对德国人民的控制非常特殊，才是不可缺少的一个。他是一个能够掌握命运的人。他自己知道这一点。他认为，自己奇迹般地躲过炸弹的谋杀，就足以证明这一点。同时，他一直相信 1924 年他在兰茨贝格监狱写下的这段话：

> 在人类历史上，每隔一段很长的时间，就偶尔会出现这样一种情况：一个讲求实际的政治家，同时又是一位政治哲学家。这种结合越是亲密，他的政治困难就越大。这样一个人并不致力于满足对于凡夫俗子来说显而易见的需要；他想要达到的目标只有少数人可以理解。因此，他的一生在爱恨之间饱受折磨。当前的一代人不理解他，对他提出抗议；而他同样为之奋斗的子孙后代却对他大加赞赏。

这一次，他的目标“只有少数人可以理解”，但数百万人却仍然怀着盲目的忠诚追随着他。

# “赞同罗斯福的裁决”

下午四点，第二次全体会议开始了。天气干冷，只有五摄氏度。利瓦吉亚宫大厅的尽头，壁炉里的柴火正熊熊地燃烧着。丘吉尔穿着一身将军制服，脸颊红润，抽着他永远抽不完的雪茄。哈里·霍普金斯，罗斯福最亲密的人，首次在雅尔塔会议上公开露面。他身患血色素沉着症，在刚刚过去的一周里，体重减少了十二磅。尽管身体不断地阵痛，他却仍然警觉地坐在总统身后。

罗斯福首先发言。他建议大家讨论有关德国的政治问题。对德国战败后的瓜分，是这一问题的主要部分。由苏联、美国和英国代表组成的欧洲协商委员会，已经详尽地研究过这一问题[1]。欧洲协商委员会主张，将战后德国分成三个占领区：东部的三分之一分配给俄国，西北部分给英国，西南部分给美国。英国和俄国都同意了这一计划，但罗斯福却对西南区的交通不便甚为不满，所以还没有签字。

总统发言之后，斯大林直言不讳地说道，他希望瓜分德国的问题能够马上解决。让众多与会者惊讶的是，反对草率作出决定的竟是丘吉尔，而非罗斯福。“如果今天就问：‘你们将如何分割德国？’”他说，“我还没有准备好答案。”这需要进行非常彻底的研究。“我还没有确定的想法。我希望进一步研究这个问题，并且，如果可能的话，在和我的两个伟大盟友取得一致的前提下解决它。”斯大林坚持要在此时此地作出决定，丘吉尔坚决地回答道：“我认为不可能讨论出一个合适的瓜分方案。只有在和平会议上才能得出最

[1] 1943年10月，美国、英国和苏联的外交部长在莫斯科会面。他们作出的决定之一是：成立一个外交专家常设委员会，专门研究德国战败以后应解决的问题，总部设在伦敦。

后结果。”

“你们二位说的是一回事。”罗斯福柔声插话道。他像调停人一样，将两个对手劝开，然后补充说，“把德国分成五个或七个州”，也许是个不错的主意。

“或者少分几个。”丘吉尔嘟哝道。他希望仅仅分成两块。“我看，在德国人投降时，根本没必要告诉他们是否要瓜分德国。”

哈里·霍普金斯匆忙写了张纸条递给罗斯福：

总统先生：

我建议，您应该说，这是一个非常重要、非常紧急的问题。请三国外交部长明天就具体步骤交出一项提案。按照这个步骤，尽快就瓜分德国的问题作出决定。

哈里

罗斯福刚放下这张纸条，斯退丁纽斯又递给他另外一张。纸条上字迹整齐，不过签名却龙飞凤舞，反映出了他的乐观情绪。

总统先生：

我们可以欣然同意，提出由外交部长开一次会。

斯退丁纽斯

“如果全世界都来讨论这个问题，那么就会有上百种瓜分的方案。”罗斯福说，“因此，我希望把这个问题限制在我们这个范围，明天由三国外交部长为瓜分拿出一个方案。”

“你的意思是，为研究瓜分问题做一个方案，而不是瓜分方案本身？”首相连忙问道。

“没错，为研究瓜分问题。”

如果说丘吉尔的情绪已经平定，斯大林则肯定没有。“我认为首相打算什么都不告诉德国人，实在是冒险；我们应该提前把这个方案告诉他们。”

“元帅的想法在某种程度上和我不谋而合，”罗斯福解释说，“他是认为，如果将瓜分方案写进条款，并且告诉德国人，事情就会更容易些。”

"但是你并不想告诉他们，"丘吉尔反驳道，"艾森豪威尔也不想。如果告诉了德国人，他们就会更加猛烈地抵抗。我们不能把这个方案公之于众。"

罗斯福问丘吉尔，是否同意在欧洲协商委员会已经起草好的投降条款里加上"瓜分"的字样。

"好，我同意。"丘吉尔不满地咕哝道。

"剩下的就是法国占领区的问题了。"罗斯福继续说。丘吉尔和斯大林像两只好斗的公鸡般对视着。在戴高乐的坚持和丘吉尔热情的支持下，最近，法国已被接纳为欧洲协商委员会成员。不过，由于斯大林的坚决反对，并没有分给法国占领区。前一天夜里，丘吉尔对艾登说，他会支持任何能够维持三巨头团结的东西。但今天，显然他愿意为了一个好理由——比如，给法国一个占领区——而拿这一团结冒险。

这时，丘吉尔站了起来，表面上是要支持法国，而事实上，他是想阻止俄国的侵略。他确信无疑，一旦希特勒德国战败，大国之间的力量均衡将会被彻底地颠覆。俄国将会试图赤化西欧，它在东南部已经在这样做了。在德国分给法国一个占领区，只会加强反共产主义的力量。"法国人想要一个占领区，我很乐意给他们一个。我会非常高兴地把英国占领区分给他们一部分。"

"我认为，如果有了第四个成员，我们的工作就会复杂化。"斯大林装出一副天真的样子反驳道。

"这是一个关系到法国将来在欧洲的作用的问题。"丘吉尔继续说道，"我个人认为，法国可以发挥很重要的作用……他们在占领德国的问题上，有着长期的经验。他们做得很好，不会姑息养奸。我们希望看到他们的力量有所增长，好帮助我们压制德国。"他意味深长地看向罗斯福，说道，"我不知道美国能够同我们一起占领德国多久。"

"两年。"罗斯福干脆地回答道，没有意识到如此坦白会引起什么反应。

M. 巴甫洛夫翻译时，坐在总统身后的道克·马修斯看见斯大林的眼睛一亮。似乎是为了确定巴甫洛夫没有听错"两年"这个词，斯大林要求总统详细说明一下。总统说道：

"我可以让美国人民和国会为了和平而全力合作，但是不能长期在欧洲驻军。两年就是极限了。"

很明显，斯大林心里狂喜不已。像所有美国人一样，哈里曼非常了解元帅，他真希望总统没有不经思考地把这样一个好处让给斯大林。

“我希望您能根据情况变化再作调整。”丘吉尔低声说。他在努力掩饰着自己的沮丧。“无论如何，我们都会需要法国的帮助。”

“法国是我们的盟友，”斯大林说道。他的样子让美国人联想起了一只正在吞吃老鼠的肥猫。“我们已经与它签署了协定。我们希望法国有一支强大的军队。”他可以表现得宽宏大量。

过了一会儿，罗斯福使丘吉尔更加惊慌失措。他说：“如果法国不加入管理机构，我会同样满意。”就连霍普金斯也不太明白他到底是什么意思，因为法国最近已经成了欧洲协商委员会的成员。于是霍普金斯又开始写纸条。

斯大林则认为，罗斯福是在支持他反对丘吉尔。他兴冲冲地说道：“我同意，法国应该重要而强壮起来。但是我们不能忘记，在这场战争中，是法国向敌人敞开了大门……对德国的控制和管理，只能交给那些从一开始便坚决反对德国的力量。而迄今为止，法国并不属于这一阵营。”

“在战争初期，我们都处于困境之中。”丘吉尔不悦地指出，“但是事实是，法国必须拥有它的一席之地。我们将会需要它的防御来反对德国……在美国人撤离之后，我必须认真地考虑一下未来。”

斯大林当然明白丘吉尔是什么意思。他重复道，他反对法国加入管理机构。丘吉尔继续就这一点与其争论，此时，哈里·霍普金斯写完了纸条，递给总统。

1. 法国目前已经加入了欧洲协商委员会。这是目前研究德国问题的唯一机构。

2. 答应给法国一个占领区。

3. 推迟作出关于管理委员会的决定。

看完纸条后，罗斯福抬起头说：“我想我们都忽略了，法国已经加入了欧洲协商委员会。”霍普金斯防止了一个严重问题的发生。“我建议，法国可以拥有一个占领区，但是暂时先推迟关于管理机构的讨论。”

“我同意。”出人意料地，斯大林居然毫不犹豫就答应了。在斯退丁纽斯看来，很明显，元帅不想同罗斯福起冲突。而同样明显的是，他已经下定决心要就所有问题与丘吉尔争论到底。

这时，丘吉尔说道：“我建议，由三国外交部长草拟出所要建立的管理委员会的性质。”艾登侧过身去，在他耳边低声说了句什么。“他（艾登）说，这个问题已经解决了。所以我收回这个建议。”丘吉尔说。

接下来，是战争赔偿问题。伊万·梅斯基给斯退丁纽斯留下了非常深刻的印象。他留着一撮尖胡须，修剪得整整齐齐；言谈举止间显出一派学者风范，还讲着一口流利的英语。当他巧妙地提出，苏联要求一百亿美元的赔款时，丘吉尔表示反对如此巨额的赔偿，并指出了第一次世界大战赔款的不幸结果。他还提出了萦绕在德国的饥荒恐惧。“如果八千万人民正在忍饥挨饿，我们是否会说：‘这是你们活该！’不然的话，谁去掏钱养活他们呢？”

“不管怎样，他们会有东西吃的。”斯大林说。

罗斯福又一次充当了调停人，采取了一种中立态度。“我们不想夺去那些百姓的生命。我们希望德国人能活下去，但是不能超过苏联的生活水平。我设想的是一个自给自足而不是忍饥挨饿的德国……在重建中，我们应该得到一切可以得到的，但是不能全部拿走。要给德国留下足够的工业和工作，让它不至于饿死。”

几分钟后，会议暂停了。包括波伦在内的几个美国人甚是担心，在战争赔偿的问题上，总统没有明确地支持英国人。尽管罗斯福已经公开地放弃了摩根索计划，但是它的痕迹仍然存在。这一计划要从德国人手里抢夺鲁尔和萨尔工业区，使其“从性质上首先变成农业和畜牧业地区”。对于波伦和其他了解中欧和东欧历史的人来说，将德国突然变成农业国家，就意味着俄国对德国整个国家的几乎毫无疑问的统治。

次日的全体会议一开始，就讨论起了一个深合罗斯福心意的问题——联合国组织。

丘吉尔声称，尽管和平依赖于三大国，但是也应该保证世界上众多小国可以自由表达自己的委屈。“可能看起来好像我们（三国）声称要统治世界……可我们的愿望只是为世界服务，并保护它远离那些对人类发起过进攻的可怕恐怖的重生。因此，我认为我们大国（三国）……应该，按我的话，骄傲地服从于世界人民。”

观察细致入微的斯退丁纽斯注意到，丘吉尔的角质架眼镜不时地顺着鼻梁往下滑；而斯大林重新开始抽着俄国雪茄，一直在纸上胡乱地划来划去。

“这不是一个或三个大国想要当世界霸主的问题。”斯大林反驳道，“我看不到任何一个大国想统治世界。也许我错了，”他接下来的话多了一丝挖苦，“也许我看得不够全面。我愿意请求我的朋友丘吉尔先生，请您说出可能想统治世界的那些国家的名字。我确信，丘吉尔先生和英国不打算统治。我确信，美国也没有这种意愿。而苏联，也没有。那么，就只剩下一个国家了——中国！”

“我说的是，在这里开会的三大国，全都自视过高，以至于其他人会认为，他们试图统治世界。”丘吉尔回答说。

斯大林解释说，问题要严重得多：“只要我们三个活着，我们中的任何一人都不会允许我们的国家卷入侵略行为。但是毕竟，十年以后，我们谁都不会再留在舞台上。新的一代将会出现，他们没有经历过战争的恐怖，并且将会忘记我们所承受过的一切。我们希望维持至少五十年的和平。我有个想法。我认为我们目前应该建立起这样一个体系，它可以给统治世界设下尽可能多的障碍……面对未来，最大的危险是我们自己之间可能发生冲突。”

总统用最棘手的波兰问题岔开了话题。几个月以来，丘吉尔一直对罗斯福施压，想迫使伦敦的波兰人以与俄国合作的名义向斯大林让步。不过，现在却是丘吉尔站出来捍卫波兰。

“大不列颠对波兰没有物质上的兴趣，”他开口说道，“它的兴趣仅仅是一个荣誉问题。因为我们为了反对希特勒的残忍进攻，而对波兰拔剑相助。如果不能保证波兰的自由与独立，那么，任何解决方法都不会使我满意。”他从镜框上方射出了令人敬畏的目光。“我们最诚挚的渴望是，波兰能够成为自己国土和自己灵魂的主人。这和我们的生命同样重要。”他建议三人当场确定一个政府。“像总统说的那样，一个等待自由选举的临时或者过渡的政府，这样我们三人届时便可承认它……如果我们能确定这个，这次会议就为将来的和平与中欧的繁荣完成了巨大的一步。”

斯大林建议休息十分钟。总统的侍从长、也是都会饭店的领班进来了。跟在他后面的是一队身着燕尾服的侍者，手里的银盘子上摆着蛋糕、三明治，以及盛在细长玻璃杯里的滚烫的热茶。让俄国人感到有趣的是，美国人不停地小心翼翼地将玻璃杯在两只手里换来换去，侍者们不得不把银杯托拿来。

会议以斯大林慷慨激昂的讲话重新开始了。他指出，最近三十年以来，德国两次跨越波兰入侵俄国。当然，他没有提及——罗斯福和丘吉尔也没有无礼地提醒他——1939 年，德国横跨半个波兰进军的同时，恰好他们的盟国，俄国，也穿越了另外半个波兰与之狭路相逢。不过，斯大林却强调，寇松线是由外国人创造的，而不是俄国人，他不能带着少于寇松和克列孟梭以前提供的东西回到莫斯科。

“关于政府问题，”他继续说，“首相说，他希望在这儿创建一个波兰政府。恐怕那是他一时的口误。没有波兰人的参与，我们无法创建波兰政府。他们都说我是个独裁者，”他露出了一丝微笑，接着说道，“但是，没有波兰人在场，就不能建立波兰政府，在这件事上，我有足够的民主精神。”

在这段长篇大论结束之后，看上去筋疲力尽的罗斯福建议说，鉴于已经是晚上八点十五分了，该散会了。但丘吉尔还想说上最后一句。“也许我们错了，但是我认为，卢布林政府甚至连三分之一波兰人都代表不了……我不认为卢布林政府有任何权利去代表波兰民族。”

一则公报向全世界发布了，宣告“在反对纳粹德国的最后阶段，一项联合军事行动已经达成了完全的一致意见”，“关于建立持久和平问题的讨论也已开始”。公报听上去使人安心，但是，曾与俄国人打过密切交道的许多美国人却非常担忧。比如，前驻俄国大使威廉 · C. 布利特便深恐罗斯福上当受骗。他想起罗斯福曾在私下里告诉过他，他会给斯大林抵御纳粹所需要的一切，以使其放弃苏联帝国主义，转而信仰民主协作。总统说，斯大林极度需要和平，他会心甘情愿地为之付出代价，与西方合作。布利特预测说，斯大林绝不会遵守协定。

“比尔，我不怀疑你所说的事实，”罗斯福回答，“它们确凿无误。我不怀疑你的推理逻辑。我只是有种直觉，斯大林不是那种人。哈里（霍普金斯）说，他不是，除了他国家的安全，他什么也不想要。我认为，如果我把能给他的东西都给他，而不向他索要任何东西作为报答，贵人行为理应高尚——他便不会试图搞吞并，并且将与我一起，为了民主和平的世界而工作。”

对此，布利特态度坚决。总统说，他想起了 1918 年，德国突破了法国和英国的大军。当时，他请求伍德罗 · 威尔逊派遣美国战士去堵住缺口；如果不去，同盟国就会被击败。“威尔逊看着我说：‘罗斯福，我不想让我们的军队去堵那个缺口。你预测的事情可能会发生，但是我的直觉是它不会发生。这是我的职责，不是你的；我将凭直觉行事。’这也是我要对你说的，比尔。这是我的职责，不是你的；我将凭直觉行事。”

罗斯福仍然相信自己曾对布利特说过的话。不过，他也很重视军事专家们提出的非常有用的建议。军事专家们力劝他争取最坚定的可能的承诺，以与红军继续合作。这在接下来西线的总攻中，仍然是一个重要因素。恰好在马耳他会议之前，马歇尔会见了艾森豪威尔。盟军总司令强调说，他在德国的最后攻势如果想成功，在很大程度上将依赖于俄国人继续在东线大规模进攻。

乔治·马歇尔更为关心太平洋的战争。他早已提醒过罗斯福，除非俄国人参战，否则，需要牺牲至少五十万或者一百万美国人的生命，才能征服日本。他请求罗斯福在雅尔塔会议上得到斯大林的明确许诺。作为公众意见的灵敏的阐释者，罗斯福知道，大部分美国公民将会热情地支持这样一个挽救美国人生命的计划。他决定接受马歇尔的建议。

在过去的几周里，罗斯福比以往更为愿意接受国务院的意见。像财政部长亨利·摩根索，以及其他支持对德国采取强硬政策的人的影响正逐渐减弱。而像波伦和马修斯这种更为温和理性的职业外交家开始发挥作用了。总统格外愿意接受艾夫里尔·哈里曼的报告。哈里曼提醒他，尽管斯大林表面上坦白直率，但大多数人都错误地轻信了他就某个问题发表的最初几句言论。“问他三到四个问题，”哈里曼告诫说，“直到你弄清他的真正想法。”他知道，斯大林是个硬汉子，有着非凡的工作能力。尽管他是神学院学生，牧师的儿子，却虔诚地信仰共产主义，并愿意为宣传共产主义付出一切。哈里曼曾经听他不带一丝感情地说道，为了控制农民，他故意让几百万富农挨饿。

哈里曼也指出，与普遍看法相反，私人关系对斯大林很重要。他称赞丘吉尔是名顽强的斗士，但只在战争持续期间信任他。一次，他带着一种矛盾的情绪对哈里曼说：“他是个亡命之徒。”不过，他很敬畏罗斯福，无论总统说什么，他总是细心倾听。他认为总统的新政是一个创造性的概念。

正是在心中揣着这一切的情况下，罗斯福在利瓦吉亚宫里凭自己的直觉做着事。此外，他永远也不会忘记，1944 年 6 月初，东线的德国人是西线的四倍，如果没有红军，就不会有诺曼底登陆。

当晚，在与顾问们讨论了第三次全体会议后，总统决定就波兰问题给斯大林写信。因为，很明显，会议可能因为这一问题而毁掉。在哈里·霍普金斯和国务院的帮助下，他起草了一封信。哈里曼将副本带到沃隆佐夫宫，让丘吉尔和艾登读一下。艾登认为，这封信“路线是正确的，但不够坚决”。他建议做几处修改。丘吉尔和哈里曼都赞成这些改动。晚些时间，罗斯福把这些改动写进了定稿：

亲爱的斯大林元帅：

对于今天下午的会议，我有许多想法。我希望开诚布公地将我心中所思所想都告诉您。

目前，我们都很关注波兰问题，而令我焦虑的是，三大国对于波兰的政治结构不能达成一致的意见。在我看来，您承认一个政府，而我和英国人则承认伦敦的另一个政府，这使我们都处于一个十分困难的境地。我深信，这种状况不应该继续下去。如果真的继续，只能使我们的人民认为在我们之间存在分歧，而事实并非如此……

当我告诉您，在这场战争的生死攸关的阶段，我国人民正以批判的眼光看待着他们心目中的我们之间的分歧，您应该相信我。实际上，他们是说，如果在我们的军队正合力对付一个共同敌人之时，我们却不能取得一致意见，那么将来，我们怎能就更为重大的事件达成默契呢？

我必须让您明白，我们不能承认现在这种组成的卢布林政府。而如果在会议结束时，我们在这一问题上有着公开而明显的分歧，世界人民会将其看作我们在此工作的一个可悲的结果……

他建议，立即把卢布林政府的贝鲁特和奥索勃卡—莫拉韦斯基，以及米科拉伊奇克和其他伦敦波兰人的代表请到雅尔塔来。

我希望，我不需要向您保证，美国永远不会以任何形式，对损害您利益的任何波兰临时政府提供支持。

毋庸赘言，作为我们在此与波兰人会晤的结果而成立的任何过渡政府，都应该保证尽快在波兰举行自由选举。我知道，您渴望看到一个全新的、自由而民主的波兰从战争的波澜中浴血重生，这一点，与您的愿望完全符合。

您最忠诚的

富兰克林·D. 罗斯福

当晚，在雅尔塔的一次舞会上，较低职位的美国官员们不请自来了。他们很快就将民间舞蹈变成了一场吉特巴舞比赛，并且最终以平局结束。没人能说清究竟是谁更擅长将舞伴抡起来——是汗流满面的美国人，还是身强体壮的俄国女孩。

第二天下午，当参加第四次全体会议的与会者们围着大圆桌就座时，丘吉尔拉过一把椅子，挤到了罗斯福和斯退丁纽斯中间。“乔大叔要接受敦巴顿橡树园。”他沙哑地低声说道。这意味着，斯大林将同意美国关于在联合国安全理事会进行表决的提案。在前一年秋天的敦巴顿橡树园会议上，与会各方起草了一个关于世界组织的蓝图。美国代表强调说，为了维护世界的和平，理事会的五个常任理事国（英国、美国、苏联、中国和法国）必须一致投赞成票。美国人还坚持说，该组织的所有成员，无论大国小国，都应有发言机会。

会议开始了。罗斯福首先发言。他建议大家回到波兰问题上。斯大林说，他一个半小时之前才拿到总统信件的译文，从那时开始，他一直在给贝鲁特和奥索勃卡—莫拉韦斯基打电话，却始终打不通。“与此同时，”他接着说，“莫洛托夫准备了一个在某种程度上和总统的建议相吻合的草案。等翻译好之后，让我们听一听。在等待期间，我们先来谈谈敦巴顿橡树园吧。”

这一次，罗斯福知道莫洛托夫要说些什么。“我们相信，在敦巴顿橡树园作出的决定，以及总统提出的修改，将保证战后一切大小国的合作。因此，我们认为，那些建议可以接纳。”

总统露出了笑容——直到莫洛托夫补充说，如果同意三个或至少两个苏联邦共和国成为联合国创始成员国，苏联将会感到非常满意。罗斯福的脸拉了下来，匆匆写道：“这可不太好。”然后，他把纸条递给了斯退丁纽斯。不过，他仍然称赞苏联人向前迈出了一大步，然后就莫洛托夫刚刚提出的要求开始了冗长而又彬彬有礼的批评。

霍普金斯递给他一张纸条，打断了他的话。

总统先生：

我认为，在麻烦产生之前，您应该设法把这个问题交给外交部长们去解决。

哈里

罗斯福匆匆扫了一眼纸条，然后说道，立即成立新的联合国至关重要。接着，他建议将整个问题交给外交部长们，他们还可以为第一次联合国会议选择一个日期，也许在3月份。

“我对总统的建议并无异议，”丘吉尔说，“但我认为，外交部长们已经承担了很多工作。”他还认为，3月份召开第一次会议实在太早了。那时战争正处于白热化阶段，而世界局势还未明朗。

斯退丁纽斯塞给罗斯福一张纸条：

史汀生也持同样观点。

但罗斯福对霍普金斯的一张纸条更感兴趣。

……他的话里有话，我们不清楚根由。

也许我们最好等到晚上，看看他究竟在想什么。

罗斯福在下面写道：“都是胡说八道！”然后，他又划掉了“胡说八道”，写上“地方性的政治立场”。

在这期间，一名通信兵将关于波兰问题的草案交给了莫洛托夫。外交部长开始高声朗读了起来。当莫洛托夫读到第三部分时，罗斯福和丘吉尔都皱起了眉头：“据认为，应该从波兰流亡者圈子里选择一些民主领袖加入波兰临时政府。”

“只有一个词我不喜欢，”罗斯福评论说，“‘流亡者’。”

丘吉尔表示同意。然后他像是给斯大林上历史课一样解释道，“流亡者”一词起源于法国大革命期间，它的含义是，一个人被自己的同胞赶出了自己的国家。

罗斯福又用他潦草难辨的字迹给霍普金斯写了张纸条：“他已经说了半个小时。”罗斯福曾在私下里开玩笑地抱怨过“亲爱的老温斯顿”那冗长的演讲。他认为丘吉尔讲得离题万里，并且显然已经惹恼了斯大林。

丘吉尔说，他希望波兰能得到德国东部的一部分领土，以补偿苏联打算从波兰东部拿走的土地。但是，他警告说，波兰人不应该从德国东部得到过多领土。他说："我不希望让波兰这只鹅因为对德国消化不良而死掉。"然后他又警告说，很多英国人将会对以暴力强迫大约六百万德国人迁徙一事感到震惊不已。

"等我们的军队进去时，"斯大林爽快地回答，"那里就不再有德国人了。德国人都跑光了。"

"那就产生了一个问题，如何处理德国的德国人？"丘吉尔继续说道，"我们已经打死了六七百万德国人，到战争结束时，很可能还会再打死一百万人。"

"一百万还是两百万？"斯大林狡猾地打断了他。

"噢，我不打算给出限制。"丘吉尔同样狡猾地反驳，并问道，斯大林是否想在组建波兰临时政府这一部分加上"以及波兰内部"的字样。

斯大林心情不错，回答道："好，这一点可以接受。"

"那好，"丘吉尔最后说，"我同意总统的建议，把这个问题留到明天解决吧。"

"我觉得这一点也可以接受。"斯大林说。

会议结束后，莱希发表意见说，这是迄今为止最有希望的一次会议。几个美国人则评论着罗斯福的表现。他机敏地处理了另外两位领导人之间频繁出现的争论。

英国人就没有这么说恭维话。他们有些憎恶罗斯福自封的调停人的角色。少数几个人甚至大胆地说，总统对于东欧历史的无知实在吓人。艾登认为，罗斯福过于急迫地"想让斯大林清楚，美国不会和英国'联合'反对俄国"，而这只会导致"英美关系上的某种混乱，而使苏联从中获利"。在他看来，罗斯福是一位能够清晰地看到近期目标的完美无瑕的政治家，但"他的长期洞察力不是非常可靠"。

这天深夜，丘吉尔给工党首脑，目前的代理首相克莱门特·艾德礼发了一封很长的电报。

> 今天的进展要好得多。俄国人接受了美国人就敦巴顿橡树园机构提出的所有建议。他们说，在很大程度上，是由于我们的解释，他们才发现自己可以全心全意地接受这一计划。他们还把在联合国大会的票数从本来要求的十六票减少到两票……尽管有着很多令人沮丧的预感和征

兆，雅尔塔会议至今仍非常不错……

他还提到了罗斯福就一个更有代表性的新波兰政府给斯大林写的那封信。如果能够有八个或十个像米科拉伊奇克那样的民主人士加入新政府，那么，立即承认这个政府，对英国来说是有利的。

……到那时，我们就可以派大使和代表团去波兰，至少在某种程度上可以查明那里发生的事情，以及能否为一次自由、公正、无拘束的选举打下基础。我们希望，在如此艰难的前提下，您可以给我们完全的行动和周旋的自由……

收到这封长长的电报，艾德礼很满意。尽管他和丘吉尔的政治立场完全相反，但英国战时委员会却几乎完全不带任何政治色彩地在运转着。艾德礼将杰出的个人能力掩藏在苍白的面具之下，看上去就像个身份低微的小职员。他很喜欢神气活现的丘吉尔，对他出色的才能也非常尊重，虽然他认为首相偶尔会“脱离轨道”。“温斯顿，”他曾经说过，“是百分之九十的天才，加百分之十的蠢材。他唯一需要的，是一个身强力壮的女秘书，可以时常对他说：‘别做蠢材！’”

他一直记得劳埃德·乔治对丘吉尔所作的评论。“这就是温斯顿，对每一个问题，他都有半打的解决方法，而其中总有一个是对的，但麻烦在于，他不知道哪一个才是。”

2 月 7 日这天，加拿大第一军司令 H. D. G. 克里勒中将把战地记者召到了他在荷兰的蒂尔堡战术总部。他秘密地向他们简单介绍了关于“真实”行动的计划。这是蒙哥马利攻向德国心脏地区的第一步。

“真实”行动将于次日早晨从蒙哥马利的北翼开始；战场的范围取决于两条河流。莱茵河流经德国大地一路向北，然后急转向西流入荷兰。在经过内伊梅根时，它的南岸距从比利时流来的默兹河仅有六英里。加拿大的进攻便将从这条六英里的狭窄地带上发动，然后继续进军东南，彻底赶走两河之间的所有德国人。

“行动可能会有所延长，战斗必将艰苦而困难。”克里勒对记者们说，“不过，全军官兵都充满了信心，我们一定可以坚持下去，成功地完成赋予我们的光荣任务。”

作战计划在理论上是简单易懂的，但又极其依赖于天气条件和克里勒将不得不征服的特殊地形。下午，他选来指挥第一次攻击的英国第三十集团军司令布赖恩·霍罗克斯中将，驱车来到了内伊梅根附近的一个前沿观察所。去年秋天，在一次企图绕过西部防线北端的失败的空降作战中，很多美国人死在了那里。在东南方向，他看见了一座小山谷，山坡绵延向上约摸一百五十英尺，融入了赖希斯瓦尔德可怕的夜色中。那是密密麻麻的一片国家松树森林，可见度只有几码。霍罗克斯必须正面攻打看上去非常险恶的赖希斯瓦尔德。他将沿森林上方一条铺砌过的公路出击。这条路从内伊梅根向东南方延伸，要经过五英里的低地，然后开始一段三英里的上坡路，通往德国的设防小城克莱韦斯市——亨利八世的第四任妻子克莱韦斯的安妮的故乡。

霍罗克斯的第一个问题是，在无人察觉的前提下，将二十万战士、坦克、大炮和车辆带到内伊梅根后面的森林区。在过去的三周里，尽管突然的解冻和大雨冲垮了许多条道路，仅仅在入夜之后，三万五千辆军车已经将战士和物资运输到位。

当霍罗克斯仔细观察自己的视野范围之时，并没有发现敌人有什么异常举动。不过，这没有减少他的担忧。森林和内伊梅根的郊区都塞满了军队，如果德国兵扔一颗豌豆，都肯定会打到人。如果遇上大规模的空袭，或是又开始下雨，该怎么办?

克里勒没有告诉记者，一旦德国为了阻止“真实”行动而匆忙从南部调来预备队，蒙哥马利的右翼便将进军刚刚腾空军队的这一地区。这就是“手榴弹”行动，目的在于迫使德国最高统帅部将预备队调回南方。在随后的混乱形势下，霍罗克斯将迅速出击，前往莱茵河。

蒙哥马利选择了美国第九军司令威廉·辛普森来指挥“手榴弹”行动。为了与同名的另一个美国军官区别，人们叫他“大辛普森”，而叫另一位“小辛普森”。此人身材高大，四肢修长，秃头，轮廓鲜明。尽管他看上去很像个残忍的印第安酋长，事实上，可能没有任何其他军队司令官比他更令属下亲近而赞赏。他讲话温和，很少发脾气，通常只要简单地责备一句就能见效。

在内伊梅根以南六十英里处，辛普森正在告诫他的指挥官们，不要把队伍混在一起。他说：“要让你们的战场有条不紊。保持队伍的原样。”然后，他告诉他们，三天后，也就是2月10日，行动便将开始。然而，无论辛普森计划得如何仔细，他的最终胜利将取决于另外一个集团军的一位将军——和一条河。河是鲁尔河，它从阿登山脉流向北方，是辛普森要继续向莱茵河前进所必须跨越的第一道障碍。将军是考特尼·霍奇斯，他的部队此刻正在试图完整无缺地夺取鲁尔河上的水坝。如果德国人毁掉这些巨大的水坝，数百万吨的水将会淹没鲁尔河两岸，至少在两周内阻止辛普森渡河——或者更糟，使已经渡过鲁尔河的部队孤立无援。

因此，在北部，“真实”行动的结果取决于水：九十英里以南的大坝，以及雨。黄昏时分，天空依然晴朗，寂静降临了内伊梅根地区。九点钟，霍罗克斯听见了飞机沉闷的低吼声——七百六十九架英国重型轰炸机正向赖希斯瓦尔德两侧的克莱韦斯和戈赫飞去。

2月8日的黎明之前，他爬上架在树腰间的一个小平台——他的指挥所，看到一千多门重炮发射出一层地毯似的炸弹，在前线爆炸了。这是一个昏暗阴冷的黎明，让霍罗克斯讨厌的是，开始下雨了。不过，他仍然可以看见大部分战场。即使对于一个久经沙场的人来说，战场上的情景仍然非常可怕。然后，炮击突然停止了，坦克和“袋鼠”——顶部敞开以装载步兵的坦克——在泥泞中隆隆向前驶去。

九点二十分，一阵掩护炮火开始落在德国前线上。火力不断加强，直到四十分钟后达到了最大强度。在攻击开始的时刻，掩护炮火每四分钟前进一百码，在一道白色保护烟幕的遮掩下，攻击营分成四路向山谷前进。如果敌人看不见他们，霍罗克斯可是能看见。他聚精会神地注视着分散的一队队士兵和坦克向森林接近，只遇到了很小的抵抗。但是，一小时之后，坦克慢了下来，然后似乎静止不动了。他们陷进了泥淖里。

泥淖绝不是“真实”行动的最大麻烦。在南部，霍奇斯的第七十八步兵师对鲁尔河水坝的进攻也放慢了速度。霍奇斯给第五集团军司令克拉伦斯·许布纳少将打电话，表示自己对第七十八师的进度很不满意。进攻有七百八十门重炮支持，霍奇斯不明白，为什么如此之多的大炮却炸不开直通大坝的一条路。“明天必须把它们拿下。”他说。

许布纳知道，第七十八师已然精疲力竭，需要补充新鲜的力量。“我需要使用第九师。”他告诉霍奇斯。

“明早必须拿下大坝，”霍奇斯重复道，“至于怎么拿下，那是你自己的事。”

许布纳转向刚刚进来的第九师指挥官路易斯·克雷格少将，问他多久可以行动。

“马上。”他回答道。

美国参谋长们更为关注的，则是太平洋的战事。他们与苏联的参谋长们面对面地坐在斯大林的总部——约索波夫宫的一张桌子两侧，试图解决远东的军事问题，尤其是一旦对日本宣战，俄国人将采取什么措施。

在会议进行的同时，罗斯福和斯大林也在一个更高的层面上研究着同一个问题。在场的还有莫洛托夫、哈里曼，以及两名翻译——巴甫洛夫和波伦。罗斯福支持集中轰炸，这既可以致使日本投降，又避免了真正进攻日本列岛。对此，斯大林回答道：“我希望讨论一下苏联参与对日战争的政治条件。”他解释说，在与哈里曼的一次对话中，他已经列举过了这些条件。

罗斯福觉得，作为报酬，俄国想得到萨哈林岛的南半部以及千岛群岛，这一点应该没有什么困难。至于在远东给苏联一个不冻港的问题，是从中国人那里租借大连呢，还是把它变成一个自由港？斯大林意识到自己可以很好地讨价还价，于是便停了下来，没有表态。接着，他开口提出另一个要求——满洲里铁路的使用权。对于罗斯福来说，这是很合理的。他建议租借该铁路，由俄国人来经营，或者由一个中俄联合委员会进行监管。

斯大林心满意足了。“如果不能满足这些条件，”他直截了当地说，“我和莫洛托夫就会很难向苏联人民解释，俄国为什么要参与对日战争。”

“我一直没有机会和蒋介石司令谈谈，”罗斯福回答，“和中国人谈话的困难之一是，无论和他们说什么，二十四小时之内，就会向全世界广播。”

斯大林作出了让步，说现在还不必跟中国人谈。然后，他和蔼地说道：“关于不冻港的问题，我们也不会非常固执；我不会反对一个国际化的自由港。”

当话题转换到远东地区的托管问题上时，罗斯福承认，朝鲜问题非常棘手。他用一种推心置腹的口气补充说，虽然他个人认为没必要邀请英国人参与托管这个国家，但是，英国人会因此而愤恨的。

“他们肯定会不高兴。”斯大林也变得非常推心置腹，笑着说道，“事实上，首相会杀了我们。”正如罗斯福渴望取悦于斯大林一样，斯大林也想取悦于罗斯福，他出人意料地说：“我认为应该邀请英国人。”

此时，已经将近下午四点。第五次全体会议要开始了。他们起身走向大舞厅。其他与会者已经等在那里，正三五成群地聊着天。阿尔杰·希斯正和艾登谈论饱受争议的联合国表决程序。当天上午，艾登帮助起草了外交部长们有关此问题的一份报告。希斯想知道，在开会前，他能否先看一眼。艾登犹豫了一下，但最终还是把报告递给了他。希斯读到，美国现在支持斯大林关于额外选票的请求，这让他越来越惊愕，也就明白了艾登为何犹豫。“这是一个错误，”希斯惊叫，“美国没有同意任何一件这样的事。”

“你不知道发生了什么。”艾登平静地说。他坐到桌前，没有告诉希斯，罗斯福已经秘密地同意了这个措施。

第五次全体会议开始了。艾登接受了美国人的邀请，将主持4月25日在美国召开的联合国第一次会议。在讨论了很久都有谁将参加之后，莫洛托夫改变了话题。他说：“我们认为，在扩大当前政府的前提下讨论一下波兰问题是有用的。我们不能无视这一事实——当前的政府在华沙存在着。它现在是波兰人民的领导，有着很大的权力。”

丘吉尔紧咬着牙。“这是本次会议至关重要的一点。”他说。整个世界都在等待一个解决方案。如果在雅尔塔会议之后，他们还是承认不同的波兰政府，那么很显然，一些“根本分歧”仍然在他们中间存在。“后果将会极为不幸，并将给我们的会议烙上失败的印记。”此外，据他听到的消息，卢布林政府并没有得到大部分波兰人的支持，如果三巨头抛弃伦敦的波兰人，而全力支持卢布林的波兰人，那么，为盟国作战的十五万波兰人将会视之为一种背叛。他说：“阁下的政府将会在议会受到完全放弃波兰事业的控诉。”并建议举行“自由且无拘束的普选”。“一旦普选完成，阁下的政府将会对其产生的政府致敬，而不考虑伦敦的波兰政府。使我们如此不安的是选举之前的这段时间。”

斯大林反驳说，卢布林政府——他称之为华沙政府——实际上非常受人民爱戴。“他们是没有离开波兰的人，他们摆脱了地下状态。”在历史上，他说，波兰人憎恨俄国人，但是，自从红军解放了他们的国家之后，他们的态度就发生了显著的改变。“如今，他们对俄国满怀好意。当看到德国人逃出自己的国家，感觉到自己被解放了，波兰人民就应该欢欣雀跃，这是非常自然的。我的印象是，波兰人民认为这是一个伟大的历史性的节日。人们很惊讶，甚至是惊骇，伦敦政府的人在这场解放中没有发挥任何作用。他们看到了临时政府的成员，但是伦敦的波兰人在哪儿呢？”

他承认，当然，通过自由选举产生一个政府更好，但是战争妨碍了自由选举的进行。所以，应该首先确立一个临时政府。“就像戴高乐临时政府那样，他也不是选举出来的嘛。”他机敏地指出。“谁更受人民拥护？戴高乐还是贝鲁特？我们认为可以接受与戴高乐打交道并签订条约。那么，为何不能与扩大的波兰临时政府打交道呢？我们对波兰的要求不能比对法国还多……”

“选举什么时候才能举行？”罗斯福问道。

“大概一个月之后。除非前线惨败，德国人战胜我们。”斯大林又开了个拙劣的玩笑，然后笑着说，“我认为这不会发生。”

就连丘吉尔都深受感染，或者是表面如此。“当然，自由选举至少可以平息英国政府的不安。”

“我提议我们暂时休会，明天再谈。”罗斯福建议说。他毫不掩饰自己对这种和谐融洽的高兴，并提出将这个问题交给三国外交部长去讨论。

“另外两位将以多数票击败我。”莫洛托夫难得地微笑着说。

斯大林的心情一直不错。他问道，为什么没有谈到南斯拉夫，还有，希腊怎么样了？“我不想妄加批评，只是想知道情况怎么样。”说着，他狡黠地看了一眼丘吉尔。两人已在暗中达成协议，希腊属于英国的势力范围。

丘吉尔说，提起希腊，他可以讲上几个小时。“至于南斯拉夫，国王已经被说服，实际上是不得不签署了摄政条约。”他获悉，南斯拉夫流亡政府的首脑将马上离开伦敦，帮助铁托一起组建贝尔格莱德联合政府。“我对在大赦的基础上实现和平抱有希望。不过，他们非常仇恨彼此，以至于不能在南斯拉夫相安无事。”

听到这些，斯大林又露出了微笑。“他们还不习惯互相商讨，只想割断对方的喉咙。”至于希腊，他笨拙地抛了个媚眼，“我只是想知道些信息。我们不打算以任何方式干涉那里。”

这种愉快的气氛一直延续到在约索波夫宫举行的正式晚宴上。席间的祝酒一个接着一个。斯大林宣称，丘吉尔是百年一见的奇人。而首相回赞说，斯大人是一个强国的伟人。是苏联顶住了德国战争机器的全部打击，打断了它的脊梁，把暴君赶出了自己的国土。

接下来，斯大林以超出政治意义的热情向罗斯福祝酒。他说，丘吉尔和他本人的决定相对容易作出，但是，尽管罗斯福的国家并没有受到严重的入侵威胁，他却加入了反对纳粹主义的战斗，并且成为了“动员全世界反对希特勒的主要人物”。他感激地说，罗斯福的《租借法案》扭转了败局。夜晚继续流逝，斯大林开始打趣地责备他的一名外交官费多尔·古索夫，说他从来不笑。斯退丁纽斯觉得，元帅的玩笑几乎像是在奚落了。

蚊子不断地攻击海军上将莱希的脚踝，几乎和没完没了的祝酒一样使他恼火。他一直喝的是水，所以可以保持警觉。但是他想，整件事情，只是没有理由地浪费时间。他们为什么不回去，不去为了第二天的工作好好休息呢？

丘吉尔又站了起来，再一次意味深长地祝酒。这一次，他非常乐观，斯退丁纽斯想起首相在马耳他的沮丧情绪，不禁大吃一惊。丘吉尔说，现在他们正站在高山之巅，眼前便是广袤的平原。“我的希望是，杰出的美国总统和斯大林元帅能够成为和平的斗士，在惩处了敌人之后，可以领导我们继续完成反对贫穷、混乱以及压迫的重任。这便是我的希望。我代表英国宣布，我们永远都会竭尽全力。我们会一直支持你们的努力。元帅谈到了未来，这是最为重要的事情。否则，那鲜血的海洋就会变得毫无用处，令人愤慨。我提议，为了胜利和平的万丈光芒而干杯！”

几分钟之后，进行了第四十五次，也是最后一次祝酒，大家一饮而尽。疲倦的莱希喝着水，心想，该是时候了。

次日上午十一点，联合参谋部开会讨论他们的最终军事报告。大家一致同意，为了计划的目的，预期击败德国最早的日子是 1945 年 7 月 1 日，最晚是 1945 年 12 月 31 日。日本投降则定在德国战败的十八个月之后。

中午，丘吉尔加入了他们的会议。十五分钟之后，总统也来了。他因为治疗鼻窦炎而迟到了一会儿。既然军事参谋长们已经达成了完全的一致，西方的政治领袖们就无须再解决任何问题了。接下来进行的，很大程度上是首相和总统间的亲切谈话。将近一个小时之后，罗斯福转向丘吉尔，面带一丝顽皮的微笑，说道：“这次会议不错。温斯顿，除非你回巴黎再做一场演讲，告诉法国人，英国人打算用美国的装备再装备二十五个法国师。”

丘吉尔放声大笑，回答说，自己永远也不会做这种事。但总统说，他有“一摞文件”可以证明，在魁北克会议之后，丘吉尔确实发表过这种讲话。

“不管我在巴黎说了什么，我都是用法语说的。”丘吉尔回避道，“当我用法语讲话时，从来都不知道自己说的是什么。所以，请不要在意。”

下午，在第六次全体会议即将开始之前，三巨头和他们的主要顾问在利瓦吉亚宫的庭院里集合照相。大家回到舞厅时，斯退丁纽斯开始宣读上午外交部长们就联合国的领土托管问题起草的计划。他还没读到一半，丘吉尔便怒气冲冲地喊道，到目前为止，他不同意报告里的任何一个词。“关于这个问题，直到现在，既没有人跟我商量过，我也没听别人谈过！”他喊叫着，激动得角质架眼镜都滑到了鼻尖上。“在任何情况下，我都不会同意让四五十个国家那摸索的手指伸进大英帝国的生活。只要我做一天首相，就不会放弃一丝一毫英国的遗产！”

最后，丘吉尔终于平静了下来，让斯退丁纽斯可以读完报告。不过他还是很生气。当莫洛托夫建议确定一个波兰政府时，他在椅子里挪来动去，似乎准备再吵一次。罗斯福扮演起调停人的角色，说道，他认为在波兰问题上，他们即将达成一项协议，“只剩下起草的问题了”。另一方面，对他同样重要的是，对七百万生活在美国的波兰人做出一种姿态，向他们保证，美国将会插手保护波兰自由选举的进行。丘吉尔说，他也必须对众议院作出同样的答复。然后，他烦躁地补充说：“我本人并不那么关心波兰人。”

斯大林立即抓住了这句欠思量的话，自以为是地说：“有很多波兰人是非常不错的。”然后称赞他们是科学家、斗士和音乐家。他甚至竟然说，在伦敦政府和卢布林政府中，都存在“非法西斯”分子和“反法西斯”分子。丘吉尔马上用这两个词进行了攻击，在语义问题上与斯大林展开了争论。最后，斯大林说，《关于被解放的欧洲的宣言》中采用了同样的术语。

美国人立刻警觉起来。这一宣言是罗斯福的精心杰作，是由国务院为他准备的。宣言提倡“各国人民有权选择他们赖以生存的政府形式”。此刻，斯大林吸引了所有人的注意。他非常随便地说：“大体上，我认可这一宣言。”

罗斯福不禁兴高采烈。如果斯大林签署了宣言，那么，世界和平与普遍人权将随之到来。“这是应用宣言的第一个例子。”总统热切地说，“宣言里面有这样一句话：‘根据他们自己的选择创建民主机构。’”接着，他更加激动地引述了宣言第三段的一部分："……组成能广泛代表全民中的一切民主分子的临时政府，并保证尽早通过自由选举，建立符合人民意志的政府。"

"我们接受第三段。"斯大林说。

罗斯福亲切地看向他，说道："我希望在波兰的选举是无可争辩的第一次。它应该像恺撒的妻子一样，我不了解她，但是人们说她很纯洁。"

斯大林受到了罗斯福情绪的感染，同样轻率地回答说："他们都这么说，但事实上，她也有她的罪恶。"这几乎像是两个伙伴在同声歌唱。

第三个人，丘吉尔，被他们忽视了。他可不想坐冷板凳。"我对总统提出的宣言并无异议，"他有几分闷闷不乐地说，"只要大家清楚地了解，其中对《大西洋宪章》的参考对大英帝国并不适用。"不过，片刻之后，他又成了舞台的主角。而他的心情也好了起来，戏剧性地说道："我想宣布，英国军队已于昨日黎明在内伊梅根发动了攻势。目前，他们已进军约三千码，此刻抵达了齐格菲防线……明天，第二波进攻将紧随其后，美国第九军也将参加战斗。攻势将不中断地继续下去。"

"真实"行动遇到的困难比司令官们最悲观的预想还要大得多。倾盆大雨下个不停，战场都变成了沼泽，因此，部队前进得非常缓慢；坦克也陷在了泥泞的道路上；当最主要的内伊梅根—克莱韦斯公路被淹之后，发生了严重的交通堵塞。

在南部，辛普森也被水困住了。鲁尔河正在上涨。尽管工兵保证说，这只是由于下雨，而不是鲁尔河水坝决口，但是，除一人之外，所有军团司令都力劝推迟"手榴弹"行动。辛普森告诉他们，他会在四点钟之前作出决定。这是一个困难的问题：由于开始缓慢，"真实"行动成功的可能性已很小，目前在很大程度上取决于他在次日早晨的进攻。但是，如果他派突击队渡过鲁尔河，之后却发现身后发了洪水，那会怎么样？刚好四点之前，他得知河水仍在继续上涨，虽然涨得很少。这真的只是雨水，还是大坝流过来的水？他该冒这次有备之险吗？如果鲁尔河水没有涌上两岸，而他却取消了进攻，那么，他的职业生涯很可能就要结束了。他独自一人坐在那里，痛苦不已，犹豫不定。四点整，仿佛什么东西在对他说："推迟进攻。"于是他便这样做了。

克雷格的第九师还没有抵达水坝。德国人正在缓慢撤退，使第九师前进的每一步都代价巨大。直到九点——辛普森作出决定几个小时之后——第三零九团第一营才在黑暗中笨拙地摸索着来到了最大的一个水坝前。这个水坝拦阻了一千万立方米的水。这个营分成两组，一部分人向坝顶前进，其余的则向下前往低处和发电站。

午夜时分，一队工兵顶着敌人的炮火，迅速穿过坝顶，前往一条检查隧道。他们发现溢洪道已经被人炸掉，路堵死了，于是，他们从二百英尺高的陡峭的大坝表面滑了下来，想从隧道底部的出口进去。一切都是徒劳无功的。德国人已经毁掉了发电站里的机器，炸掉了水闸。源源不断的水涌入了鲁尔河——正好足够在接下来的两周里淹没整个鲁尔峡谷。

很奇怪，设计者非常谨慎地制定了“真实”行动以及辅助的“手榴弹”行动计划，却没有意识到一定会发生眼前发生的一切。克雷格的手下没能在黎明时到达——这是不可能的任务。这关系并不大。即使他们的确在黎明就到了，德国人也只需把他们在傍晚时所做的一切在那时做好就可以了。结果，现在二十万加拿大人、英格兰人、威尔士人和苏格兰人陷入了这场战争中最为艰难劳顿的一场战役。这一责任应该由很多人来承担——但主要是那些高层人士：艾森豪威尔和蒙哥马利，马歇尔和布鲁克。

第二天，2 月 10 日一整天，霍罗克斯的战士们都在继续缓慢而英勇地在洪水和泥潭中向前推进，攻打着顽固的敌人。“手榴弹”行动本应该减轻霍罗克斯的压力，但是，辛普森并没有出击。因此，向北增援的德军使参加“真实”行动的战士们处境更为悲惨。

此时，内伊梅根—克莱韦斯公路的大部分都淹在了水里，不得不用四艘渡船向前线运输紧要的物资。此外，鲁尔河水坝泻下了第一道急流，不仅使鲁尔河泛滥，而且涌入了马斯河。几个小时之后，霍罗克斯便将面对另一场灾难：赖希斯瓦尔德下方的低地也将被淹没。

当天，进展最快的盟国军队被命令停了下来——并不是敌人的原因。布雷德利致电巴顿，询问何时可以转为防御。巴顿气愤地回答说，无论是年龄上，还是战斗经验上，他都是全军资格最老的指挥官。如果强迫他继续防守，他将要求离职。布雷德利的争辩只是让巴顿讽刺地建议说，如果第十二集团军参谋部能有人偶尔去前线照个面，那还算是个好主意。对巴顿而言，布雷德利的问题在于，他不能勇敢地顶住艾森豪威尔，足够坚定地为自己的信念而战。

不久，布雷德利再次打来电话。这一次，他的话给了巴顿一种奇异的满足感。布雷德利吐露说，蒙蒂“所谓的攻势”，是迄今为止艾森豪威尔犯下的最大的错误；他预测说，攻势不是已经陷入泥潭，就是将很快彻底陷进去。辛普森没能按时发动进攻，按布雷德利的理解，他们现在将重新采取起初巴顿曾主张的方案——只要天气一允许就开始。

这都是一厢情愿。尽管“真实”行动遭遇困难，“手榴弹”行动也被拖延，但是，艾森豪威尔并没打算改变计划。蒙哥马利仍将领导主攻，跨越莱茵河向柏林进军，而霍奇斯和巴顿则负责助攻。

下午，大使哈里曼在俄国指挥部与莫洛托夫见面，对方交给他一份苏联参与对日战争的政治条件的英译本。斯大林希望保持外蒙古的现状，并将1904年日俄战争后日本夺取的地盘——主要是萨哈林岛的南部、旅顺港和大连港——还给俄国。他还要求控制满洲里铁路和千岛群岛。作为报答，苏联在对日宣战的同时，还将与蒋介石缔结一项友好同盟条约。

哈里曼阅读了草稿，然后说道：“我相信，总统在接受之前，有三处会希望作出修改。”大连和旅顺港都应该成为自由港，满洲里铁路应该由一个中苏联合委员会管理。“此外，我确信，没有蒋介石总司令的同意，总统不会想处置这两个中国感兴趣的问题。”

一回到利瓦吉亚宫，哈里曼立刻将斯大林的草案拿给罗斯福看，包括他本人提出的修改意见。总统同意这些修改，并让哈里曼把它交还给莫洛托夫。总统相信，自己所做的一切对美国来说是最好的。参谋长们一致要求罗斯福以某种方式使俄国参与反日战争，主要是攻打驻扎在满洲里的七十万日本关东军。马歇尔的意见是，在征服这支军队之时，如果没有俄国人的帮助，将会有几十万美国士兵阵亡。几名美国海军情报人员相信，关东军只存在于纸面上，因为大部分士兵都已经转移至其他部队。不过，他们的意见没有得到重视——尽管它们恰恰是正确的。于是，2月10日这天，罗斯福采取了几乎所有掌握同样情况的人都会采取的行动。

哈里曼离开不久，罗斯福坐在轮椅上来到了舞厅，参加第七次全体会议——这次会议将决定整个雅尔塔会议的成败。等待解决的最为重要的问题是：赔偿问题，法国占领区问题，以及波兰问题——它的命运将暗示出东欧其他被解放民族的将来。

四点钟，罗斯福迅速就座，他的背后是熊熊燃烧的炉火。丘吉尔气喘吁吁地赶来了。他向总统致歉，接着降低嗓门，神秘兮兮地说："我相信，我已经成功地挽回了局势。"然后他便走开了，没有告诉总统，斯大林刚刚非正式地同意了关于波兰选举问题的一个新的措辞。

斯大林进来时，同样向总统表示了歉意。会议开始了，艾登首先发言。这一次，他宣读了一份进展报告。他宣布，外交部长们已经就未来的波兰政府取得了一致意见，所依据的方案如下：

> 作为红军彻底解放波兰的结果，一种新的形势已经在波兰产生。这要求在一个比波兰西部解放之前可能拥有的更广泛的基础上建立波兰临时政府。因此，目前在波兰执政的临时政府应该在更广泛的民主基础上重组，其中应该包括波兰国内的以及海外波兰人中间的民主领袖。
>
> 这个波兰民主团结临时政府，将保证尽快在普选和无记名投票的基础上举行自由且无拘束的选举。

罗斯福把他那份副本递给莱希。海军上将边读边皱起了眉头。他把文件交还给总统，说道："总统先生，这也太有弹性了，俄国人可以把它从雅尔塔一直拉到华盛顿，肯定一点都不会坏。"

"我知道，比尔，"罗斯福低声回答，"我知道。但是，这是目前我能为波兰做的最好的事情。"

丘吉尔指出一个事实，方案没有提到波兰边界的位置。此时，霍普金斯递给罗斯福一张纸条：

> 总统先生：
>
> 我认为，您应该向斯大林解释清楚，您支持东部边界的位置，但是应该在公报中包括一个总的声明，说明我们正在考虑主要边界的改变情况。也许应该由外交部长们确定具体的声明。
>
> 哈里

他所说的公报指的是这次会议结束后三巨头将发布的公报，用以公布他们最终的决定。

“我认为，我们不应该涉及边界问题。”罗斯福突然插话说，没有理会霍普金斯的纸条。

“我们必须说点什么。”斯大林强调说。

这一次，丘吉尔和斯大林站在一起反对罗斯福。波兰边界问题的解决方案应该包括在公报里，首相说。

罗斯福不同意。“我没有权力在此时此刻签署关于边界问题的协议。这应该由参议院以后来做。如果有必要的话，等首相回去以后，发表一个公开声明吧。”

莫洛托夫激动地说：“我认为，如果三位领导人能就东部边界达成完全一致的意见，并将其写进公报，就太好了。”接着，他又低声说，“我们可以说，寇松线大体上代表了在座诸位的意见……我同意，关于西部边界，我们不需要说什么。”

“我同意，我们必须说点什么。”丘吉尔说。

“没错，但是别那么确切，如果你们愿意的话。”外交部长建议说。

“我们应该说，波兰将在西部得到补偿。”

“好极了。”莫洛托夫说。

罗斯福突然提出了一个新问题——并引起了一阵骚动。“我想说，关于法国在德国管理委员会中的地位问题，我改变了主意。我越考虑这个问题，就越觉得首相是对的。”他声称，法国应该拥有一个占领区。斯退丁纽斯还没来得及从惊讶中缓过劲来，斯大林接下来的话让他愈发吃惊。“我同意。”这一转变是在幕后安排好的。霍普金斯在私下里劝说罗斯福，让法国拥有一个占领区才算明智。于是，总统秘密地通过哈里曼告诉斯大林，他改变了主意。斯大林立即回答说，他“将支持”总统的观点。

此时，丘吉尔像前一天的罗斯福一样欢欣雀跃。“当然，”他面无表情地说道，“法国会说，它将不在宣言中起任何作用，并且保留对未来的一切权利。”大家都笑了。“我们必须面对这种可能。”说着，丘吉尔顽皮地咧嘴笑了。就连严肃的莫洛托夫也开起了玩笑。“我们必须准备好收到一个粗野的回答。”他说。

当丘吉尔重新回到赔偿问题上时，这种友好情谊就像它的突然开始一样，又突然逝去。他认为，二百亿美元——其中一半给俄国——太荒谬了。不过他说得很客气。“实际上，我们的政府指示说，不要提到具体数字，”他说，“让（莫斯科赔偿）委员会去处理吧。”斯大林等的就是这句话，不过却未动声色。然而，当罗斯福指出，他也担心提到具体的数额会使很多美国人认为赔偿就是纸币和铜板，斯大林看上去真的伤心了。

斯大林生气地对安德烈·葛罗米柯低声说了句什么。安德烈点点头，起身走向霍普金斯。两人谈了几句之后，霍普金斯匆匆地写道：

总统先生：

葛罗米柯刚刚告诉我，元帅认为在赔偿问题上，您并不支持斯退丁纽斯——而是站在英国人的一边——这使他很是烦恼。也许您之后可以私下和他谈谈此事。

哈里

斯大林激动地说：“我想，我们可以非常坦率。”他拔高了声音，语带指责地声称，无论从德国得到什么东西，都无法补偿俄国的巨大损失。“美国人已经同意，至少要拿两千万美元！”他说。他太激动了，以至于没有意识到自己犯了个口误。“这是否意味着美国方面要收回前言？”他看向罗斯福，半是轻蔑，半是失望。

罗斯福立即否认；他最不希望的事就是，就一个他心目中相对次要的问题展开激烈的争论。只有一个词让他感到不安，他说：“对于很多人来说，‘赔偿’仅仅意味着‘钱’。”

“我们可以换个词，”斯大林退让了。自从会议开始以来，他第一次离开了椅子。“三国政府一致同意，德国必须用实物赔偿它在战争过程中给盟国造成的损失。”

如果说罗斯福得到了安抚，丘吉尔却没有。“在（赔偿）委员会研究这个问题之前，我们不能对两百亿美元或其他任何一个数字表态。”他说。接着，他继续热情而雄辩地争论下去，以至于斯退丁纽斯在自己的笔记中写道，听到丘吉尔那些“漂亮的词句”“如溪流般”奔涌而出，总是让人心旷神怡。

他的话对斯大林起了反作用。“如果英国人不希望俄国人拿到赔偿，”

他用力地挥着手说，“只要坦白说出来就好。”他重重地坐下来，怒目而视。

丘吉尔当即直言反对他的暗示，结果斯大林又一次跳了起来。罗斯福取得了大家的注意，“我建议将整个问题留给莫斯科的委员会。”

斯大林略微平静了一些，他坐下来，让莫洛托夫发言。“以美国和苏联代表团为一方，英国为另一方，”他平静地说，“双方之间唯一的分歧是总金额的确定。”显然，斯大林放松多了。这一巧妙的措辞让他和罗斯福成了搭档，一起反对丘吉尔。

“无论对错，英国政府认为，即使只是确定一个总金额来作为讨论的基础，也会约束自己。”艾登用一种调和的语气说道。他建议，命令赔偿委员会研究三国外交部长刚刚起草的报告。

斯大林已经完全恢复了冷静。“我建议，首先，三国政府首脑达成协议，德国必须用实物赔偿战争期间造成的损失。”他说，“其次，三国政府首脑达成协议，德国必须赔偿盟国的损失。第三，由莫斯科赔偿委员会负责确定需要支付的数额。”他转向丘吉尔，“我们在委员会上提出我们的数字，你们提出你们的。”

“我同意。”丘吉尔说，“那美国呢？”

“答案很简单，”总统带着莫大的宽慰回答，“罗斯福法官同意了，文件被接受了。”

他们暂时休会，用平常的大玻璃杯喝起了热茶，同样，又给美国人拿来了银杯托。显然，斯大林和罗斯福之间的短暂失和让元帅很是忧虑，于是，他把哈里曼拉到一边，对他说，在参与对日战争的协定问题上，自己准备向总统让步。“我完全同意使大连成为一个国际控制下的自由港，”他说，“但旅顺港不一样。它将成为俄国的海军基地，因此，俄国要求拥有租借权。”

“您为什么不立刻和总统谈谈这件事呢？”哈里曼建议说。稍后，斯大林和罗斯福平静地进行了谈话，很快达成了完全的一致。当与会者们回来参加全体会议时，普遍感觉到已经避免了预感的分裂，于是放松地开始了一轮妙语连珠的会谈。就连丘吉尔也对罗斯福的那句名言表示了异议。“自由源于需要。”他揣测着，这最后一个词究竟是什么意思。“我想，这需要是因匮乏而产生的，而不是渴望。”

最后，大家回到了正题上，当天最重要的任务是：起草三巨头关于波兰问题的立场的声明，这一声明将出现在最后的公报里。霍普金斯担心罗斯福会让美国承担确定波兰新边界的责任，于是又写了一张纸条。

总统先生：

您给您的合法权利带来了麻烦，参议院会说些什么呢？

哈里

看过纸条之后，罗斯福提议说，声明的措辞应该作一些修改，以免违反美国宪法。

新的草稿很快拟了出来，并被大声宣读：

三国政府首脑认为，波兰东部边界应该依照寇松线划定，但在某些区域应作出有利于波兰的五到八公里的改变。公认波兰应当在北部和西部得到真正增加的领土。他们认为，应该及时征询新的波兰民族团结临时政府对这些领土增加面积的意见，而波兰西部边界的最终划定应该于此后等待和平大会去解决。

这时，霍普金斯递给总统最后一张纸条。

总统先生：

我认为，当讨论结束时，我们就成功了。

哈里

当罗斯福看纸条时，莫洛托夫建议，在第二句话后面加上“并且将东普鲁士和奥得河畔的古代边界线还给波兰”。

“这些领土什么时候是属于波兰的？”罗斯福问。

“很久之前。”

罗斯福笑着转向丘吉尔，说道：“也许你也希望把美国收回？”

“噢，吃了美国，我们会消化不良的。如果波兰得到过多的德国领土，结果也是一样。”

“这么改一下，会给波兰人极大的鼓舞。”莫洛托夫争辩道。

“我更喜欢让它保持原样。”丘吉尔表示反对。

“我收回我的建议，”斯大林平静地说道，“我同意让它保持原样。”

这时已经八点了，罗斯福感到很疲倦。他建议大家暂时休会，第二天上午十一点再继续。那时他们可以及时地写好联合公报，那么整个大会在中午就能结束。这样，他就可以在三点离开雅尔塔。

丘吉尔皱了皱眉头，说道，他认为不可能这么快便解决全部问题。不仅如此，公报要向全世界广播，不能仓促起草。斯大林表示同意。罗斯福未置可否，向卫队长迈克·赖利点头示意，让他推着轮椅上的自己离开了房间。

他如此匆忙地离去，让很多英国和俄国的代表困惑不安，但是他们没有多少时间去仔细思考了。一个小时之后，他们都要出现在雅尔塔会议的最后一次正式晚宴上。这次是丘吉尔做东，将在他的沃隆佐夫宫举行。这座风格奇异的半摩尔半苏格兰式别墅已经被俄国士兵们彻底搜查过了——他们甚至连桌子底下都爬了个遍。

当人们享用着餐前的伏特加和鱼子酱之时，莫洛托夫缓步走向斯退丁纽斯，说道：“我们已经商定了日期。难道您不能告诉我们会议将在哪里举行？”他指的是联合国组织的第一次会议。

斯退丁纽斯已经为选址问题烦恼了一段时间。他提出了好几个城市，又都放弃了：纽约、费城、芝加哥、迈阿密。前一天凌晨三点醒来时，他忆起自己梦到了旧金山。那梦境是如此真实，以至于他几乎都能嗅到太平洋上的新鲜空气。他深信，这就是最完美的地点。于是，早餐后，他来到了罗斯福的卧室，略述了旧金山的优势，不过却只得到了一个不明朗的回应。

斯退丁纽斯离开莫洛托夫，走向坐在移动轮椅里的罗斯福。“莫洛托夫催我决定会议的地点。您准备好说是旧金山了吗？”

“说吧，斯退丁纽斯，就是旧金山。”

斯退丁纽斯回到莫洛托夫身边，把这个消息告诉了他。外交部长向艾登挥手致意。片刻之后，三位外交部长共同举杯，庆祝将在十一周之后召开的旧金山会议。

在晚宴上，斯大林倾身过去告诉丘吉尔，他对赔偿问题的解决方式并不满意。他不敢告诉苏联人民，由于英国人的反对，他们将不能得到应有的赔偿。斯退丁纽斯猜测，是莫洛托夫和梅斯基私下里让斯大林相信，自己在最后一次全体会议上让步太多了。

丘吉尔反驳说，他非常希望俄国可以得到大笔的赔偿。但是他禁不住想起了上次战争，那时他们提出的数额超过了德国的赔偿能力。

“在公报中提一下，打算让德国赔偿对盟国造成的损失，这将是个好主意。”斯大林坚持说。

罗斯福和丘吉尔都表示赞同。丘吉尔向元帅举杯祝酒。“我曾在很多场合举杯祝酒。这一次，我要带着比以往开会时更大的热情来举杯，这不是因为他取得了更大的胜利，而是因为俄国军队的伟大胜利与荣耀，使他比身处我们度过的艰难岁月中时更为和善亲切。我感到，无论在某个具体问题上我们有什么分歧，他都是英国的好朋友。我希望看到俄国的未来光明、繁荣和幸福。我将鼎力相助，而且我确信，总统也一定会如此。曾有一段时间，元帅对我们并非如此友善，我记得，我也说过一些关于他的粗鲁言辞。但是我们共同的危险和共同的忠诚已将这一切一扫而空。战火烧光了往日的误解。我们觉得我们拥有了一个可以信任的朋友。我希望他也会继续对我们抱有同感。我祈祷，愿他长寿，能亲眼看到他深爱的俄国不仅在战争中光荣，而且在和平中幸福。”

斯退丁纽斯转向斯大林，非常热情而善感地说道：“如果我们能在战后的岁月里合力工作，苏联的每座房子没有理由不会很快拥有电气和管道设备。”

“我们已经从美国那里学习到了很多东西。”斯大林脸上不带一丝笑容地回答。

过了一会儿，罗斯福讲了一个关于三 K 党的故事。一次，一个南方小镇的商会主席请他吃晚饭。当他问起坐在自己两侧的两个人——一个是犹太人，另一个是意大利人——是不是三 K 党成员时，主人回答说：“噢，是的。不过他们都不错；商会里的每一个人都了解他们。”罗斯福说，这是一个很好的例子，它说明了，如果你真正了解一个人，就很难拥有任何偏见——种族、宗教信仰，或是其他什么。

“非常正确。”斯大林表示赞同。斯退丁纽斯认为，对全世界来说，这都是一个例子。背景相去甚远的人们却可以找到一个相互理解的共同基础。

讨论转向了英国政治和即将到来的选举中丘吉尔要面对的问题。“斯大林元帅的政治任务要容易得多，”首相顽皮地说道，“他只需要应付一个党派。”

“经验证明，”斯大林同样幽默地回答，“一党制对国家元首来说非常有好处。”

气氛一直很轻松，直到罗斯福告诉他们，自己第二天必须离开。

“但是，富兰克林，你不能走。”丘吉尔急切地说道，“一个极大的奖赏离我们仅咫尺之遥。”

“温斯顿，我已经约好了，明天必须按计划离开。”之前，总统告诉斯退丁纽斯，他不得不找个借口，以免会议无限期地拖延下去。

“我也认为需要更多时间，来考虑和决定会议中这些问题。”斯大林支持说。他走到总统身边，平静地说，他看不出怎么可能在第二天，也就是周日下午三点之前结束所有事情。

罗斯福和蔼地表示同意。“如果有必要的话，我会等到周一再走。”

晚餐之后，罗斯福回到了利瓦吉亚宫他的房间。尽管忙碌的一天让他疲惫不堪，他还是得写两张重要的纸条。詹姆斯·贝尔纳斯和爱德华·费林——两位精明的政治家——警告他说，如果俄国在联合国得到两张额外选票的消息泄露出去，将会在美国国内引起极大的批评。但是反过来，这也将有助于美国得到两张补充选票。

此刻，罗斯福给斯大林写了一张坦率的条子，向他解释这一问题，并且问他是否赞成在联合国给美国两张额外的选票。总统给丘吉尔也写了一封类似的信，然后上床休息了。

第二天，周日，2 月 11 日早晨，斯大林和罗斯福向丘吉尔和艾登出示了他们就远东问题达成的协定。丘吉尔正打算在文件上签字，艾登却当着斯大林和罗斯福的面说，这是“这次会议的可耻的副产品”。丘吉尔尖锐地回答说，如果他接受了艾登的建议，英国在东方的威望便会受损，然后在协定上签了字。

什么也扫不了罗斯福高昂的兴致，因为他刚刚收到了那两封关于额外选票的信件的回复。丘吉尔回答说：“我谨向您保证，在这个问题上，我会尽全力支持您。”斯大林则写道：“我认为，美国选票的数量应该增加至三张……如果有必要，我准备正式支持这一提议。”

当天中午，在第八次，也是最后一次全体会议上，罗斯福的情绪感染着大家。没有再出现任何问题，公报的起草不到一个小时就完成了。除了丘吉尔，每个人似乎都很满意。首相开始抱怨，指出在波兰问题上，自己将会在英国遭到激烈的攻击。“他们会说，在边界问题上，以及整件事情上，我们彻底向俄国屈服了。”

“你是认真的吗？”斯大林问，“我不敢相信。”

“伦敦的波兰人会掀起一场可怕的抗议。”

“但其他的波兰人更多。”斯大林反驳道。

“我希望你是对的，”丘吉尔冷冷地说，“我们不要再谈这个问题了。这不是波兰人数量的问题，而是关系到英国为之拔剑而战的目标。他们会说，你把波兰唯一的立宪政府彻底弄没了。”丘吉尔看上去简直可以说是沮丧，“无论如何，我会竭尽全力去保护它。”

如果说丘吉尔有些忧郁，随后的午宴可并非如此。一切都进展得如此顺利，大家的普遍感觉是松了一口气。罗斯福的心情十分舒畅。他所珍爱的《关于被解放的欧洲的宣言》，这一关于世界自由与民主的允诺，被接受了。而且，斯大林已经书面同意了在德国投降两到三个月之后，参与对日战争。

哈里曼也很满意。斯大林还同意支持蒋介石，并承认中国国民党政府对满洲里的主权，这是外交上的一个极大胜利。至于波兰，大使相信，斯大林在许诺举行自由选举时是心口一致的。不过，在乐观的背后，还有恼人的怀疑。他记得一句老话：“向俄国人买马，两次才买得到。”他想，现在的问题是要让俄国人遵守诺言。

波伦感觉，这是“一次有必要的会议，并且让美国真正有可能依照苏联遵守已达成协议的程度来评判他们”。有几次，斯大林向罗斯福作了让步，这表明总统巧妙地利用了斯大林对他的敬畏。波兰，最为敏感的一个问题，在这种环境下，不可能有更好的解决方式。丘吉尔和罗斯福只有三种选择：甩手不管，坚决地站在伦敦波兰人的背后，或者尝试让尽可能多的伦敦波兰人进入新组建的政府。第一种做法首先出局。而任何了解斯大林的人都知道，第二种选择将会被断然拒绝。第三种，尽管不是最好的解决方式，却是西方领导人们唯一现实的选择。

英国人中间已经有了一些议论，说总统糟糕的健康状况成了会议上的一个不利因素。波伦一直陪伴在总统身边，他知道，这话有几分是事实。尤其是在一次长会的最后几分钟，他怀疑罗斯福的健康状况削弱了他的意志。

午宴时，大家传阅了刚刚起草的联合公报的最终副本。丘吉尔、斯大林和罗斯福分别研究了自己的那份，没有发现任何漏洞，于是便签了字。这样，除了一些正式手续外，会议就算结束了。

美国人在启程时非常满意。全世界都相信，美国人在雅尔塔得到了自己所渴望的一切，甚至比这更多。哈里·霍普金斯心下确信，这正是所有人祈祷并谈论了多年的新时代的黎明。他认为，俄国人证明了他们可以很有理智和远见，因此，这次会议赢得了和平路上的第一个伟大胜利。

的确，罗斯福和丘吉尔完成了绝大多数西方人祈祷他们完成的事情。这里曾经有过激烈的争论，但和达成的大量协定相比，它们显得毫不重要。不幸的是，有些协定注定不会得到遵守。如果在利瓦吉亚会议上有一位公正的观察家，他只能作出如此的结论：至少在纸面上，西方取得了重大的胜利。最大的胜利是由罗斯福独自取得的——并且未经一役——关于联合国问题，不情愿的斯大林和心存怀疑的丘吉尔都没有提出异议。

当晚，罗斯福在停泊在塞瓦斯托波尔港口的美国军舰“卡托克廷”号上进了晚餐。主菜是牛排。在吃了八天的俄国菜之后，对于每个人来说，这都是“一次真正的宴席”。总统疲惫不堪，但心里却非常高兴。

直到六点钟，孜孜不倦的三国外交部长才签署了会议协定书。通过“卡托克廷”号上的便利设施，文件用无线电传往了华盛顿。最后一个单词刚刚落地，道克·马修斯便对斯退丁纽斯说：“国务卿先生，我们的最后一条消息已经发出。我可以切断联系吗？”

“好的。”斯退丁纽斯说。

雅尔塔会议结束了。

# 在巴尔干战场

雅尔塔会议上围绕着波兰问题的争论，只是戏剧性地渲染了欧洲所有解放国家面临的一个问题，而其中局势最为严重的一处是巴尔干。1944 年春天，俄国人在三条强大的苏联战线上非常出人意料地冲入了乌克兰，一周之内，征服巴尔干对于他们来说简直如探囊取物。

这不仅让希特勒惊慌失措，丘吉尔的耳边也同样响起了警钟，因为他一直认为巴尔干是战后欧洲稳定的基石。稍后，苏联发照会给英、美两国，允诺不会通过武力改变罗马尼亚现存的社会体系——这是红军前进路上的第一个巴尔干国家。然而，丘吉尔却仍然认为，斯大林在秘密计划布尔什维克化整个东南欧。因此，他要求艾登就东西方之间关于巴尔干的“尖锐分歧”为内阁起草一份文件。“一般而言，”丘吉尔在给艾登的备忘录中说，“问题是，我们是否打算默许巴尔干的共产主义化？”如果不，“……一旦战况允许，我们就应该十分明确地向他们提出来。”

与此同时，丘吉尔觉得，不可能在所有地方都阻止俄国人，因此，他想与斯大林签订协议，把巴尔干分成几个势力范围——比如，让俄国控制罗马尼亚，而让英国控制希腊。困难在于，仅仅考虑一下这种“买卖”，就会在道德上冒犯美国国务卿以及其他很多美国人。至于罗斯福，他也强烈反对将美国卷入战后欧洲重建的重任，尤其是巴尔干。“在三千五百英里之外，或者更远的地方，我们不应该承担任务。”他写信给斯退丁纽斯说，“这无疑应该是英国的任务，英国人远比我们对其更感兴趣。”

他同样坦率地把这些想法清楚地告诉了丘吉尔。他发电报给丘吉尔，说自己反对将巴尔干分成几个势力范围，并提醒他，美国永远都不会使用军事力量或任何其他力量，以求在东南欧取得外交上的胜利。1944 年 8 月底，在红军粉碎了德国与罗马尼亚的最后一道防线后，米哈伊尔[1]国王解散了安东尼斯库[2]政府，并且要求结束对抗。一个由保守党人、社会主义者和共产党人组成的联合政府建立了。但是，几天之后，停战协定签署了，它规定将罗马尼亚交由苏联最高统帅部直接管辖，这样，联合政府的存在就没有什么意义了。大使哈里曼告诉华盛顿，这立时让苏联得以对罗马尼亚进行治安控制，并且最终进行政治控制。国务院告诉哈里曼，他可以提出抗议。然而，这一抗议和英国方面提出的类似抗议，对斯大林所起的作用就如同克努特国王对大海发布的命令一般。几周之后，布加勒斯特的西方观察家开始报道说，罗马尼亚正日益向共产主义靠拢。

保加利亚的情况是同一主题的另一变奏曲。尽管该国政府从未对俄宣战，但是，保加利亚军队却一直帮助希特勒控制巴尔干。罗马尼亚被征服之后，红军便随即推进到了保加利亚边境。保加利亚内阁迅速倒台，新内阁宣布废除与希特勒签订的允诺无条件中立的协定。但是，斯大林对此并不满足。他命令自己的部队越过边界。这是一场没有流血的征服。保加利亚人不仅热情地欢迎红军，还成立了一个代表很多党派，包括共产党在内的新的联合政府。和在罗马尼亚一样，红军取得了绝对的控制权。而随着时间的推移，共产党人的权力越来越大，这种联合同样变得形同虚设。

红军的下一个目标是南斯拉夫。该国反希特勒战斗的领导人是一位共产党人。世界第一的共产党人讨厌他，怀疑他；而世界第一的民主党人却赞赏他，认可他。对于斯大林来说，铁托是一个自我本位的暴发户；而对丘吉尔来说，他是一位发动了反希特勒的爱国战争的英勇战士。

南斯拉夫的问题和其他任何巴尔干国家都不相同。它是在第一次世界大战后人为创建的一个王国，由克罗地亚、塞尔维亚、黑山、马其顿和斯洛文尼亚组成。1941 年 3 月 25 日，南斯拉夫政府与罗马尼亚和保加利亚签订了一项条约，三国共同遵循希特勒的欧洲新秩序。愤怒的人民自发地揭竿而起，两天之后，一队空军军官逮捕了摄政王保罗亲王和他的首相，随后成立了爱国政府。第一次听说这场政变时，希特勒心中还有所怀疑。当确信这是事实

[1] 米哈伊尔：当时的罗马尼亚国王。——译注

[2] 安东尼斯库：当时的罗马尼亚总理。——译注

之后，他命令入侵南斯拉夫。几天之内，轰炸机重击了贝尔格莱德，而德国、匈牙利、保加利亚和意大利的军队则从几个方向同时发动了进攻。十二天之后，南斯拉夫举手投降，被胜利者们瓜分了。

此后两个月里，南斯拉夫只有一些零星的抵抗，直到希特勒对俄国发动突然袭击。这时，共产国际发电报给南斯拉夫共产党总书记约瑟夫·布罗兹。电报写道：

> 立即组织游击队。在敌后开始游击战。

布罗兹——党内名为铁托——五十三岁，相貌英俊，极富男子气概。他是农民的儿子，继承了父母强壮的体格，在十五个孩子中排行第七。二十八年来，他一直是一名忠实的共产党人，同时，也是一名忠实的爱国者。在几个月里，他以过人的才干和充沛的精力将这两种忠诚结合在了一起，因此，绝大多数南斯拉夫人都承认他是反法西斯联合战线的领袖。

有一支大型的游击队拒绝接受他的领导。这是一群切特尼克分子，继承了抗战的历史传统。他们的祖先曾领导过反土耳其人的游击战。在南斯拉夫皇家军队德拉贾·米哈伊洛维奇上校的指挥下，他们仍然戴着传统的皮帽，佩着两把刀交叉的徽章，仍然唱着古老而残忍的割喉歌，不过，里面加入了一些现代的元素：

> 我的皮帽在颤动，我的刀也在行进中颤动；
> 谁反对德拉贾，我们就要杀掉他，割断他的喉咙。

米哈伊洛维奇以前是一名情报军官。他是一个坚定的君主主义者，对旧日的权力充满渴望。尽管受过一些教育，但他仍保留着祖先的很多原始气质。对于进一步的复杂问题，他犹豫不决，不喜欢做决断。他仇恨共产主义，因此拒绝参加铁托的游击队。于是，几个月内，一场本来是反希特勒的爱国战斗变成了反对铁托的政治战争。战争非常激烈，以致米哈伊洛维奇开始与德国人秘密勾结。他对副手们说，一旦他们的国家摆脱了铁托，他们将把枪口转向德国人。具有讽刺意味的是，他的儿子和女儿却为铁托而战。

伦敦流亡政府声讨说，指责米哈伊洛维奇与德国勾结是布尔什维克的一个谎言。该政府又擢升米氏为将军，继而任命他为国防部长和南斯拉夫皇家军队总司令。这些伦敦的南斯拉夫人非常善于游说，因此，英国人和美国人开始大量地给米哈伊洛维奇空投物资。直到 1943 年年中，丘吉尔读到了年轻的牛津教授 F. W. 迪金上尉一份透漏内情的报告，这才产生了疑虑，给米哈伊洛维奇提供的援助是否都被用来与敌人作战了呢？为了确定究竟是铁托还是米哈伊洛维奇才应该得到盟国的大量援助，首相派出了三十二岁的前职业外交家菲茨罗伊·马克莱恩准将，让他率领一个军事代表团去调查南斯拉夫的游击队。

马克莱恩是议会里的一名保守党党员。他发现，铁托联合了很多政治派别的爱国者，组成了一支富有进攻性的、有效的力量。他报告说，游击队员严于律己、生活简朴。他们不酗酒，不抢东西，不游手好闲。他们似乎都受同一个思想和军事上的誓言约束，要把法西斯分子赶出国土——然后为他们犬牙交错的国土上的人民建立一个公正的政府。使马克莱恩尤其惊讶的是，铁托有着强烈的民族自豪感，这种特质出现在一个热忱的共产主义战士身上似乎不太合适。同时，还有很多其他出乎意料的东西：铁托的远见卓识，富于幽默感，因生活中的一点点小情趣而欢欣雀跃，他的勃然大怒，他的深思熟虑、宽宏大量和总是很全面地看问题。

更为重要的是，马克莱恩通过第一手材料得知，1943 年底，铁托的游击队牵制住了十二个德国师。同时，他还不断地受到米哈伊洛维奇和一个名为乌斯塔西的由克罗地亚人组成的民族主义团体的骚扰。乌斯塔西是一群狂热的罗马天主教徒。他们热衷于恐怖活动，即使用巴尔干的标准来评判，他们的所作所为仍显得无比血腥。乌斯塔西仇恨塞尔维亚人、犹太人、共产党人，尤其是希腊正教会成员。尽管大多数克罗地亚教会军官对乌斯塔西的成员心怀敌意，但是，普通的天主教士还是狂热地参加了血腥的清洗，并常常领导袭击。在这些袭击中，整村的老百姓，无论是否宣布抛弃原来的宗教信仰，全部都被残忍屠杀。乌斯塔西最热衷的方式是把正教会教堂连同里面的全体教徒一起焚烧掉。

主要是依靠马克莱恩的报告，丘吉尔才在德黑兰会议上说服了斯大林和罗斯福，在南斯拉夫，他们要更多地支持铁托。两个月后，首相写信给铁托：

我决定，英国政府将不再给予米哈伊洛维奇军事支持，而只对你进行援助。如果南斯拉夫王国政府能将他从政府委员会开除，我们将非常高兴。然而，年轻的国王彼得二世已经逃出了摄政王保罗亲王的毒手，以南斯拉夫的代表和落魄王子的身份来到我们这里。将他拒之门外，那会有损大英帝国的荣誉和骑士风度。我们更不能要求他切断与他的国家现有的联系。因此，我希望你能够理解，在任何情况下，我们都将继续保持和他的正式关系。与此同时，我们也会向你提供一切可能的军事援助。此外，我还希望你们双方停止论战，因为这种论战只是帮助了德国人……

在回信中，铁托感谢了丘吉尔的军事援助，但是，他指出，自己国家的政治前途比英国人看上去意识到的更为复杂。

我非常理解您对彼得二世国王和他的政府的许诺。只要我国人民的利益允许，我会设法避免不必要的政治活动，并且不在这一问题上导致盟国的不便。不过，我谨向阁下保证，这场为争取解放而进行的艰巨斗争所造成的国内的政治局面，并不只是某些个人或政治团体争斗的机器，而是所有爱国者，一切正在战斗并与这一斗争长期相连的人们不可抗拒的愿望，也就是南斯拉夫绝大多数人民的愿望……

当前，我们所有的努力都朝着一个方向……创立南斯拉夫各民族的团结和手足情谊；在这场战争开始之前，这种团结和兄弟情谊是不存在的，而正是由于它们的缺失，才导致了南斯拉夫的灾难……

尽管两人之间存在一些政治分歧，但丘吉尔和铁托仍继续成功地合作着。在反攻日，游击队凭借西方的军事援助，几乎是旗鼓相当地抵御了二十五个师的敌人。9月，红军轻松占领了罗马尼亚和保加利亚，之后进入了南斯拉夫，此时，德国人已经开始撤退了[1]。为了协调游击队和红军的作战行动，铁托准备前往莫斯科。俄国人要求他秘密离境。于是，铁托带着他的狗泰加——狗脑袋用袋子蒙住——在南斯拉夫海岸附近的维斯岛机场，偷偷从英

[1] 米哈伊洛维奇继续和铁托战斗了下去。最终他被游击队员活捉，并在审讯后被枪决。

国卫兵身边溜了过去，登上了一架由苏联人驾驶的“达科塔”号飞机[1]。

这是1940年以来铁托第一次访问俄国。当年，他是一个不太重要、人数不多的地下党派里的无名小卒，化名为瓦尔特来过俄国。如今，他是一名得胜的将军，一个复兴党派的领袖。他的党派很快便将毫无悬念地掌管国家。他被载往丘吉尔曾住过的乡间别墅。矮胖粗壮的斯大林拥抱了铁托，并且出其不意地把他举了起来。即使说不上是顺从，铁托至少是尊敬地回应了这一见面礼。而很快，斯大林便明显地冷淡了下来。铁托最近的几份电报早已使他火冒三丈，尤其是其中一份的开头说道：“要是您不能帮我们，至少别妨碍我们。”上了年纪的斯大林肯定也很憎恨铁托引人注目的外貌、华丽的军服——以及西方媒体对他如潮的赞誉。

“小心，瓦尔特！”斯大林在一次会见中恩赐般地说，“塞尔维亚的资产阶级非常强大。”

“我不同意您的看法，斯大林同志，”铁托回驳道，他不喜欢别人叫自己瓦尔特。“塞尔维亚的资产阶级非常软弱。”

一阵难堪的沉默。尽管事实上铁托是对的，仍然于事无补。当斯大林问起南斯拉夫的某位非党政治家时，铁托回答说：“噢，他是一个无赖，一个叛徒，他和德国人互相勾结。”

斯大林提到另一个人，得到了同样粗鲁的回答。“瓦尔特，”斯大林愠怒地说道，“对你来说，他们都是无赖。”

“确实如此，斯大林同志，”铁托略带几分庄重地答道，“谁背叛他的祖国，谁就是无赖。”

斯大林声称，为了避免同英美发生冲突——在战争的这个关头，他仍然非常需要他们的军事援助，因此，他赞成让彼得国王复位。这时，本来只能说是尴尬的局面变得严峻了起来。铁托也需要援助，但不想以此为代价。他尖锐地回答说，不可能恢复君主政体，人民不会支持它，并且激动地说这样一个行动纯属彻底的背叛。

斯大林按捺住怒火，压低了嗓门。“你不需要让他永远复位，”他狡猾地说，“暂时让他回来，然后在合适的时机，你可以给他背上来一刀。”正在这

[1] 马克莱恩从南斯拉夫方面得知了这一消息，并且相信，俄国人要求其秘密行动，只是为了破坏铁托和丘吉尔之间的密切关系。如果真是这样，他们确实成功了。丘吉尔对铁托的秘密离境非常生气，在给霍普金斯的一份愤怒的电报中，他称之为“粗俗的行为”。

时，莫洛托夫报告说，英国人已经在南斯拉夫海岸登陆了。

“不可能！”铁托大声喊道。

“你为什么说‘不可能’，”斯大林烦躁地说，“这是事实。”

不过铁托澄清了事实。他解释道，毫无疑问，那不过是哈罗德·亚历山大元帅的三个炮兵营。他答应过，会在莫斯塔尔附近登陆，支援游击队的一次行动。

“告诉我，瓦尔特，”斯大林问，“假如英国人真的违反你的意愿，试图在南斯拉夫登陆，你将怎么办？”

“我们会给予坚决的抵抗。”

在军事问题的讨论中，铁托表现出同样的独立性。他明确地说，只有应他的邀请，才能允许红军进入他的国家。他还解释说，他只需要有限的援助：一个装甲师就已足够帮助他解放贝尔格莱德。此外，不允许红军像在罗马尼亚和保加利亚一样，篡夺南斯拉夫的民事和行政职能。斯大林表面上仁慈地同意了这些约束，并且说，他将派给铁托一个军团，而不是一个师——那是铁托要求的四倍。

就在这支承诺的红军军团进入南斯拉夫时，铁托乘飞机回了国。大约三周之后，在其帮助下，他的游击队最终拿下了贝尔格莱德。这标志着铁托军事斗争的结束，因为此时德国人只想着逃往匈牙利。铁托的政治生活也改变了。这位昔日的逃犯如今居住在首都郊区保罗亲王的白宫里。首先，为了偿还对丘吉尔欠下的巨债，他同伦敦的流亡政府签订了一项协议，其中要求为建立南斯拉夫永久性政府而进行自由选举。这一报答未费铁托吹灰之力。铁托是一位真正的英雄，是南斯拉夫的救星。毫无疑问，绝大多数同胞将选举他为他们战后的领袖。

铁托离开几天之后，丘吉尔到了莫斯科，他非常想见到斯大林——“我一直认为可以和他平等交谈。”——和他讨论欧洲解放国家的战后地位问题。当两人提及波兰问题时，丘吉尔突然说道：“让我们解决一下在巴尔干的事务吧。你们的军队已经进入了罗马尼亚和保加利亚。在那儿也有我们的利益，有我们的使团和人员。我们别让彼此在细节问题上产生成见。英国和俄国目前所关切的是，怎样使你们在罗马尼亚占百分之九十的优先权，使我们在希腊有百分之九十的发言权，而在南斯拉夫使我们平分秋色呢？”他潦草地在纸上写了一通，然后把纸条推向桌子对面的斯大林。斯大林看到，除了在罗马尼亚、希腊和南斯拉夫的分配百分比外，丘吉尔还建议平分匈牙利，并且，让俄国在保加利亚占百分之七十五的优先权。元帅犹豫了片刻，然后用一支粗大的蓝色铅笔在纸上做了个记号。

几秒钟之内，历史便被创造了。

“我们似乎过于草率地处理了这些决定数百万人命运的重大问题，会不会有人认为我们玩世不恭呢？”过了一会儿，丘吉尔说，“我们烧掉这张纸吧。”

“别烧，您留着它吧。”斯大林说。

两个盟友给罗斯福发了一封联合电报，宣布他们已一致通过一项关于巴尔干问题的政策。丘吉尔还给总统发了一封私人电报：

> ……在巴尔干问题上，我们绝对需要设法取得一致意见，这样我们才能阻止在一些国家爆发内战。到那时，可能你我会同情一方，而乔大叔同情另一方。我会始终让您了解所有这一切。除了英国和俄国之间的初步协议，什么都没有确定，一切都有待于进一步讨论并取得您的同意。在此基础上，我确信，您不会介意我们同俄国人寻求一致意见的尝试……

1944年10月，费多尔·伊万诺维奇·托尔布欣元帅的乌克兰第三方面军帮助铁托拿下了贝尔格莱德，之后红军继续向西北推进，以帮助R. Y. 马利诺夫斯基元帅的乌克兰第二方面军解放匈牙利。神圣罗马帝国的皇帝曾经也是匈牙利国王。许多年中，奥地利皇帝哈布斯堡家族作为国王统治这里。但是，让精力充沛的匈牙利人民饱受煎熬的历届奇特的政府中，没有一个比现在的政府更为奇特。今天的匈牙利是一个没有国王的王国，由一个没有海军的海军上将统治。这就是摄政王米克洛什·冯·霍尔蒂——他对希特勒的一切心血来潮都唯命是从。

第一次世界大战之后，哈布斯堡王朝被流放了，但是这并没给无地农民带来一丝轻松。因为，在霍尔蒂那没有国王的君主政体之下，封建主义仍然存在。从而，在欧洲的其他任何地方都不存在如此绝对的贫困和穷奢极侈并存的局面。匈牙利积极地加入了希特勒反共产主义的十字军东征。而当热情开始衰退之后，希特勒便结束了霍尔蒂独立的神话。在诺曼底登陆之前几个月，他占领了这个国家。

如今匈牙利真正的统治者，是德国驻布达佩斯大使埃德蒙·费森迈耶将军。但是，当红军距布达佩斯已不足一百英里之时，霍尔蒂认为，为了政治上的理由，终于可以率领匈牙利的庞大军队投降作为报复了。尽管这支军队仍在与俄国人作战，但他们并非心甘情愿，只是在应付了事。在布达佩斯，大家总是在咖啡馆里高声谈论机密大事，因此，俄国人几乎是立刻就知道了霍尔蒂的决定，并指派一个名为马卡罗夫的红军上校去促成这件事。马卡罗夫写了两封信，里面全是夸张的许诺，以至于霍尔蒂连忙派了一位代表到莫斯科谈判。海军上将是个典型的匈牙利人：他忘了给他的代表一份书面授权书，不得不又派一位著名的印象派画家带去必要的文件。而典型的俄国人则假装对马卡罗夫上校和他骗人的信件毫不知情。结果当然是混乱和耽搁，而越是混乱，越是耽搁，俄国人的要求便越是苛刻。

而典型的德国人希特勒则完全了解正在发生的一切。当匈牙利代表在莫斯科的谈判每况愈下之时，希特勒派三十六岁的奥托·斯科尔兹内少校去布达佩斯，想把匈牙利的领导人带回“正途”。斯科尔兹内少校身高六英尺四英寸，是一个维也纳人。即使不看身材，他的外表也令人过目难忘：他的脸颊上有一块大伤疤，那是上学时为一名芭蕾舞演员决斗而留下的。他的举止流露出一股 14 世纪意大利雇佣兵队长的气势。1943 年底，他率领六架滑翔机出其不意地从天而降，企图突击营救墨索里尼。这次行动使他在朋友和敌人中都出了名。

希特勒对斯科尔兹内这种人近乎迷信，于是，让他只带着一个伞兵营便去了布达佩斯。斯科尔兹内的任务是阻止霍尔蒂倒戈。他本来打算通过一次滴血不流的突袭夺取霍尔蒂居住并统治的城堡，即“铁拳”行动。但是，在巴尔干，错综复杂是生活的一种方式。斯科尔兹内面临着另一个阴谋：另一个霍尔蒂也要率领匈牙利投降。那便是年轻的米克洛什·米基·霍尔蒂，海军上将的儿子。他的行动得到了他父亲的同意。米基是霍尔蒂家族中的一名莽汉，因在莫尔吉特岛上组织放荡的聚会而臭名远播。他的哥哥伊斯特万是一名飞行员，战死在了东线。于是，米基便成了他父亲的希望，同时也让他深深感到失望。斯科尔兹内从一名德国情报人员那里得知，为了与俄国讲和，米基已经与铁托的代表会过面。于是，他同意在下一次这个年轻人与南斯拉夫人见面时，帮助盖世太保绑架他。这个计划被命名为“米老鼠”行动。

1944 年 10 月 15 日，米基会见了铁托的密使，结果立即被斯科尔兹内和盖世太保的人抓了起来。他被裹在毯子里，偷偷带到了机场。当海军上将被告知自己的儿子刚刚被挟往了德国时，他强烈谴责纳粹，并且告诉王位委员会，他们应该指示在莫斯科的谈判人员，不论条件如何，立即向俄国投降。

当天下午，德国大使费森迈耶拜访了城堡。霍尔蒂简单地通知他，自己在和盟国谈判投降的问题。之后不久，广播里反复播放了海军上将的讲话录音。他说，匈牙利已经与俄国人单独媾和。当然，根本没有这种事发生——这全都是空谈，就连苏联人自己也非常恼火；他们通过无线电告诉霍尔蒂，除非他在次日上午八点之前接受他们的条件，否则绝不会停战。霍尔蒂和他的部长们一直争论到深夜，却始终没能取得一致意见。最后，海军上将满腹烦恼地就寝了。部长们自己商定，他们应该去德国寻求庇护，并派一个名为瓦塔伊的信使把他们的决定告诉霍尔蒂。然而，任何一个匈牙利的研究者都不可能猜到结果：霍尔蒂气冲冲地拒绝了退位，又回去接着睡。而随后发生的又是一件纯粹的匈牙利人做出的事：信使瓦塔伊显然不喜欢传播坏消息，他简单地告诉部长们，霍尔蒂“全盘”接受他们的计划。

于是，部长会议主席给费森迈耶送去一封简短的信件，通知他，王位委员会辞职，霍尔蒂退位。凌晨三点左右，费森迈耶收到了消息。他拨了一个小时的电话，叫醒了在柏林的外交部长里宾特洛甫。里宾特洛甫说，他需要得到希特勒本人的同意。这又花了两个小时，直到五点十五分，消息终于传来，希特勒将接受霍尔蒂的退位。大约二十分钟之后，费森迈耶驱车前往城堡。城堡里，霍尔蒂仍在拒绝一切让他退位的尝试，但是一听到宣布费森迈耶到来的喇叭声，他立刻让步了，然后起身向庭院走去。

“我带来了一个讨厌的任务，必须将你监禁起来，”费森迈耶说道，然后，他看了看表，“进攻将在十分钟后开始。”他指的是“铁拳”行动。该行动计划应于早晨六点开始。他抓住霍尔蒂的手臂，将他拉向自己的车。两人开车离去时，是五点五十八分。在德国公使馆，已经有人电话告知里宾特洛甫，事情结束了，滴血未流。

不幸的是，没有人把此事告诉斯科尔兹内。五点五十九分，他挥动手臂——这是发动摩托车的信号——然后站了起来，指向城堡。纵队开始攀登一座陡峭的小山。半小时之后，以七条人命为代价，斯科尔兹内拿下了城堡——而这毫无必要。

虽然这个国家比以往任何时候都更加牢固地处于希特勒的控制之下，但是德匈联军却正被红军节节击退。1944 年圣诞前夕，俄国坦克闯入了位于多瑙河西岸的布达的郊区——佩斯位于该河的东岸——而其中几辆坦克差点打到了著名的格勒特饭店。为圣诞节而购物的人们坐在无轨电车上，平静地看着俄国坦克隆隆驶过，以为那是德国人；直到他们终于注意到了一颗颗的红星，顿时一片恐慌。准备去做礼拜的人们受到了惊吓。在他们的视线里，虎式坦克队穿过多瑙河大桥，超过了走在前面的俄国人。

这些坦克来自托尔布欣的乌克兰第三方面军先头部队。它们刚刚从布达佩斯南侧跨过了多瑙河。尽管进攻该城的第一次试探被轻而易举地击退，但托尔布欣却在南部增加了压力；而马利诺夫斯基的乌克兰第二方面军则正从布达佩斯北侧穿越多瑙河。12 月 27 日，两支大军在城西会师。它们一共包围了九个师——五个德国师，四个匈牙利师——以及八十万市民。虽然托尔布欣在山峦起伏的布达的进攻被轻松击退了，但马利诺夫斯基在一马平川的佩斯发动的更强势的进攻却无法阻挡。到 1945 年 1 月 10 日之前，红军在倒戈一击的罗马尼亚人的帮助下，荡平了八个城区。这一成绩的取得，主要是通过肉搏战，因为红军不希望轰炸或炮火危及城市的供水系统。

1 月 17 日凌晨，佩斯的防卫者越过多瑙河撤退到布达。匈牙利士兵们拒绝炸掉他们那些具有历史意义的桥梁；他们说，即使把桥炸掉，多瑙河上的冰那么厚，也足以让坦克通过。德国人回答，现在不是考虑历史的时候，然后自己动手把桥都炸掉了。

在佩斯，畏缩成一团的百姓们正在等待德国人曾说过的布尔什维克会带来的掠夺、奸淫和凶杀。然而，让他们惊奇的是，红军竟然向大家分发了面粉、大麦、咖啡、黑面包、糖，以及其他一切他们能拿出来的东西。没有凶杀，也没有强奸。有人告诉苏联士兵，匈牙利“是一个不错的国家，尽管缺少文化”。因此，他们对这里的人民很友好。他们喜欢送出礼物。有时，他们会抢劫一座房子，目的只是把战利品送给他们的邻居。难以理解的是，在离开这座城市时，有些士兵把之前送给孩子们的玩具又拿走了。“我们拿走你孩子的泰迪熊，”一个俄国人告诉一位生气的祖母，“后面的士兵会给他更多。”他们只是想给前方的孩子们准备一些礼物。

到了 2 月 11 日，雅尔塔会议的最后一天，多瑙河西岸的战斗已经变成了一场艰苦的围攻。德匈联军安全地埋伏在布达山上的战壕里，开炮击退了穿过冰封的多瑙河的任何尝试。但是，这七万名防卫者已经被困住了；而其他俄国部队正从西面包围过来。

大概正是罗斯福在“卡托克廷”号上享受牛排晚餐之时，布达的纳粹司令卡尔·冯·普费费尔—维尔登布鲁赫，命令他的手下分成三支单独的部队，尝试突破苏联的包围圈。很显然，此时几乎已经没有逃脱的机会，但没有几个人提出反对。战死总比被歼灭好，逃脱的可能比想象的更为渺茫。红军司令对这次突围了然于胸，早已偷偷把自己的手下从包围德匈联军的第一道建筑物里撤了回来。

当三支部队正准备朝不同的方向出发时，俄国火箭弹开始轰炸刚刚撤空的建筑物。尽管如此，他们仍旧从藏身处蜂拥而出，随身只带了自动冲锋枪。一阵火箭弹和炮火的洪流如墙壁般迎面撞来。大多数人在最初几分钟内便倒下了。其他人继续前进，拼命地试图突出重围。在火箭弹和炮火下逃得一命的那些人又遇到了无数的俄国步兵，看上去似乎一个人都不可能幸存，更别说逃脱了。不过，在黑暗和混乱之中，还是有将近五千名德匈联军逃了出去。

同一天，“卡托克廷”号载着罗斯福离开了克里米亚的塞瓦斯托波尔港口。总统所关心的巴尔干的前途问题，在斯大林接受《关于被解放的欧洲的宣言》那一刻便得到了保证。罗斯福明白，共产党控制的政府已经被强加给了保加利亚、罗马尼亚和匈牙利的人民，不过，他设想这迟早将会停止——如果能够遵守雅尔塔会议的各项协议的话。

# 雷击行动

在克里米亚会议的公报于2月12日发表后，几乎所有英国人和美国人都热情地对其表示赞同。在英国，多份风格迥异的报纸都发表了社论，如《曼彻斯特卫报》《每日快报》《每日工人报》等，赞扬三巨头作出的各项决定。《基督教科学箴言报》的约瑟夫·C.哈希表达了大多数美国人衷心的反响：

> ……克里米亚会议与之前的此类会议明显不同，因为它有着作出决策的意愿。从政治角度而言，产生了《大西洋宪章》的那些会议、卡萨布兰卡会议、德黑兰会议和魁北克会议，都为发表宣言的意愿所控制。它们宣布了各种政策、渴望与意图。但是，它们都不是决策性的会议。而雅尔塔会议则显然是被作出有效决策的渴望、意志和决心所控制着。

苏联全国上下也表现出同样的赞赏。《真理报》出版了一期会议专刊。它认为，雅尔塔会议上达成的各项决议表明“三大国的联盟不仅掌握了历史的昨天，还将拥有伟大的未来”。而《消息报》则声称，这是“当代最伟大的政治事件”。

公报也让戈培尔非常高兴，因为这给了他一个机会，可以加强对摩根索计划和无条件投降问题的宣传，并且宣称三巨头在雅尔塔作出的瓜分德国并强迫其支付巨额赔款的决定，只证明了德国必须重新拾起斗志坚持下去——或者被消灭。

在法国，对于在德国给其一个占领区并在中央管理机构里给其代表权的决定，人们充满了热情。不过，这种热情却被戴高乐个人的辛酸冲淡了。将军的恼怒可以理解。这不仅是因为他参加会议的要求被当即回绝，而且，直到2月12日美国驻法国大使杰斐逊·卡弗里交给他一份备忘录之前，他对会议的结果还毫不知情。一位在法国的政治官员，R. W. 雷伯发电报给罗斯福说，戴高乐"冷淡地"接待了他。他肯定"希望自己在公报中能有一个更重要的角色"。对这份报告，以及戴高乐对两人在阿尔及尔会面一事的拒绝，总统只是耸了耸肩膀。他本来就不喜欢这位将军。"好吧，我只是想和他讨论几个我们的问题，"他对莱希说，"如果他不愿意，对我毫无妨碍。"

至少在表面上，戴高乐对雅尔塔的决议还算有礼有节，但英国和美国的波兰人却骂不绝口。在米科拉伊奇克的接替者托马什·阿尔奇谢夫斯基总理的带领下，他们声称，罗斯福和丘吉尔为了两国的团结，实际上是把波兰当成牺牲品送给了苏联。有一个波兰人已经不满足于仅是进行谴责。这就是曾在夺取卡西诺山一战中扮演英勇角色的波兰第二军团司令，陆军中将W. 安德斯将军。他威胁说要从战场上撤回他的部队，并发无线电报给共和国总统，说自己不能接受：

> ……这一单方面的决定，因为它把波兰和波兰民族作为战利品让给了布尔什维克。
>
> ……凭良心来说，现在我不能要求我的士兵再流一滴血……

有一个波兰人本来应该提出更为激烈的抗议，然而却始终未发一言。这就是驻英国宫廷大使爱德华·拉仁斯基伯爵。欧文·奥马利爵士对一万一千名波兰军官在卡廷森林遭到大屠杀一事进行了详尽的调查，并于不久之前让拉仁斯基看了自己的最终报告。报告毫无疑问地证明了，这一暴行并不是纳粹干的，而是俄国人。欧文爵士还告诉伯爵，英国内阁读过这份报告后，命令将其查禁，然后另外写了一份不会冒犯苏联的报告。不过拉仁斯基已向奥马利发誓保密，作为一个绅士，他认为自己必须加入攻守同盟。

将近正午时分，古德里安将军走进了希特勒在总理府的办公室。里面已经有一大群人坐在元首的大办公桌对面的椅子上。在来柏林的途中，古德里安对自己年轻的参谋长瓦尔特·温克将军说："今天，温克，我们要拿全部身家去冒险，甚至是你我的脑袋。"如果由希姆莱指挥，在奥得河上对朱可夫的先头部队进行的有限反击必将失败，因为他纯属一个外行。“在一个职业士兵都没有的情况下，我们不能让部队在那里艰难地挣扎。”

希姆莱身材中等，一双薄唇毫无血色，五官带着几分东方人的特征。像往常参加此类会议时一样，他看上去不太自在。他不喜欢面对希特勒，这不是个秘密。他甚至曾经告诉沃尔夫将军，元首总让他感觉自己是个没完成家庭作业的小学生。

在希姆莱身上，现实的自己与理想的自己始终在进行着激烈的战斗。他是一个巴伐利亚人，然而却狂热地钦羡像腓特烈大帝那样的普鲁士国王，并且一再称赞普鲁士人的节俭与刻苦。他盲目地相信，理想的德国人都是北欧人——高个子、金头发、蓝眼睛——并且很喜欢自己身边的这种人。他羡慕体态的完美和运动的技能，并且常说：“你应该经常运动，这样可以保持青春。”不过，他却终生受着胃痉挛的折磨，而且在滑雪或游泳时，总是显得很可笑。一次，他试图在长跑中赢得一枚铜牌，结果却晕倒了。在德国，除了希特勒，他比任何人都拥有更多的个人权力——但他却是一个谦逊的或者说谨慎的学究，拥有德国小学教师水平的学识。他无情地攻击基督教，然而，据他最亲密的一位伙伴说，他却依照耶稣会的教规重建了党卫队，并且勤奋地抄写了《依纳爵·罗耀拉提出的训诫和修养准则……》。

和他既敬又怕的那个人一样，他对物质的东西不感兴趣，生活非常简朴。他饮食有度，只喝一点点酒，并且限制自己每天只抽两支雪茄。和希特勒一样，他工作的强度大得可以累死大多数人。他喜欢孩子，并以对待母亲那种尊敬去对待所有的女性。和希特勒一样，他有一个情妇。更确切地说，他至少有两个。十九岁时，他和一个比自己大七岁的妓女弗瑞达·瓦格纳同居。后来，有人发现她被谋杀了。年轻的希姆莱因此被送上法庭，不过又因证据不足而获释。后来，他娶了一个比自己大七岁的护士，名叫玛格丽特·康采尔佐瓦。他用妻子的钱在慕尼黑附近办了一个养鸡场，不过失败了。他的婚姻也是同样的下场。

夫妇俩有一个女儿，古特伦，但是希姆莱想要个儿子。然而，他对离婚的观点和他所受到的严格的天主教教育是一致的；而希特勒也持同样的态度，这肯定进一步导致了他过上一种双重的生活。他和他的私人女秘书赫德韦格开始了一段长期的暧昧关系。赫德韦格为他生了一儿一女，分别名为赫尔基和娜内塔·多萝西娅。希姆莱是个浪漫主义者，定期给他的情妇写充满感情的长信。信上，他怜爱地叫她“小兔儿”。与此同时，至少在表面上，他对自己的合法妻子还保持着尊敬和爱慕的态度。作为一个有责任感的男人，他给每个家庭都提供了奢华的生活，以致自己债务缠身。

作为严父之子，他在办公室里胡乱贴满了说教性的标语。比如：“一条小路通向自由。它的里程碑是服从、专心、诚实、朴素、廉洁、牺牲精神、秩序、纪律和爱国。”正像他童年时代的朋友卡尔·盖布哈尔德特曾说过的：“他说话时，对自己所言总是深信不疑，于是大家也都相信他的话。”不过，他的某些信仰非常古怪，以至于他那些忠诚的追随者们发现自己难以接受：冰河时期的天体演化论、磁学、顺势疗法、催眠术、自然优生学、透视术、信仰疗法以及巫术。

他有洁癖，整天漱口洗涤。他有着严格的习惯——节俭、整洁、细心——但却没有被赋予原创性、判断力和直觉。他的下巴往里收，看上去很倔强，显示他是一个固执得近乎可笑的人。所有这一切，再加上他对秘密的热爱，他发布的含糊命令，以及几乎一直挂在脸上的蒙娜丽莎式的笑容，将他隐藏在了一团迷雾之中。简而言之，用曾经帮助他组织武装纳粹党卫队的保罗·豪赛尔将军刻薄的话来说，这位从前的养鸡人是“一个异想天开的理想主义者，他的两只脚坚定地站在距地面几英寸的空中——一个非常奇特的家伙”。

他是全德国，也许是全世界最可怕的人。但是，在此刻正在召开的元首会议上，古德里安却对他的出席表示欢迎。古德里安转向帝国元首，直截了当地要求两天后开始反攻。希姆莱眨了眨夹鼻眼镜后面那双灰蓝色的小眼睛，说他需要更多时间。军火和燃料还没有全部发放给前线部队。他摘下眼镜，开始专心地擦了起来。

“我们不能等到最后一罐汽油和最后一发炮弹都发完！”古德里安喊道，“到那时，就挡不住俄国人了。”

希特勒认为这是对他的人身攻击。“我不允许你指责我耽搁时间。”

“我没指责您任何事情。我只是说，没道理等到所有物资都发放完——进攻的最佳时机就要过去了。”

“我刚告诉过你，我不允许你指责我耽搁时间！”

古德里安又一次证明了自己是个拙劣的外交家。他选择了这样一个不合适的时机说道：“我希望由温克担任维斯杜拉河集团军的参谋长。否则，就无法保证进攻的成功。”他瞥了一眼帝国元首希姆莱，补充说：“这个人当不了指挥官。他怎么可能呢？”

希特勒痛苦地从椅子上站起来，愤怒地说道："帝国元首完全可以单独指挥进攻！”

“如果没人帮忙，要指挥这次进攻，帝国元首既没有经验，也没有合适的参谋人员。温克将军的参与是非常必要的。”

“你怎敢批评帝国元首？我不许你批评他！”希特勒的话里的确有几分愠怒，不过却充满了戏剧性。他反对得太激烈了。

古德里安毫不退让，反而重复道："我必须坚持我的意见，一定要把温克将军调到维斯杜拉河集团军参谋部，这样才能恰当地指挥行动。”古德里安一再的挑衅彻底激怒了希特勒。两人开始激烈地争论起来。与会者们一个接一个地偷偷离开了房间，只剩下了希姆莱、温克和几个面无表情的副官。

希特勒转身背对着古德里安，大步走向大壁炉，那里挂着一幅俾斯麦的肖像。在古德里安眼里，俾斯麦好像是在谴责地瞪着希特勒。而房间的另一头，兴登堡的半身铜像也正在责备地问："你们在对德国做些什么？我的普鲁士人将会有何遭遇？”这恼人的幻觉进一步坚定了古德里安的决心。争论持续了两个多小时。每次希特勒喊道“你怎敢”并且深吸一口气时，古德里安都会再次重申他的要求，让温克给希姆莱做助手。而他每提一次这个要求，希姆莱的脸色似乎就更加苍白一点。

最后，希特勒突然停止神经质的踱步，站在了希姆莱的椅子前。他听之任之地叹了一口气，说道："好吧，希姆莱，温克将军今晚会去维斯杜拉河集团军接任参谋长一职。”他转向温克。“进攻将在 2 月 15 日开始。”说着，他重重地坐了下去。然后，他看着古德里安喃喃说道："请让我们重新开会吧。”他的笑容非常迷人。“陆军上将，今天陆军总参谋部赢了一仗。”

几分钟后，古德里安来到候见厅，筋疲力尽地坐在了一个小桌子前。凯特尔走到他身边。“你怎敢那样和元首顶撞？”他喊道，“你没看到他多着急吗？要是他中风了怎么办？”

古德里安冷冷地看着他。“一个政治家应该预料到会被顶撞，并且期待听到无情的现实。否则，他就不能被称为政治家。”

其他人也开始对凯特尔的指责随声附和，但是古德里安却转身走开了。他告诉温克，发布命令，在 2 月 15 日发动进攻。

空军元帅阿瑟·T. 哈里斯爵士今年五十三岁，身材矮胖健壮，精力充沛。第一次世界大战开始时，他应征入伍，在罗得西亚步兵团担任司号员。在参加了赴西南非的德国殖民地的历次远征之后，他发誓再也不去行军，于是便加入了皇家空军。如今，他领导着轰炸机大队。当天夜里，他的队伍按计划要发动对德累斯顿的攻击；这是针对德国东部各主要城市的一系列大规模空袭的开始，目的是给德国的士气最后一次重击。“霹雳”行动，这是所有突袭的代号。它只是英国战时内阁计划的区域轰炸行动的又一步。在哈里斯看来，这是结束战争的最佳方式。大家都叫他“轰炸机”哈里斯，他对这个绰号丝毫不以为意。而在几个记者的笔下，他总是被写成“屠夫”哈里斯，对此他也视若无睹。他认为，炸平德国的军工生产基地是他的工作。为了完成这一工作，不得不毁坏城市，杀掉百姓。但是，这些计划并不是他制定的。

哈里斯狂暴易怒，并且总是强势地为地毯式轰炸作辩护，这让某些人很不喜欢他。不过，同样的攻击性却使他深受飞行员们的喜爱，因为在执行轰炸任务时，他总是同样坚决地争取使用最精良的装备和最安全的方法。

“霹雳”行动的背景深远而复杂。诺曼底登陆两个月后，空军参谋长查尔斯·波特尔爵士建议，在德国接近军事崩溃时，对德国东部的人口中心发动一系列大规模空袭；这些袭击也许可以加速全面的投降。联合情报委员会——一个英国情报专家小组——对于“霹雳”行动无动于衷，因为它不太可能“获得任何有价值的胜利”。美国空军领导人则认为，放弃精确轰炸过于鲁莽。此外，美国空军司令 H. H. 哈普·阿诺德将军原则上也反对这种轰炸，而艾森豪威尔的心理作战处甚至称之为“恐怖主义”。

于是，“霹雳”行动便被暂时搁置了。1945 年 1 月 12 日，苏联发动了大规模攻击。十天之后，轰炸行动的指挥官对波特尔的副手诺曼·博顿利爵士建议说：“如果趁着俄国进攻的势头还没有明显减弱时开始行动，那么，在大家看来，俄国人和我们在计划上似乎是在紧密协作着。”

联合情报委员会受命从这一角度重新评价“霹雳”行动。他们报告说，四天四夜的系列轰炸会导致德国难民的大批转移，这“势必造成巨大的混乱，干扰军队有秩序地向前线运动，并妨碍德国军事和行政机器的运转”，并且“在物质上帮助正在东线这场关键战役中激战的俄国人，同时还将证明，从交通线，或者甚至从除炼油厂、坦克厂之外的任何目标上暂时转移都是正确的。”此外，“向俄国人证明，英国人和美国人在目前的战斗中很愿意帮助他们，这很可能是有政治价值的。”

1 月 25 日，博顿利致电哈里斯，与其讨论最终将“霹雳”行动付诸实施一事。“柏林已是我的盘中餐。”哈里斯回答说。然后，他转达了自己在盟国远征军最高统帅部的联络官的请求：行动的其他目标必须是克姆尼茨、莱比锡、德累斯顿。这三个城市不仅是东部难民的主要居住中心，而且是濒临瓦解的东部前线的交通枢纽。

与此同时，丘吉尔碰巧也正在与空军部长阿奇博尔德·辛克莱爵士讨论这次空袭。他问，为了“痛击正在撤离布雷斯劳（位于奥得河畔）的德国人”，皇家空军有何计划。事实上，这并非巧合，因为“轰炸机”哈里斯经常拜访首相的乡间别墅，多次和丘吉尔讨论类似“霹雳”的进攻，并且曾经非正式地要求开始行动[1]。

次日，辛克莱把问题转达给了空军参谋部。不过，“霹雳”行动的策划人波特尔却对这一行动没有多少热情。他在自己的报告中指出，应该继续以石油为主要目标，其次是喷气式飞机工厂和潜水艇制造厂。一旦解决了这三类目标，他说：“我们将竭尽全力对柏林发动一次大规模进攻，并对德累斯顿、莱比锡、克姆尼茨等地也发起进攻。”

读过了这份缺乏热情的表示赞成的报告，又与空军参谋部的其他人商议过之后，辛克莱对整个计划也比较冷淡。“昨晚您问我，是否有计划干扰德国人从布雷斯劳撤离，”他写信给丘吉尔，建议该任务更适合由空军战术部执行。他继续写道，如果天气允许，轰炸机应该继续打击石油目标；如果不允许，便对德国东部的一些城市发动区域进攻。

这份备忘录从丘吉尔那儿得到了一个迅速而又充满挖苦的回复。他显然忘记了自己曾说过的话。

> 昨晚我并没问你什么干扰德国人从布雷斯劳撤离的计划。相反，我是问你，柏林，无疑还有德国东部的其他大城市，是否现在还不应被看作特别吸引人的目标。很高兴，这个问题“正在研究”。请明天向我报告，你们打算做些什么。

---

[1] 哈里斯曾评论说：“‘霹雳’行动本来的目标是柏林，计划由英美轰炸机一起在白天进行轰炸。但是，在最后时刻，杜利特尔说，美国无法提供我们必要的远程战斗机进行掩护，没有其掩护，我拒绝在白天进攻柏林。”

丘吉尔突然对“霹雳”行动产生了兴趣，这也许是由于受到了即将在雅尔塔召开的会议的鼓舞；也许是他急于向斯大林表明，盟国的战略空军对于当前俄国的进攻来说多么有价值。在阿登战役之后，西方的确需要在会议桌上重振一下军事威望。无论是什么刺激了丘吉尔，他给辛克莱的信中这挖苦的要求立即产生了反响。哈里斯受命即刻袭击柏林、德累斯顿、克姆尼茨等城市。“在那里进行迅猛的闪电战，不仅能给从东线撤退的德军造成混乱，还可以牵制部队从西线向他处运动。”

然而，哈里斯的副手，空军元帅罗伯特·桑德比爵士有着他个人的疑虑。一看到命令，他便想知道为何把德累斯顿包括在内。他认为，它的重要性被高估了。尽管它是一个关键的铁路枢纽，却没有证据可以显示它是工业中心，或者正被用于军队的大规模运动。因此，他要求空军部重新考虑，是否应把德累斯顿也作为目标囊括在内。通常，这样的要求都是通过电话立即给以回复。而这一次，桑德比却被告知，问题要提交上级机关。他等了数日才得到确认，德累斯顿的确将被轰炸。他被告知，事情之所以延误，是因为丘吉尔本人对“霹雳”行动很感兴趣——而当时他正在雅尔塔。

现在，只剩下了天气问题。2 月 13 日早上，终于报告说天气条件转好。九点之前，哈里斯命令五号机组于当晚进攻德累斯顿，之后立即由四个机组联合，进行第二波打击。清晨，美国“空中堡垒”将第三次打击这个城市。然而，到了中午，气象员报告说，天气条件发生了改变。云层开始在整个中欧上空聚集，目标上方的天空直到晚上十点才能放晴。

哈里斯认为，要放弃空袭，理由并不充足。当天下午，第一波的主投弹手空军中校莫里斯·A. 史密斯前往克宁格斯比的 54 基地情报局领取简令。他接到了一个危险的任务，在目标上方持续低空飞行，指挥轰炸。他将驾驶一架纯木制双擎高速“蚊”式轰炸机。这种飞机飞行高度较高，因此相对安全，不过，它几乎完全没有配备任何装甲板。史密斯曾经指挥过对卡尔斯鲁厄、海尔布隆以及其他一些德国大城市的轰炸，但当时的辅助条件要好得多。如今，甚至连德累斯顿的目标分布图都找不到，他只能拿 1943 年拍的一张很差劲的航空照片做参考，绘制了一张目标分布图。

史密斯接到命令，要将五号机群的炸弹集中投向铁路和德累斯顿老城区的各个交通中心。这座老城区因其美丽的建筑和古迹而闻名于世。基地司令说，他有一次住在老城区中心广场上的一座旅店里，曾经被人诈骗过。他开玩笑地补充说，他希望这种不义之事能够尽快得到处理。

由于天气的关系，成功要取决于时间的精确选择。首批到达德累斯顿的飞机是先遣的测位机——那是两个中队的“兰开斯特”式轰炸机。晚上十点零四分，他们将投掷绿色曳光弹和绿色信号弹，以确定城市建筑的大体方位。几分钟后，八架“蚊”式轰炸机将紧随其后，在绿色照明弹的引导下，向体育场投掷红色信号弹。这个体育场正好挨着主要的轰炸目标——铁路调车场。最后，在轰炸预定开始的时刻，晚上十点十五分，呼叫名为“餐具架”的主力飞机将到达此处，轰炸红色信号弹勾画出的目标。

就在下午五点三十分之前，八架“蚊”式轰炸机起飞了。机上的驾驶员们心烦意乱，因为他们收到指示说，要不惜一切代价避免在德累斯顿以东迫降；反之，如果万不得已，他们必须调头西飞，在敌人的领土上降落，不能让最新研制的电子装备落入他们的盟友——俄国人的手里。

几分钟后，首批共二百四十四架“兰开斯特”式轰炸机开始飞离五号机组位于英国中部的机场，晚上六点之前，所有投弹手都已上了天。晚上七点五十七分，主投弹手空军中校史密斯驾着他的“蚊”式轰炸机离开了克宁格斯比。大约一个小时之后，刮起了强劲的西风，他借此追上了正在迂回前进的其他八架“蚊”式轰炸机。在德国西北部上空一万五千英尺高的地方，九架飞机遇上了八十五节[1]的顺风。晚上九点四十九分，驾驶员们第一次看到了美国制造的电子导航仪“洛兰”屏幕上的光，这将指引他们直接飞向目标。但是史密斯的“洛兰”导航仪没有捕捉到第二次光信号，而需要两次光信号才能确定一个位置。他看了看表。已经九点五十六分了。八分钟后，先遣的测位机就要投掷绿色的曳光弹。大约十点左右，第二道光终于出现了，史密斯的导航仪确定了它们的位置：克姆尼茨以南十五英里。

九架“蚊”式轰炸机全体向西北方急转，等待着四分钟内即将掷出的绿色曳光弹。正当他们下降时，云层开始慢慢地散去——和预测的一模一样。德累斯顿上空覆盖着的屏障似乎正被人故意拉走。

尽管德累斯顿并非一个不设防的城市，但是，它只经历过两次相对规

[1] 节，速度单位，海里/每小时。——译注

模较小的空袭。一次是 1944 年 10 月 7 日，当时，三十架美国轰炸机袭击了铁路调车场，炸死四百三十五人。另一次是 1945 年 1 月 16 日，那天，一百三十三架美国“解放者”式飞机袭击了差不多同一个目标，炸死三百七十六人。后来，又响过几次空袭警报，结果都是虚假警告，因此，人们普遍认为，德国已同盟国签订了一项秘密协定：如果德国不破坏牛津，那么德累斯顿便不会遭到攻击。毕竟，这个城市的军事价值不大，而城中的诸多博物馆、教堂以及其他巴洛克风格的建筑已被公认为世界的建筑宝藏。

谣言四散。传说盟国已空投了很多传单，允诺不会轰炸德累斯顿，因为其将成为战后德国的首都。这显然是假的。但是，这一切骗取了六十三万常住居民暂时的心安。2 月 13 日晚上，尽管东部前线惨败，城中却弥漫着喜庆的气氛。这是斋戒节的星期二[1]，德国人最喜欢的节日。当第一声“布谷鸟”警报在十点左右响起时，很多孩子还穿着狂欢节的盛装，人们还都兴犹未尽。对于全城没有一个钢筋混凝土的防空洞的现实，几乎没有人担心。

市民们的安全感也感染了来自东部以及柏林和德国西部的几十万难民。铁路候车室里塞满了这些流浪者和他们成堆的行李。公共建筑物摆满了临时的睡铺。难民如潮水泛滥，就连可爱的德累斯顿大花园——和纽约中央公园的大小差不多——都满布着帐篷和匆忙搭起的小屋，以安置将近二十万的难民和奴工。

从东部开来的最后几列火车挤进了火车站，而从前线通往这里的公路上，仍黑压压地塞满了步行或乘马车、汽车、卡车的难民们。随着时间的推移，城市变得越来越臃肿。现在，德累斯顿有大约一百三十万人，其中包括数百名英美战俘。

这座城市的空防非常可怜。令人望而生畏的防空大炮醒目地安放在四周的山冈上，它们只是纸造的赝品。真正的大炮已被征用到了东西两线，只剩下了空空如也的混凝土发射台。

空军的空防也好不到哪里去。设在法国的中央预警通讯系统早已被盟国俘获。当五号机组的二百四十四架“兰开斯特”式轰炸机出现在德国境内的警报系统的屏幕上时，已无法判断它们的目标为何。而片刻之后，又有三百架哈利法克斯轰炸机出现在屏幕上，它们将对莱比锡正南的一座炼油厂进行

[1] 这是一次临时的斋戒庆祝，自从1939年之后，一直没有正式庆祝过斋戒节。

空袭，不过真正的目的却是转移敌人的注意力。它们成功了，因为德国人始终不知道哪组飞机才是主攻。也可能两组飞机都是佯攻，因为“轰炸机”哈里斯还有另外四百五十架轰炸机可以支配。

德国第一歼击师驻扎在德累斯顿以北几英里的克洛切。此时，他们准备保卫这座城市。然而，由于不知道该把他们有限的几架歼击机派往何处，他们不得不等待敌人的航线确定。二百四十四架“兰开斯特”飞越莱比锡，然后掉头径直飞向德累斯顿，这时，保卫者们终于可以开始行动了。直到晚上九点五十五分，第一歼击师才得到命令，紧急派出夜间歼击中队。当这些飞机起飞时已经太迟了。先遣测位机已经投下了绿色曳光弹。

主投弹手史密斯此时正在接近德累斯顿。他第一次打破了无线电里的沉默。“控制者呼叫信号长，能听到我说话吗？完毕。”

领头的“蚊”式轰炸机上，信号长回答说，他听得很清楚。

“你到云层下面了吗？”史密斯问道。

“还没有。”他回答。

主投弹手又问是否能看见先遣的绿色曳光弹。

“是的，我能看见。云层不算太厚。”信号长回答。他很快飞到了目标上空，惊奇地发现竟找不到一盏探照灯，也没有一发高射炮火。他可以看见下方有几座桥梁，正优雅地横跨在德累斯顿中心的易北河上。易北河蜿蜒而流，将新城区和老城区分开。这幅景象让他想起了希罗普郡、赫里福德和勒德洛。

他低低地从铁路调车场上空掠过，只见一辆冒着烟的机车停在一幢大楼附近，他猜那便是老城区的中心车站。他开始从两千英尺的高空向着一座体育场俯冲（附近还有另外两座）。“这里是信号长，发现目标。”他呼叫道。在距地面八百英尺处，弹舱门打开了，一个一千磅重的目标指示弹滚了下去，扯出一道耀眼的红色轨迹。当另一架“蚊”式轰炸机的驾驶员看见信号长飞机旁闪过一道白光时，不禁大喊道：“天啊！信号长中弹了。”其实，那只是信号长照相机上的闪光灯亮了一下。

主投弹手迅速核对了一下自己地图上德累斯顿的三个体育场。“你标错了。”他简洁地说。他又核对了一次地图，然后松了口气，说道：“噢，不对，很好，请继续。”他可以看见一道红光在正确的体育场附近燃了起来。他说：“喂，信号长——目标指示弹在标记点以东约一百码。”

这时已经将近晚上十点零七分，离预定开始的时刻还有八分钟。其他

“蚊”式轰炸机开始将指示弹扔向第一批轰炸目标。主投弹手的下一个担心是，后面的轰炸机能否透过薄薄的云层看见标记。他呼叫其中的一架“兰开斯特”。这架飞机已经投下了先遣绿色曳光弹，此刻正在城市上方一万八千英尺的高空中盘旋。

“控制者呼叫三号校正员。请告诉我你是否能看到光。”

“隔着云层，我能看到三个目标指示弹。”

史密斯以为对方说的是“绿色指示弹”，回复道：“干得好。你能看到红色的吗？”

“我只能看到红色的。”对方的回答让他放心了。

直到晚上十点零九分，德累斯顿电台的一个播音员才惊叫道：“注意，注意，注意！即将进行空袭！赶快躲进地下室！”市民们按他说的行动了起来，但是很不情愿，因为大多数人都怀疑这并非真正的空袭。在老城区的火车站里，所有的灯光都熄灭了。从东部逃来的大部分农民从没听过警报声。他们乱作了一团，到处寻找着响声隆隆的扬声器里一直在强调的藏身之处。

晚上十点十分，主投弹手一遍又一遍地对逼近德累斯顿的轰炸机主力部队说：“控制者呼叫‘餐具架’部队。请按计划轰炸红色目标指示弹发光处。”地面既没有枪炮的闪光，也没有高射炮火袭来。这座城市显然毫无防备。于是，史密斯命令“餐具架”飞得比计划的更低些。

巨大的烈性炸弹很快把老城区撕成了碎片。它们的设计目的就是掀开屋顶，炸碎窗户，以便为燃烧弹做好准备。

“喂，‘餐具架’部队，”主投弹手从城市上方的三千英尺高空中居高临下地说，“炸得好。”

德累斯顿西北十四英里处，十五岁的博多·鲍曼，迈森军官学校的一名学生，看到“圣诞树”——红色曳光弹——落了下来，而成群的轰炸机从头顶呼啸而过，尾部喷射出火光。在柏林，他曾经历过两次大轰炸，但他觉得这才会是最大的一次。虽然身在迈森，年轻的博多仍可以看见冲天的火焰。附近一座建筑的窗玻璃剧烈地晃动着，整个地平线都是深红色和紫色的。起初，博多还能分辨出每一枚炸弹燃起的火光，但是片刻之后，无数爆炸此起彼伏，一切都变成了一片模糊的红色。博多脚下的大地在颤动着，他被吓得呆若木鸡。他告诉自己，那座城市的末日到了，没人能活着出来。

另一个十五岁的男孩乔基姆·韦格尔当时正在公寓的屋顶上。他居住的公寓正好和老城区隔着易北河相望。他和另一个希特勒青年团的成员朝四枚烈焰熊熊的燃烧弹扔着沙子，但是，当烈性炸弹开始落到街道上时，男孩们便连忙跑进了地下室，一把摔上了铁门。负责青少年团员的那个人随即又把他们赶了出去：三楼着火了。五个男孩和一个女孩爬到了楼上，开始把地毯、家具——一切可能助燃的东西——扔向窗外。

十四岁的汉斯·科勒当时正在老城区的警察局值班。他是一位中尉的助手。而这位中尉的职责是派遣本城和几个临近城镇的后备消防车去救最大的火灾。他本应躲在警察局的地下室里，等到空袭结束，再驱车前往几英里外的一座山上，后备消防车就停在那里。然而轰炸如此猛烈，他知道，肯定已经燃起了十几处大火。“我们也许可以设法去消防车那里。”他对汉斯说。

两人跑到街上。正在这时，一枚炸弹落进了旁边的一座房子。碎片就像电影的慢镜头一样翻腾而起，然后落在他们周围。热浪几乎难以忍受。他们跳上一辆摩托车，向西开去。当他们驶过铁路调车场时，汉斯只看见了几处小火。只有老城区本身遭到了如此剧烈的打击。

他们继续向西，爬上了洛布陶区的一座山冈，然后急速驶过汉斯的家，最终抵达了消防车的停车场。中尉把这些消防车派往老城区的一些特殊建筑，这时，郊区的第一辆车也到了。司机对德累斯顿不太熟悉，汉斯主动要求领他回到大火的中心地带。

晚上十点二十一分，主投弹手看到老城区已被火焰吞噬。他呼叫一架“兰开斯特”，命其通过无线电向英国转发如下消息：

成功袭击了目标。原计划。穿过云层。

几分钟之后，大队轰炸机向西飞去，投下大量金属箔片干扰雷达。随后，他们停止投掷金属箔片，急速降到六千英尺的高度，刚好处于德国雷达系统的水平线之下。

第二波——五百二十九架“兰开斯特”，是第一波规模的两倍多——已经上路了。机组成员刚一得知自己的目的地时，都有些心神不安。这是一次长途飞行，是“兰开斯特”轰炸机飞行的极限。很多人都想知道，如果它对俄国人的前进如此重要，为什么他们不亲自出击呢？情报军官对不同的人群给予了不同的解释：他们将去攻击德军总部，摧毁德国军需品供应站，打击重要工业区，消灭毒气制造厂。

在飞往目标的途中，气温陡然下降。很多飞机的机身开始结冰；还有一些不得不由人工操控，因为自动驾驶仪失控了。厚厚的云层保护着袭击者们来到克姆尼茨附近，这时，天空突然放晴了。高射炮接连击落了三架"兰开斯特"。此时，第二波的先遣测位机已经可以看到熊熊燃烧的德累斯顿。城市被火光照得通明，凌晨一点二十三分，他们毫无障碍地向目标扔下了照明弹。不过，当他们的主投弹手在五分钟后到达时，浓烟已经遮盖了整个德累斯顿东部，老城区已变成了一团腾空而起的大火。

像在汉堡一样，一场火焰的风暴开始了。几处大火突然连成了一片，空气的温度高达六百度。这时，一种奇特的气象现象发生了。惊人的高温造成一股强劲的冲天气流，将新鲜空气吸入火团中心。随之，这种吸力又造成一股高速的飓风。最终的结果是一座咆哮的地狱。

主投弹手意识到，不可能准确地进行轰炸了。于是，他决定将火力集中于"餐具架"没有覆盖的区域。他通过无线电对主力部队说，"加紧"轰炸左边，然后是右边，最后直接轰炸已经着火的地方。几分钟后，炸弹开始落下。和第一波进攻不同，这次使用了烈性炸弹，火势开始蔓延，救火人员不得不隐藏起来。接着，六十五万枚燃烧弹，包括四磅铝热剂散落在了城市各处。火焰的风暴达到了令人难以置信的程度。投弹手们恐惧地看着；他们从未见过如此清晰的细节。那景象奇异而神秘，所有的街道都被大火所蚀刻，实在令人非常震惊。

从克洛切起飞的十八架德国夜间歼击机出发得太晚了，没能阻止第一波袭击。此刻，他们坐在驾驶舱里，焦急地等待着追逐下一波攻击者的命令。他们听到了正在逼近的"兰开斯特"的轰鸣声，但是命令仍然没有传来。相反，通往机场跑道的路上，灯光开始闪烁。歼击机手们惊恐不已，立即呼叫控制塔，让其在敌机发现他们并且炸毁整个机场之前把灯关掉。然而，他们得到的回答是，一架从被困的布雷斯劳飞来的运输机按计划随时都可能降落。

随着时间的推移，炸弹如雨点般落向德累斯顿，歼击机手们的不安变成了泄气与愤怒。这是蓄意破坏吗，还是失败主义？为什么不允许他们起飞？至少要试着保卫一下德累斯顿！基地司令同样灰心丧气。所有的无线电和电话通讯设备都被破坏了。他到现在都没能联系上柏林的中央当局，取得派出歼击机的许可。

第二波袭击开始时，年轻的博多·鲍曼和军校的另外二百名同学，乘着救护车刚好进入德累斯顿。卡车停下了，男孩们纷纷跑向可以藏身之处。博多跳到一堵石墙的后面。在爆炸的间隙，他可以听到燃烧着的城市那可怕的咆哮声。大地像地震时一样颤动着。

轰炸停止之后，男孩们继续步行向城中心走去，一直走到了着火的建筑物和倒塌的废墟前。他们抵达了易北河上的一座大桥，对岸便是老城区——此刻已成了一座十一平方英里的火炉。即使在河的这一侧，仍能感觉到灼人的热气。男孩们得到命令，在人们窒息而死之前，把他们从地下室拖出来。于是，他们拉起手，排成一列走到桥中间，然后侧过身，小心地缓缓向前移动。突然，领头的人尖叫起来——随后便被狼吞虎咽的火焰吸了进去。他身后的男孩抓住了什么东西，所以没被拉过去。大火像大炮一样轰鸣着，狂风呼啸，灰尘和烟雾在他们周围疯狂地旋转着。

男孩们磕磕绊绊地从桥上退了回来。他们找到根绳子当救生索，再次试图过桥。然而热度实在太强，他们又一次后退了。博多看见消防队员们的尸体倒在街上，衣服还在冒着烟。一团团的黑色烟雾把男孩们挤进了河里。他们用河水浸湿手帕，蒙在了脸上。

在燃烧着的城市的另一端，当第二次空袭警报响起时，汉斯·科勒正向停放消防车的山冈赶去。他发现了一辆自行车，于是开始奋力地朝目的地蹬了起来。半路上，他看见曳光弹正在下落，于是便停下来，开始用一个箱式照相机拍照。他听见炸弹发出死亡幽灵的哀嚎，连忙跳进一条壕沟。一百码开外，地面被炸开了花。他向上看去，只见路两侧的苹果树神奇地没了影踪。他穿过马路，跑向一座公寓。正当他往地下室奔去时，又一枚炸弹爆炸了。他感觉自己被抛了起来，又摔在地上。尘埃和烟雾让人们透不过气；妇女们在呻吟。有人点亮了一支蜡烛。

一个中年女人冷静地说："我上去看看怎么样了。"其他人嚷着让她回来，但她却梦游一般慢慢消失在了晃动着的楼梯上。十分钟后，她仍旧不动声色地回来了，说道："噢，上面太吵了，不过看上去很漂亮。"汉斯纳闷地想，她是不是疯了，还是仅仅想让大家镇静下来。

轰炸机从头顶飞过之后，消防车的引擎响了起来。接着，突然一片沉寂，只剩下大火的噼啪声和墙壁的倒塌声。汉斯退回到街上。他注意到远处传来一声令人毛骨悚然的呻吟，他从未听到过这样的声音。他看向老城区；那里燃着一片大火。他被吸引住了，不由自主地向火焰的风暴走了一英里，然后停在了叶尼察卷烟厂门前。卷烟厂的外形像一座清真寺，此刻，它那异国情调的剪影似乎是在周围的火焰中古怪地舞蹈着。

他走近这个地狱的边缘，寻找着消防车：一辆也没有。他能做些什么？人们像幽灵一样向他蹒跚走来：熏黑的脸，烧焦的头发，冒烟的衣服。他们紧紧抓着初生的婴儿、手提箱，甚至壶、锅之类不合时宜的东西。有几个人在低声呻吟，但是大多数人都保持着反常的沉默。他们瞪大双眼，无神地盯着前方，似乎对身边发生的一切毫无感觉。这些鬼魅一般的人让汉斯想起了自己的家人，于是转身回去寻找他们。在通往洛布陶的山路上，他跌跌撞撞地走进了一家餐馆。里面的人衣衫褴褛地躺在地板上。他满怀希望地仔细查看那一张张黝黑的脸，却一个也没认出来。突然，有人碰了一下他的手臂。他转过身去，看到了他披头散发的母亲。

“什么都没了。”她说。

“爸爸在哪儿？”

“他还在家，想找回点东西。不过别去那儿。太可怕了。”她试图让他安心，“他不会有事的。他们不会再来了。”

她看向天空，开始语无伦次地嘟哝起来。

老城区里，大多数人还挤在地下室内。他们没意识到，氧气很快就要用完了。有些人想趁两次空袭的间隙逃走，却在开阔处被炸弹炸个正着；还有些人想在圆形的金属广告亭里躲一下，却差点被烤死。

萨罗西尼马戏场也着火了。第一次空袭警报响起时，一场盛大的演出正在进行，小丑们骑在毛驴上。而此刻，很多观众仍被困在舞台下面的大地下室里。著名的阿拉伯马戴着五颜六色的饰物，正在房子外面惊恐地转着圈。距此不远处，德累斯顿大花园里的动物从毁坏的笼子里跑了出来，正在疯狂地绕着花园奔跑，不过只有秃鹫逃脱了性命。

大花园里的大量难民同样无依无靠。他们拼命地试图逃离这难以忍受的、令人窒息的灼热，疯狂地推推搡搡，冲进了一个大蓄水池。这些水是用来在空袭时灭火的。他们的确逃过了大火，但却像老鼠一样淹死在了深水之中。

老城区边上的中心车站在第一波空袭中只受到了轻微的损坏。之后，车站官员们立即组织市民乘火车撤离，儿童优先。然而，一列火车都还没开出车站，第二波空袭的照明弹便落了下来。随后是一连串的燃烧弹，炸穿了车站的玻璃屋顶，整栋建筑都陷入了火焰之中。救援人员设法进入了炽热的建筑里。只见数百人沿着车站的围墙跌坐下去，似乎睡着了一样，事实上，他们是一氧化碳中毒了。救援人员发现火车上的孩子们挤成一团，他们也都死了。在数千人躲进去避难的地下室里，地上堆满了尸体。

在车站的正北方向，安娜玛丽·弗里贝尔头上裹着一条浸湿的毛巾，从灌满烟雾的地下室里爬了出来。她的丈夫是一名士兵，正在与俄国人作战。她用潮湿的破布裹住自己一岁宝宝的脸，然后将他放进婴儿车，推到街道上。她的母亲跟在后面。一大堆碎石挡住了她们的路，安娜玛丽用毯子裹住宝宝，抱着他磕磕绊绊地穿过了土石堆。宝宝一声未出，轰炸时他甚至都没有抽泣。燃烧着的碎片如雨点般落在她们的头上，烧着了宝宝的毯子。这位母亲用手把火打灭了。

其他人也想从困境中逃出去。少数人带着自己的财物，但大多数只希望保住性命。一个女人推着一辆婴儿车奔走。突然，她被一股气流吸去，像树叶落向小径一样被卷进了火海。

安娜玛丽和她的母亲脸上淌着汗水，终于到达了老城区的边缘。她们开始攀登向西延伸的山冈。突然，安娜玛丽意识到自己冷得不行了，于是带头走进了一座工棚。在门口，她转过身来看向燃烧的城市，简直就像一座着火的湖泊；那幅景象美丽而又可怕。其他人也走进了工棚。没人知道该干些什么。安娜玛丽感到一阵头晕眼花，浑身麻木；她有点不明白究竟发生了什么。

凌晨四点四十分，美国第八空军机组得到了命令，他们的两个主攻目标是：德累斯顿和克姆尼茨。空军第一师被派往德累斯顿：四百五十架“空中堡垒”将袭击位于易北河北岸的铁道编组场和新城区火车站。领航员被告知，首先飞往托尔高城，然后沿易北河而上，只飞五十英里便是下一个大城市：德累斯顿。清晨六点四十分，机组人员登上飞机，但是又传来命令要求他们等待。直到八点，第一架“空中堡垒”才起飞。

在须德海上空，二百八十八架“P-51 野马”式飞机与轰炸机会合。这些歼击机的一半要留下来与轰炸机一起飞行，以防备德国空军的袭击。另外一半将飞往德累斯顿，伺机扫射目标。飞临德国上空时，投弹手们想知道，是否可能凭目力投弹。上面的云层不算太厚，但是下面几乎全是云。正因为这些云，整个第二百九十八轰炸小组都迷失了方向，中午时分，它们准备轰炸德累斯顿东南七十五空英里处的布拉格。

因此，只有三百一十六架“空中堡垒”飞往德累斯顿。而其中将近一半，整个第四百五十七轰炸小组，都微微地偏离了航线，因此没击中轰炸目标。它们在空中盘旋着，试图再炸一轮。空军参谋军士乔·斯基埃拉是一名机枪手，也受过投弹训练。他抬头看去，只见一架 B-17 正飞翔在上方四百英尺处。他们的新航线让他们正好位于另一个机组的下方。上面那架飞机的炸弹舱敞开着，斯基埃拉看见一串五百磅的炸弹摇摇晃晃的，正准备投下来。

第四百五十七小组又转了一圈，然后是第三圈，但仍然没能在下面的云层中找到空隙。他们灰色的尾流形成了一个碗状，斯基埃拉觉得，那好像是有人画了一个巨大的脏兮兮的光环。转到第四圈时，投弹手们终于在下面的云层中找到了一个缝隙，准备投弹了。

下面，头两次轰炸在老城区引起的大火仍在猛烈地燃烧着。一团团云朵般的黄褐色烟雾向着南方的布拉格飘去，撒下了几英里的布片和纸屑的灰烬。这是一个圣灰星期三[1]。

人们头上裹着潮湿的枕套，沿着易北河两岸蹒跚而行。曾亲眼目睹自己的上司被大火吞噬的博多·鲍曼，正和一群年轻人一起，试图帮助那些手足无措的幸存者。一个精神失常的男人跳进了河里。男孩们把他拉了上来，他却再一次跳了进去。在离马林布鲁克不远的地方，博多来到了几排带刺铁丝网跟前。无数人体的残骸散布在河岸附近——手臂、大腿、躯干，显然是被气浪吹过了铁丝网。真是一幅令人作呕的景象。

中午，博多和几个朋友走进了一座燃烧着的房子，想找些食物。他们在楼上找到了一瓶白兰地，正当大家喝着酒时，火焰重新燃了起来，切断了他们的退路。男孩们从二楼放下一根绳索，开始向下攀爬。这时，第一批美国炸弹落了下来。在城市的这个角落没有空袭警报，博多看见一群五十多岁的长者正坐在院子里，好像什么事都没发生似的。他们的行李摆在周围，人一动不动地坐着，专注地凝视着前方。然而，当男孩们走过时，他们伸出了求

[1] 圣灰星期三：在西方，人们把复活节的开始一天称为圣灰星期三。这一天会举行圣灰仪式。——译注

助的手。其中一人哭喊道："带我一起走吧！"

呼啸而来的炸弹碎片迫使博多蹲到一根水泥柱后面。他的一只手还抓着白兰地酒瓶，心里纳闷自己是怎么拿着它爬下绳索的。一枚炸弹在附近炸开了，一座楼房危险地向他倾倒过来，他连忙爬进了离自己最近的一个地下室。

寻找目标的"野马"式飞机向正沿着易北河畔逃窜的这群人俯冲了下来。年轻人认出了它们的轮廓，大声叫喊着四散而去，攀爬着寻找掩身之处。但那些长者们却仍然在空地上奔跑，很多人都被机枪子弹射倒了。其他的"野马"式飞机则向卡车、大车，以及正在主要公路上向城外涌去的大批难民猛扑过去。

美国人离开之后，安娜玛丽·弗里贝尔和她的母亲决定离德累斯顿越远越好。她们和一个朋友一起，把几件行李装上马车，把宝宝和另一个小孩子放在顶上，和几十万人一起向南逃去。一望无际的队伍缓慢而平静地向前移动着。

汉斯和他的父亲也推着一辆手推车，上面装着从公寓里抢救出来的全部家当。突然，汉斯停住了脚步，说自己其实应该去和消防队一起工作。父亲同意了。

回老城区的路上，汉斯经过了一家燃烧着的肉铺，店里的架子上烤着几百根香肠。他抓过一长串，继续赶路。他从一个正在擦洗人行道的纳粹分子身边走过。人行道上用油漆潦草地涂着"谢谢你，亲爱的元首！"在格雷林卷烟厂外面，他看见几个士兵朝两个人开了枪。那两个人正在用麻袋装香烟。奇怪的是，那些烟竟然没有被烧掉，反而铺在街道上，像一层一英尺厚的大雪。他经过一座很大的公寓房。某位有先见之明的房客立了个牌子："我们还活着，救我们出去。"救援人员正在设法闯入地下室，但那里仍然非常热。

最后，他来到了老城区。从前那些仿佛属于童话故事里的东西，如今成了一堆焦糊的废墟，散发着令人作呕的气味。著名的歌剧院——瓦格纳的《汤豪舍》便是在这里首演的——只剩下了炽热的外壳；而茨温格宫，世界上最漂亮的巴洛克建筑的典范之一，成了冒着烟的残骸。只有圆形屋顶隐藏在烟雾中的圣十字教堂奇迹般地似乎毫发未损。

在倒塌了一半的警察局里，有人派汉斯骑自行车去送信。回来时，一个警察指责他游手好闲，耽误了救援工作。他大哭起来，骂了警察一顿，然后跑了出去。他发现林德劳广场上堆满了赤裸的尸体，他们的衣服不是被烧光了就是被吹走了。在一个公共厕所的入口旁，他看见一个裸体女人躺在一件毛皮大衣上；几码开外，是两个年轻男孩的尸体，同样赤裸着，紧抱着彼此。在赛德尼察尔广场附近，几百人掉进了一个不深的池塘——全死了。

一个女人拖着一个用白床单裹着的东西踉跄着走向汉斯。他看见里面是一个男人烧焦的残骸，可能是她的丈夫。当她走过去时，一条腿和两只胳膊掉了出来。她大笑了起来。汉斯狂奔而去，但仍旧能够听到她的笑声。

他看见其他人也在搬运着挚爱之人的尸体，发狂地寻找着可以埋葬他们的地方。最后，他终于来到了大花园。几棵最高的树都已被连根拔起；其他的要么被炸裂，要么像火柴棍一样被拦腰截断。草地上布满了尸身。很多人看起来就像睡着了一样，但是他们全都死了。当救援人员把他们抬起来时，他们的四肢就像风车一样晃动。倒毙在人群中的还有从动物园里跑出来的动物。一只豹子挂在一棵小树顶上，下方挂着两个裸体女人。汉斯头昏眼花，突然觉得非常疲劳，于是开始向自己已成废墟的家走回去。在他身后，是一千六百英亩被彻底毁灭的土地——几乎是整个战争期间伦敦所遭受的破坏的三倍。

由于德累斯顿和外界的联系中断，这一可怕事件的细节直到当天晚些时候才传到柏林。最初的官方报告声称，至少有十万人[1]或者更多在相继的两次空袭中丧生。德国最为古老、最受尊崇的城市之一被彻底地毁灭了。起初，戈培尔拒绝相信这一报告。继而，他抑制不住地流下了眼泪。直到开口批评赫尔曼·戈林时，他才终于能说话了。

“如果我有权力，我将审判这个胆小的、一无是处的帝国元帅！”他喊叫道，“他应该被送交人民法庭。这个寄生虫软弱无能，只关心自己的安乐，他犯下了多少重罪！为什么元首没有听取我之前的警告呢？”

英国人在晚上六点的新闻广播里第一次听到了德累斯顿的消息。广播宣称，这是罗斯福和丘吉尔在雅尔塔承诺的大规模袭击之一。“我们的飞行员报告说，因为高射炮很少，所以他们能够小心地、径直地从目标上空飞过，而无须担心敌人的防御，”广播员说，“该城中心集中地燃起了可怕的大火。”

---

[1] 美国空军史学家估计死了两万五千人到三万人。在《德累斯顿的毁灭》一书中，戴维·欧文给出的数字是十三万五千。欧文的数字似乎更为现实。

# 战争与和平

2月14日清晨，戈培尔和他的新闻官鲁道夫·泽姆勒驱车前往老朋友格布哈特医生的疗养院，去那里见希姆莱。这个静居之所位于柏林以北七十五英里的霍恩利琴，如今已成了希姆莱非正式的司令部。他喜欢这里宁静的环境以及独处的乐趣。在病历本上，希姆莱治疗的是扁桃体炎，而实际上，让他烦恼的却是他的神经——他仍旧因昨天局面火爆的元首会议而激动不已。在会上，古德里安和希特勒差点因为他打起来。

几天前，在戈培尔家进晚餐时，戈培尔悄悄告诉泽姆勒，他打算就一项牵强的计划去寻求希姆莱的支持。这项计划就是重组内阁，由他自己做帝国总理，而希姆莱做武装部队的首脑。正在这时，一个男高音在收音机里唱起了莱哈尔[1]的“亲爱的，不要去摘星星”。戈培尔夫人不禁大笑起来。戈培尔暴躁地说：“把那东西关掉。”

泽姆勒未能获准出席与希姆莱的会见。当两人沉默地返回柏林时，新闻官猜测谈话不太顺利。

中午时分，希姆莱接见了另一个来访者——温克将军，古德里安刚刚硬塞给他的参谋长。现在，维斯杜拉河集团军事实上的指挥官温克将军急于返回前线，因为针对朱可夫右翼的有限进攻就要开始了。但是希姆莱说，他们应该先吃午餐。“然后我们可以聊一下总体形势。”

“吃完饭后，”直言不讳的温克说，“我不能留下来聊天。我要去奥得河的彼岸——我属于那里。”

---

[1] 莱哈尔（1870—1948）：奥地利轻歌剧作曲家。——译注

希姆莱明白，他在柏林的政敌正在散播关于他的笑话，说他的指挥部和前线相距过远。于是，他恼火地说："你是否在暗示我是个胆小鬼？"

"我什么都没有暗示，帝国元首。我只是想去一个我能身先士卒的地方。"他解释道，他要在奥得河东岸发动一场战役，以赢得时间加强奥得河以西的防御，并且给难民一个逃走的机会。

温克所面临的问题在军事手册上没有先例。维斯杜拉河集团军实际是在两条单独的前线上作战：第一条也是最重要的一条，是保卫柏林的一百五十英里长的奥得河战线；第二条，是保护波美拉尼亚的战线——这条战线不堪一击，曲折迂回。西起奥得河，然后蜿蜒向东，直达维斯杜拉河。再往东去，则是一些小块的德国抵抗地区，有的大些，有的小些，一直延伸到拉脱维亚的库尔兰，其中最大的一个是但泽。几支从东普鲁士来的难民队伍正设法逃往这个前途未卜的避难之地。然而，罗科索夫斯基的军队也正在开赴但泽，并且已经截断了难民进入但泽的道路。如今，难民们唯一的希望是，跨过淡水湾维斯杜拉潟湖[1]上的冰层，前往涅赫伦格。涅赫伦格是一个狭长的地区，将潟湖与波罗的海分开了。一旦抵达此处，难民们就可以继续西行，踏上陆地，前往但泽。

一场意外的解冻融化了淡水湾的冰层，这条唯一安全的路线每隔五十码便做了一个标记。前一天晚上，车夫们在浓雾中迷失了方向，数百辆大车都翻倒了。在南岸等待的人群吓得要死，一步也不敢前进。然而，俄国炮火的轰鸣声越来越响，这更加恐怖。因此，大雾刚一消散，几千人便冒险踏上了冰层，向五英里外的涅赫伦格走去。上午十点左右，打头的人群看见了前方的沙丘，于是便开始喊叫："到涅赫伦格了！到涅赫伦格了！"他们疯狂地向前走去，但却举步维艰，因为冰层在升起的太阳底下融化得非常快。突然，四面八方都落下了俄国人的炮弹，一阵恐慌顿时爆发了。难民们不顾路标，仓皇向岸边跑去。很多人安全地到达了，但是将近三分之一的人掉到了纸一样薄的冰层下面。

温克针对朱可夫右翼的有限反攻包括两次出击：第一次在奥得河以东约五十英里处，第二次是再往东五十英里处。第十一军向南挺进至乌加滕，然

[1] 潟湖：浅水海湾因湾口被淤积的泥沙封闭形成的湖，高潮时可与海相通。——译注

后继续前进几英里，直抵奥得河与瓦尔塔河的交汇处。大约一天后，根据第一次出击的进展情况，第三装甲军将发起主攻，迫使朱可夫撤退，或者至少延迟他对柏林的进攻。

当年轻而冲动的第十一军司令、党卫队中将弗莱克斯·斯坦纳接到命令时，不禁目瞪口呆：仅靠五万士兵和三百辆坦克，根本不可能一鼓作气地向南攻至瓦尔塔河。他决定，向西南方向做更有限的进攻也许更好。这样可以使他较少地暴露于必然随之而来的朱可夫的反攻面前，而且他也可以为保卫波美拉尼亚占据一个更有利的位置。他越过温克，直接打电话给古德里安。一场激烈的争论爆发了。

最后，斯坦纳喊道：“要么接受我的计划，要么撤我的职！”

“随你的便。”古德里安答道，然后重重地把电话挂上了。

2 月 16 日早晨，斯坦纳离开了他设在火车车厢里的总部，搬到南面一座可以俯瞰施塔加德的别墅里。这里位于乌加滕西北方向四十英里处，正是进攻的出发点。黄昏时分，施塔加德周围的所有道路都挤满了一队队的战车。大炮、卡车和坦克都已各就各位，准备在黎明发起进攻。斯坦纳给大家朗读了维斯杜拉河集团军的傀儡司令发来的一份紧急公告。帝国元首希姆莱写道：“前进！在泥泞中前进！在大雪中前进！白天前进！黑夜前进！为解放德国的土地而前进！”为了掩饰自己的悲观，斯坦纳让大家举起标语：“这里是反对布尔什维克的前线！”并且亲自鼓励了师里的每一位指挥官。

“今年，我们将重新踏上第聂伯河。”他对比利时志愿师的指挥官莱昂·德格勒尔上校说，并且亲切地拍了拍上校的背。他补充说，他们从北侧的出击将与从南侧发起的另一次进攻会合，切断朱可夫的先头部队。起初，德格勒尔想道，多么大胆！多么戏剧化的策略啊！随后，在最后时刻的准备工作中，他注意到斯坦纳的参谋人员全都表情严肃。当年拿破仑在蒙米赖发起最后攻击时肯定也是这种气氛。

德格勒尔是比利时雷克斯党的领袖。他今年三十八岁，热情满怀，是其他一百万非德裔志愿军的楷模。这些志愿兵相信，整个欧洲的未来如今正危如累卵。在比利时，敌人叫他法西斯分子、纳粹分子，但他自认为两者皆非。雷克斯主义对他而言，是对当代腐败的一种回击，是政治革新和政治公正的运动，是反对混乱、无能、不负责任和不安定的一场战役。

1941 年希特勒入侵俄国时，德格勒尔对他的同伴说，像比利时和法国这种被征服国家的人民，应该志愿加入希特勒的部队，并且积极参加反布尔什维主义的战斗。只有通过这样一种战斗的兄弟情谊，才能产生一个正义的新欧洲。他的狂热越烧越旺：他主张，非德国人只有加入这场反布尔什维克主义的神圣战斗，才能获得在新欧洲的话语权。否则，德国人将会变得过于强大。随后，尽管可以获得更高级别，他却作为普通士兵入了伍。他对自己的追随者说："只有当希特勒往我胸前挂十字勋章时，我才会见他。到那时，我将有权与他平等对话。我会问他：'你是打算要一个联合的欧洲呢，还是只想要一个大德国？'"

在前线战斗的四年中，德格勒尔受过七次伤。当他终于赢得骑士十字勋章时，他真的询问了元首关于联合欧洲的问题。希特勒耐心倾听了冲动的德格勒尔的问题，并预言说，下一代欧洲青年人将会互相了解，亲如兄弟。俄国将成为一个巨大的实验室，住满了欧洲的青年人。他们将在那里试验性地和睦相处。

德格勒尔经常在谈话中把话题扯远，而希特勒却始终宽容地倾听。一天，他充满爱意地说道："如果我有一个儿子，希望他能像你一样。"他们的关系变得非常亲密，以至于有一天德格勒尔竟然说："我经常听到人们叫你疯子。"希特勒只是笑了笑。"如果和其他人一样，现在我就会坐在咖啡馆里喝啤酒了。"

2月16日黎明，德格勒尔率领他的部下徒步进入战场。在夺下了作为目标的山脊之后，他爬了上去，来到一个机关枪掩体里，观察斯坦纳的坦克负责的主攻。当"虎"式、"豹"式坦克滚滚穿过雪地之时，他发现它们当年的锐气已经丧失殆尽了：坦克小心翼翼地向一片树林前进着。他看见几辆德国坦克在到达树林之前就着了火，但其他的却消失在了树丛之中。几分钟后，它们从另一侧驶了出来，追击着前面的红军战士。这时，德国步兵开始进入树林。这是至关重要的一刻。如果他们斗志昂扬地前进，阵地便能得到巩固。然而，他们却犹豫不前，沮丧的德格勒尔只想踢他们几脚。

夜幕降临时，斯坦纳只前进了八英里。尽管朱可夫的第六十八军正在后退，但是他们撤退得非常缓慢，并且秩序井然。午夜之后不久，德格勒尔奉命回第十一军总部报到。当他驱车赶往斯坦纳在山上的别墅时，施塔加德已因苏联的轰炸而着了火。他站在一个花园里，俯视着熊熊燃烧的城市，那些朴实的中世纪路德教堂的塔楼阴郁地挺立在那里，在火红的背景中映衬出了清晰的轮廓。可怜的施塔加德，他想道。这些东方朴素的新教塔楼，与比利时马利纳市圣罗博教堂灰色的天主教大塔楼，以及布鲁日市的钟楼堪称姐妹之作。他感到这里的悲剧也是自己的悲剧，不禁放声大哭了起来。

次日，即2月17日，激烈的战斗进行了一整天。几架“斯图卡”式轰炸机一轮又一轮地轰炸着投入战斗的俄国坦克群。几百辆坦克着火了，但还有几百辆正在破雪前进。斯坦纳仍在顽强地向前移动。傍晚，他在朱可夫的侧翼打开了一个危险的缺口。俄国人不得不调回了两个前往柏林的装甲师，以阻止斯坦纳继续前进。

深夜时分，温克奉命立即前往柏林，向希特勒简要报告他的进展。筋疲力尽的温克离开帝国总理府时，天已破晓。温克急于回去督战，第三装甲师将于两个半小时后开始行动。他告诉司机赫曼·多恩把车开往什切青。他已有三个晚上没睡了。当多恩把大宝马停在路边时，他正在打瞌睡。“将军，”多恩说，“我困得不行了。”

“我们必须回前线。”温克说着接过了方向盘。他们沿着黑暗的山路以每小时六十英里的速度疾驰着。温克把一根没点着的烟放进嘴里，咀嚼着烟草以保持清醒。然而，一个小时之后，他睡着了。他们撞上了一座铁路桥的桥墩。多恩和睡在后座上的一位少校被甩出了车外，滚到了铁轨的路堤上，但温克却被卡在方向盘后面，不省人事。悬在桥上的汽车突然着起了大火。后座上几挺上了子弹的自动冲锋枪开始爆炸。枪声惊醒了昏迷的多恩。尽管身受重伤，他还是奋力爬上了路堤，打碎窗玻璃，把温克拉了出来。这时，温克的衣服已经燃起了火苗。多恩扯掉了上司的大衣，推着他在地上滚来滚去，好把火灭掉。

当温克醒来时，发现自己正躺在一张手术台上。他的颅骨骨折，五根肋骨断裂，还有多处挫伤。没有了温克，德军绝望的反攻便毫无成功的可能了。

本应从南部嵌入朱可夫左翼的另半边钳子，甚至根本就没有动起来。负责这一半进攻的德国人竭尽全力地避免了进攻俄国人。红军的一支部队最近占领了德累斯顿以东八十空英里的本兹劳城。入城的队伍五彩缤纷，充满了异国情调。在溅满油渍的“斯大林”式和T-34坦克顶上，满身油腻的坦克手坐在色彩浓重的毯子上面，边喝边唱。后面跟着一队重炮，炮手们跨在绣花的垫子上，演奏着德国的口琴和手风琴。再后面是挂着水晶灯的老式四轮马车，里面坐满了全副武装的年轻军官。他们头戴大礼帽，手拿雨伞，带着醉汉的威严用小型望远镜观望着步兵部队。另一辆四轮马车卷起了顶篷，里面的士兵一边大笑一边痛饮。

俄国上尉米哈伊尔·科里阿科夫是一名身材矮胖的空军随军记者。因为到一个乡村天主教堂去参加安魂弥撒，他被降级进了步兵部队。此刻，他正失望地看着眼前这狂热混乱的场景。维持秩序的监督哨对经过的醉汉们视而不见，而乘坐美国吉普快速驶过的官员们显然也无暇关注这一切。他只看见一个高级军官，一名上校，试图阻止这种流动的放荡行为——而其本人也已经喝醉了。

在本兹劳，科里阿科夫参观了一个小广场，想对库图佐夫将军的墓碑致敬。这位俄国英雄是在追击拿破仑的途中牺牲在这里的。大理石墓碑上刻着德文的颂词：

> 库图佐夫—斯摩棱斯克亲王率领得胜的俄国军队追至此处。他从压迫中解放了欧洲，并从奴隶制中解放了欧洲人民。在这里，死亡结束了他光荣的日子。关于他的记忆将会永存。

他悲伤地想着，俄国人的变化多大啊！他想起了最近和一个波兰铁匠的对话。"为什么这个世界上要有战争呢？"波兰人问道，"六年来，战争从德国开始，一直打到了这里，然后打到俄国，打到了俄国的心脏，直到伏尔加河。然后又打回去，又打到这里。现在，又要打到德国的心脏了，打到柏林和德累斯顿。为什么？俄国的一半土地都已被焚毁；德国现在又燃起了大火，并将一直烧下去，直到烧得精光。"

科里阿科夫认为，答案很简单：德国人焚烧了俄国，以令人不敢置信的残暴杀戮了几百万妇女、儿童和老人。现在俄国人正在响应伊里亚·爱伦堡的号召："以两只眼还一只眼"，"以一池血还一滴血"，加倍地报复德国人。

就连斯大林也已经对这种残暴行为感到不安了。他声称："希特勒们来了又走，但德国人民要继续生存。"2 月 9 日的《红星报》社论反映了他的疑虑：

> "以眼还眼，以牙还牙"是一句老话。但是不能依其字面意义行事。

虽然德国人在我们的国家奸淫劫掠，但这并不意味着我们也要做出同样的事情。过去和将来都不能这样。我们的战士不会允许任何这样的事情发生——不是因为可怜我们的敌人，而是出于他们个人的尊严——他们明白，每一次破坏军纪，都只会削弱获胜的红军……

这一告诫既切实可行又合乎道德。

我们的复仇不能盲目。我们的愤怒不能毫无理性。在盲目的盛怒之下，人会摧毁被征服的敌国领土上的某座工厂——某座对我们有价值的工厂。而这样一种态度只会被敌人利用。

在三次空袭德累斯顿的四天后，这座城市的某些地方还在冒着烟。数千名救援人员，包括英国战俘，仍在挖着幸存者。

十五岁的约阿希姆·巴尔特正好奇地独自在城中漫步。他穿着一件女孩的外衣，拖着一双木鞋，病态般痴迷地看着火焰喷射器焚烧阿尔特马尔克广场上堆积如山的尸体。他看见一个男人和一个女人因为从尸体上偷手镯、戒指和手表而被抓了起来，然后押到墙边枪毙了。

年轻的博多·鲍曼正在老城区火车站前面帮忙堆放尸体。尸堆长一百码，高三码，宽十码。数千具尸体被装上船运往下游；其余的则被撒上石灰，搬到布鲁勒台地，用火焰喷射器焚烧；还有一些被扔进了壕沟里，或者堆在边道上，用稻草、沙土或瓦砾盖住，这样就不会被幸存者看见了。

车站地区清理完之后，博多和他的小队被派往大花园，处理那里的一万多具尸体。徒手收拾那些尸体，实在是一项恶心的工作。最让博多厌恶的是烤焦的人肉味，它和烟雾、腐烂的味道混在一起，令人不禁作呕。

当天早些时候，汉斯·科勒和他的父亲一起回到了德累斯顿。正当他们准备踏上通往老城区的一座桥时，一个人说："别过去。他们要让所有人都参加人民冲锋队。"

"现在你该往西走了，一直走到美国战线那里。"赫尔·科勒对儿子说，"然后一直等到一切都结束。"

他们拥抱在了一起，然后，年轻人冒着寒冷的细雨开始西行。他身上没钱，也没有吃的。

戈培尔可以利用德累斯顿大屠杀挑起瑞士、瑞典和其他中立国家的义愤之情。但是，这次轰炸代表的不仅是一个宣传的机会。2月18日，在与部里的官员们开会之时，戈培尔慷慨激昂地宣称："既然敌人的飞行员在两个小时内屠杀了成千上万的平民，那么，《日内瓦公约》就已经没有任何意义了。"由于这一公约，德国不能因敌人机组成员的"恐怖主义战术"而对其进行报复。但是，他争辩道，如果公约无效了，他们就可以以"屠杀平民罪"[1]处决

[1] 轰炸德累斯顿的道义性问题，不仅德国和中立国，就连盟国也表示了质疑。空袭三天之后，皇家空军驾驶员C. M. 格里尔森上尉在盟国远征军最高统帅部在巴黎的一次记者招待会上告诉记者们，空军计划轰炸较大的人口中心，企图造成德国经济的崩溃。格里尔森提到了德国人所指控的"恐怖轰炸"。次日早上，美联社记者的电讯在美国被广泛阅读，其中强调了这一句话：

盟国空军领导人作出了期待已久的决定，对德国人口中心进行蓄意的恐怖轰炸，这是为加速希特勒灭亡而采取的残忍的应急手段。

这篇报道在英国掀起了一场争议。两周之后，当理查德•斯托克斯在下议院谴责对大城市不加选择地进行轰炸时，这一争论达到了高峰。他引用了《曼彻斯特卫报》最近的一篇报道：

2月13日晚上发生了什么？德累斯顿有一百万人，包括六十万从受轰炸地区撤下来的以及东部的难民。疯狂的大火无法控制地在狭窄的街道上蔓延，大批百姓因为缺氧而死亡。

接着，斯托克斯用尖锐的讽刺语气指出，俄国人夺取城市，但似乎并不彻底毁灭它们。"你们想从那些被炸成碎片，疾病猖獗的城市里得到什么？"他问，"即将来临的疾病、肮脏和贫困是否绝不可能被控制或克服？我非常想知道，在这一阶段，人们是否意识到了这一点。当我听到部长（空军部长阿奇博尔德•辛克莱爵士）谈到'加强破坏'时，我想：在战争的这个阶段，对于一个英国内阁部长来说，这句话说得多好啊！"斯托克斯提醒大家注意美联社据盟国远征军最高统帅部记者招待会上格里尔森的讲话所作的报道。他想知道，是否从现在开始，"恐怖轰炸"将成为政府的政策。

这一讲话对给西方世界的良知造成了很深的影响。丘吉尔感到，必须给黑斯廷斯•伊斯梅将军和空军参谋长查尔斯•波特尔爵士写一篇备忘录：

在我看来，尽管采取了其他借口，但轰炸这些德国城市仅仅是为了增加恐怖气氛，现在是时候审视一下这个问题了。否则，我们将控制一片已被彻底毁灭的土地。例如，我

全部英美空军战俘，从而防止德累斯顿事件的重演。

他的大多数听众表示反对，尤其是鲁道夫·泽姆勒。他告诫大家要注意“这样一个行动会使我们承受的巨大风险，以及落入敌手的自己人可能遭到的报复”。戈培尔对他们的警告置若罔闻。他让自己的新闻官去了解一下，有多少盟国飞行员落在德国的手中，又有多少德国飞行员在盟国的手中。泽姆勒再次表示反对，但是戈培尔的副官在桌子下面踢了他一脚，于是他闭上了嘴。

当晚，戈培尔将这一问题提交元首。元首原则上表示同意，但是决定稍迟再作出最后决定。幸运的是，里宾特洛甫和其他人劝阻了他。

其他的德国人极力争取的是和平而非复仇。2 月 18 日，四个欧洲国家的报纸上出现了关于谈判的报道。葡萄牙和西班牙的报道纯属虚假消息，而瑞典和瑞士的报道则是近日柏林一次会议的成果。会上，希特勒沉默不语，给党卫队将军沃尔夫和里宾特洛甫的印象是，他希望与西方言和。

党卫队和外交部都试图独力完成这件事情，这并不算奇怪。还在慕尼黑时，希特勒就挑动他的下属彼此竞争，以促使他们更加努力。多年来，希姆莱和里宾特洛甫一直是竞争对手，他们有着同一种身体上的怪癖：只要元首责备一句，他们就要闹胃病。目前，他们竞争的重点是实现和谈。竞争变得如此激烈，以至于两个部门之间几乎要开始打仗。

与争取和平的行动交织在一起的，是两人为拯救集中营的战俘而进行的

---

们将不能从德国获得我们自己需要的建设物资，因为首先需要为德国人提供一些临时的物资。摧毁德累斯顿是一个有违盟国轰炸准则的严重问题。我认为，与其说是为敌人，不如说是为了我们自己的利益，今后应更为严格地研究军事目标。

外交大臣已同我讨论过此事。我感觉，需要更准确地集中轰炸军事目标，比如当前战区后方的石油和交通枢纽，而不是纯粹的恐怖行动和肆意的破坏，尽管后者更有威慑力。

显然，首相已经忘记了，正是他致辛克莱的一封措辞尖刻而强硬的信件触发了对德累斯顿的空袭。在波特尔看过丘吉尔的信之后，他提醒首相，不应谴责轰炸机指挥人员，他们忠实地执行了政府的政策。

丘吉尔收回了备忘录，重写了另外一篇。这次，他把“恐怖轰炸”改成了“地区轰炸”，并且没有提及德累斯顿。他相当理性地评述道：“我们必须注意，我们的进攻给我们自己带来的长期危害，不能比目前给敌人的打击更大。”

谈判。希姆莱特别的努力并不是出于人道主义，而是一种勒索。因为很显然，几百万条生命可以成为和平谈判中讨价还价的本钱。有两个人鼓励他去拯救战俘。一个是他的按摩师费利克斯·克尔斯滕医生。克尔斯滕是波罗的海人，1898 年出生于爱沙尼亚。他没有医学学位，外貌和善，长着一副肉乎乎的嘴唇，身材矮小肥胖，行动笨拙。然而，他非常擅长"推拿疗法"，因此欧洲有钱有势的名人都想找他。二战开始前夕，希姆莱患了严重的胃病——很可能因为他自己内心的战斗而更为恶化了。于是，克尔斯滕被召来给帝国元首治病。他获得了很大的成功，以至于希姆莱完全依赖于他。克尔斯滕早已开始施展他的影响，让集中营里的很多战俘都免于一死。有一次，希姆莱说："克尔斯滕每次给我按摩，都会向我讨取一条生命。"

另一个人是希姆莱的间谍头子，党卫队准将瓦尔特·施伦堡。他赞同克尔斯滕所做的一切，并且正在设法说服希姆莱，对政治犯和战俘表现出人道主义精神，便可以向全世界表明他并非妖魔鬼怪。尽管施伦堡的职位居于帝国中央保安总局局长，希姆莱的副手，党卫队将军恩斯特·卡尔登勃鲁纳之下，但是他处事灵活，如今可以直接和希姆莱打交道。施伦堡时年三十三岁，是在教会学校受的教育。他身材矮小，相貌英俊，有点过于讲究。他早就笃信，希特勒正在将德国带向彻底的毁灭，因此一直不知疲倦地督促希姆莱去探索谋取和平的每一个可能的机会。

这个任务并不容易，因为所有的谈判都必须在希特勒毫不知情的前提下进行。同时，卡尔登勃鲁纳是一个忠实的纳粹分子，他不喜欢也不信任施伦堡，这一点也是个障碍。卡尔登勃鲁纳不断地敦促希姆莱，不要过度卷入可能会让希特勒不高兴或者产生更坏结果的计划。这些警告因卡尔登勃鲁纳那令人敬畏的外表而显得更有分量。卡尔登勃鲁纳身材魁梧，足有六英尺七英寸高。他的前额宽大而平坦，一双褐色的小眼睛目光非常锐利。他的下巴又细又长，一道马刀留下的伤痕横在他苍白的脸颊上，划过他宽厚的肩膀以及类人猿一般晃晃荡荡的胳膊。卡尔登勃鲁纳于 1903 年出生在希特勒的出生地附近，家里是生产农具的。他的父亲打破传统，做了一名律师，而儿子也步其后尘。二十九岁那年，他参加了奥地利的纳粹党，通过在自己工作中的刻苦努力和坚持不懈，他给该党带来了合法的逻辑与平庸的成就。

他的上司希姆莱起初反对屠杀犹太人，后来又对克尔斯滕承认，"灭绝种族不是德国人的特征。"帝国元首厌恶暴力——虽然他曾下令枪决了一个搞同性恋的侄子——当他第一次亲眼目睹处决人的经过时，他恶心地吐了。仅仅是因为他对希特勒的所作所为近乎迷信，再加上他对元首深深的畏惧，他才留了下来，冷酷地看着最后一个受害者倒下去。在对国防军军官的一次演讲中，他曾在笔记上用他细长的字体写道："处决所有潜在的抵抗组织的领导人，这很残酷，然而非常必要……我们必须冷酷无情，对上帝负责。"

这个偶尔可笑，但始终痛苦的男人天生神经质。他最终接受了将暴力作为自己的生活方式，成了世界上最大的刽子手。1943 年，他对一群党卫队将军说：

> 在我们自己人中间，可以非常坦白地提及这一点——但是我们永远不会公开谈论它……我是说消灭犹太人，灭绝犹太种族……你们中的大多数都应该知道，当一百具、五百具，或者是一千具尸体肩并肩地躺在那里，这意味着什么。要坚持到底，同时（除了那些由于人类的软弱所引起的例外），还要继续做个正派的家伙，这就是使我们如此冷酷的原因。我们历史上这光荣的一页从未被载入史册，也永远都不会。

一年之后，他在波森坦率地对军官们谈起了灭绝犹太人所面临的困难：

> 我们被迫作出无情的决定，一定要使这个种族在地球上消失。组织这项工作是我们迄今为止最为困难的任务。然而，我们必须去解决它，并且将其进行到底。而且，先生们，我希望我可以这样说，我们的领袖们和他们的部下不会因此在思想上和灵魂上受到任何损害。这种危险性是非常大的，因为在龙潭和虎穴之间只有一条狭窄的通路。他们要么成为无情的暴徒，从今以后再不能珍惜人生；要么变得心肠软弱，遭受神经崩溃的痛苦……这就是此刻关于犹太问题我想说的全部。现在你们全都知道了，最好保守这个秘密。也许以后，很久很久以后，我们可以考虑是否可以将这些多告诉德国人民一点。但是我认为最好不要！我们在场的这些人已经担起了责任，行动上和思想上的责任，我认为我们最好将这个秘密带进坟墓。

话虽如此，但希姆莱本人还是被自己被迫犯下的残忍罪行而折磨着。他对克尔斯滕说："必须踏着死尸才能创造新生活，这是一个大祸根。美国人不也无情地灭绝了印第安人吗？然而，我们必须创造新生活，我们必须净化这片土地，否则它永远都不会结出果实。这将是我必须挑起的重担。"

事实上，大屠杀的担子越来越重，他的胃痉挛也越发严重了。这让他更加容易受唯一能为他减轻病痛之人——克尔斯滕——的影响。如今，在施伦堡的帮助下，克尔斯滕正在利用这一权力引诱希姆莱拯救那些还未被他杀害的犹太人。希姆莱是一个天生的追随者，如今却被迫自作主张；他是一个真正的信徒，一个忠实的弟子，如今却被唆使背叛他的领袖；他是一个纯粹的胆小鬼，如今却在别人的鼓励下满口豪言壮语。而与此同时，他也一直在考虑这一行动可能会产生的可怕后果，并且在纤弱迷人的施伦堡和身材魁梧的卡尔登勃鲁纳之间犹豫不决，一直处于一种优柔寡断的状态之中。最近，施伦堡在这场斗争中占了上风，说服了希姆莱秘密会见瑞士前总统尚—马里·姆希。姆希许诺，每释放一个犹太人，他便会付一笔瑞士法郎作为奖金，并且尝试着去减弱自由世界对德国的愤慨。希姆莱欣然同意每隔两周便遣送一千二百名犹太俘虏去瑞士。

彼得·克莱斯特博士，里宾特洛甫的下属之一，也开始了和世界犹太人大会之间的试验性谈判。他已经会见过这个组织的重要代表之一，吉勒尔·施托希。在斯德哥尔摩酒店第一次见面的时候，施托希提议，双方应协商从不同的集中营共释放约四千三百名犹太人。

拿人命讨价还价，这让克莱斯特感觉自己受到了侮辱。他说，即使是半开化的中欧也不会出面做这种买卖。他唯一感兴趣的是另一个问题，为战争寻求一个解决方案，以使德国不致彻底灭亡。

"这不是一笔商业上的交易，"施托希说，"这仅仅是一笔救人的买卖。"

"我不能也不想卷入这笔'买卖'，因为对我而言，这只代表着可憎和肮脏。"克莱斯特回答说，"并且，这种个别的操作也不可能解决整个犹太问题。"他主张，只能通过政治途径解决。他说，在与反犹太主义的第三帝国的战斗中，罗斯福受到了像摩根索那样有影响的犹太商人的鼓励。这一点以及无条件投降的原则只会强化德国的反犹太主义。作为其结果，整个犹太民族和全部欧洲人都将被灭绝，而将大陆留给布尔什维克。"如果保留犹太民族可以换取保留欧洲，"克莱斯特继续说道，"那么，倒真是值得我冒生命危险去做的一笔‘买卖’。”

“你应该和伊瓦尔·奥尔森谈谈，”施托希插话说，“他是美国驻斯德哥尔摩大使馆的一名外交官，是罗斯福总统派驻西北欧战争难民委员会的私人顾问。他和总统有直接的联系。”

几天之后，施托希显然非常兴奋地告诉克莱斯特，据奥尔森说，罗斯福总统愿意用“政治手段”来赎取集中营里一百五十万犹太人的性命。这正是克莱斯特所希望的——为战争采取一个政治解决方案。他得意地向瑞典红十字会副主席福克·贝尔纳多特伯爵重复了施托希的话，但伯爵只流露出一副怀疑的神情。接下来，克莱斯特又把这件事告诉了维纳·贝斯特，丹麦政府里的纳粹代表。贝斯特和克莱斯特一样，都属于党卫队。和贝尔纳多特不同，他对此深有感触，因此建议克莱斯特直接与希姆莱的助手卡尔登勃鲁纳讨论这个敏感的问题。

克莱斯特认识卡尔登勃鲁纳。回到柏林之后，他通知卡尔登勃鲁纳，施托希答应“为战争采取一个政治解决方案”，以换取一百五十万犹太人。卡尔登勃鲁纳知道施托希和犹太人世界大会之间的联系，开始来回踱步。突然，他停了下了，用浓重的奥地利口音说道：“你们十分清楚自己在干些什么！我必须立即将这件事报告帝国元首。我不知道他对于这件事，对于你们，会做出什么决定。”克莱斯特被软禁在了自己家中，以防他和里宾特洛甫谈话。“在事情澄清之前，不许迈出你的花园大门。”卡尔登勃鲁纳警告他。

几天后，卡尔登勃鲁纳派人请来了克莱斯特，并且和蔼可亲地用力握了握他的手，说道：“帝国元首肯定愿意抓住瑞典人提供的机会。”然后他又补充说，“我们手里有的不是一百五十万犹太人，而是两百五十万。”这让克莱斯特十分意外。接下来，还有第二个意外：要由克莱斯特本人前往斯德哥尔摩去启动谈判。同时，为了表明良好的信用，他将带大约两千名犹太人去瑞典。

克莱斯特刚到家，便又被召回了警察总部。但是这一次，卡尔登勃鲁纳怒视着他说：“关于犹太人的问题，没你的事了。别问我为什么，你本来就跟这件事没什么关系，将来也不会有关系。这件事和你再也无关了。就这样吧！”卡尔登勃鲁纳没费心去解释为什么有此突变：施伦堡刚刚与希姆莱谈过，要派克尔斯滕医生去处理这笔交易。为什么要和里宾特洛甫分享荣誉呢？

克尔斯滕前往瑞典，开始与瑞典外交大臣克里斯蒂安·冈特协商释放集中营里的斯堪的纳维亚战俘。希姆莱告诉他，如果第一步进展良好，克尔斯滕可以直接和施托希谈判。同冈特的会谈非常顺利，双方一致同意，贝尔纳多特可以前往柏林，和希姆莱本人一起做最后的安排。

里宾特洛甫对这些事情一无所知。直到瑞典驻柏林大使无知地给希姆莱发来正式信函，要求同意正式接见贝尔纳多特——当然，信函必须经过外交部的检查，这时，他才第一次意识到，他的对手已经背着他在瑞典进行了谈判。

希姆莱害怕里宾特洛甫会告诉希特勒。他非常恐慌地打电话给卡尔登勃鲁纳，恳求他立即告诉元首贝尔纳多特要来柏林访问，看看他的反应。为了更加保险，希姆莱还打电话给党卫军军长，爱娃·布劳恩的妹夫菲格莱因，要他就同一件事"摸摸"希特勒的底。

次日，即2月17日，菲格莱因打来电话，说元首只简单地评论道："在全面战争中，仅靠这种冒失行为终将一事无成。"

希姆莱十分困惑，不敢继续下去。然而，他意识到，这可能是他向世界展示自己是一个人道主义者的唯一机会。恐惧占了上风。他决定不与贝尔纳多特扯上关系。当施伦堡打电话说伯爵刚刚从瑞典到达时，希姆莱说，他"忙于"维斯杜拉河集团军的反攻，没时间见任何人。但是施伦堡再次指出了这样一次会见将带给帝国元首巨大的个人利益。希姆莱很少能抵挡住施伦堡的劝说，这次也不例外。他同意接见伯爵，但坚持要采取一个预防措施：施伦堡应以某种方式劝说里宾特洛甫先会见贝尔纳多特，这将可以阻止外交部长在希特勒面前搬弄是非。

施伦堡"走漏消息"说，贝尔纳多特与希姆莱的谈判前景一片光明，因此，帝国元首有可能做成一件其他任何人都无法做到的事：把德国从灭顶之灾中拯救出来。计谋奏效了。次日，2月18日早上，里宾特洛甫召见了克莱斯特。"贝尔纳多特伯爵正在城里，准备会见希姆莱。"他语带责备地宣布，并说希望尽快与伯爵谈谈。

在瑞典公使馆，克莱斯特碰巧在大厅遇到了贝尔纳多特，对方答应与里宾特洛甫见面。不过，在那之前，伯爵与卡尔登勃鲁纳和施伦堡有一个约会，是帝国元首定下的约会。希姆莱仍旧在等待着，想看看在自己行动之前，里宾特洛甫会做些什么。

贝尔纳多特被载往卡尔登勃鲁纳在柏林郊区奢华的住宅。伯爵既优雅又朴素，既天真又世故。他的父亲是国王古斯塔夫五世的兄弟。他潇洒地穿着自己非常有个性的红十字会制服，手里拿着一根似乎与生俱来的手杖。不过，在他最喜欢的一张照片上，他却穿着童子军短裤，精疲力竭地靠在一棵树上。一些朋友相信，他的美国夫人，从前的埃斯特尔·曼维尔，教会了他如何自嘲。

对于眼下的使命，他格外称职。尽管他绝不是个知识分子，却有一种更为宝贵的品质：杰出的判断力。在谈判中，他从不妥协。他可以连续几小时进行谈判，而仍不失其出众的幽默感。而如果情势变得紧张，他便开始讲故事。不过，也许他最为可贵的优点是单纯地渴望帮助不幸之人，以及坚定地相信几乎每一个人从根本上来说都是正直的，可以劝说其去做正确的事。

卡尔登勃鲁纳礼貌而略带冷淡地给客人奉上了切斯特菲尔德香烟和杜博尼酒。伯爵态度自若地接了过来，心中暗忖，这肯定是从法国抢来的。卡尔登勃鲁纳冷冷地用质问的眼神盯着他，问他为什么想见希姆莱。在眼下这么关键的时刻，要安排这样一次会面非常困难。不能由他转达伯爵的消息吗？他又点燃了一根烟——他一天要抽四包烟。他那被尼古丁熏黄的相对短粗的手指，让挑剔的施伦堡想起大猩猩的手指。

“你的行动是否有官方的指示？”卡尔登勃鲁纳问。

可以理解，贝尔纳多特想与希姆莱直接进行谈判，因此决定尽量少向他透露内情。“没有。不过我可以向你保证，不仅瑞典政府，而且全体瑞典人民都赞同我刚刚所简述的观点。”

卡尔登勃鲁纳说，他痛惜当前的形势，希姆莱也是如此。希姆莱非常急于在两国之间建立良好的关系，但是，为了防止破坏活动，必须采取一些强有力的措施，比如扣押人质。

“如果瑞典也被拉进反对德国的战争，”施伦堡指出，“这对德国来说将是极大的不幸。”伯爵立刻对间谍头子的绅士风度留下了很深影响，认为他更像一个英国贵族而非德国人。施伦堡同样也对伯爵印象深刻。他面前是一位国际舞台上至高无上的人物，他的动机是毋庸置疑的。有了他作为联系人，也许，对恢复北欧的秩序特别感兴趣的瑞典，就可以被说服去调停德国与西方之间的和平。这是一种令人兴奋的可能性。

卡尔登勃鲁纳问贝尔纳多特，是否有什么具体的建议。伯爵建议，应该允许瑞典红十字会到集中营去工作。让他意外的是，卡尔登勃鲁纳不仅点头同意，并且还说，他“非常赞成”贝尔纳多特直接与帝国元首会面。一个小时之后，公爵在外交部与里宾特洛甫谈起了话。或者更确切地说，他在听对方讲话：自从他在暖暖的炉火旁坐下，外交部长便滔滔不绝地演讲了起来。贝尔纳多特很好奇，想知道他能讲多久，于是偷偷按下了秒表。

里宾特洛甫首先论述了国家社会主义和布尔什维主义的区别。他假设，如果德国输了这场战争，不出六个月，俄国轰炸机便会飞临斯德哥尔摩上空，俄军将枪杀所有皇族，包括伯爵本人。他从一个话题转移到另一个话题，鹦鹉学舌般一刻不停地重复着纳粹的陈词滥调——就像一张坏唱片，伯爵想。最后，里宾特洛甫宣称，在世之人中，对人类做出最大贡献的，“就是阿道夫·希特勒，毫无疑问是阿道夫·希特勒”。然后，他结束了讲话。贝尔纳多特按停了秒表，已经六十七分钟了。

次日，即 2 月 19 日，施伦堡驱车将贝尔纳多特送到了格布哈特医生的疗养院。盟国持续的空袭使这段行程危险丛生，对身患血友病的伯爵来说尤其如此。一个小伤口就可能致命。途中，施伦堡出乎意料地向伯爵吐露道，不能信任卡尔登勃鲁纳，而希姆莱则是一个软弱之人，总是被最后一个与其交谈者所影响。

在霍恩利琴，伯爵首先被介绍给了格布哈特医生。医生忧郁地说，他的医院里住了八十个从东部来的难民儿童，他们因为冻伤或枪伤而不得不截肢。贝尔纳多特猜想，这篇开场白是提前安排好的，目的是想利用他的同情心。接着，施伦堡把他介绍给了一个身穿党卫队制服却没有佩戴勋章的矮个子男人。这个男人有着一双纤细的小手，指甲修剪得非常整齐——这就是希姆莱。贝尔纳多特发现他非常和蔼可亲，当谈话出现冷场时，他甚至还会开个玩笑。在他的外表里，找不到一点残忍之处。他看上去很快活，只是每当提到元首的名字时，便会有些感伤。

其他斯堪的纳维亚人早就因希姆莱性格中的矛盾之处而迷惑不解了。奥斯陆大学的校长迪里克·塞普教授是一名忠实的挪威爱国者。最近，他告诉贝尔纳多特，他认为希姆莱“有几分理想主义，对斯堪的纳维亚国家特别喜爱”。

“既然德国不可能战胜，难道您不认为继续战争是毫无意义的吗？”贝尔纳多特问道。

“在放弃希望之前，每个德国人都会像狮子一样战斗。”希姆莱回答道。

他还说，军事形势的确很严峻，但是并非毫无希望。“俄国人不会马上穿越奥得河战线。”

贝尔纳多特说，在瑞典激起人们义愤的是逮捕人质和屠杀无辜百姓；希姆莱对后者予以否认，于是贝尔纳多特便列举了一些具体的事例。希姆莱激动地反驳道，显然公爵听到的是错误的消息，并且询问公爵，是否有什么具体的建议。

“对您来说，提出一些可以改善当前局势的措施不是更好吗？”

帝国元首稍稍犹豫了一下，然后说道：“我没有任何建议。“

贝尔纳多特建议希姆莱释放集中营里的挪威人和丹麦人，由瑞典人来监管。这个不算过分的请求却触发了一连串对瑞典人强烈的指责。这些指责对贝尔纳多特来说毫无意义，但很可能是由希姆莱突如其来的一阵恐惧所引起的。“如果我同意你的建议，”希姆莱痉挛般地眨着眼睛说，“瑞典各报将用大字标题报道，战争罪犯希姆莱，由于害怕因其罪恶而受到惩罚，企图赎买他的自由。”但是他又说，如果瑞典和盟国保证停止在挪威的破坏活动，他会照贝尔纳多特的要求去做。

“这是无法接受的，”伯爵回答说。接着，他改变了话题。“瑞典红十字会非常渴望得到您的允许，能够去集中营里工作，特别是那些关押着挪威人和丹麦人的集中营。”

“那大概非常有好处，我看不出有什么理由不允许。”希姆莱回答。

伯爵开始习惯希姆莱那狂想家式的出尔反尔，并要求其再作一些小的让步，希姆莱马上同意了。贝尔纳多特受到了鼓励，想知道嫁给德国人的瑞典女人是否可以回到她们的祖国。

“我不想把德国儿童送到瑞典，”希姆莱皱起眉头答道，“在那里，他们会被教育得仇恨自己的祖国。他们的玩伴会向他们吐口水，因为他们的父亲是德国人。”

伯爵指出，知道他们能够安然无恙，他们的父亲会感到安慰的。

“毫无疑问，他们的父亲宁愿看到他们在简陋的茅屋里长大，也不愿意他们在一个像瑞典这样敌视德国的国家的城堡里苟且偷生。”希姆莱反驳说，不过表示愿意尽力而为。贝尔纳多特已经将他逼到了极限，他的语气变了。“你也许会认为这过于情绪化，甚至有些荒谬，但是我曾宣誓效忠于阿道夫·希特勒。作为一名士兵，一名德国人，我不能违背誓言。因此，我不能做出任何有违元首的计划和意愿的事。”就在片刻之前，他刚刚同意作出一些可能会惹恼希特勒的让步，但是此刻，他却开始详尽地重述希特勒关于“布尔什维克威胁”的论调，并且预言，如果东线彻底失败，欧洲便会完蛋。

“但是，在战争的某个阶段，德国曾经和俄国结过盟，”伯爵说，“这和您刚才所说的怎么能一致呢？”

“我就知道你会说起这个。”希姆莱答道。他承认，那是一个错误。他开始怀旧地谈论起自己在德国南部度过的青年时期。当时，他的父亲是一个巴伐利亚亲王的家庭教师。接着，他又谈到自己在第一次世界大战时当过军士长，并在国家社会党诞生初期便加入了其中。“那是一段光荣的岁月！”他说，“我们这些党员始终面临着死亡的危险，但是我们从不害怕。阿道夫·希特勒带领着我们，将我们凝聚在一起。那是我一生中最美妙的年华！因此，我可以为我所认为的德国复兴而战。”

贝尔纳多特礼貌地问起了犹太人所受的待遇。“您难道不承认，像别的种族一样，犹太人中也有很多正派人？”他说，“我有很多犹太朋友。”

“你说得对，”希姆莱答道，“但是在你们瑞典，没有犹太人问题，因此，你不能理解德国人的观点。”

在长达两个半小时的会议结束时，希姆莱答应在贝尔纳多特返回瑞典前，对他提出的所有要求给以确定的答复。贝尔纳多特向希姆莱赠送了礼物。因为希姆莱对斯堪的纳维亚民间艺术非常感兴趣，所以，礼物是一件 17 世纪的关于食人妖之鼓的作品。

希姆莱说，他“深受感动”，并问施伦堡，是否为伯爵选了个好司机。施伦堡说，他选的是最好的司机。帝国元首微笑起来。“好。不然瑞典报纸会用大字标题报道：战争罪犯希姆莱谋杀贝尔纳多特伯爵。”

在柏林，施伦堡向卡尔登勃鲁纳简要汇报了会晤的情况。帝国中央保安总局局长指责他“对帝国元首施加了不正当的影响”。盖世太保的头子海因里希·米勒尔少将嘟哝说：“那些自以为是政治家的绅士们想让希姆莱接受自己的某一想法时，总是办这种事。”米勒尔说，这种独特的想法，是“纯粹的乌托邦”。

贝尔纳多特回到里宾特洛甫的办公室。外交部长似乎比之前更渴望帮助伯爵。不过，他那专横的脾气只是让贝尔纳多特心中不快，于是便尽快彬彬有礼地告辞了。

里宾特洛甫随即召来了克莱斯特博士，并让他坐到了壁炉旁贝尔纳多特刚刚坐过的那把扶手椅上。“贝尔纳多特到底是什么人？”他问，“谁在背后支持他？除了拯救斯堪的纳维亚人之外，他究竟要干什么？”

克莱斯特发现扶手椅的衬里中夹着一个装满了文件的皮包。当他拿起来时，一本护照掉了出来。

“那是什么？”里宾特洛甫问。

“您上一个来访者的皮包。”克莱斯特把它递给里宾特洛甫，以为他肯定会检查里面的文件。但是里宾特洛甫只是把皮包装进了一个光面的大信封里。“请把这个还给贝尔纳多特，”他说，“我相信他会发现自己把它丢了。”

克莱斯特很受感动。这似乎是“在一场全面战争恶化的过程中唯一的骑士精神的表现”。

就在希姆莱进行这些他希望能够带来对德国有利的和平的谈判时，他的集团军正在土崩瓦解。斯坦纳被迫把自己的部队全部撤到了原来的出发点。而第三装甲军发起的主攻——没有温克在场监督作战——毫无进展。东线的彻底溃败已迫在眉睫，以至于不仅希姆莱和里宾特洛甫，其他的德国要人也都开始认为，德国唯一的希望取决于外交手段——或者无条件投降。

# 第二部 西线猛攻

# “铁幕将要落下来”

2月14日，艾森豪威尔在他位于比利时宗霍芬的战术总部会见了蒙哥马利。对于富有争议性的指挥问题，艾森豪威尔仍然非常担心。他抱怨“马歇尔和美国参谋长们总是指责他过于偏向英国人，而首相（丘吉尔）和英国参谋长们则指责他过于偏向美国人”。蒙蒂对于形势怎么想？和往常一样，这位陆军元帅的观点非常明确：如果允许辛普森的美国第九军帮助他发动主攻，那么，蒙哥马利便会认为当前的安排是令人满意的。他在日记中记道：

> 我对当前的指挥形势很满意，这让艾克[1]感到高兴。毫无疑问，他到达宗霍芬时正在为某些事情担心，在我们的谈话中他也表现了出来。
>
> 直到现在我也不知道他究竟在担心什么。但是，很显然，当我说我对当前的指挥形势非常满意时，他立刻彻底变成了另外一个人；之后便笑容满面地开车走了。

他还写信给布鲁克，表达了他的喜悦：“艾克同意我的一切行动。”并且答应在余下的战斗里由他指挥辛普森。“一切都很好。我真的相信我们终于遇上了顺风，可以成功返回港口。我们曾经遭遇过一些风暴，但是现在雨过天晴了。”

九天之后，因水坝被德国人破坏而泛滥成灾的鲁尔河，终于下降到了一定水位，可以开始进行“手榴弹”行动，一次将有三十万三千二百四十三

---

[1] 艾克：艾森豪威尔的昵称。——译注

人参加的超大规模行动了。2月23日凌晨两点四十五分，辛普森的第九军开始了重炮弹幕射击。四十分钟后，射击停止了，第一批战士——四个步兵师——开始乘突击艇穿越依旧水流泛滥的鲁尔河。起初，他们并没有遇到多少敌人的反抗，但是汹涌的河水淹没了许多突击艇，妨碍了架桥。

在北面，蒙哥马利完成了一件一周前还似乎不可能完成的事——在混乱状态中重建秩序。因“手榴弹”行动的推迟而暂时乱了阵脚的“真实”行动恢复了最初的势头，此刻正缓慢而稳定地穿过茂密的森林，在洪水淹没的平原上向前推进。霍罗克斯的第三十集团军一路攻破了数座设防的村镇，在经历了一场这次大战中最为激烈的肉搏战之后，拿下了它的两个主要目标：克莱韦斯和戈赫。

戈赫的攻克让蒙哥马利松了口气，因为戈赫被看作齐格菲防线最后一个坚固的堡垒。然而，下一座城市被证明是另一个“戈赫”，还有下一个，再下一个，似乎永无突破之日。十一个德国师挤在鲁尔河和莱茵河之间的狭长地带上，打算死守阵地，战斗到底。但是，显而易见，英国人和加拿大人苦战而来的胜利使辛普森的道路大为平坦了。夜幕降临之时，美国人已经在一条广阔的战线上安全地过了河，只付出了九十二条生命的代价。翌日，德国的飞机大炮企图阻止辛普森的工兵施工，但是七座能通过坦克的40型大桥和十二座轻型桥已经在鲁尔河上建了起来。

次日，即2月25日早晨，第三十步兵师艰难地通过了汉巴赫森林。现在，辛普森面前除了开阔平坦的科隆平原外，再也没有其他障碍了。平原上纵横交错的柏油公路网正是坦克手的天堂。第二和第五装甲师的作战大队冲过步兵挖下的掩体坑，扑向莱茵河。《时代周刊》记者西德尼·奥尔森看着第二装甲师的先头部队从一架“派柏”式飞机上走下来；他看到大批美国坦克像黑压压的甲壳虫一样急速穿过绿油油的卷心菜地；随后，当“雷电”式飞机突然向德国的战略要点俯冲而下时，不计其数的卡车载着步兵滚滚向前，开始进行大规模的扫尾工作。在奥尔森笔下，这是“最为壮观的战争景象之一，是军事机器在纯粹战斗行为的至高时刻，完美而一致的运转”。

尽管德国对“真实”行动的反应迟钝，但是，随着辛普森渡过鲁尔河，盟国的目标已完全暴露了。上了年纪的西线指挥官、德国陆军元帅格尔德·冯·龙德施泰特终于意识到，除非自己尽快撤退，否则，盟军以“真实”行动为砧，以“手榴弹”行动为锤，必将把他的两支军队砸得稀烂。这两次对其北翼发起的进攻让他损失如此惨重，他感觉，南部令人难以捉摸的乔治·巴顿更具威胁。2 月 25 日，他向希特勒请求新的指示。他声称，除非全面撤回莱茵河南岸，否则整个西线便将彻底瓦解。

这一绝望的呼吁无人理睬。于是，龙德施泰特再次请命，要求在鲁尔河和默兹河的交汇处适度后退。这一次，柏林给予了草率的否定。随后，在 2 月 27 日，龙德施泰特收到了一封希特勒亲自签署的电报。电报通知他，压根儿就别想考虑全面撤回莱茵河南岸。

几天后的一次会议上，希特勒奚落了一番龙德施泰特执意撤退的要求。“我希望他尽全力地长期稳定住齐格菲防线。首先，我们应该打消他撤退的念头。因为，此时此刻，敌人手里的整个英国第六军（他是想说英国第二军）和全部美国军队都空闲了下来，他们一定会将其全部投至这里。这些人毫无远见，撤退只会意味着将灾难从此处移至彼处。一旦我从这里撤走，敌人的全部军队便都空了出来。他不敢向我保证，敌人一定会留在这里，而不开赴其他地方。”听起来，他好像是偷听了在雅尔塔会议上制定的计划。盟军决定在南部牵制敌人，同时在北部发起主攻。

虽然如此，希特勒还是被某些怀疑所困扰着。他建议派两名观察员前往西线。“我们应该有两名军官在那里——哪怕他们只有一条腿或一条胳膊——他们应该非常出色，可以让我们对形势有一个清晰的了解。”他说他不信任官方的报告，“它们只会干扰我们的视线。报告上面解释了一切，但过后我们就会发现，什么都没发生。”

至于东线，希特勒敦促希姆莱，无论如何也要建立一条战线，哪怕需要征召妇女入伍。“现在有这么多想开枪射击的妇女志愿入伍，我真的认为应当立刻接纳她们。”使用妇女的想法让古德里安这样的军人非常反感。但是他什么也没有说。“至少，她们更加勇敢，”希特勒继续说道，“如果我们把她们放在第二道防线，男人们起码不会逃跑。面前就是莱茵河，他们也不能跑到敌人那边。这就是妙处所在。从这里，他们只能去后方。”

霍奇斯和巴顿都已向前推进了很大幅度，不过目前都被艾森豪威尔牵制住了：要等蒙哥马利到达莱茵河，霍奇斯才能攻打科隆，巴顿才能占领科布伦茨。苦恼的巴顿对布雷德利说，历史将谴责美国最高统帅部软弱无能。他一再要求布雷德利让他“突袭科布伦茨”，并且最终得到答复说，只要时机出现，他就可以行动。2 月 27 日，机会来了。暂时借给巴顿的第十装甲师推进到了距古城特里尔不足六英里之处。特里尔位于摩泽尔河畔，战略位置非常重要。一旦德国人被逐出该城，就只能一路退回莱茵河。

傍晚，巴顿打电话给布雷德利，说自己已经看到了特里尔，请求允许他继续前进。尽管当晚第十装甲师将奉命作为后备返回最高统帅部。布雷德利答道，继续前进，这是说，在艾森豪威尔亲自命令他返回师部之前，可以继续前进。接着，他轻声笑了起来，说他会离电话远远的。巴顿心想，他和布雷德利骗了艾森豪威尔一次。不过，布雷德利所谓的违抗命令只是伪装。他和艾森豪威尔已经私下决定让巴顿偷偷挺进至莱茵河。这是一个秘密的协定，就连布雷德利自己的参谋部也对其一无所知。

于是，第十装甲师继续向特里尔挺进。2 月 28 日午夜刚过，杰克 · J. 理查逊中校的特遣队平静地进入了该城东南郊，他们一弹未发就俘虏了一个用四门反坦克大炮守卫着一个铁路交叉点的连队。一个俘虏透露说，他的工作是将美国人到达的消息告知负责破坏摩泽尔河上两座桥梁的那个小组。理查逊决心尽可能完整无损地夺取这两座桥，于是便派出一半部下赶往北面的桥梁。然而，他们还没到，桥便被炸掉了。另一半兵力则赶往南面的皇帝桥，该桥建于罗马时代。

理查逊亲自率部前往皇帝桥。在满月的照耀下，他看见自己的士兵被摩泽尔河对岸的轻武器牵制住了。他抓过自己五十毫米口径的机枪，扫射着桥梁的尽头，而后命令步兵排和五辆坦克过桥。六个醉醺醺的德国士兵试图将另一端的通道炸掉，但是，他们还没引燃炸药，美国人就扑了过去。

拂晓时分，在第九十四师几支小队的增援下，第十装甲师的两支作战大队横扫了全城，围捕着茫然而困乏的德国士兵。如今，特里尔和它的桥梁都掌握在巴顿的手中，他既可以溯摩泽尔河而上，直抵科布伦茨和莱茵河，也可以转向东南，进攻萨尔工业区。无论他选择哪条路线，谁又能阻挡他呢？正在这时，有人给巴顿送来了一封盟国远征军最高统帅部发来的电报，命令他绕开特里尔，因为要占领该城需要四个师的兵力。巴顿机智地回复道：我已经用两个师拿下了特里尔。你们希望我做什么？把它还回去？

同一天，即 3 月 1 日，辛普森的第二十九师中的步兵占领了门兴—格拉德巴赫。这是迄今为止攻克的最大的德国城市，距莱茵河只有十二英里。在辛普森看来，“手榴弹”行动是一场“每一脚都踢得完美无缺的足球比赛”。

艾森豪威尔视察了第九军的司令部。他说，他最感兴趣的是辛普森有何计划在莱茵河上夺桥。这一地区有八座桥梁，只要大胆而迅速地追击，至少可以夺取一座。辛普森说，他计划在第二天出击，夺取诺伊斯·杜塞尔多夫的三座大桥中的一座。他们坐着一辆敞篷吉普冒雨赶赴前线，去检阅刚刚夺取了门兴—格拉德巴赫的那个团。艾森豪威尔说道：“我想向你们透露，过几天，你们将可以见到丘吉尔首相。你们有什么车？”

辛普森只有一辆普利茅斯，显然，后方总有人“挪用”配给他的车子。

“我来处理这件事。”艾森豪威尔说，“还有一件事。丘吉尔喜欢喝苏格兰威士忌。一定要准备充足。”

战士们认出了坐在吉普车前座上的艾森豪威尔，狂喊道：“那是艾克！”两位将军踏着泥泞登上了山坡。大约三千六百名步兵聚集在那里。辛普森介绍了盟军总司令。艾森豪威尔动人地向大家讲了五分钟的话。但是，当他转身离去时，他的脚滑了一下，重重地坐在了泥水中。战士们一阵哄笑。艾森豪威尔费力地站了起来，微微一笑，像拳击手那样敬了个礼。战上们又是一阵轰响——不过这一次是欢呼。

当天，艾森豪威尔还拜会了蒙哥马利。他暗示说，他对布鲁克施计使亚历山大成为其指挥地面军事行动的副手一事完全清楚。另外，蒙蒂对此主意有何看法呢？蒙哥马利回答，战争的结束已然在望，而亚历山大的任命只会激起某些美国人的不满。“看在上帝的份上，让我们无论如何也不要再有进一步的摩擦了。我们马上就要赢得对德战争的胜利。让亚历山大留在意大利。让特德作为盟军副总司令支撑到最后吧。”

蒙哥马利还有另外一位重要的来访者。首相为了亲自分享第二十一集团军的伟大胜利，动身来到了欧洲大陆。3 月 3 日上午，丘吉尔、布鲁克和蒙哥马利分乘两辆劳斯莱斯前往马斯特里赫特探望辛普森。几人在数名记者的陪同下上了车，启程前往战区。辛普森想知道，丘吉尔是否想先去看看战士们的住处。

“齐格菲防线有多远？”首相问。当他得知防线距此只有半小时的路程时，便说等等再去看望战士们。

按照蒙哥马利的建议，辛普森坐在了丘吉尔旁边。不久，一辆吉普车追了上来，一名通信兵递给首相一个小盒子。丘吉尔打开盒子，取出一副假牙，十分自然地塞进了嘴里，然后开始向辛普森讲起战争初期的一些故事。这让辛普森深感荣幸。首相说，1940 年德国入侵时，他曾飞到巴黎，向法国人建议与英国结成永久性的联盟，但法国领导人拒绝了这一建议。提起敦刻尔克，他说："我认为，能撤回五万名士兵，我们很幸运。"

当他们靠近一座横跨在小溪上的桥梁时，辛普森说："丘吉尔先生，我们前面的桥下就是荷兰和德国之间的国境线。"

"停车，"丘吉尔说，"我们下车。"他穿过桥梁，爬下河岸，向一排"龙牙"走去。那是德国的坦克防卫系统。他等在那里，直到蒙哥马利、布鲁克、辛普森和其他几名将军来到他身边。桥上，一群通讯记者和摄影记者正期待地看着他们。

"先生们，"丘吉尔声音洪亮地说道，"我想请你们加入我们的队伍。让我们一起向德国的齐格菲防线撒尿。"他向正将镜头对准他们的摄影记者们晃着一根手指，大声喊道："这是与这场伟大战争有联系的行动之一，但是，不准拍照。"

布鲁克站在首相身边，"当丘吉尔在关键时刻向下看去时，脸上洋溢起孩子般惬意的笑容"，这让他印象尤其深刻。

在飞往西线之前，面对激烈的争议，丘吉尔曾要求下议院通过克里米亚会议上关于波兰问题的决议。"显而易见，这些问题关系到世界的整个未来。"他说。如果西方民主国家和苏联之间发生某些可怕的分裂，那么，人类的命运将会真的黯淡无光。

"联结三大国的纽带和它们彼此之间的相互了解已经得到加强。美国已经深入地、建设性地卷入了欧洲的生活以及对其的拯救。我们三国已既实际又庄重地同时签署了具有深远意义的保证。"

下议院以压倒性的票数通过了雅尔塔会议上的决议，只有二十五票反对。

次日，即 3 月 1 日，罗斯福和他的夫人、女儿安娜以及女婿离开白宫，前往国会大厦。他想仿效丘吉尔，赢得两院对雅尔塔决议的赞同。

罗斯福夫人注意到，丈夫从雅尔塔回来后，有了显著的变化。她发现他中午开始需要休息，越来越不愿意见人。只有向她谈起雅尔塔时，旧日的热情才重回罗斯福身上。"看看克里米亚会议的公报吧，"他说，"它指明了道路！从雅尔塔到莫斯科，到旧金山和墨西哥城，到伦敦、华盛顿和巴黎。别忘了它还提到柏林！这是一场全球性的战争，而我们已经开始建立全球性的和平！”

曾和总统一起准备雅尔塔会议上的讲稿的萨姆·罗森曼觉得，总统已经倦怠了。“一切都已消耗殆尽。”他做了十二年总统，如今，这一工作压垮性的效果已经越来越明显。但是，劳工部部长弗朗西丝·珀金斯看着总统走进演讲厅时，简直喜出望外。他神情愉悦，目光炯炯，肤色又变得很好。她自言自语地说，这个罗斯福简直是个奇迹。他累了，然而只要让他稍作休息，到海边度个假，就能恢复精力。

罗斯福总是在众议院的讲坛上向国会发表演说。此刻，一张安放了麦克风的桌子摆在距第一排座位仅仅一码远的地方。罗斯福走了进来。副总统哈里·S. 杜鲁门和众议院议长萨姆·雷伯恩跟在后面。罗斯福第一次没有站着讲话。“副总统先生，议长先生，以及各位国会议员们，”他说，“我希望你们能够原谅我坐着讲话。不过，我知道你们很清楚，这样我就不用拖着双腿下端那十磅重的钢铁站着，对我来说就轻松得多。况且，我刚刚结束了一次一万四千英里的旅行。”

这是罗斯福第一次提到他的病痛，正在收听广播的很多美国人都大吃了一惊。大多数人从不知道他们的总统是个瘸子。珀金斯女士想，他这番话说得那么轻松随意，亲切和蔼，而且毫不自怨自艾，因此，大家都没有觉得不安。他接下来的演讲也让她印象深刻。演讲回答了那些她应该会有但却没有说出来的顾虑。然而，与她相反，杜鲁门却没有看出罗斯福那独有的风格与手势。而罗森曼不仅对罗斯福那结结巴巴、有气无力的姿态心生沮丧，还觉得他某些即席的表述几近荒唐，肯定是刚刚蹦进脑袋里的。

总统大略描述了雅尔塔会议的两个主要目的：“以最快的速度、最小的损失打败德国”，以及“继续为一项国际协定奠定基础。该协定将在战后带来秩序与安全，确保世界各国的持久和平”。他谈到了新的联合国组织，以及预定于 4 月 25 日在旧金山举行的首次会议。

“这一次，我们没有错误地等到战争结束再来建立和平机构，”他说，“这一次，正像我们通过共同的战斗最终赢得了战争的胜利一样，我们还要共同工作，以防止战争再次发生。”

如果说这次演讲缺少罗斯福平素的口才，但它还是震动了国会。几乎每一个与会者都被总统所表现出的勇气和意志深深打动了。最后，他赢得了一片诚挚的、充满深情的欢呼。

“我会尽快去温泉疗养院休息一下。”过了一会儿，他疲惫地对杜鲁门说，“如果能在那儿待上两三个星期，我就可以恢复健康。”

就在丘吉尔和罗斯福向他们的人民阐述克里米亚会议的成就之时，三大国自我夸耀的团结在罗马尼亚出现了一道裂缝。美国在布加勒斯特的政治代表报告说：“一些极端的共产党分子开始加大要求，歪曲事实，并且指责政府所采取的对人民有利的立场。”警察驱散了反拉德斯库联合内阁的群众示威，当地共产党报纸将此事称做“血腥屠杀”，并要求立即解散政府。

罗马尼亚管理委员会的英美成员要求召开会议，以解决这场危机，但是委员会的苏联主席却予以拒绝。为了表示抗议，哈里曼给莫洛托夫写了一封正式信函，宣称依照雅尔塔会议的协定，在罗马尼亚发生的政治事件应该按照《关于被解放的欧洲的宣言》解决。对此，斯大林的回复是，派外交部副部长安德烈·维辛斯基前往布加勒斯特。在雅尔塔时，维辛斯基总是露出一副亲切的笑容，至少在表面上很吸引人。而来到布加勒斯特，他却选择危言恫吓，命令罗马尼亚国王立即解散拉德斯库政府——而且只给他两小时零五分钟去物色一位新总理，并公开宣布这一任命。外交大臣维索阿努抗议说，国王必须遵守宪法原则。维辛斯基叫道：“闭嘴！”然后砰的一声关上门走掉了。

第二天，差不多是在罗斯福向国会发表讲话的同时，国王任命斯蒂尔比亲王代替拉德斯库。然而，共产党人却拒绝加入这个政府。于是，维辛斯基命令国王重新作出选择——任命皮特勒·格罗萨，他和共产党有着密切的联系。

而在匈牙利的一个无名村庄，一位军人却进行了一场更为友好的外交。这就是托尔布欣元帅，乌克兰第三方面军的司令。在过去的几个月中，陆军元帅哈罗德·亚历山大给他发了好几封电报，要求与其会晤，讨论一些军事问题：他们的两支部队正在迅速地靠近，亚历山大希望阻止它们正面冲突。托尔布欣显然是在按照莫斯科的指示行动。起初，他对这些电报不加理睬，但是，在亚历山大礼貌的再三坚持下，他最终邀请其和几位英美专家到乌克兰第三方面军驻匈牙利总部会面。这些盟国人员乘坐一架苏联 C-47 飞机飞至位于匈牙利边境的一个秘密空军基地，然后，又乘车在路况糟糕的乡间公路上走了一个半小时。查尔斯·W. 塞耶中校，美国驻南斯拉夫军事代表团团长——一名职业外交官，西点军校的毕业生——向陪同的俄国将军询问他们现在的位置。将军说，他也不知道是南斯拉夫还是匈牙利。最后，他们来到了一座鲜花与果树簇拥着的大村落。

“这里，”将军说，“就是托尔布欣元帅的总部。”

塞耶数了一下，大概有一百间小农舍。路上除了几个哨兵，没有其他行人车辆；也没有电话线，或者任何本应在集团军总部见到的设备。他们被带到了托尔布欣的指挥所所在的农舍。等了一会儿，元帅便大步走了进来。在塞耶看来，他似乎是从《战争与和平》中活生生地走出来的。托尔布欣块头很大，圆脸盘，头发稀稀落落。亚历山大的情报处处长，英国师长特伦斯·奥雷也认为，他像个典型的革命前的皇家军官——性格豪爽，让人印象深刻。

托尔布欣隐藏起自己因被迫与亚历山大会晤所致的一切烦扰，相当热情地问候了客人们。他首先建议简单吃顿早餐，然后带领客人们来到膳厅，大家开始享用摆好的腌鲱鱼、火腿、沙丁鱼、奶酪和伏特加酒。塞耶注意到，有人用一个特殊的酒瓶给苏联元帅斟酒。托尔布欣发现他在观察自己，快活地以窥探的罪名罚了他三杯伏特加。过了一会儿，又罚了他四杯，因为他又在观察另一名俄国人使用同一个酒瓶。

饭后，军事专家们开始开会。塞耶和菲茨罗伊·马克莱恩准将——由丘吉尔派至南斯拉夫那位——在村中闲逛着。这是他们见过的最新奇的军事基地。看上去，似乎托尔布欣和他的参谋人员，带着一群漂亮的当地女兵，几个小时前才到达这里。这让塞耶想起了叶卡捷琳娜大帝的宠臣波将金为取悦他的情妇而建造的那些假村庄。

亚历山大觉得，这次正式会晤非常友好，但是却没有成效。他为盟国战斗机的飞行员无意中炸死了一名红军集团军司令而表示歉意。他说，如果托尔布欣可以通知他前线的位置，就可以防止这种令人遗憾的事故。托尔布欣答道，死去的集团军司令是他最好的一位朋友。接着又一脸顺从地补充说，“没必要再谈论是否告诉你我们前线的位置。莫斯科方面说不行。”

当晚的宴会十分丰盛，巨大的鳟鱼、烤火鸡、整只的乳猪、伏特加、香甜的克里米亚香槟酒，还有来自高加索的甘醇的白兰地。最后，隆重地呈上了一个冰淇淋蛋糕，上面装饰着富有寓意的小雕像和象征爱国的符号。大家推杯换盏，气氛越来越轻松。巨大的餐桌旁，欢声笑语此起彼伏。一位红军的四星上将问麦克莱恩，他是在哪儿学了一口流利的俄语。这位英国准将说，莫斯科大审判[1]期间，他在苏联待过几年。俄国人友好的面孔上突然布满了阴云。“对于一个外国人来说，那肯定是一个难以理解的年代。”他说，然后便转向了另一侧的邻座。

宴会结束后，一位苏联中将陪同亚历山大来到他的住处，塞耶作为翻译随行。当他们走进亚历山大下榻的那间村舍时，一位身穿制服的迷人的金发女郎正睡在一张长椅上。

“我可以问一下这是谁吗？”亚历山大礼貌地问道。

俄国将军结结巴巴地说他不知道，这话让人很难相信。“事实上，”他又飞快地补充道，“她平时就住在这间村舍里。可能是出于本能又回来了。”

“就像一只回家的信鸽？”亚历山大反问道。

他们叫醒了那个女孩，然后把她打发走了。塞耶在他和亚历山大参谋部的一个美国人莱曼·兰尼兹尔少将合用的住处也发现了一个女孩。

“该死，这里发生了什么事？”兰尼兹尔问道，“这个女兵是干吗的？”

塞耶解释说，表面上看来，她似乎是个勤务兵。“她会住在外面的房间里，不用担心。”

在那个房间里，她已经在长椅上为塞耶铺好了床位。她像对待一个孩子似的帮他掖好被子，给他拿来一杯热牛奶，然后裹上大衣躺在地板上。早上五点，她用一块又湿又凉的破布给塞耶擦脸，把他惊醒了。给他刮完脸之后，她说：“张开嘴吧，我给您刷牙。”

大家和托尔布欣共进早餐时，又是从头到尾的伏特加。第二天在贝尔格莱德醒来时，大部分盟国成员几乎什么都不记得了。毫无疑问，这一切都是莫斯科事先计划好的。

---

[1] 莫斯科大审判：20世纪30年代苏联在大肃反过程中进行的三次莫斯科公开大审判。——译注

在布加勒斯特，自从维辛斯基让罗马尼亚国王组建以苏联选择的格罗萨为首的新政府以来，已经过去了好几天。但是，国王的大臣们仍在犹豫。最后，在3月5日，维辛斯基的耐心耗尽了。他命令国王在当天宣布成立格罗萨政府。他叫嚷道，如果不这么做，就会被苏联认为是一种敌对行为。七点钟，新内阁——包括十三名格罗萨的支持者，以及四名其他党派的代表——宣誓就职。

和他在危机之初所做过的一样，哈里曼提出了抗议。然而，他只是被平淡地告知，旧政府是法西斯政府。苏联人摆出唯一真正的民主捍卫者的姿态，宣称“与民主原则水火不容的拉德斯库的恐怖主义政策已被新政府的成立排除了”。

而历史总是极尽嘲讽之能事：约瑟夫·戈培尔博士最近写了一篇题为《2000年》的文章，警告西方注意这种两面派的做法。可是，谁会相信一个敌人呢？尤其是当他随意地把事实与虚构混为一谈的时候。

> ……在雅尔塔会议上，帝国的三位军事领袖为了实现其灭绝德国人民的计划，决定将德国占领到2000年……
>
> 这三位人物多么没有头脑！或者至少是其中的两位。因为第三位，斯大林，比他的两个搭档要远为深思熟虑。
>
> 如果德国人投降，苏联将占领……德国的大部分领土，以及整个欧洲东部和东南部。在这一大片领土前方，包括苏联，铁幕将要落下……欧洲的其余部分将陷入政治混乱之中，而这正是布尔什维主义到来之前的准备时期……

如果说戈培尔没有什么别的成绩，至少他所发明的“铁幕”一词足以使西方人久久思索——并最终将其当成自己的话说出来。

# 潮涨潮落

东线出现了暂时的平静。这一部分是一个简单的后勤问题——苏军的巨大攻势最终使后勤供应不及——一部分则是德军偶尔进行的顽强防御战的结果。科涅夫元帅的乌克兰第一方面军遭遇了舍尔纳部下的激烈抵抗；而且，尽管朱可夫已渡过奥得河建立了三个桥头堡，他还是在法兰克福、屈斯特林和施韦特等地遭到了德军坚决的阻击。此外，斯坦纳在北部的有限进攻引起了红军最高统帅部的极大忧虑。因此，在全部危险的德军据点都被清除之前，针对柏林的主要进攻将被推迟。

面对苏联人的威胁，希特勒把他最好的一个战地指挥官从已经打算放弃的一条战线上调到了东线，这清楚地表明了他的忧虑之深。希特勒命令哈索·冯·曼特菲尔男爵接管奥得河上重要的一段。男爵的第五装甲军曾是阿登战役中的先头部队。他是一位强有力的年轻将军，代表着普鲁士军事传统中的精华。他的祖父是一位伟大的军事英雄。他身高仅有五英尺多一点儿，但却是一位马术高手，并曾获德国五项全能冠军。他是少数几个敢与希特勒持不同意见者之一，甚至曾经违背过元首亲自下达的命令。阿尔伯特·施佩尔，德国的军备和军工生产部部长，是曼特菲尔的老朋友。他曾请求曼特菲尔，不要遵命摧毁重要的科隆—杜塞尔多夫工业区的桥梁、堤坝和工厂，否则，德国人民将会在战后因此而受苦。根本不需要敦促曼特菲尔；只有因战略目的的需要，他才会摧毁桥梁。

3 月 3 日，凯特尔在帝国总理府的候见厅里会见了曼特菲尔。他忧虑地说：“曼特菲尔，您年轻而容易冲动，请不要让他紧张不安。不要告诉他太多。”过了一会儿，这位小个子将军被引进了元首的办公室，他发现希特勒像一位老人似的瘫坐在那里。在阿登战役之前，当他们一起讨论进攻计划的时候，希特勒的身体状况看上去就很坏。而现在，他看起来更糟糕了。

希特勒抬起眼睛，他没有像往常那样热情地欢迎曼特菲尔，而是尖叫道："所有的将军都是骗子！"

这是希特勒第一次对他大声吼叫，曼特菲尔非常不快。"元首听过冯·曼特菲尔将军和他的部下撒谎吗？是谁说的？"

在场的唯一目击者是希特勒的军事副官，他目瞪口呆地站在那里。希特勒本人则眨了眨眼睛，并解释说，他刚才所指的并不是曼特菲尔或他手下的将军们。然后，他平静而礼貌地谈起了总体的局势。希特勒竟然对盟国的空中优势一无所知，这不禁让曼特菲尔心生寒意。他不得不解释说，在莱茵河地区，白天不能有任何行动——不光是车队，就连单独的车辆也不行——否则，都将被盟国的飞机击中。

"这实在让人难以相信。"希特勒评论说。

"最近几个月里，我本人就有三辆吉普在屁股底下被盟国的飞机击中。"曼特菲尔反驳道。希特勒大吃一惊，嘴张得合不拢。

然后，他告诉曼特菲尔，东线的平静只是暂时的。朱可夫正驻扎在奥得河畔，他超过七十五万人的部队距柏林只有一个小时的车程。为了保卫首都，希姆莱已经彻底重组了维斯杜拉河集团军。所有可以利用的部队都匆忙集结成两支军队：一支驻守在法兰克福和屈斯特林后方，由特奥多尔·布赛将军指挥；另一支位于布赛的左方，防线一直延伸到波罗的海。后者需要一个知道怎么对付俄国的指挥官。希特勒让曼特菲尔立即到帝国元首希姆莱的指挥部去报到。曼特菲尔曾经听说过，希姆莱只是名义上的集团军司令，但这似乎太可笑了，他忍不住问，为什么会选择这样一个人。

希特勒只是耸了耸肩膀，辩解说："任命希姆莱为总司令只是一个政治姿态。"

就在曼特菲尔匆匆穿过候见厅时，疲惫厌烦的凯特尔紧随在他身后。"我听到您刚才对他所说的了，"他叱责道，"您不该讲这些。他的麻烦已经够多的了！"

在奥得河的另一侧，乌加滕的紧张形势已经平息；富勒上校手下的盟军战俘不再害怕德国人从北边发动反攻。目前，他们的主要担心是苏联人；苏联人正在准备针对柏林发动最后攻势。

更糟的是，村里的食品供应已经到了危急边缘。而在 3 月 4 日，当许诺已久的苏联给养车来到镇里时，只带来了十六包香烟和陆军总部的一封信。这封信通知富勒，几个小时后，将有数辆卡车开到乌加滕，以将美国战俘运往东边，最后遣送回国。黎明时分，村民们默默地看着他们的保护者们爬上了五辆“道奇”卡车。离开之前，富勒推荐由福熙上尉——那位著名的福熙元帅的一位亲戚——负责指挥余下的战俘。对于意大利人来说，这是对他们的杰洛索将军的最后一次侮辱。

富勒让黑格尔——伪装成美国人的那个德国看守翻译——和自己坐同一辆卡车，并且警告他，当他们穿过路上的城镇时，不要让别人看见他。在一个休息站，唐纳德·吉林斯基上尉注意到有一具苏联士兵的尸体横躺在壕沟里。他让一个红军中士去把这个人的名字和编号记下来。

“为什么？”中士问道。

“这样，就可以把他的死讯通知他所在的师部。”

“为什么？”

“这样，就可以把此事通知他的父母。”

“如果他不回家，”中士说道，“他们就会知道他已经死了。”

越是接近波森，黑格尔就越是兴奋。他希望可以见到自己的妻子和孩子。富勒和卡车上的其他美国军官们又一次警告他，不要引起人们对他的丝毫注意。如果他被发现了，大家都会有麻烦。但是，当卡车驶到黑格尔家所在的大街上时，他禁不住偷偷地看向他的房子。一个年轻军官猛地一把将他拉了回来。

他们继续穿过这座城市，来到了位于乌尔策斯尼亚的一个大战俘营。营里关满了美国人、英国人、法国人、波兰人、南斯拉夫人、罗马尼亚人和意大利人，以及唯一的一个巴西人。一群曾和富勒一起在诺曼底登陆的美国大兵热情地向他致意，但英国人的反应却很冷淡。一个士兵突然蹦向毫无警惕的富勒，一拳把他打倒在地。

“这个疯子！他有病吗？”富勒问道。

“噢，他殴打所有看上去像军官的人。”另一个英国士兵解释说。

第二天晚上，战俘营里所有的美国人和英国人都登上了火车，准备前往华沙和敖德萨。从那儿，他们将搭乘英国轮船前往意大利。

正当富勒一行接近波兰首都的时候，两个同样也在寻求自由的波兰青年从华沙逃了出来，他们不想被俄国人处决。一个是十八岁的扬·克罗克·帕斯科夫斯基。扬的父亲是一名师指挥官，于 1939 年被德国人俘获，至今仍是纳粹的俘虏。扬的哥哥是一名中尉，在他的父亲与德国人作战的同时，他同俄国打过仗。后来，他参加了波兰的地下运动，但是被纳粹抓住了，并在梅登内克被枪决。和哥哥一样，扬也加入了地下运动。在华沙起义中，他在博尔将军那注定灭亡的人民军里作战，并曾两次负伤。在一次绝望的突围中，他和另外三百人试图从下水道逃走，但却被污水卷了出来——恰巧在一个德国警察总部对面。在被送往刑场的途中，扬设法逃脱了。在几个农民的帮助下，他回到了他家的郊区避暑别墅。

1 月 12 日，苏联军队的强大攻势刚一发动，俄国人刚刚渡过了维斯杜拉河，人民军便解散了——波兰很快就要自由了。可是，几个星期以后，事情变得很清楚：斯大林打算把波兰变成一个共产主义卫星国——而不是解放它——于是，大多数人民军战士，其中也包括扬，便重新转入了地下。

3 月初，扬得知俄国人准备逮捕他，原因是他参加了华沙起义，于是，他决定逃往西方。此时，传言四起，说德国人将在波兰和捷克斯洛伐克的边境发动一次反攻。扬和另外一个年轻爱国者希望能够趁乱溜过前线，便搭上了一列开往波兰南部的卡托维兹的火车。扬穿着一套闪闪发光的旧礼服（那是地下组织发的，一起发下来的还有价值十美元的两枚金币），脚上穿着黑色的骑兵长靴。不过，没人对此多加评论——在那个年代，人们对奇装异服已经司空见惯。

卡托维兹人群熙攘，已经成了难民和机会主义分子的圣地。两位朋友被一家商店门前的招牌激起了好奇之心："西部领土协会"。进了商店，他们发现，只要买几瓶伏特加酒，就可以得到新的身份证，而凭借这个身份证，他们便可以定居于雅尔塔会议上许诺分给波兰的德国领地。扬确信这纯属诈骗。肯定是——可是，那些排队的人却告诉他，由于某种原因，俄国人接受这样的证件。

次日早上，两位怀揣新身份证的年轻人走近了奥得河上的一座桥。他们在一个俄国检查点被拦住了，和其他人一起被赶到了奥得河东岸的一个围场里。在那里，他们告诉一位俄国秘密警察，他们是受西部领土协会的派遣，去为那些准备到尼斯居住的人安排住所的。尼斯是一座古老的德国城市，位于距此约四十英里以西的尼斯河畔，靠近捷克边境。俄国人相信了他们的话，发给他们特别通行证，并允许他们使用任何苏联车辆。下午三四点钟，两人再次乘坐一辆俄国卡车向西跨过奥得河。黄昏时分，卡车在通往尼斯的大桥附近停了下来，有人叫他们下车。当他们踏上大桥的时候，可以看到对岸的尼斯城正处在一片火海之中，还能听到断断续续的枪炮声。

桥上有两道关卡，他们过了第一道，但在第二道被拦住了。对方告诉他们，这里是波兰和德国的新边界。扬伸手指向那座烈焰熊熊的城市——它被称为“西里西亚的罗马”——问能否去帮忙抢救尼斯城里那些具有历史价值的建筑，它们最终将成为新波兰的一部分。这一理由深深打动了那位苏联少校。他不仅允许他们过桥，还命令一名士兵和一位中尉护送他们。当他们走向那座城市的时候，那名士兵——一个体格敦实，面色苍白的年轻人——说：“我曾经是一名军官，可我杀死了另一个军官，因为他强奸了一个波兰女孩。”扬认为他是一个俄国秘密警察，此刻只不过是在演戏，因为那名中尉对他非常尊重。

来到城里之后，这一小伙人试图召集士兵们一起救火，但是，他们正忙于抢劫。他们醉醺醺地在街上摇摇晃晃地走着，对准橱窗里自己的身影开枪射击。

“我们不应该那样胡来！”那个面色苍白的士兵嚷了起来，“你们不应该烧毁一座波兰城市。我们是真正的兄弟！”

在这狂热的一整个晚上，他们四人没有得到任何帮助，只救回了寥寥几座房子。到了第二天拂晓，扬的礼服已经破烂不堪了。那位俄国士兵给两个波兰人找来了一些新衣服，还给了他们一些红白相间的帽章佩戴，这样，他们就不会被俄国人误杀了。

晚上，他们被带到一个军官食堂里参加庆祝活动，并被当作“第一届波兰政府”的代表介绍给大家。扬坐在两位漂亮的红军女军官中间；她们的波兰语讲得很差，但却最为友好。席间，有七位乐师为他们演奏西方的流行音乐。这些人是被俘的德国平民，每人都戴着一个臂章，上面写着“艺术家”三个字。晚饭后，一个奇怪的现象开始了：男人只是独自或同别的男人跳舞，而很少跟女人一起跳。他们一刻未停地热闹到了凌晨三点；直到那时，两位波兰青年还都沉浸在自己的骗局之中，连他们本人也几乎信以为真。

然而，天亮之后，他们决定，趁还有机会，还是要离开这里。但是，他们还没走到城西的边界，两辆黑色的轿车便开到了他们身边，后面还跟着一卡车摇着波兰旗帜的士兵。一辆轿车停了下来，那两位红军女军官身着便服走了下来。让扬更为惊慌失措的是，她们当中的一位用地道的波兰话开了口。“你们在这儿，太好了。”她说，“我们是来安排第一批共产党政要就职的。”接着，她向两位波兰人介绍了轿车里的其他人——他们都是共产党同志，并询问道，她是否可以帮两人做点什么。

扬的朋友飞快地思考了一番，说道：“我们属于文化部门，我们的工作是保卫建筑物和博物馆。”这一谎言脱口而出，十分自然，在对方听来肯定很合理。不久，他们为两位波兰青年安排了一间办公室，还给了他们一辆卡车，允许他们自由行动，最远可以到捷克斯洛伐克，好将被抢走的博物馆藏品运回；他们甚至还为两人在河上的一艘游艇里安排了舒适的住处。现在，两人唯一要做的，就是放松一下，等待胜利的来临。

扬所听说的德国人要在捷克斯洛伐克附近发动反攻的谣言和事实相差无几。希特勒确实在计划一次突袭，不过是在更南边一点的地方——匈牙利，俄国人正准备从那里进攻维也纳。希特勒希望能够通过先发制人来阻止苏联的攻势。他命令第一和第六装甲军从巴拉顿湖向多瑙河在布达佩斯以南的一处发动进攻，从而把托尔布欣元帅的乌克兰第三方面军截成两段。之后，德国人将挥师北上，摧毁马利诺夫斯基元帅的乌克兰第二方面军。性格多变的党卫队将军塞普·迪特里希指挥着第六装甲军，该军的任务虽说有些荒谬，却很简单。最近，他的军队曾试图去解布达佩斯之围，但是没有成功，并因此丧失了至少百分之三十的坦克和步兵。现在，据说他要渡过多瑙河。

3月3日，进攻的指挥官之一，党卫队中校弗里茨·哈根[1]勘察了他的战斗群的出发点。天上下着瓢泼大雨，年轻的哈根，十二枚勋章的获得者，武装党卫队里最富进攻性的坦克部队指挥官之一，让司机把吉普车停了下来。他戏剧性地指向面前那一大片向东延伸的满是淤泥的沼泽地，说道：“先生们，这儿就是我们进攻的出发点！”大家先是一阵大笑，然后便咒骂起来。

艰难地回到巴拉顿湖北边的维斯普雷姆之后，哈根立即给集团军总部打电话。他说：“我有坦克，但是没有潜水艇。不管你们怎么拍我的马屁，我

[1] 并非其真名。

也不干！”

“保持冷静！”对方告诉他，“我们正在想办法。”

他们已将不利的气候条件报告给了南线集团军司令奥托·韦勒将军。韦勒将军答应就推迟进攻一事去和希特勒谈谈。哈根奉命把手下带到了出发点，在此等待元首的决定。然而，天气并不是哈根的唯一问题。在他的左方，有两位苏联军官刚刚向埃里克·克恩迈尔中尉投降了。他们透露说，约有三千辆红军的装甲车已经集结待发。如果第六装甲军的进攻没有被取消的话，那么，德国人将会在这种罕见的可能性中被彻底摧毁，所有的军人都对此心怀恐惧：两支巨大的攻击力量将正面交锋，从而产生毁灭性的影响。

克恩迈尔亲自把这两位俄国人护送回了南线集团军总部。可是，韦勒的情报军官格拉夫·冯·里特伯格中校却不像克恩迈尔那样担心。里特伯格说这“非常有意思”，并且他要“在午饭时告诉将军”。几个小时过去了，克恩迈尔一直在等待着——而里特伯格却骑马、下象棋，并且参加了一个生日聚会。当他终于再次露面的时候，天几乎都黑下来了。“将军对您说的情况非常感兴趣。”里特伯格高高兴兴地说道，“真的很感兴趣。”当他看到克恩迈尔震惊的神情时，说道：“还有其他什么事吗？”

“可是我们对此该做些什么？我该怎么报告？毕竟，这对我们的侧翼来说，是一个非常严重的威胁。”

“噢！我亲爱的朋友，”伯爵说，“不必担心！您还有匈牙利第二十五骑兵团……”

克恩迈尔提醒他，在这些匈牙利部队里，每个连只有两挺机枪。

“一切都在掌控之中，我亲爱的朋友。所有必要的事情，集团军都会去做的。”

但是，显而易见，他们什么事情也没有做。3月4日，希特勒电告韦勒：按计划发动进攻。第二天，作为迪特里希的先头部队的三个装甲师向前进入阵地，尾随其后的是十六个步兵师，它们将进一步开拓装甲师突破的缺口。一个新的口号从一支部队传到另一支部队：“用罗马尼亚的石油矿藏向元首的生日献礼！”

午夜时分，哈根的战斗群接近了他们的出发点。那些坦克差不多半截身子都浸泡在泥水里，它们缓慢地向前滚动着，履带搅拌着车下的烂泥；跟在坦克后边的步兵们排成一列纵队，手拉着手，在漆黑的夜色中无声地向前走着。在灰色的黎明中，被大水淹没的原野朦胧地显露了出来。突然，德军的炮弹一排排地从他们头顶上掠过。坦克手们骄傲地互相看看——正在这时，俄国人的步枪和火箭齐发，覆盖了整片区域，使德国人的炮火显得微不足道。这幅景象无比壮观，但让人非常恐惧。德国步兵被困住了，根本无法在一英尺深的积水里挖掘散兵坑，大多数人非死即伤。

哈根打电话给指挥官们，告诉他们不要像计划的那样等到八点钟再发起进攻，而是要尽快行动起来。他不知道接下来将发生什么。坐落在粗糙的木制塔楼顶上的匈牙利前哨报告说，他们什么都看不见。尽管如此，哈根仍然下令加速前进。然而，所有坦克的马达都发动不起来了——汽油被水稀释了。一些士兵自告奋勇地爬到坦克底下，把被污染的汽油从油箱里排出去；当冰冷的泥水没过他们头顶时，他们便屏住呼吸工作。与此同时，另外一些士兵则坐上巡逻车，到处搜索，寻找更多的燃料。中午时分，哈根战斗群用枪逼着另一支部队把汽油让给了他们，他们终于在马达的隆隆声中出击了。

3 月 4 日晚上九点，一名美国人首先接到了直接命令：如有可能，速突袭莱茵河。第八装甲师 B 战斗部队的爱德华 · 金博尔上校奉命攻占莱茵贝格。这个小镇距莱茵河只有两英里，位于辛普森战线的最北端。“继续前进。要是莱茵贝格的战斗不是非常激烈，那就再继续前进，渡过莱茵河，并在对岸建立起一个桥头堡。”金博尔必须在次日晚上之前占领莱茵贝格，那时德国人还来不及筑垒固守。他急于发起进攻；B 战斗部队最近干得不错。不过，这是他第一次自主行动，并且，在所有的公路上，他都有优先权。

在灰白色的晨曦中，金博尔的先头部队通过了第三十五步兵师防守的战线，向位于西北方向八英里的坎普—林特福特挺进。再往前五英里，就是莱茵贝格了。主要由步兵组成的罗斯博拉夫特遣队走在前面，准备扫平坎普—林特福特，继而推进至莱茵贝格。而装甲部队范 · 霍坦特遣队将尾随其后，负责对莱茵贝格发起主攻。消息四下传开，根据情报队的反馈，在他们和莱茵河之间，只有三百名士气低落的德军士兵和三门自动牵引炮。战士们听了之后立刻斗志昂扬。夜晚来临之前，他们将创造历史。

在坎普—林特福特，罗斯博拉夫特遣队没遇到多少抵抗。但是，下午三点，金博尔从前方得到了令人不安的消息：侦察部队的指挥官金博尔 · 塔克上尉报告说，当他的手下接近莱茵贝格时，“地狱的大门打开了”。很显然，守卫这座小城的远远多于三门大炮和三百名德军。

金博尔决定，现在再要求空中支援已经太晚了，唯一的解决办法是让步兵和坦克迅速有力地向前推进。由于所有的侦察员都和侦察部队一起受到了牵制，炮火支持变得毫无用处。他向约翰·范·霍坦中校说明了在莱茵贝格遇到的出乎意料的抵抗，并命令他指挥他的主力越过被牵制住的侦察部队，攻占莱茵贝格。很快，范·霍坦便登上了坦克，在一片平坦地带上沿着大路向前猛冲。这一带的地形对装甲车极为不利，在荒芜的原野上，沟渠纵横交错，蜿蜒曲折，只有几小片光秃秃的树丛可以掩护部队行动。

几分钟后，范·霍坦遇到了刚才前来汇报莱茵贝格情况的塔克上尉。“加强侦察，继续前进。”范·霍坦命令道。

塔克开始向东前进，但是几乎立刻就吸引了敌人的火力。但是他换了个方向，继续向前。范·霍坦看见他转向了北方，便用无线电通知他：“往右转！”

“往右或是往左，我都可以杀德国人。”塔克兴高采烈地回答说，“让德国坦克来吧，我要痛痛快快地干一场。”

然而，步兵们可不是这么想的，他们已经有将近半小时动弹不得了。当范·霍坦得知这一情况后，便命令塔克将他的那些坦克开到步兵前面去。

“向莱茵贝格挺进，从西南方向对其发起进攻。”

塔克遵照命令，沿着一条运河向城市的方向前进。步兵们都坐到了坦克顶上，后来，在敌人的反坦克炮、迫击炮和大炮的猛烈轰击下，他们又从坦克上下来了。

在塔克的右侧，另一支部队，B 连也在进攻莱茵贝格。戴维·凯利上尉率领着他的纵队，飞快地冲向城市的南郊。这是一片狭窄的区域，街道曲折，房屋老旧，一道古城墙的断壁残垣环绕周围。当反坦克炮弹开始在四面八方炸开时，凯利向后退去，想把有些混乱的连队重新召集到一起。此时，战士们正沿着公路一字排开。

“我能不能守在这里？”凯利通过无线电问金博尔。他说，在尝试再次进攻该城之前，他需要步兵的支援；他只剩下七辆坦克了。金博尔表示同意。过了一会儿，范·霍坦呼叫金博尔，并对他说，他不希望让更多的坦克进入莱茵贝格城内；已经有两辆被炮火击中，堵住了道路。他派出了他的主任参谋爱德华·格尼少校，让其率领另一个连队的轻型坦克从西边攻城。

没过一会儿，金博尔便收到了格尼绝望的呼救：他已经丢掉了九辆坦克，如果没有援兵，他很快就要完蛋了。金博尔火速集合能找到的全部步兵，派他们乘半履带式装甲车前去支援格尼。“看在上帝的份上，援兵赶去了。”他打电话给自己的主任参谋，然后跳上了开过来的第一辆车。他来到一座已被炸毁的桥前，示意他的部下跟着他，冒着迫击炮、反坦克火箭筒、机枪和步枪的火力步行前进。前方是一幅可怕的景象：格尼的九辆坦克熊熊燃烧着，尸体挂在舱口盖外面，好像还在试图逃脱一样。

金博尔继续前进，最后，他找到了格尼。格尼正准备用他剩下的十八辆坦克和三辆半履带式装甲车向莱茵贝格再次发起进攻。金博尔挥手示意部下继续向前，自己则跳进格尼的一辆半履带式装甲车里。整队人马动身向莱茵贝格挺进。突然，公路两旁伪装的机枪掩体里，德国人的反坦克火箭筒和机枪炮火连发，构成了一道密集的交叉火力网。金博尔从半履带式装甲车上跳下来，钻进一辆轻型坦克。“加大油门！”他命令驾驶员，“追上其他的坦克。”只有三辆开往莱茵贝格的轻型坦克还在前方移动。可是，刚刚开出五百码，一颗八十八毫米口径的炮弹就击坏了金博尔的坦克。他和驾驶员一起从冒着烟的坦克里爬了出来。突然，一阵机枪子弹打在了公路上，金博尔连忙跳到一条壕沟里。

格尼部队的幸存者们也都在壕沟里，格尼本人直挺挺地躺在那儿，腹部受了伤。这时，是下午四点三十分。

“要是还想活命，就赶紧离开这儿！”有人喊道。

金博尔看见五十码开外有一座农舍，便拔腿奔向那里，一个士兵跟在他身后。一颗八十八毫米口径的炮弹在金博尔头顶上方四英尺远的地方击中了房子的墙壁，金博尔跌坐在地上，那名士兵也摔了下去。接着，一发发炮弹掀起了滚滚尘土，他们连忙从气窗爬进了地窖。

两人喘着粗气，士兵点燃一支香烟，把它递给了金博尔。“上校，”他说，“感谢上帝，我们进来了。”

金博尔握了握他的手说：“的确如此。”

往南不到三十英里处，霍奇斯也接近了莱茵河——以及德国的第四大城市科隆。两周来，J. 劳顿·莱特宁·乔·柯林斯中将和他的第七军不仅为辛普森的右翼提供了稳定的保护，而且作为第一军的先头部队一路攻向了莱茵河。这一行动的目标并不高，但却取得了意想不到的进展，以至于霍奇斯明智地放开了咄咄逼人的柯林斯的缰绳。

柯林斯的两个师——第一零四步兵师和第三装甲师——正在飞速向科隆会合，使守卫这一地区的德国第七十一军陷入了混乱之中。该军指挥官，弗雷德里克·克希林将军如今只能支配两个已然筋疲力尽的师——第九装甲师和第三六三步兵师。

第三装甲师的先头部队开始进攻位于科隆以北约八英里处的克希林的前哨指挥所。克希林看到滚滚驶来的美国坦克打垮了第九装甲师的余部，不得不撤出了自己的指挥所。冒着漫天的炮火，他驱车几英里来到了麦肯尼希。在一家啤酒坊的地窖里，他找到了第九装甲师的指挥官。指挥官告诉他，第九师已经秩序井然地撤退了，但却没有第三六三步兵师的消息。

正午刚过，克希林便一路撤至科隆，隐藏在霍亨措伦桥以北一公里处的一个掩体里，并且接管了整座城市的指挥权。在科隆的中心区，几乎所有的建筑都被炸得千疮百孔，然而，著名的教堂拱顶上的双子塔却奇迹般地仍旧耸立在那里。大教堂是被一个敌人拯救下来的——柯林斯将军禁止利用双塔给大炮定位。

科隆的前任指挥官告诉克希林，当地的局势非常危急：既无兵力又无设备，只有几个人民冲锋队队员保卫这座城市。正当他们在讨论时，当地的行政长官突然闯了进来，大声叫嚷着："科隆必须坚守到底！人民冲锋队可以用反坦克火箭筒阻止美国坦克。"军人们惊奇地看着这位文职官员向一个又一个军官请求着，要求着，最后竟威胁了起来。在这一奇特的表演之后，他恳请克希林到他自己的指挥所去，但是被拒绝了。在这位行政长官许诺的一千二百名人民冲锋队"精锐"部队中，只有六十人向将军报到。

次日清晨，在美国第一零四师的几支部队向市中心逼近之时，克希林被解除了指挥权，并被抓了起来，这很可能是那位行政长官煽动的。不过，在离开被包围的指挥所之前，克希林还写了一份言辞痛楚的报告。他预言说，科隆城和莱茵河上的霍亨措伦大桥的失陷，"只是时间的问题了"。由于莱茵河以西那毫无希望的局势，"指挥官和彻底筋疲力尽的部队都已失去了战斗的意志，取而代之的是放任自流和麻木不仁……"他在报告上签了名，并将自己交由参谋长监管；随后，两人渡过了莱茵河。按照计划，克希林将因渎职罪或可能是叛国罪而受到审判。

霍亨措伦大桥在美军面前被炸毁了，这丝毫不令人惊讶。但是，当地居民的行为却非常出人意料。数千名身着卡其色衣服的平民，勇敢地冒着狙击手的子弹从地下室里跑了出来。他们欢迎美国人，几乎是把他们当成解放者，而不是征服者。

一些人极其直言不讳地谴责希特勒。一个男人穿着一条肥大的长裤和一件脏兮兮的人造丝衬衣走了过来。他对战地记者艾利斯·卡彭特大声说道："我们早就盼着你们来了！"在歌剧院对面的广场废墟上，市民们嘲弄地指着一幅用德英两种文字写成的标语：

> 给我五年的时间，你们将再也认不出德国。
>
> ——阿道夫·希特勒

# “如果大桥在我面前炸毁，那该怎么办呢？”

自拿破仑以来，还没有一个入侵者能够渡过莱茵河，盟军一直认为它是抵达德国腹地之前的最后一个巨大障碍。在长达几个月的计划过程中，没有一个人认真考虑过完整无损地夺取莱茵河上一座桥的可能性。那实在太异想天开了。

在 3 月 2 日之前，这似乎仍是异想天开。3 月 2 日，辛普森的第九军团接近了莱茵河。他的第八十三师得知，前方十五英里处还有一座完好的桥梁，可以通到杜塞尔多夫。于是，他迅速地组织了一支特遣队，并将其坦克伪装成德军装甲车的模样。夜幕降临之后，会讲德语的美国兵爬上装甲车，步兵们则不显眼地走在后面，队伍出发了。这些美国人坦然自若地穿过了敌人的防线，没有受到任何盘问。接着，他们又前进了十英里，中途甚至还迎面遇上了一队向相反方向行军的德国步兵。

黎明时分，特遣队已经可以看见大桥了。然而，正在这时，一支路过的德国军队中有一个骑自行车的士兵认出了特遣队战士们身上的美军制服，并且，当美国士兵盘问他时，他拒绝停下。美国人迅速地消灭了这支德国部队，但是警报器已经大声地响了起来。当第一辆美军坦克沉重地开上桥面时，响起了一声震耳欲聋的爆炸声，随之，莱茵河里升起了四根巨大的水柱。当水柱和大桥的残骸终于落下去时，桥梁的大部分已经无影无踪了。

同样，在 3 月 3 日，辛普森的第二装甲师更是差一点就攻下了杜塞尔多夫以北十五英里处的一座莱茵河上的桥梁。如果能夺下这座桥，不仅能加速蒙哥马利针对柏林的进攻，还能让元首懊恼异常——因为这座桥是以他的名字命名的。第二装甲师B战斗部队的西德尼·海因兹上校向第十七装甲工兵营的乔治·扬布拉德上尉大概介绍了作战计划：霍金斯特遣队的一个步兵连将冲过位于乌尔丁根的阿道夫·希特勒桥，制服桥那头的守军；与此同时，扬布拉德的工兵着手把桥上的引爆装置拆掉。这是一场赌博，成功的机会不大，但是，海因兹觉得必须采取这一行动。

正午前后，霍金斯特遣队的第一分队——彼得·科斯托中尉和他的装甲排——赶到了莱茵河。在科斯托的面前是巨大的阿道夫·希特勒三孔大桥，长达一千六百四十英尺。炮弹有节奏地在桥的两边陆续爆炸：十五个半小时以来，美国第九十二装甲炮兵营一直成功地制止着敌军炸桥的企图。科斯托跳下装甲车。河西岸战壕里的德国兵还没来得及开枪，他已经跑上了大桥，开始过河。每迈出一步，他的心情就愈加激动。他是第一个跨过莱茵河的入侵者。这是一个历史性的时刻，但是，他所感兴趣的只是返回左岸，告诉霍金斯，这座桥还是完整无损的。

的确，大桥依旧屹立在那里，但是德国人仍然决心要顶住美国人，直到把桥炸毁为止。霍金斯的前四辆坦克还没开到桥头就被炸坏了。暂停了片刻之后，他又派出了两个营的步兵。步兵打到了桥头，但却被一阵密集的火力堵在了那里。更多的坦克在继续前进，但却被另一个东西拦住了：在通往大桥的马路中间，有一个十三英尺宽的大弹坑。

天刚一黑下来，第四十一步兵团的米勒中尉就匍匐前进，打算去观察桥上的情况。这是一个没有月亮的夜晚，天空布满了乌云。米勒绕过路上那个大坑，开始过桥。像科斯托一样，他一直来到了河的东岸，在那里，通往大桥的柏油路正在燃烧。突然，子弹从邻近的一座房子里射了出来，他连忙退回了西岸。他告诉霍奇斯，在弹坑被填平之前，只有步兵能够过桥。这时，突然传来了一声爆炸声。两分钟后，又是一声巨响，桥后面的夜空被火光照得一片通明。这是霍金斯所听过的最为巨大的爆炸声。他猜是德国人把桥炸了。可是，天太黑了，看不清到底发生了什么事情。于是，他命令三个士兵前去查看大桥，看看是否还能通过。

扬布拉德上尉决定不再等待步兵的掩护。他和工兵们一起朝大桥走去。他留下三个人殿后，然后带领其余的人走进了浓浓的夜色。一片漆黑之中，只有美军和德军的炮弹不时地发出爆炸的闪光。有几发炮弹打到了桥上，但是工兵们匍匐前进，有条不紊地剪断每一根导线，并检查了所有危险的地方：桥墩、连接点以及吊梁。从河的东岸，他们也看到了通向桥头的柏油公路正在燃烧。然后，像科斯托一样，他们也回来了。大桥完整无损——不可思议之事还有成为现实的一线希望。

就在霍金斯重新组织部队准备在拂晓发起进攻的时候，德国人匍匐前进来到桥上。他们发疯似的忙碌着，用新的导线替换了被剪断了的旧导线。天刚亮，就听见一声可怕的巨响——接着是第二声、第三声……行将出击的美国士兵害怕地站在那里，大桥的东半部摇晃着，然后发出一声雷鸣般的巨响，塌进了河里。

在仍然耸立在莱茵河上的所有桥梁中，盟军最想不到得到的自然是最无军事价值的一座。在制订突袭莱茵河的作战计划的漫长过程中，他们从未将位于杜塞尔多夫以南五十五英里的雷马根的鲁登道夫铁路桥当作一个渡河点。从西面通向雷马根的所有公路路况都很差，而一旦从这里渡过莱茵河，进攻者便会迎头遇上一堵六百英尺高的玄武岩峭壁。在其前方，大约十二英里的地段都是林木茂盛的山区，只有一些无法使用的公路蜿蜒其间。只要守军决心抵抗，装甲部队就无法前进。不过，占领莱茵河上的任何一座桥，都将是一大战绩。因此，3月4日，霍奇斯将军同第三军团的指挥官约翰·米利金少将讨论了这种可能性。然而，这一机会非常渺茫。在乌尔丁根幸免于难的德国人比以往任何时刻都更加警觉了。

霍奇斯的对手，古斯塔夫·冯·粲根将军对这种危险已不止是担心。他的第十五军成功地守卫着雷马根以西一段长约二十五英里的齐格菲防线。但是，在他的北面，第五装甲军却正在向莱茵河败退，在两军之间留出了一个六十英里长的缺口。为此，粲根屡做噩梦，梦见霍奇斯的部队从他的背后突破防线，攻占了鲁登道夫大桥。他将这一潜在的危险汇报给了集团军司令，陆军元帅瓦尔特·莫德尔，并请求允许自己把所统辖的三个师从齐格菲防线撤回来，堵上缺口。莫德尔性情暴躁，但却有着杰出的才干，是希特勒狂热的信徒。他决心执行希特勒的命令，坚守每一寸土地，直到最后一刻。

“你怎么能证明这样大规模地重新布军是有道理的呢？”他挖苦地问道。

“如果美国人不利用这个缺口把他们的坦克派往莱茵河的话，他们就太愚蠢了。我认为他们会像水流下山一样利用这个山谷的。”

“真是胡说八道。”莫德尔打断了他。霍奇斯可能会从雷马根的北部发起进攻，因为只有傻子才会试图从一个右岸峭壁耸立的地方渡过莱茵河。“您的任何一支部队都不许从齐格菲防线撤下来。”他继续说道。不过，他应该是看到了粲根的论证之中的一些有益之处，因为，片刻之后他又说道：“当然，我也不反对从齐格菲防线上抽调少许兵力。”

粲根受到了鼓舞，他建议再派一些部队回鲁登道夫大桥，以加强那里众所周知的薄弱的防卫力量。

“您别考虑这么远。”莫德尔简短地回答说，并且禁止他往雷马根派去一兵一卒。

粲根顺从地回到了自己的指挥所。这时，他得知，霍奇斯的一支先头部队已经攻下了科隆，而另一支正在向他右侧那个六十英里长的缺口快速挺进。粲根决定拿自己的前程甚至可能是生命冒险，拒不服从上级的命令。他命令他的右翼，奥托·希茨菲尔德将军的第六十七军转回东北方向，边打边向雷马根以北十五英里处的波恩撤退，并在那里与第五装甲军会合。这将关上通往雷马根的大门。

令人惊讶的是，莫德尔并没有因此对粲根大发雷霆，他甚至答应让第五装甲军的一个战斗群从波恩发动一次突袭，以便同希茨菲尔德的部队会合。一个星期以来，粲根第一次感到轻松了一些。即使希茨菲尔德的行动不能阻止霍奇斯的前进，也至少可以把他的进度延迟几天。这样，第二道防线的指挥官瓦尔特·博奇准将就得到了一个机会，可以迅速加强雷马根薄弱的防御力量。

关于鲁登道夫大桥，博奇和粲根同样焦虑。他甚至已经逼迫莫德尔答应了给他增援，以加强雷马根的防守力量。可是，增援部队还没到，他就被莫德尔调走了。现在，鲁登道夫大桥守军的直接指挥权掌握在冯·博特默尔将军的手里。对他来说，要保卫的是贝多芬的出生地波恩，雷马根则没那么重要，甚至可以不去那里。博特默尔派出了一位联络官代表自己。这个联络官对当地很不熟悉，漫不经心地径直走向了离雷马根最近的美国部队。

那是约翰·伦纳德准将指挥的第九装甲师。莫德尔错误地以为，他已经在阿登战役中把它消灭了。现在，第九装甲师是霍奇斯发动的攻势的先头部队，这一攻势的目的是同从南而来的巴顿将军的一个纵队会师，以形成一个钳形包围圈，聚歼约二十五万名德国兵——包括粲根的第十五军全军。伦纳德的部队将席卷雷马根，然后沿着莱茵河西岸向南推进约三十英里，直到在科布伦茨附近与巴顿的先头部队会师为止。

3 月 6 日中午，正如粲根所担忧的那样，伦纳德的师已经刺进了两支德军之间那个六十英里长的缺口。A 战斗部队居右，而在左侧，也就是北面，是威廉 · 霍格准将率领的 B 战斗部队。下午四点钟，在迅猛地推进了十英里之后，霍格的部队开进了距雷马根及其重要的铁路桥十二英里远的梅肯海姆。霍格平素言简意赅，非常沉着。上一周，因为敌人的抵抗有所减弱，他便趁机无情地驱赶士兵们前进。“假如敌方地盘上有什么东西挡了你们的路，你们就应该干掉它。”他告诉手下各部队的指挥官们，“步兵营应该交互跃进。如果有可能，就绕过城市走……尽量取得坦克的帮助。要是没有反坦克炮，就用坦克来清除路面。随着事态的进展，我会另外给你们一些目标。”他想，现在该是利用每个缺口的时候了。

霍格从未试图博得部下的好感，但却广受爱戴与尊重。和他的两个兄弟以及两个儿子一样，他毕业于西点军校。第一次世界大战期间，他、伦纳德和霍奇斯在同一个师里服役。从那时开始，他便战功累累：他负责过阿尔坎公路的先锋阶段，指挥过向奥马哈海滩运送给养的战斗；阿登战役期间，他率领他的战斗部队在圣维特立下了卓越功勋。另外的一些人能力远不如他——却也没有他那样率直——军衔早就比他高了。

霍格派人找来了作战官本 · 科思伦少校，让他在雷马根以北十五英里处找一条通往波恩的合适路线；安排右侧的 A 战斗部队占领雷马根，然后调头向南。可是，到了六点钟，霍格又对科思伦说，计划已经改变，要等待新的命令。科思伦——《诺克思维尔日报》的前任本地新闻主编兼公关经理——上一周几乎没有合过眼，他筋疲力尽，一头倒在床上睡着了。

几个小时后，伦纳德接到他的顶头上司，第三军团的米利金给他打来的电话。他们讨论了伦纳德第二天的任务。米利金几乎是漫不经心地说道：“你看到远处的小黑条了吗？那就是雷马根的大桥。要是你碰巧能把桥攻下来，你的大名将流芳百世。”说完，米利金挂上了电话，并马上忘记了自己说过的话。攻占一座桥梁本是常规的军事步骤，但他并不真的认为会有那样的机会。

大桥守军的指挥官威利·布拉特格上尉也在通电话，试图可以加强薄弱的守卫力量。在名义上，他有一支一千多人的部队：五百名人民冲锋队队员，一百八十名希特勒青年团团员，一百二十名苏联志愿兵，约二百二十名防空兵和火箭部队，以及他自己连队的三十六人。

布拉特格是个谨小慎微的人。他本来是名教师，1924 年失业后被迫投笔从戎。他明白，在紧急情况下，他只能依靠他自己的三十六人。这三十六人都是从前线下来的伤病员。人民冲锋队的人里边，只剩下六人没有逃跑；防空部队里的许多人早已神秘地失踪了，而他们的任务是操控埃佩莱·雷伊顶上的大炮。埃佩莱·雷伊是一座非常陡峭的悬崖，位于距大桥东端约一百码的地方。布拉特格曾经试图在位于雷马根一侧、通向大桥的高速公路入口处用树木设置简易障碍，但是，被惹恼的城中百姓援引了一条古老的法令，该法令禁止砍伐哪怕一棵德国的珍贵树种。令人难以置信的是，布拉特格的上司们拒绝出面干预。

此刻，布拉特格在电话里告诉莫德尔总部装备处的迈中尉，他们已经完成了四天内在两道铁轨中的一道上横铺木板的任务，鲁登道夫大桥终于可以通过东行的车辆了。接着，他急切地要求派来增援部队，因为美国人如此之近，他可以清晰地听见美国坦克的开炮声。

“美国人不是去雷马根的，”迈中尉附和着莫德尔的话，“他们是去波恩的。”他对布拉特格听到的枪炮声满不在乎：那肯定是来自一小股保护大部队侧翼的美军。

“我可是个老兵了。”布拉特格回答说。他曾经在波兰、法国、苏联和罗马尼亚打过仗。他说：“这不是小股武装，而是大部队。”

布拉特格失望地挂上了电话，然后便走了出去。他在浓雾中摸索着朝大桥西端走去。在那里，他遇上了卡尔·弗里森哈恩上尉。弗里森哈恩是个身材瘦弱、头发灰白的中年人。他率领着一百二十名工兵，任务是在最后时刻把大桥炸毁。此刻，他正向南眺望着自己的家乡科布伦茨，那里的天空被大火映成了暗红色。显然，弗里森哈恩正在担心自己的家人，心情不佳。他指责布拉特格把保安连的三十六人几乎全都派到雷马根正西的维多利亚贝格山去了。为什么不让他们在这儿守卫大桥？布拉特格恼火了——他把人布置在山上，是为了一旦美军靠近，便可以警告弗里森哈恩和他的工兵，好让他们有充足的时间把大桥炸毁。这两个上尉都是矮个子，大约有五英尺五英寸；

他们彼此怒目而视，仿佛是两只好斗的公鸡。弗里森哈恩很是不满，但只能耸了耸肩膀，走开了。

希茨菲尔德没能堵上那个六十英里长的缺口，伦纳德的师通过它狂泻而入。他刚刚接受了一项新的任务：保卫鲁登道夫大桥。和粲根一样，他也认识到了这座桥的重要性。他叫来了自己的副手汉斯·舍勒少校。他认为舍勒既能干又谨慎，在所有还能调用的人里边，他是处理眼下这种危急局势的最佳人选。他让舍勒指挥大桥附近的全部部队，并且负责炸桥的最后准备工作。"根据事态发展，"他补充说，"如果有必要的话，你本人可以下令将大桥炸毁。"

舍勒得意洋洋。"准备汽车！"他对自己的勤务兵喊道，"这至少值一枚骑士十字勋章！"

凌晨两点三十分，伦纳德的作战官约翰·平凯·格罗登上校来到了霍格的指挥所。他带来了给 B 战斗部队的新命令：部队要在当天早上七点分两路向雷马根和雷马根以南三英里的辛齐格挺进。格罗登还说，关于鲁登道夫大桥，除了向桥上发射定时引信炮弹以外，别无其他特别的指示。这种炮弹在击中大桥之前就会爆炸，既阻止了德国人过桥，又不会给大桥本身造成严重破坏。

3 月 7 日拂晓，细雨绵绵。清扫队在迅速地清除梅肯海姆城里街道上的废墟，以便让霍格的装甲部队出城。将军已经召集了他手下的指挥官们，简单介绍了情况：B 战斗部队将分成两个特遣队。伦纳德·恩格曼中校率领他的第十四坦克营和第二十七装甲步兵营径直向东开往雷马根，拿下该城。另一支特遣队是威廉·R. 普林斯中校的第五十二装甲步兵营，他们的任务则困难得多。普林斯要从雷马根的南面发起进攻，占领辛齐格城，从而在莱茵河的一条支流阿尔河上建立一个桥头堡。

普林斯的特遣队按时出发了，但恩格曼的特遣队却被城东的碎石拦住了，直到八点二十分才动身。在前面开路的是第二十七装甲步兵营 A 连的一个排，其后是一个 M-26 重型坦克分队。M-26 是一种新型的"潘兴"式坦克，配备有九十毫米口径的大炮。

在后方的梅肯海姆，霍格正在用照明放大镜研究一张地图。这时，伦纳德将军走了进来，问道："比尔，事情怎么样了？"

霍格抬起头，他那双蓝眼睛总是半睁半闭着。"约翰，河上的这座桥怎么办？"说着，他在鲁登道夫桥周围画了一个圈。

"这座桥怎么了？"

"您的情报部门无法告诉我这座桥还在不在。假设我发现它还没有被炸毁，是不是要夺取它？"

"该死，是的！"伦纳德毫不犹豫地回答，"冲过大桥。"他看见科思伦扣上手枪，朝门口走去，连忙问道："真见鬼，你要去哪儿？"

"如果想让恩格曼过桥的话，最好有个人去告诉他。"科思伦操着一口南方口音回答，"我认为不该用电话告诉他，我们离德国佬太近了。"

伦纳德咧嘴笑了。和所有人一样，他感觉夺取大桥的可能性微乎其微。"好，去吧！也许你会让你的名字登上报纸。"

"将军，我可不愿意在报纸上看到我的名字，"科思伦说，"我只希望结束这场该死的战争，赶紧回家。"

上午十点三十分，与炮兵联络的飞行员哈罗德·拉森中尉驾驶着一架轻型飞机，穿过云雾向莱茵河方向飞去。他的任务是为霍格的两支特遣部队寻找可以通行的公路和桥梁，并为炮兵部队确定目标的位置。突然，莱茵河戏剧性地映入了他的眼帘，一座大桥在薄雾中隐隐出现了。他毫不理会可能袭来的高射炮火，继续飞向一座城镇，以便更近地进行观察。这座城镇就是雷马根。拉森把飞机降得更低，想看清大桥是否还在通车。大桥完整无损！他转了个弯，飞回基地报告去了。

天亮之后，德军车队开始通过大桥，队伍中的每一辆车都经过了布拉特格的检查。他筋疲力尽，情绪很差，当看到几队士兵临近中午才拖着反坦克炮缓慢地走向桥头时，他简直怒不可遏。他们是来接防的。埃佩莱·雷伊的炮队已被派往科布伦茨阻挡巴顿的进攻。布拉特格第一次意识到，在那座具有战略意义的峭壁上，差不多已经没有高射炮群了。他抬头看向对岸那座陡直的山头。"赶紧！"他向那些汗流满面的士兵喊道，"美国人就要来了！"然后，他返回了自己的指挥所，距大桥西端几百码远的一座修道院。此时天色阴郁，布拉特格的心头涌上了一种特别消沉的情绪。

这时，一位身材高大、面带倦容的军官走了进来。他对布拉特格说，他是舍勒少校，雷马根的新任战斗指挥官。布拉特格猜想他肯定带来了承诺的援军，便问援军在哪里。舍勒说，他根本不明白上尉在讲什么。因此，布拉特格又怀疑他是间谍，并查看了他的身份证件。舍勒担心的首要问题是炸毁大桥的最后准备工作。大约六十包独立的炸药已经被安放在大桥的各个关键部位，将近中午的时候，两名工兵开始把这些炸药包连接到一根主导火索上，导火索通往河对岸一条隧道中的引爆器。

与此同时，恩格曼特遣队穿过了距雷马根三英里的小村比尔雷施多夫。然后，这支部队立即转向东边，进入了俯瞰莱茵河那块高地上的树林里。走在队伍前面的A连一排的副排长卡迈恩·萨比亚觉得树林里静得蹊跷，为了谨慎起见，便端起机枪往林子里扫了一梭子。萨比亚来自布鲁克林，今年二十五岁。他身材矮胖结实，长着一脸络腮胡子。队伍停了下来，萨比亚和A连的另外九个人从他们的半履带式装甲车里爬了出来，小心翼翼地向前走去。萨比亚走到大路上。下午一点左右，他到达了一个向右急转弯的路口。他向下望去，突然，蜿蜒曲折的莱茵河与壮丽的雷马根城出现在了他的眼前。他大声叫道："上帝，看这个！"然后，他静默无言地站在了那里。终于，他开口向离他最近的一个人问道："你知道这条该死的河叫什么吧？"

约瑟夫·德·里西奥上士迅速跑上前来，想看看是什么拦住了大家。和萨比亚一样，他也矮胖结实，长着一脸络腮胡子，而且他同样也是二十五岁，不过，他来自布朗克斯。当他看见莱茵河的时候，简直一句话都说不出来了，他同样因那壮观的美景而深受震动。战争在那一刹那停止了。可是，就在这时，透过右边的烟雾，他看到了一幅令人难以置信的景象：一座有车辆正在通行的桥梁。德·里西奥本能地认为这是一个圈套。他素来对什么都不在乎，打起仗来就好像根本不会被德国人打死似的。比如，为了引出对方的狙击手，他的拿手好戏是在脖子上系一条鲜艳的黄围巾，大步冲向开阔地带。可是对于那座桥，他一点儿边都不想沾。他知道，一旦他们上了桥，这该死的东西就会被炸得飞上天。

由于这一发现，该连的指挥官卡尔·蒂默曼少尉和排长埃米特·伯罗斯都匆匆地来到公路的拐弯处。和其他人一样，他们也因眼前这幅景象而目瞪口呆。透过双筒望远镜，他们仔细地观察着那座桥，可以清晰地看到奶牛、马匹、士兵和车辆正在上面通过。

伯罗斯叫来了他的迫击炮班。“准备好，把敌人的后撤阵地炸掉。”然而，蒂默曼认为，这是坦克和炮兵的工作。现在不能犯判断上的错误——这是他负责指挥的第一天。他身材高大，一头金发，神情严肃。他的大多数部下都很喜欢他，但也有些人认为他过于严格。而且，在营部会议上，他曾因直言不讳而惹恼过多位上司。

特遣队指挥官恩格曼上校乘着他的吉普车飞速来到队伍前边。他也站在那里观察了一分钟。他个头不大，身体结实，行动敏捷。运气来了，一个难以置信的运气，不过，他以前总是有运气的——还在明尼苏达大学上学的时候，他花了五十美分买了张彩票，结果竟中了奖。他望着桥上缓缓而过的车流，告诉他的炮兵前沿观测员，让支援的炮兵调整好炮位。

与此同时，普林斯的特遣队正火速赶赴东南。他们几乎没有遇到任何抵抗，每到一个村子，德国平民都摇着白旗欢迎他们。在莱茵河以西几英里的地方，他们突然转向南面，迅速渡过阿尔河，进入了辛齐格城。这一行动大大出人意料，躲藏在水泥掩体里的德国守军被打了个措手不及。三百多个德国兵都当了俘虏。弗雷德·德·兰戈中尉开始讯问当地的居民，其中一人告诉他，鲁登道夫大桥将于当天下午四点被炸毁。德·兰戈派一名信使返回霍格设在比尔雷斯多夫的新总部。同时，他还试着通过无线电同恩格曼特遣队直接联系。当这一尝试失败之后，德·兰戈便率领他的排向大桥进发，希望自己可以及时赶到那里，拆除炸药的导火索。

恩格曼命令 A 连步行进入雷马根，命令 C 连过几分钟再乘坐半履带式装甲车尾随其后。然后，他告诉第十四装甲营的约翰·格林鲍尔中尉，一个干瘦的南加利福尼亚律师，“约翰，我要你向雷马根全速突进。用坦克护卫大桥，不管什么人企图炸桥，都要把他们干掉。”

下午一点五十分，蒂默曼下令，除了 A 连的一个排以外的全体人员，由伯罗斯中尉的那个排打头，沿着曲折的公路朝雷马根进发。留下的那个排则由干劲十足的德·里西奥中尉率领，抄近路由葡萄地里的一条险峻小路直接下山。他们来到了著名的圣阿波利那里斯教堂附近。该教堂始建于罗马时代，当时只是一个小礼拜堂，后于 13、17 和 19 世纪分别扩建，现在已有四座塔楼。部队从大教堂后面穿过，来到了莱茵河左岸的波恩—雷马根高速路上。在这里，德·里西奥发现了一个废弃的德国路障。他留下一个机枪分队占领阵地，自己则率领其他人大胆地向河边走去。到了河边，他转向右侧，朝着雷马根城和城那边的大桥走去。这时，从几座偏僻的房子里射出了几发轻武器子弹，他们立刻加快了步伐。但是当战士们走到那些房子前面时，里边却已经空了。

一个士兵跑向里西奥。“福斯特中士刚刚抓住了一个德国将军！”他兴奋地喊道。德·里西奥跟着他走进了一座房子，房子里，福斯特和他的全班人正围着一个穿制服的德国人和两个妇女。

“你觉得怎么样，乔？”福斯特问道。

德·里西奥大笑起来。“放他走吧。”他说，“你抓到的是一个铁路列车长。”

德·里西奥沿着河岸穿过雷马根。又走了半英里之后，他看到了很像城堡炮楼的两个东西——那是鲁登道夫大桥的西端。

弗里森哈恩上尉和四名志愿工兵一看到德·里西奥，便躲到了贝歇尔家具厂的后面。他们正蹲在桥西路口的一个炸药包的周围，准备用它在公路上炸出一个大得足以阻止任何美军车辆前进的坑。一队正在撤退的炮兵按计划随时都可能来到这里。弗里森哈恩要等到迫不得已的最后时刻再把桥炸毁。

当A连的主力接近大桥时，响起了一阵轻武器射击的噼啪声，而格林鲍尔的坦克射出的炮弹也开始落到德国工兵的附近。弗里森哈恩还在犹豫不决，但是，当他听到一声哨响，并且看见家具厂里的美国士兵的钢盔在闪闪发光时，便立即高声叫了起来：“引爆炸药！”一个工兵猛拉了一下导火索，几人连忙隐蔽了起来。六分钟以后，即下午两点三十五分，炸药包轰的一声爆炸了。烟雾消散之后，弗里森哈恩满意地看到，在通向大桥的公路上炸出了一个三十英尺宽的大坑。他向手下发了个信号，然后便开始穿过大桥往回跑。一颗“潘兴”式炮弹在离他几码远的地方爆炸了。震荡使他失去了知觉。十五分钟之后，他醒了过来，起身摇摇晃晃地向河的东岸走去。

在他身后，还有另外两个人也正匍匐爬上大桥。他们是维多利亚贝格监视哨的队长格哈德·罗特中士和一个军士。只有他们两人得以穿过了美军的防线。他们绕过公路上那个三十英尺宽的大坑。罗特的腿已经负伤三处，刚走到桥上就倒下了。他奋力向桥的那头爬去，与此同时，子弹纷纷打在他周围的桥面上。只剩下一千零六十九英尺了，然而，对岸却仿佛是天涯海角。

科思伦已经将情况汇报给了霍格将军。霍格驱车来到俯瞰莱茵河的拐弯处。当他看见大桥仍旧耸立在那里时，简直不敢相信自己的眼睛。突然，他想起了早些时候伦纳德对他说的关于完整无缺地夺下它的那番话。两人谁都没有真的相信这可以做到，也许并不能做到。德国人可能只是要等到恩格曼的全部人马都上了桥以后，再把桥炸毁。

“占领这座桥！”他向恩格曼喊道。一时间，仿佛所有人的动作都变得过慢。“开上来几辆坦克，停在桥的两边，然后就向对岸开炮。等你们的火力占了上风，就让步兵通过。”站在山顶的那些人从未见过霍格如此激动。他平时总是十分冷静，可是现在，他对所有他认为是在不可原谅地贻误战机的事情都大发雷霆。他不耐烦地质问恩格曼，为什么还没有攻下雷马根。恩格曼解释说，刚刚两个步兵连和格林鲍尔中尉的坦克都被派下了山。霍格不想要这些解释，他要的是雷马根，而且要马上得到。突然，他一脸若有所思的神情。“要是能夺下一座桥就好了。”他喃喃自语道。

“是，长官！”恩格曼说。他立刻电令他的部下加快步伐。

下午三点十五分，霍格的无线电报务员递给他一封电报。德·兰戈提醒他，大桥可能会在四十五分钟后被炸掉。

“快一点！”霍格将军向恩格曼喊道，“他们要在下午四点钟炸掉大桥。往桥周围施放些白磷和烟雾，但不要击中大桥。我不想让德国佬看见我们在干什么。用坦克和机枪掩护你们自己前进，把你们的工兵派上去剪断导火索！”

恩格曼回答说，他已经派人去施放烟雾了。他的话不时地被大量的白磷在河面上爆炸的声音所打断。但是，白磷落到了距桥东端以北半英里远的埃佩尔市，甚至落到了埃佩莱·雷伊山顶上。除了大桥上，似乎到处都是烟雾弥漫。霍格透过他的双筒望远镜仔细地观察着大桥。一点儿动静也没有。是什么阻止了进攻？他告诉逍遥自在的装甲步兵营指挥官默里·迪弗斯少校，赶紧下山，带领自己的部队穿过大桥。然后，他又转向恩格曼，“我要你尽快到大桥去。”

“我会尽一切努力赶到那儿！”恩格曼回答，接着，他跳上了自己的吉普车。进入雷马根近郊以后，他发电报给格林鲍尔：“去大桥！”

“我已经到了。”

“好！开火掩护大桥，叫德国佬什么都干不成。”恩格曼命令说。然后，他派了一名信使前往第九装甲工兵营的休·莫特中尉处。几分钟后，两人在大桥附近的一家旅店后面碰了头。“莫特，”上校说，“你到桥上去，把所有的爆炸物都拆掉，把所有的导火索都剪断。告诉我，你多久能够完成这项任务，我好把坦克派过去。”当年轻的莫特看到弗里森哈恩炸出的那个三十英尺宽的大坑时，他意识到，几个小时之内，一辆坦克也无法通过。他叫来了手下的两名中士，三人准备跟随第一支步兵突击队冲上桥。

此时，迪弗斯少校已经到了，正在准备突袭。他在家具厂附近找到了蒂默曼中尉，对他说：“你认为你的连队可以通过大桥吗？”

蒂默曼向上望去。步枪和机枪的炮火正从对岸的两个桥头堡射过来，但这是一个绝佳的机会。“好，我们可以试试看，长官。”

“前进！”

蒂默曼再次看向大桥。德国防空部队从埃佩莱·雷伊山顶上射来的炮弹在大桥的顶部炸开了。在烟雾中，大桥似乎在来回摆动，就快塌下来了。“如果它在我面前炸毁，该怎么办呢？”他问。

迪弗斯没有回答。蒂默曼溜进了一个弹坑，他的排长们正在那里等他。“有命令，我们要过桥，”他镇定地说道，“A连打头阵。行军的次序是：第一排、第三排、第二排。”

萨比亚很喜欢这个大个子中尉，他说：“这是个圈套。一旦我们走到桥中间，他们就会把它炸掉。”

德·里西奥不大喜欢蒂默曼，也不大喜欢他的命令，不过却缄口不言。

蒂默曼犹豫了一下，然后开口说道：“命令就是命令。既然让我们去，好吧，我们去。”他爬出了弹坑。

山顶上，霍格刚刚收到第三兵团发来的一封电报。电报撤销了之前给他的任务。巴顿的部队几乎就要打到莱茵河了，因此，上级命令霍格立即率部南下，向科布伦茨挺进，以期同巴顿会师。

这真是一记重击。面前摆着这场战争中天赐的一个良机，而他却不能攫取——假如他听令从事的话。他拿起双筒望远镜仔细地观察着大桥。迪弗斯的步兵还未发起冲击。要停止整个行动为时尚且不晚。霍格犹豫了，但只犹豫了片刻。对一个战士来说，这是一个困难却又明显的抉择。如果成功，他就会成为英雄；假使失败，他很可能会失去指挥权，甚至葬送他的军事生涯。

他决定尝试夺桥——管它该死的后果如何！

在河的那一边，弗里森哈恩上尉仍旧头昏眼花，磕磕绊绊地向从悬崖脚下开始的那条铁路隧道走去。在隧道入口处，他见到了布拉特格，便喘着粗气说道："美国佬在贝歇尔家具厂！"

"炸桥！"布拉特格激动地劝说他。

弗里森哈恩迟疑不决。一个小时之前，他曾恳求舍勒让他去炸桥。可是舍勒严厉地提醒他，希特勒最近下达了命令：任何过早炸毁莱茵河上某座桥梁的人，都将被送往军事法庭受审。"应该等舍勒少校下令。"弗里森哈恩为难地答道。

罗德中士也刚刚从桥上爬过来，有人扶着他走进了隧道。他证实，美军正在桥的另一端集结。布拉特格不耐烦地告诉弗里森哈恩，他要掌控这里的行动。说完，他便往舍勒的指挥所走去。指挥所设在隧道的另一头，离这儿有四分之一英里远。他在黑暗中沿着铁路向前摸索着。饱受惊吓的城中百姓聚集在隧道里，让他的步伐变得更慢。最后，他终于来到了隧道后面的出口，这里距埃佩尔城仅有几百码远。"我们应该把桥炸掉！"他冲着舍勒大声喊道，并且告诉他，美国人已经到了家具厂。

然而，舍勒仍然谨记希特勒的命令。他踌躇着。

"假如您不下令，"布拉特格性急地说，"那么，我就要下令了！"

少校长叹一口气，说道："好吧，炸桥。"

布拉特格艰难地向隧道的另一端走去。刚一看见弗里森哈恩，他便大声嚷道："炸桥！"

弗里森哈恩稍作迟疑，然后便转身叫身边的人卧倒在地，把嘴张大，以保护他们的鼓膜。接着，他跪到引爆装置旁，这个装置联结着安放在桥体各处的六十多个炸药包。他抓起一把老式钟摆似的钥匙，在引爆装置里拧了一圈。布拉特格振作起精神，等待着爆炸。可是，什么事情也没有发生。弗里森哈恩疯狂地拧动着钥匙。还是什么事情也没有发生。他意识到，引爆装置的中心线路被破坏了，可能是被美军的炮弹炸断的。他命令一个特别小组赶往桥上，然而，他们刚走到隧道出口处，就被一辆美军坦克的扫射逼得退了回来。弗里森哈恩问手下的军士，谁自愿出去，用手引燃应急炸药包。这包炸药重三百公斤，就在河右岸的两个桥头堡那边。过了很长时间，众人都沉默不语；然后，一个名叫福斯特的中士说他愿意去试试。下午三点三十五分，他迎着一串可怕的机枪扫射爬出隧道，向前猛冲过去，企图把八十码开外的应急炸药的导火索点着。

弗里林哈恩急不可耐地跑出了隧道，想看看外面进展如何。一颗炮弹爆炸了，他连忙跳进一个弹坑里。他向上看去，沮丧地发现福斯特正往回跑。应急炸药包准是又出了什么毛病。正当他在诅咒又一次失败时——他忘了导火索燃尽需要时间——传来了一声巨响，桥架飞上了天。谢天谢地，大桥被炸掉了！

霍格只听到了一声轻微的爆炸声，但是，当他看见桥身飞向空中的时候，便断定桥的骨架已被摧毁了。他极为失望。不过，当他意识到不需要再去作出艰难的选择时，心头稍稍得到了一点安慰。可是，烟雾渐渐消散之后，他惊讶地发觉大桥竟仍然完好。他跳进他的吉普车，驱车下山，通知恩格曼立即命令全队过河。

蒂默曼也看到了桥梁被炸上天的情景，他叫喊着："真是倒了大霉！我们过不去了，桥刚刚被炸了！"

德·里西奥则想道："现在，我们可以休息五天了。"

这时，有人惊呼起来："大桥还在！"

蒂默曼向他的三个排长示意。"好，我们立即通过大桥。"他语气平常地说，"走！"

他向大桥出发了，但其他的人还在犹豫。迪弗斯少校总是妙语连珠，他快活地向一排喊道："来吧，小伙子们，我们过河。我在河对岸等你们，晚上我们有鸡吃了。"

听了他的话，大家不三不四地议论了几句，但是没有一个人动弹。"前进，"迪弗斯不再开玩笑，大声喊道，"动起来！"

安东尼·萨曼尔中士转向一排代理排长迈克·钦查尔中士。"走吧，迈克，咱们散着步就能过桥了。"钦查尔小心翼翼地上了桥。紧跟在他们后面的是一等兵阿尔特·梅西。然后是莫特中尉，他曾奉命清除炸药，剪断了所有的导线。走在第四个的是大萨曼尔。

钦查尔转过身来喊道："好了，我们向前冲吧！"然后开始加速向前跑去。其他人虽然还在担心大桥随时都会断裂，但也都匆匆跟在他的后边。"梅西，"钦查尔叫道，"我们俩交互跃进，一直跑到那个炸开的坑为止。"他用手指着前方三分之二的地方，在那里，福斯特引爆的炸药在桥面上炸出了一个坑。

“我不想去。不过，好吧，我去。”梅西说道。子弹开始在他们的身边呼啸。后边不远处，蒂默曼中尉在鼓励后面的战士，要他们再快一点。“动起来！动起来！”他不断地喊着。在河岸上，威廉·T. 吉布尔牧师正用他那八毫米口径的摄影机拍摄着突击大桥的场面。

此刻，莫特的两个中士跟上了他。三位工兵开始着手切断所有能看见的导线。直到桥的中间，他们才发现四包炸药，每包约重二十五磅，和桥面底下的I字形大梁连在一起。他们切断了所有的连接导线，然后继续向前。钦查尔带着他的人沿着大桥左侧前进，德军在离隧道约一百码的两个石砌的桥头堡上布置了机枪，子弹飞溅在他们面前。钦查尔在左侧桥头堡附近停了下来。德·里西奥追上他，想知道究竟是什么阻拦了他们前进。

“狙击手。”钦查尔说。

“天啊！为什么让两名狙击手把整营的前进给挡住了？咱们得赶紧从这座该死的桥上下去。如果它没了，我们就都没了。”生性好斗的德·里西奥命令他的第二班跑步前进。由于仍然认为随时都可能发生爆炸，他便顺着桥的左侧向前跑去。这时，他听到有人大声喊道：“谁在守卫右边的桥头堡？”他跑到大桥右侧，向一座巨大的拱顶冲了过去，然后开始将挡住桥头堡入口的几包稻草推开。

萨比亚跟在他的后边。通过大桥这段路程似乎永无休止——好像是在跑步机上一样。他忍不住不时地看向桥下八十英尺处那激流滚滚的莱茵河。他并不是世界上最好的游泳选手，因此，他盘算着，万一落水的话，他那沉重的背包要花多久才能把他拖向河底。他看见一颗子弹击中了拱顶，连忙喊道：“乔，你中弹了！”

德·里西奥感觉了一下。一点儿都不疼。“你疯了！”

“我看见那颗子弹刚好从你身上穿了过去。”萨比亚坚持道。然后，他向另一座桥头堡飞奔而去。此时，德·里西奥只剩下孤身一人，他冲进右边的桥头堡，发现五个德国兵正挤在一挺卡了壳的机枪旁。他端起他的M-1型冲锋枪朝墙上打了两枪，用德语高声喊道：“举起手来！”

那几个德国兵吓呆了，转过身来，举起了双手。德·里西奥弯下腰，用一只手把机枪的三脚支架合拢，然后把机枪从窗口扔了出去，这样，他的同伴就可以知道这挺机枪已经不起作用了。接着，他操着很不地道的德语问那几个俘虏："上面还有人吗？"

"没有了。"

"上去看看。"他用枪抵着五个俘虏爬上面前的旋转楼梯。到了顶上，他们遇到了两个人——一个士兵和一个中尉。士兵呆在了那里，可那位似乎喝醉了的军官却歪歪斜斜地向角落里一跃，那儿放着引爆器。德·里西奥朝他的脚下开了一枪，然后，把他和其他人一起推下了楼梯。

外面，亚历克斯·德拉比克——一个高瘦腼腆，有着忧郁眼神的俄亥俄人——正在寻找他的排长德·里西奥。排长似乎已经去铁路隧道了。他向排里的其他人喊道："德·里西奥肯定是一个人冲到那边去了。我们走！"

"前进！"萨比亚说道。他刚才在左边的桥头堡里协助钦查尔、萨曼尔和梅西拿下了德军的一个机枪团。此刻，他跟着德拉比克向前冲去。几秒钟后，德·里西奥押着他的七名俘虏从桥头堡里出来了。他示意俘虏们回到大桥上美军那一侧，然后自己便跟在萨比亚的后面奔跑起来。

德拉比克跑得太快了，以至于把钢盔都跑掉了，可是他并没有停步，他是第一个穿过大桥的美国人。紧紧跟在他后面的是马文·詹森，来自明尼苏达的一个粉刷匠。他一边跑，一边不停地喊："他妈的，你觉得咱们能跑到那头吗？"紧随其后的是萨曼尔、德·里西奥、钦查尔和萨比亚。

蒂默曼是第一个越过大桥的美国军官。他指向大约一百码开外的铁路隧道入口。"侦察地形，不要开火。"他告诉萨比亚，"带上乔和其他两个人。"

性格使然，德·里西奥早已决定到隧道里去看看。萨比亚警告他要在铁轨的枕木上走，免得发出声响"惹来麻烦"。几个人跟在他身后，他们偷偷爬进了漆黑的隧道，不知道里面会有什么。他们越过了所有的路障，没有遇到一点抵抗。他们小心谨慎地沿着铁轨突兀的转弯向前摸索，绕过了一列货车车厢。这时候，他们听到前面有人在低声交谈。德·里西奥端起机枪朝隧道顶上扫了一梭子，子弹撞上去又弹跳开来。两名德国士兵举着双手走了过来。美国人押着他们走出隧道，然后挥手示意他们向大桥走去。

当布拉特格获悉美国人正在过桥时，便匆匆向隧道后方的舍勒那里走去。他告诉舍勒，他需要工兵进行反击。舍勒表示同意。上尉动身往回走，一路召集着士兵。在隧道靠近大桥的那头，一位中士追了上来，告诉他说，舍勒和另外两名军官不见了。布拉特格认为，既然舍勒已经走了，那么自己就应当负责指挥。他试图把部下带到一块俯瞰大桥的高地上，这样就能重新组织部队准备一次反击。然而，最先过了桥的美国兵的炮火将所有人都赶了回去。隧道里的老百姓们惊恐万状。他们乞求布拉特格停止战斗，甚至试图解除工兵们的武装。布拉特格把剩下的军官召集到一起——弗里森哈恩和三名中尉。

“舍勒少校和另外两位军官离开我们了，”他做作地说，“我不知道原因。我们现在无法再继续战斗了。”他提醒他们，希特勒最近下了一道命令。“无论是谁，哪怕只是一名普通士兵，只要他愿意继续战斗，就可以指挥其他人。”他问，“你们当中有哪一位愿意继续打下去？假如有的话，他就是这儿的指挥官了。”

没人答话。

他开始对士兵们讲同样的一番话。这时，一群百姓举着一面白旗涌了过来。布拉特格转向士兵们，说道：“我命令停止战斗。我要求你们毁掉武器，并且最后一批离开隧道。”

在距隧道出口几百码的地方，萨比亚率领他的排朝埃佩尔的小火车站走去。一列从北边驶来的火车正徐徐开进车站。萨比亚示意他的手下潜伏在壕沟里，自己则全神贯注地观察那些中年德国兵。他们背着长枪，笨手笨脚地下了车。一个衣着考究的年轻中尉粗暴地让他们排成整齐的行列。萨比亚想，这简直是麦克·塞内特[1]的一出喜剧。德国兵刚排好队，壕沟里的美国大兵便一跃而起，用德语喊道：“举起手来！”这些上了年纪的德国士兵没有一个试图反抗——连那位衣着考究的中尉也没有。

A 连的其他人正在尝试攀登几乎是垂直而下的光滑的埃佩莱·雷伊峭壁。德国的防空炮火非常凶猛，杀伤力很大，以致这座峭壁的名字被改成了“高射炮”山。攻克这座山头比过桥要困难得多。

与此同时，C 连已经包围了“高射炮”山，并开始向隧道后部前进。一名德国兵拿着一支反坦克火箭筒，独自一人守卫在那里。美国士兵大声命令

[1] 麦克·塞内特：出生于加拿大的爱尔兰人，电影导演，以拍摄卓别林的系列影片而闻名。——译注

他走过来，他顺从了；几分钟之后，布拉特格和他的大约二百名部下就被围了起来。

当霍格将军从雷马根返回的时候，师里的工兵西尔·Y. 科克尔中校正在霍格设在比尔雷施多夫的指挥所里等他。得知霍格的困境后，科克尔自告奋勇要驱车回师部去解释为什么霍格没有服从最新的命令。科克尔走后不久，师长本人开着车来了。伦纳德师长还没下车，霍格就迎上前去告诉他："我们把桥拿下来了。"

"你们究竟为什么要这么干？"伦纳德回答说。不过，霍格知道他是在开玩笑。"现在，我们抓住了公牛的尾巴，给自己找了一大堆麻烦。"接着，伦纳德神情严肃地说："不过，让我们继续推进吧，把它留给兵团去解决。"

霍格把先前第三兵团命令他继续向南运动的电报递给伦纳德。"这就是我接到的新命令。我该怎么做？"他问，"我的一部分部队已经过了河。"

"你已经违抗了命令。"伦纳德说，然后又苦笑着补充道，"不过，你做得非常对，我会支持你。"

霍格早就知道伦纳德会这样说的，不过他还是松了一大口气。

"好好守住已经攻下的地方，我会给你派去我能派出的全部部队，"伦纳德果断地继续说道，"我们这个师将负责保住大桥。"

突然，伦纳德想到，德国人是否在桥上藏了定时炸弹？"如果他们要炸桥，那怎么办？"他问。如果在三十六小时之内发生这种情况，那么河右岸的一切都要完蛋。

霍格认为很值得冒这个险。"我们只有一支特遣队在对岸，"他说，"再说，战争差不多就要结束了。"

伦纳德叹了口气。这也许是敌人设下的一个圈套，然而，他还是决定值得冒这个险。"违抗命令是件不好的事情，"他说，"但是我支持你，比尔。我认为你是对的。"

伦纳德的参谋长哈里·约翰逊上校刚刚从科克尔中校那儿听说了有关大桥的消息。他打电话给第三兵团，找到了米利金的参谋长詹姆斯·菲利普斯上校，把大桥的情况告诉了他。菲利普斯的反应是一阵大笑。约翰逊试图证明自己并非在开玩笑。"我身边有一位西点军校毕业的中校，他刚从霍格的总部来到我这儿，他在那里亲自同霍格本人讲过话。”

菲利普斯立刻严肃了起来。他说米利金在外视察，几个小时以内回不来。约翰逊拒绝被对方回避：应该允许霍格守住大桥。“这很可能是战争的转折点！”他说道。

“好吧。”菲利普斯最终让了步，“死死地守住大桥。”不过，经过约翰逊“热情而又巧妙的说服工作”之后，他同意让霍格率手下的所有部队过河。

既然菲利普斯负责第三兵团，他本人的行动就要得到第一军批准。然而，霍奇斯将军也在外视察，而他的作战官又不能擅自作出决定，批准扩大雷马根的桥头堡。这是第一次没有及时批准已经做完的事情，也是第一次没有充分利用这样一个出乎意料的机会。霍格、伦纳德和菲利普斯很可能受到了叱责，因为他们无视明确的命令，而让一整支特遣队渡过了莱茵河，虽然这一主动行动符合所有真正的战士的心愿。

工兵莫特和他的两名中士已经仔细地检查过了大桥。他们受到了一个德国狙击手的骚扰。这个狙击手藏在河上游两百码处一条半沉的驳船上。后来，一辆美军坦克的数发炮弹击中了该船的船腰。下午四点半刚过，莫特向恩格曼报告说，桥上的所有爆炸物都已被清除，其中包括一包带有熔断保险帽的重约五六百磅的炸药。一队战士已经在着手填平通往桥头那条公路上的大坑。“两个小时以后，大桥就可以通车了。”莫特道。

“您是指坦克吗？”恩格曼问道。

“是的，两个小时以后，坦克就可以通过。”

为了使自己的行为得到肯定的保证，恩格曼发了封电报给霍格：大桥完好。已将步兵派往对岸。正在修桥，以通行坦克。您计划如何？请尽快电告。

几分钟后，他又发出了另一封电报：已在对岸部署。谁将保护我们的后方？您计划如何？希望尽快知道。

霍格复电：我们将全力支援你们。请在对岸修筑防御工事。

作为直接指挥雷马根地区的德国将军，希茨菲尔德丝毫不知道大桥失守的消息；他的上司粲根也不知道，虽然他曾预言过此事；甚至连粲根的上司莫德尔也不知道这件事。莫德尔的总部正在向莱茵河东转移。他的作战官冈特·赖希海尔姆今年只有三十一岁，也许是德国武装部队里最年轻的上校。赖希海尔姆已经率领一支先头卫队抵达了河东。这时，他偶然从龙德施泰特手下的一位军官那里听到了大桥失守的消息，而这位军官又是从科布伦茨附近的一位防空部队军官那里知道的。由于无法判定莫德尔或他的参谋长的确切位置，赖希海尔姆便决定由自己主持行动。他立即着手寻找一个靠近大桥的人，但是他能找到的最近一人却是通讯部队的指挥官普劳恩将军。当赖希海尔姆要他立刻向雷马根发动进攻时，他抗议说，他只是一名管理人员。"我不是合适的人选，"他语气十分肯定地说，"我不知道该怎么做。"

最后，赖希海尔姆找到了驻守波恩的第二装甲师指挥官温德·冯·维斯特海姆将军，并叫他集结所有的部队。"把它们全带上，由您指挥，负责发起攻击。"

维斯特海姆很乐意接受这项任务，可他手头没有燃料，无法使他的四千名士兵、二十五辆坦克和十八门大炮向桥头堡挺进。

于是，赖希海尔姆打电话给波恩以北二十英里处的本斯贝格城堡里的约希姆·冯·科茨菲莱希将军，让他全盘指挥整个进攻桥头堡的行动。直到这时，科茨菲莱希还一直只是负责后卫防线，防线上配备的是些零散的人民冲锋队队伍和仍在受训的后备军。不久以前，他语带讽刺地对莫德尔说："把武器发给这些人，等于是间接发给了美国。"这简直是一幕轻喜剧。现在，有人提醒科茨菲莱希，让他借调前线的两个装甲师：第十一装甲师和勒尔装甲师。科茨菲莱希和他的作战官鲁道夫·舒尔茨上校冒着大雨，向着南面的桥头堡出发了。要把前线的部队调往雷马根，需要花上一些时间。他们需要的是一支配备好燃料、整装待发的部队。

在与波恩隔着莱茵河相望的一个村子里，他们意外地找到了解决问题的办法。街道上驻扎着一个装备充足的装甲步兵营：十六辆载有额外汽油和弹药的坦克。这个营的指挥官埃韦斯中校说，这支部队属于第一零六"将军会馆"装甲旅，本来准备开往波恩，但是他们主动请缨，要去把美国人赶进莱茵河。科茨菲莱希徒劳地拨了一个小时电话，想请求更改埃韦斯营的任务。最后，在绝望之中，他终于找到了陆军元帅莫德尔。"如果埃韦斯和他那些富有作战经验的战士们今晚赶不走美国人，"他说，"那么我们就可以设想，德国的大门将继续向美国人敞开着。"

让科茨菲莱希吃惊的是，莫德尔回答说，他对这一形势了如指掌，甚至已经同希特勒讨论过了。元首并不认为雷马根那么重要，他命令第一零六装甲旅继续向波恩进发。一向非常冷静的科茨菲莱希发起了脾气。“元帅，”他大声喊道，“我认为自己有责任指出，这个命令将对战争产生决定性的后果！”

埃韦尔不情愿地率部向波恩前进，与此同时，科茨菲莱希和舒尔茨继续向南进发。在距埃佩尔五英里的地方，一位身材高大但精神萎靡的炮兵少校向他们蹒跚走来，是舍勒。他声音沙哑地说，他必须去给莫德尔打电话，并把他在桥上的经历告诉了他们。舒尔茨觉得，舍勒完全像一个“死里逃生、惊魂未定”的人。

舍勒报告说，已经抵达莱茵河右岸的美国步兵力量还很薄弱，如果马上发起反击，可以轻而易举地击败他们。他请求科茨菲莱希立即采取行动。哪怕只耽误几个小时也会造成灾难性的后果。可是，赖希海尔姆早就下令发动进攻的这支部队——第十一装甲师——还在寻找燃料，再过一天，它也难以准备就绪。

天黑以后很久，莫德尔的指挥部才终于打电话给粲根，命令他不要管雷马根发生的事，继续守住莱茵河以西的所有阵地。粲根怀疑，是否“大家都疯了”。但是，他违抗命令已成习惯，当即命令所有可以调用的部队以及一部分炮兵向莱茵河右岸转移。

自从“七·二〇”暗杀事件以来，没有任何事情像美军攻占雷马根大桥一事一样使希特勒心烦意乱——尽管他对莫德尔谈及此事时一副轻视的口气。对他来说，这是另一次背叛；他决定要惩罚那些负责人。这件事情也为他摆脱年迈的冯·龙德施泰特提供了一个借口，不过，龙德施泰特似乎也只希望告老引退。希特勒打电话给他在意大利的指挥官陆军元帅阿尔伯特·凯塞林，命令他立即回柏林报到。凯塞林询问缘由，却只被告知快点动身。

希特勒还给奥托·斯科尔兹内发去了一封紧急电报。在这样的紧急情况下，他越来越依赖这个人。当这位大腹便便的奥地利人赶到帝国总理府报到时，希特勒已经上床休息了。约德尔告诉他，希特勒希望他派他的蛙人特别行动队去摧毁鲁登道夫大桥。斯科尔兹内表现得毫无热情。这在他的军人生涯中，还是第一次。他说，莱茵河河水的温度已经接近零度。而且，因为美国人正在向上游扩大他们的桥头堡，他觉得成功的希望甚微。他答应把最优秀的手下从维也纳派到雷马根，但是，他又指出，到底冒不冒这个险，将由蛙人们研究情况后自己做出决定。

当霍奇斯在黄昏时分回到斯帕的时候，第一军不再举棋不定了，终于批准了霍格通过大桥的要求。在整个西线进行广泛突破的机会终于到来了。他只要率领手下的十个师进入桥头堡便可以成此一举。他立即命令参谋部让他手头所有的部队通过大桥。然后，他往布雷德利在那慕尔城堡的总部打了个电话。他像平时一样镇静地说道："布雷德，我们攻下了一座桥梁。"

"一座桥梁？你是说你们在莱茵河上攻下了一座完整无损的桥梁？"

"在他们炸掉它之前，伦纳德把雷马根的那座桥夺下来了。"

"真是好样儿的！考特尼，这将使德国四敞大开。你是否正在让部下过桥？"

"我打算让手下所有的部队都过去。"

"这很好。"

"我让工兵在河上搭两座辅助的浮桥，可以联结桥头堡。"霍奇斯说。接着他又补充道，他马上就派出第七十八和第九步兵师。然后，他问，能否让第九十九师也过桥。

"把你能派出的所有部队都派去，考特尼，并且一定要牢牢地守住桥头堡。"布雷德利一边研究墙上的大图板，一边回答，"那些德国家伙可能需要两天的时间，才能集结足够的力量反击你们。"

自从阿登战役之后，使西线的各个不同总部最为激动不已的就是攻占雷马根大桥的消息了。不过，当晚坐下来吃饭的时候，布雷德利还没有给艾森豪威尔打电话。然而，巧合的是，他餐桌上的客人正是艾森豪威尔的作战官哈罗德·平克·布尔少将。布尔也是布雷德利最亲密的朋友之一。布尔为人谦逊，不过工作能力很强；他是一个美国新英格兰人，身材矮小，一头浅红棕色的头发，举止温文尔雅。刚好在晚饭前，他到了那慕尔，打算和布雷德利讨论艾森豪威尔的一项计划。该计划要把布雷德利的四个师调给雅各布·德弗斯将军，以支持第六集团军即将对萨尔河发动的进攻。此外，他还想亲自来看看布雷德利需要什么帮助，来把他当前的攻势继续下去，特别是，需要什么样的后勤支援来支持巴顿进行可能的突破。

布尔刚走进城堡，布雷德利的一个参谋就兴奋地问他："您听说这个好消息了吗？"接着便把夺取大桥的事告诉了他。布尔深知这一行动会带来很多好处，于是对之大为赞赏；但又想到，此事会对两周之后蒙哥马利向莱茵河发起的主攻产生影响。晚宴时，他脑子里只想着大桥和由此而生的问题。但是，使他吃惊的是，布雷德利竟只字不提夺桥的事情。布尔想知道，艾森豪威尔和布雷德利在这个问题上作出了什么决定。

晚宴后，两人来到了布雷德利的办公室，雷马根大桥的话题第一次被提了出来。布尔说道，夺取这座桥梁是“重大和英勇”的一次壮举，但鉴于对岸的地形极差，这座桥必然不是己方的第一选择。“从雷马根出发，那你们哪儿也去不成。”他说，“再者，这也不符合整个作战计划。”

“作战计划，天啊！”布雷德利叫了起来，“一座桥就是一座桥，不管从什么地方过河，只要渡过莱茵河就好。”

“我只是说，雷马根不是我们所寻找的理想的过河位置。”

“可是我没有要求您放弃您的作战计划，”布雷德利不耐烦地说，“就让我们动用四个或五个师去继续过河吧；也许您可以把它当作一种牵制。或者也许我们可以利用它来加强我们在鲁尔河南面的钳形包围圈。无论如何，这总算也是过河。我们已经过了莱茵河。既然我们已经有了一个桥头堡，看在上帝的份上，让我们去利用它吧。”

“不过，布雷德利，等你们过了桥，”布尔固执己见地说，“然后要去哪儿呢？”

布雷德利领他走到挂在墙上的一幅图板前，向他展示了地形草图上的一条路线。待霍奇斯占领了大桥到波恩—法兰克福高速公路之间那十英里的地带后，他就可以掉头向东南方五十五英里的法兰克福挺进，然后挥师向东。布尔查看了地图，用手指在上面轻轻地弹了弹，开玩笑地说：“我敢打赌，你们刚刚才定下这条路线。”

“六个月以前。”布雷德利回答。他并不认为布尔是在开玩笑。

布尔一再指出，要改变总的作战计划将会很难。

“改变——天啊，平克！”布雷德利无礼地说，“我们并不试图改变什么东西。只是，既然已经在这座桥上打开了一个缺口，我想好好利用它。”

布尔对这位老朋友的尖锐语调感到很吃惊。不管怎样，作为一位作战官，他觉得，指出刚刚产生的不可避免的麻烦——“以及很多明显的好处”——没有什么错。为什么布雷德利坚持要求他允许派四个师过桥呢？这件事情只有艾克本人才能决定。突然，布尔心头豁然开朗，布雷德利还没把夺取大桥的消息告诉艾森豪威尔——可这件事已经发生了将近两个小时！“你可以跟我聊上一整夜，布雷德利，可结果不会有任何区别，”他说，“我不能允许你抽调四或五个师过桥。”

当艾森豪威尔在兰斯的寓所中坐下来吃晚饭时，已经是晚上八点了。他的客人们是：他的海军副官哈里·布彻上尉、弗雷德里克·摩根中将，以及美国空降部队的一些指挥官——包括马克斯韦尔·泰勒将军、詹姆斯·加文将军和马修·李奇微将军，他们已准备好在莱茵河上进行一次空投，以支持蒙哥马利即将发动的大规模进攻。

第一道菜快要吃完时，艾森豪威尔被叫去接电话。当听到布雷德利报告有关雷马根的事情时，他“简直不敢相信自己的耳朵”，不禁叫了起来：“你们在邻近地区有多少力量可以过河？”

“我有四个以上的师。不过，我打电话给您，是为了确定如果我让这些部队过河，将不至于妨碍您的作战计划。”

布雷德利本不需要担心的。“是这样，布雷德利，我们一直在等困在科隆附近的那几个师，而现在，它们自由了。你去吧，马上派至少五个师过河，带上一切必需品，以保证我们的占领。”艾森豪威尔兴高采烈。他将永远记得，“这是这场战争中的一个美好时刻”。

“我正想这么干，”布雷德利愉快地回答，“但是大家怀疑这样做是否与您的计划有冲突，因此，我想跟您确定一下。”

餐桌旁的所有人都急切地听着艾森豪威尔在电话里说的这段话：“让那些制定作战计划的人见鬼去吧！当然，干吧，布雷德利！我将给你我们手里的一切，以便守住那座桥头堡。即使地形并不太理想，我们也要好好地利用它。”

李奇微凑向布彻，说道：“布彻，难道您不能让我们也参加这场演出吗？它听起来不错！”

艾森豪威尔回到餐桌旁，心情特别高兴。“霍奇斯攻占了雷马根的一座桥梁，并且已经派部队过了桥。”布彻说，空降部队的将领们想参加这个行动。艾森豪威尔回答说，这次他们没有运气参加了，不过，在其他地方，还有一大堆的事情等着干呢。

在“高射炮”山上，细雨连绵不断。当第二十七装甲步兵团的三个步兵连艰难地在悬崖那打滑的岩面上攀登之时，工兵们正疯狂地用木板堵塞桥上的大窟窿，并把通往大桥的西侧公路上那个大坑填好，坦克手们紧张地等待着，其中少数几人希望大桥可以在修复以前被炸掉。

此时，增援部队正源源不断地开来。卡车、坦克、自动牵引炮车和其他车辆堵住了大桥的入口，而每一分钟，都有更多的车辆驶来。距此不远处，恩格曼上校在他那个酒窖里的指挥所中对他手下的军官们说，即使大桥修好了，他也不知道能否禁得住坦克的重量。“不过，”他说，“我们应该试试。”他解释说，为了帮助驾驶员在夜间行驶，工兵们将在桥上拉一根白色绳索。抵达大桥另一端之后，坦克车队会盘旋前进，等待黎明发起攻击。

指挥坦克车队夜间过桥的乔治·索马斯上尉转向身边的 C. 温泽·米勒中尉。米勒曾在华盛顿从事房地产行业，他的坦克排将走在车队的最前面。索马斯对他说：“我想，今天晚上最好有一辆坦克在你前边行驶。”米勒一直习惯开第一辆坦克。他没说话，他还是计划打头阵。恩格曼不知怎地感觉到了他的想法，开口说道：“米勒，这是命令！你必须让一辆坦克走在你前面。我不想在碰上第一个麻烦时就把我的一名军官给报销了。”

米勒在黑暗中摸索着找到了指挥第二辆坦克的威廉·古德森中士。古德森为人随和，做事从容谨慎，因此被昵称为“快手”。米勒说：“快手，我要给你下一道我从未下过的最强硬的命令。今天晚上，我要和你换一下位置。”古德森什么也没说，可心里却讥讽地想，为什么选我来享此殊荣？

坦克手们登上“潘兴”式坦克，等待着。时间一分一秒地缓慢逝去。最终，午夜时分，索马斯得到通知，大桥已经修好，于是便示意他的部下围在一排大型反坦克装甲车周围。当古德森的坦克“哐当哐当”开上大桥时，突然传来了一声让人神经紧张的不祥的嘎吱声。古德森通过对讲系统听到了米勒警惕的声音，“别担心……慢一点。别离我太远。”走到一半的时候，在一片漆黑之中，米勒看不见前面的坦克了。“你在哪儿？”他问道。

“你没注意到刚才的那下碰撞吗？”古德森反问道，“刚才你撞到我的坦克了。”

米勒想起了那句俗话：“伸手不见五指。”他举起了自己的手，果然看不见它。他把身子探出坦克，寻找那条白色绳索，但同样没看到。

在坦克车队过桥的过程中，没听到一声枪炮的射击。但是，坦克刚一开下大桥，驶上著名的景色优美的莱茵河畔公路，便遭到了机关枪的连连射击。坦克车队继续往北，朝着埃佩尔的方向行驶；米勒一直在寻找本应前来迎接他的步兵向导。他被德国人围住了，有些德国兵用德语向他喊着："伙计！"但是其他的人却继续射击。

米勒通过无线电向后方报告："敌人在向我们射击。许多人愿意投降。派步兵来接收俘虏。"

恩格曼回答说："原地不动，直到你身子底下的最后一辆坦克被击中。"

米勒遇到的麻烦比他想象的还要多。几个小时之内，他们得不到新的坦克车队的支援。反坦克装甲车以更为轻快的步伐尾随在"潘兴"式坦克后面，可是当其中的第一辆驶至草草修复的那个被福斯特炸开的大坑前时，它右边的履带滑进了大坑尚未用木板盖上的部分。此刻，这辆巨大的战车正摇摇欲坠地悬在莱茵河上，车身的一部分堵住了大桥。

师里的工兵科克尔中校来到这辆 T/D 反坦克装甲车跟前，想让人把它从那个窟窿推到大约七十五英尺下方的河里去。随后，他意识到，大桥的基座可能会把反坦克装甲车拦住，弄不好，道路会被堵塞好几天。

他钻到 T/D 反坦克装甲车底下，不安地想着身下莱茵河那冰冷的水流。接着，他摸索起了大桥的水平横梁，想找几根可以把枕木铺在上面的。那样，就可以把反坦克装甲车从窟窿里拖出来了。很快，他就找到了一根合适的，但是，由于四周一片漆黑，他无法选定另一根。逝去的每一秒钟都"似乎是永恒"。他一边绝望地寻找着，一边不由自主地想着即将到来的黎明。如果到那时还不能恢复通车的话，桥头堡就要完蛋了。

就在这时，一群步兵开始恐慌地跑向西岸，从辛勤工作着的工兵身边跑了过去。原来有谣言从"高射炮"山上传开，说所有的部队都将立即撤回。由于这一谣言是从一位军官那儿传出来的，所以很有分量。当迪弗斯的参谋部获知这件事情时，悬崖上三分之一的人已经撤往了雷马根。

凌晨四点三十分，霍奇斯派出的首批后援步兵部队已经集结完毕，准备过桥去增援那个小小的桥头堡。率领第一队的刘易斯·梅内斯中校被告知："过桥没问题。除了士气低落，那里没有任何障碍。"梅内斯希望这是指德军的士气低落。他率领自己的营——大约七百人——走上大桥，想知道究竟该如何过桥，是以密集的队形快速通过，还是把人员拉开距离？不过，在吱嘎作响的桥上走了几步之后，选择便很明显了。"尽快过桥！"他高声命令道。

科克尔——浑身都是烂泥，但却得意洋洋——终于找到了第二根合适的横梁。半小时之后，枕木钉好了，那辆反坦克装甲车被安全地拖出了大坑。

很快，坑被完全盖上，坦克、卡车和其他车辆开始再次滚滚向东驶去。

当第七十八师的步兵们开始列队过桥时，黎明已经到来了。很多人不安而又着迷地看着下面那回旋着的浑浊的河水。正在这时，他们遇到了一百多名德国工兵。这些工兵是奉指挥官赫伯特·施特罗贝尔少校的命令来炸桥的。一场短暂而激烈的战斗开始了。尽管几名德国兵已经带着一吨半炸药踏上了大桥，但是他们都成了俘虏。

上午八点，霍格和科思伦乘吉普车穿过了大桥，后面跟着通讯兵的半履带式装甲车。在德·里西奥夺下的桥头堡附近，将军注意到了一顶美国钢盔。他叫司机把车停下，把钢盔捡了起来。这是德拉比克的。德军的迫击炮弹从四面八方落了下来，霍格可以听见美军和德军的机枪正在附近喀哒作响。他继续开进了埃佩尔，并在市长官邸的地下室里设起了指挥所。

半小时之后，已经在大桥南边用他的五辆坦克设下了一道路障的索马斯上尉决定，该沿河而上了。五辆“潘兴”式坦克沿着莱茵河公路向南前进了数英里。在林茨的近郊，他们遇到了吉布尔上尉，就是那位曾把第一批队伍过桥的情景拍摄下来的牧师。当天清晨，吉布尔在那条铁路隧道的入口处筑起了一个战地祭坛。后来，他认为自己应该做更多的事情，便乘吉普车沿河而上，来到了林茨。当地官员欣然地把这座城市交给了他。他们说，林茨已被宣布为一座不设防的城市，因为这里有一所大医院，而且城里只有一些德军伤病员和医护人员。然而，索马斯仍持怀疑态度，就地设置了一道路障。果然，几分钟之后，他们便受到了来自林茨的反坦克火箭筒和轻武器的射击。

林茨是施特罗贝尔少校的总部。他曾大胆地试图派人炸桥，可是没能成功。现在，他夹在两位意见截然不同的将军中间：一位要援救，另一位则要进攻。莫德尔的工兵官理查德·维尔茨少将指示他，在莱茵河以西的德国部队被美军困住之前，将其撤过莱茵河。而北线第十二战区的指挥官库特·冯·贝格少将则命他投入所有兵力，向美军桥头堡发动反攻。

施特罗贝尔听从了后者的命令。他集合手下的全体工兵，包括那些架桥兵，准备发起攻击。维尔茨发觉了此事，生气地让那些架桥兵去干该干的事。而当贝格发现架桥兵还在架桥时，不禁暴跳如雷。两人的争论再次开始。结果——所有类似争论的必然结果——德军只对雷马根的桥头堡进行了几次零星的攻击。到当天下午，已有八千多名美国大兵渡过了莱茵河。

艾森豪威尔打电话给蒙哥马利，巧妙地询问这位陆军元帅，是否应该扩大桥头堡。“干得好极了。”蒙哥马利回答，“这将构成一个让敌人不快的威胁，并且将毫无疑问地牵制住敌人的一些部队，使其远离北部战事。”他挂上电话，继续研究关于全体有条不紊的过河的计划。

虽然盟国记者已经听到了有关攻占大桥的传闻，而且已有数人赶到了雷马根，但是，直到夜幕降临之时，他们才拿到了官方的通报。次日早上，美国各家报纸以大字标题发布了这条新闻。自从诺曼底登陆之后，美国人从未如此兴奋，如此自豪过。

《纽约时报》引用了美联社的一条电讯，其中写道：

> 美军迅速而惊人地渡过了莱茵河，这是自拿破仑远征军在上个世纪初叶跨过莱茵河之后一次无与伦比的战绩。

美联社的哈尔·博伊尔也许最好地表达出了美军将士们的心中所想：

> 除了阿拉曼的坦克大战，在第二次世界大战中，恐怕没有其他任何一次坦克战能比夺取雷马根大桥的英勇行动更为长久地留在人们的记忆中。这一行动首次使美国军队得以在雷马根渡过莱茵河。
>
> 立下这一战功的是美国第九装甲师。
>
> 毫不夸张地说，美军坦克、步兵和工兵在相对无防御的一处，以迅雷不及掩耳之势渡过了莱茵河，而他们都明确地知道，安放有炸药的大桥随时都可能在他们的脚下爆炸。他们的这一行动使五千名美国人免遭死亡，一万名美国人免于负伤。

3月8日，十架德国飞机轰炸了鲁登道夫大桥，但是，在真正造成损失之前，迅速布防的美军防空部队便把它们赶跑了。然而，德军的炮弹无法阻挡，尽管“高射炮”山保住了大桥本身，但是，在莱茵河西岸发生的爆炸却炸死了一些美国人，还危险地震动了本来就已不太坚固的桥梁结构。

桥头堡的迅速扩大已导致了一些组织方面的问题。霍格的战斗指挥参谋和通讯兵的装备不足以应付这一局势，于是，霍奇斯派出一位少将来取代他。午夜即将来临之际，第九步兵师的路易斯·克雷格将军开始过桥。尽管他看不到，事实上，他路过了这样一块牌子：

不湿脚就过莱茵河
这全靠第九师。

和前一天晚上一样，天黑得要命。克雷格不得不趴在一辆吉普车的引擎盖上，用手摸索着找路，然后高声向司机发出指示。他希望不要有任何东西迎面过来。

桥上这令人紧张的一小段行程让克雷格相信，应该只准许向东岸行驶的车辆过桥。但是，第二天下午，就连这种单向的行驶也中断了。一颗德军炮弹击中了一辆刚刚开上西侧通道的军火卡车。尽管如此，克雷格还是继续朝前面的各个方向扩大着他的桥头堡，而德国人——仍旧是一支难以对付的部队——则继续缓慢而稳定地向后撤退。

然而，桥头堡的命运并不是在战场上被决定的，而是在后方，在兰斯。艾森豪威尔对雷马根大桥那冲动的热情已经开始冷却，转而投身到了蒙哥马利即将发起的进攻之中。在这次进攻中，当第一个师渡过莱茵河之后，还将需要十个补充师。因此，他决定只往雷马根派五个师。当霍奇斯来到第十二集团军总部接受一枚法国勋章时，布雷德利向他转告了这个坏消息。这一消息意味着，霍奇斯只能以每天一千码的进度扩展他的桥头堡，而这“只够制止敌人在该据点附近布雷掘壕”。此外，在霍奇斯抵达波恩—法兰克福高速公路之后，还要等艾克亮绿灯才能继续前进。

这一次，霍奇斯提出了抗议。第一军刚刚取得了这次战争中一个最伟大的战绩，他说，而前面还有更巨大的可能性。布雷德利的想法与之完全相同，但是，他们只能等候艾克接受刚刚收到的计划。按照这份计划，将要组织第二次横渡莱茵河，这次是由巴顿进行的。目前，他正在此地以南待命；与此同时，霍奇斯将从雷马根的桥头堡进行突破；当霍奇斯与巴顿会师之后，他们将挥师向北，与蒙哥马利在莱茵河东岸会合，进而包围整个鲁尔工业区。这是一个富有想象力的大胆的作战计划，艾森豪威尔已经答应给予它全部的关注。

这天中午，凯塞林元帅抵达了柏林。希特勒将在午餐后和他私下谈谈。在等待接见时，有人不经意地提起，他将接替龙德施泰特的职务。凯塞林觉得这是在开玩笑。他转向凯特尔和约德尔，但两人却证实了这一消息。凯塞林平时总是开朗达观，因此被昵称为“笑眯眯的阿尔伯特”。然而此时，他却皱起了眉头。他说，意大利需要他。而且，他在不久前的一次严重车祸中受的伤还没有完全康复。可是，凯特尔和约德尔却肯定地告诉他，对于元首来说，这些理由是“站不住脚的”。

他们是对的。希特勒对凯塞林说，由于鲁登道夫大桥的失守，需要换一名指挥官。“只有一位更为年轻、更为积极，既有同西方强国进行战斗的经验，又深受东线部队信赖的指挥官才有可能挽救局势。”希特勒有所指地说道，但却没有点龙德施泰特的名。他命令凯塞林不顾自己糟糕的身体状况，“同意作出这一牺牲”。“我相信，你能做到人力所及的一切。”这位在几个小时之前还认为波恩比雷马根更为重要的人，现在却声称最为薄弱的地点是雷马根大桥。“需要尽快挽回那里的败局。我相信可以做到这一点。”

希特勒的长篇大论给凯塞林留下了非常深刻的印象。他认为，其讲话“极其清晰明了，并显示了对细节的惊人的理解力”。讲话还指明了他在这项复杂工作中的任务：他所应做的一切就是“守住”。

但是，希特勒对美国人占领鲁登道夫大桥一事的怒气尚未平息——他完全有理由发怒。大桥的失守，同时还意味着他在西线的最后一道天然防线——莱茵河——的丢失。现在，他比以往任何时候都更加下定了决心，要惩罚“那些该负责任的人”，尽管他自己才是罪魁祸首。他顽固地坚持要不惜一切代价守住西线，致使雷马根的大门被打开了。他严令只有在最后时刻才能炸毁莱茵河上的桥梁，致使舍勒长时间地贻误了战机。是他和莫德尔应该负首要责任。可是，希特勒却草率地替换了龙德施泰特——一位身经百战的职业军人。龙德施泰特曾经现实地提出，让部队有条不紊地撤过莱茵河，若能如此，本可以预防雷马根事件的发生。

按照同样的逻辑，希特勒现在准备处理像舍勒和布拉特格这些同大桥失守关系更为直接的人。如果这些人不被立即审讯和惩处的话，那只能助长西线部队中与日俱增的怯懦情绪和纪律松弛。因此，希特勒设立了“西线飞行特别法庭”。这是一个流动法庭，它可以就地对任何一级的军人提出诉讼，而且有权立即执行它作出的判决。希特勒指定一位忠诚的纳粹党党员、党卫队少将鲁道夫·休伯纳主持这个法庭。

3 月 10 日，休伯纳来到帝国总理府报到，他将立即开始在军事法庭审讯雷马根的“胆小鬼和叛徒”。当天晚上，休伯纳和两名助手抵达了巴特瑙海姆附近的凯塞林的指挥所，并且解释了他们的使命。他们三人谁也没有受过司法方面的培训。陆军元帅激动地说，这样一个战地临时法庭将会削弱整个西线的斗志。接着，他向他们告辞，要去处理更为紧迫的事情。第一件事是打电话给最高统帅部，即凯特尔的总部。凯塞林报告说，他对西线的印象不太好，交战双方的力量过于悬殊。“近距离观察之后，”他说，“形势似乎比我想象的要严重得多。”接着，他坚持要尽快满足他的全部要求。

第二天上午，凯塞林和他的参谋长齐格菲·威斯特法尔将军一起，向雷马根北边出发，想去看望莫德尔。途中，他们遇到了一大批向东进发的士兵，后面跟着装满行李的轻便车辆。威斯特法尔说：“这就是西部前线的真实情景。”凯塞林摇了摇头，低声咕哝道：“要是我早来三个月就好了！”这让威斯特法尔心生不快。他感觉这是对龙德施泰特的诋毁。凯塞林同样也惹恼了莫德尔。“把美国人赶回莱茵河的那边去。”他对B集团军的指挥官说。而莫德尔则认为这是对自己的诋毁。“我试试看吧。”他恼火地答道，“不过，我认为我们的部队不够用。”

当天下午，与雷马根有关的指挥官们开始向凯塞林诉苦。弗里茨·拜尔莱因将军说，每次他制订了一个进攻计划，都会得知美国人刚刚占领了预定的进攻出发点。

“迄今为止，考虑到美军的进展速度，准备用于进攻的出发点几乎都不在德军指挥部的控制范围之内了。”粲根尖刻地指出。接着，他敦促凯塞林，让他立即发动大规模的反攻。“因为反攻每延误一天，就会迫使我们多投入一倍的兵力；不然，反攻只会使我们受到新的挫折，使我们的部队遭到无谓的损耗！”接着，他预言说，美国人在抵达高速公路后，便会真的去做布雷德利计划要做的事情了：转向法兰克福方向，前进五十五英里，然后突然转向东面，向德国腹地挺进。

到了这天傍晚，大家已使凯塞林相信，单单雷马根一地便将耗尽派往西线的几乎全部援军和物资。整个莱茵河前线的命运取决于能否消灭或牵制敌人的桥头堡。可是，凭他这点零散的部队，怎么能做到这一点呢？他灰心丧气，觉得自己“好像一位钢琴家，被人要求面对众多的听众，用一架摇摇晃晃、走了调的旧钢琴演奏一支贝多芬的奏鸣曲”。

当天早些时候，休伯纳的第一军事法庭在莱茵河以东约三十英里处的一座农舍里开庭了。三位法官肩并肩地坐在起居室里的一条长椅上，B集团军的司法官弗利克斯·雅纳特上校则坐在一把旧椅子上。他们首先对布拉特格进行了缺席审判，并判处其死刑。然后，脸色苍白、神情紧张的舍勒少校被押了进来。在休伯纳连珠炮般的审问下，他变得不知所措，花了很长时间才作出了令人满意的回答。休伯纳吼道："你承认不承认你的懦怯和罪过？"舍勒低声嘟哝着他承认，然后便被带走了。三人法庭判他死刑。

下一个是防空部队的一名中尉卡尔·彼得。他供述，他已经把防空部队的四十四门炮中的大部分运过了鲁登道夫大桥，不过又承认，他有可能把这些高度机密的武器中的一件丢在了莱茵河西岸。彼得还没来得及解释当时的情况，休伯纳便大声喊道："你犯有叛国罪，你应该因你的胆怯而受到枪决！"

彼得茫然失措，喃喃地说："是的，先生。"几分钟之后，他也被判处死刑。接着，休伯纳审讯了施特罗贝尔和奥古斯特·克拉夫特，并将他们判处死刑。施特罗贝尔是林茨的工兵，是他发起了那次大胆的行动，企图炸毁大桥；而克拉夫特少校则是弗里森哈恩的顶头上司，他当时甚至根本不在这一地区。

曾经公开谴责审讯的凯塞林不得不公布了审判结果。他发出一则特别公告，这是对西线每一个人的警告。"如果谁不能光荣地活着，"他说，"那他就将耻辱地死去。"

就在布雷德利对霍奇斯说，眼下他只能派五个师到雷马根的桥头堡的同一天，巴顿碰巧来到了那慕尔，接受了一枚法国勋章。他告诉他的参谋长霍巴特·哈普·盖伊少将，布雷德利白天说过，艾森豪威尔不赞同蒙哥马利发动竭尽全力的攻势，但是"恐怕必须如此"。盖伊在自己的日记里进一步详述了布雷德利的烦恼：

> ……这纯属本日记作者个人的解说，大意是：假如盟军总司令不相信该事，那么，当另一位美军指挥官用拳头砸着办公桌，说"不，上帝呀，不"，并就此创造了历史之时，他为什么不回顾一下历史，也说"不"呢？此外，人们还指出，第一军有权扩大雷马根的桥头堡，这样，它便将近纵深九英里，宽二十二英里。有人认为，美军应致力于打击德国军队，而拦在他们前面的是莱茵河——这一区域通向东方的最后一个巨大的天然屏障。这种看法倒是很奇特……

受艾森豪威尔的临时决定影响最大的人——考特尼·霍奇斯——并未因为极度失望而动摇自己的决心。他决心尽快把桥头堡推向更远的地方。在他看来，事情进展得太慢了。此外，行将崩塌的大桥本身也让他担忧不已。幸运的是，位于北边约五百码处的贝利桥已于 3 月 10 日清晨建成；不仅如此，位于南面一英里处的沉重的浮桥当晚也许就可以通行了；同时，很多渡船也在往右岸运送弹药和燃料，并且往回运载伤员。其中最快的是装有两部舷外发动机的木筏，它们只用八到十分钟就能跑完这段危险的航程。

第一军只有三座桥，上级答应再提供两座，但始终只停留在纸面上。然而，工兵官威廉·卡特上校却在莱茵河上飞快地架起了另外七座桥。就连霍奇斯都不知道这七座神秘的桥是从哪儿来的。原来，在安特卫普，巴顿的一个手下偷偷用粉笔在所有预制的桥梁上都写上了“第三军”的字样。但是，第一军在列日要塞军需调度站有一位“朋友”，他又仔细地把这些字都擦掉了，并把全部桥梁都调给了卡特。尽管巴顿的第三军公开吹嘘说，他们在欧洲战场上是冠军打击手，可是沉着稳重的第一军却无声地攫取了这顶桂冠。

3 月 10 日下午，霍奇斯驱车来到雷马根，观察渡河的情况。贝利桥上的车辆刚一清空，将军的吉普车便飞快地开了过去。克雷格告诉霍奇斯，大约两万人已经进驻了桥头堡；另外，第九十九师正在过河，一天后便可以正常运作。事情看起来进行得相当顺利。第九师和第七十八师正每天推进一千码。尽管这已是布雷德利强加给他们的极限了，霍奇斯却仍然坚持要加快速度。

就在将军乘吉普车渡过莱茵河后不久，鲁登道夫大桥便被封闭了。工兵们带着沉重的器械，前来维修差点被福斯特炸成两半的桁梁。除非这条巨大的钢梁能够就地焊接起来，否则，像工兵们预言的那样，大桥很快就会坍塌。不过，这点已不再至关重要。晚上十点，第一批车辆开始通过沉重的浮桥，向东驶去。桥头堡很快便将充斥着大批的给养物资和援军。克雷格的部队正在林木茂盛的山丘上打开一条直达十英里外的高速公路的通道，要完成这项工作，只是一个时间的问题了。

这是一场奇特的战役。在距战场仅数百码的地方，万籁俱静。奇怪的是，宁静却往往更加使人紧张，而向前方无名树林里挺进的决心也难以维系。

威廉·麦克柯迪少尉是刚刚被派来督促进攻的一位年轻军官，原属第九装甲师的第五十二装甲步兵营。这是他第一次担任战斗指挥工作，因此急于把事情干好。到达莱茵河右岸之后，沿河排开的高射炮手向他喊道：“后退！否则你要后悔的！”或者“美国的一切怎么样？”麦克柯迪和随他前来的增援人员回骂了几句，结果，对方骂得更凶了。可是，不知为什么，这让大家感觉好受了一些。他们向南走了几英里，来到卡施巴克村。在那里，麦克柯迪向一位名叫瓦茨的少校报了到。瓦茨高大瘦削，面带倦意。他无精打采地笑了一笑，说道：“小伙子们，现在你们不得不对战士们严厉些。半个月来，他们一直在稳定地向前，现在已经非常疲劳了。要把事情办好，你们必须付出额外的努力。”

麦克柯迪被护送到他的新排里。一位中士把他军用雨衣上那金光闪闪的饰带扯了下来。“别担心，中尉，”中士说道，“我们知道您是排长，可是，这些东西将使您成为德国狙击手的头等目标。大多数军官都把它别在领子底下，以免被人发现。”这对麦克柯迪来说很新鲜，不过却似乎很有道理。他的第一个任务是在铁路附近设一道路障。前一天，一整个连的美军曾经尝试前往那里，但是没有成功。麦克柯迪点头同意了，但心里却在盘算：昨天一个连都没有完成的任务，今天一个排怎么能完成呢？

他带领全排下到一条小溪的河床里，然后走上了一条林间小径。突然，他看见前面有两个德国兵的尸体靠在一挺机枪附近，其中一个还保持着射击的姿势，不过另一个却仰卧在地上。他们的肤色深得异样，以至于麦克柯迪首先想到，这是蜡做的假人，放在那儿是为了吓唬像他这样的新来者。但当他走得更近一些时，却发现那真的是死尸。他的胃里顿时开始翻江倒海。然后，他想道：“这里为什么这么安静？”

直到两天后，即 3 月 13 日，艾森豪威尔才作出决定，让霍奇斯和巴顿去解放莱茵河东岸——这个决定是消极的。他发电报给布雷德利，说不能允许霍奇斯前进超过十英里；而雷马根的桥头堡只能用来牵制德国军队远离鲁尔区和蒙哥马利。

对一位战地指挥官来说，这样一个命令非常可笑，而霍奇斯毫不犹豫地表达了这一意见。他告诉布雷德利，在蒙蒂准备向莱茵河发起进攻的漫长过程中，第一军可能会被赶出桥头堡。布雷德利深表同情，但是却说，争辩毫无用处，必须服从艾克的命令。

这样一个英勇无畏的开端，却有这样一个讽刺性的谨小慎微的结局。

# “我为上帝的事业而战”

在希特勒反人类的全部法令之中，要数那条“犹太人问题最终解决办法”使文明世界最为惊骇和迷惑。在《我的奋斗》一书中，他明确描述了这条行动准则。而且，他不仅在该书中一再预言自己将采用极端手段解决问题，还披露了他个人偏见的思想源泉。

十八岁那年，他来到维也纳学习艺术。“无论我去什么地方，第一眼看到的都是犹太人。”他在书中写道，“而且，越是看见犹太人，他们在我眼里就越和其他人类有着明显的区别。”起初，他这种偏激情绪只针对个别人；那些奇装异服、满脸胡须的传统的犹太人使他深深反感。但是，阅读了《耶路撒冷贤哲教诲录》之后，他的反犹太主义爆发出来了：他必须捍卫世界，反对犹太人。1905 年，俄罗斯帝国的情报机关捏造了一份文件，声称犹太人正秘密地计划把马克思主义和资本主义奇特地结合起来，从而统治世界。“我们将在各地挑起动乱、争斗和对立。”一位所谓的犹太领导人宣称，“我们将发动一场世界战争——我们将给世界人民带来新的选择，因此他们会自愿把世界统治权交给我们。”年轻的奥地利人希特勒当时已经成了一个激进的德意志民族主义者。他相信这份伪造声明里的每一个字。“在这个时期，”他写道，“我看到了两种威胁：马克思主义和犹太人。在此之前，我几乎不知其名，当然也不明白它们对于德国人民的生存有着何等恐怖的重要性。”

他称自己在维也纳度过的五年是他“一生中最艰苦、然而却又最完整的学习期”。“我刚踏进这座城市时还是一个小男孩，离开时却已成人，变得安静严肃……如果在早期，命运的压迫——和我自己的学习——没有确立我各种个人看法的基本原则的话，那么，今天我就不知道该以何态度去对待作为一个整体的犹太人、社会民主党人、马克思主义，以及各种社会问题等等。”

这种憎恶和恐惧迅速成长为一种固定的想法；这是他一生中“最剧烈的精神动荡”。“我不再是个优柔寡断的世界主义者，我成了一名反犹太主义者。”希特勒对犹太人这种迫切的仇恨，主要根源在于他想当建筑师和艺术家的愿望未能实现，而犹太人在这些领域里的成功则加深了他的痛苦。“有哪一件肮脏的事情，哪一种堕落的行为，特别是在文化生活方面，与犹太人无关吗？如果你哪怕是小心翼翼地切开这个脓包，你就会发现一个犹太鬼，就像腐烂肌体中的一条蛆虫，突如其来的光明常使它头晕目眩！”

不过，是马克思主义的威胁首先煽动他将反犹太主义付诸行动。作为20世纪最具催眠力的演说家，他能够把自己的狂热情绪传递给其他人。在一场接一场的演讲中，希特勒反复强调，一旦犹太人通过股票交易所和金融控制了世界经济，他们就会夺取政治控制权。“犹太人这一阶段的最终目的是‘民主政体’的胜利，或者，像他们所理解的，是议会制原则的统治……他们以无穷的机智，将以某种形式蛰伏在每个雅利安人身上的对社会正义的需求，变成对那些更受好运恩宠的人们的仇恨，而这样便给消灭社会罪恶的斗争烙上了非常明显的哲理的印记。”

“在这之后，”希特勒继续写道，“犹太人卸下了他们的伪装，露出自己的本来面目。民主国家人民中的犹太人变得嗜血成性，成为人民的暴君。几年之内，他们便试图灭绝全国的知识分子，并且通过消灭人民天生的知识领袖，使人民永世为奴。在这方面，俄国已经给出了最令人毛骨悚然的范例。在那里，犹太人以疯狂的野蛮手段，加之惨无人道的酷刑，屠杀及饿死了总计三千万人，其目的是将一个伟大民族的统治权交给一群犹太记者和股票交易所的强盗。”

希特勒深信，犹太—马克思主义的阴谋将在德国达到高潮。“德国的布尔什维克化——即德国知识分子的灭绝，使得德国工人阶级可能被置于犹太金融界的桎梏之下——据认为，这不过是犹太人进一步征服世界的前奏。像历史上经常发生的一样，德国是这场残酷无情的斗争的中心。如果我们的人民和我们的国家沦为嗜血成性、贪得无厌的犹太暴君们的牺牲品，那么，整个地球都将会落进这条章鱼的触角之中；如果德国摆脱了它的控制，那么，各民族面临的最大危险，就可以认为是在全世界范围内被粉碎了。”

尽管读者仍持些许怀疑态度，可是，希特勒对自己说出的那些荒诞不经之语却深信不移。在《我的奋斗》里面，他告诉了读者他准备走多远。"如果，在第一次世界大战中，有一万二千名或一万五千名伤风败俗的希伯来人被毒气毒死的话……那么，数百万人在前线的牺牲就不是徒劳无功的了。反过来说，及时地铲除一万二千个恶棍，也许就可以挽救一百万真正的德国人，而这些人对未来而言是非常珍贵的。"

一个文明国家的首脑竟然接受所谓的《耶路撒冷贤哲教诲录》，这已经很令人不可思议了，而更让人无法理解的是，他居然用大屠杀的手段来制止"犹太人的威胁"。因此，当集中营里最令人发指的暴行被揭露之时，大部分西方人都认为希特勒是个疯子，是最大的罪犯，最冥顽的反基督教义者。

然而，在很多预言千年盛世的中世纪先知们的眼里——他们曾在《启示录》第二十卷中预言过一千年的巨大幸福、廉洁政府和悲惨命运的消失——希特勒和纳粹主义似乎是最为可信，甚至是最值得钦佩的。在他们看来，希特勒不是一个反基督教义者，而恰恰正是复活的耶稣的化身，就好比 12 世纪初期在弗兰德斯发起革命运动的坦夏尔姆，1381 年英国农民起义的领袖约翰·鲍尔，甚至 1525 年领导了德国农民暴动的托马斯·闵采尔。这些先知们都在不同程度上相信，自己便是复活的耶稣，注定要推翻暴政，给人类带来美好的新生活，而对反对者的大屠杀乃是上帝的意志。比如，闵采尔要求他的信徒们毫不留情地杀戮。"别让你们的利剑冷却下来！……刺向他们，刺向他们，趁天还亮着！上帝在给你们引路，跟上他，跟上他！"和这些狂热分子一样，希特勒也打算摧毁并重塑世界；他同样声称，自己是被上天选择来给一个堕落的世界带来千年的幸福。他提出了无穷的目标，许下了无数的诺言，与同时代的其他政客不同的是，他赋予社会冲突和民族希望以一种充满权威和目的性的神秘感。

在这一整套神秘论的后面，是一项满足了几乎所有阶级渴望的现实规划。希特勒许诺，要废除"声名狼藉的"《凡尔赛和约》，为德国赢回荣誉，重建德国武装力量和帝国空军部队，把国家从破坏性的大萧条中拯救出来，把德国的疆界扩展到亚洲，以及像消灭犹太人那样消灭布尔什维主义以及所有"不受欢迎"分子。

希特勒并不是从真空里冒出来的，他的肆意妄为是与几个世纪来无情的迫害活动一脉相承的；从十字军东征的时代开始，到中世纪的第一帝国——神圣罗马帝国，再到俾斯麦和威廉二世的第二帝国，每当德国种族优越的信念占了上风时，这种迫害活动便猖獗起来。此外，希特勒也是嗜血成性的预言家们合理的继承人。和他们一样，他精力充沛，残忍无情，心中总是萦绕着世界末日的景象，并且坚信自己绝对正确。他烟酒不沾，是个素食主义者；他生活简朴，简直像个苦行僧；他超越了一切个人腐化行为。他有一个情妇，但却让她远离公众视线，这样他便能够以不迷恋女色的纯洁形象出现。他的目标同样也被看得高于一切；他的使命值得作出任何牺牲，甚至牺牲几百万人的生命。每一位古代的先知都认为，自己必须摧毁一股腐化堕落的巨大力量。对希特勒来说，那就是犹太人——一个古老的目标——消灭犹太人只不过是一次必需的净化，这将给世界带来最终的光荣。"（犹太人）沿着他们那罪恶的道路走下去，直到另一个力量起来反对他，并在激烈的斗争中把这个侵犯天庭的家伙打回魔王那里去。"

正是这种承袭而来的天谴的幻象促使希特勒屠杀了数百万犹太人[1]。他毫无负疚之感。"我相信，我的所作所为与至高无上的造物主的意志相符合，"他说，"通过反对犹太人的自卫斗争，我为上帝的事业而战。"

1945 年 3 月，失败的阴影促使希特勒加速实行消灭犹太人的计划。他命令把集中营里余下的犹太人全部杀死，以免日后被俄国人及其盟国解放。

克尔斯滕医生，希姆莱的按摩师，恳求希姆莱撤销这道指示。"这是元首的直接命令。"希姆莱回答道，"我必须保证其得到逐字逐句的执行。"整整一周，两人之间一直在进行激烈的辩论。希姆莱主张"集中营里的罪犯不应心满意足地以征服者的胜利姿态逃脱灭亡的命运"。但是，不屈不挠的克尔斯滕不肯让步，一再督促希姆莱，结果，不堪折磨的帝国元首亲自给他写下了承诺。保证不炸毁集中营，不再杀害一个犹太人；所有的俘虏都将留在他们的营地里，并被"秩序井然"地移交给盟国。

起草完这份引人注目的文件之后，他又透过夹鼻眼镜仔细看了一遍。最后，他缓慢地用他那做作的字体签上了名字："海因里希·希姆莱，帝国元首，党卫队总队长。"

克尔斯滕得意洋洋地拿起同一支笔，一时冲动地在文件上写道："以人

[1]对于具体数字的看法不一。有些德国人认为，在纽伦堡审判时给出的数字——570万——过分夸大了。杰拉尔德•里特林格认为应该在419.42万到458.12万之间。

类的名义，费利克斯·克尔斯滕。”

克尔斯滕的这一成就很有价值，不过，这毕竟只是一个私下的契约。而且，尽管希姆莱鲁莽地表示了妥协，但是，并不能保证他一定会恪守诺言。

具有讽刺意味的是，就在与克尔斯滕争辩的同时，希姆莱又在奥地利与红十字国际委员会主席卡尔·J. 布克哈特博士召开了秘密会议。会议的议题将明显改善监狱和集中营里的条件；而希姆莱想以此换取的是全世界的善意。此外，希姆莱派出的代理人是卡尔登勃鲁纳博士。像瓦尔特·施伦堡这样的敌对者会认为，很难相信他竟然可以参与这样一场人道主义的谈判[1]。

布克哈特博士想说服卡尔登勃鲁纳带红十字会的人参观集中营，给犯人们带去一点宽慰。十年前，他曾试图从卡尔登勃鲁纳的前任，臭名远扬的莱因哈特·海德里希那里得到同样的让步，可是，已成为盖世太保残暴行径的象征的海德里希，却通过为纳粹政策辩护而回避了布克哈特博士的请求。他说：集中营里塞满了罪犯、间谍和危险的宣传分子。“您不应该忘记我们正在战斗，元首正在同全世界的敌人进行战斗，”他说，“这不只是要使德国安然无恙的问题，而且，把世界从文化和道德的沦丧中解救出来是我们的责任。像您这样的人是不会明白这样的事情的。”接着，海德里希像个密谋者一样低声说道，“在国外，他们认为我们是最该死的畜生，对不对？对于某个人来说，很难圆满完成这件事。但是，我们应该像石头一样硬起心肠，否则的话，元首的事业就会中途夭折。总有一天，他们都将感谢我们担负起了这些责任。”

布克哈特博士从海德里希的继承人那里得到的不仅仅是口头承诺。出人意料的是，卡尔登勃鲁纳同意尽快把食品包裹发给战俘，甚至还同意让红十字会的观察员们在战俘营里住下来，直到战争结束。受到卡尔登勃鲁纳的“通情达理的态度”的鼓舞，布克哈特博士又把如何对待平民俘虏的问题摆了出来。卡尔登勃鲁纳作了同样的让步。“事实上，”他说，“你们甚至可以

---

[1] 据克莱斯特博士说，1943年，卡尔登勃鲁纳曾试图谈和，“当时，有这样的想法非常危险。在我同吉勒尔•施托布谈判时，他尽全力帮助了我。是施伦堡的干涉让整件事情耽误了好几个月。”

克莱斯特博士相信，为了个人利益，施伦堡想从里宾特洛甫、卡尔登勃鲁纳以及他本人手中夺过所有这类谈判；他是“我们通常称之为下流胚子的那种人”。施托布最近写道，“考虑到施伦堡所起到的作用……我和贝尔纳多特伯爵答应让他在瑞典政治避难……”

向犹太人集中营派遣长驻观察员。”

接下来的几天里，希姆莱甚至作出了更为人道的让步。克尔斯滕说服了他，撤销希特勒关于摧毁海牙和须德海大坝的命令，并且起草一个命令，禁止虐待犹太人。事实上，到了3月17日，希姆莱已经变得非常温顺，于是，克尔斯滕要求他秘密会见世界犹太人大会的施托希。

希姆莱猛吸了一口气。“我绝不能接见一个犹太人！”他叫道，“要是被元首听说了，他会当场叫人把我枪毙！”但是，他已经作出了太多的让步，而且克尔斯滕还有一份希姆莱签了字的副本，在这份副本里，希姆莱许下了违抗元首的诺言。终于，希姆莱用微弱的声音表示了同意。

希特勒对他身边的这一系列阴谋心知肚明——其中有几个也许是由他本人促成的。譬如，他知道里宾特洛甫在瑞典进行的谈判，也知道沃尔夫在意大利进行的。他甚至知道希姆莱正在跟犹太人浪费时间。但是，希特勒允许这些人继续谈判，就好像这些谈判是以他的名义进行的。如果一个谈判失败了，他就假装对此全然不知；如果成功了，他就坐享其成。

不过，毫无疑问，他知道，他最有能力的部长阿尔伯特·施佩尔一直强烈反对他提出的“焦土”政策。在3月8日的一份备忘录上，施佩尔本人又大胆地批评了这一想法。

> 毋庸置疑，四到八个星期内，德国经济便将彻底崩溃……在此之后，即便从军事角度而言，战争也无法继续下去了……我们必须尽全力保护我国公民的生命，哪怕是在最原始的层次……在战争的现阶段，我们没有任何权利进行那些可能会影响我国人民生存的破坏活动。如果我们的敌人想摧毁这个曾经无比英勇地作战的民族的话，那么，他们将会永远背上历史性的可耻骂名。我们的责任是，使这个民族有一切的可能，在遥远的将来得到复兴……

作为建筑业的同僚，施佩尔一直受到希特勒的赏识；只有寥寥几人能像他那样得到希特勒施予的友善。也许正是由于这一原因，这些话才让希特勒大发雷霆。如果说希特勒曾经犹豫过是否要在德国实行焦土政策，那么，施佩尔的备忘录则促使他将其付诸行动。他召来施佩尔，非常激动地说：“如果战争失败，帝国便行将灭亡，这是不可避免的。没必要去担心德国人民继续原始生活的基本需求。恰恰相反，最好是由我们自己把这些东西破坏掉，因为这个民族将要证明它是个软弱的民族，而未来只属于那个强大的东方民族（俄国）。此外，战后幸存下来的人都是低等的，因为优秀的人都将死去。”

元首不容分说地把施佩尔打发走了，并向手下口授了施佩尔曾试图阻止的那道命令。他命令把德国所有的军事、工业、运输和交通设备统统毁掉，以免它们落入敌人之手。纳粹地方领袖和民防委员会将协助部队执行该命令。命令最后说道：“凡与本命令相悖的一切指示均属无效。”

自从斯大林格勒战役之后，希特勒就一直在作出各种类似的轻率而任性的决定；而自从“七·二〇”事件之后，他变得性情暴躁，顽固武断。他的许多顾问都沮丧地发现，现在，他对一个问题只提出唯一一个让人失望的解决办法，而不像以前有好几个选择。

不过，对他的司机肯普卡、他的仆人和秘书们，希特勒却继续表现得周到体贴，彬彬有礼。然而，即使是这些人也能看得出，他的压力越来越大。“所有人都在欺骗我。”他对他的一位秘书说，“我没有人可以信赖。他们都背叛了我。这使我很难过。要是没有我忠诚的莫勒尔（给他服过大量药物的那位医生）的话，我肯定得完蛋——而那些白痴医生们却想除掉他。要是没有莫勒尔，我会怎么样呢？这个问题他们根本就没考虑。假如我出了什么事，德国便没有领袖了。我没有接班人。第一个，赫斯，疯了；第二个，戈林，失去了人民的同情；而第三个，希姆莱，肯定会被党拒绝。”

他为在饭桌上谈论政治而表示歉意。接着，他又说：“你们再绞尽脑汁想想吧，告诉我，谁能做我的接班人。我一再地问自己这个问题，可是一直也没找到答案。”

在他那些最后的“私下谈话”里，有一次，他对其他人透露了同样的疑虑。他抱怨说，他命中注定要尝试在短暂的一生中做完一切事情。接着，他说：“现在，我已到了这样的一个阶段，我想知道，当火炬从我手中滑落的时刻，在我的直接接班人中间，是否有一位命中注定要接过火炬并把它高高举起的人。同样是命运，使我成了一个有着如此悲剧性的历史的民族的仆人，一个像德意志民族这样反复无常、朝三暮四的民族，一个根据情况变化，从一个极端跳到另一个极端的民族。”他说如果我们有时间给德国青年灌输国家社会主义思想，从而使将来的一代代人发起不可避免的战争的话，那将非常理想。“我所担负的任务是把德意志民族提升到他们应有的世界地位上去。不幸的是，这个任务并不是一个人或一代人能够完成的。但是，我至少使他们看到了他们继承而来的伟大，并且鼓励他们一想到德意志民族在一个伟大而坚不可摧的帝国里的团结，就会激情满怀。我已经播下了良种。”他预言道，有朝一日，收获终将到来。“德意志民族是一个年轻的民族，一个强大的民族，一个有着光明前景的民族。”

希特勒的敌人们在雅尔塔会议上奠定的新欧洲的基础已经开始瓦解。三巨头相对融洽地制定了有关计划，但在其执行问题上，他们却纠缠不清。他们的争论主要聚焦于波兰问题。三巨头的代表们在莫斯科会晤，商议建立一个新波兰政府，但会议却陷入了僵局。莫洛托夫一再声明，卢布林政府真正代表着波兰人民；而哈里曼和英国驻苏联大使阿尔奇博尔德·克拉克·克尔爵士则主张，应该建立一个包括米科拉伊奇克这样的人在内的更有代表性的政府。

就在他们争论的同时，伦敦和美国的波兰人正在越来越刻薄地攻击雅尔塔会议。“我认为，一个巨大的灾难已经发生！”安德斯将军指责丘吉尔说。丘吉尔则辛辣地回敬道：“这是你的过错。”

丘吉尔的话与他真正的立场互相矛盾。私底下，他正在为波兰的问题努力着。他仍然在试图说服罗斯福和他一起反对斯大林。他恳求说，他们应该一起发一封电报，要求苏联领导人尊重雅尔塔协议，并且协助在波兰建立一个真正的民主政府。

3月11日，罗斯福终于答复了丘吉尔：

> ……我觉得，在促使苏联政府与我们一致的其他一切可能办法都用尽之前，我们个人最好暂不出面干预。因此，我非常希望你不要在这个关头写信给乔大叔，特别是当我感到你文稿中的某些部分可能会引起同你的意愿相反的回应时……

他不情愿地搁置了自己给斯大林的电报，但是却恳请总统让哈里曼和克拉克·克尔把他起草的电报中列举的各点提出来。

……波兰已经失去了它的边界。是否现在它还要失去它的自由？……我相信，如果我们联合起来顽强地施加压力，坚决遵循我们一向采取的方针和我提议发给斯大林的电稿，我们将很有可能取得成功。

3月15日，贝纳德·巴鲁克来到白宫拜访总统。他也发现，罗斯福很不愿意作出任何决定。他们谈到了雅尔塔会议，继而又谈到了战后的世界。“我们从第一次世界大战中吸取了很多教训，”巴鲁克说，“战争刚一结束，每个人便都成了英雄。美国人的努力将会被极度轻视。我们必须使自己保持强大，并且在遣散我们的部队之前，把所有的问题都解决好。”

“伯尼，你认为还要多久世界才能实现真正的和平？”罗斯福突然问道。

“五年或者十年。”

“天啊，不。”

“如果我们想要和平，就必须去找一些人，这些人知道怎样获得和平，并懂得如何使人们为他们所选择的任务而工作。”

罗斯福尤其喜欢最后一句话，并且重复了一遍。“是的，这就是我们必须要做的。”

“事情还取决于我们在研究和平问题时所采取的立场。您还打算再当一任总统吗？您不能了。您必须决定由谁来接您的班。”他提到了三四个候选人，可是罗斯福只是凝视着窗外波托马克河的流水。

“我们必须作出决定，”巴鲁克敦促他说，“怎样起草一项条约？什么样的和平？还有，谁来接您的班？”

但是，罗斯福仍旧一言未发。他有很多问题，就连巴鲁克这样一个亲信也不知道。史汀生最近透露，有一颗原子弹很快便可供测试，而当原子弹看来可以使用的时候，谁也无法想象它爆炸时的情景，也无法想象它对战后世界可能会有的影响。

在这些紧张的日子里，总统日益急躁。他的夫人第一次意识到，他“再也不能忍受一次认真的谈话了”。如果有什么事情她不同意，他就会心烦意乱。“富兰克林不再是从前那个沉着镇定的人。过去，每当遇到政策问题的时候，他总是一再刺激我，让我发表激烈的看法。这只能再一次表明他的改变，而我们大家都不愿意承认这一点。”

这一事实在3月16日罗斯福写给丘吉尔的一封回信中得到了证明。丘吉尔写信给他，目的是再次要求他在波兰问题上对斯大林采取更为强硬的立场。罗斯福在回信中说，他不能同意那种认为雅尔塔协议已面临破产的说法。他希望哈里曼和克拉克·克尔继续在莫斯科同莫洛托夫谈判。丘吉尔推测，这封信和最近的其他几封信"都不是他亲自动的笔"。于是，他发给罗斯福一封怀旧的私人信件，希望可以"使正式关系的进展轻松一些"。

……我们的友谊是一块巨石，我在其上建筑世界的未来。只要我还是建设者中的一员，就总会想起那些你在研究《租借法案》时的绝妙的日子……我铭记着我们的个人关系在世界事业的进展中所起的作用，而现在，这个事业即将实现它的第一个军事目标了……

正如我上次所说，当巨人之战结束之后，侏儒之战便将开始。一个山河破碎、满目疮痍、饥寒交迫的世界正需要我们帮助它重新站起来，不知道乔大叔或者他的接班人，对我们两人所主张的做法会有何评价？……

祝你一切顺利！

温斯顿

雷马根的桥头堡向东扩展了十多英里，而第九师的巡逻部队正在接近他们的目标：法兰克福—科隆高速公路。尽管空袭炮轰两面夹击，鲁登道夫大桥却仍旧巍然耸立。德国人绝望地用一辆巨型装甲车运来了一门五百四十毫米口径的大炮："卡尔榴弹炮"。这个庞然大物重达一百三十二吨，发射的炮弹重达四千四百磅。它发射了几发炮弹，但没有击中大桥，之后，人们不得不把它拉回去维修。十二枚 V-2 型飞弹从荷兰射来了。它们的落点很分散，其中只有一枚造成了可观的损失，它击中了桥东三百码尺处的一幢房子，炸死了三个美国人。

像德军炮弹的回响一样，附近美军的防空炮和八英寸的榴弹炮的回响同样晃动着大桥。3 月 17 日下午三点钟，工兵们准备把大钢板焊接在一根几乎断成两截的桥拱上。一旦焊接完毕，大桥就安全了。第二七六工兵战斗营营长克莱顿·拉斯特中校站在桥中央，监督工作的进展，突然，他听到了一声刺耳的爆炸声，好像是一声枪响。他抬头看去，又听到了一声。这时，他看到桥梁的一部分断了。他还没来得及发出警报，大桥便开始颤动了。烟尘从木制的桥板上腾空而起。工兵们扔下手中的工具，朝离得比较近的河岸冲了过去。拉斯特跑向雷马根一侧的河岸。与此同时，大桥的中央跨梁不停地抖动着，然后，便拖着两根脱出桥墩的桁梁，缓缓沉入了河中，发出一阵刺耳的金属撞击声。整座大桥都掉进了莱茵河。拉斯特和他的许多部下被河水一直冲到了贝利桥，被人从那儿救了起来。但是，有二十八人被当场砸死或淹死了。

在斯帕，霍奇斯恰好正打电话给米利金，要解除他第三兵团司令的职务。“我有个坏消息要告诉你。”霍奇斯开了口。

“长官，”米利金打断了他，“我也有个坏消息要告诉您，铁路桥刚刚倒塌了。”

鲁登道夫大桥倒下之后，斯科尔兹内的蛙人队决定摧毁上游的浮桥。七点左右，他们潜入了莱茵河冰冷的水中，每人都紧抓着一个五加仑的空罐，空罐上固定着四包塑性炸药。但是，他们还没到达目的地，操作高度机密的CDL（运河防卫光，一种很强的光束，无法检测其来源）的美国人就发现了这些大胆的游泳健将，并向他们开了火。结果，两人淹死，其余全部被捕获。

莫德尔的整个B集团军都被粉碎了，蒙哥马利和霍奇斯俘获了十五万德军，其余的都被赶回了莱茵河对岸。在南边，党卫队将军保罗·豪赛尔指挥的G集团军被逼回到了莱茵河西岸，很快就要被包围了：其北边是巴顿的第三军，南边是亚历山大·帕奇中将的第七军。六十五岁的豪赛尔机智诙谐，好挖苦人。他意识到，他面临着一场灾难，因此急切地要求凯塞林，让他趁为时尚且不晚，率部渡过莱茵河。“不惜一切代价固守莱茵河西岸的政策，结果只能导致更加可怕的损失，甚至可能全军覆没。”

凯塞林犹豫不决。

“应当迅速作出向莱茵河后面撤退的决定。”豪赛尔不耐烦地催他。

“不行，”凯塞林草率地回答，“守住你们的阵地。”

豪赛尔再次据理力争，但凯塞林只是摇了摇头，并未发怒，而是几乎带着几分歉意地说：“这是我的命令，你必须守住。”然而，凯塞林刚一离开房间，豪赛尔便告诉手下的指挥官们，要在绝对保密的前提下做好撤退的准备。

两天之后，即3月15日，巴顿突破了豪赛尔最北边的部队，随后便向莱茵河挺进。豪赛尔命令部队立即撤退，随后，他打电话给凯塞林，请求他批准这一行动。

“守住你们的阵地，”凯塞林说，接着又道，“但是，要避免被包围。”

这就是豪赛尔所需要的一切。“谢谢！”他不假思索地脱口而出，然后迅速挂上了电话。不过，此刻已经为时太晚：G 集团军的主力已经完蛋了。

鲁登道夫桥倒下的那天，艾森豪威尔非常严肃地对巴顿说：“你们第三军的麻烦是，你们没有意识到自己的伟大，你们不够自信。让全世界都知道你们正在做的事情吧，否则，人们就不会赏识美国士兵的真正价值。”

然后，巴顿和他的副官查尔斯·科德曼上校，同艾森豪威尔一起飞往位于吕内维尔的第三军总部。途中，盟军总司令继续表扬着第三军。“乔治，”他滔滔不绝地说，“您不仅是一位好将军，还是一位幸运的将军。您大概记得，对于一个将军，拿破仑更重视的是他的运气，而不是才能。”

“哈哈，”巴顿笑着回答，“这是我们一起服役两年半以来，您对我说的第一句恭维话。”

在吕内维尔召开的会议上，艾森豪威尔提到，齐格菲防线仍然拦在帕奇的第七军面前，而巴顿却已完成了一次突破。接着，他问帕奇，巴顿是否可以通过第七军防区的北部地段发起进攻。帕奇欣然同意了。“我们都是在同一支部队嘛。”他说。

当晚，回到第三军总部之后，巴顿在晚餐时非常放松快乐。“我想，艾克过得十分愉快，”他说，“他们应当更多地让他出来走走。”

“我不能理解他所说的第三军不够自信是什么意思。”哈普·盖伊思忖道，“你怎么解释呢？”

“这很简单。”巴顿一面回答，一面搅着汤，“不久之后，艾克将会参与竞选总统。第三军可以投很多选票呢。”注意到周围人的脸上都浮现了笑容，他又接着说，“你们认为我在开玩笑？我没有。你们等着瞧吧。”

# “纵横字谜行动”

回到意大利之后，卡尔·沃尔夫发现他的一位参谋军官、党卫队上校欧根·多尔曼上校和他一样，对未来也表示忧虑。多尔曼英俊潇洒，老练世故，尖酸刻薄。对朋友，他机智聪敏；对敌人，他凶狠恶毒。他的母亲是意大利人，因此，在意大利，他有很多社会上和知识界的关系。沃尔夫还多次同德国驻墨索里尼的新法西斯政府大使鲁道夫·拉恩讨论过这一忧虑。两年前，当拉恩还是德国驻突尼斯全权代表时，曾经帮助挽救该国的犹太居民于灭绝的边缘。

三人相信，如果德国的抵抗力量突然减弱，意大利北部的游击队便会建立一个共产党政府。他们将和西边的法国共产党人以及东面的铁托一起，形成一条宽广的布尔什维主义地带，一直延伸到欧洲南部。唯一的解决办法是，安排德国部队有序地投降，这样，西方才能赶在游击队之前占领意大利北部。这次谈话之后不久，多尔曼在一次宴会上随意地说道，他对“这场该死的战争感到厌烦”；而且非常糟糕的是，没能与盟国联系上。这种不谨慎的言辞本来是会使计划失败的，但是却产生了相反的效果。吉多·齐默尔，一位党卫队中级军官听到了多尔曼的话。幸运的是，他也感觉到战争已经打输了，而且，作为一个虔诚的天主教徒，他希望制止无谓的死亡和破坏。齐默尔推断说，假如多尔曼是这么认为的，那么，沃尔夫肯定也是这种想法。

齐默尔认为，他刚好认识那个他们认为可以充当中间人的人：路易吉·帕尔里利男爵。美国纳什—凯尔文纳特公司——一个冰箱厂家——的前任代表。同时，爵士还是一位米兰工业家的女婿。齐默尔听说过一些传言，说帕尔里利曾秘密帮助一些意大利的犹太人离开该国。他请来了男爵，把多尔曼的话告诉了他。和沃尔夫一样，帕尔里利也担心共产党人会控制意大利北部，而他本人在那里有许多固定资产。他怀着极大的兴趣听着，齐默尔解释说，只有沃尔夫才能使这一计划最终成功，因为作为党卫队和警察的头子，镇压这样的密谋活动是他的工作。

在帕尔里利听来，这些都很有道理，他答应帮他们的忙。2 月 21 日，他乘火车到瑞士的苏黎世去联系他的老朋友马克斯 · 胡斯曼博士，楚格尔贝格一所著名的男子学校的校长。胡斯曼很同情他们，但是并不认为盟国会参与任何与俄国敌对的谈判。尽管如此，他还是给一个朋友马克斯 · 魏贝尔少校打了电话。魏贝尔是一位四十四岁的职业军官，曾就读于巴塞尔和法兰克福的大学，并获得政治学博士学位。他同样意识到了意大利北部的共产主义威胁。热那亚是瑞士人的首选港口，如果它被共产党控制了，他祖国的经济将遭受影响。魏贝尔知道，如果他参与密谋，并且被人发现，那么，他的职业生涯便将被葬送。但是，一项有沃尔夫参加的计划激起了他的兴趣，他答应合作——当然，不是官方的，因为这意味着违反瑞士的中立地位。

胡斯曼找不出一个比魏贝尔更理想的人选来促进他的计划。魏贝尔是瑞士军队中的高层情报军官，他可以安排任何德国的谈判者秘密来到瑞士。他还认识艾伦 · W. 杜勒斯，一个神秘人物，人们通常认为他是罗斯福在瑞士的私人代表。

1942 年，杜勒斯在伯尔尼设立了一个办事处，并使用了“美国陆军部特别助理”这一含糊其辞的头衔。但是，瑞士的新闻界却不顾他的否认，坚持称他为“罗斯福的特别代表”。事实上，他既不是自己所宣称的人物，也不是自己所否认的人物。他是威廉 · J. 多诺万少将的美国战略服务处在德国地区、东南欧以及法国和意大利的部分地区的代表。杜勒斯是一位长老会神父的儿子，一位美国部长的孙子，还是另一位部长的侄子。他曾在他哥哥约翰 · 福斯特 · 杜勒斯的事务所里从事法律行业十五年。杜勒斯身材肥胖，态度随和，非常友善。他常穿一身粗花呢衣服，嘴里总是叼着烟斗。他看上去就像一位教授，是靠捐赠得到了一把交椅。可是，他极其热衷于收集政治情报，而且尤其喜欢偷偷从饭馆后门溜进溜出，或者是在晚宴上神秘消失。

在胡斯曼打电话的第二天，即 2 月 22 日，魏贝尔邀请杜勒斯和他的首席助理格罗 · 冯 · S. 格韦尔尼茨共进晚餐，并告诉他们，他有两位朋友，非常希望同他们讨论一件双方都将很感兴趣的事情。“如果你们愿意，我将在晚饭后把他们介绍给两位。”他说道。当然，杜勒斯不能马上亲自出场，他建议由他的助理先去见见这“两位朋友”。

格韦尔尼茨举止文雅，相貌英俊，身上有着一种神秘色彩。他的父亲格哈德·冯·舒尔泽·格韦尔尼茨教授是个著名的自由主义者，一位大学教授，一位作家。在纳粹上台之前，他还曾是德国议会的议员，曾参与起草《魏玛宪法》。在他一生的大部分时间里，他同政界的朋友一起，为美—英—德联盟的形成而努力着。他认为，这一联盟是保证世界和平的唯一途径。他的最后一本书是对斯宾格勒的《西方的没落》的回答，其中表达了自己对于民主制的最终信念。

小格韦尔尼茨在法兰克福获得了经济学博士学位。1924 年，他前往纽约。在那里，他从事国际银行业务，并成为了一名美国公民。希特勒上台后，他将他父亲的信念付诸实践了。他认为，在德国反纳粹分子同美国政府之间建立并保持密切的联系，是他的一项特殊使命。一些反纳粹分子领袖已经结识了他，并对他寄予信任。而他也感觉，如果能够说服杜勒斯相信这些人的诚意，那么，在推翻希特勒政权或以某种方式早日结束战争这一问题上，将迈出很大的一步。杜勒斯在伯尔尼设立办事处时，请求格韦尔尼茨为他工作。渐渐地，两人之间发展出了一种密切的合作关系。

帕尔里利向格韦尔尼茨介绍了意大利的局势。格韦尔尼茨礼貌地听着，但心中充满怀疑——这太离奇了——不过他说，如果帕尔里利还有具体的提议，他将再同他会晤一次。帕尔里利问，是否格韦尔尼茨本人或他的一位同事愿意直接同齐默尔或者多尔曼谈谈。

“可以安排一下。”格韦尔尼茨回答。会面结束了。

帕尔里利返回了意大利。沃尔夫本人第一次获悉了同杜勒斯的接触。他决定放弃通过教皇或英国人进行谈判的努力，派多尔曼去了瑞士。3 月 3 日，魏贝尔少校秘密把多尔曼和齐默尔带过基亚索边境，在那里，帕尔里利和胡斯曼博士会见了他们。让两人惊讶的是，多尔曼的表现是与他们平起平坐，而非身处一个哀求者的地位。在卢加诺的比安希饭店，他宣称，他期待与盟国谈判出一个“公正的和平”，以挫败共产党在意大利北部的野心。胡斯曼博士回答说，德国没本钱讨价还价，在战争结束之前幻想西方国家能够切断同苏联的联系，纯属愚蠢行为。

多尔曼认为这是讨厌而自以为高人一等的说教，但是却侧耳倾听，未加评论。这时，胡斯曼说，德国唯一的希望是无条件投降。多尔曼刷地涨红了脸，跳了起来。“您的意思是叛国吗？”他叫道。很明显，对他来说，假如措辞正确的话，投降并不是叛国。他说，德国完全有本钱讨价还价，没有必要接受无条件投降。德国在意大利还有一支完整的军队未被击败，足足有一百万人。

“好好考虑一下，”胡斯曼说，“你们的局势已毫无希望可言。和你的朋友们谈谈。”

多尔曼不想通过一个中间人继续讨论下去，他希望杜勒斯的代表可以尽快到来。但是，当这个人——是保罗·布卢姆，而不是格韦尔尼茨——终于到来时，他也说只能是无条件投降。他又补充说，那些帮助结束敌对局面的善意的德国人将受到敬重。说着，他递给多尔曼一张纸，上面写着两位被监禁的意大利抵抗运动非共产党领导人的名字：费卢西奥·帕里和乌斯米阿尼少校。这整件事情让多尔曼想起了“小学生们聚会上玩的罚物游戏”，但是，他仍然毫无表情地问道：“这两个人怎么了？”

帕尔里利解释说，如果能释放这两个人，并将其秘密地从意大利带到瑞士的话，杜勒斯将认为这是友好的象征。简直太荒谬了：人们立刻就会认出帕里的。尽管心怀疑虑，多尔曼还是说，他将尽力而为。第二次会见就这样以友好的握手而结束了。

无条件投降的要求并没有使沃尔夫像多尔曼那样强烈地感觉受到了侮辱；至少，谈判已经开始了，也许，在今后的协商中，会有体面一些的建议。释放两名重要的政治犯是另一回事。这是一次有勇无谋的冒险，可能会威胁到全盘的计划。不过，沃尔夫还是决定，这是打动杜勒斯的唯一办法。多尔曼建议他去瑞士：如果他作为党卫队驻意大利最高指挥官出现在那里，对美国人来说将很有分量。沃尔夫说他得考虑一下。这将极其危险，因为他在瑞士非常有名。

第二天，沃尔夫驱车前往凯塞林的总部。他几乎将凯塞林当成自己的兄长，并希望这段友谊可以使他能够得到投降所需要的最终认可。他告诉这位陆军元帅，他已经在瑞士同美国人进行了接触，不过，他没有提到任何一个名字。另外，他还暗示元帅，可以安排通过谈判缔结和平。凯塞林表现得非常谨慎，不过给沃尔夫的印象是，如果能够安排一个体面的和平，他会支持的。

次日，帕尔里利在加尔达湖畔会见了沃尔夫。他以杜勒斯的名义，邀请沃尔夫参加将于3月8日在苏黎世召开的一次会议。沃尔夫接受了邀请。

这是一个多事的3月8日。雷马根大桥被攻占了，于是凯塞林被召回了柏林。他被解除了在意大利的职务，并被派往西线。当天早些时候，沃尔夫和多尔曼，以及帕里和乌斯米阿尼——那两名意大利游击队员——被魏贝尔的一个手下秘密地带到了瑞士，继而坐火车到了苏黎世。在那里，两位犯人被安置在了远郊的伊尔斯兰德医院的一个秘密房间里。无论是帕里还是乌斯米阿尼，此时都还不知道为什么自己被人从意大利的监狱里放了出来。

当天晚上，魏贝尔把杜勒斯和格韦尔尼茨带到了医院。直到前一天晚上，帕里还在党卫队的手中，心中确信自己就要被处决了。当他看到老朋友杜勒斯时，不禁泪如雨下。这是一幕感人的场景。而对于杜勒斯来说，它意味着更多——这是诚意的保证。他说，他现在想见见沃尔夫。大约一个小时之后，胡斯曼陪着沃尔夫将军来到了湖畔的一所老式建筑里。在那里，杜勒斯租了一个套间，专为秘密会议使用。

格韦尔尼茨率先走向沃尔夫，想使他在同杜勒斯会见之前放松下来。“将军，我听说过很多关于您的事情，”他开口说道。沃尔夫看向他，他连忙说道：“我所听到的，都是赞扬您的话。”恰好，梅希蒂尔德·波德维尔希伯爵夫人前不久曾告诉过格韦尔尼茨，一位颇有影响的纳粹分子——格韦尔尼茨确定就是沃尔夫——帮助她营救了罗马诺·瓜尔蒂尼，使其没有被关进集中营。“将军，我知道您救过瓜尔蒂尼的命，他是一位著名的天主教哲学家。我相信，我们有共同的朋友，一位可爱的夫人，她告诉了我很多关于您的事。”沃尔夫微笑了起来。

杜勒斯被介绍给了德国人，胡斯曼首先开了口。“沃尔夫将军，”他说，“我们在火车上谈了很久，您还不清楚吗？对德国来说，战争已经无可挽回地失败了。”

沃尔夫已经下定了决心，哪怕要以个人受到侮辱为代价，也要争取到和平，因此，他说：“是的。”

“只有无条件投降才能予以考虑，通过我们的讨论，这点不是已经很清楚了吗？”胡斯曼又问。

“是的。”沃尔夫顺从地回答道。

“如果您仍然试图代表希姆莱讲话，”教授接着说，“那么，咱们的会谈只能再持续几秒钟，因为杜勒斯先生不得不退场。是不是，杜勒斯先生？”杜勒斯抽了一口烟斗，点了点头。

沃尔夫说，他认为，继续战争是对德国人民的犯罪。作为一个善良的德国人，为了结束战争，他愿意冒一切风险。这些话里带着一种诚意，格韦尔尼茨第一次认为这次会见可能会产生某种结果。

沃尔夫说，他在意大利指挥后卫部队，也统率党卫队和警察部队。“为了结束敌对状态，我愿意将我自己以及我统辖的所有部队都交由你们支配。”他继续说道，不过，要做到这一点，他必须取得武装部队的同意。他告诉他们，凯塞林曾经表示过同情。他指出，一旦这位陆军元帅义无反顾地投身进去，便将影响其他战线上的指挥官们作出让步。

几个月之前，格韦尔尼茨曾经告诉过杜勒斯，许多德国将军正准备反对希特勒。而他自己则正在为一项计划工作，准备劝诱五位被俘的德国将军发动一场大规模的暴动。随着沃尔夫谈话的继续，格韦尔尼茨的疑虑打消了。他因这个人的诚意而信服了。沃尔夫没有为他自己要求任何东西，而他的论述也很合情合理。杜勒斯同样信服了。他感觉，沃尔夫不是希特勒或希姆莱的亲信，同他谈判，将很容易达到驻意大利德军彻底投降的结果。

沃尔夫准备拿出进一步的证据来表明他的诚意。他宣称，他将控制在意大利进行的无谓的破坏，并且他已经主动地冒着极大的个人风险，将乌菲兹宫和皮蒂宫里著名的绘画作品，以及维克多·伊曼纽尔国王无价的钱币藏品都抢救了出来。这些东西现在已经全部转移到了安全的地方。他向他们保证，它们绝对不会被运往德国。

“这上面差不多有一半画作。”他说。美国人敬畏地研究着一张清单，上面列着三百幅画作，包括波提切利、提香和其他大师们的作品。

杜勒斯下定了决心。他说，倘若将军不与盟国其他人进行接触的话，他将同沃尔夫合作。沃尔夫表示同意。他许诺将尽力保护战俘的生命，并阻止破坏工厂、电站和艺术珍品。

在这一互相许诺和表达良好意愿的基调上，持续了一个小时的会议结束了。魏贝尔把德国人送回边界。在戈特哈德快车上，他们讨论了新帝国内阁的可能成员：总统？除了凯塞林，别无他人。外交部长？冯·牛赖特曾经出色地做过一任，为什么今天不行呢？财政部长？当然是老狐狸沙赫特爸爸了。内政部长呢？有人建议由沃尔夫将军担任。他的脸因窘迫而微微地红了，接着，他拒绝了。那看起来很可能像是他与盟国合作的赏赐。

但是，刚一过国境，他便再次回到了现实之中。他得知，凯塞林刚刚被希特勒本人召回柏林。将要接替凯塞林在意大利职务的人是谁呢？沃尔夫能不能对他施加影响呢？

还有一封卡尔登勃鲁纳发来的不祥的电报：沃尔夫必须立即前往奥意边境另一侧的因斯布鲁克报到。沃尔夫深信，希姆莱的助手已经以某种方式得知了他同杜勒斯谈判的事情。因此，如果他去了因斯布鲁克，只能被投进监狱，或者更糟糕，被暗杀。他决定对这一邀请不予理睬。

杜勒斯向多诺万将军汇报了他同沃尔夫的会谈情况。他接到指示，继续谈判，并给该活动取代号为“纵横字谜行动”。3 月 15 日，亚历山大参谋部的两位少将从那不勒斯驱车前往瑞士边境。他们曾在匈牙利受到过托尔布欣的招待。这便是美国人莱曼·兰尼兹尔和英国人特伦斯·艾雷，陆军元帅的情报头子。他们伪装成两名美国士兵，但却身着便服。他们的任务是去会见沃尔夫，并为投降做确切的安排。

在瑞士海关，兰尼兹尔令人满意地回答了种种提问，不过艾雷却对美国知之甚少。幸运的是，这并没有什么差别。魏贝尔已经指示边境守卫，无论这两位化名的将军说些什么，都要允许他们入境。

和杜勒斯一起在伯尔尼待了两天之后，他们被带到了卢塞恩。在那里，魏贝尔告诉他们，他刚刚收到来自意大利的令人担忧的消息：凯塞林的职务已由海因里希·冯·菲廷霍夫将军接替。然而，沃尔夫已经按计划动身前来会见这两位盟国将军。

格韦尔尼茨驱车将将军们送到阿斯科纳。那是马焦雷湖畔靠近洛迦诺的一个村子。他把两人作为客人安顿在自己家，一座风景优美的古老农庄。第二天，即 3 月 19 日午饭时，格韦尔尼茨告诉他们，沃尔夫已经和多尔曼以及其他两人一起到了，就住在湖边的一幢房子里。

党卫队将军同杜勒斯、兰尼兹尔、艾雷和格韦尔尼茨的会谈于当天下午三点开始了。湖边的小屋子里没有其他人出席。格韦尔尼茨充当翻译，有时候也插上几句，以使谈判顺利进行。杜勒斯说，他很高兴地看到一位德国领袖在谈判时不提出任何个人要求。

沃尔夫对这番话表示赞赏。但是他现实地预测道，驻意大利的德国指挥官的更换将威胁整个行动。也许凯塞林便是因为谈判的风声走漏而被解除了职务，甚至有可能他们所有人一回到意大利就会被捕。沃尔夫夫人已经被卡尔登勃鲁纳下令禁闭在了她自己家。不过，沃尔夫还是答应尽全力促成投降。他急于尽快见到凯塞林，以说服他在西线做类似的安排。沃尔夫想，最好坦率地要求凯塞林批准在意大利的投降。那样，凯塞林就可以秘密地建议菲廷霍夫支持沃尔夫。

格韦尔尼茨把沃尔夫拉到阳台上，问他意大利的集中营里关押了多少政治犯。沃尔夫觉得，应该有数千名不同国籍的政治犯。“已经有命令要杀死他们。”他说道。

“您会服从这些命令吗？”

沃尔夫在阳台上踱来踱去，最后，在格韦尔尼茨面前停了下来。“不！”他说。

“您能不能向我保证这一点？”

沃尔夫抓住格韦尔尼茨的手。“能！您可以相信我。”

同一天，有关和平谈判的无稽流言传遍了西线。中午时分，布雷德利打来电话，命令第一军的指挥官立即飞往卢森堡，会见他和巴顿。因此，在霍奇斯的总部，人们开始对流言有点相信了。

霍奇斯发现，这只不过是又一次军事会议。布雷德利首先宣布，他刚刚从艾森豪威尔那里获得许可，可以在雷马根用上九个师的兵力。霍奇斯终于可以扩大他的桥头堡，并准备向北面和东北发动攻势。

巴顿正准备向霍奇斯表示祝贺，布雷德利又补充说，进攻要等到3月23日才能开始——这是蒙哥马利计划大规模渡过莱茵河的日子。接着，布雷德利告诉巴顿，他“认为第三军最好不要在科布伦茨附近试图渡过莱茵河”，而应在美因兹—沃姆茨地区过河。换句话说，尽管现在巴顿的部队就待在科布伦茨，可是他们却不能立即从那儿过河，而必须在十英里以外的美因兹过河。

巴顿郁郁地飞回自己的总部。他深信，如果蒙哥马利率先渡过莱茵河，那么，盟军的大多数食品和物资储备都将运往北方，而他的第三军就只能被迫处于守势。他只有四天的时间抢在英国人前面过河；可是，即使条件正常，想占领和清空美因兹地区，这些时间也是不够的。只有一个解决办法：让他的手下超越自己。

在兰斯，比德尔·史密斯刚刚说服了艾森豪威尔，他“必须稍微休息一下，不然他的神经就要崩溃了”。于是，总司令便去了戛纳作短期休假。和往常一样，他谨慎地让一些普通乘客也上了他的飞机。

“纵横字谜行动”刚刚开始，大使哈里曼和克拉克·克尔就把这件事告诉了莫洛托夫。而从一开始，这位外交部长就坚持要求派一位苏联军官陪同兰尼兹尔和艾雷去瑞士。但是，哈里曼忠告国务院，苏联人肯定不会允许盟国的军官在东方参加同样性质的行动。西方的默许只会被认为是软弱的表示，并将致使苏联今后提出更不合理的要求。联合参谋部表示赞成。因此，于3月19日在阿斯科纳举行的历史性会见中没有苏联军官出席。

两天以后，丘吉尔命艾登把阿斯科纳会谈的结果告诉苏联人。苏联的反应迅速而激烈。几个小时后，莫洛托夫交给克拉克·克尔一封回信，其中的措辞是外交官们很少使用的。毫无疑问，他是因苏联在意大利北部的政治目标受到了如此严重的威胁而气愤。莫洛托夫指责盟国“背着苏联”同德国人勾结，而“苏联正背负着反德战争的大部分重荷”，并且声称，这整件事情“并不是一次误会，而是一件比误会更糟的事情”。

哈里曼收到了一封同样充斥着侮辱言辞的信，他把信转给了华盛顿。几个星期以来，他一直在敦促罗斯福对苏联人采取更为坚决的立场。哈里曼希望，苏联人这封恶毒的信能够最终促使总统行动起来。他在电报中指出，这封挑衅的信件证明了，自从雅尔塔会议之后，苏联领导人已彻底改变了他们的策略。

> 我相信，莫洛托夫信中的傲慢言辞公开表明了苏联对美国盛气凌人的态度；我们之前对这种态度只是怀疑而已。我曾有预感，这种态度迟早会造成一种我们不能容忍的局势。
>
> 因此，我建议，当前，在面对这个问题的时候，要坚持我们以往所采取的合情合理和宽宏大量的立场，并用坚决而友好的措辞回复苏联政府。

私底下，哈里曼无法理解为什么斯大林“会同意雅尔塔协议，假如他当时就打算这么快便推翻这些协议的话”。他认为，“元帅本来打算遵守诺言，但却因若干理由而改变了主意”。首先，苏共中央主席团的一些成员曾经指责斯大林在雅尔塔会议上作了太多的让步；其次，斯大林越来越怀疑所有事情和所有人。当美国飞行员秘密地把一些苏联公民带出苏联时，他便声称这是美国官方的一个阴谋的组成部分[1]。最后，也是最重要的一点，斯大林在雅尔塔时真的相信，苏联红军将会被东欧和巴尔干半岛国家的人民当做解放者来欢迎。然而现在，很明显，卢布林的波兰人并不会通过自由选举把波兰拱手交给斯大林；而在巴尔干国家，苏联人已经被看成是征服者，而非解放者。

不管究竟是什么原因[2]，斯大林已经决定无视他在雅尔塔许下的诺言。对他来说，这实在太简单了。曾经有一次，他就另一个协议问题坦率地对哈里曼说过，他没有食言，只不过是改变了观点。

另一个因素肯定也对斯大林的突然变卦起到了鼓励作用：罗斯福在雅尔塔透露说，美国将尽快从欧洲撤出它的军队。这也许是盟国在雅尔塔会议上犯下的最大错误。因为，有了这个保证，斯大林便可以轻视美国人后来提出的抗议——包括总统本人的要求——而他的确这样做了。

---

[1] 很久之后，赫鲁晓夫告诉哈里曼：“我知道，您非常了解斯大林，而且对他心怀某种敌意。因此，我认为您应该知道，他在晚年变得越来越怀疑所有的人。每次我们走进他的办公室，都不知道是否还能活着出来，回去和家人团聚。人不能过这种日子。”

[2] 菲利普·莫斯利，美国驻欧洲咨询委员会的代表，也是对苏联问题最为权威的观察家之一，进一步相信，“苏联政策的支配权已经从外交部转移到了……强有力的经济部门和秘密警察的手中。前者专心于从德国榨取每一滴经济救济。后者则直接对政治局负责，加强苏联对占领区的控制”。

# 斯赫尔大楼

1940 年 4 月 9 日凌晨四点，德军毫无预警地越过了丹麦国境，还有一些德国部队在数个港口登陆，其中包括哥本哈根。一小时之后，当轰炸机不祥地飞行在丹麦上空时，德国驻丹麦公使呈交给丹麦政府一份备忘录，要求其投降。德国人声称，他们没有任何敌意，仅仅是为了保护丹麦免受盟国入侵。他们答应尊重丹麦的中立，不干涉其内政。

丹麦政府投降了，但是，四百五十万顽强而独立的丹麦人民却拒绝接受这一侮辱。不久之后，一个又一个的抵抗战士小组便自发组成了。和波兰一样，这些小组里没有政治矛盾，共产党人和保守党人并肩战斗的现象非常普遍。它们的领导人来自各个阶层，其中有大学教授、商人、工人和专业人员——甚至还有一位文学代理商。

丹麦人并不局限于传统的破坏活动和怠工，他们还发起了一场富有想象力的心理战。起初，他们从德国人身边走过时，假装出德国人并不存在的样子；很快，一些故事便流传开来了——很可能是虚构的，但仍然反映了丹麦人的态度——比如下面这个：在哥本哈根市中心，一个德国卫兵在一个很小的齐肩高的圆形掩体里站岗，他惊奇地发现，所有过路人最后都会注意到他。他们是在笑一个标语牌，那是一个聪明人挂在掩体外面的："他没穿裤子。"一场嘲笑的运动开始了。

到 1943 年 8 月份，每一天都要发生六七起大规模的破坏事件，而德国人则以占领工厂作为回敬，这导致了波澜壮阔的自发的罢工活动。德国人绝望地将部队派上街头，实行了宵禁，并威胁说要扣押人质。然而，这只是进一步恶化了局势。

纳粹的行政首脑瓦尔纳·贝斯特博士飞回柏林，恳求上级耐心等待，并制定更为宽厚的政策。他说：如果能作出一些让步的话，正在萌芽的叛乱就可以被控制住。但是，元首是无法被劝阻的。8月28日，他给丹麦政府发去了最后通牒，要求实行戒严令，直接由德国进行审查，完全禁止罢工和集会，并且将破坏分子处以死刑。第二天，丹麦政府在取得国王克里斯蒂安十世的完全同意之后，拒绝了这些要求。当天晚上，德国士兵公开夺取了丹麦的控制权。然而，希特勒的麻烦只是刚刚开始，因为此时整个丹麦已经在抵抗运动的旗帜下团结起来了。

接下来的一个月中，德国人下令逮捕丹麦犹太人。但是，当特别警察执行这一命令的时候，除了四百七十七名上了年纪的人以外，其他所有的犹太人都神秘消失了。大约六千名犹太人在丹麦起义者的帮助下秘密地渡过海峡转移到了瑞典。纳粹分子的“最后解决办法”，第一次遇到了整整一国人民的坚决抵抗。

秘密的大规模转移行动激起了丹麦人的进一步抵抗。在自由委员会——一个代表各个主要抵抗组织的七人联合体——的计划下，铁路沿线的破坏活动不断增加，使得德国部队的运动比平时减少了百分之二十五。游击队员非常富有进攻性，所有的工厂都被炸毁了，其中包括生产V-2型火箭重要部件的哥本哈根的格洛布斯工厂。

如果说丹麦人没有正式和德国交战的话，那么，他们表现得确实好像是一个交战国一样。而且，尽管已被占领，他们仍在为希特勒政权的垮台作出自己的贡献。1944年秋天，抵抗运动的领导人要求英国皇家空军来摧毁盖世太保存放在奥胡斯大学的档案材料。空袭十分成功，因此，抵抗运动请求再来一次，这次的目标是哥本哈根的斯赫尔大楼。这里存放着大部分盖世太保档案。但是，斯赫尔大楼的最高一层已经变成了囚禁丹麦重要人士的监狱，因此，英国人不太愿意答应这一要求。

一个月后，抵抗运动通过无线电再次呼吁：斯赫尔大楼里的档案破坏性极强，必须摧毁它们，不管丹麦战俘可能会遇到什么危险。在长时间的商议之后，英国空军最终放弃了它的决定，开始计划空袭。轰炸目标方圆一公里以内的建筑物以及丹麦景观都用模型复制了下来。在丹麦新闻界工作的抵抗运动成员向英国人提供了该地区的最新照片。这些泄密的照片刊登在哥本哈根的《贝林时报》上，是一篇乏味的特写故事中的插图。纳粹的新闻审查人员没有意识到它们的重要性；第二天，这份报纸便经过斯德哥尔摩转到了伦敦。

3月19日，在诺福克机场的设备控制室里，鲍勃·巴特森空军上校向大约七十名英国飞行员宣布，第二天中午，他们将连续三次轰炸斯赫尔大楼。斯文·特鲁尔森向他们介绍了目标的情况。特鲁尔森不仅身属丹麦地下谍报网，同时还是英军情报处的一名少校。他说，这是一座U字形大楼，有四层高，按惯例用栗色和绿色条纹伪装了起来——城里只有一座这样醒目的大楼。特鲁尔森指示飞行员们低空飞行，将炸弹投往建筑物前面的地基。这样可以给顶层的犯人们一个机会，让他们从后面的楼梯逃出去。

第二天，天气非常不好，因此行动被推迟了。但是，3月21日的黎明非常晴朗，一架“蚊”式轰炸机在强风中从诺福克机场起飞了。驾驶员史密斯中校发出了信号，随后，另外十八架“蚊”式飞机开始两架两架地起飞，接着，二十八架P-51“野马”式战斗机也飞上了天空。

“史密斯”就是空军少将巴兹尔·恩布里，他曾亲自指挥了对奥胡斯的空袭。他将把整个机队带到目标区域，然后交给巴特森上尉。轰炸机群贴着海面飞过北海，浪花飞溅在它们的挡风玻璃上，给玻璃覆上了一层盐霜。然而，轰炸机仍旧低飞，希望能够秘密躲过德军的雷达。

在斯赫尔大楼的顶层关押着三十二个人，其中一位是克赫里斯滕·吕斯特·汉森，丹麦的警察总监。有人把他带下楼梯。他问他们要带他去哪儿。

“他们不许我告诉您。”看守说。接着，他又低声说道，“去弗勒斯莱夫。”这是一个靠近德国边境的集中营。据说，重要的犯人都将在那里被处决。但是，汉森刚刚走到大门口，本打算带他去集中营的汽车就开走了，于是，他又被重新押回了牢房。

九点左右，一批新犯人被带进了斯赫尔大楼三层的一个房间里。整整两个小时，一位德国法官和一位丹麦翻译都在审问一个名为延斯·伦德的犯人。每当他拒绝回答问题时，两人就一起动手打他。大约十一点十五分的时候，有人取来两根背机枪用的皮带。伦德知道，他将被狠揍一顿了。现在，他只能记起一件事，那就是在奥胡斯空袭期间，哈拉尔德·桑德巴克牧师奇迹般地逃出了盖世太保的魔掌。他祈祷这一幕能够再次发生。

“蚊”式飞机以一百五十英尺的高度接近哥本哈根。透过结着霜的挡风玻璃，巴特森上尉看见了一个很大的铁路调车场。过了一会儿，他又看见了他正在寻找的目标——一个恰好位于斯赫尔大楼后面的湖泊。

在大楼顶层的牢房里，莫根斯·福格教授也在囚犯之列。他是一位神经科医生，也是争取自由委员会的成员。他认为这些轰鸣声来自德国战斗机。它们为了吓唬犯人们，正在向屋顶俯冲。甚至连机枪的嗒嗒声也没能使他相信这是一次真正的空袭。他爬到上铺，透过狭小的窗口向外窥去。飞机正好朝他飞来！他猛地缩回头，跳到地上。炸弹带着刺耳的尖叫落了下来。他爬到床铺底下，用一个手提箱挡住了自己的脸。

在大楼的下一层，伦德也听到了机枪射击的可怕响声，他问发生了什么事情。法官大张着嘴，没有回答。伦德认为，这只是德国人在演习。突然，一声撞击声传来，房间倾斜了。法官一把抓住伦德，把他拉到楼梯上。与此同时，墙壁倒了下来，被震得粉碎，一时尘土升腾，人们恐慌地从楼梯上急忙往下跑。伦德挣开法官的手，骑着楼梯扶手，从一群男人和尖叫的女人身边滑了下去。二楼的楼梯上挤满了人，他只好从楼梯扶手上下来了。一部分楼梯已经倒塌，他看见一个人就在他的面前消失在一团黑暗的烟尘之中。他发现一侧的墙上有个大洞，大街就在下边。于是，他跳到了人行道上。

第一批六架“蚊”式飞机成功地将炸弹扔到了斯赫尔大楼的地基上。然而，直到第二批飞机开始轰炸时，警报才拉响。有一架飞机冲得太低，机翼碰到了调车场里的一个信号所。它刚把炸弹扔下来，就一头撞进了贞德学校。飞机上含有大量辛烷的航空燃料溅落在学校各处，学校燃起了熊熊大火。另外五架“蚊”式飞机继续轰炸：一架掉头向东，飞向达格玛尔胡斯大厦，德国人的另外一个总部就设在那里；其余的几架则将炸弹向斯赫尔大楼倾泻下来。第三批飞机被调车场附近升起的浓烟吸引了。他们把炸弹都扔进了烟雾之中，然后径直向英国返航。驾驶员们以为自己已经命中了目标。当然，滚滚浓烟来自燃烧着的贞德学校。

第一次攻击刚结束，福格教授便从床下爬了出来，向锁着的牢房门口冲过去。门当然打不开。这时候，他听到了第二波的轰炸声，连忙又爬回床下。几间牢房开外，警察总监汉森绝望地抓着一张小床，大楼似乎正在摇晃，他担心自己会透过楼板掉下去。轰炸机的隆隆声一停，他便向牢房的木门冲了过去。门也打不开。他抄起一把凳子，把门砸开了。跑到走廊上之后，他抬头看去，顿时大吃一惊，已经看到天空了。整个屋顶都被炸飞了。此时，他听到福格和其他犯人都在叫喊，并敲打着他们各自牢房的门。“我们必须让他们出来！”他向孤身一人的德国看守喊道。

福格听到了他的喊声，于是立即在门板后面叫了起来：“你们是不是吓疯了？”

看守被吓得呆若木鸡。汉森从他的口袋中抓出了钥匙。被释放的犯人们逃到了后面的楼梯上，这里远离前门的大火。起初，福格跟在其他人后面，但是不久，他突然想到，德国人肯定也走这条路，他们会在下面等着抓这些犯人。于是，在二楼，他跑向了前面的楼梯。在那里，他碰上了另一个犯人，布兰特·雷伯格博士。真有趣，他想，所有的犯人中，只有两个教授想到了要向正门走。

然而，雷伯格却只是震惊地站在那里，他的周围横躺着十几具尸体。福格拍了一下他的肩膀，说道：“还不快走？”他们艰难地从瓦砾里穿过去，来到大门口。这时，他们发现一个受伤的姑娘躺在地上。福格正要拉她向大街跑的时候，警报器响了。“希波斯”——投靠德国的丹麦警察——赶来了！他们扔下那位姑娘，匆匆跑到街上，远离了警报区。在三十二名犯人中，只有六人在大火中丧生，其他人都重获了自由。

J. 亚尔瑟率领六辆消防车对准烈焰滚滚的斯赫尔大楼喷射。他准确地推测出大楼顶层的犯人们会试图从楼房后面逃走，于是向那里走去，以便营救他们。在一道栅栏前，他被一名德国军官拦住了。德国军官命令他带领消防车回到大楼前面去，熄灭主要的大火。亚尔瑟假装听不懂德语，他希望看见大火烧毁盖世太保的所有档案。

一个穿着橡胶长靴的志愿消防队员跑了过来，提出要给他们当翻译，但是，亚尔瑟踢了一下他的踝骨，他顿时明白了过来，转身离开了——那个令人反感的德国军官也走开了。过了一会儿，几辆德国救火车开了过来。亚尔瑟指着一个混凝土掩体，大叫道：“爆炸物！爆炸物！”所有的人都四散而去，包括把守栅栏的卫兵。

亚尔瑟终于自由了。他带着手下来到了斯赫尔大楼的后边，开始用水龙头灭火。这时，大楼正面的火势越来越旺，彻底没法控制了，盖世太保的档案就放在那里。一个小时之后，这座建筑只剩下了几堵空墙。

亚尔瑟带着他的救火车来到贞德学校时，大火还在烧着。消防队员和修女们试图将上百名被困在着了火的地下室里的孩子拉出来。亚尔瑟被眼前的景象吓坏了——混凝土、椅子、砖头和孩子们混在一起——他听到一位消防队员不停地说："太残酷了！太残酷了！"

一个绝望地被压在砖头底下的女孩子大叫着："我妈妈不知道我在哪儿！"

为了安慰她，一位消防队员说："我给你妈妈打过电话了。"

"可是我们家没有电话。"小女孩喃喃地说。

另一个消防队员和孩子们一起被压在了瓦砾底下。他大声喊道："快把我拉出来！"但是，他的同伴们被灰尘、浓烟和烈火逼了回去。

从这个地狱里被抢救出来的大多数孩子都被吓呆了。可是，一个小女孩却不停地说："我的裙子真脏！"并且非常讲究地掸去自己身上的尘土。而一个男孩只知道要点东西吃。

丹麦人非常高兴地看到斯赫尔大楼已葬身火海，而里面将会导致数百名抵抗运动战士被处决的证据也已随之消失。这时，他们听说了贞德学校的悲剧：八十三个孩子、二十名修女和三名消防队员丧生。

第二天，地下报纸《北欧新闻》代表全丹麦宣布：

> ……飞行员们摧毁了哥本哈根市中心的斯赫尔大楼——纳粹德国的无耻罪行以及盖世太保的恐怖活动的纪念碑，为此，我们向他们表示衷心的感谢。
>
> ……不幸的是，除了原定的目标，轰炸还致使很多丹麦人丧生，尤其是弗雷德里克斯贝格·阿雷法语学校的孩子们。
>
> ……对那些失去了挚爱之子的家长们，没有什么可以慰藉他们。我们只能在此向他们表示最深切的同情。
>
> 然而，他们间接地为丹麦的战斗而作出的牺牲，将激励我们竭尽全力去为其他的丹麦儿童创造一个机会，使他们不仅能生存下来，而且能生活在一个自由、安全的丹麦。那里的大街小巷再也不会因为侵略成性的国家的意志和野蛮人执行的镇压政策而被战争摧毁。

# 在两河之间

到了 3 月 22 日，希特勒庞大的德意志帝国已被压缩到了两条河流之间：奥得河和莱茵河。在东西两线，他的敌人们正蓄势待攻，他们确信这些攻势最终将取得胜利。蒙哥马利对莱茵河的袭击，即“掠夺行动”，计划将于第二天开始。和美国人往日的冒险不同，这一行动的每一个细节都经过了精心筹划。一切都已准备就绪，每支部队都非常确切地知道自己应该完成的任务。

当陆军元帅在 1 月底初次草拟出这一计划时，他指派迈尔斯·登普西中将的英国第二军负责在威塞尔的北面进攻和强渡莱茵河。这个城市战略性地位于杜塞尔多夫以北约二十英里处。辛普森的美国第九军的三分之一，即第十九兵团，也将投入这次行动，不过只起次要作用。它将配合主攻，在威塞尔以南几英里处的莱茵贝格渡河，并在莱茵河上架起全部战术桥梁。

当辛普森接到这一指示时，顿时“大吃一惊”；他的部队总比架桥兵能多干一些事。不仅如此，他们将归登普西指挥，而不是他本人。他向蒙哥马利提出抗议，最终，蒙哥马利同意仍由他本人指挥第十九兵团。3 月 4 日，即夺取雷马根大桥的三天前，这支部队出人意料地突破了德军防线，提前打到了莱茵河边。部队司令雷蒙德·麦克莱少将打电话向辛普森报告了一个振奋人心的消息：他发现了“一个理想的渡过莱茵河的地方”，就在杜塞尔多夫的北边，被树林很好地遮掩着。如果辛普森是在布雷德利的指挥下，而不是蒙哥马利，那么他就会挥师渡河，然后再告知集团军司令部。但是，他知道艾森豪威尔希望他逐级请示，因此，他又去找蒙哥马利，要求准许他即兴渡过莱茵河。他指出，德国人因为他们的迅速推进而昏了头，还没来得及在东岸建起防线。

蒙哥马利看都没看辛普森准备的地图，开口便说："您只能在那里动用一个师以下的兵力。没有余地再去干其他任何事情了。我想坚持我的作战计划。"他说，只有严格执行这一计划，才能很好地稳住自己，从而让德国人自乱阵脚。

巴顿和其他很多美国军官都认为，辛普森碰了壁，这样，英国人就能独占首先发动强大攻势渡河的荣誉。然而，辛普森的心里比谁都难受。他觉得，蒙哥马利是名职业的军人，他不会仅仅受民族威望的驱使而作出任何决定。蒙蒂仅仅是希望打一场令人满意的仗，不在最后一刻节外生枝或发生什么变化，以免妨碍主体计划。

然而，蒙哥马利在决定保证"掠夺行动"的成功之后，脑子里又产生了一个想法：把两个师空投到莱茵河对岸去。这一行动被命名为"大学生代表队行动"，其任务是"在威塞尔地区破坏敌人在莱茵河上的防御工事……"这将是盟国军队第一次在白天进行空降行动，于第一批步兵在晚上过河几个小时后开始。

马修·李奇微少将选择了英国第六空降师和美国第十七空降师去完成这一任务，这两个空降师都属于他的第十八空降兵团。英国空降部队成员都是参加过诺曼底登陆的老兵。不过，这些美国人虽然作为步兵参加过阿登战役，却还是第一次空降作战。3 月 22 日，这两支士气高涨的空降部队被"与世隔绝"了：英国人在英国的东英吉利附近，美国人在巴黎附近。部队所在的区域被带刺的铁丝网围了起来，特别卫兵在飞机场上巡逻着。假如关于空降地点的消息被泄漏出去，那么，"大学代表队行动"将以灾难而告终。

然而，尽管采取了这些预防措施，德国人肯定还是获悉了即将进行的空降。评论员冈特·韦伯在柏林广播说："我们应该想到，盟国空军将要进行一些大规模的空降，以在莱茵河以东建立桥头堡。我们正严阵以待。"

乔治·S. 巴顿也制订了他自己的抢渡莱茵河的计划。他没有采用传统的从正面攻打莱茵河的方式，而是利用坦克和装甲步兵像骑兵一样深刺进去。这样不仅十分壮观，而且布下了一个大袋子，可以抓住许多俘虏，并挽救很多美国士兵的生命。同时，他们还比预想的日子提前打到了莱茵河。

自从得到了布雷德利在美因兹附近过河的许可之后，过去的三天里，巴顿从这个总部飞到另一个总部，像个疯子一样——乞求，奉承，要求，威胁。

他要的是速度，更快的速度。他知道，蒙哥马利将于3月23日晚上渡过莱茵河，而他希望自己能在美因兹地区第一个渡过莱茵河。同时，他还深信，突然而迅速地渡过莱茵河可以挽救很多生命，并将有利于自己今后在德国腹地取得更加辉煌的胜利。

3月20日，他飞到了曼顿·S. 埃迪少将坐落在西默尔附近的第十二兵团总部。他激动地踱着步子，说道："曼特，我希望你明天在奥本海姆过河！"奥本海姆是位于美因兹以南约十五英里处的一座城镇。

"只需要再给我们一天的时间。"埃迪回答道。

"不行！"巴顿叫了起来，用力地挥动着手臂。

身高体胖的埃迪好斗地抬起了头，坚持自己的立场。但是，暴躁的巴顿刚一走出去，埃迪便打电话给第五师的S. 勒鲁瓦·雷德·欧文少将。他说："你们必须过河了，雷德。乔治一直在走来走去，不断对我们大喊大叫。"

在接下来的三十六个小时里，欧文无情地催促着他的部下；终于，他们在3月22日天黑之前到达了莱茵河畔的奥本海姆。晚上十点，他们开始悄悄地乘坐突击船过河。第一批部队到达对岸时，惊慌的德国人甚至都没来得及组成一道防线；到了天亮时，欧文已有六个营过了河。没有炮火准备，没有空军轰炸，也没有空投部队，巴顿自拿破仑以来，第一个率部乘船渡过了莱茵河——而且只有二十八人伤亡。

胜利的消息立即送往了第三军总部，但是，巴顿的代理参谋长保罗·哈金斯上校却建议说，到23日傍晚，蒙哥马利宣布他已经过河之前，再把这个消息告诉布雷德利。巴顿最喜欢听这种建议。

保卫德国另一侧的河流，奥得河，也被攻破了。朱可夫在距柏林仅五十英里处建立了三个桥头堡，但是，曼施泰因出人意料地发动了攻势，迫使苏联人在向德国首都开始最后进攻之前重组了队伍。

自从温克出了车祸以后，古德里安就再没有收到希姆莱的任何一份报告，而希姆莱的任务正是顶住朱可夫。3月中旬，灰心丧气的东线总司令驱车来到了维斯杜拉河集团军总部。希姆莱的参谋长、党卫队准将海因茨·拉麦丁在总部的门口碰到了古德里安，他说："您难道不能给我们换一位司令吗？"

"这完全是党卫队的事情。"古德里安回答。接着，他问帝国元首在哪里。

“他得了流感，现在正在霍亨里亨让格布哈特医生治疗。”

在附近的疗养院里，古德里安找到了希姆莱。从外表上看，他的身体还不错。古德里安力劝他辞去维斯杜拉河集团军司令的职务。他提醒帝国元首，他还是党卫队总队长、德国警察的头子、内务部长和后备军总司令。一个人怎么可能完成所有这些岗位上的工作呢？

这个主意吸引了希姆莱，不过，他还是有所保留。“我不能自己去找元首说这件事。他不会喜欢我提这样的建议。”

“那么，您是否授权我去替您说？”古德里安立刻问道。

希姆莱赞成地点了点头。当天晚上，古德里安向元首建议，找人代替劳累过度的帝国元首。希特勒肯定也意识到需要换人了，因为他问应该由谁来接管维斯杜拉河集团军。

古德里安推荐戈特哈德·海因里希将军，第一装甲军司令，目前他正支撑着舍尔纳的右翼。

“我不同意。”希特勒说，然后，他提出了其他一些人的名字。

“他对付苏联人经验很丰富，”古德里安强调说，“他们从未战胜过他。”这一点打动了希特勒；3 月 20 日，位于喀尔巴阡山脉的海因里希总部收到了一封电报，海因里希被任命为维斯杜拉河集团军司令。

第二天，古德里安遇到了正在总理府花园散步的希姆莱和希特勒。古德里安想知道，他是否可以和希姆莱单独谈谈；希特勒善解人意地走开了。

“战争再也打不赢了，”古德里安开门见山地说，“现在，唯一的问题是要找到一个最快的解决办法，结束这场毫无意义的屠杀和狂轰滥炸。除了里宾特洛甫，您是唯一一个在中立国家有关系的人。外交部长不愿请求希特勒进行谈判，因此，您应该和我一起去找希特勒，敦促他安排停战。”

有那么一阵子，希姆莱无法答话。“我亲爱的将军，”他终于开了口，“现在还为时太早。”

“我不明白。现在不是最后一分钟了，而是已经过了一分钟。要是我们再不谈判的话，便将永远无法这样做了。难道您没意识到我们的局面有多危急吗？”但是希姆莱拒绝参与谈判；他更喜欢以他自己的秘密方式进行会谈。

晚上的会议之后，希特勒要求古德里安留下来。“我明白，您的心脏病恶化了。”他说。古德里安对东线末日的预言让他越来越讨厌。他希望找一个非失败主义者接替古德里安的工作。“您应该立刻休息四个星期。”

古德里安知道希特勒这番话意味着什么。“在这种时刻，我不能离开我的岗位，因为我没有副手。”接替温克工作的汉斯·克莱勃将军最近在盟军对措森总部的一次轰炸中负了伤。“我会试着尽快物色一个人，”他说，尽管他并没有这个打算。“到那时，我就去休假。”

一个副官打断了他们。战时生产部长施佩尔想和元首私下谈谈。“我现在不能见他——三天以内都不行。”希特勒激动地说。然后，他又转向古德里安，“这些天来，每当有人要求同我单独会面时，都是因为他有些令人不快的消息要告诉我。我再也无法忍受这些总是给我增加痛苦的安慰者。他（施佩尔）的备忘录总是以这样的话开头：‘战争已经打输了！’而他现在想跟我说的还是这个。我总是把他的备忘录放在保险箱里，从来不看。”

尽管朱可夫已在奥得河以西建立了三个桥头堡——一个在法兰克福的南边，一个在屈斯特林的北面，还有一个在这两座城市中间——德国人还是在东岸有两个据点，屈斯特林和法兰克福。这两个地区将成为朱可夫向柏林发起总攻时的明显目标，因为高速公路从这两个城市一直通到首都。

守卫屈斯特林桥头堡的是党卫队高级军官海因茨·赖因内法特，一位对军事战术了解甚少的警方官员。不过，法兰克福的指挥官埃内斯特·比勒尔虽然只是个上校，却是一位坚定能干的军官。他把他出生的这座城市变成了一座坚固的堡垒。1944年底，比勒尔的腿在东线战场上受了伤，被送进了法兰克福的一所医院。当苏联人在1月底向奥得河方向冲来时，他拄着拐杖一瘸一拐地走出医院，率领一支由恢复期病人、掉队士兵、人民冲锋队队员以及三千名炮兵学员组成的临时队伍，去阻止苏联人的进攻。

2月初的一天，比勒尔正在同他的妻子和四个孩子一起喝茶，这时，有人叫他去接电话。回来后，他说：“要把奥得河畔的法兰克福变成一座堡垒，让我来干。”

五个星期之后，他有了三万名手下。其中的一半安置在河东的山头上，另一半则留在奥得河西岸继续进行训练。比勒尔的炮兵是七拼八凑来的：南斯拉夫和苏联的大炮、法国的75式，还有德国迫击炮。当大本营给他派来二十五辆装甲车作为增援时，他把它们全埋在战备地点，只露出炮塔。他唯一可以移动的武器是二十二辆装甲车，是非常精巧地用车辆残骸重新装配起来的。尽管比勒尔付出了艰辛的努力，但他的心中仍充满了疑团。“在这个缺口里，我究竟有什么真正的作用呢？”戈培尔博士最近来前线视察时，他问道：

“我们需要这座跨在奥得河上的桥头堡，因为我们计划把苏联人一路赶到波森去。”比勒尔看上去并不相信。“我们在考虑同西方议和，”戈培尔解释说，“那样，英国人和美国人便将帮助我们去打苏联人。或者至少，他们会让我们把部队从西线拉到东线。这样的话，我们就可以发起进攻，夺回波森。”戈培尔急切地凝视着他。“您肯定明白为什么要守住这个缺口了！这是通向未来的桥头堡。”

比勒尔安心了。他从一个部队来到另一个部队，对他的手下说：“如果你们后退的话，俄国人将抢占你们的祖国——你们的妻子和儿女！我们必须守住这里！”

被选来代替希姆莱的人身材矮小，已届中年。戈特哈德·海因里希是一个牧师的儿子，但是他母亲那一系的男人们自12世纪以来便都是军人。他办事有方，效率很高，值得信任。他正是接管这条混乱前线最适合的人。两年多以来，他的第四军在莫斯科地区打得非常出色，但是，由于他固执地坚持让盖世太保停止干预他的指挥，所以迟迟没有获得将军的头衔。不过，在最近成功地进行了一系列抗击苏联人的防御战之后，他终于得到了提拔，并被授予带橡树叶的骑士十字勋章。

3月22日，他前来向古德里安报到。古德里安是他信赖的一位老朋友。措森的街道仍因一次空袭而混乱不堪。古德里安首先热情地问候了他，然后说道：“我亲自把你叫到了这里。要是希姆莱的话，那是绝对不可能的。他从不执行我的命令，他从不递交恰当的报告。我告诉过希特勒，他毫无能力，他从未让哪怕是一个排的人渡过河。”

海因里希要求了解全局的情况。古德里安犹豫了一下，然后说道：“形势非常艰巨。也许唯一的解决办法可以在西线找到。”

海因里希想知道这是什么意思，不过，他把这个话题从脑子里赶走了，开始询问古德里安有关战术方面的问题。例如，为什么他还要守卫库尔兰？古德里安激动起来。他细述了希特勒如何“疯狂”地坚决说，要不惜一切代价守住库尔兰。“我一再地被召回柏林！”他高声叫道，并且一一列举了希特勒作为最高统帅所犯下的诸多错误。

海因里希越听越不耐烦。最后，他终于插嘴说："奥得河沿线的情况怎么样？"

古德里安概述了那里的部署情况：希姆莱在奥得河沿岸有两个军在保卫柏林——左面是曼特菲尔；右面，在法兰克福和屈斯特林后方，是特奥多尔·布赛将军的第九军。"具体细节我也不是很清楚，"他带着几分歉意说，并且将其归咎于希姆莱。对别人提出的直截了当的问题，希姆莱总是给予泛泛的回答，这已成了他的特点。"但是我知道，明天将在屈斯特林的南边发动一次总反攻。"古德里安继续说道。奥得河上苏军的三座桥头堡中，最危险的是位于法兰克福和屈斯特林之间的那个。它有将近二十五公里宽，五公里纵深，驻有一大批苏联炮兵。德国空军反复对其进行轰炸，但是收效甚微，因为苏军的防空火力很强。

朱可夫准备从这个桥头堡出发，发动一次对柏林的进攻，古德里安继续说道，而希特勒则想粉碎这次进攻。元首的计划是派五个师渡过奥得河，进入比勒尔的桥头堡，然后向屈斯特林挺进；被切断和后方的联系之后，苏军在奥得河对岸的桥头堡便将萎缩并灭亡。

海因里希大吃一惊。任何一个有理智的军人都会认为这是一个门外汉的战术。首先，法兰克福只有一座桥。五个师的部队怎样才能及时渡过去发动一次进攻呢？

"工兵正在建一座浮桥。"古德里安解释说。不过，很显然，他也反对这整个作战计划。

"但是，这两座桥都将处在俄国人的炮火范围之内！"海因里希惊呼道，"这个计划太差劲了！"

将军指出了这个方案的缺点，古德里安对其心知肚明。"您说得对。"他怯懦地承认了。布赛也不同意这个计划，他建议应直接进攻俄国人的桥头堡。但是，希特勒不喜欢布赛的建议，他派克莱勃斯将军到前线去看看，从奥得河对岸发动一次进攻是否可行。克莱勃斯报告说，可以试一试。于是，大家决定试试看。"现在我得去见阿道夫了。"古德里安讽刺地说。他建议海因里希跟他一起去向元首报告。

然而，海因里希却说，他属于集团军。"我必须及时得知所发生的情况，但是却一点消息也没有。我的报告只是例行公事，却将为此浪费半天的时间。"

古德里安叹了口气。帝国总理府一定会非常喜欢海因里希的实用主义态度。“我会告诉希特勒，您正在了解情况。”他说道。

海因里希驱车前往普伦茨劳附近的维斯杜拉河集团军总部。这里位于柏林东北方向约一百英里处。当他走进希姆莱的指挥所时，天几乎已经黑下来了。这是一座木制的独层建筑。半个小时过去了，他还在这里等着见帝国元首。最终，他要求马上被接见。于是，他被带进了一个简单但很有品位的大房间。在对着门的那面墙上，挂着一幅巨大的希特勒半身像。希姆莱就坐在底下的一张大办公桌前。这是两人初次会面。希姆莱礼貌地站了起来，这时，海因里希说：“我来接替您的维斯杜拉河集团军司令的职务。”

希姆莱伸出一只手，海因里希握了握。那手就像婴儿的手一般柔软。

“我来告诉您，为了推迟苏联人的进攻，我们进行了哪些重大战役。”帝国元首开口说道，“我已经告诉一个速记员来做记录，地图也会有人送来的。”他叫来了埃贝哈德·金策尔将军和汉斯·格尔克·埃斯曼上校，前者是事实上的参谋长，后者则是事实上的作战参谋。

希姆莱开始叙述他所取得的成绩。但是，由于他过分纠结于细节问题，以至于失去了理性的思维。金策尔尴尬地站了起来。“我得去隔壁处理一项重要的工作。”说着他便走了。然后，埃斯曼也告辞了。希姆莱胡乱地唠叨了四十五分钟后，电话铃响了。他拿起听筒听了一会儿，然后默默地把它递给了海因里希。电话那端传来布赛将军的声音：“苏联人取得了一次突破，在屈斯特林以南扩大了他们的桥头堡。”

海因里希用询问的眼神看了看希姆莱。希姆莱耸了耸肩膀说：“您是集团军的新司令。请下达恰当的命令吧。”

“您有什么想法？”海因里希问布赛。

“我会尽快准备反攻，重新巩固屈斯特林周围的力量。”

“好的，一有机会我就会去见您，我们一起研究一下前线的局势。”

海因里希挂上了电话，这时，希姆莱说道：“我想告诉您一些私人的事情。”接着，他用一种搞阴谋似的语调说道：“过来，坐在我的身边，坐在这张沙发上。”他的语气让海因里希觉得非常奇怪。接下来，希姆莱透露了他同西方尝试性的接触。

海因里希立刻就明白了最近古德里安对他讲过的那番隐晦的话。于是，他说道：“不错，但是有什么合适的途径吗？我们又怎样找到这些途径呢？”

“通过一个中立国。”希姆莱神秘兮兮地答道。他紧张地环顾了一下四周，要海因里希发誓保密。

次日上午，海因里希视察了他的集团军北面的一半。这些部队由曼特菲尔的第三装甲军保护。在曼特菲尔的防线与奥得河之间，有一片沼泽地。看来，苏联人最不可能把主攻目标放在这里。接着，海因里希驱车向南边的法兰克福驶去。他穿过了第九军防守的前沿阵地。这里由布赛指挥。他曾任曼施泰因的参谋长，可靠能干，在压力下非常冷静——很快便会需要这些品质，因为，朱可夫一定会从这里开刀，海因里希心想。夜幕降临之时，海因里希不仅将朱可夫可能进攻的地区限定在了法兰克福以西的一段二十五英里长的区域，还设计了一次防御。他将在与奥得河并行的一条小山脊上建立他的主要防线。这条山脊位于河西约十英里处，再往前，一直到柏林，都没有任何理想的天然屏障。

海因里希发布了他的第一道命令：他将此前从波美拉尼亚逃亡至此的全部师团——包括第二十五装甲师、第十党卫队装甲师、元首近卫师和第九空降师——转移到了法兰克福和屈斯特林后面的关键地区。他的第二道命令富于想象力，同部队的调动毫无关系：他命令逐渐放出奥特马豪湖里的水。奥特马豪是一个巨大的人工湖，位于东南方向约二百英里处，湖水流向奥得河。放出湖水以后，将淹没奥得河和小山脊之间十英里的狭长地带，水深可达两英尺。

希特勒确信目前的防线可以挡住苏联人的大规模攻势，但是，他的一些同僚却缺少他的乐观，并且已着手准备在阿尔卑斯山里建立“阿尔卑斯山要塞”，一个“民族堡垒”，国家社会主义将在那里进行最后的防御战。具有讽刺意味的是，这一主意最早是美国人想出来的。1944 年秋天，杜勒斯在瑞士的办事处听到谣传，德国人正在阿尔卑斯山区奥地利的一侧修建一个固若金汤的防御体系。这个言之凿凿的谣传被送到了华盛顿，顿时引起了人们极大的恐惧，于是，不知怎的，它又被泄漏给了媒体。戈培尔立即意识到了这件事情的宣传价值，在很短的时间内，欧洲媒体上便写满了对阿尔卑斯山里那强大要塞的猜想。

和盟国的恐惧相反，迄今为止，一个真正的防御体系也没有建起来，甚至也没有人正式负责这一行动。不过，有几位杰出的德国人正在非正式地拟订一些计划。其中最起劲的一个就是出生于奥地利的卡尔登勃鲁纳。通过希姆莱，他变得越来越有权势。3 月中旬，卡尔登勃鲁纳将威廉·霍特尔召到了他设在奥地利的阿尔特·奥泽的新总部。霍特尔原本是个历史学家，一度曾参加过“柏恩哈特行动”——一次大规模伪造英国钞票的行动[1]。卡尔登勃鲁纳知道霍特尔常去瑞士，便问他是否认为盟国真的害怕在“阿尔卑斯山要塞”进行决战。当霍特尔作出肯定的回答时，卡尔登勃鲁纳说，可以把这种恐惧用作讨价还价的本钱，要求西方“暗中或明确地允许”，德国人在同西方停战之后，仍然可以继续同苏联人打仗。光有恐惧还不够，霍特尔回答道，盟国总有一天会发现，“阿尔卑斯山要塞”并不存在。卡尔登勃鲁纳笑了起来。他按响了电铃，叫人去找迈因德勒博士，奥地利最大的兵工厂施泰尔·韦克的厂长。

“我保证，在 5 月 1 日之前，设在山里的地下车间可以生产出少量的军火。”迈因德勒说道。卡尔登勃鲁纳提到了其他一些合作的实业家的名字，并且透露说，“柏恩哈特行动”正在奥地利进行，可以出钱资助“阿尔卑斯山要塞”。萨克森豪森的一百六十位专家连同他们的造假设备最近已经转移到了雷德尔—齐普夫[2]，这里靠近元首称之为“家”的城市——奥地利的林茨。

只有一件事情是必须要做的：假如德国被一分为二的话，必须获得元首的许可，继续在南方进行战争。为得到这一授权，3 月 23 日，卡尔登勃鲁纳动身前往柏林。他期待——事实上，他希望，希特勒会非常担心迫在眉睫的军事失败，从而最终支持像“阿尔卑斯山要塞”这样一个绝望的计划。

当卡尔登勃鲁纳走进元首办公室的时候，希特勒正弯着腰，观察一个

---

[1] 萨克森豪森集中营的一百六十名犯人奉命印制假钞。“柏恩哈特行动”的目的是双重的：打击英国经济，并为党卫队提供额外的资金。他们很可能印出了总值约为一亿五千万英镑的钞票，面值分别为五、十和二十英镑。

[2] 1945年5月初，一箱箱的假钞被装上两辆卡车，从雷德尔—齐普夫撤离。但这两辆卡车几乎是马上就出事了。其中一辆完整无缺地被德国武装部队截获。而另一辆车上装载的东西则掉进了特劳恩河中。然而，大约十天之后，钱箱开了，数万张钞票漂进了特劳恩泽湖，被当地居民和一些美军士兵捞到了。这个轰动一时的发现促使美国派人去调查另一辆卡车的下落——以及车上价值两千一百万英镑的钞票。

林茨城的大模型。当他看见走进来的是一个奥地利人时，他的两眼顿时放出了光彩。他宣布，他将彻底重建林茨城，使它变成中欧的一个大都会。对于这样一个野心勃勃的计划，在林茨城长大的卡尔登勃鲁纳有何感想呢？

卡尔登勃鲁纳含糊地作了回答，然后惊愕地听着希特勒继续情不自禁地谈论着新林茨城。突然，希特勒抬起头来，微笑着说道："我非常确切地知道您要来跟我说什么，卡尔登勃鲁纳。但是，请相信我，如果我没有把握在您的帮助下重建林茨城，把它建成这个模型的样子的话，那么，我今天就把自己的脑袋打开花。您必须充满信心。我还是有办法把这场战争最终引向胜利的。"

像其他许多人一样，卡尔登勃鲁纳带着新的希望走出了元首的办公室。在五分钟之内，希特勒使他相信，胜利还是可能的。

巴顿想把自己已经渡过莱茵河的消息保密，这是可以理解的，但是，当然，这是不可能的。第二天，即3月23日早上，他的参谋长哈普·盖伊将军接到了第七军打来的电话。有传言说巴顿已经渡过了莱茵河，是真的吗？

"我不能回答这个问题。"盖伊回答。接着，他催巴顿马上告诉布雷德利，第三军已经有七个营过了河。

布雷德利刚刚在那慕尔城堡的餐厅里喝完第二杯咖啡，这时，他被喊去接电话。

"布雷德，"巴顿用一种阴谋般的激动语气说，"您可谁也别告诉，我已经过河了！"

"天，我真不敢相信！您是说过了莱茵河？"

"当然。昨天晚上，我让一个师偷偷过了河。不过，那儿的德国佬很少，所以，他们还不知道。因此，您别对外宣布。我们要保守秘密，看看情况再说。"

布雷德利高兴极了，他告诉巴顿，第三军可以放十个师的兵力在这个新建的桥头堡。他还说，他要给霍奇斯拨十个师，用于加强雷马根的桥头堡；霍奇斯从一开始就这么要求。

蒙哥马利专心致志地细心准备着他自己的攻势；“掠夺行动”计划于当天深夜开始。每一件事情都必然将按恰当的节奏顺利进行，突击部队已经准备好在适当的时刻投入战斗。蒙哥马利甚至连自己的告全军将士书也已经提前准备好了：

……敌人可能认为，躲在这条大河做成的天然屏障后面，便将安然无恙。我们都承认，这的确是一道巨大的屏障；但是，我们要向敌人指出，置身其后并不安全。盟国这个强大的战争机器由陆军和空军的联合力量组成，它将用某种方式来解决这一问题。

一旦过了莱茵河，我们便将冲向德国北部的大平原，使敌人才离龙潭又入虎穴。我们的行动越是迅猛有力，战争就结束得越快，而这正是我们所渴望的一切。让我们继续这项任务，尽早结束德国战争吧。

渡过莱茵河，然后，让我们出发。祝你们上岸之后，多抓俘虏。

愿上帝在我们最后的努力中把胜利赋予我们，就像从自诺曼底登陆以来，在我们全部的战役中他所做的那样。

下午三点，丘吉尔和布鲁克从米德尔塞克斯的诺索尔特机场起飞了。大约两个小时以后，他们降落在了德国边境的文洛。首相不顾蒙哥马利和布鲁克的反对，执意要观看“掠夺行动”开始时的场景。布鲁克写信告诉陆军元帅，丘吉尔决心要来，而且，“现在他还说，要登上一辆坦克！”蒙哥马利回复道：“至于首相，如果他决意要来参加莱茵河战役的话，我认为只有唯一一条行动路线：那就是要求他和我一起待在指挥所里。那样我就能照顾他，并注意让他只去不给别人找麻烦的地方。我已经给他写了一封信，让辛普森带给你。它肯定会使这个老头儿满意的！”

和丘吉尔一起来的只有他的副官 C. R. 汤姆森海军中校、他的随身男仆，以及布鲁克。他们乘车走了一会儿就到了蒙哥马利的总部，在这里，大家一起喝了茶。陆军元帅身着一件旧套衫和一条灯芯绒裤子。他向首相描述了他的作战计划：在轰炸之后，英国第二军的两支部队和美国第九军的一支部队将抢渡莱茵河。第二天早晨，两个空降师将在韦塞尔附近、莱茵河以西几英里的地方降落。

几天来，为了掩护抢渡的准备工作，他们在一段长达七十英里的河面上施放了烟雾。如今，战士们都因此而很不舒服。很多人都说，他们宁愿被德国人看见。不过，由于这些防范措施，集结起来的大批部队、大量突击船只、“水牛”式坦克（一种两栖运兵坦克）、建桥物资和大炮才得以安全秘密地就位。

丘吉尔可以听到远处传来的第一波掩护炮火的射击声。声音来自北边，霍罗克斯指挥的英国第三十兵团将从那里率先过河。就在九点之前，霍罗克斯登上了设在一块俯瞰莱茵河的高地上的观察所。这是一个温暖舒适的夜晚。尽管在烟雾弥漫的黑暗之中，除了炮弹爆炸时的闪光什么也看不清，霍罗克斯还是辨认出了打头阵的“水牛”式坦克。这些坦克装满了第一五三和第一五四步兵旅的战士，正沿着导向缆绳标出的路线，笨重地向河岸开过去。很快它们便将突进至莱茵河。在南面，他可以听到第十二兵团阵地上传来的炮击声，苏格兰突击队员们将从那里渡河去韦塞尔。

接着，炮兵们从第二军的整个地段上开始轰炸，非常壮观地显示了他们的力量。在文洛，蒙哥马利这个懂得睡眠价值的老兵在晚饭后便告退了，回到他的拖车里睡觉去了；但布鲁克和丘吉尔却兴奋地在月光下来回踱步，议论着眼下重要的局势。他们回忆起了当年的斗争，又想起了亚历山大和蒙哥马利初露锋芒的开罗战役。丘吉尔不得不信服布鲁克的知人善用。后来，回到驻地之后，布鲁克在自己的日记中写道：

> ……这是他（丘吉尔）情绪最好的一天，并且以非常罕见的方式赞赏了我为他所做的事情。
>
> 后来，我们来到拖车里查看他刚刚收到的邮件。其中有一封莫洛托夫发来的电报，涉及苏联人对沃尔夫企图在伯尔尼举行和谈的态度，以及他们对我们抛开他们，在西线单独讲和的恐惧，这让丘吉尔十分不安。他口述了一封回电，让他的秘书去拍发，继而又把秘书叫了回来，重新考虑了一下，又开始写另外一封，最后，他非常明智地把这件事推迟到明天再办，以便可以仔细地考虑考虑。
>
> 现在，我准备上床了。很难想象，在距离这里不到十五英里远的地方，数百人正在莱茵河畔投入殊死的战斗，而与此同时，另外数百人正紧张地去迎接他们一生中最大的考验。想着这一切，很难安安稳稳地躺下入睡。

第一突击旅已经准备好朝着韦塞尔方向渡河。在河岸上，记者理查德·麦克米兰正在同一位年轻的秃顶上校谈话。“我想知道现在德国佬在对岸干什么呢。”他一边说，一边往脸上涂蓝色的油脂，还用大杯子喝着茶。

晚上十点，头戴绿色贝雷帽而不是头盔的突击队员们乘坐庞大的“水牛”式坦克开始过河。头顶上，炮弹的尖声呼啸震耳欲聋。几分钟后，清空的“水牛”式坦克又回来载另一批人员。“对岸的战斗并不像我们所期待的那样激烈。”驾驶员们告诉麦克米兰。

晚上十点三十分，英国皇家空军的二百零一架轰炸机向韦塞尔投下了超过一千吨的烈性炸药。正在它们掉头向英国飞回去的时候，突击队开始向已被炸成废墟的城市会聚。

往南几英里，阿尔彭附近，辛普森和艾森豪威尔登上一座教堂的钟楼，观看第九军的掩护炮火射击。3 月 24 日凌晨一点，四万名美国炮兵开始从位于莱茵河以西平坦原野上的炮台快速射击。整整一个小时，两千多门大炮摧毁了德军阵地上的目标。突然，持续不断的轰鸣声停了下来，第三十师的第一梯队——并肩前进的三个营——搭乘配有舷外发动机的突击船只，开始抢渡莱茵河。再往南一点，在他们的右翼，第七十九师已经到了莱茵河西岸，准备在一小时之后出发。没有一个突击队队员戴防毒面具；辛普森决定冒一次有备之险，因为他认为，防毒面具只能增加被淹死的危险。

艾森豪威尔说，他想看看渡河的场面。于是，辛普森陪他来到了河边。这两位将军在那里碰上了第三十师的一队步兵，显然全都士气高昂，正在向船只走去。这时，艾森豪威尔注意到，一个年轻的士兵看上去有些沮丧。“你感觉怎么样？”他问道。

“将军，我特别紧张。两个月以前，我负了伤，昨天刚从医院里回来。我的感觉不太好。”

“好，那么，你和我正好是一对，因为我也很紧张。不过，这场进攻，我们已经计划了很久。而且，我们拥有我们可以使用的全部飞机、大炮和空降部队，足以摧毁德国人。也许，假如我们一起走到河边，感觉都会好些的。”

“噢！我是说我‘曾经’很紧张，现在我不再紧张了。我猜这里的情况并不是很糟糕。”

大概就在第一批英国部队过河的时候，巴顿又一次打电话给布雷德利。“布雷德利，”他刺耳地恳求说，“看在上帝的份上，请告诉全世界，我们已经过了莱茵河！我们今天打死了三十三个德国佬，当时他们正在向我们的浮桥发起进攻。我想要全世界都知道，第三军在蒙蒂开始渡河前就已经渡过了莱茵河。”

对于巴顿从奥本海姆过了河一事，德国人的反应已经很疯狂了。凯塞林惊得说不出话来。他曾警告过他属下的第七军司令，敌军可能会试图从这个地区过河，可美国人还是轻而易举地过了河。“从战略上考虑，”凯塞林想道，“这将给巴顿一个机会，可以绕到仍旧驻扎在莱茵河以西的德国第一军背后，然后，向帝国腹地长驱直入。”雷马根已经成为莫德尔集团军的坟墓。他担心，奥本海姆将成为豪赛尔的葬身之地。

当天早些时候，在华盛顿，罗斯福拿到了联合参谋部1067号计划的最新草案，其内容是关于占领德国的政策。摩根索本来的建议是把德国变成一个农业国，草案中的措辞却要温和一些，只剩下了一个泛泛的声明：德国政府和经济体系的权力将被分散。不过，草案还强调，必须摧毁德国的战争潜力。

> ……作为为了达成这一目标而制定的这一计划的组成部分，所有的战争物资和专门设施……都将被收缴或摧毁。一切航空器材和战争物资的维修和生产都将受到禁止。

但是，这仅仅是一些文字，这些文字是否有效，在很大程度上将取决于把它们付诸实施的人。

中午时分，罗斯福同国会的五位两党议员谈话。这些议员将代表美国出席即将在旧金山召开的联合国会议。出席谈话的还有海军上将莱希，代理国务卿约瑟夫·格鲁，以及国务院的詹姆斯·邓恩和奇普·波伦。“这次讨论是非正式的。”总统开口说道。接着，他告诉他们，斯大林在雅尔塔会议上要求能在联合国得到两张额外选票。他还解释了为什么他和丘吉尔在旧金山同意了支持苏联的这个要求。“我希望，”他说，“今后能看到美国得到相同数量的选票。”

没有一个国会议员，无论是共和党的还是民主党的，对苏联要求额外选票一事表示异议。

第二天，即3月24日，刚刚从马尼拉回来的罗伯特·E.舍伍德往白宫给总统打电话。这位著名的剧作家说，他同麦克阿瑟将军进行了长达三个小时的谈话，在这次谈话中，麦克阿瑟“对东方事务的深刻了解以及开阔的眼界”给他留下了深刻印象；谈话还使他相信，在日本投降以后，将军将成为驻日的一位杰出的军事长官。在听过麦克阿瑟谈论这一问题之后，舍伍德感觉，太平洋的胜利“似乎比我原来想象的近多了”。

“我希望，”罗斯福说，“哪天他可以给我也讲讲这些事情。”

罗斯福想知道，他去参加旧金山会议是否明智。“史蒂夫（厄尔利）认为，我不应该去那里致开幕词——以防这个会议失败。”他笑着说，“他觉得我应该等等，看看会议进展如何。假如会议开得成功，我就去参加，并致闭幕词，并因此而得到全部好评。但是，我要在会议开始时就去，会议结束的时候，我也会在那里。全世界人民的代表来到旧金山，这是给我们这个国家的莫大荣誉。我想告诉他们，我们对此非常感激。”

为了杰斐逊诞辰纪念日那天的演讲，罗斯福让舍伍德给他找几句托马斯·杰斐逊在科学方面说过的话。“尽管没有多少人意识到这点，但是，杰斐逊不仅是一个民主主义者，还是一位科学家；他所说过的某些话，需要在今时今日进行重复，因为在建设未来世界的过程中，科学将会比以往任何时候都更为重要。”

当然，舍伍德对原子弹的事情一无所知，也没有意识到罗斯福这番话的重要性。他祝罗斯福在温泉疗养院度过一个愉快的假期。总统打算先去海德公园，一周后便去温泉疗养院休息。然后，舍伍德便来到内阁办公室拟写一份有关麦克阿瑟的备忘录。

那一天，罗斯福和安娜·罗森堡，他最为信任的顾问之一，在白宫顶层的一个小房间里共进了午餐。两人聊了很长时间，最后，还是罗斯福夫人走进来打断了他们的谈话。她说，他们该去车站向加拿大总督阿思隆伯爵和他的夫人爱丽丝公主道别了。

于是，总统便由两位女士陪同，坐在轮椅上被推出了房间。这时，有人给他送来了一封解了码的由大使哈里曼发来的电报。电报提到了莫洛托夫发给他那封“傲慢的”信件，要求立即停止“纵横字谜行动”。哈里曼大使还建议“马上研究一下局势”。

罗斯福怒气冲冲地一拳砸上轮椅的扶手。“艾夫里尔是对的！”他叫道，“没法跟斯大林合作。他在雅尔塔许下的诺言，如今全都打破了！”他变得非常激动，以至于两位女士明显地感觉到，从今以后，在对待斯大林时，他会采取一种全新的、更为强硬的态度。

导致三巨头之间的分歧日益加深的罪魁祸首，卡尔·沃尔夫，刚刚被愤怒的希姆莱召回了柏林。希姆莱要求他就他的活动作出解释。两人在党卫队将军菲格莱因的公寓里会了面。希姆莱当即指控沃尔夫叛国；卡尔登勃鲁纳在瑞士的间谍拿到了沃尔夫同杜勒斯谈判的所有材料。希姆莱还指责沃尔夫愚蠢至极。最近，元首知道里宾特洛甫笨拙地企图在瑞典进行谈判之后，不是对他大发雷霆了吗？“让我怎么对元首说？您在没有得到特别命令的情况下，也干了同样的事情！”希姆莱嚷道，“也许他会把我们俩都杀掉！”

沃尔夫的建议让希姆莱的脸一下子就白了；他说两人应该一起去见元首，并把一切都告诉他。希姆莱一时语塞。最后，他说道：“你要同杜勒斯打交道，那是不可能的。”他还断然禁止沃尔夫再回瑞士。“你知道的事情还不够多！”

# “美妙的一天”

星期五，即3月23日的晚间元首会议一直拖到次日凌晨两点二十六分才开始。这是一次小范围的会议，除了希特勒的三名副官——京舍、贝罗和约翰梅尔——出席会议的还有外交部的瓦尔特·赫维尔、几位中级官员以及威廉·布格道夫将军。布格道夫长着一副红脸膛，是陆军人事部门的首脑。最近，他成了希特勒意图的忠实代言人，以至于武装部队里的同僚们都开始蔑视他。

在从前线送来的所有报告中，巴顿出其不意地渡过莱茵河一事最让希特勒恼火。“我真的认为第二个桥头堡，也就是奥本海姆的桥头堡，是我们最大的危险。”他说。

“因为敌人运送建桥设备的速度太快了。”布格道夫补充道。

希特勒指向一张地图。“在一条河流构成的屏障那里，只要有一个人疏忽大意就会带来可怕的灾难。事实上，上游的桥头堡（雷马根）也许可以拯救驻扎在这里的部队。如果未能如此——而南面的敌人投入全部兵力渡过了莱茵河——那么，就没人能够逃命了。一旦你们从牢固的阵地上被踢了出来，一切就都完了。在这种情况下，指挥官们只能采取最差劲的举措。他们会反复地对手下的将士们说，他们在旷野上将比在这里打得更出色。”

布格道夫代戈培尔提出一个请求，作为柏林的守卫者，他希望把横贯市区大公园蒂尔加腾的“东—西轴心大街”作为飞机跑道。“有必要，”布格道夫略显不安地说，“把路边的路灯柱子全部砍倒，并在两边多清出二十米的地方。”

希特勒想知道为什么要清出那么大的地方。“它们不会同‘巨人歌利亚’

（轻型坦克）一起降落的。那儿有五十二米宽。”

“如果 JU-52 型飞机需要在晚上降落的话，”空军副官贝罗说道，“那些路灯柱子会惹麻烦的。”

“好，路灯的事就这样吧。但是，要砍掉左右两边各二十或三十米的树……”砍树的想法让希特勒很烦恼。

“这毫无必要。”贝罗让步说。

“他们不需要五十米以上的宽度，”元首继续说道，“无论如何，这毫无帮助。因为跑道的左右两边没法铺路面，也就完全没有用处了。”

“那儿只有人行道和斜坡。”肥胖的陆军副官约翰梅尔说。

“我也不认为有必要砍掉二十米的树，”空军军官贝罗说，“但是，挪走路灯柱子……”

“他可以挪走那些路灯柱子。”希特勒重复道。

“那么，我去传达这个决定了。”布格道夫说道。

可是希特勒还没说完。“我刚刚想到，HE-162 和 ME-262 可以在东—西轴心大街上起飞。”

贝罗说，这条街对于这两种喷气式飞机来说足够长了。

“但是，街中央还有胜利柱，这就不行了。”赫维尔提醒他们。这根大柱子是 1871 年对法作战胜利的纪念碑。

“应该把它挪走。”布格道夫表示赞同。

“到胜利柱差不多有三公里长的路程。”希特勒说。他不愿意破坏这样一个纪念性建筑。“这段路够长了。”

他们终于巨细无遗地研究完了这个问题。布格道夫问元首，关于古德里安的病假问题，他打算怎么办。

“最后一次，”希特勒恼怒地说道，“我想知道医生对温克的诊断意见，我希望他做一个明确的报告。我要让他用生命担保：‘到那时，温克会好，或者不会好。’给我一个期限！他们谈来谈去，说某天某天，他就可以离开医院。可是，到了今天，他们甚至还不知道该不该给温克做手术。”很显然，希特勒希望用温克来取代越来越惹人厌的古德里安。

“医生告诉我们，温克要在医院里待到 4 月 15 日。”布格道夫说道，“尽管他自己已经开始不耐烦了。”

“元首，”贝罗打断了他的话，改变了话题，“当您不在上萨尔斯堡的时候，难道他们不能节省一下烟幕吗？现在，每次一空袭，他们就施放烟幕，都快把全部化学烟幕剂用完了。”

“没错。不过，如果那里完了，就什么都完了。我们必须意识到这一点。这是我们最后的几个藏身处之一了。”

他们又谈到了在措森大本营的小型掩体，然后又长时间地讨论了特别部队的问题。这些部队可以被投进这场毫无希望的战争中去。“我们几乎不知道发生了什么事情，”希特勒抱怨说，“让我吃惊的是，我刚刚听说，突然冒出了一支乌克兰党卫队师。”他说，把武器发给一个并非很可靠的乌克兰师，简直是发疯了。“我宁愿把他们的武器拿来，建立一个新的德国师。”和他的许多顾问不一样，在由志愿反对斯大林的红军俘虏组成的部队的使用问题上，希特勒是持谨慎态度的。

布格道夫殷勤地提醒大家，拉脱维亚和爱沙尼亚的志愿兵组成的几个师已经瓦解了。

“无论如何，你们推测一下，他们为什么要去打仗呢？”希特勒语带讽刺地问道；他们应该检查一下所有外籍部队。“比如，弗拉索夫师[1]，要么它还有点用处，要么就没有。只有两种可能性：如果它还有点用处，我们就把它看作一支正规部队；否则，在我因缺乏武器而不能招募新的德国师的时候，装备这样一个一万到一万一千人的师是十分愚蠢的。我将尽快招募新的德国师，并把所有这些武器都给它。”

“印度军团……”布格道夫开口说道。

“印度军团是个笑话。那里有些印度人连苍蝇都打不死，宁愿让苍蝇咬……我认为，如果我们用印度人去摇摇转经筒之类的东西，他们将是世界上最为不知疲倦的战士。但是，用他们去进行真正的殊死战斗，就太荒唐了。印度人能有多强壮呢？不过，这一切都是愚蠢的。假如你们有多余的武器，出于宣传的目的，你们可以开开这种玩笑。可是，如果没有多余的武器，开这种宣传目的的玩笑就太不负责任了。”他继续用这种讽刺的口吻讲了几分钟，然后突然说道：“我不是想暗示说，你们拿这些外国人什么用都没有。我们可以利用他们做一些事情，但这要花费些时间。如果你们能控制他们六

[1] 红军将军安德烈·安德烈耶维奇·弗拉索夫在于1942年被俘三个星期后，公开指责斯大林，并帮助德国人动员了一百万苏联俘虏为希特勒服役。但是，他最感兴趣的不是促进国家社会主义。因此，在元首的眼里，他是可疑的。

年或十年，如果你们还统治着他们的祖国，就像古老的哈布斯堡王朝所做的那样，他们当然会成为好战士。”但是，他还是觉得印度人没有用。“如果我们告诉他们，再也不用去打仗了，那将是对他们的最大仁慈。”

有人指出，那两千三百名印度人拥有一千四百六十八支步枪、五百五十支手枪、四百二十支冲锋枪和两百挺轻机枪。

“想象一下吧，”希特勒轻蔑地打断了他，“他们手头的武器比他们的人还多！他们当中肯定有人得背两支枪。”他问现在他们应该在干什么，答案是他们在一个休息区。于是，希特勒非常厌烦地挥了挥手。“你们手里的这些家伙一直在休息，从来不打仗。”

这时，一名联络军官送来了一份紧急报告：“H 集团军报告，今晨三点，敌人在韦塞尔南面一点五公里、靠近曼海姆的地方发起进攻（这当然就是蒙哥马利的‘掠夺行动’）。此次进攻的兵力及性质尚未确知。进攻是意料之中的。自十七时（3 月 23 日下午五点）以来，我军的主要防线及后方均遭到敌人的猛烈轰击。”

正当他们开始讨论韦塞尔附近的德军力量，以及对已被突破的地区如何进行可能的支援时，一个名为博尔格曼的联络军官提醒希特勒，援军甚至都不够用来在奥本海姆阻止巴顿：手头只有五门反坦克炮，而且，至少要在一天后才能投入战斗。“在今后的几天里，还可以再增加两门，这样，就能达到七门。目前，其余所有的反坦克炮都已经上了战场，没有任何可用的东西了。”

“事实上，它们应该用在上游的桥头堡。”希特勒说。

“是的，”博尔格曼进一步确认，“应该拨给雷马根的第五一二营。”

“什么时候出发？”

“今天或者明天就可以准备完毕。很可能会在明天晚上出发。”

“那我们明天再谈一下这个。”希特勒说道。他开始盘算，多久才能修理好“十六或十七辆‘虎’式坦克”。他大声说道：“这将是非常重要的。”希特勒对一小批坦克的关注，戏剧性地说明了德国军事力量崩溃的惨状。

黎明即将到来之际，第一批装载着四千八百七十六名英国第六空降师官兵的飞机从英国的东英吉利基地起飞了。一个小时后，美国第九运输旅的两百四十七架 C-47 以及四百二十九架英国飞机和滑翔机飞向莱茵河，开始了

“大学代表队行动”。

在法国，第十七空降师的官兵刚刚吃完早餐。早餐有牛排和苹果派。他们最后检查了一遍装备，随后捆上巨大的背包，登上了飞机和滑翔机。上午七点十七分，第一批运输机起飞了。第五零七空降步兵团将首先空降，并立即抢占一座具有战略意义的森林。接下来是第五一三空降步兵团和由滑翔机运送的四组人员。他们应该在第五零七团的东边空降。最后一个团是第一九四步兵团，他们将在韦塞尔附近降落，并夺取伊塞尔运河上的桥梁。

最后一架飞机起飞时，已经快九点了。两百二十六架 C-47、七十二架 C-46 以及六百一十架牵引着九百零六架滑翔机的 C-47 组成了一支庞大的队伍，一直延伸到肉眼看不到的天边。九千三百八十七名美国伞兵向西北方向飞去，目标是位于布鲁塞尔东南的最后集合地点。在那里，他们同一支人数略少的英国航空队会合[1]。随后，两支队伍合成一辆庞大的空中列车，从排尾飞到排头足足要两小时十八分钟，肩并肩地向韦塞尔飞去。英国皇家空军的两百一十三架歼击机和美国空军第九师的六百七十六架歼击机为它们护航。

除了少数美国人之外，对运输机里的所有人员来说，跳伞作战都是一次新的体验。许多人都有一种共同的反应：喉咙里有一个肿块，越来越大，几乎快要窒息。而那些坐在滑翔机里的人则更为担心。他们那脆弱的小飞机在牵引飞机的尾气里前仰后合，几乎快要承受不住了。

美联社的霍华德·科恩坐在他那颠簸的滑翔机里，竭力使自己忘记滑翔机在诺曼底和荷兰上空粉身碎骨那鲜明的画面。他向左看去，看到了邻近的一架滑翔机右翼的顶端。这架滑翔机是由同一架 C-47 牵引的。它在空中来回摇摆着，危险地靠近了科恩所乘的滑翔机。如果两架滑翔机的机翼撞在一起，将会怎么样呢？他咬紧了牙关，努力不去注意身边那个正往头盔里呕吐的同伴。

第二营的指挥官艾伦·C. 米勒中校搭乘了第五一三空降步兵团的第一架飞机。他只有五英尺四英寸高；他的头盔压在了眉毛上方，而伞兵靴则几乎提到了膝盖处。他的同僚都叫他“王牌”，但是，那些曾跟随他在阿登战役中作过战的美国大兵则叫他“靴子和头盔”。

这架飞机是一架巨型的 C-46，比老式的 C-47 要快。米勒走到敞开的舱

[1] 一万七千两百五十五名英国人和美国人曾在登陆日空降至诺曼底。

门前，向外看去，这是他迄今为止所见过的最为壮观的空中力量的展示。那场面让人无比敬畏。他所乘的飞机位于一大群飞机的中间：一队队又长又直的运输机运载着伞兵；一列列滑翔机好像不守规矩的大风筝，在牵引机的后边左摇右晃；上千架歼击机像愤怒的蜜蜂一样，朝着四面八方冲去。米勒清点了一下他的手下，吃了一片防晕吐的药，然后坐了回去，打算好好睡一觉。

九点三十分，蒙哥马利的助手诺埃尔·切瓦斯陪同丘吉尔和布鲁克登上了一座位于克桑滕附近的小山，从那里可以俯瞰莱茵河。他们将在那里观看空降行动。但是，由于烟雾很大，他们只能看见几艘运载部队过河的小船。在他们周围，全都是盟军炮兵轰炸德军阵地的嗡鸣声。但是，九点四十分，他们听到了另一个声音——一支正在靠近的航空舰队的隆隆声，那声音虽然还很遥远，但却非常尖锐。

伞兵们知道，他们正在接近莱茵河上空。在前方，他们看到了浓厚的烟云，英国人用它掩护了莱茵河沿岸将近七十英里的地段。

美国哥伦比亚广播公司和《克里尔》杂志的理查德·C. 霍特利特这时正在一架 C-47 上往外看。前方，黑暗的烟柱正从即将空降的地区冉冉升起，这些地区的上空布满了盟军的中型轰炸机。只有一件事使霍特利特感到担心：他竟然一点都不担心。

空军大队队长约翰尼·约翰逊是这次战争中最有经验的歼击机飞行员之一。当他看到一队队似乎没有尽头的运输机和滑翔机齐头并进地接近莱茵河时，心中十分激动。他旁边那架飞机的驾驶员也有着同样的感受，他通过无线电向约翰逊喊道："南方人，今天你可以看到山姆大叔有多内行了！"

九点四十六分，第五零七空降步兵团的第一批飞机靠近了莱茵河。红色信号灯开始闪烁。伞兵们挂上钩子，检查了一下设备。德军在用二十和四十毫米口径的防空炮向他们射击，火力越来越密集。在敞开的舱门附近，伞兵们甚至可以透过烟云辨认出德军的大炮。几个德国兵像小鸡见到老鹰一样四散而逃，而其他的德国人则目中无人地抬着头，用步枪、冲锋枪和手枪向空中射击。

九点五十分，绿色信号灯闪烁起来，伞兵们开始从运输机上往下跳。第一营的战士们飘到了位于预定降落地点以北一英里的地方。团指挥官埃德森·雷夫上校落地之后，立即集合他的手下，清除了附近树林里一个德国人的掩体。他看见大约一英里开外的树林里，有一门一百五十毫米口径的大炮正在射击，于是便完好无损地缴获了那门大炮。随后，他向东南方向穿过树林，边走边扫除了里面的一切障碍和敌人。

恰在十点之前，第五一三团接近了它的空降地区。米勒上校已经醒了。他在过道里大喊着："起立！挂上钩子！检查设备！"他走到驾驶室，轻轻拍了一下驾驶员的后背。驾驶员没有回头，只是做了一个 V 字手势。米勒转过身，向跳伞门走去。这时，德国的高射炮火在四面八方爆炸开来。通过开着的舱门，他可以看到波涛汹涌的莱茵河水。在河流上方，盟军的轰炸机和歼击机似乎塞满了天空。他向后面看去。稍慢一些的 C-47 机群排着整齐的队形飞了过来。看来，它们很可能会像计划的那样，以 V 字队形进行最后的攻击。然而，其他 C-46 机组和庞大的英国飞行大队去哪儿了？

米勒的飞机降到了三百五十英尺高，这时，敌人的轻武器射出的子弹穿透了飞机底部的钢板。有几名伞兵被击中了。地勤组长跑了过来，大声说道，有一位飞行员伤得很重。这架 C-46 迅速向左转弯，呈直线飞行。

第五一三团的其他飞机也都遇到了麻烦。高射炮火打在保罗·麦圭尔中尉的 C-46 上，让他想起了冰雹落在波状铁屋顶上的声音。但是，由于忙着检查自己的跳伞装备，所以，直到浓烟开始从一侧机翼的油箱里冒出来时，他才意识到飞机损坏得很严重。飞机的地勤组长匆忙从过道里跑过来，扣上一顶紧急降落伞，并问一名伞兵："伙计，告诉我，今晚的口令是什么？"

米勒可以看清前方的铁路了。"跳！"他叫道。他站在一边，让几个人先跳出舱外，然后自己也跳了下去。当他的降落伞"啪"的一声打开之后，他回头看去，只见飞机的左翼已燃起了大火。伞兵那伪装过的降落伞好像几百朵盛开的鲜花，其间点缀着飞行员那蓝色、红色和黄色的救生降落伞。地面传来断断续续的射击声，在米勒听来，就好像是气枪打靶的声音。就在他的下方，一个伞兵一动不动了。他的脑袋向后垂去，鲜血喷涌而出。

米勒被吹到了铁路正上方。他松了一下降落伞，在一个围着栅栏的小猪圈里着了陆。他把金属联结器翻过来按了一下。这是一个英国造的快速释放降落伞的新装置。可是，什么也没发生。就在他费力地摆弄这个机械装置时，敌人的机枪子弹打在了离他的脸仅有一码远的草地上。他就地翻了个身，拔出匕首，把降落伞割断了。

子弹是从附近的一所农舍里射出来的。米勒拔出手枪，向一个没有窗户的棚屋走去。他刚走到棚屋外，一个粗壮的伞兵就从五英尺高的围墙上跳了下来，“扑通”一声掉在他的身旁。这位小个子上校被这个新来者突兀的出现吓了一跳，又很讨厌他那明显非常害怕的表情，于是，他用尽全身的力气踢了一下他的屁股。两人都没吭声。

米勒谨慎地从小房子的墙角向前窥去。前面不到两英尺远的地方，有一个德国兵的侧影，他正在向铁路前面的旷野射击。在他的身旁，还有另外三个德国兵。田野上混乱不堪，到处都是伞兵和他们的降落伞，而其他伞兵又降落在他们的头顶上。米勒突然想到，如果他刚才降落在了预定的地点——就在铁轨前面——那么，他可能已经死了。

尽管他不是一个优秀的手枪射手，可是距离这么近，他怎会打不中目标呢？他瞄准了离他最近的那个德国兵。德国兵们正全神贯注地向原野上射击，以至于米勒打死了三个以后，最后一个才转过身来——惊得透不过气。米勒开了火。

米勒来到一扇水泥大门前，那个棚屋实际上是个伪装的小型掩体。他示意那名高个子伞兵跟在后边，然后跳进了掩体，准备射击。让他松了一口气的是，里面空无一人。但是，掩体的后部有一些台阶，通往一条黑暗的地道。他摸索着钻进了一座农舍昏暗的地窖里。米勒招手示意大个子伞兵跟上来。可是，他正孤军奋战，自己却不知道。大个子伞兵甚至连地道都没进。米勒分辨出一个身影瘫倒在一个角落里。他刚要开枪，但是某些东西阻止了他。那是一个老女人，脸色像死人一样苍白。当米勒踏上通往厨房的台阶时，她仍一动未动。

在一扇用沙袋堵住的窗户后边，三个德国人正在用机枪射击。上校从一个房间爬到另一个房间。几乎每扇窗户前都配备了一个德国机枪射手。这座房子已经变成了一座堡垒，俯视着附近的田野——他想起了德国广播员曾说过的话：“我们正严阵以待。”

一个人影飞快地闪出后门。米勒连忙顺着大厅朝厨房滚过去一颗燃烧弹，接着，他又向餐厅滑进一颗杀伤手榴弹。在它们爆炸之前，他跑出房子，朝铁轨的方向奔去，从他刚刚进去过的掩体旁跑了过去。突然，他差一点被一位朋友，杰克·劳勒上尉绊倒。他已经死了，米勒犹豫了一下。这时，他第一次注意到，那位大个子伞兵没跟他在一起。他穿过铁轨，来到田野上。到处都是死伤的人。这场大屠杀让他想起了在皮克特冲锋时的情景。

奥斯卡·福多上尉是营里的助理军医。他把目光从伤员身上抬了起来，认出了米勒。他指了指一片树林，第五一三团的一些人正打算在那里集合。就在这个时候，数架英国的滑翔机隐隐出现在田野的边缘，向一群正在缓缓降落的美国人冲去。米勒惊恐地看到，一架比美国滑翔机大得多的“霍萨”式滑翔机在一群刚刚落地的伞兵中间着陆，刹车后在米勒附近停了下来。机尾打开了，一辆装甲车滚滚开了出来。房子里的德国人集中火力向装甲车射击。装甲车起火了，但是，车上的英国机枪手继续用他的布伦式轻机枪猛烈地还击，直到自己消失在了火焰之中。

米勒在树林里找到了二十个人，包括几名飞行员和数名英国伞兵。他把他们带到一所农舍里，福多上尉将那里当成了一个救护站。鲜血正从医生自己的腿上往外流。他镇静地脱下裤子，给自己绑上了一条止血带。“我只是在屁股上中了一枪。”他说，然后又向草地走了回去。

头顶上响起了震耳欲聋的轰鸣。米勒抬头看去，一群 B-24“解放者”号正以不可思议的勇气擦过树梢，运来了第一批医药和军火补给。它们离得太近了，米勒可以看到飞行员们坚毅果断的脸；这副景象让他激动不已。地面上的人一面欢呼一面挥动着手臂。米勒为自己是一个美国人而感到高兴。

这些大胆的“解放者”号中，有一架着火了，接着是另一架，又有一架。给养品被装在四英尺长的钢制圆筒里，系在降落伞上，大串大串地飘了下来。有一个圆筒脱开了降落伞，像炸弹一样朝米勒冲了下来，深深地陷进了他脚边松软的泥土里。米勒记得，在这次战争中，这是他与死神最为接近的一次。

过了一会儿，第五一三团的指挥官詹姆斯·库茨上校带着一小撮人跑了过来。“我希望您带上您在铁路左侧的部队从这里向南进攻！”他气喘吁吁地大声对米勒说，并用手指向一片开阔地带。德国的机枪零星地从那个方向打了过来，所有的人立即卧倒在地。

小个子上校站起身来。“跟我来！”他大声喊道。没有一个人动弹。很少骂人的米勒发火了。“他妈的！”他喊道，“动起来！”他前前后后地跑着，扯着嗓子反复叫喊同样的话。两个人不情愿地蹲了起来，似乎有点尴尬，然后，便犹犹豫豫地开始前进。接着，更多的人跟了上来。最后，所有的人都开始前进了。当德国人看到米勒和他的手下冒着枪林弹雨径直向他们冲来时，立即转身四散而逃。

十点二十分，第三支美国空投部队——用滑翔机运输的第一九四步兵团——接近了他们的目标：伊塞尔运河大桥。

“它挺不了多久了。”一名中士告诉美联社记者霍华德·科恩。两人握了握手，互祝好运。科恩全神贯注地盯着飞行员，等着看他推动控制杆，放开滑翔机。

“下降！”驾驶员喊道。

当笨拙的滑翔机急剧地开始向下俯冲时，那名中士说道：“现在应该祷告了。”

科恩想道，自从起飞以来，大家一直在祷告。滑翔机穿过了一大团刺鼻的烟云。科恩觉得自己仿佛置身于一座烈火熊熊的楼房之中。下方，几十架滑翔机横七竖八地停在那里。突然，大地仿佛正朝他迎面冲来。在一阵碎裂声中，他们撞到了一堵篱笆上，继而又弹起来，越过了一道山谷。然后，机翼的顶端刮到了另一堵篱笆，接着是一阵突如其来的寂静。他们在一片牧场上——安然无恙。他爬出滑翔机，四下张望着。

科恩惊奇地看着一个个的小洞在他周围的草地跳着舞——子弹！他滚进一条浅浅的沟渠，这条沟渠并不深，里面全是红色的泥水。感觉不错，于是，他便待在了那里。一架滑翔机在他的头顶直冲下来。它碰到了附近一棵树的树梢，然后便和一百码开外的一架安全降落的滑翔机撞到了一起。科恩蹑手蹑脚地爬出沟渠，小心翼翼地向四周看了看。射击已经结束了——至少是现在。他默默祈祷感恩。他永远永远不会再坐滑翔机了。

许多滑翔机都像火柴盒一样碎裂开来，上面的人非死即残。其中几架是被敌人击落的。但是，至少第一九四步兵团还是在预定的区域降落了，而且很好地集结了起来。对他们来说，一切都在按计划进展，这在战斗中很少发生。就在他们集合起来向伊塞尔运河进发，准备夺取河上的桥梁时，大炮也都重新装配好了。

从他们那有利的位置，丘吉尔和布鲁克清楚地看到了从他们头顶径直飞过的机群，不过，伞兵还没开始向下跳，这些飞机就消失在了烟雾之中。过了一会儿，运输机又鱼贯而返，机舱门大开着，开伞索飘舞在后面。

快到中午时，丘吉尔和布鲁克坐上装甲车，被载到了往北十英里处靠近卡尔卡的一片高地上。他们要在那里观看苏格兰第五十一师过河。他们的向导切瓦斯收到了蒙哥马利的命令："下午茶之后，你才可以离开这些人——要确保没有一个人被打死。"但是，刚吃过午饭，首相便提出了一个鲁莽的要求：他想渡过莱茵河。切瓦斯担心地同丘吉尔的副官汤普森司令商量；汤普森建议他去向蒙哥马利请示。

当晚，兴致不错的布鲁克在他的日记里记录道：

> 这时，温斯顿有点难缠了；他想插手抢渡莱茵河的事儿，我们很难阻止他。不过，最后他表现得不错。我们乘装甲车回到了停放我们自己汽车的地方，又从那里回到了总部。首相早就困了，立刻就去睡了；在我们返回的途中，他几乎一直在睡，一点点地滑到了我的膝盖上。

晚饭时，丘吉尔的情绪非常好，甚至还给蒙哥马利和其他人讲起了梅特林克所著的《蜜蜂的生活》一书中的精彩章节。

第一名伞兵跳伞后三小时十四分钟，最后一名伞兵也跳了下去。这时已是下午一点零四分了。又过了不到一小时，美国伞兵同英国第一突击旅联系上了。该旅于前一天晚上打进了韦塞尔。差不多与此同时，英国第六空降师的伞兵与英国第十五师的战士也在哈明克恩会师了。这是位于莱茵河以东约七空英里的一座城市。

在得知他的部队正同陆军部队会合的消息以后，马修·李奇微将军马上乘坐水陆两用平底军用车过了莱茵河。当笨重的车子摇摇晃晃地爬上岸时，车上的英国机枪队预防性地扫射了每一簇草丛。没有回击的枪火。第十八空降兵团指挥官和他的四个同僚下了车，开始步行去寻找第十七空降师师长威廉·巴德·米雷少将。和往常一样，李奇微的腰带上晃荡着几颗手榴弹。他抓起一支1903年的"斯普林菲尔德"步枪，率先冲进了树林。这位指挥官对所有的人——包括他自己——都非常严厉，他打仗的哲学是："要狠，越来越狠。"在一条小路拐弯的地方，他碰上了一个呆在个人掩体里的德国兵。将军停住脚步盯着他。德国兵眼睛睁得大大地回盯着将军——他已经死了。

这一小队人继续向前推进。突然，李奇微看见前面的树丛里有光在闪烁，并听到了一阵重重的敲打声。他示意所有人就地隐蔽。一匹步履沉重的肥马沿着小路跑了过来，马上骑着一名美国伞兵。他的背上斜挎着枪，头上戴着一顶丝织的高帽，脸上挂着一丝满意的微笑。李奇微突然走到这位骑手的面前。一看到李奇微钢盔上的两颗星，伞兵顿时慌了神，很明显，他不知道是该敬礼还是下马，还是举枪致敬或者脱帽示意。但是，当看到李奇微笑了起来时，他便放松了下来，咧嘴笑了。

不久，李奇微来到了第十七空降师的指挥所。然后，他和米雷将军一起，乘吉普车前往第六空降师的指挥所，准备同埃里克·博尔斯将军进行会谈。在大家分乘三辆吉普返回米雷战地总部的路上，他们接近了一辆彻底烧毁的卡车外壳；于是，他们放慢了车速，准备绕个大弯。这时，李奇微看见，在前方的黑暗中，有几个人影正在匆匆跑动。他一下子跳到地上，端起挂在臀部的“斯普林菲尔德”便开了枪。一声疼痛难忍的大叫——一个身影倒了下来。李奇微跳到吉普车后边取另一个弹夹。这时，传来了一声震耳欲聋的轰响，他感到肩膀上一阵剧痛。一颗手榴弹在吉普车底下爆炸了，离他的头只有两英尺远——不过在车轮的另一边。

在寂静之中，李奇微可以听到周围全是人的呼吸声。他不再开枪了，担心会打中自己人。这时，他看见一条沟渠对面的柳树林里有人微微地动了一下。“举起手来，婊子养的！”他大喊道。

“见你娘的鬼去吧！”一个非常地道的美国口音答道。

李奇微把手指从扳机上移开了。

看起来德国巡逻队已经逃远了，于是，李奇微向米雷高声喊道：“怎么样，巴德？我想我干掉了一个。”他没提自己负了伤。

大家登上剩下的两辆吉普车，继续赶路。突然，米雷看见前方黑暗的公路上有什么东西在挪动着。他用手枪开了火；可是对方却没有还击。于是，他跳下吉普，发现原来是一名第十七空降师的伞兵，手里还拿着一挺三十毫米口径的机枪。“该死！”米雷说，“你已经接到了射击的命令，为什么没向我开枪呢？”那个伞兵只是腼腆地笑了笑。米雷不知道是该骂他一顿还是应当感谢他，于是什么都没做。

在莱茵河上游约一百五十英里处，乔治·巴顿和他的两位副官——格罗顿的毕业生查尔斯·科德曼上校，和得克萨斯的炮兵亚历山大·斯蒂勒少校——正在奥本海姆过浮桥。“现在该歇一会儿了。”巴顿一边说，一边从桥边往下看。然后，他一言不发，仿效丘吉尔在“龙牙”所做的，履行了盎格鲁—撒克逊人的特别习俗。“我早就想这么做了。”他一面重新扣好裤子上的纽扣，一面满意地说道。

这一小队人继续向东岸前进。满脑历史思想的巴顿刚一下了桥，便立刻模仿征服者威廉，故意绊倒在了松软的泥土中。据说征服者威廉刚一下了船，立刻趴在了地上，说道：“看，我用双手占领了英格兰。”

将军挖起一捧土，爬了起来。他让泥土从他的指缝间漏了下去，然后说道：“这就是，征服者威廉。”

海因里希选择了一道山脊，在那里建起了他在奥得河后面的主要防线；山脊顶上，是一个叫做塞洛的村子。就是在这里，在圣枝主日[1]的早上，即3月25日，他第一次见到了肥胖而又自信的第九军军长特奥多尔·布赛。布赛解释说，正如他对大本营所预言的那样，他在两天前仓促发动的第一次进攻失败了。他的装甲车队穿过了苏联红军的防线，可是，他那些缺乏经验的步兵却不知道该如何巩固成果，最后，他被迫撤回了坦克。

海因里希违心地命令他立即发动第二次进攻。成功的希望非常小，但眼下的局势不得不孤注一掷。同布赛的简短会晤结束了海因里希对维斯杜拉河集团军的视察。然后，他动身前往柏林，这将是他第一次同希特勒见面。

下午三点左右，他走进了帝国总理府。那些前来参加会议的人已经在走廊里乱转了。一共约有三十人，包括凯特尔、约德尔、古德里安和布格道夫。他们还没吃完三明治、喝完咖啡，就有人喊了一声：“元首来了。”大家匆匆向小会议室走去。窗帘被拉上了，光线很暗。房间尽头的一扇门砰地打开了，希特勒走了进来。他弓着肩向前走来，似乎有些缩小了。

海因里希被介绍给了他。两人握手时，元首那无力的一握让海因里希很是沮丧。元首在一张大办公桌后面等着，一位副官把一把椅子推到了他的屁股底下。他砰然坐了下去，然后用右手把那只颤抖不已的胳膊抬到了桌子上。另一位副官递给他一副墨绿色的眼镜。

[1] 圣枝主日：基督教节日，圣周的第一天，也就是复活节前的星期日，纪念当年耶稣基督在众人欢呼簇拥之下进入耶路撒冷。——译注

有人低声告诉海因里希坐在元首的左边；他的右耳听不大清楚。海因里希开门见山地向他介绍了东线的战局，态度像以前和古德里安谈话时一样坦率。在他讲话的过程中，有人交给他一封布赛发来的电报：第二次进攻也失败了。

这个消息让希特勒愁容满面，猛地跳了起来。“继续进攻，并且要想尽一切办法和屈斯特林重新取得联系。”他想知道为什么这两次进攻都失败了。“大炮不够吗？”

“我赶到那儿时，正来得及看见双方的炮火纷飞，”海因里希回答说，“俄国人也有大炮。”希特勒无视这一讽刺，他重复说，必须把屈斯特林夺回来。

“在这种情况下，我们无法从法兰克福地区发动一次进攻。”海因里希怀着复杂的心情说道。从那个“堡垒”发动一次攻势似乎更加愚蠢。

“首先，我们要夺回屈斯特林！”希特勒纠正他说。

到星期天的黎明时分，李奇微已经击退了德国人的两次强势反攻。“大学代表队行动”已经取得了辉煌的战果。不过，代价是高昂的。美国人有百分之十的伤亡，而英国人至少有百分之三十，不过，他们在空降区总共歼灭了三个德国师——第八十四步兵师和第七、第八伞兵师——以及无数的炮兵和防空部队。更重要的是，他们还保证了蒙哥马利的主要攻势“掠夺行动”的成功。

圣枝主日的宗教仪式结束之后，丘吉尔、蒙哥马利和布鲁克驱车前往莱茵贝格附近一座俯瞰莱茵河的古堡去会见艾森豪威尔、布雷德利和辛普森。会谈非常热烈，所有人都因这次出色行动的成功而雀跃不已。丘吉尔一再对艾森豪威尔说：“亲爱的将军，德国被打败了！我们战胜了它！它完蛋了！”

“感谢上帝，艾克，您忠于了您的计划。”布鲁克说道，“您完全正确。如果我对分散兵力的担心增加了您的负担，那么，我很抱歉。如今，德国已落了下风。只剩下它什么时候选择放弃的问题了。感谢上帝，您忠于了您的大炮。”

至少，这是艾森豪威尔记忆中他所说过的话。布鲁克自己只记得，他当时礼貌地祝贺了艾森豪威尔所取得的成功，并且告诉他，他的政策现在是正确的。他不可能承认艾森豪威尔“完全正确”，他写道，因为他仍然认为，盟军总司令“完全错误”。

在草地上吃过了一顿愉快的午餐之后，艾森豪威尔提议，大家一起乘车到莱茵河畔一座用沙包设防的房子里去。从那里，他们可以观察战场上的情景。他们站在俯瞰莱茵河的阳台上，注视着登陆艇飞快地来来往往。“我想上船过河。”丘吉尔说道。

“不行，首相先生，”艾森豪威尔说道，“我是总司令，我不允许您过河。您可能会被打死。”

但是，艾森豪威尔刚一因为另有约见而离开，丘吉尔便指着刚刚靠岸的一条小艇，对蒙哥马利说：“我们为什么不渡河到对岸去看一下？”

“为什么不呢？”元帅回答说。这让首相有些出乎意料。

辛普森送艾森豪威尔上了飞机，然后又回来了。他发现丘吉尔、蒙哥马利和其他几位军官正在登上一条美国海军登陆艇。“既然艾森豪威尔将军已经走了，”丘吉尔孩子气地咧嘴一笑，大声说道，“我就要过河了！”

当他们踏上东岸时，阳光非常灿烂。德军的炮弹零星地在四周爆炸着。丘吉尔大口大口地抽着雪茄，大步流星地走向战场，谁都没来得及拦住他。

“这儿不是首相待的地方。”辛普森对蒙哥马利说，“我怕他在我这个军的地段里出事。”说着，他加快了脚步，去追赶首相，而首相却毫无停步的意思。“如果我们再往前走，”辛普森机智地喊道，“很快就要到前线了。”

在乘船返回的途中，蒙哥马利被丘吉尔的冒险精神感染了，他问快艇的艇长：“我们能不能沿河下行去韦塞尔？那边可以看到一些战斗。”

这是不可能的，因为有一条拦阻浮动水雷的铁链横在莱茵河上。不过，刚刚到达西岸，陆军元帅便俯下身子，像密谋者一样对丘吉尔说道：“让我们去韦塞尔的铁路桥，看看那里的情况如何。”

巨大的铁桥已经部分损毁，而且仍然还在遭受敌军炮火的轰炸。首相又一次率先敏捷地爬上了桥梁。这时，炮弹落得越来越近，在河中激起了巨大的水柱。终于，一发炮弹打中了大桥的另一端，就好像德国人知道丘吉尔在这里。

一位下级军官走向辛普森，担心地提醒说，德国人可以直接观察到这里，然后发射迫击炮。“我们已经被夹击了。”他说，“再有一两发炮弹，他们就会击中我们。”

辛普森追上丘吉尔。“首相先生，”他选择了正确的称呼说道，“敌人的炮兵就在前面。他们正在轰炸桥的两侧，现在又开始炮击您身后的公路。我担不起让您待在这儿的责任，因此，必须要求您赶快离开。”

丘吉尔脸上流露出的表情，让布鲁克感觉好似一个小男孩被人从他那海滩上的沙子城堡前叫走。丘吉尔用双臂抱住了桥上的一根大梁，撅着嘴从肩膀上方窥向辛普森，仿佛是在激他来撬开自己的手。

然后，让大家松了一口气，他放开了大桥，不情愿地拖着步子回到了岸边。丘吉尔曾经一再对布鲁克说："如果要死，就要在你热血沸腾、什么也感觉不到的时候，投入到战斗中去。”现在，在布鲁克看来，首相已经决心冒一切危险，似乎作为战士在前线突然牺牲是他的圆满归宿，并且可以使他从与苏联共存的战后世界中解脱出来。

对于首相来说，这是充满惊险的一天。但是，即使身在前线，他也摆脱不了俄国问题。在蒙哥马利的司令部里，有一封发自伦敦的信正在等他。信是艾登写来的。艾登想知道，鉴于苏联的怀疑和傲慢，是否还有必要去参加旧金山会议。“在英—美同俄国的关系如此彻底地缺乏信任之时，我们怎么可能奠定新世界秩序的基础？”

丘吉尔立即回信说，他也认为“旧金山会议的问题仍悬而未决”。接着，他怀旧地谈起了另一个问题："我们跨过了莱茵河，度过了美妙的一天。”当晚晚些时候，丘吉尔又给艾登写了一封信。斯大林突然决定派葛罗米柯代替莫洛托夫去参加旧金山会议，这是苏联对“纵横字谜行动”“不满情绪的表现”。他认为，“如果想让这样一次会议具有一点价值，英国和美国现在就应取得一致意见，反对打破雅尔塔协议。”

但是，丘吉尔仍然担心，在反对俄国一事上，罗斯福不会采取强势的联合立场支持他。就在同一天，罗斯福给斯大林写了两封信，这对消除首相的忧虑并没有起多大作用。在一封信中，罗斯福礼貌地对莫洛托夫不出席旧金山会议表示遗憾；而在另一封信中，他为“纵横字谜行动”进行了辩解——用调和的措辞。信中并没有显示出罗斯福在读到莫洛托夫的无礼来信时那非常真实的愤怒。而丘吉尔也没有得到任何暗示，表明总统终于下定决心更坚定地支持他反对斯大林。

# 鲍姆别动队

3月24日，巴顿命令他的第四装甲师渡过莱茵河。目前，在攻占了雷马根桥的威廉·霍格的指挥下，第四师已向下一道障碍——美因河——急速前进了二十五英里。与此同时，A战斗部队计划进驻法兰克福以东的哈瑙，B战斗部队则驻在东南方向约二十英里开外的阿沙芬堡。

第十二兵团的指挥官曼顿·埃迪少将打电话给霍格，给他下达了一项奇怪的任务：巴顿希望派一支特遣队深入敌人防线后方六十英里处，去解救汉默尔堡战俘营里的“九百名美国战俘”。霍格觉得这个任务很古怪，但是未予置评。

当天晚些时候，巴顿亲自打电话给霍格。他比平时拔高了嗓门，说道：“这将使麦克阿瑟奇袭卡巴纳端[1]的行动不值一提！”霍格没对巴顿说什么，但他告诉埃迪，他并不喜欢这个主意。派一支特遣队去东面，只会进一步分散他这个师的兵力。第四师的战线已经铺开了二十英里，而且他们的任务是在渡过美因河后向北挺进。在战争的最后阶段，为什么要冒这种险？战俘营有许多个——汉默尔堡何以如此重要？埃迪说，他会再同巴顿研究一下这个问题。

汉默尔堡是一座相当大的城镇，位于蜿蜒曲折的弗兰肯萨勒河畔，距美因河畔的法兰克福仅五十五空英里远。再往东二十空英里，就是施魏因富特，著名的滚珠轴承生产中心。XIIIB战俘营坐落在一座陡峭小山顶部的碟形高

[1] 卡巴纳端：菲律宾的一个战俘营，不久前已被麦克阿瑟解放。

地上，往南三英里就是汉默尔堡。在其中一个营区里，关押着 1941 年一次小型战役后被俘的约三千名南斯拉夫皇家军队的军官。这些南斯拉夫人——他们喜欢叫自己塞尔维亚人——身着破旧但却合体的制服，神色傲慢，面容黝黑，性情反复无常。他们对 1945 年 1 月来到这里的八百名美国军官格外友善慷慨，一致决定把一百五十袋食品捐给他们的盟友。

大部分美国人在阿登战役刚一开始就被迫投降了；因此，他们并不因自己的部队而感到自豪，对高级军官也不那么尊重。除了星期日的宗教活动外，战俘营内几乎没有什么有组织的活动。和萨岗战俘营不同，这里没有田径、音乐或戏剧活动。几乎没有人想逃跑，因为显然战争只能再持续几个月。红十字会的包裹每个月只分发一次——因此，尽管不时补充一些战俘营里的佳肴，比如炖猫肉，但仍难以改变经常性的食物匮乏状况。很多人都患上了流行性感冒和肺炎。几乎所有人都闹肚子。

总而言之，整个营区的状态混乱不堪，这种情况一直持续到了 3 月 8 日。这一天，由保罗·波普·古德统领的四百三十名美国战俘从波兰的斯措宾来到这里。这位中年上校曾任西点军校的教官，在艰苦的跋涉之后，他筋疲力尽，很不舒服。但是，当他背着他珍爱的风笛踉跄地走进战俘营时，他那疲倦的脸上满是目中无人的表情，阿登战役的战俘们顿时感到一股自豪的浪潮涌上心头。

一夜之间，古德和他能干的参谋长约翰·奈特·沃特斯中校就恢复了营内的秩序和规矩。对于那些厌恶营内过去状态的年轻军官来说，“波普”成了一个神奇的名字。他们洗净了军装，擦亮了皮鞋，理了发，刮了胡子。集会变得更军事化，房间也更干净了。接着，古德把注意力转移到了战俘营的德国指挥官冈特·冯·格克尔身上。于是，伙食得到了改善，风雨天的点名也取消了，战俘营里的现有设施得到了更好的利用——而波普·古德则成了大家心目中的英雄，除了几个憎恶他那专制作风的人。

3 月 25 日，巴顿的副官之一亚历山大·斯蒂勒少校突然来到霍格的司令部。斯蒂勒以前是一名得克萨斯骑警队队员。他沉默寡言，总是板着一副严厉的面孔。第一次世界大战时，他是巴顿将军参谋部里的一名中士。斯蒂勒简洁地宣布，他是来“支持”汉默尔堡特遣队的。霍格大吃一惊：他本以为这个行动已被搁置了。于是，他再次向埃迪提出反对意见。埃迪告诉他不要担心着急，他会应付乔治。

第二天早上，巴顿乘飞机前往埃迪的司令部。他刚走进去，参谋长拉尔夫·卡奈因准将便告诉他，埃迪出去了。

“给比尔·霍格打电话，”巴顿不耐烦地说，“告诉他渡过美因河，攻占汉默尔堡。”

“将军，马特走之前告诉我的最后一件事就是，如果您到这里叫我下这样的命令，我就得回答您，我不会下这个命令。”

巴顿没有对这种违逆表示丝毫的愤怒。“给我接通霍格，”他平静地说，“我亲自告诉他。”过了一会儿，他命令霍格“执行计划”。而霍格说，他一个人或一辆坦克都抽不出来。

“我保证，我会给你补充损失的全部人员和车辆！”巴顿哄骗道。

霍格窘迫不安，巴顿的语气几乎是在恳求。他带着一脸为难转向一旁听着的斯蒂勒。斯蒂勒低声解释说，“老头子”已经下定决心要解救汉默尔堡的战俘——并透露说，约翰·沃特斯，巴顿的女婿，也在这批战俘中[1]。

霍格被迫服从了巴顿直接下达的命令。他不情愿地把副师长W. L. 罗伯茨准将派到了克莱顿·艾布拉姆斯中校那里。艾布拉姆斯的B战斗部队刚刚攻占了美因河上的一座铁路桥。当得知要他派一支特遣队前往汉默尔堡时，艾布拉姆斯打电话给霍格，肯定地说，一个加强连孤军深入，一定会被歼灭。如果一定要去的话，应该派出整个独立团。霍格告诉他，埃迪已经拒绝抽调一个战术小组去完成这样一个任务；但命令仍未改变。

3月26日下午，亚伯拉罕·鲍姆上尉正靠在一辆半履带式装甲车的车篷上睡觉，这时，有人叫醒了他，叫他立即去B战斗部队总部报到。鲍姆曾经是一家上衣厂的裁剪工，现在则是第十装甲步兵营的情报军官。他身高六英尺二英寸，四肢瘦长，和他的团长一样，他也非常好斗。他那小平头、小胡子，以及嘴角总是挂着的冷笑，更加渲染了他那本已过分自信的外表。

走进指挥所时，鲍姆还在打哈欠。但是，当艾布拉姆告诉他，要带领一支特遣队深入敌后，救出九百名美国战俘时，他立即振作了起来。艾布拉姆

[1] 大约在一个月前，三名搭便车横跨波兰和俄国西部的美国军官告诉美国驻莫斯科军事使团团长约翰•迪恩少将，沃特斯和其他美国战俘将被德国人向西转移。迪恩把这一情况电告了艾森豪威尔，艾森豪威尔又转告了巴顿。

斯没有给他任何理由，而鲍姆也并不需要。他只是转向营长哈罗德·科恩中校，开玩笑地说："想把我甩了可没门儿。我会回来的。"

他奉命集合队伍马上出发。

晚上七点，鲍姆特遣队整装待发：全队三百零七人，个个都是久经沙场的老兵，虽然筋疲力尽，但都斗志昂扬。队伍中包括十辆"沙曼"式坦克和六辆轻型坦克，三门一百零五毫米口径的突击炮，二十七辆运送战俘的半履带式装甲车，七辆吉普车和一辆医用两栖军车。

鲍姆仔细分析了一番他的任务。他将凭一支侦察部队深入敌后六十多英里。这样一支部队不足以抵挡任何一次重击，而部队在强行军通过一个完全陌生的地区时，必然会造成混乱——而他甚至连敌人设防的位置都一无所知。也就是说，他要深入一片未知的土地，与天晓得是什么样的人作战，回来时还要带着九百名额外的旅客。

鲍姆已经对这整个行动感到焦虑不安了。这时，艾布拉姆斯告诉他，一位斯蒂勒少校将参加这一行动，这让他更为震惊。"为什么？"鲍姆怀疑地问。艾布拉姆斯向他保证，说斯蒂勒只是一个观察员，并没有指挥的职能，并推测说，巴顿也许是想给斯蒂勒"灌输"战斗思想。然而，只需看一眼斯蒂勒就足以明白，这个人根本不需要灌输什么。有一次，巴顿曾哭丧着脸告诉科德曼上校，他非常希望能有阿尔·斯蒂勒那样一副真正的战士的脸。

和霍格一样，艾布拉姆斯也知道斯蒂勒此行的真正目的。尽管斯蒂勒曾告诉科恩和其他几人："我去那儿只是为了吓唬自己玩玩。"但是，他刚刚却秘密地对艾布拉姆斯承认，"我认为巴顿的女婿就在这些战俘中。"当然，鲍姆的人对此毫无所知。事实上，他们之中有些人甚至不知道他们要深入到敌后去解放一座战俘营。

艾布拉姆斯让鲍姆特遣队闯过敌人薄弱防线的计划很简单。B 战斗部队强行通过刚刚夺取的铁路桥，扫荡对岸的那座小城。然后，鲍姆将迅速挺进他们打开的缺口，偷偷赶往六十英里外的汉默尔堡。3 月 27 日午后他们就能到达那里，幸运的话，当晚即可返回。

3 月 26 日晚上九点，B 战斗部队渡过了美因河。虽然情报部门曾预计那里不会有多大的抵抗，但艾布拉姆斯马上就碰到了麻烦，不得不在最终为鲍姆打开通路之前，便把他手中的全部兵力投入战斗。午夜时分，比计划提前了几个小时，鲍姆特遣队终于隆隆驶过了铁路桥——步兵们坐在坦克上，半履带式车辆装载着备用燃料——向东挺进。那天夜里，天气干燥而温暖，高空阴云密布，看不见月亮。部队急速驶过头几个村子，出人意料地，他们几乎没有遇到任何抵抗。坦克横扫一切可能的目标，步兵则向门窗里面投掷手榴弹，以便制止狙击手的射击。

但是，直到此刻，德国第七军只知道一支装甲部队——很可能有一个师那么多——突破了防线，并且猜测指挥官是巴顿。由于巴顿善用大胆而出人意料的战术，所以大多数德国战地指挥官对他比对其他任何美国指挥官都更为敬畏。鲍姆特遣队沿途的村镇纷纷接到警告，并且奉命拦截这支部队。然而，鲍姆的行动如此迅疾凌厉，以至于尽管他们在每个实行灯火管制的村镇都遭遇了轻武器和反坦克火箭筒的狙击，却只损失了寥寥几人。

在前进了二十五英里之后，黎明前夕，特遣队咆哮着冲进了勒尔市。当轻型坦克遇到设在大路上的路障时，就暂时先躲开，让“沙曼”式坦克碾过去。一支德国铁拳[1]在近处开了火，击中了一辆“沙曼”式坦克，但是坦克里的人员换乘了一辆半履带式装甲车。整个部队继续向前推进，与一支正从东面进入勒尔城的毫无准备的德国车队迎面相遇。美国人没有停顿，一边前进一边用机枪向德国卡车扫射。当一名年轻军官看到被击毙的有一些是身着军装的姑娘时，忍不住呕吐了出来。

入侵者们转向东北方，沿着曲折的美因河左岸前进。途经一列沿河行驶的高射炮火车时，他们击毁了机车，把手榴弹扔向上面那二十毫米口径的多管防空炮。黎明到来不久，特遣队来到了格明登附近。这是美因河畔的一座山城，位于辛河和萨勒河的交汇处。在鲍姆看来，这里似乎正是设伏的完美地点。他发回命令，不得使用无线电，甚至不得讲话。

6点30分，全队滚滚驶进格明登。坐在后面一辆坦克里的唐纳德·约克惊讶地看到，一些德国兵正手拿公文包漫不经心地走在马路上。和其他城市不同，这座城市似乎根本不知道一支美国特遣队已经大摇大摆地开进来了。在大路的右侧，约克看到一辆从调度站开出来的列车正向他这个方向驶来。在他身后那辆坦克里，弗兰克·马林凯一炮就击中了机车，接着开始对车厢连连炮击。突然，一节弹药车厢爆炸了。烟雾散去之后，约克看见，只剩下

[1] 铁拳：反坦克火箭筒，其弹筒合一。——译注

四个车轮还留在铁轨上。前面很远的地方，轻型坦克已经将河里的数艘船打得着了火，一支客商混合船队被拦腰斩断。这时，“沙曼”式坦克向前冲去，又击毁了十几辆火车，破坏了整条运输线。一个德国师碰巧刚下了火车，官兵们乱成了一团。

鲍姆指示威廉·纳托中尉派他的“沙曼”式坦克驶进市区，边走边扫射马路两边。两个排的步兵徒步跟在一旁。然而，走在最前面的两个步兵刚踏上市中心的一座桥梁，桥就爆炸了，两人当场阵亡。“沙曼”式坦克原地打转，同后面的队伍隔开了。德国人开始用铁拳从窗户和房顶开炮。鲍姆和纳托正在后面几百码的地方讨论作战计划。一听到前面战斗的嘈杂声，两人便奔向被炸毁的桥梁，刚好看见一辆“沙曼”式坦克转动着炮塔，似乎是在试图赶走攀在上面的数名德国人。突然，一枚铁拳爆炸了，将鲍姆和纳托抛到了鹅卵石路面上。纳托眼前一阵发黑，用手紧紧捂住了胸口；他的腿也受了伤。鲍姆觉得右手和膝盖疼痛难忍，血从裤管里渗了出来。他大声喊道：“赶快跑！”然后率领全队匆匆撤退。

通向汉默尔堡的大路被切断了，鲍姆迅速地选择了一条新路线[1]。他绕到北面，沿着辛河西岸前进，想找一个可以渡河的地点。上午 8 点 30 分，他发出了第一封电报：要求派空军轰炸格明登调度站。

德国第七军刚刚得知勒尔和格明登遭到了破坏，立即命令所有可用的部队拦截这支横冲直撞的美国部队。然而，帮助鲍姆解决当务之急的问题的，却是一个德国人：一名在家休病假的伞兵。他对战争已感到厌倦，于是主动透露说，渡过辛河的最佳地点是格明登北面八英里处的布格辛。

继续前进一英里之后，美国人俘获了另一名更为重要却没什么用处的德国人——一名身穿皮衣的将军。他的大众汽车误入了美军的队伍。当他戴上白手套趾高气扬地向前走时，鲍姆问道：“你这家伙究竟是谁？”他开口用德语解释，但鲍姆打断了他，“把这个婊子养的扔进半履带式装甲车里。我们继续前进！”

---

[1] 在鲍姆离开格明登几分钟后，一个三人战斗宣传小组来到了前线，带头的是恩斯特·朗根多夫。朗根多夫仅仅被告知要帮助鲍姆通过这座城市，但却不知道他已经深入敌后三十五英里了。朗根多夫小组用德语喊话，大约三百名德国士兵立即投降了。朗根多夫叫他们等待后面的美国部队，然后便返回了，全程没有受到一枪一弹的袭击——却始终不知道他们在德国人的领土上待了好几个小时。

队伍渡过辛河，然后沿着一条坎坷的山路向东南方向行进。道路起伏不平，林木丛生，但地面却相当坚实，可以通过坦克和其他车辆。几分钟后，一队约有七百人的前去修路的苏联俘虏迎面走来。一看到对面是美国坦克，他们立即跳向押送他们的德国兵，缴了他们的武器。约克看到一个俄国人挥舞着刺刀在林中追赶一名德国兵。鲍姆把之前救下的两百名俘虏交给了俄国人。俄国人向他保证说，他们将继续在这一带打游击，直到美国部队打过来。

接下来，特遣队渡过了弗兰肯萨勒河。离目的地只有五英里远时，一架德国联络飞机开始在头顶嗡嗡作响。鲍姆命令部队停下来。在相对的安静中，他可以听到不远处有装甲车辆滚动的声音。躲藏已经没用了，于是他决定转向东北，直驱汉默尔堡。其后不久，他看到了第一批德国坦克——只有两辆，随便开了几炮，它们就开走了。鲍姆知道，其他的德国坦克也不会很远。下午两点三十分，汉默尔堡终于进入了他们的视线范围。离城郊的房屋还有半英里远时，这支美国部队离开大路，开始攀登通向战俘营的那座陡峭山冈。

突然，一辆德国坦克在前方的拐角处探出了头，接下来是另一辆，又是一辆。鲍姆命令剩下的六辆“沙曼”式坦克发起攻击，并通过无线电命令查尔斯·格雷厄姆升起他那三门自动牵引大炮。攻占 XIIIB 战俘营的战斗打响了。

战俘们听到了远处那最初几声坦克的短促交火，于是纷纷拥到战俘营边缘带刺的铁丝网前，古德上校也跟着跑了过去。第一零六师的耶稣会牧师保罗·卡瓦诺神父看到，在吃草的羊群点缀其间的田野对面，有两个排的德国卫兵正在向沿山顶修建的工事爬去。与此同时，整整一个连的德国兵也匆匆进入了通向汉默尔堡的大路两旁的工事。路边还有两门四十毫米口径的“博福斯”式高射炮。

战俘们等待了半个小时；然后，突然之间，机枪、铁拳、步枪、迫击炮一齐响了起来，在草原上交织成一种刺耳的杂响。“神父，坦克战就是这样打起来的。”古德上校说，“这声音我听多了，所以知道是怎么回事。巴顿将军的人正在接近——德国人就要把我们从这儿转移了。”他说，他今天上午已经设法拖延了格克尔两次，希望可以拖住他，直到美国人打进来。

枪炮声越来越响，几个战俘离开栅栏，想到厨房里砸开柜子，取出储存的食品，最后“大餐”一顿。另外大约一百人则朝着卡瓦诺神父的木板屋走去，神父将在那里倾听弥撒前的忏悔。下午三点五十分，战俘营内响起一阵断断续续的警报，门窗外传来命令："全体人员都待在板屋里，原地不动！"几个落在后面的人连忙穿过营区去参加弥撒。

"既然再没人可以来了，"过了一阵，卡瓦诺神父说道，"我马上就开始做弥撒，在领圣体前给你们赦罪。"在穿法衣时，他把掉在身边的几块美国炮弹碎片藏进了储藏室里的一个纸盒。他匆匆来到圣坛前开始祈祷——圣坛是一张桌子。他很害怕，但希望不要被大家看出来。

正当神父朗读福音书时，又一颗炮弹落在了附近，所有人都趴在了地板上。等了一会儿之后，卡瓦诺从圣坛下爬了出来。尽管他感觉自己并未给大家作出好的表率，却仍要大家保持冷静，继续跪在地上。"如果发生什么事，你们就趴到地板上。现在我要给你们赦罪了。"他用颤抖的双手朝着跪伏着的人们划了个十字。"孩子们，保持冷静。为了使大家都能领到圣体，我将尽可能地缩短弥撒的时间。"他转向圣坛，开始祈祷，"主啊，我们恳求您息怒。"这段经文从未像今天这样意义深刻。"惠然收纳，您的仆人和您全家所奉献的这些礼品，使我们一生平安度日，脱免永罚，并得列入您拣选的人群中，因我们的主基督。"

此时，约翰·沃特斯正从古德大本营的底层观察着战事。沃特斯今年三十九岁，来自巴尔的摩，是一位美男子。他曾在约翰·霍普金斯大学读过两年书，主修艺术和科学。后来，他转学到西点军校。1931 年，他作为一名骑兵少尉毕业了。沃特斯不爱说话，声音柔和，是一名才能出众的战士。1943 年 2 月在北非被俘时，他是第一装甲团的主任参谋。

沃特斯可以看见几辆美国坦克正驶过田野，向塞尔维亚人的营房开火。正在这时，冯·格克尔将军闯了进来。他说，他现在已是古德的俘虏了，战争对他来说已经结束了。他问是否有哪个美国人自愿出去，叫对方停火。显然，攻击者把南斯拉夫人错当成了德国人，因为他们穿的是德国军服。

"好吧，我出去。"沃特斯说，"我们应该挂出一面美国国旗和一面白旗，那么，他们就不会向我们开火了。"接着，他跨出了大门，从雄伟的哨所前走过。在他身边的是德国翻译富克斯上尉。后面不远跟着另外两名美国志愿者，一个举着美国国旗，另一个用一根木棍高挑着一条白床单。他们打算沿着战场边缘行进，从侧面接近美国部队。

鲍姆特遣队正越过山脊，径直向德国卫兵藏身的高地冲来。刚刚在山冈上进行的坦克战时间不长，却非常激烈。鲍姆损失了五辆半履带式装甲车和三辆吉普车，但他那六辆“沙曼”式坦克却摧毁了三辆德国坦克和三四辆弹药车。

在滚滚的浓烟中，沃特斯一行继续向鲍姆特遣队走去。在距离集中营大门约半英里的地方，他们来到了一个围着板条栅栏的畜棚。五十码开外，一个身着迷彩服的士兵向他们跑来。沃特斯不能确定他是个德国人还是穿着伞兵制服的美国人，于是喊道：“美国人！”

那是一名德国兵。他冲向栅栏，把枪伸了进来，还没等沃特斯解释就开火了。沃特斯感觉好像是被人用棒球棍敲了一下，不过，很奇怪，一点儿也不痛。他躺在自己刚刚掉进去的沟里，心里想：“他妈的，你葬送了我最后的机会！”

德国兵跳过栅栏，把沃特斯逼到了棚子边，并叫嚷着他要开枪——沃特斯费力地花了几分钟才使他明白，他们是军事谈判代表。于是，巴顿的女婿被裹进一条毯子，抬回了集中营。

木板屋里，美国人聚集在窗户后面欢呼着，就像是在观看世界职业棒球锦标赛。一颗流弹射穿了玻璃窗，大家立刻趴到了地上。但是，他们随即又回到了窗前。集中营的外科医生，第二十八师的阿尔伯特·伯恩特少校从医务室的二楼向外眺望，只见“沙曼”式坦克正在往高地上攀爬。突然，五十毫米的机关枪子弹撕裂了屋顶。他担心对方会对这个没有红十字标记的美国医务室发起攻击，于是匆匆跑到了古德的办公室，建议由一组医务人员在房子的另一头建立第二个急救站——一堵隔墙把房子一分为二，不出去就无法从一头到另一头。古德同意伯恩特这么做，但他决定等到外面激烈的炮火平息以后再行动。半个小时以后，古德得知第二个急救站还没有建立，就派人把伯恩特找来了。伯恩特解释说，他认为派手下冒着炮火出去太不明智。对于古德来说，这显然是违抗命令。他责备伯恩特不服从直接下达的命令。“我要因此撤销你集中营外科医生的职务。”

正在这时，门“咣”的一声开了，沃特斯被抬了进来。

卡瓦诺神父正在让大家领圣体。他颤抖的双手让他害怕自己会把圣体掉在地上。当最后一个人领完圣体的时候，外面突然传来一阵自发的欢呼声。

神父转向圣坛，结束了弥散。然后，他问道："发生了什么事？"

"神父，我们自由了！我们被解放了！"冯·格克尔将军已向古德投降。

"真是太好了！"弗雷德·奥泽特少校惊叹道，"我们正在做弥撒，就被别人解放了。你不再是俘虏了，神父。"

身上还披着法衣的神父抬头向窗外望去。他看到一辆美国坦克缓缓停了下来。战俘们挤在坦克旁，试图摸一摸他们的这位"解放者"。卡瓦诺神父注意到，这些新来者和面容憔悴的战俘们对比是那么强烈。神父缓缓地脱下法衣，把它叠好——这是最后一次，他想道——然后收进纸盒里。当他走出房门时，看见每扇窗前都挂起了白床单。美国人和塞尔维亚人都疯狂地欢呼着，互相握手拥抱。

正当战俘们吃着自从进入 XIIIB 军官战俘营以来最为丰盛的晚餐时，古德传下命令，要大家准备行装。薄暮时分，美国人背着毯子和奇形怪状的一包包监狱生活纪念品，分成五路纵队行进在赫尔曼·戈林广场上。卡瓦诺神父用一条面粉口袋——一个塞尔维亚人给他当毛巾用的——装满了袜子、毛衬衫、浴巾、祈祷书和几磅重的食物。一些人甚至背着他们的"冒烟的乔"——用马口铁罐头做成的炉子。

路边，一幢房子正在熊熊地燃烧着。在火光的照耀下，美国人耀武扬威地从夹道欢呼的塞尔维亚人面前走过。他们从鲍姆的坦克在铁丝网上撕开的大缺口鱼贯而出，穿过空岗哨外面的一片田野。离开集中营一英里之后，他们同驻扎在黑暗的高地上的鲍姆别动队主力会合了。在天幕的映衬下，坦克的轮廓好像是一只只巨大的野鸭。

战俘们被白天的兴奋与登山的劳累弄得筋疲力尽，这时，他们作为自由之身坐在这片寒冷潮湿的土地上。他们大声笑着，开着玩笑。突然，传来两声枪响，紧张气氛又回来了。命令传开了："不准抽烟，不准引火。"将近两个小时，他们都瑟瑟发抖地坐在那里。与此同时，月亮飞快地在云层里钻进钻出。古德同鲍姆交谈着。鲍姆已经惊讶地得知，战俘不是九百名，而是一千二百九十一名。太多了，不可能把他们全部带回去。鲍姆沮丧地转身看向坐在山上这些渴望返回家园的人。他告诉古德，他只能带走那些体力尚能经得起坦克和半履带式装甲车颠簸的人。

古德向他的等待着的手下走去。他告诉他们，他们将被分成三队：一队是愿意自己逃走的人；一队是可以乘坦克和半履带式装甲车一路打回去的人；一队是认为自己由于健康状况不佳而应该返回战俘营的人。“我们解放了，我们自由了。”他说，“但是，在返回美国战线以前，每个人都得独立自主。六十英里，这就是我们必须要走的路程——没有食物，也没有物资供应，而且我们的身体都很虚弱……你们觉得怎样最好，就尽可以怎样办。”

当他们得知这支部队并不是巴顿军团的先头部队，而只是刺进敌人防线，如今又试图打回去的精疲力竭的一支装甲小分队时，实在深受打击。不过，至少这给大家提供了一个逃跑的机会。大约七百名战俘已经在队伍中来回走动，寻找甚至争抢车上的空位子。为了腾出更多的座位，个人的行李和额外装备都被扔掉了。正在安排这些人上车并给他们分发武器时，一队德国兵从黑暗中溜了出来，发射了几枚铁拳。一辆坦克燃起了火焰。鲍姆更为严格地控制着这支拼凑起来的部队，在土路边上重新整起了队。

有些战俘尚未拿定主意，在田野上漫无目的地徘徊着，谈论着到底该怎么办。随军牧师布鲁斯·马修斯走到他以前的团长特奥多尔·西利上校身边，问他是否有什么指示。

“没有，神父——每个人都得独立自主。”

“您有什么建议吗？”

“没有，神父。”

“您介意把您的打算告诉我吗，长官？”

“我要回去，神父。”说着，西利向集中营走去。

“谢谢，长官。”马修斯边说边爬上一辆半履带式装甲车的左挡泥板。在这寒冷刺骨的夜里，发动机的热量让人感觉很舒服。

第一零六师师长的儿子小艾伦·琼斯中尉坐在一辆坦克顶上。他很高兴能够有车坐，因为从阿登搭乘冰冷的货车来这里的途中，他的脚被冻坏了。可是，过了一会儿，坦克指挥官认为某些乘客妨碍了炮盘左右转动，于是琼斯和其他几人被赶了下来。琼斯一瘸一拐地离开坦克，独自穿过高地，按照星星的指示向西走去。

另外几百人已经组成逃亡小队，也消失在黑夜里了。小琼斯的亲密朋友，第八十四师师长亚历山大·R. 博林的儿子小亚历山大·巴德·博林中尉和另外三个人一组，一同下山向西走去。他们听到了犬吠声，敌人的追击已经开始了。

有三分之一以上的人既不能行军也不能战斗，他们缓缓地向集中营走回去。卡瓦诺神父也加入了这个忧郁而安静的撤退队伍。午夜刚过，他又一次从塞尔维亚人营区附近那个铁丝网上的大洞穿过去。几个小时前曾热烈地欢送过美国人的塞尔维亚人，垂头丧气地默默望着这支返回的队伍。

当神父走进他的木板屋时，有人对他说："神父，我们还没有自由。"

"好吧，无论如何，我们还是休息片刻吧。"他回答说，然后转身躺到了他的床铺上。但是，几分钟后，有人大声叫道："德国人重新接管了集中营，叫我们离开这里！十五分钟之内准备好！"

3 月 28 日凌晨一点三十分，这五百名体质虚弱，无法长途跋涉走向自由的美国人被四十个德国卫兵驱赶着在赫尔曼·戈林广场上排好队，接着被一起赶出了大门。他们的衣袋里塞满了集中营里剩下的唯一食物——土豆。当这支心灰意冷的队伍踏上通向汉默尔堡那条蜿蜒的道路时，空气中薄雾蒙蒙，潮湿而冰冷。在黑暗之中，他们可以分辨出大路两边各有几伙德国士兵静静地等在那里。几分钟后，一队德国摩托兵过来了，战俘们躲到一旁，让他们过去。几辆摩托车停了下来，卡瓦诺神父听到车里的士兵同卫兵们在低声嘀咕什么。

精疲力竭的鲍姆特遣队沿着一条小路从山冈的另一侧缓缓向下走去。大车在路面上轧出了一道道深深的车辙。鲍姆的手下已经行军作战了将近二十四小时，而现在，他们面对着返回美军战线这一更为艰难的旅程。小路越来越窄。最后，打头的三辆中型坦克再也不能往前走了，只好掉头后退了一英里，找到了另一条通往西面的小路。坚硬的地面上有很多细微的痕迹，表明侦察坦克正是走的这条路。

正当主力部队摸索着在这条小路上前进时，他们碰到了返回的侦察坦克。侦察小组组长带回了好消息：这条小路几乎可以一直通到汉默尔堡—维尔茨堡大道旁的赫塞多夫市。此刻，鲍姆特遣队又一次隆隆前进，尽管不时要停一停，等待后面的车辆跟上队伍，却仍走得很快。

队伍开进赫塞多夫时，已经将近凌晨两点了。在城市广场附近，队伍被两辆废弃的德国卡车挡住了去路。那些前战俘们跳下坦克，把卡车推到了一旁，于是队伍继续隆隆前进。这阵喧嚣声把城里的百姓吓坏了，门窗里纷纷挂出了白旗。队伍在黑暗中转来转去，最后向北面的汉默尔堡走去。此时，鲍姆上了主干道。他可以按原路返回，但他知道，那里可能是一个马蜂窝。于是，他决定向西北方向前进，直到同第四装甲师联系上为止。

他的推论不错，但德国人正在前方一英里处的下一个城市等着他。在霍尔里克的郊区，打头的一辆坦克吱地停住了，它差点撞上一道路障。突然，大路两旁的探照灯一齐发出刺眼的光芒。与此同时，铁拳猛烈攻向这辆停下来的坦克，坦克的指挥员和一个战俘当场丧生。被探照灯照得头晕眼花的炮手用五十毫米口径的机枪盲目地向街上扫射着。

其他铁拳像致命的罗马焰火筒一般喷出了火舌。一个抓着第二辆坦克的炮塔的前战俘被一颗手榴弹炸死了，蜷缩在甲板上的其他几人也受了伤。疲惫不堪的美国人过了好一会儿才作出反应。汉默尔堡的战俘纷纷跳入沟渠，而坦克兵则用机枪向路障和路两旁的田野猛烈扫射。

当红色和黄色的曳光弹划过夜空时，爆发了一场可怕的混战。接着，战斗就像突然开始时那样突然地结束了，只能听见马达的空转声和伤员的哭喊声。在鲍姆看来，继续穿过这座黑暗的城市无异于自杀。于是，坦克和其他车辆都笨拙地倒向了那条狭窄的小路，直到可以安全地掉头。几分钟后，队伍离开道路，来到一座居高临下的山冈上进行整顿。狼狈的战斗让那些前战俘们很是激动，纷纷急切地向坦克手提出各种建议。鲍姆疲惫的手下则对他们破口大骂，叫他们“滚蛋”。许多人愤怒地朝大路走去。

鲍姆清点了一下兵力。出发时，全队共有三百零七人，现在能战斗的只有一百人了，而他本人的手和膝盖也受了伤。他还有六辆轻型坦克、三辆中型坦克、三门突击炮和二十二辆半履带式装甲车。他下令将八辆半履带式装甲车里的汽油抽出来装到坦克的油箱里；然后，他通过无线电发了最后一封电报，简单地说他已完成了任务，即将返回。

不能使用的半履带式装甲车都被点燃了。伤势严重的伤员被抬进一幢石头房子，并在墙上画上了红十字的标志。然后，鲍姆集合起剩下的人，告诉他们所要面临的形势。他们将穿越田野返回，必要的时候，就用半履带式装甲车架桥过河。鲍姆可以听到远处传来的坦克和其他车辆的滚动声，这是敌人从东面追上来了。他简短地说了几句鼓舞士气的话，然后大吼一声：“前进！”

鲍姆特遣队几乎已经被包围了。在南面和东北方向，自动牵引大炮正向他们开来；两个步兵连和六辆坦克则正从东南方向步步逼近；而北面的六辆“虎”式坦克和西北方向的一个装甲车队也正扑过来。

鲍姆刚跳上吉普车，他所听到过的最快的自动坦克的连续齐射就开始了。正在熊熊燃烧的半履带式装甲车让特遣队成了一个完美的射击目标。这时，轻武器的猛烈炮火从黑暗中射了出来。鲍姆的三门大炮喷出了烟雾，徒劳地设起了一道保护屏。然而，德军的齐射式攻击仍旧以极端的准确性继续着。两门突击炮、一辆轻型坦克和几辆半履带式装甲车都被炮弹直接击中了，随之而来的火光吸引了来自三个方向更多的毁灭性炮击。

第七装甲师的唐·博耶少校操控着一辆坦克上五十毫米口径的机枪。他不住地破口大骂。自从在阿登战役中被俘以来，他还是第一次这么痛痛快快地战斗。但是，仅凭勇敢是不够的。鲍姆特遣队即将被一股看不见的敌人打得全军覆没。仅仅十五分钟之后，所有的美国车辆就都着了火。德国坦克和步兵开始逼近。鲍姆的坦克都完蛋了，他自己向丛林跑去，在那里把残部重新组织了起来。有那么几次，他试图带领大家冲回战场，看看是否能从烈火中抢救出些什么，但每次都被击退了。

“四人一组，快跑！”鲍姆喊道。他迅速地下达了指示，然后便同一个战俘以及斯蒂勒少校一起跑了起来。斯蒂勒少校已经证明了自己是一个虽沉默寡言但却骁勇善战的战士。三人试图藏进一个小松树林，但几分钟后就被军犬追上来了。在随之而来的搏斗中，鲍姆的腿被击中了——这是他两天以来第三次受伤。

一切发生得如此之快，鲍姆只得赶快把身份牌扔掉，以免被德国人发现自己是犹太人。当他和另外六人一起被一个德国兵赶向一个谷仓时，鲍姆摘下了钢盔，打算向这个毫无防备的德国人头上打去。这时，斯蒂勒抓住他的手臂，阻止了他。

鲍姆的手下和汉默尔堡的战俘被分开了，随之立即进行了审问。但是，几个战俘都告诉德国兵，鲍姆是他们当中的一员。于是，德国人允许他加入返回集中营的战俘的行列。在斯蒂勒和另一个人的搀扶下，他一瘸一拐地上路了。

天边的第一缕光芒照亮了一座山冈。山冈上到处都是正在冒烟的被毁的坦克和半履带式装甲车。周围的树木要么被炮弹击断，要么布满了弹痕。

那个画着红十字的谷仓变成了一堆废墟。这里便是鲍姆特遣队的墓地。

汉默尔堡行动彻底失败了。但是，这支英勇的特遣队却完成了某些特别不同寻常，并且甚至比巴顿的意图更为重要的任务。鲍姆特遣队一路行军，一路破坏。它经过的每一个城镇都陷入了混乱和歇斯底里的状态。德国第七军团司令部至今仍不知道到底发生了什么事。它抽调了相当于几个师的兵力去保卫交通要道和桥梁；与此同时，又调动了一支大部队带着军犬搜查那些山冈，企图围捕被解救出来的上千名美国和俄国战俘。

代价委实不小。不仅鲍姆特遣队自己损兵折将，绅士派头的巴尔的摩骑兵，巴顿的女婿“小 B”，即约翰·沃特斯，也身负重伤，正躺在汉默尔堡的医院里。子弹从他的右大腿进去，左臀部出来。一位南斯拉夫医生，拉多万·达尼希上校——他仅有的医疗设备是纸绷带和一把菜刀——熟练地给沃特斯做了伤口引流手术。

第三军的新闻发布官只告诉随军记者损失了一支特遣队，而没有介绍细节。然而，不久之后，事情的来龙去脉渐渐被泄露了出来。于是，巴顿召开了一次新闻发布会。他明确地告诉记者们，直到鲍姆到达汉默尔堡九天之后，他才得知他的女婿也在这批战俘中间。为了证明他的言辞，他展示了自己的官方和私人日记，并说道：“我们试图解放这个战俘营，是因为我们担心美国战俘会被撤退的德国人屠杀。”

霍格、艾布拉姆斯和斯蒂勒所知道的事实与之不同。但是，好战士就要保持缄默。斯蒂勒一直到死也没有披露事情的真相，而另外两位则一直缄默了将近二十年。

# 大国格局

## 全面解密二战中美苏英德法等大国的格局及其对现代世界秩序的影响

下

[美]约翰·托兰 著　一兵 编译

# THE LAST 100 DAYS

## THE TUMULTUOUS AND CONTROVERSIAL STORY OF THE FINAL DAYS OF WORLD WAR II IN EUROPE

BY
JOHN TOLAND

HAN BOOK 武汉出版社
WUHAN PUBLISHING HOUSE

# 在兰斯作出的决定

多少年以来，在东欧的历史上，但泽一直扮演着一个重要的角色。它不仅是波兰的主要出海口，还是波罗的海最重要的港口。而在这个时刻，它更是至关重要：它不仅是那些被苏联攻势截断了退路的德国人逃生的最大可能出口，同时也是东线的最后几个堡垒之一——对于希特勒来说，它非常重要，因此，他颁下命令，只要还有一个人活着，就要守住这个地区。这座堡垒位于朱可夫在奥得河上最为深入的桥头堡东北方向二百二十五空英里处，已经成了无数东普鲁士军民逃难的避风港。目前，有将近一百万人挤在但泽及其北面十五英里处的姊妹港口格丁尼亚港。

3月初，罗科索夫斯基元帅指挥白俄罗斯第二方面军绕到但泽后面，完全切断了敌人逃往德国的通路——除了海路。3月22日，他突然挥师打进了但泽和格丁尼亚之间。两天后，俄国飞机空投了元帅签署的传单，呼吁防守者停止抵抗。罗科索夫斯基警告说，他正准备炮击这两个港口。“在这种形势下，你们的抵抗是愚蠢的，那只会给你们带来破坏，给几十万妇女、儿童和老人带来死亡……对于所有准备投降的人，我会保证你们生命和个人财产的安全。”其他人则将在战斗中被消灭。

元首司令部当晚作了答复：“对但泽—格丁尼亚地区的每一寸土地都要保卫到底。”对于这两个已经濒临饿死边缘的城市来说，这无异于被宣判了死刑。红军的飞机开始投掷燃烧弹和烈性炸弹，与此同时，密集的炮火开始有组织地重击这一地区。几个小时后，但泽就被一道将近三英里高的烟火墙壁围住了。

城市里同样非常恐怖。为了使大家坚决抵抗，党卫队把许多士兵吊死了在树上。尸体的脖子上挂着牌子，上面写着："我是叛徒"，"我是胆小鬼"，"我是逃兵"，"我违抗了上司的命令"。当逃难的大车堵塞了交通时，它们的主人经常被拉出来吊死，以儆效尤。武装部队的一些军官们强烈谴责这种恐怖行动，守卫者之间的公开冲突一触即发。

东线局势的恶化使希特勒和这条战线的指挥官之间的私人关系也恶化了。当古德里安和弗莱塔格·冯·洛林霍芬上校于3月28日上午从措森前往柏林时，这位副官非常肯定，会上将出现激烈的争论。很明显，因为古德里安已经忍无可忍了。他想，德国最伟大的战地指挥官之一却要把才干浪费在会议室里，和元首进行徒劳无益的争论，这是何等的罪过！

"今天我要把一切都告诉他！"古德里安大喊道。尤其使他心烦的是，二十万德国士兵毫无必要地困在了俄国战线后面几百英里处的库尔兰地区。

此刻，他们的汽车正在瓦砾遍布的柏林街道上缓缓而行。路上，是一排排冒着烟的断壁残垣，一群群正在乞讨残羹剩饭的饱受折磨的百姓。他们在部分遭到破坏的帝国总理府附近停下，然后步行穿过几条走廊。最后，他们在一个卫兵的陪同下走下一道楼梯，来到一扇由两个党卫队队员把守的铁门前。这里通往希特勒的新居——帝国总理府花园下面的巨大掩体。

他们又走下几级台阶，来到一条积了一英寸深的水的狭窄走廊里。这条走廊实际上是一个食品室，因为希特勒的膳食主管名为阿图尔·卡南贝格，人们就称之为卡南贝格走廊。他们小心翼翼地跨过地上的沟槽板道来到一扇门前，然后走下另一小段通到掩体上层的楼梯。在一条中央走廊的两侧，有十二个小房间，这条走廊也用作大食堂。

古德里安和他的副官穿过走廊，走下一条旋转楼梯，又迈下几级台阶，来到了下一层，元首的掩体。这里有十八个小房间，分列门廊的两旁。门廊一分为二，一半是候见室，一半是会议室。再往前，在一个小厅里，有一个紧急出口，出口外面是四道陡峭的混凝土石阶，通向总理府花园。会议室的左边有一个地图室，一个元首贴身卫队的休息室，然后就是希特勒和爱娃·勃劳恩的六个房间的套房。会议室的右边是特奥多尔·莫勒尔医生和路德维希·斯达姆普菲格（他取代卡尔·勃兰特成了希特勒的外科医生）的住处，还有一个急救室。整个掩体的顶上是十二英尺厚的加强天花板，上面覆盖着三十英尺厚的混凝土。这里要么会成为希特勒的坟墓，要么会成为他夺取胜利的堡垒。

在被几名卫兵搜查过之后，两位军官获准进入会议室。会议室里已经坐满了帝国的重要人物。尽管开着通风设备，空气仍不新鲜。设备发出刺耳而单调的嗡嗡声，传遍了掩体里的每一个房间。

过了一会儿，希特勒从隔壁的卧室里拖着腿走进了会议室。午间会议开始了。布赛将军首先报告了他试图解救屈斯特林的失败行动。当布赛想要解释为什么三次进攻都没成功时，希特勒尖刻地打断了他，“我是指挥官！应该由我承担下达命令的责任！”

这一毫不相干的打岔并没有干扰布赛，因为他曾多次和曼施泰因一起参加过这类会议。但是，古德里安却控制不住了。“请允许我打断您，”他说，“昨天我已详细向您解释过——通过口头和书面——不应因为进攻屈斯特林失败而责备布赛将军。”他似乎越说越生气，拔高了嗓门，怒不可遏地说：“第九军用光了拨给它的弹药。这支部队尽了它的职责——伤亡人数非常之大就是证明。因此，我要求您千万不要责备布赛将军。”

希特勒被如此直接的攻击激怒了，他挣扎着站了起来。但是，古德里安并没有受到威胁。他大胆地提出了他和希特勒几个星期以来一直在争论的问题。他以原告的口吻问道：“元首是否要从库尔兰撤军？”

决不！希特勒挥舞着右臂吼叫着。他的脸色变得死灰般惨白，而古德里安则涨红了脸。将军咄咄逼人地向希特勒走去。约德尔的副手奥古斯特·温特尔将军从后面拉住了他，而威廉·布格道夫则试图拉希特勒坐下。

这时，温特尔和约德尔都扯着古德里安，让他离希特勒远一些，并努力使他平息愤怒。然而，古德里安却继续无法控制地高声朝元首叫喊着。弗莱塔格·冯·洛林霍芬担心古德里安会被抓起来，于是跑到候见室给将军的参谋长打电话。他匆忙告诉克莱勃斯将军这里发生了什么，并要求他不要挂上电话。接着，他返回会议室，告诉古德里安说有紧急电话找他。在接下来的二十分钟里，克莱勃斯一直在和古德里安商量。当古德里安回到会议室时，已经控制住了自己。

希特勒回到座位上，紧绷着脸。尽管他的双手仍在颤抖，但也已恢复了冷静。“先生们，我必须请你们全部离开这个房间，”他平静地说，“除了陆军元帅和上将。”当只剩下凯特尔、古德里安和希特勒三人时，元首说：“古德里安将军，你的健康状况需要你马上休六个星期的病假。”

古德里安伸出手臂，僵硬地敬了一个礼。“我这就走。”说着，他便准备离开。

“请在这里待到会议结束。”希特勒平静地说。

古德里安坐了下来，会议继续进行，就好像什么事也没有发生过一样。几个小时之后，会议终于结束了。古德里安感觉似乎已经过了一辈子。但是，他还不能走，元首希望他再待一会儿。“请你多多保重，”他关切地说，“六个星期以后，形势将变得非常危急。那时我会迫切地需要你。你打算到哪里去？”

凯特尔建议他去德国西部的一个温泉疗养胜地利本施泰因城。但古德里安讥讽地告诉他，那里已被美国人占领。“好吧，那么哈尔茨山脉中的萨什萨城如何？”凯特尔又和善地建议说。

古德里安说，他要挑一个不会在四十八小时内被占领的地方。他扬手敬礼告辞，然后，在凯特尔的陪同下，他走出总理府，来到自己的汽车旁。凯特尔说，他很高兴古德里安没有反对元首要他休假的建议，然后，两人便分手了。

当古德里安回到他在措森的私人寓所时，夜幕已经降临了。

“今天的会议太长了。”古德里安夫人说。

“是的，”筋疲力尽的将军说，“而且，这是最后一次了。我已被解职了。”两人拥抱在了一起。

此时，欧洲每个中立国家的首都都风传说将要停战。斯德哥尔摩的流言最甚。其中一些过于荒谬，以致很快就销声匿迹了。最令人难以置信的一则可能是说德国正在同俄国媾和，只有那些积极投身于这一行动的人才相信这个消息。

这些谈判在3月中旬就开始了。当时，外交部长冯·里宾特洛甫邀请日本驻德大使大岛浩将军到他的办公室。“作为一个政治家，此时此刻，除了同苏联媾和以外，我别无其他效忠国家的办法。”里宾特洛甫告诉他，但是，他忘了补充说，希特勒对此事毫不知情。“这将允许我们把东线的兵力用于西线，集中力量同英美作战。”

大岛浩认为，现在采取这一措施已为时太晚。但是，他一言未发，只是侧耳倾听里宾特洛甫讲话。里宾特洛甫指出，由于日本同苏联已经签署了一个中立条约，那么，俄德媾和就可以使德国和日本能够引导其军事力量，击败英国人和美国人。

“我们可以通过日本外交圈子在东京或莫斯科进行接触，”里宾特洛甫继续说道，“但是，我倾向于避开东京或莫斯科。”“最好，”他说，能通过日本驻斯德哥尔摩武官小野寺信少将，同苏联外交部长莫洛托夫在其他地方会晤，“这样的话，事情就能一举告成。”大岛浩仍心怀疑虑，但他答应去试探一下小野寺信。

3 月 25 日，日本驻柏林武官小松三彦中将给小野寺信发去了一封电报：

> 大岛浩大使希望同您认真地谈谈。请速来柏林一晤。德国空军会为您的飞机颁发安全通行证……又，切勿向我驻斯德哥尔摩大使及东京方面透露大岛浩大使召见您一事。

三天后，即 3 月 28 日，小野寺信搭乘一架瑞典飞机在滕珀尔霍夫机场降落，之后被开车送往了日本驻德使馆。在这里，他同大岛浩大使、小松三彦将军以及另外三名大使馆官员进行了商讨。

“你知道，德国在东西两线同时陷入了困境，局势越来越绝望。”大岛浩开口说道。他描述了他同里宾特洛甫奇特的会面。大家的一致意见是，成功的希望不大。但是，他们都同意：同斯大林打交道，最令人难以置信的事都有可能办到。无论如何，值得试一试。于是，他们决定，小野寺信应返回斯德哥尔摩，同苏联驻瑞典大使进行接触。

第二天，大岛浩向里宾特洛甫报告说，小野寺信同意与苏联人进行接触。这时，里宾特洛甫才初次透露，希特勒对这一建议毫不知情。他要求日本大使，在元首同意之前，暂时不要采取任何行动。大岛浩返回大使馆等待着。约在午夜时分，他收到邀请，立刻前往里宾特洛甫的办公室。“希特勒拒绝了！”里宾特洛甫激动地对他说，“然后他告诉我，‘我完全相信我会在东西两线取得最终的胜利。’”里宾特洛甫说，不过，不久可能会出现另一次谈判的机会，“希望小野寺信将军记住这件事”。

大岛浩走在这座劫后余生的城市那昏暗的大街上，心中思忖着，里宾特洛甫怎么会产生这么一个愚蠢的想法？让他印象深刻的是，希特勒断然回绝了里宾特洛甫的建议，并且坚信自己一定会胜利。大岛浩对希特勒的乐观情绪印象至深，决定向东京方面报告这件事情[1]。

就在古德里安被解除指挥权的那天，即3月28日，德怀特·艾森豪威尔正准备做出一项决定——第二次世界大战中最为重要的一项决定。过去两个月中一系列惊人的军事事件促使总司令对自己给德国心脏最后一击的计划进行了重新评价。如今，朱可夫已在距帝国总理府仅四十空英里的奥得河上建立了桥头堡；霍格完整无损地夺取了莱茵河上的一座大桥；巴顿则戏剧性地穿越了帕拉廷地区，并在奥本海姆渡过了莱茵河。所有这一切，在六个月前有谁能想象得到呢?

艾森豪威尔推测，德国人只能在柏林再坚持几个星期。现在，辛普森的先头部队已攻至多斯滕，距离柏林中心仍有二百八十五空英里远，并且中间隔着哈尔茨山脉和易北河，在这种情况下，他怎么能首先到达德国首都？此外，如果艾森豪威尔像战地指挥官们所希望的那样，继续向柏林发起主攻，那么，可以肯定，这将导致“整条战线上的剩余部队动弹不得”。

因此，发起一次对柏林的攻击就不可能了。取而代之的是，他将包围鲁尔地区，向西南方向的慕尼黑和莱比锡发动主攻。正在向莱比锡进军的部队要继续前进，尽快与俄国人会师；与此同时，其他部队则向巴伐利亚南部和奥地利推进，以摧毁德国的“民族堡垒”。据传，希特勒准备在那里进行最后的殊死抵抗。蒙哥马利将放弃攻打柏林，转而向西北进军，占领汉堡正北的波罗的海重港卢贝克湾——同时切断德军在丹麦和挪威的退路。

这是艾森豪威尔决定不攻占柏林的公开理由，不过，他肯定更多的是受到了个人目的的影响。他知道，一些美国的高级将领——特别是布雷德利、巴顿、辛普森和霍奇斯——觉得自阿登战役以来没有充分利用他们的才干。新的计划将给他一个借口，可以将主动权交给美国人。向莱比锡和慕尼黑发起的突击将交给布雷德利指挥。这样，一旦鲁尔被包围，便将辛普森的第九军还给他。

可能还有另外一个因素帮助艾森豪威尔的想法形成。最近，丘吉尔曾让

[1] 虽然大岛浩的确把德国人尝试媾和一事报告给了日本当局，但是，他所传递的消息并没有被记录下来，而且如今还是第一次披露。小野寺信将军证明了其真实性。

他看了来自莫洛托夫的一封尖酸刻薄、充满怀疑的信。信中谈的是“纵横字谜行动”。还有什么举动比把新计划透露给斯大林更为坦率和调和呢？那无疑将证明，人们完全可以相信，美国人之所以发起战争，没有任何别有用心的目的。

无论究竟是什么理由，艾森豪威尔都认为它非常重要。因此，3 月 28 日下午，他给斯大林写了一封私人信件——没有经过联合参谋部的事先检查——把它交给了在莫斯科的迪恩将军，要他转交给斯大林，并带回“详尽的回应”。

艾森豪威尔告诉斯大林，他决定向柏林以南发起主攻——而把首都留给俄国人：

> ……在确定我的计划之前，我认为，最重要的是，这些计划应该在攻击的方向及时间的选择方面与您的计划尽可能协调一致。因此，您能否把您的打算告诉我？并且让我知道，这封信中提出的建议，在多大程度上与您可能采取的行动相一致？
>
> 如果我们准备立即彻底摧毁德国军队，我认为我们必须协调彼此的行动，竭尽全力完善我们的先头部队之间的联络。为此，我已准备好派一些军官去您那里。

六个月以前，艾森豪威尔曾写信告诉蒙哥马利，柏林显然是最重要的目标。“在我的头脑中，毫无疑问，我们应该集中所有力量，迅速向柏林挺进。”一直到 3 月 28 日夜间，蒙哥马利仍认为艾森豪威尔还在坚持这一想法。这时，他收到了一封信。信上说，一旦鲁尔被包围，就应将辛普森的部队还给布雷德利，让其发起盟国对莱比锡的主攻。自此之后，蒙哥马利的任务就仅仅是“保护布雷德利的北翼”了。蒙哥马利已经开始率领盟军主力向柏林进攻。在这种情况下，艾森豪威尔的信当然无异当头一棒。信末几句充满乐观的话并没有给他带来多少安慰：正像您所说的，形势看上去不错……

两支美国军队正在对鲁尔工业区进行大规模的钳形包围。北边的一支是辛普森，南面是霍奇斯。两位将军都不知道，一旦两军会合，并将莫德尔的整个集团军包围起来，美国就如愿以偿了：辛普森将仍归布雷德利指挥，而美国军队将发动盟军的主攻。

霍奇斯一翼的先头部队是第三装甲师，而第三装甲师的先头部队则是理查逊特遣队。3 月 28 日深夜，沃尔特·理查逊中校接到命令，命其前往第三装甲师的后备战斗部队指挥官罗伯特·豪兹处报到。理查逊有些不满。一个星期以来，他一直在战斗，几乎一觉都没睡。他猜，他将损失更多的睡眠。在豪兹的指挥所，他遇到了他的老朋友，得克萨斯老乡萨姆·霍根中校。两人曾在法国的阿登和莱茵兰并肩战斗过。

平素总是很冷静的豪兹此时非常激动。“我们要出发了，”他对两位中校说，“我们马上就要出发了！”他指向地图上的帕德博恩，意味深长地看向理查逊。这座城市位于东北方向一百多英里处。

理查逊不敢相信自己的眼睛。“你是说——在一天之内到达帕德博恩？”

豪兹点了点头。“明天上午，你动身向帕德博恩进发。要火速进军！占领帕德博恩飞机场。”他转向霍根，命令他在左翼排成梯队掩护理查逊。来自另一个战斗部队的韦尔伯恩特遣队则掩护其右翼。余部则将尽其所能地跟上去。“一鼓作气，直达帕德博恩。”将军又解释说，辛普森的第二装甲师将在那里同他们会合。这样，整个鲁尔就被装进一个口袋里了。

理查逊最喜欢这类任务，完全忘掉了自己的疲乏。一回到自己的指挥所，他就告诉他的军官们，他们将在清晨六点开拔。他说，豪兹只给他下了一道命令，“前进！”他们可以自由地选择任何路径前进，穿过田野，走羊肠小道，或着走宽阔的大路——只要能在一天内到达帕德博恩就行。理查逊像平时一样四点起床，亲自开着吉普车向前侦察了三英里，这样特遣队就可以顺势出发了。他没有在前方发现什么情况，于是返回驻地，检查全队，看看是否带足了储备汽油。

早晨六点，理查逊特遣队开始全速向北挺进，每小时三十二英里。他命令部队绕过一切大的路障，必要时可以从田野上穿过去。打头的是一辆半履带式装甲车和几辆吉普。接着是理查逊的吉普车和三辆没带装备和步兵的“沙曼”式坦克。它们后面是十七辆满载步兵的“沙曼”式坦克和三辆配有九十毫米口径大炮的巨大的“潘兴”式坦克。接下来是理查逊的参谋人员，一个自行火炮炮兵连，另外十七辆“沙曼”式坦克，一些轻型坦克和一长串装载人员、弹药和食品的卡车。这是一支久经战争考验的机动部队，虽然大家都已精疲力竭，但几乎人人都像理查逊本人一样心怀渴望。

他们列队向北行进，整个上午都没遇到什么大的抵抗。中午，他们停都没停便击毁了一列德国客车，然后碾过了几处一派和平气象的军事基地。后来，他们终于遇到一处路障，理查逊凭借前面的坦克简单地踏平了道路。

夜幕快要降临之时，理查逊看了看车上的里程表：已经走了七十五英里。这时，浓雾滚滚，无线电联络中断了。只有一件事可以做：继续前进。进入布里隆几分钟后，理查逊收到师长莫里斯·罗斯将军通过无线电发来的命令：理查逊特遣队应扫荡布里隆。理查逊报告已收到来电。不过，就他看来，他仍须按照豪兹的命令行动，于是，他继续向前赶路。还有三十多英里就到帕德博恩了，但他还是不知道该走哪条路。他带着几辆车走在前面，想找一条最佳路线，同时派主力部队到布里隆仓促调查一番。

过了一个多小时，理查逊才从一个老百姓口中得知，通往帕德博恩的最佳路线就在前面。但天太黑了，雾又那么重，必须有人在前面带队。他刚想跳下吉普车，亲自在前面带路，这时，他听到他的主力部队终于追上来了。理查逊想知道，他们为何在布里隆待了那么久。一个年轻的中尉排长跳下第一辆坦克，穿过愈加浓重的黑暗向理查逊跑来。

“跟我来。”中校说。他们沿着路往前走。理查逊注意到中尉非常害怕，他的脸色在昏暗之中显得一片煞白。中校没有责备中尉。

坦克的灯上蒙着一层蓝布，响声隆隆地跟在后面，开得越来越近。理查逊加快了脚步，但第一辆坦克仍旧向他逼过来。当坦克轻触到他的后背时，他跳向一旁，跌跌撞撞地穿过马路，跳进了一条壕沟。坦克像条忠实的狗一样，也跟着他开进了壕沟。理查逊爬回了马路，疯狂地挥动着手里的手电筒，但坦克却继续向他冲来。这时，他可以看见第二辆和第三辆坦克正忽左忽右笨手笨脚地试图跟上第一辆坦克。就在它们的后面，他隐约地看见了一个红十字。见鬼，救护车开到前线来干什么？最后，第一辆坦克终于看到了他打出的信号，急闪了一下戛然停住。“咣当”一声，第二辆坦克撞在了第一辆坦克的尾部。过了一会儿，又传来另外两声金属的碰击声。

理查逊生气地对第一辆坦克的驾驶员大喊大叫着。然后，他转向那名年轻的排长。“见鬼！坦克手们究竟怎么了？”

吓得目瞪口呆的中尉爬上坦克炮塔，向里面看了看。“不好！”他叫道，“里面全是香槟酒。”

理查逊爬了上去，只见驾驶员坐在炮塔的地板上，抱着两瓶香槟酒，目光呆滞无神。上校跳到地上，“把坦克开上大路，”他对中尉说，“让它停在路上。把香槟酒扔出来，打开所有的顶盖。”他认为，冰冷潮湿的雾可以让这些醉醺醺的士兵醒过来。当他向第一辆救护车走回去时，一个熟悉的身影穿得厚厚的，拖着步子向他走来。这只能是医生斯卡特古德。“我们应该回布里隆。”医生神秘兮兮地说道，随即咧嘴笑了起来。

“究竟发生了什么事，斯卡特？”理查逊怀疑地问道。

“中校，我必须告诉您真相。”他承认，正是他在布里隆发现了一个满是香槟酒的仓库。理查逊通过无线电告诉他的主任参谋，立即把待在布里隆的剩余部队带出来，不出来就开枪。然后，他又开始徒步沿着马路走了起来。走了几英里之后，雾渐渐散了，中校这才回到他的吉普车上。

午夜时分，他又看了看车上的里程表，发现已经走了一百零九英里——而伤亡的士兵尽是醉鬼。但是，前方五英里就是帕德博恩，那里有一所坦克学校和党卫队增援部队的一个训练团。他命令部队原地停下，关掉发动机，吃晚饭，抓紧时间睡几个小时。第二天早晨可能要连吵带骂才能把他们叫起来。

英军指挥官们对艾森豪威尔的决定的愤怒反应是在预料之中的。“首先，”3 月 29 日晚上，布鲁克在日记中这样写道，“他没有权力直接同斯大林进行交涉，他应该通过联合参谋部来与之联络。其次，他写了一封莫名其妙的电报；最后，电报中所暗示的一切似乎纯属信口开河，同我们之前已达成一致的安排完全矛盾。”

在这种愤怒情绪的支配下，英国参谋长们没有征求丘吉尔的意见就给美国参谋长们发去了一封长长的电报。他们声称，艾森豪威尔直接给斯大林写信是一种越权行为。更糟糕的是，改变进攻方向的决定是一个严重的政治和军事错误。他们还指出，英国情报部门对有关所谓“民族堡垒”的谣传根本不感兴趣；在决定未来的战略时，不应对其予以考虑。

面对这种尖锐的反驳，马歇尔的反应是，给艾森豪威尔发了一封私人电报，其中列举了英国人主要的异议，并要求他作出解释。这令艾森豪威尔不禁也开始重新考虑，并立即致电在莫斯科的迪恩，告诉他，如果为时还不算晚的话，不要把信交给斯大林。迪恩回电说，信件还未递交，他将扣住信件，等待进一步的命令。听到这些话，艾森豪威尔肯定如释重负。

和他的军事首脑们一样，丘吉尔也觉得艾森豪威尔犯了一个大错误。在战争的开始几年，他也像罗斯福一样迫不及待地要打垮希特勒，因此，常常牺牲一些政治上的考量。但是，自从雅尔塔会议之后，他变得越来越相信，东方的问题预示着未来的危险，而随着胜利的临近，政治问题开始具有重要的意义。对他而言，事情现在已经很清楚了，苏联“已成了自由世界的致命危险……必须立即建立一条对付苏联日后扫荡的新阵线……在欧洲，这条阵线越往东越好……柏林应是英美军队的首要和真正目标”。

此外，他还坚定地相信，布拉格应由美国人解放，奥地利应由西方和苏联共同管制，而铁托的野心应受到压制。最为重要的是，他意识到，应该在西方交出自己解放的任何德国领土之前，在西方军队解体之前，解决掉苏联和西方之间的主要问题。

丘吉尔是集多愁善感和玩世不恭于一身的一个不同寻常的混合体，是一个有贵族气质的保守党人，却又平易近人。尽管也会犯错，但丘吉尔证明了，他是最善于作出现实主义判断的西方领袖。一个多月以来，他不断地试图说服罗斯福，现在他们应该坚定地站在一起，反对斯大林将来的侵略。

“如果我们不想承认彻底失败，那么似乎只有一个可以作出的选择。”他曾在一封充满恳求的信中对罗斯福说，“那就是坚持我们对雅尔塔声明的解释……考虑到这一点，难道现在不是就波兰问题共同致函斯大林的时候吗？”

在丘吉尔一再的恳求，以及莫洛托夫那封侮辱性的信在他心中燃起的怒火的驱使下，罗斯福终于在3月29日致电首相说，现在应该“直接同斯大林在更宽泛的层面上讨论一下苏联的态度”。他把给斯大林的信的副本发给了丘吉尔。内容如下：

> 我不能对您掩饰我的担忧。怀着这种忧虑的心情，我审视了自富有成效的雅尔塔会议召开以来，有关我们共同利益的事件的进展情况。我们当时达成的决议都很好，其中大部分内容都受到了全世界人民的热烈欢迎……我们没有权利使他们失望。全世界人民都希望我们能够执行会上作出的政治决议，特别是关于波兰问题的决议，然而，令人气馁的是，迄今为止，在执行问题上还没有什么进展。坦率地说，我对造成这种状况的原因感到困惑不解。并且，我必须告诉您，从许多方面来说，我不理解贵国政府明显漠不关心的态度……

我希望能向您转达，公正而迅速地解决波兰问题，对我们的国际合作计划的成功进展非常重要。如果这个问题得不到解决，我们所有的困难，以及我们在克里米亚达成决议时曾深为担忧的那些威胁盟国团结的危险，将会以更加尖锐的形式出现……

如果说这封信并不像丘吉尔所希望的那样强硬，但至少是前进了一步，并且使艾森豪威尔给斯大林的私人信件变得更加令人沮丧。现在是在各条战线采取强硬态度的时候了。

发出这封信那天，罗斯福正准备出发去温泉疗养院度假。他同内阁成员们一一做了简短的谈话。他对弗朗西斯·珀金斯说："我要去旧金山参加会议开幕式，发表演说，并以社交和个人的双重方式会晤议员们。"虽然在场的只有他们两人，他仍然压低了嗓门，悄声说道："然后，我们要去英国，埃莉诺和我要去做正式访问。"他满怀期望地笑了。"很久以来，我一直想访问英国。我想亲眼看看英国人民……我告诉埃莉诺去定做一些衣服，定做一些漂亮的衣服，那么她就真的漂亮极了。"

"但现在在打仗！"珀金斯小姐反对说，"我认为您不应该去，太危险了。德国人会跟踪您。"

罗斯福把手挡在嘴边，低声说："欧洲的战争到5月底就会结束了。"

总统还同贝尔纳斯和卢西乌斯·D. 克雷进行了谈话。克雷刚刚被任命为驻德副军事长官，可是他对这一任命并不满意，因为他想到太平洋地区参战。所以，他只是默不作声地在那里立正站着。总统说，他很高兴，一个身兼工程师和将军双重身份的人将前往德国。他问克雷，能否在中欧成立一个类似田纳西流域管理局的机构，以缓和煤炭逐渐匮乏的问题。克雷还没来得及回答，罗斯福便又谈起了他在德国学习的日子。当时，他便"对德国的傲慢自大和地方观念产生了厌恶情绪"。

会晤结束后，贝尔纳斯开玩笑地告诉克雷："将军，您说得太多了。"

"先生，就算总统给了我一个机会，但我怀疑我是否能对他说些什么，因为他的外表让我很吃惊。"

"您的意见使我很担心。"贝尔纳斯说。他经常见到总统，但直到此刻，他才注意到罗斯福的健康状况恶化得如此迅速。

当罗斯福离开办公室，准备搭乘去佐治亚的火车时，海军上将莱希陪在他的轮椅旁，向白宫南门走去。“总统先生，您去度假，这很不错。”他说，“这对我们来说也很不错。因为当您不在白宫时，我们要比您在这里时清闲得多。”

罗斯福高声笑了。“很好，比尔。趁我不在，你们就好好玩吧。因为等我回来时，会有一大堆活儿要你们干，那时你们要拼命工作。”

在奥肯切，华沙机场，波兰地下运动的十二位领导人——身着借来的大杂烩，比如条纹短裤和休闲夹克——登上一架红军飞机。有人向他们保证，这是要他们去朱可夫的司令部同朱可夫开会。

起初，有几个波兰人不愿意抛头露面，但大多数人都认为，朱可夫的邀请表明俄国人愿意讲道理；只有通过这样一个会议才能给他们的国家带来安全。作为善意的标志，苏联人同意释放被关押的地下运动领导人，包括中右派的全国民主人士组织主席亚历山大·兹维任斯基。他们还答应用飞机把地下运动的八位主要代表直接从朱可夫的司令部送到英国，以使他们能够同伦敦的流亡政府取得联系。当然，其他的波兰人将安全地回国。

在这种许诺和希望的蒙骗下，十二位波兰人无知地登上了苏联“解放者”号飞机[1]。上了飞机后，他们不禁大吃一惊，兹维任斯基竟然也在这里。他自己也迷惑不已，告诉他们，他一直被关在一个地下室里，饱受拳打脚踢，然后又突然把他带上了这架飞机。这究竟是怎么回事？

飞机起飞了。不一会儿，这些波兰人就发现他们是在向东飞。正当他们焦虑地对此作着种种猜测时，一个友善的年轻苏联上尉告诉他们，他们要去莫斯科。他说，朱可夫出乎意料地被召回那里了。

一些波兰人非常肯定他们是被绑架了，但其他人却认为在莫斯科开会是合乎逻辑的，他们在那里可以同地位最高的苏联军官打交道。再说，苏联人不是履行了释放兹维任斯基的承诺了吗？

发动机隆隆作响了几个小时，然后突然发出噼里啪啦的响声，飞机滑向了一个雪坡。没有人受伤，但是旅客们都被困在了一片白茫茫的荒野之中。等了好长时间，几百名百姓才在雪地中开辟出了一条路。他们被送到一个火车站，登上一列开往莫斯科的火车。到达莫斯科时，他们已饥肠辘辘，疲惫

[1] 几个小时之前，另外三名波兰地下运动领导人被苏联人绑架了，用飞机载往了莫斯科。

不堪。

全国民主人士组织的一位成员兹比涅夫·斯蒂普科夫斯基和其他两位代表登上了第一辆汽车。汽车驶过了外交部门前，他们本以为自己会待在那里。最后，他们终于在一座庄严的大理石建筑前停了下来，衣着考究的俄国秘密警察卫兵在那里巡逻着。

“这是哪座大酒店？”一位深受感动的代表问道。

“这是一座监狱。”斯蒂普科夫斯基告诉他。大门开了。汽车开进一个院子。院子四周都是围墙。围墙上开着窗子，窗口都装着铁栅栏。

“但这不可能！”他天真的同志惊呼道。

波兰人下了车，被分别关进单人牢房。斯蒂普科夫斯基撕碎了那张授权他领导同伦敦波兰人和英美人士谈判的文件，然后开始往下吞咽纸片。尽管喉咙非常干，他最终还是完成了这一任务。这时，一个年轻漂亮的女人走了进来，冷冷地对他说：“把衣服脱下来！”他只脱下了大衣，摘下了帽子。那女人跺着脚说：“我告诉你——把衣服脱下来！”他把衬衣脱了。她又吼叫起来，于是他把短裤也脱了。在仔细全面地检查了他身体的每一部分以后，她问：“你有梅毒吗？”然后她离开了。

一个俄国秘密警察走了进来，把他衣服上的扣子全都剪掉，把帽子撕成两半，把大衣衬里撕开，又把鞋底撕下来。一名看守拿走了斯蒂普科夫斯基的戒指、手表和钱包，然后命令他穿好衣服。他被带到走廊上，来到另一间屋子。在那里，他又被搜查了一次。最后，他被带到了顶层，关进第九十九号牢房。这是一间深绿色的牢房，有一个小窗子，可以俯瞰昏暗的院子——这就是卢比安卡监狱。

“现在，这里就是你的家了。”看守说着锁上了门。

在决定让红军攻占柏林一事上，艾森豪威尔觉得自己抛开了政治因素，并将始终强调这一决定是基于“纯军事”因素的——即使在他实现了巴顿的预言，并且赢得了美国最高的政治宝座之后。但是，事实上，他的行动恰恰相反。1945 年春天，影响这一决定的军事因素并不仅仅是德国战败，因为这几乎已是既成事实了。

艾森豪威尔的行动是由美国军事机构独有的演变过程所决定的。在战前，它是一支人数不多的高度职业化的队伍，只关心那些针对美国的军事威胁，而从不考虑政治联盟或政治友谊。军人们有意识地让自己不沾染文职人员的思想，他们只有一个目标——国家的军事安全。他们的工作就是准备防御未来的和现在的敌人。他们对外交政策的态度只基于这样一条原则：它对军事安全是有利还是有害？实际上，军人们只履行自己分内的传统职责，而不理会公众舆论或政治。

在“珍珠港事件”之前的几个月中，他们保守而现实地评价了他们的长期目标，即在亚洲和欧洲建立力量的均衡。他们强烈建议总统要谨慎从事，避免同德国和日本断绝关系。与此同时，霍普金斯、伊克斯、摩根索和国防部长亨利·史汀生都力劝罗斯福去援助英国。军人们一再地反对采取禁止贸易令，或任何可能导致两线作战的挑衅性行动。但罗斯福最终还是确信，只有进行干预才能拯救世界。所以，尽管军人们都建议不要采取“任何鲁莽的军事行动”，美国还是在1941年秋仓促地卷进了对日战争。

陆军和海军的将领们立时获得了梦寐以求的权力，而文职领袖们也心甘情愿地把空前的责任交到了他们手中。国务卿科德尔·赫尔告诉史汀生：“我已经洗手不干了，现在该由您和诺克斯斯——陆军和海军掌控局面了。”而史汀生也声称，他现在的责任是“支持、保护、维护他的将军们”。

“珍珠港事件”后不久——在“阿卡迪亚”，英美第一次在华盛顿召开的战争会议上——就决定必须成立联合指挥部。于是，由英国参谋长们及其美国同行组成的联合参谋部就应运而生了。英国人早已组织有序。美国人意识到，如果不想让英国人占上风，他们也应该组织一个美国阵线。因此，他们就成立了参谋长联席会议：由陆军参谋长、空军司令和海军司令组成。几个月后，又加入了第四个成员，总统的参谋长，海军上将莱希。自第一次世界大战以来，莱希一直是总统的老搭档。除了霍普金斯，他同罗斯福的私人联系可能要多过任何人。随着战争形势的发展，由于他们与罗斯福亲密的私人关系，参谋长联席会议日益变得政治味十足。作为总司令，总统和丘吉尔一样，也很享受与他的军事首脑们的亲密交往。

是哈里·霍普金斯“发现”了马歇尔，并推荐他任总参谋长。起初，他是马歇尔和总统的中间人，但是到了1943年，总参谋长已经取得了罗斯福的信任，也就不再需要中间人了。

有了如此直接的途径，莱希和马歇尔几乎完全控制了处理所有军事问题的权力。史汀生和弗兰克·诺克斯这两位年长的共和党国防部长和海军部长，甚至都没见过参谋长联席会议的首脑和罗斯福。他们的影响在逐渐减弱，最后，连采购和后勤问题也落到了次长帕特森和福雷斯特尔的手中。

国务院的声音也被削弱了。当然，外交，而不是军事，仍是它的职责。但是，在战争期间，外交主要局限于与中立国、小盟国之间的关系，以及制定新世界组织的计划。罗斯福甚至不允许国务卿赫尔参加大型的军事会议。“自从‘珍珠港事件’之后，我没有参加过任何讨论军事问题的会议，”赫尔愤愤不平地写道，“因为总统不邀请我参加此类会议。我曾多次向他提过这个问题……关于军队从何处登陆，军队在战胜希特勒的大行动中穿过大陆时应走哪条路线，无论是总统还是他的高级军事将领，都从未同我讨论过这类问题，虽然我早就得知了他们的决定。他们也没跟我谈起过原子弹的问题。”

另一方面，马歇尔和莱希的影响变得越来越大，他们的提议只被罗斯福驳回过寥寥几次：一次是在 1942 年，关于入侵北非的问题；另一次是在 1943 年，关于对印度洋发动攻势的问题。这两次，罗斯福都同意了参谋长联席会议的建议，但后来又迫于英国的压力而改变了主意。总之，所有关于战争的重要决定都是由罗斯福、霍普金斯以及参谋长联席会议作出的。这就导致了一个奇特的结果——军人们越来越介入政治了。

随着美国军事指挥官们的权力和领域日益扩大，他们开始支持政府的政策，因为他们为其出台做了不少工作。而另一方面，英国的军事指挥官们却仍然保持着职业军人的态度，常常叫嚣着反对政府的观点，直到最终决定达成为止。这时，也只有在这时，他们才坚决地支持丘吉尔。

此时，美国的军事指挥官们普遍都接受罗斯福关于指挥战争的概念[1]。一言以蔽之，他们不再是纯粹而简单的士兵，而是政治家式的士兵，常常同见多识广的文职官员见解一致——就好像是凶猛的看门狗被去了势。罗斯福很少听到他们的反对意见；参谋长联席会议三军将领现在同他非常融洽，本能地知道他需要什么，因此，在呈交意见之前，他们已过滤了自己的观点。换句话说，军人和文官的观点之间已经失去了平衡，没有人发表纯军事的观点了。

“的确有过几次，总统正式地驳回了他们的建议，这应该是真的。”参谋长联席会议历史部的 T. 基特里奇上尉这样写道，“但是，这只是由于，总统

[1] 但是，在1944年3月，马歇尔和其他美国将领曾力劝罗斯福重申无条件投降的协议，以使德国人民放心，不过没有成功。

同莱希、马歇尔、金，以及阿诺德的非正式讨论通常可以使他们提前了解总统的看法。毫无疑问，他们经常意识到，同冒着被驳回的风险、提出一个明知不会被采纳的正式提议相比，不如接受总统的建议，然后按照自己的方式加以解释。”

这样，在方便和融洽的名义下——一种最为危险的融洽——参谋长联席会议并没有执行他们的基本职能，即在严格的军事基础上为总统提出建议。他们甚至变得非常容易受公众舆论的影响，以至于奋力争取以美国人员的最少伤亡换取战争的胜利。他们认为，任何一次行程，例如攻打柏林，结果只会带来无谓的伤亡。他们显然没有考虑到，在柏林损失一点人，可以为美国未来的军事安全作出贡献。

当然，参谋长联席会议认识到了，俄国将成为欧洲决定性的力量。然而，在 1943 年的魁北克会议上，他们不但投票帮助苏联人，还“尽一切努力”以赢得苏联的友谊。一年后，他们同意了罗斯福的意见，即三大国之间的合作可以恢复欧洲权力的均衡。他们宣称，国家基本政策“应该寻求维护三大国的团结……同时，可以希望，完善预防未来世界冲突的措施”。

尽管这种同俄国融洽相处的愿望，部分出自于取得俄国帮助以战胜日本的渴望，但是，这只是一种理想主义的推理。如果放在五年前，同样一批人一定会嘲笑这种想法。参谋长联席会议忽视了他们基本的军事职责：首先要为国家未来的安全服务。

这种准军事思想最终并没有导致胜利，而是导致了一种难以维持的刺刀下的和平。参谋长联席会议本应警告他们的总统，在现实世界里，将永远存在权力之争；联盟只是暂时的，今天的敌人，可能就是明天的盟友，反之亦然；欧洲和亚洲的强权政治，尽管从哲学和道德的观点上来说非常令人遗憾，但其不可避免地将成为需要历经多年才能战胜的一个因素。

然而，也不能责备参谋长联席会议。是美国人民迫使他们改变了思想。如果他们保留那种超然的军事判断，坚持控制或至少调和诸如无条件投降或同俄国合作之类的军事目标的话，那么，他们就要冒被解除指挥权的危险。美国要的是全面的胜利和一个美丽新世界；而罗斯福的成就和志向已获得了全国大多数人的热情支持。

# 罗斯袋形阵地

整个西线即将土崩瓦解。在南面，豪赛尔的G集团军已被布雷德利拦腰截断；在北面，约翰内斯·布拉斯科维茨的H集团军正被蒙哥马利粉碎。这意味着，艾森豪威尔的军队——辛普森、霍奇斯和巴顿——现在可以集中兵力彻底摧毁中部的莫德尔的B集团军了。

面对迫在眉睫的灾难，三个集团军的指挥官恳求西线司令凯塞林让他们大规模撤退。但是，这位西线司令沉湎于希特勒灌输给他的无望的哲学——不惜一切代价守住——他向他们保证，每多守住一天莱茵河，就意味着进一步"加强了西线"。

然而，在他的指挥官们看来，每多拖延一天，就意味着更多人员和物资的不可避免的损失。中部指挥官莫德尔从未中止他的要求，但凯塞林只是同样坚持地予以拒绝；莫德尔必须守住性命攸关的鲁尔地区。

3月29日，莫德尔起草了一份分析整个局势的报告，并通过电传打字机拍发给凯塞林：把敌人拖在雷马根桥头堡，阻止敌人大面积前进渡过莱茵河的任务已告失败；因此，继续这种防御战是"荒唐的，因为它丝毫都牵制不了敌人的军队"。必须下达新的任务，因为一支美国装甲部队——这是指理查逊特遣队——突然从天而降，出现在帕德博恩郊区。要不是它孤军深入，B集团军肯定会被从侧翼包围。

莫德尔请求允许他用LIII步兵兵团在帕德博恩以西约四十英里处向东发起进攻。这样就恰好可以切断美国先头部队的退路，让它断绝一切的给养和支援。凯塞林同意了，于是莫德尔命令LIII兵团指挥官在次日，即3月30

日早上发起攻击[1]。

前方，理查逊正在准备进攻帕德博恩，根本没有怀疑德国人即将在他后面四十英里处发动攻击，准备切断他与第三装甲师大部队的联系。天边刚刚露出第一道曙光，他便动身了。天色阴暗，漫天乌云。在一个十字路口，德军的“美洲豹”[2]击毁了理查逊打头的两辆坦克。又走了两英里，在离帕德博恩仅三英里远的一个村子里，一支规模可观的“美洲豹”和“虎”式坦克部队突然冲了出来，凶猛地进行攻击。在短促猛烈的战斗之后，双方都向后撤去。这场战斗以平局结束：哪一方都不能前进，否则便会被歼灭。理查逊通过无线电要求出动“雷电”式飞机攻击藏在一座小山后面的德国人，但是天上浓重的乌云令空军的支援变得毫无可能。理查逊迫切需要坦克上的风扇、皮带以及弹药和汽油，他要求空投这些物资。“没有飞机。”后方给以简练的回答。几分钟后，更糟糕的消息传来了：德国人已在他们后面四十英里处发动了突袭，他们同基地的联系即将被切断。

现在，理查逊只能挖掘战壕了，希望前线严阵以待的德国人不会发起进攻。他们也和他一样警惕，没有采取行动。但是，黄昏时分，理查逊遇到了另一个问题：“大六”——第三装甲师师长莫里斯·罗斯将军——要来视察理查逊特遣队，希望见一见队里的某个人。理查逊通过无线电回答说，他甚至连一辆吉普车都抽不出来。“不要把大六送到这里来！”他警告道，然后突然关掉了无线电。

罗斯目前正在理查逊右边五英里处，暂时和韦尔伯恩特遣队在一起。约翰·韦尔伯恩上校刚刚从空军方面获悉，前面的四辆“虎”式坦克被P-47飞机炸毁了，于是他便放心地继续前进。走了几英里之后，并没遇到什么情况。但是，正当美国人沿着一座荒芜的小山滚滚而前时，一排目标精确的八十八

---

[1] 奇怪的是，在3月29日夜里，第十五军的冯·粲根将军和他的参谋部却同他的部队被切断开来。该部队属于莫德尔集团军。在粲根和他的部队之间，插进了跟在理查逊、霍根和韦尔伯恩后面的罗斯的第三装甲师主力部队。粲根和他的大约二百辆车辆藏在树林里，直到罗斯的部队全部隆隆开了过去。他等了一分钟，然后，他像美国人一样把车灯开得暗暗的，干脆加入了他们的队伍。粲根就这样夹在美国人中间紧张地走了几个小时。最后，在布里隆附近，他离开了美国人的队伍，拐上一条土路。随即，他向莫德尔汇报了这一情况。莫德尔不敢相信地直惊呼：“你在这里？”

[2]“美洲豹”：第二次世界大战中德国设计制造的坦克。——译注

毫米炮弹猛烈地迎面打来。那四辆“炸毁了”的坦克都还健在。它们只是被一些凝固汽油弹击中了，而不是通常的杀手——五百磅的炸弹。韦尔伯恩和打头的三辆坦克安然无恙地驶进一道河谷隐蔽了起来，但后面的七辆坦克却像静坐的鸭子一样被逐个干掉了。

罗斯将军是一个犹太教长的儿子，是一位富有攻击性的指挥官。他相貌堂堂，表情严厉，穿着一条马裤和一双闪亮的靴子。他离前面着火的坦克只有半英里远。得知打头的三辆坦克已经成功通过之后，他通过无线电向跟在后面的多恩特遣队寻求支援。

然而，正在这时，东南方向突然出现了七八辆“虎”式坦克，从后面截住了韦尔伯恩特遣队，阻止了多恩前进。这支新的德国部队已经击毁了一门反坦克炮和几辆运载人员的装甲车。除了打头的三辆坦克，韦尔伯恩特遣队如今已被彻底包围。前面，可以看见四辆“虎”式坦克正跨在山顶的路上；后面，至少又有七辆坦克正喷着火舌慢慢开过来；四面的森林里，全都藏着德国步兵。

黄昏时分，P-47 飞机飞走后，九辆德国坦克呈三辆一排突然从左边的丛林里钻了出来，出现在这支被切断的队伍前方。它们慢慢地沿着大道开过来，一路向所有车辆扫射，并且不断地向沟渠开火。罗斯和他的特遣队被困住了。前后夹击的坦克有条不紊地摧毁了视线里的一切事物。现在只有那些美国车辆在燃烧着，发出了一点光亮。最好不要移动。但是，除了移动，别无选择。

师炮兵指挥官弗雷德里克·布朗心想，这“简直是但丁笔下地狱里的野蛮一幕”。他建议罗斯冒着轻武器的炮火从左面的树林穿过去，以便绕过堵住后路的那些坦克。可是，罗斯指出，韦尔伯恩转弯的地方前面已经没有坦克射击了——那四辆“虎”式坦克肯定已经撤了回去。因此，他争论道，从右边走更安全，避开车辆燃烧的火光，然后向前赶上韦尔伯恩。

于是，将军这支队伍——两辆吉普车，一辆装甲车，后面跟着一个骑摩托的通讯员——离开正在熊熊燃烧的那排坦克，向韦尔伯恩的方向开去。走了一英里之后，他们来到了一个交叉路口。在右边的一条大路上，他们可以看到一辆韦尔伯恩的坦克隐隐约约的轮廓。罗斯的队伍离开大道——通向理查逊特遣队的那条——开始向那辆坦克走去。坦克已不能使用，是被扔掉的。突然，前方的丛林里响起一阵迅疾的轻武器炮火。罗斯的队伍迅速回到大道上，继续向理查逊的方向赶去。布朗上校开着吉普车走在最前面，随后依次是罗斯的吉普车、装甲车和摩托车。

这四辆车刚往一个山坡上爬，布朗就看见一辆大坦克在黑暗中向他们冲了下来。“那是一辆新‘杰克虎’坦克。”他说。他认为，那可怕的身形是韦尔伯恩的一辆新“潘兴”式坦克。但是，当坦克滚滚驶近时，布朗车上的一个乘客——乔治·西福德·加顿上校——注意到它有两个排气管；而“潘兴”式坦克只有一个。这是一辆“虎”式坦克，加顿肯定地认为，其他德国坦克就跟在后面。“‘虎’式坦克，”他高声向布朗喊道，“快离开大路！”布朗加大油门，从另外两辆坦克旁边开过去，想找一个地方转弯。

前三辆德国坦克没有意识到他们刚刚与一支敌人的队伍擦肩而过。但第四辆坦克突然转身，横到了布朗前方的路上。布朗的吉普车被挤在了一棵树和一辆“虎”式坦克之间，他急忙取掉油箱开了过去。正当他放慢速度想看看罗斯是否也过来了时，第五辆“虎”式坦克逼了上来。布朗连忙向右转弯，加大油门，飞过壕沟，越过大路，然后在一片田野中间停了下来。后面，德国人的炮火腾空而起，他可以听到隆隆的炮声。所有人都爬出吉普车，向树林跑去。

罗斯的吉普车——上面还有司机二等兵舒恩斯和将军的副官罗伯特·贝林格尔——超过了第二辆坦克，但被第三辆堵住了。罗斯和其他人跳到路上。“虎”式坦克上的枪炮不祥地紧跟着他们。这时，一个德国人从炮塔里探出头，挥舞着手提冲锋枪，叽里呱啦地说着什么。

“我想他们是要我们缴械投降。”罗斯说。

贝林格尔和舒恩斯解下肩上的枪套。但是，站在他俩中间的罗斯必须弯下腰才能解开手枪带。

突然，敌人射来一阵断断续续的炮火。罗斯倒在路上，死掉了。在黑暗中，紧张的德国坦克指挥官误解了罗斯将军的意图。舒恩斯纵身跳到坦克后面，躲过对方的射击。贝林格尔则朝相反的方向一跳，落到了一个土坑里。他吸引了所有的火力，但竟奇迹般地没有被击中。接着，他逃进树林里躲了起来。舒恩斯的腿摔断了，但他也逃掉了。但是，装甲车上的人员和师作战官韦斯利·斯韦特中校都被德国人包围了。

第一次伏击的幸存者还散布在原野上。他们一边跑，一边扔掉了从德国人那里缴获的鲁格尔手枪、手表和其他战利品。他们害怕报复，在很大程度上，这是没有根据的。很少有德国人想报复，而想对美国佬穷追不舍的就更少了。

当晚，从树林中逃跑的士官布莱恩特·欧文和阿瑟·豪希尔德意外地遇到了将近一百名德国人，德国人迫不及待地举手投降了。两位士官轮流站岗。欧文上一周睡得很少，在站岗时打了两次盹。但是，每次都有一个俘虏叫醒了他，敦促他“干活儿”。天刚拂晓，欧文和豪希尔德便赶着俘虏们踏上了一条林间小道。他们希望方向是正确的。走了几英里之后，他们来到一个小小的哨所。幽暗之中，他们看见里面有一个士兵，但分辨不出他是美国人还是德国人。

“耶稣基督！”看见这队德国人之后，哨兵喊道。欧文真想亲吻他。

两名士官刚把俘虏交给师部的一个军官，便奉命立即回去寻找罗斯的尸体。他们花了一个小时才在路上找到他。德国人显然没有意识到，他们杀了一名美军师长。他的吉普车里的地图和密码都没被动过，掉进土坑里的装甲车上的那些地图和密码也完整无损[1]。罗斯的四十五毫米口径的手枪还在他的枪套里。欧文把它取了出来，以便将来寄还给将军的家人。他们把吉普车和装甲车里翻了个遍，才找到一条毯子。然后，他们用绳子把罗斯的尸体捆在毯子里，把他的钢盔放在他的胸前，接着，开始费力地把他向后方拖去。当他们靠近美军防线时，一名后备少尉问他们究竟在搞什么名堂。当他们告诉他之后，这名少尉责备他们竟如此无礼地对待一名将军。欧文还有数名朋友的尸体躺在那条路上，一气之下痛骂了这个少尉一顿，结果却被送交了军事法庭。

3 月 30 日，刚刚肩负着特别使命从美国来到英国的伯纳德·巴鲁克，乘车从伦敦来到春色如茵的英国乡间。沿途，丘吉尔对他动情地谈论着他那两位亲爱的朋友，罗斯福和哈里·霍普金斯。

几天前，霍普金斯来到巴鲁克在华盛顿索尔海姆酒店里的套房，暗示了罗斯福和丘吉尔之间在战后将面临的很多问题。霍普金斯说，无论是他，还是美国驻英国宫廷大使约翰·怀南特，都未能使首相改变立场。罗斯福想知

[1] 盟国报刊上的许多报道都宣称，罗斯是被纳粹“谋杀”的，因为他是犹太人。但是，并无证据支持这一指控。

道，巴鲁克是否可以去试试对他的老朋友施加影响。

巴鲁克前去拜会总统，想得到更明确的指示。但是，罗斯福一开始似乎更想谈论“纵横字谜行动”以及俄国那毫无理由的多疑反应。最后，罗斯福谈起了正题。他想让巴鲁克去见见丘吉尔，研究一下“与和平有关的各种问题”。巴鲁克试图得到进一步的详细指示，但却徒劳无功，因此，他觉得总统“几乎已经疲乏得无力作出决定”。不过，罗斯福在有一点上是明确的。“如果英国人把香港归还给中国，”他说，“那将是一个重要的举动。”巴鲁克并不同意这一看法，不过，他当然还是会把这一意见转告首相。

“需要我写封信给温斯顿吗？”罗斯福问道。

“不需要任何信件，”巴鲁克明智地说，“您将来可能会矢口否认的。”

从斯退丁纽斯、阿诺德、莱希和金那里得到简要说明后，巴鲁克乘坐总统的私人飞机飞到了英国。总统把这架飞机昵称为“圣牛”。此刻，在前往首相乡间别墅的路上，巴鲁克问丘吉尔：“关于与您为难的那些人的传闻是怎么回事？”接着，他谈起了首相反对联合国教科文组织的问题。丘吉尔回答说，他认为这个组织没用。

“它会有什么危害吗？”

“不会，但也不会有什么好处。”

“那么，如果它不会有什么危害，为什么不让总统做他希望做的事情呢？”

还没到乡间别墅，丘吉尔便表示支持总统——因为总统毕竟是支持他的。

然而，丘吉尔刚刚收到了艾森豪威尔发给他的一封无线电报。他认为，这份电报显示艾森豪威尔根本没有意识到战后俄国的威胁。在这之前，丘吉尔曾打电话给艾森豪威尔，质疑绕过柏林一事是否明智。这封电报就是对这一电话的回应。在回复中，艾森豪威尔重复了以往的论据，再次强调了他的决定：把柏林留给斯大林，而他则只是向东进军，“同俄国人会师或拿下易北河战线”。

几乎与此同时，英国军队的指挥官们收到了一封更加令人不安的信。这是美国参谋长联席会议对于他们的英国同行严厉指责艾森豪威尔新决定一事所作的答复。信中断然声称：“在为了尽早摧毁德国军队或他们的抵抗力量而采取的措施方面”，艾森豪威尔是“最好的裁判”；他的战略观念是“合理的，因为他总的观点是要尽快地摧毁德国，所以应该得到完全的支持”。毫无疑问，美国的指挥官们是在坚定地，甚至是放肆地支持艾森豪威尔。

在兰斯，艾森豪威尔仍在就他为什么决定不攻占柏林一事向马歇尔解释。这不是“根本战略的改变”[1]。柏林本身“已不再是一个特别重要的目标”。而且，他说道，集中兵力向德国首都南部发动新的进攻，“将比部队分散行动更加迅速地导致柏林的陷落”。

在对蒙哥马利谈到柏林问题时，艾森豪威尔甚至更为明确，他发电报说：

> ……对我来说，这个地方（柏林）只不过是一个地理上的概念，我从未对其有过兴趣。我的目的是摧毁敌人的军队和它的抵抗力量。

第二天，即3月31日，丘吉尔给英国指挥官们写了一份备忘录。备忘录指出，他们未征求他的意见，就给美国参谋长联席会议发去了一封极其感情用事的电报，而电报中有诸多前后矛盾之处。他说，他完全同意他们的观点，但是又指出：“我们只有四分之一的部队去攻打德国，因此，自1944年6月以来，形势已有了显著的变化……简言之，我们的电报为美国参谋长们提供了很多争论的可能性，他们将猛烈地进行反驳。”

在这份备忘录派发之前，丘吉尔收到了一份复本，是美国参谋长联席会议对艾森豪威尔表示强烈支持的一封富有攻击性的回电。阅后，他在备忘录上又加了一句：“又及：以上是我在看到美国参谋长联席会议的回电之前口授的。”

他还就艾森豪威尔前一天的电报发了一封回电。回电中，他以卓越的洞察力逐条反驳了艾森豪威尔的论据——在后来著书时，丘吉尔删去了电文的最后几句话：

> ……我不明白为什么不跨过易北河会成为一个优势。如果敌人的抵抗会像您显然所希望的那样削弱下去，并且它可能真的会削弱，那么，我们为什么不跨过易北河，尽可能远地向东方挺进？当南部的俄国军队似乎肯定要进入维也纳并征服奥地利之时，如果我们故意把柏

[1] 英国方面认为，艾森豪威尔的决定是一个很大的变化，至少他们是这样看的。这使战场上的美国指挥官们十分震惊。

林让给他们，即使我们完全可以拿下它，这将产生极为严重的政治后果。这二者将加强他们本已非常明显的信念，即一切都是他们的功劳。

另外，我并不认为柏林已经失去了它的军事意义，当然，更没有失去它的政治意义。柏林的陷落，将在心理上对整个德意志帝国的抵抗产生深远的震动。如果柏林屹立不倒，大部分德国人便都会认为，战斗到底是他们的使命。那种认为攻占德累斯顿，并同俄国人在那里会师是一次重大胜利的想法并没有吸引我。已经迁到南方的德国政府的各个部门可以非常迅速地再次南迁。然而，在我看来，只要柏林上空还飘扬着德国旗帜，这个城市就仍然是德国最关键的地方。

因此，我更倾向于采取以下计划：我们跨过莱茵河，也就是说，美国的第九军和第二十一军一起向易北河挺进，越过柏林。这同您根据贵军在鲁尔以南进行的辉煌战斗而正确策划的庞大的中部攻势在任何形式上都不矛盾。这只是把部队的重心移至北翼，避免使阁下的部队陷入意外的狭窄范围。

当晚，在莫斯科，迪恩将军和哈里曼同他们的英国同行们前往克里姆林宫，把那封压了很久的艾森豪威尔关于柏林问题的信的英文版和俄文版交给了斯大林。看完之后，元帅仍像平时那样板着一张毫无表情的脸。他说计划"似乎不错"，但在征求参谋部意见之前，他不能作任何保证。接着他问，艾森豪威尔是否了解德国中部地区的阵地部署情况。

"不了解。"迪恩回答说。

在南部发动的助攻是从意大利开始还是从西线开始？

迪恩说，他认为是从西线开始。

根据苏联的情报，德国在西线有六十个师。迪恩他们能证实这一情报吗？

美国人说，经他们计算，有六十一个师。

德国人在西线有额外的后备军吗？

显然没有。

此时，哈里曼问到东部的气候条件。"好多了。"斯大林说。

"以前您曾估计，东线的行动会在3月底陷入困境，您现在还这样认为吗？"哈里曼问道。

"形势比我预计的要好得多。"斯大林解释说，今年洪水来得早，道路现在已经开始干燥了。他们继续谈了一会儿东线的情况。斯大林一直在考虑那封关于柏林问题的信。这时，他突然说道："艾森豪威尔关于主攻方向的计划不错。它可以使我们实现最重要的目标：把德国切成两半。"他还认为这个方向有利于同红军会师。之后，他又说，他同艾森豪威尔一样，也认为德国人会在捷克和巴伐利亚的山区进行垂死抵抗。斯大林向他的客人们保证，明天他就给总司令回信。显然，他很满意。

英国，布鲁克在同蒙巴顿钓了一天鱼后回到家里，发现首相来了一封电报。首相要参谋长们第二天到乡间别墅去见他。

布鲁克提前结束了周末，第二天上午就动身去了首相的乡间别墅。这天是复活节，4月1日。整整两个小时，参谋长们都在同丘吉尔讨论艾森豪威尔的决定。布鲁克认为，这整件事情，包括把辛普森调归布雷德利指挥，是"由于美国人民的要求，也是为了确保美国的努力不至于在英国的指挥下失败"。但几人认识到，他们对此毫无办法。最后，他们得出结论，艾森豪威尔更为细致的解释让人清楚地看到，其计划"没有什么大的变化"——除了主攻方向由柏林改为莱比锡。

会后，参谋长们拟就了一封电报，回复布鲁克口中的"美国参谋长们粗鲁的电报"。与此同时，丘吉尔也给罗斯福发了一封很长的电报。尽管电报采取了和解的态度，宣称两国是"曾经作为盟友并肩战斗过的最为真诚的朋友和同志"，但是，其中仍然强调了丘吉尔的坚定信念，即应该立即用一切可能的方式揭露并抵制富有侵略性的苏联的真正本性。

> ……非常坦率地说，柏林仍具有高度的战略重要性。就使德国所有的抵抗力量产生绝望的心理影响来说，没有任何事件堪与柏林的陷落相比。对于德国人民来说，那将是战败的最明显标志。一方面，如果听任它在残垣断壁中继续被俄国人围攻，那么，只要德国的旗帜还在城市上空飘扬，就会鼓舞所有的德国士兵拼死抵抗。阁下和我还应该考虑问题的另一方面。俄国军队毫无疑问将征服奥地利，进入维也纳。如果他们再攻占了柏林，难道不会觉得他们对我们共同取得的胜利起到了决定性的作用吗？这难道不会导致他们产生某种想法，从而在未来平添许多严重而可怕的困难吗？因此，我认为，从政治立场来看，我们应尽可能地

向东挺进德国，柏林既然已经唾手可得，就当然应该占领它。从军事角度来说，这也是明智之举……

当天晚些时候，布鲁克在日记中写道："一个直截了当的战略竟要受盟国的民族主义考量的影响，实在令人遗憾之至……不过，正像温斯顿所说的，'只有一种情况比同盟友一道作战更糟，那就是不和他们一起作战！'"

布鲁克的心情少有地放松，但艾森豪威尔在答复丘吉尔最新一封电报时，却心烦意乱。特别使他烦恼的是首相的最后几句话。艾森豪威尔重申，他"没有改变任何计划"，唯一的不同只是时机的选择问题。然后，他继续写道：

> 您认为我想"使阁下的部队陷入意外的狭窄范围"，即使说不上伤心，这也使我感到非常不安。在我脑中，从未有过这种想法。而我认为，我指挥盟军两年半以来的记录应当能让您消除这种想法。然而，除此之外，我完全不明白，为什么在我确认我们的后方已被充分清空并且向莱比锡的进攻已取得成功之前，让在自己战区前进的第九军由布雷德利指挥，就会严重影响英国第二军和加拿大军队的作用、行动或威望……[1]

非常自然，如果在执行"月蚀行动"[2]过程中的任何时刻，整条战线

[1] 这一整段在丘吉尔的《胜利与悲剧》一书中都被删掉了，也没有在艾森豪威尔的《远征欧洲》一书中出现。

[2] "月蚀行动"作为一个总的计划，主要目的是在德国突然崩溃或投降后接管德国政府。在诺曼底登陆正式发动之前，该行动的代号为"法宝"，它要求盟军第一空降军为攻占柏林和（或）基尔做好预备计划。该计划打算使用伞兵夺取柏林和基尔附近的机场。尽管一直到战争结束，将李奇微的第十八空降兵团空投到柏林都仅仅是一种可能。"月蚀行动"起初考虑的是一些更普通的问题，比如停火的条件、解除武装、流亡人员、战俘以及德国法庭等等。1945年4月，局势表明，似乎只要尚未被完全占领，德国便未必会全面投降。于是，盟国远征军最高统帅部宣布，不会正式将该行动过渡为"月蚀行动"。

具有讽刺意味的是，就在作出这一决定的几天前，英国那份关于"月蚀行动"的文件不知如何跑到了凯塞林的司令部。文件被翻译后送到了希特勒手里，同时送去的还有两张地图，一张将德国分割为各盟国的占领区，另一张则显示柏林将是位于俄国占领区中央的一座孤岛，由英、美、俄三国共同占有。

的任何一处条件突然成熟的话，我们便将长驱直入，卢贝克和柏林将被列为我们认为是重要的攻击目标之一。

如果说英国人还在生艾森豪威尔的气，美国的另一个盟友却极其满意。同一天，迪恩将军把斯大林一封高度机密的私人电报转给了总司令：

> 阁下通过贵军与苏军会师，从而把德军一分为二的计划同苏联最高统帅部的计划完全一致。
>
> 我还同意贵军与苏军在埃尔富特、莱比锡和德累斯顿会师。苏联最高统帅部认为，苏军的主力进攻应在这个方向。
>
> 柏林已失去了昔日的战略重要性。因此，苏联最高统帅部计划派次要的部队攻打柏林。

具有讽刺意味的是，斯大林竟然使用了艾森豪威尔的柏林已失去战略重要性这一论据——尽管在总司令给他的电报中甚至都没有提到这一点——来掩饰自己的意图，而此时此刻，朱可夫却正在为针对柏林发起最后的恐怖进攻做着临行前的准备工作。

复活节那天，一些盟军战俘从战场上被转移去了巴伐利亚；另外一些则仍留在营区里，等待盟军或俄国军队随时可能解救他们；还有一些俘虏早已被俄国人解放了，但却并没有解放感。不过，对于几乎所有人来说，这一天都有着同样特殊的重要性——这是一个激动人心的转折点。自由似乎触手可及。

汉默尔堡的战俘队伍在向纽伦堡走了三分之一路程后，停下来中途休息。他们最害怕的是己方部队的空袭。美国飞机已经几次俯冲下来要进行轰炸，好在及时发现了战俘们在田野上竖起的牌子。但这样的好运能持续多久呢？

十一点，卡瓦诺神父在一个古老的献给圣·约瑟夫的乡间教堂里做起了弥撒。这是自从在阿登战役中被俘后，他第一次走进一座天主教教堂。他穿上村牧师那沉重的黄金法衣，开始为挤在教堂里的八十人举行宗教仪式：

“亲爱的俘虏们，今日是上帝赐给我们的，祈愿我们幸福，尽情享受这宝贵的时光……在过去的四天中，我们艰难地翻山越岭，我们同我们走过的大路两旁那些十字架所代表的耶稣一起经受了苦难……

我们应祈求上帝降给我们厚恩。我们祈求他继续保护我们，解除我等之罪，去恶扬善。”

很多人的泪水都滚滚而下，卡瓦诺神父自己的眼眶也湿润了。“复活节是和平的节日——上帝与人类之间的和平，国与国之间的和平，政治生活中的和平，家庭生活中的和平，每一位上帝的子民心中的和平。让我们将这次弥撒和敬领圣体献给和平，祈祷和平尽快降临世间。”

柏林北面的IIA集中营里，战俘们心中坚信，无论如何，和平正在接近。他们的看守现在对他们平等以待，而不再拿他们当俘虏，并且对于他们那些通常会受到严厉惩罚的过失统统视而不见。上周日，桑普森神父在当着几个看守的面做弥撒时靠着圣坛——里面藏着集中营的电台——说：“先找一找天国和正义女神吧，善有善报，恶有恶报。”就像他念了“芝麻开门”一样，活板门突然打开了——他在前一天晚上忘了用长钉把门闩住——违禁的电台滚了出来。尴尬的神父把电台塞回原处，全场顿时哄笑起来——所有人，除了看守。他们表现得好像什么事也没有发生似的，也没有向上级报告这一事件。

此刻，在复活节这天，在临时搭就的一个圣坛周围的一大片空地上，来自不同国家的数千名战俘开始聚集了起来。而看守们对此只是象征性地表示了一下抗议。桑普森神父和其他神父们甚至都没通知集中营的指挥官，就筹备了一场露天的大礼弥撒。除了在全国圣体大会上，桑普森神父从未见过如此拥挤的人群。布道——分别用法语、英语、意大利语和波兰语进行宣讲——非常简洁，但却激动人心：在战俘营里，没有争吵，没有摩擦，没有仇恨，也没有为了谋求权力均衡而进行的阴谋与斗争；在这里，有一位所有人都会热爱并服从的君主，而在这种热爱与服从之中，将可以找到每一个人渴求已久的幸福与自由。

到3月31日中午，莫德尔从鲁尔区发动的拼死进攻，已在美军第三装甲师的战线上打出了八英里长的缺口——切断了理查逊和霍根特遣队。第三装甲师所属兵团的指挥官莱特宁·乔·柯林斯对此一无所知。但是，他刚刚从俘虏的口中获悉，德国人将对他的左翼发起反攻。他立即给一个老朋友，辛普森将军，打了一个电话。柯林斯迫切需要支援——即使不得不从属于另一个集团军的部队那里得到。

蒙哥马利的第二十一集团军原计划在几天后去同布雷德利的第十二集团军会师——而这将缝合鲁尔地区的袋形阵地。但是，柯林斯告诉辛普森，蒙哥马利前进得太慢，必须尽快会师，否则德国人就会“向帕德博恩方向突围”。

“比尔，我很担心，”柯林斯说，“我的战线太长，兵力却又太少。”他要求辛普森从第二装甲师抽调一支战斗部队，并立即派其向帕德博恩前进。“我也将派一支战斗部队去同他们会合。”

辛普森未同蒙哥马利商量就答应了柯林斯的要求。傍晚时分，他的第二装甲师开始向南急驰而去。队伍的排头附近，是第六十七装甲团E连的指挥官威廉·杜利中尉。他不知道自己正在执行一个重要任务，甚至也不知道自己究竟是要赶向哪里。上司只简单地命令他向利普施塔特迅速推进，那是位于帕德博恩以东二十二英里处的一座城镇。夜色浓重，尽管他不时地可以听见远处传来手提冲锋枪的射击声，却什么也看不到。实在太紧张了。南面持续不断地传来猛烈的炮声，以至于坦克都因震动而晃了起来。那是鲁尔城内战斗的炮火。

但是，杜利的连队只遇到了手提冲锋枪和轻武器的零散抵抗。到复活节早上六点钟，他们已行军五十英里，抵达了利普施塔特的郊区。步兵踉踉跄跄地走下半履带式装甲车，清空了遇到的第一排房子，然后便冲进了城里。这时，一辆德国坦克出现了，向第一辆美国坦克开了火。幸运的是，炮弹从炮塔右边擦了过去。随即，德国坦克便逃走了。又往前走了一段，美国部队撞上了堆在路上的一些水泥块，但是突然跑出来一些百姓，把水泥块推走了。

一排排长唐纳德·E. 雅各布森少尉奉命要进城；有一个步兵班被困在了一座医院里，需要援助。雅各布森令他的部下登上坦克，向城里出发。他们刚刚靠近医院，就有三十几个德国人举着手从里面走了出来。雅各布森叫他们也上了坦克，然后继续开向城里，一心想打一仗。到了利普施塔特的另一头时，他看见几辆坦克正从东面开来。他刚要开火，却认出这是第三装甲师的“M-5”型坦克。

这时是凌晨一点，整个莫德尔的集团军，总共约三十万人，都被包围在了德国的最后一个工业区内[1]。然而，对于完成这一史诗般会师的美国人来说，这只是普普通通的另一天。他们彼此开着下流的玩笑，为不必在这里打仗而松了一口气。

直到聚集在一座教堂附近的摄影师和通讯记者涌上来采访他时，雅各布森才意识到了刚刚所发生的一切的重要意义。然后，他想道：这些真正浴血奋战的人竟是如此茫然无知，真是太让人吃惊了！

这一天，艾森豪威尔把柏林留给俄国人的决定仍是令丘吉尔最为不安的事。但是，首相担心的是，除非就此打住，否则，关于这个问题的争论必然导致不快的结果。不过，他还不想结束讨论这一问题。

他折衷地给艾森豪威尔发了一封通情达理的友善的电报：

> 再次感谢您如此善意的电报……然而，现在我更加重视攻占柏林的问题，我们对其可以手到擒来。莫斯科给您的回电中的第三段说道："柏林已失去了昔日的战略重要性。"这应从我所说的政治方面来理解。我认为，在尽可能靠东的地方同俄国人会师非常重要……

然而，和前几封电报一样，这封电报并没有对艾森豪威尔起到什么作用。他是那么地坚持自己的计划，那么真诚地相信其军事正确性，以至于他甚至"准备小题大做"。

当凯塞林回到他设在图林根森林中的战斗指挥部时，他的参谋长维斯特法尔报告说，元首大本营刚刚来了新的命令，命令莫德尔要把鲁尔作为一个要塞来守卫——不得试图撤离。

凯塞林简直难以相信。最高统帅部难道不知道吗？陷入重围的鲁尔食物匮乏，仅够全体军民吃两三个星期。此外，艾森豪威尔不会对鲁尔有任何战略兴趣：他的目标在东边更远处。

西线已不再是一条战线。北面的布拉斯科维茨已被粉碎；南面的豪赛尔同样也已被摧毁，他的余部分散在各处，混乱不堪；中部的莫德尔命运已经注

[1] 为了纪念阵亡的罗斯将军，鲁尔袋形阵地后来被重新命名为"罗斯袋形阵地"。

定。凯塞林的整条战线已经人间蒸发了。从现在起，只能采取牵制性的行动。

许多天以来，鲍曼第一次写信给他的夫人，描述了笼罩在柏林上空的一片绝望的乌云。他警告他的“挚爱”说，维也纳的军事形势“糟糕得可怕，人们只能期待最坏的结局”，她应该准备好撤离上萨尔斯堡前往蒂罗尔。“这让我既悲伤又愤怒，因为目前，除了给你写信之外，我已别无快乐。”他最后写道，“但是，当和平的好时光来临之时，我一定要尽力弥补。”

然而，有些德国人仍然拒绝正视日益惨重的灾难。比如，希姆莱便坚持说，军事形势并未绝望。“我已准备好为德国做任何事情，但是战争必须继续。”在一次长达四个小时的会见中，他对两位倾听者，贝尔纳多特伯爵和施伦堡将军说，“我向元首宣过誓，我要履行我的誓言。”

“难道您没意识到吗？德国已经输了这场战争！”伯爵高声说道，“坐在您的位置上，肩负如此重大责任的人，不能盲目地服从上级，而应该勇敢地负起责任，作出符合人民利益的决定。”

希姆莱沉默不语，陷入了沉思之中。他一动不动地坐在那里，直到一分钟后有人叫他接电话。他站起身来，迅速地离开了房间，似乎为找到借口避开贝尔纳多特的谴责而感到解脱。施伦堡很高兴自己的上级受到了如此压力，于是敦促贝尔纳多特，要他进一步强调这一问题。

但是，当希姆莱回来时，贝尔纳多特却把话题转移到了自己的任务上。他要求把所有的丹麦人和挪威人立即转移到瑞典去。

希姆莱脸上掠过一丝忧惧的神情。“从个人角度来说，我很乐意同意您的要求，但我不可能这么做。”他突然转换了话题，承认德国政府犯了许多致命的错误。“对英国不坦白就是一个错误。至于我——好吧，当然，我现在被认为是所有活着的人中最残忍最暴虐的一个。但是，我希望宣布一件事：我从未公开污蔑过德国的敌人。”

“如果说您没有这样做过，但希特勒却做得非常彻底。”伯爵回答道，“他曾说过：‘我们应该把英国的所有城市都夷为平地。’在这种情况下，盟军系统地轰炸德国城市难道还有什么好奇怪的吗？”

美军在利普施塔特会师、以及鲁尔袋形阵地崩溃的第二天，希特勒终于在一次“私人谈话”中承认，德国的彻底失败不但是可能的，而且是非常可能的。“但是，即使是这种前景，”他说，“也不能动摇我对德国人民的未来那不可战胜的信念。我们受的苦难越重，不朽德国的复兴就越光荣！”

虽然他本人不能忍受在一个战败的德国生活，但是，现在他却想给那些幸存者们提出一些“行动准则”。他建议他们“尊重我们所颁布的种族法则”，并且“维护所有德意志种族的不可瓦解的统一”。

接着，他预言说，只有两个世界大国能从德国的战败中崛起——美国和苏联。“历史和地理的规律，将迫使这两个大国进行一场军事或经济和意识形态领域的力量较量。同样，这些规律将使这两个大国不可避免地成为欧洲的敌人。同样肯定的是，这两个大国迟早要寻求欧洲唯一生存下来的大国，德国的支持。我要强调指出，在我的指挥下，德国人必须不惜一切代价，避免成为任何一个阵营的马前卒。”[1]

[1] 这是希特勒的最后一次“私人谈话”。十五天后，即4月17日，这些文件被人从柏林带走保护了起来。

# 第三部
# 东西会师

# “O—5”

希特勒在东南部的最后一搏失败了；本寄望于深入敌腹继而歼灭托尔布欣的塞普·迪特里希的攻势，由于策划不周，以致以绝望开始——以溃不成军告终。

党卫队中校弗里茨·哈根的战斗群从另外一支部队搞来了一些汽油，然后深入了匈牙利中部的沼泽地带。但是，四天后，在走了四十五英里之后，打头的坦克的排气管破了。这时距多瑙河还有二十英里。当哈根把他的位置报告给上级后，上级只问他，他究竟为什么孤军深入那么远，并命令他立即撤退。“你难道不知道俄国人正在向维也纳发起进攻吗？”

哈根心烦意乱。如果他知道在迪特里希发动进攻的同时，托尔布欣也展开了更强大的攻势的话，他就会更加心烦。当然，在这样强大的攻势面前，迪特里希的第六装甲军几乎全军覆没，企图拼死阻止多尔市亨向维也纳推进的残部也大败而逃。

哈根带着余下的二十五辆坦克一直退到了横跨在布达佩斯—维也纳高速公路上的一个位置。托尔布欣的先头部队不顾后果，放肆地追了上来。结果，火力更猛的德国“美洲豹”坦克击毁了一百二十五辆巨大的“斯大林”式坦克。

在迪特里希向西北方向的维也纳败退的同时，他被迫离开了右翼的赫尔曼·巴尔克将军的第六军。于是，4 月 1 日，托尔布欣向这个日益加宽的缺口投入了一支强大的装甲力量。

现在，巴尔克的侧翼完全暴露在敌人的枪口之下。他挖苦地对南部集团军的指挥官韦勒将军说道：“迪特里希的阿道夫·希特勒精锐师都不能守住它的阵地，你还指望我们做什么呢？”

关于这次谈话的报告惹恼了希特勒，他说：“如果我自己的精锐师不能守住他们的阵地，他们就不配佩戴我个人的徽章！”他命令凯特尔给迪特里希发了一封电报：

> 元首认为你部没有如形势所要求的那样进行战斗，命令党卫队的几个师，即阿道夫·希特勒师、帝国师、骷髅师、霍亨施陶芬师立即摘下臂章。

一则轶事迅速传开。据说迪特里希看了电报之后，立即召集各师指挥官，把电报向桌子上一扔，大声说道：“这就是对你们五年来的汗马功劳的奖赏！”然后，他给希特勒拍了一封电报，说他宁可自杀也不愿执行这项命令，并把他所有的勋章都扔进了尿壶。这个故事和实际情况出入不大——但却具有不同的性质。迪特里希并没有生希特勒的气。他确信希特勒这样做是由于收到了误报，所以他仅仅是没有理会这一命令，很少有其他的指挥官敢这么做。

然而，希特勒这封电报的内容却逐级传了下去。当哈根知道以后，他无法像迪特里希那样理性地去解释其内容。元首是他的偶像，他永远不会忘记他和另外二十人在帝国总理府里排着队第一次谒见元首时的情景。希特勒机械地依次同他们握手，但从金发碧眼、相貌堂堂的哈根面前走过之后，他又转身走回来，再次用双手握住这位坦克手的右手，并用自己灰蓝色的双眼凝视着他。从那一刻起，哈根便心甘情愿地为了元首而把头放在断头台上。

此时此刻，哈根勃然大怒。他召集起手下的军官们，说道：“拿一个尿壶来，把我们所有的勋章都扔进去，然后把格茨·冯·伯利欣根[1]师的绶带缠在上面。”不过，怒火过去之后，哈根战斗群再次投入了战斗。

马利诺夫斯基和托尔布欣并肩向奥地利挺进。北面的马利诺夫斯基由于崎岖的丘陵地形而耽误了行程，而托尔布欣却沿着大路长驱直入，并于耶稣受难节，即3月30日接近奥地利边境——距维也纳只有四十英里。

[1] 格茨·冯·伯利欣根是歌德剧作中一位脾气暴躁的骑士，他对班贝格大主教说：“吻我的屁股。”

过去一年来，奥地利各地自发地组织起了许多松散的抗战组织。1945年初，卡尔·索科尔少校，德国国防军里的一名奥地利参谋，同一个名为七人委员会的组织进行了接触。这些人是民间抵抗运动的领袖，虽属各种政治派别，但却被对纳粹的共同仇恨联系在了一起。索科尔告诉他们，在奥地利发动起义要想成功，只能靠军民抵抗组织的紧密合作；他透露说，他已经将在德国部队中服役的奥地利爱国人士组织成了一支强大的地下队伍。

索科尔身材瘦弱，非常讲究。他今年三十多岁，最多有五英尺高。他曾参与过“七·二〇”阴谋，并曾在维也纳协助监禁盖世太保和党卫队的官员。阴谋失败后，他设法使他的德国上司相信，他只是履行了自己的职责。

索科尔和七人委员会联合在了一起。他们决定将这个联合组织称为“O-5”。这是由奥地利（Oesterreich 或 Österreich，这是 1938 年德、奥合并以前奥地利的名字，当时奥地利叫做奥斯特马克，写为 Ostmark）一词的前两个字母组成的简单代码。“5”是表示“e”在字母表中是第五个字母。抵抗组织的成员开始在所有公开宣传招贴中都标上“O-5”。广大群众只知道这是一个抵抗运动的标记。而各年龄段的奥地利人都开始用粉笔或油漆将“O-5”写遍全国，这成了一项流行的运动。于是，人们产生了这样一种印象，这一抵抗运动比事实上要广泛得多，也重要得多。

1945 年 3 月中旬，“O-5”的领导人确信，希特勒想在垂死的挣扎中牺牲奥地利，维也纳可能会遭到和布达佩斯一样的命运。他们不仅要保卫他们的城市，还想让全世界看到，尽管被纳粹长期占领，尽管抵抗运动的数百名领导人遭到监禁，但解放奥地利人民的愿望从没有被削弱过。

3 月 25 日，索科尔少校在“O-5”的一次会议上说，只有帮助红军攻占维也纳才能拯救这座城市。“如果他们接受我们的条件，我们就应提出把城市移交给他们。”他说。他解释了该如何做到这一点。他现在已被派到第十七军区总部任职，被指派协助在维也纳正前方建立一道防御东部攻击的防线。这给了他一个完美的机会，可以把忠于“O-5”的几个营部署在维也纳南面靠近巴登的森林里。索科尔说，在红军发起最后冲锋的时候，他就撤出这些部队，那样俄国人就可以径直穿过维也纳以南十四英里处的森林。接着，他们可以出人意料地从后面冲入城内，在“O-5”的帮助下占领城市，而不造成很大的破坏和流血。索科尔的计划得到了大家的欣然认可，他们选出了一个委员会，负责军民之间的联络工作。

五天后，即耶稣受难日那天，维也纳人第一次听到远处传来了隆隆的炮声，这是托尔布欣的部队到达了奥地利边境。当晚，东南方的天空变成了紫色的。城里实行了军事管制。次日清晨，盟军空袭了铁路调车场、多瑙河上的桥梁和重要的交叉路口，到处都是熊熊燃烧的火焰，负荷过重的消防队简直无法应付。维也纳人把床铺搬到了地下室或掩体里，开始在地下生活。大街上布满瓦砾，车辆无法前行。铁路运输无法继续，有轨电车也只能来往于很少的几条线路上。每天只能限制使用几个小时的煤气和电，许多区都已经断水。

曾经统治这座城市的政治合作者和党派官员再也不敢穿着棕色的制服公开露面了。傍晚时分，路上挤满了那些足够有影响力可以得到通行证的人。

大部分人无法逃走。但是，作为维也纳人，他们并没有失去幽默感。最新的一个玩笑是："复活节时，你可以乘有轨电车上前线。"到了复活节时，这不再是一个玩笑了；据说托尔布欣已经突破了迪特里希在维也纳东南的防线，离市郊只有八英里了。曾任希特勒青年团领袖的区长兼新任防务特派员巴尔杜·冯·席腊赫宣布本城为一座堡垒，号召人民冲锋队立即动员起来。男孩们和老年人开始在市郊挖战壕。老百姓都被从家里赶出去修反坦克障碍，并在街上匆匆用鹅卵石、树和有轨电车的轨道筑起一道道路障。希特勒青年团领到了"铁拳"，并奉命开始挖个人掩体。

"保卫维也纳的时刻，考验的时刻到来了！"席腊赫声称。一份战时小报宣称："仇恨是我们的祈祷，复仇是我们的口令。"迪特里希在广播里恳求说："这不是为了我们自己，而是为了我们的党！元首万岁！"

当天晚些时候，索科尔终于获悉了由两个党卫队师组成的迪特里希最后一支后备部队的准确位置和口令。有了这些信息，索科尔就万事俱备了。他立即在维也纳召集"O-5"的领导人紧急开会。

4月2日夜里，他们在谁都想象不到的一个地方秘密召开了会议——第十七军区总部，索科尔的办公室。

"先生们，谁来主动请缨把我的计划送到苏联最高统帅部？"他问。他环顾四周，最后将目光停在了三十一岁的斐迪南德·克斯身上。克斯是一名肩宽体胖的上士。两人已相识了十一年，第一次世界大战时，他俩的父亲曾在同一个团里服役。"时候到了，上士。"索科尔说。

克斯向前跨了一步。“我已经准备好了，少校。”

索科尔指示他如何绕过城东南的主要战线，并把一张假通行证和一张标注好计划路线的地图交给他。两人握了握手。

少校的私人司机约翰·赖夫下士开车送克斯向南面出发。走了十五英里之后，他们来到著名的巴登温泉疗养区，托尔布欣将可以从这里通过德军防线。他们又向南走了十五英里，来到维也纳新城。在那里，他们抄小路向西南方向绕去。4月3日破晓之前，他们来到了一个寂静的地方，希望可以从这里冲过德军阵地。两人顺利地穿过了前线。但是当他们急速驶过最后一个德国前沿哨所时，卫兵开始向他们射击。他们的欧宝汽车被击中，开了几百米之后就熄火停下了。克斯和赖夫跳进一条土沟，攀爬着逃过了另一波子弹。

一个俄国人头戴皮帽，手持一把巴拉莱卡琴，从一棵大树后跳了出来，喊道：“举起手来！”

这两个奥地利人被从一个指挥所带到另一个指挥所，花了好几个小时。直到将近晚上十点，他们才来到乌克兰第三方面军总部。该总部设在霍赫沃尔克多尔夫村，位于维也纳新城以南约十英里处。等了一个小时后，克斯被带进了一座大房子的起居室。三位将军和六个参谋坐在一张桌子旁，都用怀疑的目光看着他。高级军官阿列克谢·谢尔盖维奇·杰尔托夫将军满头灰发，留着一把小胡子。他礼貌地请克斯坐下，然后说：“开始吧！”

克斯概述了索科尔的计划，但是要求说，要想付诸实施，俄国人必须作出一些保证：必须停止对维也纳的一切空袭；此外，俄国人不得逮捕“O-5”的任何成员；奥地利战俘应比其他战俘先获得释放。

奥地利人的要求激怒了参谋们，他们远没有杰尔托夫那么客气，开始炮轰般地询问克斯：什么是“O-5”？他们有武器、弹药和部队吗？谁是他们的领导人？他们是些什么人？是社会民主党人、社会党人、共产党人，还是法西斯分子？奥地利的政治形势如何？社会民主党和共产党现在力量如何？难道奥地利人不都是纳粹分子吗？如果不是，为什么希特勒进军到奥地利时，他们会狂热地欢呼？

克斯明白，他们是在给他设套，于是非常谨慎地一一予以回答。最后，有人在桌子上铺开一幅大地图。克斯指了指地图上的霍赫沃尔克多尔夫。

“你怎么知道我们在这里？”一个人惊奇地问。

“这里有消防队的标记。”克斯回答说。所有人都笑了起来。

克斯在俄国地图上标出德国人的阵地，然后说道："战争已经结束了，现在任何士兵的死亡都是无谓的牺牲。我们奥地利人希望你们视维也纳为一个不设防的城市。纳粹分子不在乎可能出现什么，他们已经宣布这座城市为一个堡垒。抵抗运动的力量薄弱，无法阻止维也纳被毁为废墟，但我们可以不伤一兵一卒便把俄国军队带入城内。"

克斯说明了红军怎样才能直接穿过位于巴登的维也纳森林，然后掉头从西面进入首都。在那里，"O-5"的成员将与俄国人会合，并将他们带到市中心；与此同时，其他抵抗力量则将占领战略要地。

一名俄国情报军官核对了克斯标出的德军阵地情况，说它们证实了他本人收集到的情报。这给杰尔托夫参谋部的一些人留下了深刻的印象，但许多人仍然持怀疑态度。一个愁眉苦脸的少将说，他无法相信克斯仅仅是一名上士；他显然是德国最高统帅部派来的一名军官，想引诱俄国人上圈套。克斯深为杰尔托夫将军的智慧和客观而吸引。他转身对将军说，他自愿在进攻时给第一辆俄国坦克带路。杰尔托夫终于相信了，但还须征得莫斯科最高统帅部的最后同意。几个小时后便可收到莫斯科的回电。

第二天，即 4 月 4 日，克斯很早就被叫醒了，并被带回了会议室。气氛比前一天轻松多了，他注意到了几张新面孔。一位在第一次会议中没怎么发言的年长的将军站了起来。他点燃一支烟，然后用德语说道："红军最高统帅部接受了奥地利抵抗组织的条件。"他接着说，"O-5"方面必须承诺占领城内最为重要的战略要地，比如公共建筑物和桥梁，同时恢复民政和警务工作。"O-5"将带领红军进入维也纳，但战斗应由俄国人进行。

杰尔托夫打断了他。如果克斯同意这些条件，他说，盟军对奥地利东部的空袭将立即停止，并且红军将保证城内用水的供应。

克斯站了起来。"我以维也纳的名义表示同意。"

杰尔托夫也站起身来，两个人握了握手。他们又来到桌前。桌上铺着一张地图，这是红军总参谋部的进攻计划。上面有一个箭头穿过维也纳森林，指向首都的后方。托尔布欣听从了索科尔的计划。另一个箭头从东北方向指向维也纳，这是马利诺夫斯基的乌克兰第二方面军。

电话响了。克斯被告知是在意大利的陆军元帅亚历山大打来的。元帅答应尊重红军最高统帅部关于不轰炸施泰尔马克、奥地利南部和维也纳的请求。克斯感到"一波轻松的浪潮卷过全身"。他现在唯一要做的就是返回维也纳。

有迹象显示，希特勒十分重视维也纳。他命令从柏林防线抽调一个装甲师，迅速开往奥地利首都。他还给海因里希的维斯杜拉河集团军下了一道同样的命令，命令抽调两个步兵师去支援舍尔纳的中部集团军。

海因里希知道，如此大规模地抽调部队将导致他本已拉得过长的战线彻底完蛋。失去三个师将会是一场灾难，唯一的补救办法就是立即找到支援部队。他只想到了一个来源——法兰克福“堡垒”里的比勒上校那久经沙场的十八个营。必须把这支部队撤回奥得河这边来，部署在重要的法兰克福—柏林高速公路的两侧，当然，这就意味着海因里希必须以某种方式说服希特勒放弃法兰克福“堡垒”。

4 月 4 日下午，海因里希和他的作战官艾斯曼上校来到了总理府花园中地下掩体的入口前。花园里到处都是战壕、个人掩体和倒下的树。两人沿着通往下层元首地下掩体那陡峭的阶梯走了下去。两个身材高大的党卫队卫兵走上前来，礼貌地询问将军是否同意搜身。海因里希点点头。一名大个子卫兵检查了他的衣袋，拍了拍他身体的两侧和屁股。艾斯曼公文包里的东西都被倒了出来，翻了个遍。然后，两人被带进了一条狭窄的走廊。搜查十分合乎规定，而且有礼有节。但海因里希心里仍想：我们竟然到了这种地步！

走廊尽头，约有三十名高级军官聚集在那里。吃了三明治，喝了咖啡之后，凯特尔说道：“下面这些人可以进去做简报……”他叫了邓尼茨、鲍曼、约德尔、克莱勃斯、希姆莱、海因里希和艾斯曼的名字。

海因里希走进小小的地图室。房间两侧放着几条木制长凳，还有一个地图桌，以及唯一的一张椅子。大家都坐在长凳上，只有鲍曼坐在了角落里的一个箱子上。接着，希特勒戴着墨镜走了进来。他和海因里希、艾斯曼握了握手，然后坐了下来。

克莱勃斯建议海因里希和艾斯曼马上开始报告，以便尽快返回战场。希特勒点了点头。海因里希首先清晰地介绍了前线的形势。接着，他突然转向希特勒，建议从法兰克福“堡垒”撤回比勒的十八个营——他等待着希特勒发作。

希特勒好像毫无反应。海因里希甚至不敢确定他是否是清醒的，因为他看不见希特勒墨镜后面的眼睛。最后，希特勒懒洋洋地转向克莱勃斯，说道：“将军说的似乎很对。”

邓尼茨点了点头。克莱勃斯说："是的，元首。"

"好吧，克莱勃斯，"希特勒喃喃地说，"下命令吧。"

海因里希非常惊讶，没想到这么容易就成功了。突然，门打开了，戈林咚咚咚地走了进来。他首先为自己的迟到表示歉意，接着就挺着大肚子坐到桌前，傲慢地宣称他刚刚视察了海因里希战线上的一个"空降"师。戈林的声音让希特勒吓了一跳，似乎他一直是在做白日梦。他跳起来，手激动地颤抖着，高声叫道："谁也不理解我！谁也没按我的意图去行动！提到'堡垒'的事——我们曾成功地守住了布累斯劳，我们曾在俄国多次拖延住了俄国人！"

所有人都吓得缄口不言——除了海因里希。他意识到，他即将失去他来此的目标。他摇了摇头，说人民冲锋队挡不住俄国人。他几乎有些书生气地指出，可以用两种方式来对待"堡垒"问题：一是"堡垒"的保卫者战斗到只剩最后一粒子弹，最后全部战死；二是他们暂时拖住敌人，然后在最后一刻撤离，以后再继续战斗。

"负责守卫法兰克福的军官是谁？"希特勒高声插话道。

"比勒上校。"

"这是一个格奈斯瑙[1]式的人物吗？"

"等俄国大进攻之后就知道了，"海因里希说，"我相信他是一个格奈斯瑙式的人物。"

"我要立即见到他。"

海因里希说，这至少在两天内不可能。他再次要求立即撤回"堡垒"的那几个营。

"好吧，"希特勒说，"我授权你撤回六个营。但法兰克福仍将是一个'堡垒'！"

海因里希知道，这是他能够得到的最大让步。他开始陈述针对朱可夫即将开始的进攻的防务计划。需要在俄国人首次轰炸之前，把他的前线部队秘密撤回事先准备好的阵地。希特勒赞同这一想法，但又问道："为什么不现在就到这些阵地上去？"

---

[1] 格奈斯瑙：拿破仑战争时守卫一个要塞的军官。他一直顽强作战，从而使他的名字成了顽强抵抗的象征。

海因里希解释说，他想让俄国人认为主要战线在东面几英里处。在他们开始轰炸这条假战线之前，他的部队将偷偷回到真正的阵地，只在后面留一支基本队伍。这样，俄国的炮弹就会落在空空如也的阵地上。他承认，是第一次世界大战时从法国人那儿学来的这一诡计。

希特勒赞赏地微笑起来。海因里希认为，现在正是合适的心理时机，可以埋怨希特勒把那么多部队调去支援舍尔纳和维也纳。“现在我的第九军没剩下什么了，”他说，“这对我是一个沉重的打击。”

“对我也是。”希特勒尖刻地反驳道。

“俄国人即将发动进攻，”海因里希抗议说，“我能期望得到什么增援？”

元首很困惑。“难道没人告诉你，东普鲁士的大批部队和重型坦克纵队将会来支援你吗？”

“那不太可靠，”克莱勃斯不自在地说，“那些部队也分派给了舍尔纳将军。”

“我对这一情况一无所知，”海因里希插嘴说，“我不知道舍尔纳的防区发生了什么事。”

希特勒似乎一点儿都不担心。“无论如何，盟军的主攻目标不会是柏林，”他非常确定地说。这让海因里希非常震惊。“柏林只是小规模侧面攻击的目标。主攻的目标将是布拉格。”

希特勒的自信是源于陆军情报部门头子莱因哈德·盖伦呈上的一份报告。盖伦的密探有证据表明，斯大林已经命令苏联部队向布拉格发动主进攻。这主要是因为，俾斯麦曾经说过，谁占领了布拉格，谁就控制了整个东欧。就现在而言，盖伦的密探并没有错。他们不知道的是，斯大林的命令遭到了朱可夫和其他军事首脑的激烈反对，他们坚持应该把柏林作为主要目标，因为希特勒在那里。因此，尽管俾斯麦和斯大林意见一致，红军事实上还是正在准备向海因里希发动最强劲的攻势。

海因里希说，根据自己的经验，他确信俄国人会进攻柏林。接着，他谈起了部署在柏林防线的戈林的“空降”师。“他们是些年轻人，装备很好，”他说，“事实上，是装备得过分好了，而他们侧翼的步兵却装备不足。”戈林微笑了起来，仿佛海因里希刚刚是在称赞自己。“但是，这些飞行人员缺乏实践经验，他们中大部分都是刚入伍的新兵，只受过两个星期的训练，他们还需要由飞行员带一带。”

“我的空降兵都是出色的士兵。”戈林咆哮道。

“我没有针对你的人说任何坏话，但他们的确尚无实战经验。”海因里希反驳说。他转向希特勒，说维斯杜拉河集团军将从北面受到攻击。希特勒认为这不可能。曼特菲尔的第三装甲军防守的地区是一片被淹没的平原。

海因里希对希特勒的话置若罔闻，仍然坚持要求更多的兵力来防守自己过长的战线。他指出，一个师战斗一天，至少要损失一个营的兵力。“我能从哪里抽调增援部队？”他问，“我至少需要十万人。”

会场顿时一片寂静。戈林突然起身。“元首，我给您十万空军！”

邓尼茨也站了起来。“我可以从我的船上给您抽调二十五万人。”

希姆莱也不能继续坐着了。他跳起来，疯狂地大喊道：“我给您十五万人！”

“看！”希特勒说，“这就是你要的人。”

海因里希尖刻地回答道，这当然很好，但“只有人”他是不能打仗的，他需要有组织的师。

希特勒仍因大家自发的回应而深受鼓舞，他让海因里希把十万增援部队用在第二道防线上。“他们将干净利落地消灭企图通过的俄国人！”

海因里希打算回答，使用如此没有战斗经验的部队，结果只能是惨遭屠杀。这时，有人侧身过来低声对他说：“别再抱怨了。我们已经浪费了两个小时。”

海因里希无法保持安静。他说，他已经视察过了奥得河上的部队，大多数士兵都毫无实战经验。“因此，我不能保证他们可以抵挡即将到来的俄国人的进攻。而且，缺乏合适的后备部队，这就更加危险地削弱了挡住俄国攻势的可能。”

“你有十万新部下，”希特勒平静地说，“至于守住阵地，应该由你来鼓起部队的士气和信心，这样仗才能打赢。”

当海因里希在五点钟离开会议室时，元首似乎情绪很好。但是，登上台阶回到花园的海因里希却十分沮丧。他失去了三个师，却只得到六个营和十万几乎完全没用的增援部队作为补偿——而他仍然要守住法兰克福“堡垒”。

两天后，当精疲力竭的比勒来到地下掩体汇报“堡垒”的情况时，竟然在门厅睡着了。当他最后终于被带进会议室时，他说他可以守住所有阵地，但奥得河西岸的友军力量比较薄弱，俄国人可以轻而易举地突破他们。“这样，我就不可能守住法兰克福了。”他建议立即将他的部队撤回奥得河对岸，加强他在西岸的侧翼的力量。

“正如你所说的，你应该加强你的侧翼，”希特勒温和地说道，“你还应巩固你的后方。但桥头堡不能丢，奥得河上的法兰克福仍须是一个‘堡垒’。这是我本人的命令。”他看着比勒，等待着他的确认。

比勒不知该如何回答。如果他不能明确地以“是”开始回答，希特勒就会在他把自己的意思解释清楚之前打断他，并且说：“比勒同意了。”

“不，元首。”他脱口而出。

周围的人都被吓得一脸僵硬。

希特勒愤怒地挣扎着站了起来，指着房门。“滚出去！”

比勒收起他的地图和文件，出去了。当他慢慢地走向通往花园的出口时，克莱勃斯追了上来，说道：“你已经被解除了指挥权！去见布赛将军，他会告诉你将受到什么处置。”

这个在法兰克福久经沙场、表现出众的人简直不敢相信自己的耳朵。这不可能。他没理会克莱勃斯的命令，径自去了设在措森的陆军司令部，想知道自己该干些什么——他们肯定是在地下掩体里暂时疯了。

在措森，比勒失宠的消息已经比他本人提前到达。当他穿过大厅时，看见他的参谋们都连忙缩了回去。就连他的老朋友德特勒夫森将军也对他说：“小心你的个人安全。”比勒茫然地驱车来到了前线，绝望地想找一个可以支持他的人。他直接打电话给海因里希。

“比勒，”海因里希毫不犹豫地说，“放心吧，一切都很快就会过去。”这是一整天来比勒听到的第一句积极的话。他几乎不敢相信自己接下来所听到的。“回法兰克福去，夺回指挥权。”

海因里希对形势的了解多于比勒所意识到的。片刻之前，布格道夫打电话给海因里希，宣读了希特勒发来的一封充满挖苦口气的电报：“比勒并非格奈斯瑙式的人物。”接着，布格道夫告诉海因里希，比勒已被解职。

“我要求撤销这道命令，”海因里希说，“比勒应该复职，并被授予骑士十字勋章。”他补充说，比勒是这个桥头堡的灵魂，撤掉这样一个人，实在太荒谬了。

“不可能！”激动的布格道夫回答，“这是希特勒的命令。”

“我要求比勒留下，否则我就辞职。”说完，海因里希就挂上了电话。

自从克斯上士离开维也纳去完成向俄国人献城的使命后，大约六十个小时已经过去了。4 月 5 日早上，在第十七军区总部，索科尔不知克斯是否已经抵达俄国战线。前一天晚上，维也纳受到了一场极其猛烈的炮火袭击。而此时有报告传来，说托尔布欣的部队已经前进到了城南郊区。激动的“O-5”成员们纷纷拥进索科尔的办公室，悄声报告说各抵抗小组已准备完毕，并且焦急地问道：克斯是否成功了？

与此同时，索科尔还被淹没在南方集团军和承担维也纳“堡垒”最后防务的鲁道夫·冯·比瑙将军持续不断的请求之中。他们需要增援部队——但索科尔本人也需要用这些部队在起义爆发后去攻占战略要地。

上午，索科尔的秘书指出，到现在为止，维也纳上方晴朗的天空中尚未出现一架敌人的飞机。索科尔心中暗忖，这是因为克斯完成了使命呢，还是因为红军已经发动进攻，而西方盟国不愿误伤友军？正在这时，一个军官报告说，很奇怪，托尔布欣的进攻停止了。索科尔开始认为克斯肯定已经成功了。于是，他派通讯员去告诉“O-5”的其他领导人，说一切都在按计划进行——同时，他祈祷自己是对的。

此时，克斯和赖夫离维也纳城南只有三十英里。他们混在一群试图躲开俄国人的难民里穿过了德国人的防线。一踏上德国地盘，他们便截住了维也纳新城区长的车，他是到维也纳去见巴尔杜·冯·席腊赫的。克斯出示了假通行证，要求搭车。当克斯注意到他们是在往巴登方向开时，而该城正在托尔布欣的必经之路上，他大声叫道：“改变方向！俄国人已经占领了巴登！”

这位地方党派领袖说那里只有德国部队，并坚持要走这条最近的路去维也纳。克斯扼住他的喉咙，叫他停车，赖夫抢过了方向盘。他们绕道向首都开去。

中午时分，他们开进了维也纳。大街上空空荡荡。有轨电车闲置不用，商店都关了门。克斯和赖夫在历史艺术博物馆附近下了车。

“希特勒万岁！”区长说。

“希特勒万岁！”克斯说。然后，他们向布里斯托尔酒店走去，在那里给索科尔打了个电话，报告自己已平安到达。

当晚，“O-5”的领导人于十一点钟在索科尔的办公室会面，进行最后一次讨论。索科尔命卡尔·比德尔曼少校派他的一千六百人的维也纳区武装巡逻队中最可靠的部队——巡逻队都是奥地利人——到各战略要地站岗，并且，首先要防止多瑙河上的桥梁受到破坏。阿尔弗雷德·胡特上尉将带领一支摩托排去攻占比桑贝格电台。鲁道夫·拉斯克中尉负责保卫“O-5”未来一切行动的指挥部，第十七军区的大楼。索科尔说，他将亲自带领一批军官去冯·比瑙将军的指挥所，逼他投降。

索科尔告诉大家，托尔布欣已经进入了巴登附近的维也纳森林。等苏联人抵达本城时，会发出一枚红色信号弹，“O-5”将相应地发出一枚绿色信号弹。当俄国军队接近时，他们会亮出红白相间的旗帜，抵抗部队则将打起白旗。口令是一个在德语和俄语中发音相当接近的名字：“莫斯克瓦。”

会后不久，城南森林的上空升起了红色信号弹。短暂的停顿之后，绿色的信号弹爬上了黑暗的维也纳上空。索科尔下令在午夜发动起义。届时，将通过政府电台播放“O-5”的口令“拉德茨基”：这是所有抵抗小组开始行动的信号。占领关键的建筑物和桥梁；开始暴乱；逮捕重要的纳粹分子；中断通讯；在城南设置障碍，以拦住从前线撤回的所有迪特里希的部队。

然而，信号还没发出，起义的消息就泄露了出去。比德尔曼少校的维也纳区武装巡逻队里的一名摩托步枪兵偶然对一个奥地利老乡瓦尔特·汉斯利克提起，他的战斗小组将占领比桑贝格电台。汉斯利克是一个狂热的纳粹分子，摩托兵的话引起了他的怀疑。他把自己听到的情况报告给了上级。一个小时后，比德尔曼接到命令，要他到维也纳市中心的“堡垒”大本营去见冯·比瑙将军。比德尔曼肯定怀疑过自己已经暴露，但他还是服从了命令。逃跑将会给整个计划带来危险。

在“堡垒”大本营，比德尔曼受到了审问。他不透一丝口风，因此遭到了严刑拷打。他坚持到了 4 月 6 日凌晨——最后还是透露了四个同谋者的名字：索科尔、克斯、拉斯克和胡特。

清晨四点三十分，克斯带来了这个可怕的消息，比德尔曼被捕了。这给索科尔提出了一个新问题。他可以让起义按预定计划进行，希望比德尔曼不要吐露任何重要情况——或者重新制订整个计划。他决定继续行动，并下令立即攻击比瑙的指挥所，救出被捕的人。但是，当索科尔到达“堡垒”大本营时，他发现那里增加了两支党卫队战斗部队守卫。

这是一个双重的打击。他不但无法救出比德尔曼，而且也无法攻取“堡垒”大本营，从而也就没有机会去逼比瑙投降。索科尔意识到，他设在第十七军区大楼内的指挥部已不再安全。于是，他派克斯去传达他的命令，要求加强安全措施，不惜一切代价守住大楼，直至援军到达。

克斯在六点三十分前后到了大楼，向拉斯克传达了命令后，他便离开了。拉斯克立即召集卫兵，命令他们逮捕任何企图使用当晚德语口令“格奈斯瑙”进入大楼的人。但是，片刻之后，比瑙的参谋长纽曼少校突然出现在拉斯克的办公室——他是凭“O-5”的口令“拉德茨基”进来的——他问：“索科尔少校在哪儿？”

“少校在家——他胃疼。”拉斯克回答说。

整座大楼都被德国人占领了。但是，在混乱之中，两个女秘书留在她们的桌前，打电话将这一意外搜捕的情况告诉了索科尔和其他“O-5”的领导人。

在索科尔看来，似乎一切最坏的情况都已发生。比德尔曼被捕，比瑙在他的指挥所里安然无恙，第十七军区大楼连同大楼内的武器和车辆调配场都丢掉了，他自己的参谋部里最为重要的成员都已被捕。起义的军事阶段已经失败了。

但是，还有一线希望。当那些民间的同谋获悉这一连串的灾难时，并没有惊慌失措。他们在当地的会面地点和各战斗群尚未暴露。他们向索科尔保证，他们将继续执行分配给他们的任务。“O-5”的非军人队伍中，增加了一些奥地利逃兵。几个星期以来，他们一直藏在城中的菜园里。到了傍晚时分，起义不但仍在进行之中，而且还有星火燎原之势。

德军指挥部仍没有意识到起义的范围究竟有多大，抓人引起了普遍的不安。还有哪一支奥地利军队可以信任吗？突然，这种担心因一份紧急报告而被抛诸脑后：俄国人正从后面进攻维也纳！

德军匆匆下令在城西设防，但已为时太晚。红军的坦克已经驶过了著名的格林津户外葡萄园，以及维也纳西边和西北的其他关键地点。迄今为止，俄国人还没有遇到德国部队，坦克兵们随随便便地打开舱口站在那里。“O-5”的人试图带领他们向市中心进发。可是，尽管并没遇到什么抵抗，但俄国人要么是没有听懂，要么是仍然存疑，一直犹豫却步。

全城的老百姓都走出了地下室，把床单和枕套挂在窗户和门上。他们甚至大胆地不让小撮的德国兵把他们的房子变成防御点。妇女抱着孩子大声叫德国人滚回去。老人和年轻的德国兵争执着：为什么要打妇女和孩子？

一些急于逃跑的奥地利军人藏进了街边的房子里，换上了老百姓的衣服。数千名奴工开始在大街上闲逛，想找到一些武器。波兰人、乌克兰人、捷克人、塞尔维亚人、希腊人、法国人和比利时人，都在为火枪、步枪、手枪、匕首而和房主们讨价还价，甚至愿意拿自己的裤子去换。没有什么可以阻止他们去找从前的主人算账。

起义的消息传到了前线，就连德国兵也开始逃跑了。当迪特里希得知托尔布欣的部队已经穿过了他的防线，并几乎已完全包围了维也纳时，他知道，再也守不住了。他爱这座古老的城市，不想看到它因为一场无望的战斗而成为战场。于是，他不顾坚守每一寸土地，直到最后一刻的命令，指示部队向西绕到城后，在那里建立另一条防线。

傍晚，俄国人肆意地从西面涌入了维也纳。与此同时，“O-5”的人带着偷来的通行证，戴着人民冲锋队的袖章，公开走上街头，狙击所有身着德军制服的人。当晚，迪特里希的参谋长向南方集团军报告说：“维也纳城内也已开火，但向我们射击的并非俄国人，而是奥地利人。”

消防队员、防空队员，甚至警察都加入了乱成一团的逃跑人群，疯狂的逃亡愈演愈烈。

第二天，即4月7日，“O-5”的军民指挥部搬到了抵抗运动成员阿加特·克罗伊公主的奥尔斯佩格宫。索科尔和民间领导人在这里继续指挥起义。起义的规模越来越大，以至于冯·比瑙将军致电元首司令部说：

> 举着红—白—红旗帜的市民向德国部队发起了比敌人的炮火还要猛烈的攻击。

柏林回电说：

> 继续用最残酷的手段对待维也纳的叛乱分子。
>
> 希特勒

晚上，俄国的先头部队进入了维也纳，只见城中到处都是熊熊大火。留下的几个消防队员不停地从这个区跑到那个区，拼命地想控制住不断蔓延的火焰。

星期天，即4月8日，由于组织和供应问题而被拖延的托尔布欣手下大规模深入“红色”郊区，基本上没有遇到任何抵抗。这些地区的社会党人已经说服大部分守城者放下武器，脱下军装。只有一个区，居民帮助三千名德国人变成了“老百姓”，把他们藏在了阁楼或地下室里。

正午前后，第一批俄国人进入了城区。

没有战斗计划，没有前线，只有一片混乱。德军的掉队士兵仍在城中各处守着几个孤零零的阵地，但“O-5”的红—白—红旗帜已飘扬在数百幢建筑物上。起义者占领了议会大厦和市政厅。其他几支队伍攻占了修特林大街上的警察大本营，放出了犯人。

然而，冯·比瑙将军仍坚定地守在内城。围绕着内城的是宽阔的林荫大道——环形大街——和东北方向的多瑙河运河。下午，一支小型的汽车护送队从“堡垒”区疾驰而出，开向邻近的一个广场。比德尔曼、胡特和拉斯克被盖世太保和党卫队的人从一辆车上推了出来。他们制服上的勋章都被扯掉了，双手被捆在了一起。德国人在一块交通标志上搭了根绳子，然后把它套在比德尔曼的脖子上。比德尔曼被绞死了。接着是拉斯克。德国人把另一根绳子系在一个有轨电车站牌上，然后把绳套套在胡特的脖子上。这时，胡特高呼道：“为了上帝，为了奥地利！”

“堡垒”里还有一个“叛徒”。他就是沙伊歇尔鲍尔中尉，一个假装成忠实纳粹分子的“O-5”成员。下午早些时候，他在作战办公室有了重大发现——他偶然发现了内城防务的新计划，上面详细地描述了忠于比瑙的每支部队的位置和兵力情况。

沙伊歇尔鲍尔设法把这个计划偷偷带了出去，交给了索科尔。这份文件非常重要，于是，索科尔决定亲自把它交给俄国人。4月9日清晨四点前后，在比瑙的部队被迫缓缓向多瑙河撤退的同时，索科尔少校带领十名卫兵越过了俄国防线。两个小时后，索科尔站在了托尔布欣本人面前。他向托尔布欣介绍了德国新阵地的情况，并且指出了俄国人怎样才能通过一连串的地道进入内城。

返回的旅程紧张而忙乱。车上坐了了七名俄国高级军官，他开足马力向多瑙河上的一座桥梁驶去。当他发现桥已经被炸毁时，实在是太晚了。于是，他倾身跳进了河里。有两名俄国人受了重伤，然而，索科尔却安然无恙；他换乘另一辆车，不顾一切地冲过德军阵地，平安抵达了奥尔斯佩格宫。

第二天，另一个担心自己城市命运的维也纳人回到了家。应希特勒个人的要求，奥托·斯科尔兹内巡察了东线。正当他同舍尔纳共进午餐时，一个副官冲进来报告说，俄国人已经进入了维也纳城。

斯科尔兹内的家人和他的两支突击队都还在维也纳。他不希望在某些常规的行动中牺牲他们。他跟舍尔纳道别，开车全速行驶六个小时后，来到了他故乡的郊区附近。他惊骇地看着德国士兵撤离维也纳时那混乱的情景。当他看到伤员在步行，而强壮的人却坐在装满家具的车上时，不禁勃然大怒。他试图拦住一辆满载士兵的马车，车上还有一个姑娘，但马车却没有停下。于是他伸出手，抓住一个上士的领子，狠狠煽向他的脸。“现在，扔掉这些家具，给伤员让个位子！”斯科尔兹内喊道，“如果那个姑娘也想走，必须下去步行。”他夺过上士的手枪，交给离他最近的一名伤员。“只准伤员上车！”他命令道。

斯科尔兹内进入维也纳城中时已是漆黑一片。他宽慰地发现他的两支部队已经开走了。于是，他开始到处打听家人的情况。他找到了母亲那所毁了一半的房子，她在几天前就走了。他兄弟的房子也遇了难，并已徒剩四壁。然后，他沿着荒废的大街驱车向他在战前兴建的工厂开去。这是一家为建筑公司制造脚手架的工厂。当他靠近舍恩布龙宫时，枪炮声越来越响。一颗炮弹就在附近爆炸了。他遇到了两名年长的警察，便向他们询问情况如何。

他们啪地立正。“上校，”其中一个咧嘴一笑，“我们就是维也纳防线。”

他的工厂已经断电。秘书用一根蜡烛给他烧水泡茶。工人们围着他，想跟他握手。他们告诉他，俄国坦克已经过去了，开向了市中心。市民都趁机枪劫，比俄国人还厉害。老维也纳完了，奥地利完了。

斯科尔兹内知道，希特勒会希望他能亲自写一份关于维也纳城内情况的报告。俄国坦克已横亘在内城和他之间，这一事实并没有让他沮丧。斯科尔兹内引导司机沿着他无比熟悉的小巷，在没有一点灯光的黑暗中开着车，来到了比瑙的“堡垒”大本营。他告诉比瑙，他没看见一个德国士兵——却看见了许多俄国人。“等我出去后，”他说，“我会向元首报告，维也纳已经失守了。”

比瑙问他是否想见见防务专员巴尔杜·冯·席腊赫，他就在大厅里。

斯科尔兹内走进一个优雅的大房间，里面点着许多蜡烛。席腊赫从一张桌子前抬起头，微笑了起来。“瞧，斯科尔兹内，我只能点蜡烛工作。”

“我没有看到一个德国士兵，”斯科尔兹内抱怨说，“关卡都无人把守！俄国人可以随时闯进来。”

“不可能！”

斯科尔兹内让他开车去转转，自己看看，但这位前希特勒青年团领袖还是不肯相信。当斯科尔兹内建议他逃跑时，他说：“不，我绝不放弃职守，我要死在这里。不过，现在什么都还没丢。一个师正从西边开过来，而另一个师将渡过多瑙河来支援我们。我们会顶住俄国人的。”

“你简直是在做梦，”斯科尔兹内回答，“我会向元首报告，维也纳已经失守了。”

4 月 11 日黎明，冒着从屋顶射来的密集的狙击炮火，斯科尔兹内的汽车驶过了弗洛瑞德斯多夫桥。他回过头来，最后看了一眼他的维也纳城。整座城市烈焰冲天，炮声隆隆。他身体里的某些东西似乎正在倒塌。

在距离最近的一个盖世太保大本营，他口授了一封给希特勒的电报：

> 在从维也纳通往西边的街道上，我多多少少地看到了一些混乱场面。我建议，应在这里采取有力的行动。实际上，维也纳已无防守可言，它将在今天上午落入俄国人手中。

比瑙的部队撤离维也纳，渡过多瑙河，想筑起最后一道防线。他们炸掉了四座桥梁，只留下帝国大桥作为逃跑的路径。当比瑙的最后一个手下渡过多瑙河之后，一个爆破小队靠近了大桥，想炸掉这一庞大的建筑。但是，桥上的卫兵，也就是“O-5”的成员，突然掉转枪口向德国人扫射，把他们赶走了。

双方又鏖战了三天。不过，到 4 月 14 日，维也纳的战斗就结束了。大街上布满了烧毁的坦克和死去的马匹；几千具德国人、维也纳人和俄国人的尸体横七竖八地堆在一起。伤病员都被婴儿车和独轮车推进了急救医院。

虽然蓄水池完好无损，但全城的水管都被炸弹和炮弹炸毁了。人们要排上几个小时的队在几处有水的泉眼取水。食品问题更为严重。没被炸毁的库房都被老百姓洗劫一空。几乎什么都找不到；配给证完全失去了作用，物物交换的体系开始昌盛起来。

大街由拳头和大棒的法则统治。武装的外籍劳动者夺来武器，自己承担起了警察的职能。有组织的平民抢劫者集团有计划地扫荡了商场、小店和人家。自命的地方政府把人们赶出楼房，在里面安置了自己的家人。在某些区，人们可以轻易地宣布某座空房属于纳粹分子——然后直接据为已有。

已经有一些政治活动开始了。恩斯特·菲舍尔，一位重要的维也纳共产党人，从莫斯科乘飞机抵达了维也纳。而前首相卡尔·伦纳博士也被苏联人带来了。

索科尔少校被俄国人宣布为维也纳民事指挥官，并于市政厅就职。两天后，一名俄国上校来到他的办公室，对他说："你刚刚被任命为维也纳警察局长。跟我来，我们刚刚抓到了几名战犯。"索科尔说他很忙，走不开。但上校叫来了几个俄国卫兵，押着索科尔走下市政厅大楼的台阶，钻进了等在那里的一辆汽车。

这时，上校才透露说，他是一名俄国秘密警察的军官。他指控少校是西方盟国的特务，去托尔布欣的司令部只是为了窃取他们的计划，还指控他应对起义失败负责，并威胁说要将他处决。

当天下午，俄国秘密警察的人把索科尔关进了一个潮湿的地下室。他蜷缩在一个原本铺在冰箱顶上的地毯里，睡着了[1]。

---

[1] 几个星期之后，索科尔被送往一个战俘营。他假装成一个看门人，从前门偷偷逃掉了。后来，他再次被抓住，又关了三个月，然后被释放了。后来，他成了一位电影制片人。但在维也纳，他仍是一个有争议的人物——一些人认为他是英雄，另一些人则认为他是把该城送给苏联人的"叛徒"。

# “如此卑劣的歪曲”

因“纵横字谜行动”而导致的频繁电报往来似乎只是进一步恶化了形势。耶稣受难日那天，罗斯福又收到了一封电报。斯大林在电报中指控说，因为阿斯科纳会议的召开，致使德国人趁机从意大利抽调了三个师派往东线[1]。他还抱怨驻意大利的盟军没有遵守在雅尔塔达成的关于从东、西、南三面同时向希特勒发起进攻的协定。

> ……这一情形激怒了苏联指挥部，也孕育着彼此的不信任……在这种形势下，盟国之间不应相互隐藏任何事情。

恼怒的总统要马歇尔和莱希起草一封回电。参谋长联席会议被斯大林的指控弄得忧心忡忡，害怕同俄国公开决裂会成为“妨碍德国军队迅速崩溃的唯一奇事”。他们起草了一封回电，设法做到了使其既强有力又缓和。

> ……我必须重申，伯尔尼会晤[2]的唯一目的是同有能力的德国军官建立接触，而不是为了开始任何谈判……这整件事是由一名被视为希姆莱亲信的德国军官主动发起的。当然，他唯一的目的很有可能是为了在盟国之间制造怀疑和不信任的气氛。我们没有任何理由让他达成这一目

[1] 德国只从意大利抽调了一个师，并且是派往了西线——但这一调动与阿斯科纳会议毫无关系。

[2] 由于某些原因，所有的电报中都说这一历史性会晤的地点是伯尔尼，而不是阿斯科纳。这也许是为了骗苏联人。许多历史学家为此而困惑不解。

标。我相信，关于目前的形势和我的意图，以上这些直截了当的说明可以减轻您在3月29日的电报中所表达的忧虑。

斯大林担心，如果允许德国人迅速投降，在意大利北部实现共产主义的愿望就会遇到麻烦。这种担心是有充分的理由的。斯大林显然收到了他在瑞士的间谍发回的许多假情报，因此，4月3日，他又给罗斯福发了一封电报。作为盟友发给盟友的电报，它实在令人惊骇。斯大林在电报中非常公开地谴责西方盟国在玩一场骗人的游戏：

……您断言到目前为止，谈判并没有开始。显然，您的消息不太灵通。据我的军事同僚看来，根据他们掌握的情报，他们确信，谈判不但已经开始，而且已同德国人达成了一项协议。借此，德国西线司令官凯塞林元帅将向英美军队打开西线，让其向东边推进；作为交换，英国人和美国人则答应，对德国人放宽停战的条件。

我认为，我的同僚们的看法与事实真相出入并不大。否则，就无法解释为何会把苏联指挥部的代表排除在伯尔尼（阿斯科纳）会谈之外。

我同样无法解释的是英国人的缄默态度。他们让您来同我就这件令人不快的事通信，而自己却默不作声。据我所知，伯尔尼谈判是英国人首先提议的……

艾森豪威尔最近就柏林问题写给斯大林的充满合作精神的信，可能进一步加深了他的怀疑。斯大林继续以挖苦的口气指出，在瑞士的“谈判”使得盟军“几乎没遇到任何抵抗”便推进到了德国核心地区，而东线则一直在进行激战。

有一个美国人强烈地感到俄国人不会在这一问题或其他问题上轻易让步，这就是艾夫里尔·哈里曼。斯大林的电报刚到他手里，他便立刻致电国务院，说苏联人完全是从他们自身的自私利益的角度来看待所有这些事情的。

……我军解放的地区，如法国、比利时和意大利，食品供应非常困难。而相比较之下，红军解放的地区供应条件据说却令人满意。他们公开宣扬这种形势对比，为的是他们自己政治上的利益……因此，我遗憾地得出结论，我们应遵循的政策是，首先照顾西方盟国和我们要负责的其他地区，把剩下的地方交给俄国。

支援各反对集权主义的民族，并且阻止苏联渗透的唯一方式，他说，就是帮助这些民族迅速实现经济稳定。

……因此我建议，我们要正视现实，并相应地制订我们的对外经济政策……

这些结论被呈交给了总统。无疑，它们对总统4月5日致电斯大林一事起了煽风点火的作用。这是总统自开战以来发出的最为咄咄逼人、最为愤怒的电报：

……让人震惊的是，苏联政府似乎相信，我已同敌人达成一个协议，而且没有事先征得阁下的完全同意。

……如果在蒙受了如此巨大的人力、物力和财力的损失之后，在胜利唾手可得的时刻，竟有这样一种怀疑，这样一种彼此缺乏信任的气氛来损害我们的事业的话，那将是有史以来的最大悲剧之一。

坦白地说，鉴于您的情报人员，无论他们是谁，竟对我和我深为信任的部下的行动有如此卑劣的歪曲，我无法不对他们表示极大的愤慨。

当丘吉尔拿到这封电报的复本时，简直乐不可支。他认为，其中最后一句话，“似乎很像罗斯福本人愤怒时的形象”。他立即写信给总统，说他“对斯大林竟给总统发来这种如此侮辱美国和英国名誉的电报而感到震惊”。同时，他还给斯大林发了一封长长的电报，电报的结尾说道：

……我和我的同僚都认为，总统回电的最后一句话即我们心中所想。

哈里曼在第二天写给国务院的备忘录中报告说，美国持续采取的“宽宏大量和体谅周到的态度”竟被苏联人看成是软弱的标志。他声言，“苏联人对于有关我们利益的事几乎每一天都会表现出公开侮辱和完全漠视的态度，这简直不胜枚举”。他强烈敦促采取报复手段，以使苏联人认识到，他们不能“继续坚持他们当前的态度而不付出高昂的代价”。

哈里曼坚信，只有采取强硬的政策才能与苏联人共事。斯大林给罗斯福那封有“如此卑劣地歪曲”一语的电报的回电证实了他的这种看法。斯大林显然因总统那种受到伤害却仍咄咄逼人的语气而心烦意乱，试图缓和一下局势。

> ……我从未怀疑过阁下的正直或是可信赖性，正如我从未质疑过丘吉尔先生的正直和可信赖性一样。

但是他仍然认为，应该邀请俄国人参加在瑞士召开的会议，并且坚持他的这一看法是“唯一正确的看法”。他还争辩道——有几分正确性——德军在西线抵抗的日益乏力并不仅仅是由于“它们事实上已被击败了”。

> ……德国人在东线有一百四十七个师。他们可以完全不冒任何风险地从东线抽调十五到二十个师去增援西线的力量。然而，他们却始终没有这样做，将来更不会这样做。他们为了守住增列尼采而与俄国人殊死战斗。增列尼采只是捷克斯洛伐克的一个无名车站，对于他们来说就像膏药对于死人那样无足轻重。但他们却未加抵抗便放弃了德国心脏地区，诸如奥斯纳布吕克、曼海姆和卡塞尔等重要城市。您一定会承认，德国人的这种行为非常奇怪，无法理解。

斯大林还给丘吉尔发了一封带有挑衅味道的道歉电报：

> ……我的电报都是以个人名义发的，并且非常秘密。这可以使我清晰坦率地直抒胸臆。这正是秘密书信往来的优势。但是，如果阁下把我所有坦率的言辞都视为侮辱，将极大地不利于这种书信往来。我可以向阁下保证，我过去和现在都无意侮辱任何人。

同一天他发给盟国的其他电报，虽然表面上是挑衅性的，但也表明他准备变得更加通情达理。例如，他告诉罗斯福，由于“英国和美国大使背离克里米亚会议的指示”，波兰问题已经走进了死胡同。然而，之后他又表示，他将在“短期内”解决这个问题。如果没有别的原因，那么，正是总统的“如此卑劣地歪曲”的怒吼，在苏联引起了一种积极的忧虑。

看了这封关于波兰问题的电报后，罗斯福立即致电丘吉尔：

……我们应该更仔细地研究一下斯大林这一态度的含意，以及我们接下来应采取什么策略。如果不同您商量，我当然不会采取任何行动，发表任何声明。我知道您也会这样。

两人——终于一致——感到斯大林的态度已经改变了很多，按照丘吉尔的说法，足以提供“取得进展的某种希望”。

在外交家们争吵不休的同时，英—美—法军队粉碎了整条德国西线。这一成功并未平息英国指挥官们对关于柏林问题的决定的反对。当艾森豪威尔的代表、皇家空军元帅 A. W. 特德爵士于 4 月 3 日前来参加英军指挥官会议时，他试图据理解释艾森豪威尔的行动。他指出，艾森豪威尔是出于迫不得已才直接与斯大林通信，这仅仅是因为蒙哥马利发布了一条矛盾百出的关于部队行动的指示。

“我非常震惊，艾克竟认为必须请斯大林来控制蒙哥马利。”布鲁克讥讽地反驳道。

第二天，英军指挥官们在一封长长的电报中要求他们的美国同行，要重新考虑“英美军队尽快攻占柏林的愿望”。但是，丘吉尔希望能了结这场争论。他确信美国人绝不会改变主意。4 月 5 日，他致电罗斯福说：

……我认为这场争论已告结束，为了向阁下证明我的诚意，我要引用我所懂得的很少的几句拉丁格言之一：“情人的争吵乃是爱情的一部分。”

但是，几个小时后，在发给罗斯福的一封表面上是讨论“纵横字谜行动”的电报中，他按捺不住地又提起了柏林问题。他说，他们应该“在尽可能靠东的地方同俄国军队会师，并且，如果情况允许的话，攻进柏林”。

艾森豪威尔同样不能让此事不了了之，他继续给马歇尔发去冗长的解释，但对方已不再需要什么武器来应付英国的反对了。就连蒙哥马利也开始相信继续争论没什么好处。他好心地致电艾森豪威尔：

> 我很清楚您想要什么。我将彻底粉碎北翼，尽我所能吸引敌军，使其远离布雷德利的主攻。

辛普森将军的第九军正迅速向易北河和柏林挺进。他不知道，德国首都已不再是盟军的最终目标了。所以，当布雷德利命令他停下来“喘一口气”时，他丝毫都没有怀疑。几天后，布雷德利又打来电话，告诉他：“前进！”辛普森便命他的参谋部“全速向柏林推进”，并决定让艾萨克·怀特将军的第二装甲师和第三十或第八十二步兵师从马格德堡沿高速公路发起最后冲锋。他有充足的物资和载重十吨的卡车，而且他的官兵的状态都很不错。

希特勒的各条防线都在土崩瓦解，但数千名盟军战俘却仍在向巴伐利亚南部的堡垒地区转移。4 月 5 日一大早，汉默尔堡的战俘们冒着蒙蒙细雨，浑身透湿，瑟瑟发抖地来到了国家社会主义的精神家园纽伦堡。

他们都因盟国空袭对这里造成的可怕损坏而震动不已。I. G. 法本的工厂几成废墟，但机器仍在运转。无轨电车、公共汽车和卡车都闲置在大街上。人们步行或骑自行车往来。街上看不到一个孩子。当队伍抵达城市的另一端时，天空放晴了。卫兵叫战俘们停下，用一个小时的时间吃饭。卡瓦诺神父那一群人坐在几棵云杉树下，晒着温暖的太阳，吃着红十字会送来的食物。饭后，他们席地躺下休息了一会儿。快到中午时，他们听到城里传来了警报声，接着，就是一声紧张的大喊：“快走，快走！”突然，警报声消失了，随之而来的是一阵短促而可怕的扫射声。战俘们坐起来环顾四周。南面半英里处，在一片空阔的沙地对面，有几条路基加高的铁轨。再往前，是长长的一排军火仓库、烟囱和油罐。

一大群德国人，其中大部分是士兵，爬上铁路路堤向战俘们冲来。

“看，德国佬来了！”

卡瓦诺神父看见远处蓝色的天空中出现了一些小黑点——那是两队共十四架轰炸机。接着，又出现了两队。飞机两队从南，两队从西，呈弧形飞了过来。照明弹拖着淡淡的白色尾巴落了下来。一个战俘叫道：“天啊，我们正站在目标上！”

神父跳了起来，大声叫道：“忏悔吧！”他开始反复向左右的人群诵念赦罪的语句，与此同时，无数的炸弹开始在工厂上空爆炸。卡瓦诺神父拉过一条毯子蒙在头上，不停地祈祷。大地在他的脚下摇晃着。终于，一切平静了。他抬眼看去，只见工厂浓烟滚滚，烈焰熊熊。很多人影像小玩具娃娃一样在漫天的烟火中四散奔逃。

突然传来一声尖叫：“卧倒！”另一队轰炸机正向震耳欲聋的高射炮火靠近。更多的炸弹飞掠而下，随之响起了一连串惊天动地的爆炸声。军火仓库被打中了。大火呼啸而起，墙壁嘎吱嘎吱地倒了下来，声音盖过了第三队轰炸机从头顶掠过的嗡嗡声和投弹声。

“应该结束了吧。”卡瓦诺心想。他从毯子的缝隙向外看去。烟尘如雨般落下，周围格外昏暗。附近的人趴在地上，似乎是在紧抱着震颤的大地。第四队轰炸机离开后，又来了第五队。轰炸掀起的泥土和沙子溅得越来越近。地面摇摇晃晃，起起伏伏，那声音令人恐惧。沙子、砾石、尘土纷纷落在了战俘们身上。有些人在尖叫：“医生！医生！”

神父站起身来，开始为他遇到的每一个了无生气的人擦圣油。他心不在焉地从这个人跑向那个人，直到跑到了排头才清醒过来。“我肯定落下了一些人。”想着，他又开始往回走。

“神父，来帮我们把这个人救出来！”一个军官大喊道。他盯着躺在弹坑里的一个受伤的美国人，弹坑里全都是水。另外五名军官只是木然地袖手旁观。神父推了推他们。“快点，动起来！帮忙把他拉出来！我还有别的事。”

他向约翰尼·洛什走去。洛什正趴在那里，身边坐着他的好朋友吉姆·基奥。

“嗨，神父，”洛什忍着疼痛笑道，“真高兴你没被炸着。”

“约翰尼的侧肋被炸伤了，神父。”基奥解释说。

神父看了看裹在洛什腹部那件浸透了鲜血的衬衣，这是为了防止肠子掉出来。神父知道，他就快不行了。于是，他开始为洛什赦罪，试图安慰他。

“您认为我能好吗，神父？”

“我当然希望你能好，约翰尼。我们一会儿就给你找个医生来。”

神父发现道格拉斯·奥德尔坐在一个弹坑里。有两个人正把一条止血带——一件撕破的脏衬衣——绑在他剩下的半截腿上。

“瞧，神父，看来我好不了了，”奥德尔微笑起来。他指向几码外一截被炸断的腿，说道，“我身体的一部分在那里。”他又说，不知为什么，有神父在这里，他感觉舒服多了。

约翰·马登上尉走了过来。“神父，有一个新教随军牧师被炸死了，其他几个牧师要您去一下。”神父和马登一起过去了，找到了随军牧师斯科坎普的尸体。当卡瓦诺神父俯身给他擦圣油时，看见他那满是烟尘的前额上已经有一个油涂的十字了。

伤亡甚是惨重。很多人受了伤，有二十四人死亡。卫兵们把还能走路的大约四百人集合起来，继续向南前进。幸存的四名随军牧师、三名医生和七名军官则留下来照顾伤员。他们把死者一排排摆好，然后筋疲力尽地坐了下来。

德国士兵中的一名中士请求卡瓦诺神父给他一支烟，神父递给他一盒。突然，神父觉得天旋地转。他知道的下一件事，是一个人把一杯水递到他的唇边。这是坐在他旁边草地上的一个德国人。两人看着眼前这幅大屠杀的场景，一句话都说不出来。

那些留在 XIIIB 军官战俘营的卡瓦诺神父的同伴们，即将被正在迅速向汉默尔堡前进的美国第十四装甲师拯救。次日，即 4 月 6 日上午十一点，集中营的指挥官冯·格克尔将军告诉美国医生伯恩特少校[1]，他的同胞大部队即将来到此地，并会很快占领集中营。“我已得到柏林的命令，命我率驻军撤离。现在，我把美国营区的指挥权交给你，由你保护集中营里的你的同胞。此外，我想还求你帮个忙。”他指着几百码外的一幢房子说，“我要把我的妻子和妻妹留在那幢房子里。我请求你在我离开之后亲自负责她们的安全。我很为她们的安全担心，主要是因为在这个集中营被解放后，俄国战俘营很快也会被解放。”

[1] 伯恩特少校由于“违抗命令”而被古德上校解职，但几分钟后，古德又恢复了他的职务，命令他留在集中营，同另外两名医生一起照顾伤员。

炮火声越来越近，于是伯恩特派了两个医生去守卫将军家。从医务室二楼望去，伯恩特可以看到美军坦克正爬过山脊。那场面非常吸引人。美军一边前进一边开炮，但没有遇到回击。坦克离集中营大约一百码时，伯恩特的两名助手设法亮出了红十字旗和美国旗帜——涂了红药水和亚甲蓝的床单。坦克停止了炮火，碾过铁丝网开进了营区。来自十二个国家的战俘冲了出去，疯狂地欢呼起来。有些人欢喜得流下了眼泪，有几个人甚至跑去亲吻坦克。

伯恩特找到特遣队指挥官，第四十七坦克营的詹姆斯·兰恩中校，告诉他需要立即把沃特斯上校送进医院。消息传给了第三军。五点钟，查尔斯·奥多姆上校乘飞机离开了巴顿的司令部，奉命去接回他的女婿。

第二天早晨，即 4 月 7 日，巴顿到美因河畔的法兰克福第三十四疏散医院去看望沃特斯。虽然身体瘦弱，但上校精神却很好——医生们说他可以活下去，而且很可能不会瘫痪。“你知道我在汉默尔堡吗？”他问。

“不，我不知道。”巴顿回答说，“我知道那个集中营里有美国战俘，所以就派部队去了。”

东北方向大约七十五空英里处，两个寻找助产士的德国妇女在默克尔斯盐矿附近被美国第九十师的军警拦住了。在交谈中，一个妇女指着那个矿产不经意地说：“那里藏着很多金条。”

不久，巴顿得知在这个盐矿发现了超过十亿美元的纸币，以及德意志帝国银行的秘密金库。巴顿亲自打电话给埃迪。埃迪说，他认为这个金库里藏着德国的全部黄金储备。巴顿命令埃迪去把它炸开，查明真相。如果这真的是黄金储备，他说，并向德国人宣布它已经落进了我们手中，他们的纸币就会变得分文不值。

盖伊从巴顿手里夺过话筒，说道：“马特，不要试图把黄金运走！”

第二天，埃迪报告说，默克尔斯盐矿里的确有一大部分德国黄金储备。他估计有相当于两千万美元的黄金[1]和二十七亿五千万的德国马克。根据官方计算，总价值是八千四百万美元，这使其成为世界上数量最大的存款之一。在两千一百英尺深的金库里，还有一笔相当大的宝藏，埃迪甚至都没有提到

[1]原文误为两亿美元。根据后文，似应为两千万美元。——译注

这一点：无价的艺术品，其中包括从柏林的恺撒—弗雷德里希博物馆转移来的那些。

巴顿一路往东，向魏玛席卷而来。这里是席勒、李斯特、歌德的福地，是昔日魏玛共和国和布痕瓦尔德[1]的所在地。布痕瓦尔德集中营位于一片丘陵之上，可以俯瞰全城。它离歌德过去常常造访的著名的歌德橡树很近。在集中营大门上方，挂着两条标语："对或错——我的祖国"，以及"各得其所"。集中营建立八年以来，已在这里处决了五万六千名囚犯。这里平时有七万名犯人，由于最近转移了一些，只剩下两万一千人了。但很多尸体还扔在深沟里没有掩埋。

随着巴顿的脚步越来越近，集中营的指挥官开始在恳求与款待之间摇摆不定。"毕竟，我并不是最坏的人。"他对犯人们说。然后，他恳求犯人们告诉美国军队他有多善良。而与此同时，为了阻止可能发生的暴乱，他决定处决四十六名政治犯。

其中一位是彼得·曾克尔博士，布拉格的前市长。多年来，他一直是个忠实的反纳粹分子。当他的名字出现在名单上时，曾克尔和其他犯人一样，决定藏起来。他烧掉了有关家人的一切纪念品，包括照片和信件，又给他的妻子和家人写了一封辞别信。一个朋友给他理了发，刮了胡子，修剪了他那浓密的眉毛，然后把他带到了另一间营房里。接下来的一整夜，已届花甲之年的曾克尔被迫换了好几个藏身之处。

处决四十六名犯人的命令使集中营里的两个地下小组团结在了一起——共产党小组和反共人士小组。他们一致同意，不交出那些要被处决的人。秘密的命令从一间营房传到另一间：任何犯人都不许出席早点名。随着早上八点的临近，气氛越来越紧张。整个集中营里弥漫着一种可怕的宁静。八点的钟声敲响之后，两万一千名犯人没有一个到院子里去。曾克尔从石头墙基上的一条缝隙向外看去，只见一个孤单的人影出现了。那是一个法国制造商。卫兵让他回去了，这似乎是在告诉其他犯人，只要他们服从命令，就不会出什么事。

指挥官立即命令再次点名。这次一个人都没有出现。他派集中营警察到

---

[1] 德国中部靠近魏玛的一个村庄，为第二次世界大战期间纳粹集中营所在地。——译注

营房里去找那四十六个人。表面上，这些搜查者认真得简直可笑，他们甚至拉开桌子的抽屉寻找。但是，显然他们并不想找到任何东西，他们也能听到巴顿那越来越近的隆隆炮声。

在密谋暗杀希特勒的那些人中，法比安·冯·施拉布伦多夫、迪特里希·朋霍费尔牧师、最高统帅部情报处前处长，海军上将威廉·卡纳里斯及其助手汉斯·奥斯特将军此刻都面临着死亡，毫无被拯救的希望。他们已被带到位于德、捷边界附近的弗洛森堡集中营。一同来到这里的还有一大群“重要的”犯人，包括弗朗兹·哈尔德将军、奥地利前总理库尔特·冯·许士尼格、财政奇才希尔马·沙赫特博士，以及约瑟夫·奥克森泽普·米勒。米勒曾在 1939 年劝说教皇充当英国人和一个反纳粹政权之间的中间人。

4 月 8 日，米勒被带出牢房，来到绞刑架前。有人告诉他 ：“最后的一幕即将开始。你将在卡纳里斯和奥斯特之后被绞死。”这里甚至比布痕瓦尔德更混乱。不知为什么，米勒又被带回牢房，但几乎立即又被带到绞刑架前，让他站在那里。最后，有人告诉他 ：“今天我们先饶了你。”接着又把他送回了牢房。

当晚，盖世太保的一个军官困惑地来到施拉布伦多夫的牢房，问他是不是迪特里希·朋霍费尔。他说不是。这个军官出去了，但几分钟后，他又回来问了一次。同样的问题也问了米勒，之后，他接着回去睡觉。但是，四点左右，他被一个孩子的声音吵醒了。他以为自己是在做梦，或者是疯了。许士尼格的妻子和孩子、沙赫特博士、哈尔德将军和托马斯将军正被带进一辆前往达豪的公共汽车。

两个小时后，有人开始叫各牢房的门牌号。随后，米勒听见卡纳里斯要求允许给他的妻子写几句话。又过了两个小时，一个卫兵进来摘下米勒的手铐。“我不知道发生了什么事，”他迷惑地说，“他们告诉我你是头号罪犯。可是我们现在不知道该怎样处置你。”

米勒走向牢房的小窗户，只见外面有两个外国军官（其中一个是英国秘密间谍彼得·丘吉尔，被捕于 1943 年）站在运动场上。“你也是要被绞死的高级军官吗？”丘吉尔的同伴问米勒。

“我想是的。”

“你的朋友们已经被绞死了，正在牢房后面火化呢。”

一片片层状的渣滓通过铁窗飘进了米勒的牢房。过了一会儿他才毛骨悚然地意识到，这可能是卡纳里斯和奥斯特被烧焦的皮肤。

在柏林，希特勒的财政部长——卢茨·施威林·冯·克罗西克伯爵——知道，战争已无可挽回地失败了。他想使德国人民避免遭受更多的苦难。伯爵是一位狂热的天主教徒，曾是牛津大学奥利尔学院的罗氏奖学金获得者，因此，他对英国的感情很深。他决定把他对德国命运的忧虑直接告诉给戈培尔。也许这位宣传部长可以说服希特勒同西方进行和平谈判。

戈培尔也有同样的忧虑，但是他说，胜利的希望比人们认识到的要大得多。布尔什维克同英美之间的分裂正日益加深。“我们唯一要做的重要之事就是保持警惕，等待他们之间必将发生的彻底决裂。”这将在两三个月后来临。

“我也相信他们会彻底分裂，”伯爵回答说，但他认为那时就太晚了，“我们没有时间可以浪费了。”他说。军事形势已然绝望。应派有资质的非正式代表到国外通过布克哈特博士或教皇这样的中间人进行谈判。

让人意外的是，戈培尔不仅欣然同意，并且透露说已经为建立这类接触采取了秘密措施。到目前为止，就他所知道的，美国人和苏联人并不是非常反对这一建议，而英国人却持完全否定的态度[1]。戈培尔指出：“但是，从我们这方面来说，谈判的障碍来自里宾特洛甫。”他说，不幸的是，他不能公开在元首面前批评外交部长，因为有流言说他自己想当外交部长。“你应该明白，元首不能也不会听取那些局外人主动发表的意见。此外，‘七·二〇’事件给他心理上的影响远大于肉体上的。这一背叛行为是一次可怕的打击，使他更为多疑，更为孤僻。但我知道，元首是多么重视你的正直与真诚，多么欣赏你的意见，因为他知道你从未想过为自己要求过什么。”戈培尔停顿了片刻，然后问道：“你是否介意我安排你同元首见个面？”

戈培尔没给震惊的伯爵回答的机会，继续说道：“你首先可以就你职权范围内的情况做一下简要的汇报。之后元首会开始跟你讨论总的形势，这可以让你很容易地谈起真正的问题。记住，元首不能容忍失败主义。你必须巧妙地措辞，谨慎一些。”他戏谑地看着伯爵。

---

[1] 迄今为止，没有任何证据显示曾经进行过此类会谈。

“你可以代表我同元首谈话。[1]”

戈培尔随即恢复了往日的热情。他描述了最近他是如何给元首朗读了卡莱尔对七年战争中那些绝望日子的描写：因在普鲁士的明显失败而灰心丧气的腓特烈大帝宣称，如果在2月15日之前仍没有转机，他就服毒自杀。卡莱尔写道：“英勇的国王，请您再等一等，您受难的日子就要结束了；那好运的太阳已隐藏在云后，很快便将出现在您面前。”2月12日，俄国女皇驾崩[2]，给腓特烈大帝的命运带来了神奇的转折。戈培尔说，听完这段故事之后，元首热泪盈眶。

他接着滔滔不绝地透露说，1933年1月30日为元首卜算的星象图曾预言，1941年以前德国会接连胜利，然后是节节败退，直到1945年4月的上半月遭到惨败。但是，4月下半月，将会取得暂时的胜利，接着是一段暂时的休战，直到8月取得和平。此后，德国将会度过三年的艰难处境，但到了1948年，德国便会东山再起。

第二天，戈培尔给伯爵送去了那张星象图。尽管那些预言在伯爵看来并不是非常明显，但他还是对关于4月下半月可能会发生的事的推测非常感兴趣。

如果说德国的命运可能会发生令人难以置信的转变，这在西线却似乎根本不可能。4月11日一大早，霍奇斯第一军的一支先头部队，即第三装甲师的B战斗部队，迅速向德国中部的北豪森挺进。那里建有希特勒一个主要的神奇武器的新组装厂，该武器就是维尔纳·冯·布劳恩的火箭。

布劳恩最近遇到了一场车祸，现在正在休养。他的上半身和左臂还套着巨大的石膏。复活节那天，他接到报告说，美国坦克已经到了南面仅仅几英里处。他担心党卫队会执行希特勒的“焦土政策”，销毁有关V-2型火箭的成吨的宝贵资料和设计图。他应该抢救这些东西。

布劳恩指示他的私人助手迪特尔·胡策尔和佩内明德试验室的设计主任伯恩哈德·特斯曼把这些文件藏到一个安全的地方。“最好的地方可能是一个旧矿井、地窖，或其他类似的地方。除了这些，我没有什么确切的想法，而

[1] 会晤一直没有进行。“我不知道是否是戈培尔的原因，他犹豫了，没有去请求希特勒见我。”施威林·冯·克罗西克近来写道。

[2] 此处似有错误，俄国女沙皇伊丽莎白·彼得罗芙娜实于1762年1月5日去世。

时间又不多了。”

这十四吨资料用了三辆欧宝卡车来运。4月3日，这个小小的车队向北面邻近的哈尔茨山脉驶去。这座山因其温泉疗养地而闻名，有着丰富的矿产资源。特斯曼和胡策尔一整天都在拼命寻找一个合适的掩藏之处，最后，终于在与世隔绝的德兰登村找到了一个废弃的铁矿。三十六小时后，所有的资料都用一列机车拉进了矿井中心，然后人工搬进了火药库。

任务完成了，精疲力竭的胡策尔心想。第二天，他又和他的搭档回到这里，炸塌了通往火药库的坑道。之后，年迈的矿井看守又小心地点燃了另一根引线，完全堵住了矿井。只有特斯曼、胡策尔和这位看守知道埋藏这些无价之宝的确切地点。而这位看守却根本不知道它们究竟是什么。

4月10日，位于北豪森那庞大的V-2型火箭地下工厂停工了。火箭专家、工程师和工人们——一共四千五百人——都各自回了家，而奴工们则回到了附近的集中营。有五百名专家已经被党卫队将军，V-2型武器计划特别专员汉斯·卡姆莱用他的专列——“复仇”快车——送到了南面三百英里处的上阿默高。

次日，即4月11日上午，第三装甲师的韦尔伯恩特遣队从北面接近了北豪森。与此同时，洛韦拉迪特遣队也从南面来了。两位指挥官都接到了情报部门的警报，说他们“在北豪森地区会碰到一件非同寻常的事”。他们起初以为这是指城里的集中营，那里有大约五千具正在腐烂的尸体躺在室外或营房里。但是，在北豪森西北几英里处的哈尔茨山脉的山脚下，他们碰上了一群身着肮脏的条纹睡衣的囚犯。囚犯们说，山里有“绝妙的东西”。

两位指挥官向宽敞的隧道里窥视了一眼，只见里面放着几节货车车皮和几辆卡车，上面装着长长的短鳍火箭。两人和战斗部队的情报军官威廉·卡斯蒂尔深入大山腹地，在那里发现了一个综合工厂。在卡斯蒂尔看来，那是一个“魔术师的洞穴”。V-1型火箭和V-2型火箭的零部件整齐地摆在那里，那些精密的机器显然都仍运转良好。

当巴黎的军械技术情报处处长霍尔加·托夫托伊上校得知这一惊人发现后，便着手组织了一个“V-2特使团”。其任务是撤出一百枚完整的V-2型火箭，把它们用船运往位于新墨西哥的怀特·桑德斯试验场。不过，谁都没告诉托夫托伊，一旦战争结束，北豪森地区将属于苏联的占领区，于是，他按常规进行着这一切。

在东南约四十五空英里处，巴顿的一支装甲先头部队终于进入了魏玛。在俯瞰城市的山冈上，布痕瓦尔德的战俘们几乎再也无法忍受这里的紧张气氛。解放就在几分钟之后。中午，所有的党卫队队员都奉命离开了。对于布拉格的前市长彼得·曾克尔来说，那些恐慌的纳粹分子撤走的情景是他此生最乐于见到的一幕。最后一辆卡车刚一开走，战俘们就缴了那些被留下来的倒霉的岗哨的武器，并且占领了瞭望塔。接着，他们又在大门附近挂起了一面表示欢迎的白旗。

当天下午，美国坦克爬上山冈，开进了集中营。战俘们涌向坦克，纷纷抓起美军士兵的手。曾克尔认出了随军记者爱德华·R. 莫罗。“我是在布拉格认识你的！”他大声喊道。但莫罗起初根本认不出这个骨瘦如柴的人是谁。“我是曾克尔。”他说。几个小时后，莫罗向伦敦报告说，布拉格市长在布痕瓦尔德幸免于难。

当天上午晚些时候，在布痕瓦尔德以西六十英里处，艾森豪威尔、巴顿和布雷德利走进了由一架德国人操作的原始的电梯。他们要深入默克尔斯盐矿，去仔细检查帝国的黄金储备。摇摇晃晃的电梯飞速降下两千英尺深的竖井，这时，巴顿开始数起了同伴肩膀上的星。然后，他抬头看向上面唯一的那根缆绳，说道：“如果那根晾衣绳断掉的话，美国军队里的晋升将会相当之快。”

“好了，乔治，”艾森豪威尔说，“够了。在我们重新回到地面之前，别再开玩笑了。”

到了井底之后，他们在微弱的光线中摸索着走进了一个拱形的洞窟。然后，他们发现了几袋金币、金条、名画，以及装满假牙架的柳条箱。巴顿匆匆看了看几幅画——是从恺撒—弗雷德里希博物馆运来的那些。据他估计，每幅只值两个半美元，都是些大路货。

矿井的看守指向那十几袋钱，解释说，这三十亿德国马克是最后的纸币储备，“他们将会迫切需要这些钱来支付军饷”。

“告诉他，”布雷德利对翻译说，“我怀疑德国军队还需要再发多久的军饷。”他转向巴顿。“如果我们还处在战利品归士兵所有的古老的海盗时代，你将成为世界上最富有的人。”

巴顿咧嘴笑了。

稍后，在第十二兵团司令部吃午饭时，巴顿表示，记者对禁止公布关于默克尔斯的新闻一事表示抗议，从而引起了极大的骚动，但他毫不因此而感到不安。“我知道，在这件事上我是正确的。”

“好吧！让我见鬼去！”艾森豪威尔说，“在你说这句话之前，你可能是正确的。但是如果你那么肯定的话，那么，我确信，你错了。”

巴顿隔着桌子向布雷德利眨了眨眼。布雷德利大笑起来，问道：“乔治，为什么保密呢？你准备怎么处理这些钱？”

巴顿露出满脸笑容。他说，第三军内有两种看法。一半人主张把这些黄金做成金属奖章，“给第三军每个婊子养的一个……”其他人则主张把赃物藏起来，直到国会严厉打击军队在和平时期占有财富为止；那时第三军可以拿出这些钱，采购新式武器。

艾森豪威尔摇摇头，转向布雷德利。“他总是有话说！”

午饭后，几人乘观测飞机前往第二十兵团设在戈塔的司令部。戈塔位于埃尔富特附近。兵团司令沃尔顿·H. 沃克少将向他们做了简要汇报，然后建议他们去参观一下北奥尔德鲁夫集中营。

“在亲眼看到这个瘟疫区之前，”巴顿说，“你永远也不会相信这些德国佬有多卑鄙。”

这些美国人甚至还没走进栅栏，一股尸体的恶臭就扑面而来。栅栏后面的浅坑里扔着大约三千二百具一丝不挂、瘦骨嶙峋的尸体。还有一些尸体就趴在路上，浑身都爬满了虱子。看到这一场面，艾森豪威尔不禁脸色苍白。在这之前，他仅仅是听说过这类恐怖的事情。他被吓坏了，说道：“美国人简直不能理解这种事情。”

布雷德利厌恶得说不出话，巴顿则走到一旁呕吐了起来。然而，艾森豪威尔觉得他有责任去看一看集中营的每个角落。当大家满脸严肃地在门口等车时，一个美国兵不小心撞到了一个从前的德国卫兵，于是便表示歉意地笑了一笑。艾森豪威尔盯着这个年轻的美国兵，冷冷地说道：“还对他们恨不起来？”他转向他的同伴们。“我要让所有还没真正上过前线的美国战士都来看看这个地方。有人对我们说，美国士兵不知道他在为何而战。至少现在，他该知道他在为何而战了。”

在第三军司令部，艾森豪威尔分别致电伦敦和华盛顿，敦促两国政府派立法委员代表团和记者来这里。他认为，应该马上让美国和英国公众看到纳粹野蛮行径的种种证据。

晚饭后，巴顿给艾森豪威尔倒了一杯酒。“我不能理解究竟是什么样的精神状态迫使德国人民做出这样的事情。”艾森豪威尔说。他的脸色仍旧很苍白。“为什么？我们的士兵绝不会像德国人那样损毁尸体。”

“并非所有的德国人都能忍受这种行为。”巴顿的副参谋长说，“我们曾让一个城市的全体居民排队去参观一个集中营，该市的市长及其夫人回家后割腕自杀了。”

“噢，这是我所听过的最为鼓舞人心的事，”艾森豪威尔回答说，“这意味着他们之中的某些人还有一点人性。”

晚餐后，当艾森豪威尔同巴顿单独相处时，他秘密地表示，第九军和第一军应立即停止前进，而巴顿的第三军则应掉头向南。接着，他主动透露了他没向任何其他军的指挥官透露过的看法。“从战术角度来看，”他说，“让美国军队攻占柏林是极不可取的。我希望没有任何政治势力会迫使我攻占这座城市。它既没有战术价值，也没有战略价值，攻占它只会给美国军队加上成千上万的德国人、流亡者和盟国战俘的重担。”

巴顿非常沮丧。“艾克，我不明白你怎么会这么想，”他说，“我们最好攻占柏林，而且要快——并随即向奥得河推进！”[1]

当天——那天是4月12日——下午早些时候，戈培尔、他的副官，以及他的助手维尔纳·瑙曼博士驱车往东，来到位于奥得河附近的第九军司令部。在这里，他向布赛及其参谋部讲了腓特烈大帝那个故事。也就是之前他对施威林·冯·克罗西克所讲的那个。一个持怀疑态度的听众尖刻地问道：“那么，这次是哪位俄国女皇要死掉呢？”

“我不知道，”戈培尔回答说，“但是命运之神掌握着各种可能性。”

在佐治亚的温泉疗养院，此时刚刚上午十一点。在距温泉只有两英里的

[1] 后来，在第三军司令部，巴顿当着盖伊将军的面，再次敦促艾森豪威尔攻占柏林。他说，四十八小时内即可成功。“好吧，但谁会希望如此？”艾森豪威尔问道。巴顿踌躇了一下，然后将双手搭在艾森豪威尔的肩上，说道：“我认为历史会回答你这个问题。”

号称“小白宫”的别墅中，罗斯福总统想放松下来。天气很糟，因此从华盛顿来送信的飞机没能起飞，早上的信件要到中午才会到。罗斯福无事可做，决定待在床上，读读亚特兰大的《宪法报》。

“今天上午我感觉不太好。”他对上了年纪的黑人女仆利齐·麦克达夫尔说，然后把报纸放在了一本还没读完的平装本推理小说上。小说名叫《木偶谋杀案》，正打开在《六英尺之地》那一章。

一小时后，他坐在皮质扶手椅上，同他的两个表妹，玛格丽特·萨克莉小姐和劳拉·德拉诺小姐，以及他的老朋友温斯罗普·拉瑟弗德夫人聊着天。他穿着一身深灰色的西装，里面套了件马甲，打着一条红色的哈佛活结领带。他不喜欢穿马甲，而且更喜欢打蝴蝶领结，但一会儿有人要给他画像，所以只能如此。他的秘书威廉·哈西特拿来准备发出去的信件，总统开始在上面签名。其中由国务院准备的一封信让他觉得很有趣。“这是一封典型的国务院的信，”他对哈西特说，“简直是空洞无物。”

一位高贵的高个子妇人把画架放在了窗前。她是伊丽莎白·肖玛诺夫夫人。她已经为总统画了一张水彩画，现在正在画另外一张，罗斯福打算把它送给拉瑟弗德夫人的女儿。

她把一件深蓝色的披风围在总统的肩上，然后，在总统继续工作的同时，她开始作画。下午一点时，罗斯福看了看手表说：“我们只有十五分钟的时间了。”

萨克莉小姐在继续钩衣服，德拉诺小姐开始往花瓶里插花。罗斯福点燃了一根烟。突然，他举起左手按住太阳穴；接着，手砰地滑了下来。

“您掉了什么东西吗？”萨克莉小姐问道。

罗斯福闭上眼睛，用轻得只有她能听得见的声音说：“我头痛得厉害。”他向前扑去，失去了知觉。这时是下午一点十五分。十五分钟到了。

片刻之后，负责照顾总统的海军医生霍华德·布鲁恩少校来了。他叫人把总统抬到卧室。总统沉重地呼吸着；脉搏每分钟一百零四次，血压超过了最高的标记。布鲁恩知道，这是脑出血。他在罗斯福的手臂上注射了氨茶碱和硝化甘油。

下午两点零五分，布鲁恩给在华盛顿的总统私人医生、海军上将罗斯·麦金太尔打电话，报告说罗斯福似乎是脑中风，现在仍然不省人事。麦金太尔打电话给在亚特兰大的美国医学协会前主席詹姆斯·波林，要他马上赶去温泉疗养院。

大约与此同时，劳拉·德拉诺打电话给在白宫的埃莉诺·罗斯福，说富兰克林在坐着画像时昏了过去。过了一会儿，麦金太尔也打电话给第一夫人。他并不是很担心，他说，但认为他们今晚应一起去温泉。不过，他建议她不要取消下午的约会，因为在最后一分钟取消约会、前往佐治亚会引起太多的议论。于是，罗斯福夫人按原定计划乘车前往萨尔格雷夫俱乐部，参加慈善旧货店的年度义演。

波林博士沿着他无比熟悉的小路疾速前行。下午三点二十八分，他到了小白宫。他发现总统“出着冷汗，面如死灰，呼吸困难”。他的脉搏微弱得几乎摸不出来。下午三点三十二分，他的心跳声完全消失了。波林往他的静脉里注射了一针肾上腺素。总统的心脏又跳了两三下，然后便永远停止了。此时是美国中央标准时间下午三点三十五分。

在华盛顿，此时已经是下午四点三十五分。罗斯福夫人还在萨尔格雷夫俱乐部，正坐在第一排桌子前欣赏钢琴家伊娃林·泰纳的演奏。四点五十分，有人低声告诉她，有电话找她。是总统的新闻秘书史蒂夫·厄尔利打来的。他激动地说道：“请马上回家。”

罗斯福夫人没问为什么。她心里知道，“发生了某件可怕的事”。但是，她觉得“应遵守礼仪”，于是又返回义演现场。钢琴家演奏完毕之后，罗斯福夫人鼓掌致敬，然后宣布说，她不得不告辞，因为家里出了点事。乘车返回白宫的路上，她一直握紧双拳坐在那里。

她来到起居室，厄尔利和麦金太尔博士告诉她，总统在昏迷中去世了。她机械地作出了反应，立即派人去找副总统杜鲁门，并安排于当晚乘飞机前往温泉疗养院。

哈里·S. 杜鲁门正在国会大厦主持参议院会议。威斯康星的参议员亚历山大·威利作着冗长的发言，他非常厌烦，于是开始给他的母亲和妹妹写信。

亲爱的妈妈与玛丽：

此时此刻，我正坐在参议院的总统办公桌前，给你们写着这封信。主席台上，一个夸夸其谈的参议员正在就一个他非常陌生的话题发表一番演讲。

我不得不坐在这里，并且作出一些议会的裁决——其中一些可谓常识，而另外一些并非如此。

你们那里的时间明晚九点三十分，请打开你们的收音机。你们将会听到哈里对全国人民发表一篇在杰弗逊纪念日的演说。我想，所有的广播网都会播出这一演说，因此，要听到我的声音应该不难。在此之后，将是总统的演说，我会将他介绍给大家。

祝你们健康。

我爱你们。

有空回信给我。

哈里

参议院会议于下午四点五十六分休会。杜鲁门走进萨姆·雷伯恩的办公室，想喝一杯。参议院议长递给他一杯威士忌加水，然后突然想起史蒂夫·厄尔利刚刚曾打来电话，让杜鲁门给白宫打回去。一分钟后，厄尔利在电话里激动地对杜鲁门说："请赶快来，从宾夕法尼亚大街的大门进来。"

杜鲁门只记得厄尔利说了这些。后来，他写道，当时他丝毫也没有烦乱——他只认为是罗斯福突然从温泉疗养院回来了。但雷伯恩却觉得他的脸色突然变得非常苍白。杜鲁门办公室的一个职员声称，他非常激动地闯进办公室，说道："我要去白宫。"

下午五点二十五分左右，杜鲁门来到白宫，并被立即带到二楼罗斯福夫人的书房。只有当他看到总统的女儿安娜·伯蒂格，以及厄尔利时，他才终于意识到——他后来写道——"发生了非比寻常的事"。

埃莉诺·罗斯福向他走来，神情镇静、优雅而高贵。她温柔地用一只手臂搂住杜鲁门的肩膀。"哈里，"她平静地说道，"总统逝世了。"

副总统一时说不出话来。最后，他终于说道："我能为您做点什么？"

"我们能为您做点什么？"她说，"因为现在有麻烦的是您。"她告诉他，她是对他和美国人民感到多么歉疚。

接着，她给她的几个儿子发了一封电报：

父亲安息了。他希望你们继续努力，完成你们的工作。

下午五点四十五分，司法部长弗朗西斯·比德尔、海军部长詹姆斯·福雷斯特尔和斯退丁纽斯在附近碰了头。斯退丁纽斯刚刚收到叫他来白宫的电报。作为国务卿，宣布总统逝世的工作应由他来完成。当他走进罗斯福夫人的书房时，紧绷的面颊上已经布满泪水。杜鲁门令斯退丁纽斯和厄尔利立即召开内阁会议，并再次问罗斯福夫人，他能做点什么。她想知道，坐政府的飞机去佐治亚是否合适。杜鲁门向她保证，这很合适，正该如此。

他来到位于大楼西端的总统办公室，打电话给他的夫人和女儿，叫她们到白宫来。他还给首席大法官哈伦·菲斯克·斯通打了电话，叫他立即来主持总统就职典礼的宣誓仪式。

这时，斯退丁纽斯、华莱士、史汀生、摩根索、珀金斯、伊克斯、威尔德、福雷斯特尔、利奥·克劳利等各位部长，以及雷伯恩议长、议会多数派领袖约翰·麦科马克和少数派领袖约瑟夫·W. 马丁，还有其他一些人，都聚集在了白宫的内阁办公室里。

六点过几分，杜鲁门要求大家安静。他告诉他们，他不得不十分悲痛地向他们宣布，总统逝世了。“是罗斯福夫人告诉了我这个消息，她说总统‘像一个战士一样去世了’。我现在只能说，我会试着接过重担，因为我知道他会希望我这样做，也希望我们大家这样做。我希望各位都留在内阁里各自的岗位上，我需要你们的帮助。这样，我便可以确信我能彻底贯彻总统制定的路线。”

当天下午，全体美国人民都受到了一记重击，一时全都不敢相信。剧作家兼总统顾问罗伯特·E. 舍伍德听说罗斯福逝世一事后，便一直守在收音机旁，“等待有人发表声明——也许正是总统本人那快活而安抚人心的声音——这一切都是一个巨大的误会，银行业的危机已然过去，战争亦已结束，一切都将变得‘无比美好’”。

在白宫，人们匆匆地准备好了新总统的就职宣誓仪式。七点过几分，终于找到了一本《圣经》，把它放在了那张杰西·琼斯送给罗斯福的奇形怪状的大桌子尽头。杜鲁门站在首席大法官斯通面前，左边是他的夫人和女儿。杜鲁门夫人的眼睛红肿，当她的丈夫用左手拿起《圣经》时，她似乎有些害怕。但是，杜鲁门忘了举起右手，首席大法官镇静地提醒他举起来。“在这种情况下，”福雷斯特尔心想，“斯通的坚定使这个场面具有了庄严的气氛。”

杜鲁门跟着斯通重复道，“我，哈里·S. 杜鲁门，庄严宣誓，我会忠实地执行合众国总统的职务，并将竭尽全力维护、保护和捍卫合众国宪法。”这时是下午七点零八分。

除了新总统及其内阁成员外，其他的人都走了。大家在一种似乎有些奇怪的柔和气氛中围着桌子坐了下来。杜鲁门正要讲话，厄尔利突然闯进会议室说，记者们想知道，旧金山会议是否会按原计划于 4 月 25 日举行。

“会议将像罗斯福总统生前所决定的那样如期举行。”杜鲁门毫不犹豫地回答。他水平地透过厚厚的眼镜片看向前方，对内阁成员说道，他打算“继续执行罗斯福政府制定的外交政策和国内政策”。然后，他又以他一贯的作风补充说，他要做一位真正的总统，对他的决定承担全部责任。他希望他们能坦率地给出建议，但最终的全部政策判断都要由他独自作出。在短短的几分钟之内，杜鲁门已经让大家看到，他是一个不怕讲出自己心里话的人。简短的会议结束之后，史汀生留了下来，他说他必须同总统商量一件十分紧急的事。“我希望您了解一下正在执行的一项庞大计划——一种拥有几乎令人难以置信的摧毁力量的新式炸弹的进展情况。”史汀生说，这就是他目前能说出来的全部情况。几分钟之后，总统动身回家了，脑子里仍苦苦思索着这个计划。

当晚，柏林的空袭警报刚刚响过，新闻秘书鲁道夫·泽姆勒便在宣传部的防空掩体里接到一个电话。德国官方新闻机构的一个人在电话中说：“喂！听我说，发生了一件令人难以置信的事，罗斯福死了！”

“你在开玩笑吗？”

“不。路透社的一条消息说：‘罗斯福于今天中午逝世。’”

泽姆勒大声重复了一遍这条消息。掩体里昏昏欲睡的人们顿时跳了起来。他们突然完全清醒了，掩体里响起了一片欢呼。人们大笑着互相握手。宣传部的厨师在胸前划着十字，大叫道：“这就是戈培尔博士对我们允诺的奇迹！”

泽姆勒打电话给第九军，得知戈培尔已经离开了，很快就会到达柏林。这时，帝国总理府打来电话，要戈培尔一到就给元首回电话。十五分钟后，戈培尔的车在刚刚被炸的阿德隆酒店和总理府的火光中停在了宣传部门口。几位参谋部成员匆匆跑下台阶去迎接戈培尔。“部长先生，”一个记者说，“罗斯福死了。”

戈培尔跳下汽车，呆呆地站了一会儿。最后，他转向英格·阿贝策特尔夫人和兴奋地围在他身边的其他人，声音颤抖着，激动地说道 :“现在，拿出最好的香槟酒，我们给元首打电话。”

当他走进办公室时，泽姆勒忍不住大声地告诉他这个消息。戈培尔脸色苍白地说道 :“这是一个转折点！”接着，他又怀疑地问道，“这是真的吗？”

当他给元首打电话时，大约有十个人都探头过来听。“元首，”他兴奋地说，“我向您表示祝贺！罗斯福死了。星象图上早已表明，4 月份的下半月对我们来说将是一个转折点。今天正是 4 月 13 日，星期五！”此时午夜刚过。“命运已放倒了您最大的敌人。上帝没有抛弃我们。他已两次把您从残忍的暗杀中拯救了出来。您的敌人在 1939 年和 1944 年用来瞄准您的死亡，现在击倒了我们最危险的敌人。这是一个奇迹！”他听元首说了一会儿，然后提到，杜鲁门可能会比罗斯福温和一些。现在一切都有可能发生！

戈培尔挂上电话，两眼闪闪发光，开始热情洋溢地说了起来。泽姆勒从未见他如此兴奋过，好像战争就要结束了一样。

在与艾森豪威尔和布雷德利一起逗留到很晚之后，房车里的巴顿正准备上床休息。他的手表停了，于是，他打开收音机，想听听英国广播公司的报时，而他听到的是罗斯福逝世的消息。他冲向另外两人就寝的房子，敲响了布雷德利的房门。

“出了什么事？”布雷德利问。

“你最好和我一起去告诉艾克，总统逝世了。”

他们来到艾森豪威尔的房间，三人一直在那里坐到凌晨两点，忧心忡忡地想着罗斯福的逝世会对未来的和平产生什么影响。他们怀疑美国是否还有第二个人能像罗斯福那样老练地同斯大林和其他领导人打交道，并且一致认为，美国不得不在历史上这样一个至关重要的时刻更换领导人，实在是个悲剧。最后，他们悲伤而沮丧地上床休息了。

当丘吉尔听到罗斯福已经逝世时，他觉得自己被“重重击了一拳”，立刻被“一种巨大而无法弥补的损失感压倒了”。他打电话给在克拉里奇的巴鲁克，用非常痛苦的声音问道 :“你认为我应该去华盛顿吗？”

“不，温斯顿，我认为你应该留在这里工作。”巴鲁克答应，在启程飞回华盛顿之前，他会来看看丘吉尔。当他来到唐宁街10号时，丘吉尔仍躺在床上，看上去非常烦乱。“你认为我应该去华盛顿吗？”他又一次问道。

巴鲁克再一次向他保证，留在家里更为明智。他本人将和罗森曼法官以及其他几人一起，乘“圣牛”号飞机启程。中午时分，飞机起飞了，开始了前往华盛顿漫长而痛苦的旅程。谁也不想说话，所有人都在全心全意地怀想总统。巴鲁克想起了他在奥尔巴尼第一次见到罗斯福时的情景——当时他还是个有些傲慢的年轻州议员。接着，他又回忆起了1924年的民主党大会，时为纽约州州长的罗斯福费力地拄着双拐挪到了讲台上，为阿尔·史密斯做了那篇言辞华丽的“快乐的战士”提名演讲。巴鲁克想道，无论他有何缺点或错误——而且二人曾数次产生过分歧——罗斯福“对于民主政治的理念与理想始终深信不疑”，并且，“他所关心的自由、公正，以及机会平等决非抽象的术语，而是从全人类的角度出发”。

当施威林·冯·克罗西克伯爵得知罗斯福去世的消息时，他“感觉历史的天使正在房间里沙沙地振翅而飞”，并且想知道这是否就是“渴望已久的命运的转机”。他打电话给戈培尔，祝贺他最近的预言应验了，但建议他“立即给新闻界发指示”。新闻界既不能辱骂美国的新总统，也不能赞美他，特别是不能提及罗斯福和戈培尔之间的长期争执。“现在出现了新的可能性，新闻界不应笨拙地毁掉它们。”

戈培尔表示同意。“这一消息将激励全体德国人民，使其士气彻底改变，因为人们可以并且应该把这一事件看作命运和正义的体现！”

伯爵深受鼓舞，当即坐下来给戈培尔写信：

> ……我本人认为，罗斯福之死乃是上帝的裁决，同时也是上帝赐予我们的礼物，是我们应努力争取才能拥有的礼物[1]，他的死消除了同美国人进行接触的所有道路上的障碍。现在，他们必须利用上帝赐予的这个机会，尽一切努力使谈判开始。在我看来，唯一有希望的方法是通过教皇进行斡旋。鉴于美国的天主教徒形成了一个强大而统一的集团——与

[1] 他暗指的是歌德的话：“必须努力争取，才能拥有父辈遗留给你的一切。”

之相反，美国的新教徒则分散成了许多小派别——教皇的声音在美国可能分量非常重。考虑到军事形势的严重性，我们不应再迟疑……

当天，即4月13日，星期五上午，在一次会议上，戈培尔忠告新闻界，在关于杜鲁门的问题上要非常客观，不要下断言，不要说任何激怒新总统的话，要隐藏起对罗斯福之死的欣喜之情。但是，到了下午，这位宣传部长兴高采烈的情绪就开始减弱了。当布赛将军打电话问他罗斯福之死是否便是他在前一天所暗示的形势时，戈培尔冷淡地回答："噢，我们不知道。我们得看看。"

的确，从前线来的第一批报告表明，美国总统的更换丝毫没有影响敌人的行动。当天晚些时候，戈培尔告诉泽姆勒以及他参谋部的其他成员："也许命运又一次变得残酷了，它戏弄了我们。也许我们高兴得太早了。"

然而，并非所有的德国人都对美国总统之死感到高兴。爱德华·W. 小贝蒂——一名被关在柏林以南约三十五英里处的卢肯瓦尔德IIIA军官战俘营的美国记者——觉得，有几名卫兵似乎真的很难过。以前，贝蒂从未意识到罗斯福对欧洲被压迫人民来说意味着什么。整整一天，波兰人、挪威人和法国人一直在看望美国人，并同情地和他们互相握手。前挪威总司令奥托·卢格少将给集中营里的美国高级军官罗伊·赫特中校写道："世界失去了一位伟人，鄙国失去了一位真正的朋友。"集中营里的英国高级军官、空军中校史密斯写道："我们大英帝国失去了一位热情而忠实的朋友……按照我们的愿望，他应该活着亲眼见到我们努力的成果。他曾为了这一成果而全心全意地英勇奋斗。"

在美国战俘的牢房里，赫特中校命令宣读讣告。人们立正一分钟进行默哀，很多人禁不住潸然泪下。

对于杜鲁门来说，这是忙碌的一天。在去白宫的路上，他让美联社的托尼·瓦卡罗搭乘了自己的车。"在历史上，"总统说，"没有几人能与他比肩。我继承了他的衣钵，因此，我默告上苍，希望自己不辱使命。"

他召来斯退丁纽斯，叫他准备一份关于与苏联之间的问题的概要。然后，他来到国会大厦，询问一群国会领袖，是否可以在4月16日安排一次参议院和众议院联席会议，他想亲自对他们讲几句话。

“哈里，”一个参议员说，“你已经计划了要来，不管我们同不同意。”

“你知道我应该来，”他带着中西部人的鼻音尖刻地回答说，“但我更希望可以在你们所有人体谅的支持和欢迎下这样做。”

各报记者在参议院门口排成一长排。总统同他们一一握手。

“孩子们，”他说，“如果你们曾经祈祷过，现在就为我祈祷吧。我不知道你们是否曾经挑过担子，但是，当昨天他们告诉我发生了什么事时，我感觉好像月亮、星星、所有的行星都落到了我身上。我要承担一个人所承担过的最大的责任。”

“祝您好运，总统先生。”一个记者大声说。

“我真希望你们没这样称呼我。”

这一天，他收到许多唁电和鼓励的信件。斯大林发来电报说：

> ……美国人民和联合国失去了富兰克林·罗斯福这样一位世界性的伟大政治家，一位战后和平和安全的斗士……

在莫斯科，罗斯福的逝世引起了人们真诚的悲哀和对未来的某种忧虑。所有报纸的头版都套上了宽宽的黑框。城内挂起了黑边旗，最高苏维埃也静默致哀。（就连一个敌人，日本新首相海军上将铃木贯太郎，也为美国人民失去这样一位“美国赖以获得今天的优势地位”的人物表示“深切同情”。不过，一些日本的宣传家却编造了一个故事，说罗斯福是忧虑而死——并把总统最后说的那句“我头痛得厉害”改为“我犯了一个可怕的错误”。）

杜鲁门表示，他已收到丘吉尔那封充满同情的信，并说他正打算给丘吉尔发一封电报，谈谈他“在波兰问题上的观点和建议”。下午三点，他接见了斯退丁纽斯和波伦，两人对他简单介绍了波兰问题。于是，杜鲁门开始起草另一封致丘吉尔的电报：

> 斯大林给阁下和罗斯福总统的回电，使我们的下一步行动变得极为重要。虽然除了其中的几句，他的回电不容我们乐观，但我强烈地感觉到，我们应该再次对他进行试探。

在杜鲁门起草这封电报的同时，斯退丁纽斯送来了哈里曼发的一封电报。大使刚刚谒见了斯大林。斯大林希望，他能像同罗斯福一样同杜鲁门密切合作。哈里曼给斯大林提出建议，向大家保证苏联渴望继续合作的最佳途径，是派莫洛托夫前往旧金山。斯大林毫不迟疑地告诉哈里曼，如果杜鲁门正式邀请莫洛托夫访问华盛顿，然后前往旧金山的话，他就派莫洛托夫去。

总统命斯退丁纽斯起草一份邀请函。在明尼苏达州的罗彻斯特，哈里·霍普金斯从圣玛丽医院打电话给舍伍德，他只是想找个人聊聊罗斯福。“你我都得到了一样伟大之物，它足以伴随我们终生。”他说，“这就是一种伟大的认知。因为我们知道，众人对他的看法，以及众人之所以深爱他的原因，都是正确的。”他承认，有时，总统似乎因一己私利而作出了过多的让步。“但是，在大的问题上——在一切具有真正而持久的重要性的问题上——他从不让人失望。”

罗斯福夫人正和她丈夫的遗体一起待在一辆开往华盛顿的列车上。这是“漫长而令人心碎”的一夜。整整一夜，她都躺在卧铺上，望着窗外飞掠而过的土地，“望着一整夜里各个车站甚至交叉路口那些来向总统遗体告别的人们的脸庞”。

4 月 14 日上午十点，列车到达了华盛顿联合车站。安娜·伯蒂格在她的哥哥艾利沃特·罗斯福准将和他的演员妻子费伊·爱默生的陪同下，走进了运送遗体的车厢。接着，杜鲁门、哈里·华莱士和贝尔纳斯都上车来向罗斯福夫人致意。

一辆由六匹白马拉着的灵车载着一副盖着一面旗帜的棺材，在几万人的注目下，沿着制宪大街向白宫走去。自从林肯逝世以来，还没有哪一位总统的逝世能够如此深深地牵动美国人民的心。许多人在无声地哭泣，有些人表情阴沉，但又强自忍耐，有些人只是茫然地呆望着。美国人民仍然难以接受，这个自 1933 年以来就是他们总统的人已经去世了。杜鲁门注意到，一位老年黑人妇女正坐在路边，用围裙蒙着脸失声痛哭，仿佛她刚刚失去了自己的儿子一样。

当罗森曼和他的夫人走过白宫的门廊时，她低声说道：“这是我们生活中一个时代的终结！”对于美国和全世界来说，这同样也是一个时代的终结。罗森曼想道。他想起了罗斯福本应在前一天发表的杰斐逊纪念日演说——尤其是他亲笔写的最后一句话 ：“让我们怀着强大而积极的信念前进吧。”

杜鲁门返回政府办公室几分钟后，哈里·霍普金斯到了。

“你感觉怎么样，哈里？”杜鲁门注意到他看上去非常苍白，便开口问道，“我希望你不要介意我在这个时候把你叫来，但是，我需要知道你能告诉我的关于同俄国关系的全部情况——你所了解的关于斯大林和丘吉尔的情况，以及开罗、卡萨布兰卡、德黑兰和雅尔塔会议的情况。”

霍普金斯说他很乐意帮忙，因为他相信杜鲁门会继续执行罗斯福的政策。“而且我知道，您知道该怎样执行这些政策。”两人谈了两个多小时，然后匆匆吃了午饭。“斯大林是一个直率而非常强硬的俄国人，”霍普金斯说，“他是一个彻头彻尾的俄国游击队员，首先考虑的总是俄国。但是，可以跟他直言不讳。”

当霍普金斯提到他打算在5月份退休时，杜鲁门回答说，如果健康状况允许的话，他希望他能留下来。霍普金斯说，他会再认真考虑一下。

四点钟，杜鲁门及其夫人和女儿前往白宫参加葬礼仪式。棺材已放在法式大门前，两侧摆满了鲜花。两百名送葬者中的一位，罗伯特·舍伍德，感觉有一只手紧紧抓住了他的肩膀。那是霍普金斯。他的脸色“冰冷苍白，非常可怕”。舍伍德想，罗斯福逝世了，他似乎再也没有理由活下去了。

杜鲁门走进来时，没有一个人起立。舍伍德相当确定，“这个谦虚谨慎的人甚至没有注意到这一无礼的举动。或者，如果他注意到了，那么他肯定明白，在场的人们还不能把他和他那最高办公室联系起来 ；现在，人们只想到总统已经去世”。不过，罗斯福夫人刚一跨进大门，大家便都站了起来，

仪式结束后，霍普金斯请舍伍德一家前往他在乔治镇的家。霍普金斯已经筋疲力尽，于是上床休息了。舍伍德坐在他身边。“该死！”霍普金斯说，他凹陷的眼中闪出一道光亮，“现在我们得独立工作了。我们真的要从此刻开始了。这些年来，一切都太容易了，因为我们知道有他在那里，我们有接近他的特权。我们所想的一切都是世界大事，我们所认为的一切都应该完成。我们可以把自己的想法告诉他，如果他认为其中有些价值，或者我们告诉他的某些东西引发了他自己的一系列思考，那么，我们就会看到他亲身将其实践。无论这些想法有多浩大，或是多理想主义，他都不会害怕。好吧——他现在不在那里了，我们不得不想办法自己开始做

事情。”

显然，霍普金斯还有活下去的理由。

但是，他认为他本人和整个内阁都应该辞职。“杜鲁门周围应是他自己的一班人马，而不是罗斯福的这班人，”他说，“如果我们还在他身边，就会总是看着他，他知道，我们在想 :‘总统’是不会这样做的！”

# 西线的胜利

盟军几乎是恣意地在整条战线上向前推进。在北面，蒙哥马利稳步向汉堡进攻，沿途只遇到了一些象征性的抵抗。他最主要的障碍是由冈特·布鲁门特里特统率的一支部队。布鲁门特里特决定从容不迫地向后撤退，因此，双方都只蒙受了最少的伤亡。这并不是一场真正的战争。布鲁门特里特已同英国达成了一项君子协定，甚至派一名联络官去警告敌方，有个地区埋有毒气弹。

在蒙哥马利的右翼，布雷德利的三个军进展得更快。巴顿和霍奇斯差不多已经到了易北河。而已经在河对岸建立了两个桥头堡的辛普森，离德国总理府的距离已不足七十五空英里。然而，这并没有让希特勒恐慌不安，因为他已制定了一个计划，不但可以粉碎辛普森部，而且可以拯救鲁尔地区的莫德尔部。这需要用到他刚建立的一个军，第十二军。这个军的指挥官是尚未从一场严重车祸中完全恢复健康的瓦尔特·温克。

仍然裹在紧身军装里的温克只有一个参谋部、几张地图、二十万士兵——纸上的数字——以及希特勒给他下达的从辛普森的桥头堡地区发动强大反攻的命令。他应该打开一条两百英里长的走廊，穿过辛普森的桥头堡，一直攻到鲁尔袋形阵地。如果能做到这一点，就能援救陷入重围的莫德尔的B集团军，并同时将蒙哥马利和布雷德利分裂开来。

4月13日，希特勒召来莫德尔年轻的作战官冈特·赖希海尔姆，告诉他，他现在是温克的参谋长了。“第十二军应该在英国军队和美国军队之间打进一个楔子，直抵B集团军。他们应该一直打到莱茵河！”对于一个刚刚亲眼见过鲁尔袋形阵地上绝望情景的人来说，这个计划无比荒唐。不仅如此，元首继续说道，他想从俄国人那里学习一个计谋。“他们曾在夜里溜过我们的防线，不带装备，只有少量的弹药。”他命令赖希海尔姆集中两百辆大众汽车，趁夜色潜过敌人阵线，在敌人的后方竭力制造混乱，以使第十二军进行全面的突破。

莫德尔根本就没把元首关于新的第十二军的乐观计划传达给他的部下。他知道，温克不可能打到他这里来。B集团军的三十万人现在被困在一个直径仅有三十英里的地区，弹药和粮食最多只够再用三天。局势如此令人绝望，因此，莫德尔的新参谋长卡尔·瓦格纳将军催他要求最高统帅部准许他们投降。由莫德尔这样忠诚的战士提出要求，可能会影响最高统帅部去结束这场注定失败的战争。

“我很难提出这样一个建议。”莫德尔回答说。仅仅想到投降就让他反感。但是，到了傍晚，很明显，投降已经不可避免了。在柏林和他被围困的部队之间，三个最为重要的城市——汉诺威、布伦瑞克和马格德堡——都落入了美国人手中。莫德尔用瓦格纳几乎没听出来的声音说，拯救他的部队是他的责任。因此，他作出了一个史无前例的决定：他要下令解散B集团军，使其免受投降之辱。不过，他首先指示瓦格纳马上遣散最年轻的和最老的士兵，让他们回家去做平民百姓。七十二小时后，其他的人将面临三种选择，回家，以个人身份投降，或者尝试突围。

第二天，即4月15日，盟军把鲁尔袋形阵地一分为二。当希特勒得知此事以后，他命令两部分部队重新靠拢。莫德尔仅仅瞥了一眼这封电报，根本不打算去传达这样一个不可能的命令。它毫无用处。薄暮时分，东半部袋形阵地陷落了。

第十八空降兵团的李奇微将军刚刚派他的副官F. M. 布兰茨特德尔上尉打着白旗来到了莫德尔的司令部。上尉带来了李奇微将军的一封有骑士风度的信件。如果说有什么东西可以动摇莫德尔，那么，必属它无疑。

> 无论是历史上还是军人的职业中，没有人比美国的罗伯特·E. 李将军具有更崇高的声誉、更显赫的战功，并且更忠于自己对国家的义务。八十年前的这个月，他被压倒性的军队完全包围，他忠实的部下只余寥寥几人，无法再继续进行有效的战斗，于是，他选择了体面地投降。

同样的抉择如今摆在您的面前。为了一个战士的荣誉，为了全体德国军官的声誉，为了贵国的未来，立刻放下武器吧。您挽救下来的德国人，将会为恢复贵国人民的社会地位作出贡献。您保存下来的德国城市，是贵国人民要实现幸福安宁不可或缺的必需品。

布兰茨特德尔带回了莫德尔参谋部的一名军官，并带来了一个口信：由于将军曾亲口宣誓效忠于希特勒，受其束缚，他不能投降。即使只是考虑一下李奇微的建议，他的名誉都会受到玷污。

在东面大约二百英里处，辛普森正在他位于易北河附近的战地司令部制定攻占柏林的最后计划。这时，有电话找他：布雷德利希望他立即飞往威斯巴登的第十二集团军战术指挥部。辛普森猜测，布雷德利是想知道第九军何时能向柏林进发。在去见布雷德利的路上，他又一次检查了自己的计划。四十八小时后，第二装甲师和第八十三步兵师将一同沿着高速公路向柏林发起进攻。等他一回去，他就要下达最后的命令。

当他在威斯巴登走下飞机时，布雷德利正在等他。两人握了握手，布雷德利张口便说："我现在就要告诉你，你的部队应就地止步，不能再往前走，你必须撤过易北河。"

"该死，究竟是谁下的这种命令！"辛普森目瞪口呆，"再过二十四小时，我就可以到柏林了！"

"艾森豪威尔刚刚告诉我的。"

辛普森坚持说，易北河对岸几乎没有什么抵抗。他认为，通往柏林的道路畅通无阻，他可以迅速靠近柏林，直到城郊附近才会遇到真正的防守。但是争辩没有用，他郁郁不乐地飞回了他的司令部。"好吧，先生们，事情是这样，"他对等在那里的记者们说，"我接到命令，要原地止步。我不能继续向柏林挺进了。"

"简直太丢脸了！"一名记者惊呼道。

辛普森竭力掩饰自己的失望。"命令如此。"他镇定地说，"我没有什么好评论的。"

在3月底，促使艾森豪威尔决定绕开柏林的原因之一，是俄国人离这个城市较近，肯定会先抵达柏林。两个星期多一点之后，辛普森和朱可夫距离德国总理府几乎同样远。辛普森曾宣称，他可以在二十四小时内抵达柏林，这并不纯粹是吹牛。除了几支孤立的德国部队外——而且其中大部分只会稍作抵抗甚至毫不抵抗——在他和希特勒之间，除了艾森豪威尔从中作梗，几乎没有任何阻碍力量[1]。

在莫斯科，哈里曼大使实践了他很早之前就对上级推荐过的办法。他和美国驻华大使帕特里克·J. 赫尔利一起，在克里姆林宫同斯大林和莫洛托夫

---

[1] 六天后，比德尔·史密斯在巴黎斯克里布酒店举行的一次记者招待会上说，柏林“已不再重要了”。一个记者问，艾森豪威尔是否因为同俄国人达成了某种协议，所以才在易北河停止了前进。“不，”史密斯回答，“我们同俄国人达成的唯一协议，是关于在什么地方同他们会师的协议。在不久前我们的来往信件中——应该说，是大约六到八周以前——我们同俄国人一致同意，将在莱比锡—德累斯顿地区会师。”

第二天，德鲁·皮尔逊在《华盛顿邮报》上写道：

> 4 月 13 日，星期五，即总统逝世的第二天，美国先头部队已经到了波茨坦——该城之于柏林相当于布朗克斯之于纽约——虽然官方可能会否认，但这的确是确凿的事实……但是，第二天，这些部队却撤出了柏林郊区，退到了南面约五十英里处的易北河。下令进行这一撤退，主要是因为事先已同俄国人达成了让他们攻占柏林的协议，同时也是由于俄国人坚持应遵守这一协议。

哈里·霍普金斯愤慨地作了回答：

> 德鲁·皮尔逊的说法并不正确。在雅尔塔会议上，并未达成任何应让俄国人先进入柏林的协议。事实上，我们甚至都没提过这件事。英美参谋长们同俄国参谋长们以及斯大林，只是就总的战略达成了协议，双方都将以全力推进。”

这是正确的。但霍普金斯接下来的话透露出，他根本不知道易北河真正的情况：

> 同样，说布雷德利将军在易北河停步是应俄国人的要求而为，这样他们就可以率先进入柏林，这也不正确。布雷德利的确已经派一个师进入了波茨坦，但它离主力部队很远，后勤供应不够充足。任何了解这一情况的人都知道，如果我们能够攻占柏林的话，就一定会攻占它。那将是我军的骄傲。但是，德鲁·皮尔逊现在说总统曾同意由俄国攻占柏林，这纯属无稽之谈。

进行了会谈。哈里曼借机抗议了一百六十三名美国飞行员在波尔塔瓦被强制迫降一事。而这仅仅是因为其他一些美国人行事有些鲁莽。比如，一名美国飞行员搭载了一名自称是他的老乡的波兰人；还有一次，一架受损的美国轰炸机降落在波兰的一个机场进行维修，后来未经许可便起飞了。斯大林宣称，这些事例证明了迫降是合理的，美国人“正同波兰地下组织密谋反对红军”。

“您这是在怀疑美国最高统帅部的忠实性，我不允许这种做法！”哈里曼激动地回答。赫尔利试图制止他，但哈里曼继续谴责斯大林“实际上是在怀疑马歇尔将军的忠实性”。

“我可以用性命担保，我信任马歇尔将军，”斯大林回答道，语气有所缓和，“我不是说他，而是一个年轻军官。”

赫尔利紧张地把话题转到了中国问题上。他说他已着手发起了中国共产党和蒋介石政府之间的谈判，并声称他们双方有着同样的目标：“打败日本，在中国建立一个自由、民主和统一的政府。”赫尔利说，罗斯福指示他，要让中国在自己人的领导下，按照自己的方式决定自己的命运，并授权他就此事同丘吉尔商量。首相和艾登已经签字同意让中国自己建立一个统一、自由和民主的政府，从而联合中国所有的武装力量，打败日本。

会谈结束后，赫尔利给斯退丁纽斯写了一封热情洋溢的信：

> ……元帅非常满意，表达了合作意向。他说，鉴于总的形势，他希望我们知道，我们可以获得他的完全支持。他将立即采取行动，以使中国的武装力量联合起来。他说他完全承认蒋介石的国民政府。总之，斯大林完全赞同在会谈中向他概述的美国对华政策。

不过，哈里曼却认为，赫尔利太相信斯大林表面上的诚恳了。他报告说，斯大林“很可能不会同蒋介石合作。万一俄国卷入远东冲突，他会充分利用并支持中国共产党”。另外一位美国驻莫斯科的外交官，乔治·凯南，非常熟悉俄国人的做法。他也不同意赫尔利信中的说法。他同样报告说，在他看来，只有在得到满洲里、蒙古和中国北部的支配权以后，俄国才会真正感到心满意足。

> 在这个当口，如果我们一心想支持苏联，再加上斯大林那令所有人

都感到满意的言辞，以及他那小心谨慎的和蔼态度，从而使我们错误地相信，苏联会支持和默许我们争取实现在中国的长远目标，这将是一个悲剧……

在过去的三天里，杜鲁门感到总统这副担子“令人难以置信地沉重”。星期日，在海德公园参加完罗斯福的葬礼回来的路上，他一直在准备第二天下午将在两院联席会议上发表的讲话。当晚临睡前，他祈祷自己可以称职地完成工作。第二天，即4月16日一大早，他阅读了哈里曼最新报告的摘要。报告驳斥了“斯大林关于波兰委员会工作的一些说法”，并建议“我们继续坚持我们的立场，不能接受为华沙政权粉饰过失”。

上午，艾登和英国驻美国大使哈利法克斯勋爵到了。三人开始润色他们各自就波兰问题给斯大林的电报。最后的联合电文措辞客气，但坚持主张应不顾华沙政府的反对，邀请米科拉伊奇克和另外两个伦敦的波兰人前往莫斯科共商大计。杜鲁门通过无线电把电报发给了哈里曼，叫他立即亲自去交给斯大林。

艾登因他同杜鲁门的初次会晤而“深感振奋”，他致电丘吉尔说：

这次会晤给我的印象是，新总统是诚实而友好的。他明白自己所承担的新职责，但并未被其所压倒。他提到您时非常热情。我相信他会成为我们忠实的合作者……

下午一点零二分，杜鲁门走进众议院大厅时，所有人都起立欢呼。他骄傲地抬起头，看了看旁听席，最终找到了杜鲁门夫人和玛格丽特。

“议长先生……”他开始了。

“等一等，哈里，”雷伯恩低声说，“让我先向大家介绍一下你。”

“我带着沉重的心情站在你们面前，我的朋友们，同事们。”杜鲁门总统开始对全国发表第一次演说。“悲剧性的命运加诸我等以重任。我们必须坚持不懈。已逝的领袖从不曾回望。他始终目视前方，始终大步向前。那将是他的期望，也是美国所要采取的行动……”

他保证继续奉行罗斯福制定的战争政策与和平政策，要求联合国的人民大力支持他。他重申，一定要使德国无条件投降，一定要惩罚战犯。

“联合国的主要战争战略已经确定——在很大程度上要归功于我们已故最高司令的远见卓识……

“我希望全世界都知道，这一方针必须并将会——不加改变，不受约束！”

他还向大家表明，罗斯福制定的外交政策也将继续下去。“对于世界未来的和平来说，最为重要的是各国要继续合作，集中必要的力量挫败轴心国统治世界的阴谋。”

在号召全体美国人给予支持之后，他说，“此时此刻，我心怀祈求。既然我已担起了肩头的重任，那么，我谨以所罗门王之言，谦恭地恳请万能的上帝：

“‘所以求你赐我智慧，可以判断你的民，能辨别是非。不然，谁能判断这众多的民呢？’

“我只求成为上帝与人民的忠实可靠的仆人。”

很明显，这个忽而骄傲忽而谦虚，身材短小精干的中产阶级分子，因个人和政治上的联系，与罗斯福制定的所有政策紧紧捆在了一起。比如，虽然他想对俄国表现得更坚决一些，但却很难做到。美国人民压倒性地支持罗斯福的友好政策。总统给斯大林、丘吉尔和哈里曼的最后几封电报事实上似乎进一步证实了这种态度：他告诉丘吉尔，要尽可能地把苏联问题大事化小，因为像“纵横字谜行动”之类的情况似乎“每天都在出现，而其中大多数都可以解决”。他还指示哈里曼说，“要把伯尔尼（阿斯科纳）的误解当成一件小事”，并且警告斯大林，“这样的小误会今后不应再发生”。

不过，这些电报并没有显示出罗斯福日益增长的要坚决与丘吉尔联手反对斯大林的决心。这一决心只在给首相的电报结尾略有流露。他写道：“然而，我们应该强硬起来。迄今为止，我们的方针都是正确的。”但是，对于一个新总统来说，这一方针太微妙了。

和之前的所有副总统一样，杜鲁门没有插手过总统所面对的那些可怕问题——比如，在罗斯福去雅尔塔之前，他一直不知道白宫秘密地图室的存在，而直到现在，他还没去那里看过。因此，这位新总统对于如此繁重的职责准备得不够充分。他只能靠自己敏锐的头脑和务实的判断力，才能防止在今后犯下严重的错误。

4月17日早晨，杜鲁门举行了他的第一次记者招待会。出席的记者人数创了纪录，大约有三百五十名。报纸、电台和杂志记者都试图挤进他的办公室，但许多人仍不得不待在大厅里。他用他典型的直率而又和蔼的态度，或是明确回答记者提出的问题，或是根本不予理睬。

一个记者问他，是否想会晤其他盟国领导人——斯大林和丘吉尔。

“如果能与他们会晤，包括蒋介石司令，我将十分高兴。”他回答说，“还有戴高乐将军，如果他想见我，那我也会很乐意见到他。我希望会晤所有的盟国政府首脑。”

4月18日，杜鲁门初次得知了德国占领区的事。这时，丘吉尔给他发来了一封电报，敦促他们的军队尽可能向东推进，并且牢牢守住攻下的地盘[1]。这是杜鲁门知之甚少或者说毫无了解的一个棘手问题。“在我担任总统的前五天中，我感觉好像是活了五辈子……当一个人毫无征兆地被迫从副总统的位置登上总统宝座，这个飞跃实在太大了。”

当晚，他写信给他的母亲和妹妹：

……在宣誓就职之前，我不得不作出两个具有世界性的重要意义的决定——继续进行战争，继续在旧金山举行和平会议。星期六和星期日都花在了已故总统的最后告别仪式上。星期一，我向国会讲了我的打算，这花了我整个星期日下午和半个晚上的时间，一直到星期一上午十一点才准备好讲稿。不过，我猜其中的确有些启示，因为很明显，它博得了国会和整个国家的认同。星期一下午，我接见了很多人，作出了各种各样的决定，每一个都涉及到几百万人。星期二上午，全城的记者以及更多来自外地的记者都来向我提问。他们让我经历了暴风骤雨般的十五分钟，但是，即使是这种考验，似乎结果也很成功。

今天的整个下午和晚上，我都在准备对战场上的男女战士们发表五分钟的广播讲话。直到凌晨一点多，我才上床休息。这又是忙乱的一天。现在我要去睡了，但我想最好还是给你们写几句话。愿你们身体健康。

---

[1] 丘吉尔还最后一次请求攻占柏林，但杜鲁门的反应和罗斯福之前的反应一样——他完全支持艾森豪威尔。

致以无尽的爱。

哈里

杜鲁门从莫斯科召回了哈里曼，要同他私下谈谈。4月20日中午，两人会面了。总统急切地想知道大使对于俄国人的直接印象。

在哈里曼看来，苏联认为可以同时成功地奉行两种政策：同美英合作，同时通过独立行动，扩大苏联对其邻国的控制。斯大林的一些顾问误认为美国的宽宏大量以及合作的愿望是软弱的表现。“我认为，苏联政府并不想同美国决裂，因为他们需要我们帮助他们进行重建。”他说。因此，他推断，美国可以在重要的问题上采取强硬立场，而不会招致严重的危险。

接着，哈里曼指出了一些具体的困难，但杜鲁门打断了他。“我不怕俄国人，”他说。他打算表现得强硬些，但是会公正处事。“无论如何，俄国人需要我们多过我们需要他们。”

“我认为，我们正面临着欧洲遭到野蛮入侵的局面，”哈里曼警告说，“我们必须决定该以何种态度来面对这些令人不快的事实。”他说，这一切并不意味着他是悲观主义者，还是能够和俄国人找到一个可操作的行动基础的。“但这需要重新考虑我们的政策。在处理国际事务的问题上，苏联政府不会按照世界其他地区所奉行的原则行事，必须放弃任何此类幻想。”

杜鲁门意识到，在某种程度上，这是一种交易。他不会期盼斯大林把他所要求的东西百分之百地给他。“但我认为我们可以得到百分之八十。”

哈里曼问道，与旧金山会议以及美国参加联合国的问题相比，总统认为波兰问题有多重要。杜鲁门当即回答说，除非波兰问题能够按照雅尔塔会议上确定的方式得到解决，否则，参议院决不会批准美国参加任何所谓联合国之类的组织。“我就打算这样告诉莫洛托夫，”他加重语气说道，“我准备在与苏联政府打交道时采取强硬态度。”

会晤结束时，哈里曼推心置腹地说道，他急于回华盛顿的原因之一，是担心杜鲁门不像罗斯福那样了解，斯大林正在破坏他们达成的协议。“我更怕您抽不出时间来读最近的电报。不过，我必须说，当我发现您已经全部读过了，并且我们对形势的看法完全一致时，我感到非常宽慰。”

与此同时，正像原来预计的那样，欧洲的战斗到了白热化阶段。4月17

日早晨，莫德尔的独特计划开始实施。他大笔一挥，B 集团军的余部便不复存在了。鲁尔袋形阵地的战斗结束了。这位骁勇善战的小个子元帅转向他的参谋长，说道："从历史的角度来看，为了证明我们的行动是正确的，我们是否已做了所有应该做的事？作为一名战败的指挥官，给他剩下的还有些什么呢？"他停顿了一会儿。他接下来的话不仅回答了这一问题，也暗示了他本人的命运。"古时候，他们都会服毒自杀。"

关于温克，莫德尔的想法是对的。新成立的第十二军不可能突破敌人防线，抵达鲁尔地区。事实上，温克根本就没有发动这一毫无希望的攻势。他尽他的全力坚守着易北河战线，而他的左翼已经受到了霍奇斯的稳步前进的威胁。温克命令马克斯·冯·埃德尔斯海姆将军坚守哈雷和莱比锡，以保护其左翼。然而，4 月 17 日，霍奇斯攻下了哈雷，并将莱比锡孤立了起来。

莱比锡是一座历史名城，同时也是德国最为重要的工业城市之一。正是在这里，马丁·路德在宏伟的圣—托马斯教堂第一次布道——也正是在这个教堂里，巴赫奏了整整二十七年的管风琴，并且最后就长眠在此；而瓦格纳也是在这里受洗的。这里还有德国最令人敬重的纪念碑之一——民族大会战纪念碑。纪念碑高达三百英尺，是为了纪念在 1813 年击败拿破仑一战中阵亡的将士而立的。德国统计学家曾仔细地作过计算，认为修建这样一座纪念碑所需要的石头和水泥如果用货车来运，车队将长达三十四英里。它看上去更像是一座堡垒而不是纪念碑，事实上，几天后它就会成为一座堡垒。

该城那可怜的防守部队由汉斯·冯·庞塞特指挥，其中包括第一零七摩托化步兵团的七百五十人，以及作为后备力量的一个摩托化营的二百五十人。除此之外，还有第十四防空师的几支部队，人民冲锋队的几个营和该城的警察头目，威廉·冯·格罗尔曼少将手下的三千四百名警察。

格罗尔曼是一名警察，而不是一个军事指挥官。他坚决反对把人民冲锋队的年轻人投入到一场无望的挣扎中。他说，这等于是屠杀儿童。"警察归我指挥。"他告诉庞塞特。而他不打算把他们交给其他机构去干其他事情。"我们自己的部队太薄弱了，不能进行真正的抵抗，因为他们已经完全没有重武器了。"因此，他解释说，为保卫城市而作出的努力是徒劳无功的，只会愚蠢地将七十五万居民暴露在危险之中。

当霍奇斯正在指挥第二和第六十九美国步兵师包围该城时，格罗尔曼和庞塞特却继续各行其是。庞塞特上校指挥他的主力部队在市政厅区域设立了路障，接着又派三百名最精干的手下秘密占领了那座庞大的纪念碑；而与此同时，格罗尔曼却在准备投降。

4月18日，格罗尔曼通过广播宣布他已接管了指挥权，并将尽其所能代表广大市民的利益。下午四点，他设法与第二师的瓦尔特·罗伯逊少将通了电话，提出愿将莱比锡拱手相让。

罗伯逊说，格罗尔曼应诱使冯·庞塞特放下武器。接着，他通过无线电将此事告知了他的指挥官，第五军的克拉伦策·许布纳。许布纳随即又打电话给霍奇斯，告诉他自己将就莱比锡投降的问题去进行谈判。霍奇斯回答说，他只接受无条件投降。此时，格罗尔曼终于打通了庞塞特的电话。庞塞特与他的部下正驻扎在纪念碑里，不过格罗尔曼对此全然不知。“我根本不打算投降。”说着，庞塞特挂上了电话。

不过，格罗尔曼还是派自己手下的一名军官前往最近的美国军队驻地，再一次提出有条件投降。黄昏时分，这个军官被带到了查尔斯·B. 麦克唐纳上尉的指挥所。麦克唐纳只有二十二岁，是第二师第二十三团G连连长。

“他知道我只是一个上尉吗？”麦克唐纳问翻译，“他要向一个上尉投降？”

对方的回答热情洋溢。“愿意！很好！”一个小时后，麦克唐纳的吉普车行驶在了莱比锡的街道上。一路上，震惊的市民们要么纳闷地盯着看，要么就兴奋地向他挥手。在警察局，麦克唐纳遇到三位打扮得整齐干净的德国军官。他抓了抓自己浓密的短胡子，突然意识到已经两天没洗过了。他在心中暗暗思忖，是否应该行礼？为了安全着想，他举手行了礼，然后学着德国人的样子将两个脚跟喀哒一靠。

麦克唐纳被带到了格罗尔曼的办公室。将军迎上前来，向麦克唐纳伸出手。他一只眼睛上戴着单片眼镜，红润的圆脸庞容光焕发。在麦克唐纳看来，他和好莱坞电影中那些高级纳粹党人一模一样。喝了一杯法国白兰地之后，两人开始会谈。格罗尔曼说，他将高兴地率领全部警察部队投降。但是，当麦克唐纳要求所有的武装部队同样放下武器时，他遗憾地摇了摇头，说道：“我根本控制不了冯·庞塞特上校，我甚至不知道他的指挥所设在哪里。”不过，他认为，大部分武装部队已经离开了该城，庞塞特不会惹什么麻烦。然而，美国第六十九师的发现却完全相反。这个师刚刚从东南方向进了城，充当其先锋部队的是兹韦尔中校的装甲特遣队。

当兹韦尔特遣队接近纪念碑时，藏在里面的庞塞特手下开火了。本来以每小时十英里的速度前进的兹韦尔的坦克开足马力，以三倍于此的速度在通向市政厅的大街上急驰起来。几乎每次转弯时，都有步兵从坦克上摔下来。来到市政厅前的最后一条街上时，兹韦尔从一个意大利难民口中得知，这个地区至少有三百名党卫队士兵。他带领剩下的六十五名步兵——大约有一百六十人不是在急驰中从坦克上掉了下去，就是被敌人的炮火击中——明智地挖下了战壕，准备躲过这一夜。

黎明时分，第六十九师的一个步兵连试图攻打华而不实的市政厅大楼，但很快便被打了回来。于是，兹韦尔调遣他的几辆坦克和反坦克炮去支援他们。

当兹韦尔特遣队驶近一个十字路口时，加布里尔·赫尔贝纳和她的一个女朋友正站在那里。她们以为这些装甲车都是德国的。这时，一辆坦克放慢了速度，里面的一个人叫道："停一下，小伙子们！"

一名坦克手从炮塔探出头来，说道："到掩体或地下室里去吧。市政厅就在广场尽头，我们不得不进攻了。"他笑了笑，然后缩了进去。很快，他拿了些糖果又出来了。他把糖果扔给两位姑娘。两位姑娘不知所措，连忙钻进了一个掩体。这是一些什么样的敌人呢？

兹韦尔把部队分成两路纵队，和步兵连一起对市政厅发动进攻。然而，美国人又一次被德军的铁拳、机枪和步枪拦住了。九点左右，在另外两次进攻被打退之后，灰心丧气的兹韦尔决定采用智取而非强攻。他说服了一名德国消防队长，如果他能把最后通牒送进市政厅，就可以挽救许多人的生命。最后通牒内容如下：除非指挥官立即投降，否则，二十分钟后，美国人便会用重炮、火焰喷射器和一整个师的步兵发起进攻。

几分钟后，一百五十名德国人高举双手涌出了大门。美国人在楼里发现了弗莱堡市长、他的副手，以及他们家人的尸体。他们都自杀了。

现在，莱比锡剩下的唯一顽强抵抗就是纪念碑那里了。此时，庞塞特已经擒获了十七名美国战俘。八英寸的炮弹对这座建筑轰炸的效果甚微，有些甚至一接触到花岗岩就弹跳了开来。这似乎将是一场旷日持久代价高昂的围攻。第二七三团的审讯员汉斯·特雷福斯上尉想到了一个主意。他告诉团长 C. M. 亚当斯上校，他认为他可以"说服"庞塞特投降。特雷福斯出生于美因河畔的法兰克福，1936 年同他的父母逃到美国，六年后作为优等生毕业于纽约城市大学。

下午三点，特雷福斯在该团主任参谋乔治·奈特中校和一名手持白旗的德国战俘陪同下，爬上了纪念碑后部的纪念品商店门前的台阶。庞塞特和另外两名德国军官走了出来，与这几位谈判者见面。

特雷福斯告诉庞塞特，抵抗是愚蠢的。“你们不可能打赢。战争已经输掉了。聪明的话，最好立刻投降，这样可以避免更多的伤亡。”

“我本人接到了元首下达的命令，不准投降。”庞塞特回答说。他还拒绝释放那十七名美国俘虏，也拒绝用他们来交换德国俘虏。不过，双方同意停火两小时以撤退伤员。

美军医务人员开始转移十几名伤员，特雷福斯则继续同庞塞特在纪念品商店前争论着。五点左右，他终于说服了庞塞特，允许自己到纪念碑里去继续谈判。

在莱比锡的其他地方，战斗已告结束，只是偶尔会有人放几下冷枪。美国部队相互簇拥着穿城而过。大兵们乘着吉普或卡车在街道上来回奔驰，手里挥舞着纳粹的旗帜。一个站在卡车上的美国大兵用黑刷子做成希特勒式的小胡子，高唱着《霍斯特·韦塞尔之歌》[1]。见此，就连德国人都哄笑了起来。对于其中一些人来说，这应该是多年来第一次放声大笑。

午夜时分，特雷福斯和庞塞特还在争论。“如果你是一个布尔什维克，”庞塞特说，“那我根本就不会跟你谈话。四年之后，我们会在西伯利亚见面。”

“如果真是这样的话，”特雷福斯说，“现在牺牲这些可以用来对付俄国人的士兵不是很可惜吗？”

“是的，但我接到了不准投降的命令。”

“我相信你肯定熟知霍姆堡亲王的故事，”特雷福斯提到了海因里希·克莱斯特的一出戏，“他没有服从命令，却因此为选帝侯赢得了战役的胜利。”

过了一会儿，特雷福斯告诉庞塞特及其军官们，师部刚才作出了一个决定：如果庞塞特自己走出纪念碑投降，就允许他的部下一个接一个地跟在他

[1]《霍斯特·韦塞尔之歌》：纳粹党歌。——译注

后面走出来。庞塞特接受了。4 月 20 日凌晨两点，他大步走出了纪念碑大门。纪念碑的战斗结束了。

但是，正当特雷福斯准备释放其他的德国人时，奈特上校说，这里面有一点误解。师指挥官埃米尔 · F. 莱因哈特只允许释放庞塞特，其他的德国人应该暂时被关在纪念碑里。特雷福斯回到其他德国军官面前，试图说服他们接受新的条件。他劝诱说，如果他们答应不逃跑，他将为他们争取在莱比锡四十八小时的行动自由。只有一名德国军官坚持原来的条件，特雷福斯很快就放了他。不管上级有何命令，特雷福斯觉得自己不能食言。接着，他劝说奈特批准四十八小时的行动自由。“但是，”奈特说，“那样我们就必须在不让莱因哈特知道的前提下，让这些人进出纪念碑。”

德国士兵被解除了武装。与此同时，特雷福斯鼓励大约十五名德国军官离开纪念碑，回家去了。四十八小时后，他回来接他们，这时，所有人都在那里等候着。只有一名军官没来，留下了一封表示歉意的信。

整条西线上，此类奇怪的投降方式遍地开花。比如，很多时候，一个美国人简单地拿起电话，便和下一座城市的市长安排好了该城的和平投降。

从所有讲求实际的方面来说，西线的战争都已经结束。但是，凯塞林认为，他仍旧应该尽全力守住首都前沿的易北河一线，这样，希特勒就可以将柏林的全部兵力投入到与布尔什维克的最后一搏中。

然而，防守这一战线的指挥官却有着完全不同的想法。在没有接到命令，甚至没有请示元首指挥部的情况下，瓦尔特 · 温克将军便命令他的第十二军掉头后退。他的手下转身背向美国人，开始向布尔什维克进军。

# “险境”

当朱可夫正在为总攻柏林做着准备之时，东北战线出现了将近两个月的相对平静的局面。海因里希利用这一短暂的时间，努力修补着维斯杜拉河集团军的薄弱防线。从红军俘虏的口中，他得知在总攻发起前的几天，红军将在屈斯特林—法兰克福地区发动规模较小的试探性攻击。当这些攻击按预定方案在 4 月 12 日开始时，海因里希着手实施了他从法国人那里借鉴而来的战略：布赛被命令等待三天，随后在黑暗的掩护下把他的第九军撤至奥得河对岸的山脊，只留下一支小部队。

在秘密撤退的几个小时之前，一位不速之客，阿尔伯特·施佩尔，来到了维斯杜拉河集团军设在普伦茨劳附近的指挥所。

“我很高兴你能到这里来。”海因里希欢迎他说，“我的工兵军官接到了两个互相矛盾的命令。”

“我正是为此而来。”施佩尔答道。然后，他解释了他为什么故意下达不明确的命令：他想为战地指挥官们提供一个借口，可以不理会希特勒的“焦土政策”。

海因里希说，他不会无谓地摧毁任何德国的财产。“不过，那些省长们的态度如何？他们不在我的权限之内。”

不过，施佩尔仍然希望将军可以施加自己的影响，阻止这些党的官员采取行动。海因里希答应尽力而为，但又说，由于军事上的原因，他本人也可能不得不炸毁一些桥梁——特别是柏林附近的那些。他建议两人来到外边的办公室。意外的是，柏林的指挥官赫尔穆特·雷曼中将正等在那里。海因里希要求他去前线，这样两人就可以讨论一下防守柏林的一些具体问题。

雷曼告诉他们，他在首都只有九十二个缺乏训练的营，都是人民冲锋队。“我有一支相当强大的高射炮部队，两营卫戍部队，以及几支所谓的警报部队。”警报部队是由职员和厨师拼凑起来的一些小部队。“这就是我的全部兵力。噢，对了，我还有几辆坦克。”

“俄国人进攻时，你会怎么做？”施佩尔问。

“我必须炸毁柏林的所有桥梁。”

施佩尔皱起了眉头。“将军，”他说，“你有没有意识到，如果炸断这些桥梁，就是破坏两百多万人必需的整个公共服务设施？”

“但我还能做些什么？要么炸桥，要么我掉脑袋。我已用生命担保要守住柏林。”

施佩尔提醒他，这些桥上有水管、煤气管道和电缆。如果它们被摧毁，那么医生就无法进行手术，生命就会停止；甚至连饮用水都没有了。

“但是我已宣过誓，我必须执行这一命令。”雷曼苦恼地说。

“我禁止你炸毁任何一座桥，”海因里希明确地说，“如果有什么紧急情况，你必须和我联系，请求我的许可。”

“这非常好，将军。但是，如果我必须立即采取行动时，该怎么办呢？”

“让我们看看地图，”海因里希建议道。他指向几座没有煤气管道和电缆的桥，“如果形势严峻，你可以炸掉这些桥。除此之外的任何一座桥都要经过我的同意。”

施佩尔很满意，雷曼也放心了。有其他人担起了责任。

地下掩体里正在举行一次特别会议。希特勒向大家透露了一项拯救柏林的奇特战略：德国部队向首都撤退，建立一个坚固的防御中心，这必然会引诱俄国部队追踪而来。这样，其余德国部队便能摆脱压力，并可以从外部进攻布尔什维克。

“俄国人的战线过长，因此，我们能够打赢柏林这场决定性的战役。”他自信地说道。“这将把俄国人排除在即将到来的和平谈判之外。”至于他本人，他将留在城里，以鼓舞守卫者们。几名听众催他去贝希特斯加登，但希特勒不想讨论这个问题。作为国防军总司令和全国人民的领袖，留在首都是他的义务。

他起草了一份长达八页的公告——这将是他写给战士们的最后一份公

告——然后把它交给了戈培尔。宣传部长读着这份草稿，甚至连他都认为实在太浮夸了。他想用一支绿铅笔改动一下，但不得不放弃了这个念头，将草稿扔进了纸篓。然后，他又把它捡了出来，再次进行修改。戈培尔没花力气去征求元首对最后定稿的意见，径自将这份文件散发到了前线。

**东线的战士们！**

我们的死敌——犹太—布尔什维克——已发动了大规模的总攻。它妄图粉碎德国，消灭我国人民……

在未来的几天里，几个星期里，如果东线的每个战士都尽到自己的职责，亚洲的总攻就一定会失败……

柏林仍然属于德国，维也纳将返回德国怀抱，欧洲永远不会属于俄国……

此时此刻，全体德国人民都在注视着你们，我东线的斗士们。并且，他们希望，通过你们的顽强，你们的热忱，你们的武器，以及你们的领导阶层，布尔什维克的进攻将被溺死在血泊之中。在命运之神将有史以来最大的战犯（罗斯福）带离这个世界之时，这场战争的转折点便已被决定。

阿道夫·希特勒

在离开莫斯科去见杜鲁门的前一天晚上，哈里曼拜会了斯大林。在漫长的会晤结束时，哈里曼提及，德国人宣称红军计划立即再度向柏林进攻。

"我们的确即将发起这样一场攻势。"斯大林承认。但他试图否定这次进攻的重要性，于是以一种并不赞成的语气说道："我不知道它能取得什么样的胜利，但是，正如我之前所告诉艾森豪威尔将军的，我们打击的重点是德累斯顿方向。"

就在斯大林说这番话的同时，朱可夫正在做着全力进攻柏林的最后准备。大量火炮和重迫击炮集结到了奥得河以东，准备织成一张这场战争里最大的火炮射击网。东岸还布下了四千辆坦克，其中大部分已准备好渡河进入屈斯特林—法兰克福地区。屈斯特林两侧安放了一千七百五十盏照明距离为三英里的探照灯——以便为沿大路向柏林挺进的主力部队照亮道路，并且照花防守者的眼睛。

在朱可夫的战地指挥部里，白俄罗斯第一方面军的一次高级军官会议即将召开。弗拉基米尔·尤拉索夫中校是其中军衔最低的一位，只是碰巧出席了这次会议。他是建筑工业设备部的一名官员。这个部隶属于负责拆除德国及其卫星国经济设施的专门委员会。他的工作是将攻占的水泥厂完整无损地运往苏联，以便进行战后重建工作。他已从波兰运回了很多水泥厂，每年足可生产一百万吨水泥。

后来的苏联部长会议主席尼古拉·布尔加宁将军第一个发言："战争没有结束！我们打败了希特勒，但没有打败法西斯主义。法西斯主义遍布世界各地，尤其是美国。我们需要第二战线，但资本主义者们拒绝把它给我们！这损失了我们几百万的兄弟！"

朱可夫默默地坐在那里，其他将军则一个接一个地起身鼓励与会者们。"现在，美国是我们的头号敌人。"其中一位说道，"我们已摧毁了法西斯主义的根基。现在我们必须摧毁资本主义的根基——美国！"

海因里希防线上最为重要的一处可能就是泽洛村了。该村以南不远便是奥得河西岸。屈斯特林—柏林公路沿着山坡穿村而过。朱可夫计划在这条公路上发动最猛烈的进攻。只要红军抵达山顶，便可以看见一条几乎畅通无阻的大道直达柏林。

泽洛防守部队的质量最清楚地阐明了维斯杜拉河集团军糟糕的状况：战士们都是戈林的第九伞兵师的新兵，只受过两个月的步兵训练。连队的军官们都是前任飞行员，虽然斗志昂扬，但对陆军战术却一窍不通。

守卫者的一个典型便是十八岁的格哈德·科德斯，一位中学校长的儿子。他所属的团是匆忙拼凑起来的，刚刚在东面的山脚下布下了阵地。战士们只有手榴弹、冲锋枪、步枪和火箭筒作为武器，还有六门四英寸口径的高射炮和几门反坦克炮作支援。

4 月 15 日晚上，俄国人零星的炮火开始落在他们的阵地上，但上级只是命令他们挖掘更深的战壕。他们丝毫不知德军主力正在秘密向山脊撤退，而他们只是被留在前线佯装主力。凌晨两点，两万两千门俄国远程大炮和迫击炮突然在宽达七十五英里的战线上开了火。火力最为密集的中心区域就在泽洛前方。科德斯万分恐惧，觉得似乎每一寸土地都被掀了起来。

突然，炮火停止了，灯光照亮了屈斯特林—柏林公路两侧。数百辆坦克隆隆向山脊涌来。在黎明前的昏暗之中，德军防线前大约六百码处那块泥泞的平地上，散兵坑里的德军士兵开始纷纷往回跑，与科德斯擦肩而过。他们喊着："俄国人来啦！"科德斯从他的散兵坑里向外张望，眼前是一副让人毛骨悚然的景象：举目望去，遍地都是大型坦克。当第一批坦克越来越近时，他又看见了第二批，后面还跟着一群群大步慢跑的步兵。

正在此时，突然传来一阵惊人的咆哮。山顶上，数百门德国高射炮压低炮管，向俄国人倾泻着致命的炮弹。坦克接连中弹起火，上面的战士们都被炸飞了。幸存的步兵则仍旧尖叫着往前跑。空军战士们向他们的队伍开了火，红军士兵开始胆怯起来。几辆 T-34 坦克突破了防线的侧翼，试图沿着柏林公路爬上山顶，但很快便被炸毁了。黎明时分，遭到重创的进攻者撤退了。

年轻的空军战士们损失很小。他们充满信心，甚至有些骄傲了起来。这很不错，科德斯想。不过，当命令从一个散兵坑传到另一个散兵坑，要他们匍匐撤向山脊时，他和他的战友们却心怀感激。爬到一半时，他们被领到了丛林中的阵地。他们的正面是视野开阔的山坡，便于开火，身后则是可以藏身的树林。他们感觉很安全，却并没意识到，即使在这次撤退之后，他们仍然是海因里希防线的最前沿——几个小时之后，他们便将再次成为朱可夫的主要目标。

就在红军开始密集射击之前，海因里希撤回了他的主力部队。他不但因此而挽救了数千人的性命，而且还争得了一些时间。显然，当俄国人发现散兵坑和炮兵掩体里几乎空无一人时，肯定会害怕中埋伏，从而犹豫不决，不会立即向山脊发起很可能取胜的进攻。

当天下午，克莱勃斯打电话给海因里希，祝贺他在泽洛第一天的战斗中取得的战果。不过，这位小个子将军一点也不乐观。他说，泽洛两侧的布赛部队还是受到了打击，俄国人肯定会发起更加猛烈的进攻。"在夜幕降临之前，我们先不要称赞今天的战果。"他告诫道。

戈林那些落了地的空军战士们沿柏林公路挖掘了战壕，埋伏了起来。部署在泽洛村两侧和半山腰上的十二门八十八毫米口径的火炮、八门十点五英寸口径的高射炮和几门四管高射炮以一个似乎不可能的角度向山下瞄准，正好对准了蹲在战壕里的空军战士的头顶。

当天下午晚些时候，科德斯看见一辆红军坦克小心翼翼地转过了公路拐角，开始向泽洛驶来。它显然是在试图引诱德军开火，暴露德国人的阵地。但是，坦克越开越近，却没有任何动静。坦克太近了，当坦克指挥官毅然将身子探出炮塔时，科德斯甚至可以看见他脸上严肃的表情。突然，传来一声尖叫，接着是一声爆炸声，一颗八十八毫米的炮弹炸断了坦克履带。坦克上的战士们爬出坦克，跑下了山坡。

命令从一个散兵坑传到另一个散兵坑，逐渐传遍了山坡：不许射击，保持安静。随着时间一分一秒地过去，前沿的士兵越来越紧张，甚至盼着早点打起来。这时，在红色的落日余晖中，科德斯看见一队坦克蜿蜒驶出山脚附近的树林，开始往山上爬。一门德国高射炮开了火。坦克队伍笨拙地掉过头去，躲进了树林。

接下来是长达两个小时的可怕的沉寂。科德斯觉得，似乎世上一切的生命都莫名其妙地停止了活动。七点钟，他突然听到了坦克的轰鸣；听起来至少有四十辆坦克。声音越来越响，他可以分辨出它们正沿着左侧的公路向上爬来——也就是他这一侧。在马达的轰鸣声中，他听到从更远处传来了另外一个震耳的隆隆声，好像又有二十多辆坦克从山的另一边爬上来。

空军士兵们设法控制住了自己，没有开火，但是他们却一直紧张地看着附近的散兵坑，心中暗想其他人是否也严格执行了命令。科德斯听到身后一个炮兵掩体里的炮手喊道：“不等这些杂种开火，我的炮就能击中他们！”

一个巨大的轮廓出现了，这比科德斯见过的任何坦克都要大。他吓得浑身发抖。

“别担心，”一位年纪稍大的士兵刚刚爬进他的散兵坑，对他说道，“你现在什么都别做，除非它们开到我们头上——到那时，你就用铁拳揍它。”

此时，科德斯可以看见更多坦克的身影了。马达的轰鸣声和履带的哐当哐当声震耳欲聋。大地在颤抖。他抓过一枚铁拳。身后突然传来一阵喑哑的声音；数枚八十八毫米口径的炮弹从他们头顶上呼啸而过，击中了打头的几辆坦克。顿时，火光四起，金属碎片和弹片雨点般地落进了散兵坑。至少有六辆坦克起了火，可是其余坦克却仍旧源源不断地涌上来。在红彤彤的火光之中，它们清晰地显露了出来，正束手无策地面对着重炮那毁灭性的火力。俄国步兵从熊熊的烈火中冲了出来，像疯子一样呐喊着爬上山头。科德斯觉得大概能有八百人。他们呐喊着冲向山头。“他们简直是一群疯子。”科德斯想。

空军战士们的步枪和冲锋枪一起开了火，数百名俄国人跌倒在地。其余的人则继续呐喊冲锋。更多的俄国人倒了下去，最后，就像在防波堤上撞得粉碎的一波大浪一样，进攻者败退了回去。

科德斯精疲力竭地跌坐在地上——他终于可以休息了。突然，一辆德国反坦克装甲车从他眼前穿过，跨过公路，开始射击。在炮火的光亮之中，科德斯可以看见公路对面的二十辆坦克。第一辆坦克冒起了烟，笨拙地掉过头去，但其他坦克却仍然缓慢地前进。俄国步兵从坦克后面飞奔出来，指引坦克向德国重炮驶去。

科德斯和左侧的其他士兵都转身射击。一门四管高射炮接连开火，炮弹带着刺耳的声音掠过他们头顶，在俄国步兵中间爆炸了。十几名俄国步兵像保龄球瓶一样倒了下去。第二辆反坦克装甲车跨过公路，开始用机枪扫射幸存的步兵。

“天啊，那儿还有四辆！”科德斯的同伴指向公路对面的一群坦克叫道。

“它们已经被击毁了，”另一个散兵坑里有人喊道，“动弹不得了。”

一辆静止不动的坦克突然喷出一条橘色的火舌，科德斯身后的那门四管高射炮连同炮手都被炸上了天。

“用铁拳把这些该死的坦克干掉！”科德斯身后有一个人吼道。

科德斯和另外两个人爬下山坡。此时，那四辆坦克动了起来。它们隆隆朝泽洛冲去，轮廓越来越清晰。科德斯左边的一个人开火了。炸弹像玩具火箭一样拖着火光飞向公路对面，落进了第一辆坦克的炮塔。一道闪光之后，坦克里传来弹药爆炸的巨大响声。

科德斯向第二辆坦克开了火，坦克燃起了火焰。另一个人击中了第三辆，它也着了火。第四辆坦克的指挥官打着手势；庞大的坦克匆匆转身，开始向山下驶去。科德斯举起卡宾枪开了火。坦克轰隆隆地开走了，指挥官却摔到了公路上。

向科德斯这边冲击的四十辆坦克中，至少有十五辆已经突破了防线，正在向山顶接近。它们同安置在那里的大炮展开了近距离射击。整条山脊顿时如同火山爆发一般，到处都是一片混乱，科德斯不知道事态究竟进展如何。

这时，另外几辆红军的坦克又出现了。但是，炮弹的呼啸声和马达的轰鸣声混杂在一起，让他头昏脑涨，辨不出这些坦克要驶向何处。

别管坦克，只打步兵！有人叫道。科德斯跳回散兵坑，朝着那些活动的身影开枪射击。突然，一个俄国人跌进了他的散兵坑。他的眼神疯狂，下巴被打掉了，汩汩地往外淌着血。科德斯拿出急救包，但是，当这个俄国人意识到自己是和敌人在一起时，便爬出了散兵坑，踉踉跄跄地走下山去。

“放他走吧，”那个年纪大些的步兵说，“他不会再给我们惹麻烦了。他永远好不了了。”

十一点三十分，突然安静了下来。既没有枪炮声，也没有坦克履带的转动声。当科德斯终于习惯了这种相对的平静时，他听到了伤员的呻吟和远处传来的撤退坦克的隆隆声。这一切简直难以置信，但阵地总算是守住了。在他的左右两侧，散兵坑里填满了尸体和奄奄一息的伤员。在他后边，情况同样糟糕。至少百分之三十的空军战士被打死了。而所有的大炮中，仅余两门八十八毫米口径的火炮。没有补充的大炮和援兵，科德斯和他的战友们只能在散兵坑里坐等下次进攻。

当天下午晚些时候，在海尔，探向但泽湾的狭长半岛尽头的一个村庄，第七装甲兵团登上了离岸大约一英里的六艘船。这些但泽激战的幸存者们此刻要上路去帮助保卫柏林。

一万多名难民抢夺着船上剩下的空间。他们一直冒着危险待在这座狭长半岛的沙丘上。这些沙丘既是持续不断的轰炸的目标，也是大陆炮火袭击的对象。夜幕降临之时，船队中最大的“戈亚号”已经再也装不下多少人了。指挥自己所属师登船的军官维尔纳·于特纳看见一对年轻夫妇抱着一个婴儿从一艘轮渡上爬了上来。那位丈夫转向身后上了年纪的父母，不但没有帮助他们登上甲板，反而粗暴地将他们推回轮渡。“你们已经没用了！”他叫道，“你们太老了！”当轮渡掉头驶回岸边的时候，两位老人神情恍惚地盯着自己的儿子。儿子站在“戈亚号”上，冷酷无情地看着他们，甚至都没有挥手告别。

晚上七点三十分左右，船队在仅仅两艘驱逐舰的护航下，向西北方向驶去。这是一个月光明亮、天气清冷的夜晚。库尔特·阿多梅特同很多其他装甲兵一样，由于摆脱了俄国人而激动得无法入睡。他在大船上四下闲逛。到处都挤满了士兵和难民。他猜船上至少有七千人。他来到上层甲板，望向夜空。十一点，他听到甲板上传来射击声。越过黑暗的海面，他发现了目标——一艘船。他辨认不出那是什么船，但他知道，它很可能已经向俄国潜艇报告了船队的位置。可是，他太累了，无心为此担忧，躺在一堆箱子上睡着了。午夜时分，他被一声巨响惊醒了。接着又是一声。船上的灯都熄掉了，他听到黑暗中传来几声命令。短暂的寂静之后，响起了巨大的汩汩声：海水通过鱼雷炸开的两个大窟窿涌了进来。

于特纳正在巡逻，突然听到两声爆炸声。他看了看手表——十一点五十六分。船身开始急剧地向右舷倾斜。有人通过扬声器喊道："逃命吧！我们中了两枚鱼雷！"

难民们向梯子涌去，都紧紧抓住自己前面的人——船上载有七千人，但却只有一千五百条救生带。水手们努力试图放下救生艇。可是，很显然，在船沉没之前，一艘救生艇都下不了水。随着"戈亚号"继续倾斜，防空弹药、箱子和行李纷纷滚过甲板，落入大海。所有人都死死地抱住栏杆。

透过恐慌的尖叫声，于特纳听见一些士兵开枪自杀了。他沿着梯子登上顶层甲板，看到数百人跳进了大海。他正想跟他们一起跳下去，又突然考虑到可能会有人掉在他头上。于是，他继续向上面的舰桥爬去。刚爬到一半，一个浪头就把他打到了后甲板上，然后卷进了大海。附近正好有一个大救生筏，他奋力爬了上去。

阿多梅特感觉"戈亚号"在颤抖。突然，它似乎被折成了两截，他发现自己落进了水里。海水冰冷刺骨。母亲们疯狂地呼喊着自己的孩子。一只救生艇上偶尔闪起黄色的亮光，他看见了在海水中尖叫着奋力求生的人们。这简直是一幅地狱中的景象。救生筏上的人把企图上筏的人踢下去，甚至朝他们开了枪。不过，阿多梅特最终还是设法登上了一个大救生筏。

一个巨大的气泡包着火焰跃出了海面——肯定是船上的锅炉爆炸了。在突如其来的火光之中，于特纳看见有数百人在大海里挥动着双手呼叫救命。把五个人拉上救生筏之后，他注意到筏里的水已经漫到了脚踝。海水中的人们叫嚷着他从未听过的脏话——大骂希特勒和其他德国领导人——甚至大骂上帝和圣人。母亲看着孩子在自己眼前沉入大海，不禁痛苦地哭叫着。于特纳觉得再也无法忍受了，掏出手枪准备自杀。但是，他想起了自己的家人，于是趁着自己还没改变主意，把手枪抛进了大海。

于特纳发誓，只要他能活下来，就一定要重新做人。一些人抱着木板向救生筏划来，企图上筏。但是，这时筏上的水已经涨得很危险了。他知道，自己不得不作出一个可怕的决定。他开始和其他人一起把筏子边上的人推开。如果不这样做，他告诉自己，大家全都得死。可是，他刚刚推开一个人，便知道自己将永远都有犯罪感——他并不比那个把父母推回轮渡的年轻父亲好多少。

波罗的海中那些人的痛苦哭喊很快便消失了。阿多梅特只能听见波涛拍打救生筏的声响。他已经彻底绝望了——他们离岸边有一百英里远。这时，不远处出现了一点微光，阿多梅特听到有人在用德语呼喊。

当阿多梅特被拉上救生筏时，他想，仅仅二十分钟，这么多人便失去了生命。可是，谁去通知他们的至亲呢？没有人。今后的许多年里，妻子将无望地等待着丈夫，男人将无望地等待着妻子儿女，母亲将无望地等待着儿子。他想道，在那黑暗的大海里，没有丝毫的迹象表明今夜它已成了将近七千人的坟墓。总共只有一百七十名旅客死里逃生。

4 月 17 日清晨五点，泽洛的山脊上还是一片漆黑。科德斯正昏昏欲睡，突然发现一团团隐约的黑影正沿着公路右侧向山上爬来，他顿时清醒了。他等待着身后响起令人宽慰的炮声——可是没有。突然，传来了震耳欲聋的坦克的轰鸣声。

随着天空渐渐放亮，科德斯可以看见数百辆满载步兵的 T-34 坦克正沿公路两侧向上爬来。一团团的尘土腾空而起。科德斯发射了两枚铁拳。他身后有人叫道：“快走吧！弹药没了！”

此刻，在黑暗中打得极其出色的空军战士们完全被恐慌占据了。他们争先恐后地跳出散兵坑，乱哄哄地开始向山顶撤退。科德斯飞快地冲过空无一人的泽洛村，边跑边扔掉了他的冲锋枪、皮带，甚至还有钢盔。

几分钟后，红军战士站到了山顶上，望向西边山脚通向柏林的那条公路。四十五英里开外就是希特勒的地下掩体了。

海因里希知道布赛的防线遭到了重击，不仅是在泽洛，南面二十英里的法兰克福要塞以南和北面二十英里处的弗里岑都遭到了沉重的打击。然而，直到第二天，他才意识到泽洛之灾有多惨重：第九伞兵师撤离了山脊，现在，通向柏林的高速公路已畅通无阻。大批俄国坦克已经翻过山脊，沿公路向首都方向又推进了十五英里。

海因里希还没从这一灾难性的消息中恢复过来，便又接到了布赛的一封电报：另一场大灾在一个意想不到的地方降临了。科涅夫的两个坦克军——第二军和第四军——在法兰克福正南突破了布赛的右翼和舍尔纳的左翼。显然，科涅夫将从南面向柏林挺进，并在该城城西同朱可夫会师，构成一个钳式包围圈。

海因里希打电话给地下掩体，请求希特勒允许他把比勒的部队撤出法兰克福要塞，去堵住南面的缺口。但是，希特勒的回答是不行：必须守住法兰克福——海因里希可以利用其他部队发动反攻。海因里希沮丧地挂上了电话。他该怎样利用那些奔走而逃的部队去发动进攻呢？

4 月 19 日，从泽洛一直到弗里岑的整条山脉都落入了俄国人手中。当晚，海因里希打电话给接替古德里安职务的克莱勃斯，要求他同意把布赛的全部部队都撤回来，这样他便可以在柏林前面筑起一道防线。

海因里希听到对方猛一吸气。“希特勒决不会同意的！守住所有的阵地吧！”海因里希挂断了电话。和克莱勃斯争辩是没用的。他不仅完全忠于希特勒，而且还有一种危险的趋向，即总是低估险情，当他得到通知说一个俄国师正在进攻，他会报告说“只有一千人”。

最为奇怪的是，布赛本人也不想撤退。“我们必须守住奥得河防线，直到美国人从我们后面打上来。”他告诉海因里希。

“可美国人会一直跑到这里来吗？”海因里希听说过东西方划定的分界线，怀疑它是否真的能够约束美国人。

对于这一点，布赛似乎充满信心。他说：“如果能阻止俄国人占领柏林，美国将获益匪浅。”

为了庆祝希特勒的五十六岁生日，戈培尔在当天晚上对全国发表了广播讲话。他说：“事情从未像今天一样处于剃刀的边缘。”现在不是用传统的祝愿来为元首庆祝生日的时候。“我只能说，元首不愧是艰难困苦的辉煌时代中唯一的杰出代表。我们应该感谢他——只有他一人——全靠元首，德国今天才仍然存在；全靠元首，西方及其文化和文明才没有统统落入我们面前那裂开的黑暗深渊……

“我们的敌人出现在哪里，就会给哪里带来贫困和悲伤，混乱和毁灭，失业和饥饿……与之相反，我们，则有着明确的复兴计划。这个计划已经在我国和所有有机会实行过它的其他欧洲国家证明了它的价值。欧洲可以在这两者之间进行选择。但是，它选择了无政府状态，今天不得不为此付出代价。”

他承认战争即将结束。但是他预言，几年之后，德国将会重新繁荣昌盛起来。“这个饱受战争创伤的国家，将会拥有很多更加美丽的新城镇和新村庄，住着快乐的人民。我们将重新成为所有心怀善意的国家的朋友……人人都有工作。秩序、和平与繁荣将取代今天的黑暗社会。”

接下来，他做出了一个更为惊人的预言：只有元首可以带领大家走向这一胜利——通过一种最为奇特的方式。“如果史书上能够写道：这个国家的人民从未抛弃他们的领袖，而领袖也从未抛弃他的人民，那就是胜利。”对于这位忠诚的纳粹分子来说，这一点是非常明确的。如果这个民族始终信任希特勒，那么他的精神就会像凤凰一样，在暂时失败的灰烬中胜利地腾空飞起。

与戈培尔不同，希特勒考虑的是在五十六岁生日前夕取得一个真正的胜利。他决心让温克的第十二军一直打到莱茵河上——然而，无论是他还是最高统帅部都不知道，温克已经自作主张，调过头来打俄国人了。为了给温克从空中提供掩护，希特勒最近下令所有喷气式战斗轰炸机都由他钟爱的战斗英雄汉斯—乌尔里希·鲁德尔指挥——而这只会浪费二者独一无二的能力。

两周之前，鲁德尔试图推脱这一任命。他说，他的经验仅限于俯冲轰炸和坦克战。“我一直强调，绝不能下达连我自己也无法执行的命令。”

希特勒告诉他不能再去飞行。“我们有很多经验丰富的人——但仅此还不够。我必须找一个有魄力组织和执行军事行动的人。”不过，希特勒还是同意斟酌一下这项决定，并让鲁德尔返回了位于捷克斯洛伐克的空军基地。在那里，鲁德尔将继续执行每天的战斗任务，尽管他右腿截肢的伤口还远谈不上愈合。

不久之前，斯科尔兹内去柏林的一所医院探望过鲁德尔，以为他一定非常沮丧。恰恰相反，鲁德尔正边笑边敏捷地单腿四处跳着。“我必须再次飞翔。”他说。

“你怎么飞？”

“我的机械师正在为我做一根钢带，把它套在断腿上，我就能踩到踏板了。”

“太愚蠢了，鲁德尔。你仔细想想。首先，你的伤口还没愈合——一点都没有。你不能这样上前线。你会得坏疽病的。”

“我必须出去。”鲁德尔重重地在一张椅子上坐下来，把全身的重量都压在了断腿上。“我必须锻炼我这条短腿。”他咧开大嘴笑着解释道。几天后，斯科尔兹内给医院打电话询问鲁德尔的伤势，医生叫道：“噢，那个疯子逃走了！”

希特勒认为，只有拥有这样一种精神的人，才能成功完成这项喷气式飞机的任务。戈林的参谋长卡尔·科勒尔将军对希特勒的选择非常震惊。希特勒告诉他，经验本身无关紧要。“鲁德尔是个不错的家伙。”他说，“空军的其他所有人都只不过是小丑，他们都在演戏，耍花腔，仅此而已。”

4 月 19 日，希特勒又一次把鲁德尔召至柏林。当飞行员一瘸一拐地走进会议室时，希特勒起身热情地欢迎他。鲁德尔首先听到的是关于德国昔日的技术优势的一席演讲。希特勒说，应该充分利用这种优势，以扭转败局，使德国获胜。希特勒对数字有着绝佳的记忆力，并且拥有丰富的技术知识，这让鲁德尔印象非常深刻。但他也注意到，希特勒的眼神里有着一种狂热的闪光，并且双手颤抖，不断重复同一话题——过去他从不这样。

突然，希特勒又一次告诉鲁德尔，他希望鲁德尔马上指挥所有喷气式飞机，清空温克部队上空的领域。“我希望由你来担负这一艰巨的任务。你是唯一由于勇敢而获得德国最高勋章的人。”

鲁德尔第二次拒绝了这一任务，并且开始找借口。他说：“俄国人迟早要和西方盟军会师，从而把德国分成两半。这只是一个时间的问题。因此，喷气式飞机行动不可能完成。”希特勒却沾沾自喜地说，各部队指挥官都已向他保证，部队不会再后撤。

鲁德尔表示不同意。他认为战争不可能在东西两线都取得胜利。“但是，如果我们能在一条战线上实现停战的话，在另一条战线上获胜是可能的。”

飞行员看见元首的脸上掠过一丝疲惫的微笑。“说起来容易。我一次又一次地企图通过谈判实现和平，可是盟国不愿意；从 1943 年起，他们就要求我们无条件投降。我个人的命运当然无关紧要，但是任何理智的人都必须了解，我不能接受让德国人民无条件投降。虽然现在谈判仍在进行，但我已放弃了对它的任何希望。因此，我们必须竭尽全力度过这一危机。这样，新式武器也许仍能给我们带来胜利。”尽管言辞间自信满满，希特勒却又说道，他要再等等，如果总的形势有所好转，他会再次把鲁德尔召至柏林，希望那时他能接受这一任命。

鲁德尔离开时已经很晚了——已经过了午夜。当他走进候见室时，注意到里面已经挤满了人，他们急于第一个进去祝贺元首的五十六岁生日。

在格布哈特医生的疗养院里，希姆莱和施伦堡正举着一瓶香槟酒为希特勒干杯。这远非一个欢乐的时刻。帝国元首的脸上刻满了担忧，神经质地来回转动着手指上的蛇形戒指。和希特勒一样，他的身体似乎也要垮了。在过去的一个月里，十几个人不间断地催促他作出各种重大的决定。他向各方许下诺言；有一些打算遵守，有一些则转眼就变卦。

或许，他最重要的一个诺言是向克尔斯滕和施伦堡许下的：他终于同意会见世界犹太人大会的官员吉勒尔·施托希，与其讨论集中营里幸存犹太人的命运问题。但是，当得知施托希即将乘飞机前来德国时，他的决心又减弱了。他怕卡尔登勃鲁纳会听到风声，向希特勒告密。但是，施伦堡提醒他，卡尔登勃鲁纳即将前往奥地利，和施托希的会晤可以在柏林城北克尔斯滕的庄园里秘密进行。这才让他放下了心。

“除了勃兰特（希姆莱的副官）之外，你是唯一一个我可以绝对信任的人。”他对施伦堡说。他承认，除非希特勒不再掌权，否则就不可能同西方谈和。但是，他们怎样才能摆脱元首呢？他们不能开枪打死他，也不能逼他服毒，甚至连逮捕他都不行——那样的话，整个战争机器将会完全崩溃。

这些都没关系，施伦堡争辩说。现在只有两种可能：让希特勒辞职，或者用武力逼他下台。

希姆莱刚刚鼓起的勇气又烟消云散了。他的脸色变得十分苍白：“假如我对元首这么说，他肯定会火冒三丈，当场毙了我。”

在希特勒生日的前夜，希姆莱面临的所有问题似乎都到了紧要关头。施威林·冯·克罗西克伯爵力劝他说服希特勒通过教皇或布克哈特争取谈和。“难道元首不能现实地、不抱幻想地判断形势吗？我真纳闷他在等什么！”

希姆莱轻轻咬着他的拇指甲说：“元首的确有着不同的看法。但他不会透露这一看法的具体内容。”

伯爵被激怒了。“那么，你就应该想方设法废掉元首。”

“一切都完了！只要元首还活着，就根本不可能以一种合适的方式结束战争！”希姆莱恐惧地环顾四周，用拳头堵住嘴，好像是企图把这些叛逆的话语堵回去。伯爵暗忖，他是不是“突然疯了”。这时，希姆莱放下手，歇斯底里地反复说道，他不能答应做任何事。

希姆莱刚从后门鬼鬼祟祟地离开了伯爵的办公室，劳工部长弗朗茨·泽尔特就被领了进来。泽尔特说，他听到谣言说伯爵要去见希姆莱，他想给予支持。施威林·冯·克罗西克解释道，他刚刚已经同希姆莱谈过了。泽尔特建议两人一起再去见见希姆莱。

“最好由你单独和他谈谈，”伯爵建议道，“如果我们两人都去，他会过分紧张，什么也做不了。”

泽尔特走进希姆莱的办公室，对他说道：“你必须做些事情。必须让元首进行和谈。这不再只是一件个人的事情，因为全体德国人民的命运已危在旦夕。”

希姆莱气势汹汹地说自己忠于元首。“我的好希姆莱，”泽尔特打断了他，“你只有一件事可做——杀死希特勒。”

希姆莱当然没有去杀希特勒，而是溜到了格布哈特的疗养院。那里有更多的问题等着他。克尔斯滕同世界犹太人大会的一位代表诺贝特·马祖尔（他取代了施托希。由于种种原因，施托希决定不来了）乘坐的飞机刚刚降落在滕珀尔霍夫机场。一辆盖世太保的汽车把两人送到了克尔斯滕的庄园——几英里开外的库特哈尔茨瓦尔德庄园。不仅如此，贝尔纳多特伯爵也即将到达柏林，他想与希姆莱再见一面。

希姆莱身心俱疲，开始寻找种种站不住脚的借口。他怎能一下子见两个人？这两个会议不能延期吗？最后，无可奈何之下，希姆莱要求施伦堡前往库特哈尔茨瓦尔德，同马祖尔进行“预备性会谈”。施伦堡同意了。因为此时午夜已过，他们便为元首的生日干了一杯香槟酒。

但是，施伦堡因希姆莱最近的优柔寡断而感到非常沮丧，于是，他叫醒了克尔斯滕，将发生的一切告诉了他。他们讨论来讨论去，想找到一个“能绕过希姆莱的办法”。直到清晨四点上床休息之前，他们才不情愿地作出结论，只能继续努力，迫使希姆莱行动，除此之外，别无办法。

几个小时之后，施伦堡被盟军飞机的嗡嗡声和一颗炸弹的爆炸声惊醒了。

吃早饭时，克尔斯滕把他介绍给马祖尔。今天是元首的生日，施伦堡说，希姆莱要到很晚才能见马祖尔。说这番话时，施伦堡的语气非常自信——同时却在默默祷告，但愿他是对的。不久，贝尔纳多特从瑞典公使馆打来电话，说他只会在柏林逗留二十四小时。施伦堡同样用自信的语气告诉他，希姆莱今晚某时将在格布哈特医生的疗养院见他。

马祖尔一下午都在庄园里散步，和工人们聊天。工人们都属于同一个教派——类似耶和华见证会那种——因为他们拒绝举起手或者高喊“希特勒万岁！”（他们认为，只有上帝才配得上万岁这个词），所以，希特勒上台之后，他们便被关进了监狱。其中三人向马祖尔讲述了他们在布痕瓦尔德那几年可怕的经历。“1938 年 11 月起，情况开始好转，”他们说道，“当大批犹太人被关进了那个集中营之后，看守们的虐待欲在犹太人身上得到了满足。”

在克尔斯滕、施伦堡、施威林·冯·克罗西克，以及其他一些人鼓励希姆莱同西方谈判的同时，卡尔登勃鲁纳和盖世太保的首脑，党卫队将军海因里希·米勒却劝告希姆莱要谨慎行事。他们尤其不赞成帝国元首同犹太人进行危险的接触。

在盖世太保中负责“犹太人问题”的党卫队中校卡尔·阿道夫·艾希曼，甚至比他的上司更公开地反对这种接触。他用一种谴责的语气告诉红十字会的一位代表，特莱西恩施塔特集中营的犹太人得到的食物和医疗比许多德国平民得到的还要好——这全是因为希姆莱最近下了一道密令：要“人道地”对待犹太人。“我个人并不非常赞同采用这些办法。”艾希曼自以为是地补充说——这是对元首的背叛。

过了一会儿，艾希曼愤愤不平地大步迈进米勒的办公室。和党卫队的其他许多成员一样，艾希曼刚刚拿到一张证明，上面写着，最近几年，他在一家民营公司工作。

“艾希曼，你怎么了？”这位盖世太保首脑问。

“队长，我不需要这些文件。”艾希曼傲慢地拍了拍腰间的手枪，“这就是我的证明。如果有一天我走投无路，这就是我最后的救赎。我不需要其他东西。”

然后，艾希曼前去向希姆莱告别，希姆莱的情绪似乎很乐观。“我们一定能达成协议，”他拍着大腿说道，“我们会有些微的损失，但这会是件好事。”他承认自己犯了一个大错误。“假如能够重来一次的话，我会像英国人那样建立集中营。”

结束这些职责上的拜访之后，艾希曼回到了自己在库菲斯滕大街的办公室，同他的手下告别。“如果真能如此，”他对他们说，“当我知道帝国的五百万敌人（犹太人）已经像畜生一样死去时，我会高兴地跳进我的坟墓里。”

4 月 20 日一整天，希特勒不断地对来向他祝寿的人说，他仍然相信俄国人将在柏林遭到最惨重的失败。下午，在戈林和戈培尔的陪同下，他在总理府花园里接见了阿图尔·阿克斯曼和一群希特勒青年团团员。他感谢了孩子们在保卫首都之战中的英勇表现，并且向他们颁发了奖章。

接着，他走进地下掩体，会见了海军元帅卡尔·邓尼茨。邓尼茨觉得他看起来似乎负担很重。随后，他问候了凯特尔。“我永远都不会忘记你，”他热情地握着这位武装部队最高统帅部首脑的手说，“我永远不会忘记，你在我遇刺时救了我，并且把我带出了腊斯登堡——你作出了正确的决定，并且采取了正确的行动。”

凯特尔无法开口向希特勒祝贺生日。他就希特勒在“七·二〇”事件中的奇迹生还低声嘟哝了几句，然后突然说道，在柏林成为战场之前，应该立即开始和平谈判。

“凯特尔，”希特勒打断了他，“我知道我要的是什么。我将在柏林或者柏林城外战死。”

这只是空话，凯特尔想道。但是，他还没来得及开口回答，希特勒就向他伸出手，结束了这次谈话。“谢谢你。把约德尔找来好吗？我们以后再谈这件事。”

在与约德尔密谈之后，希特勒开始缓慢地从一排军政领导人面前走过去——包括鲍曼、里宾特洛甫和施佩尔——同每个人握手并交谈了几句。几乎每个人都发表了同样的意见：元首应该趁着公路仍然畅通，马上逃往贝希特斯加登。但是，他断然拒绝了大家的恳求。从现在开始，他说，帝国将分成两个独立的司令部，邓尼茨负责北部。凯塞林本是南部合理的负责人，可希特勒心中想的却是戈林——可能是出于政治目的——他说，让上帝决定吧。他建议司令部的各参谋部也分成两部分，划归南方的参谋部应立即前往贝希特斯加登。戈林问，他是亲自去南部，还是派他的参谋长科勒尔去？

“你去。”希特勒说。科勒尔将留在北部。

曾经那么亲密的两个人却礼貌而冷淡地分别了。戈林赶赴卡林霍尔，他的管家罗伯特·克罗普带着十四车的衣物和艺术珍品已经等候在那里。车队启程离开卡林霍尔时，已是次日清晨。戈林下令炸毁他的公馆，以免剩下的宝贝落入俄国人之手——其中包括一大屋子的火车和铁路微缩模型。帝国元帅向贝希特斯加登出发了，但是他命克罗普在纽伦堡附近的老家房子前停了车，想最后看一眼地下室里的那些油画。

希姆莱离开地下掩体里的生日聚会，在黑暗中驱车返回了他的司令部。施伦堡告诉他，马祖尔在克尔斯滕家里，而贝尔纳多特则在格布哈特医生的疗养院。两人都希望与他会面。最后，善于游说的施伦堡终于设法让希姆莱上了车，驶向北面去见马祖尔。施伦堡劝希姆莱不要纠缠于过去，也别阐释他的星相学或哲学理论。“你就明确地把将来要做什么告诉他。”

凌晨两点三十分，汽车到达了库特哈尔茨瓦尔德。克尔斯滕冒着倾盆大雨走出来迎接。他把希姆莱拉到一边，建议他对犹太人世界大会的代表既要宽宏大量，又要和蔼可亲。他说，这是一个机会，可以向全世界表明，德国现在开始采取人道措施了。

希姆莱似乎急于取悦于人。“我想同犹太人言归于好，”他说道，“假如可以按我的方式办事，很多事情都会截然不同。”同马祖尔见面时，他没喊“希特勒万岁”，而是热情洋溢地说了声“你好”，并告诉他自己非常高兴与他见面。当克尔斯滕命人准备茶和咖啡时，马祖尔偷偷地打量着希姆莱。他优雅地穿着一身合体的军服，上面挂满了勋章。他似乎好好地修饰了一番，虽然天色已晚，但看上去却仍精神十足。马祖尔觉得，他本人比照片上看起来好得多；他那游移不定的眼神和那又圆又亮的眼睛也许是凶恶残忍的标志，但是马祖尔认为，如果事先对此人一无所知的话，他不可能相信“这个人要为史上最为惨绝人寰的大屠杀负责”。

希姆莱一开口就是老一套。“生活在我们中间的犹太人都是异己分子，他们一直制造冲突，曾经多次被赶出德国，但又总是返回。我们掌权之后，希望能够彻底解决这一问题。于是，我提出了通过移民来解决问题的人道的办法。我跟美国的一些组织进行了谈判，以便迅速实施移民。但是，就连那些被认为对犹太人很友善的国家也不愿接受他们。”

马祖尔——一个身材高瘦的瑞典人，今年四十四岁——冷冷地提醒希姆莱，把世世代代生活在一个国家的人民驱赶出去是违反国际法的。

“在这场战争中，”反应迟钝的希姆莱继续说着，仿佛马祖尔根本没说话，“我们接触了东方的犹太无产阶级群众，这带来了新的问题。我们不能让这样一个敌人站在我们背后。犹太人得了很多严重的传染病，特别是伤寒。我本人就因这些传染病而失去了数千名优秀的党卫队队员。此外，犹太人还帮助游击队员。”

马祖尔问，犹太人都被圈进了犹太人区，游击队员怎么能得到他们的帮助呢？

“犹太人为游击队员传递情报，”希姆莱答道，“不仅如此，他们还从犹太人区开枪打我们的部队。”马祖尔想，这就是希姆莱版的犹太人在华沙犹太人区进行的英勇战斗。

“为了控制传染病的蔓延，”希姆莱解释道，“我们不得不修建了焚尸炉。这样，就可以火化数量巨大的传染病患者的尸体。而现在，他们正是利用这一点来攻击我们。”

“东方的战争激烈得令人难以置信，”希姆莱继续道，“我们本不想与俄国开战。但是，我们突然发现俄国有两万辆装甲车，因此，我们不得不采取行动。这决定了我们是战胜敌人还是向其屈服……德国士兵只有冷酷无情才能活下来。如果一个村子里有人朝我们开枪，我们就要烧毁整个村子。俄国人不是一般的敌人；我们理解不了他们的心理。哪怕是身陷绝境，他们都拒绝投降。如果说犹太人遭受了战斗的苦难，别忘记，德国人民也没有幸免。”

突然，希姆莱开始抱怨那些关于集中营的失真的传言。“那些糟糕的传言都是因为集中营这个不恰当的名字。它们本应被叫做‘改造所’。集中营里不仅有犹太人和政治犯，还有刑满后尚未释放的犯罪分子。由于建立了集中营，在 1941 年——也就是战争时期里的一年——德国的犯罪率下降到了数十年来的最低水平。犯人必须努力劳作，但是德国人民也是如此。集中营的管理确实非常严格，但也是公正的。”

马祖尔再也控制不住自己了。他怎么可能矢口否认在集中营里犯下的罪行？

“我承认，这种事偶尔会发生。但是我也惩办了应该负责任的当事人。”布痕瓦尔德集中营的司令官，党卫队上校卡尔·科赫不就因为虐待囚犯而被他处决了吗?

“这类事情发生得太多，已经无法挽回了，”马祖尔说道。他希望希姆莱不要再自我辩解，“但是，如果今后我们真的想在两国人民之间架设一座桥梁，那么，如今生活在德国控制地区的犹太人就应该继续存活下去。”马祖尔特别要求保全瑞典和瑞士的犹太人的生命，而克尔斯滕支持他的要求。希姆莱告诉他们各个集中营里还有多少犹太人，但马祖尔认为这些数字被过分夸大了。例如，希姆莱声称在匈牙利还有四十五万犹太人。“但是有谁感谢我呢?”他抱怨地问道，“在布达佩斯，犹太人还朝我们的部队开枪。”马祖尔指出，如果匈牙利还有四十五万犹太人，那就是说，这个国家原有的八十五万犹太人中有四十万已经被驱逐出境，或者是以其他方式使其消失了。希姆莱对这一评论毫不理会，这让马祖尔觉得，希姆莱肯定相当同意拉封丹寓言所阐释的一种哲学：这是一种非常凶残的动物——一旦受到攻击，它就会自卫。

希姆莱继续说道：“我一直打算不加抵抗便将集中营移交出去，就像我所承诺的那样。我甚至已经交出了贝尔格—贝尔森和布痕瓦尔德集中营。可是，看看我得到了什么：贝尔格—贝尔森集中营的一名看守被绳索捆着，同一些囚犯的尸体一起拍了照。现在这些照片传遍了全世界。我正打算交出布痕瓦尔德集中营，但滚滚前进的美国坦克却开火射击。医院着火了，然后尸体都被拍了照。现在，他们利用这些照片到处宣传我们的所谓的‘暴行’。还有，去年，我让两千七百名犹太人去了瑞士，这也被媒体用来攻击我；他们说我释放这些人是为自己寻找开脱的借口。我不需要任何借口。我一直只做我认为可以满足人民需要的事，我负全部的责任。我并没有因此而发财致富。”

他的愤怒转移到了媒体身上。“过去十二年来，没有人比我被泼的污水更多，但这从未困扰过我。甚至在德国，任何人都可以随心所欲地写一些有关我的文章。关于集中营的那些新闻故事被人利用来反对我们，这就更让我不得不把集中营移交出去。”

马祖尔说，犹太人不该为报纸上的这些新闻故事负责，从而巧妙地打断了希姆莱这番自怨自艾的话。他继续解释道，不仅犹太人，其他一些国家也对援救幸存犹太人的工作很感兴趣，这将对盟国起到正面的影响。马祖尔本人便是犹太人。他“一想到要去恳求这个使数千人受到虐待的罪魁祸首，心里就痛恨不已”。此外，他的一个姐姐和其他几个亲属都死在了集中营里。然而，他不能让个人感情干扰可以拯救数千人生命的使命。

马祖尔尤其关心距此仅十八英里的拉文斯布吕克集中营那些女囚们的命运。他想知道那里的真实情况。希姆莱有些犹豫，于是，克尔斯滕建议由他们之中的两人去查阅该集中营女囚的名单。施伦堡知道希姆莱不愿意当着马祖尔的面翻阅名单，便把马祖尔领到另一间屋子讨论有关日程的具体问题。

当他们草草浏览冗长的名单时，克尔斯滕强调说，他们必须支持3月份达成的协议。希姆莱突然问他，是否可以飞往艾森豪威尔的司令部，讨论立即停止敌对行动的问题。

“竭尽全力去说服艾森豪威尔，让他相信，人类真正的敌人是苏维埃俄国，而现在只有我们德国人在同它作战。”不等克尔斯滕回答，帝国元首便继续说道，“我将把胜利拱手让给西方盟国。他们只需要给我把俄国人赶回去的时间。如果他们给我些武器，我仍然可以把俄国人赶走。”

马祖尔回来时，希姆莱说，他会立即从拉文斯布吕克释放一千名犹太女人，但是要求对这些人到达瑞典的消息严格保密。因此，他建议把她们称做“波兰人”，而不是“犹太人”。马祖尔想，这样的预防措施是典型的希姆莱做法，他仍然不希望因为犹太人的问题而招惹麻烦。

四点三十分，施伦堡开始担心，待在格布哈特疗养院里的贝尔纳多特肯定要不耐烦了，他已经等了一整夜。五点，希姆莱向马祖尔告别，和克尔斯滕一起走了出来。

“啊，克尔斯滕先生，我们犯了很多严重的错误，”希姆莱长叹一声，大喊道，“我们希望德国强盛而安全，但我们却正在身后留下一堆废墟，一个正在崩溃的世界。不过，整个欧洲应该按照一个新的标准联结在一起，这仍然是千真万确的，其他的一切都不重要。我始终希望做得完美无缺，但经常不得不违背我的真实信念而行动。相信我，克尔斯滕，这真的并非我的本意，对我来说，这非常痛苦。但是元首命令必须这样做，而戈培尔和鲍曼则对他施加了负面的影响。作为一名忠实的战士，我必须服从，因为没有服从和纪律，任何国家都无法生存。现在，我有权决定的只是我应该活多久，因为我的生命已经毫无意义了。历史将对我作出什么评价？心胸狭窄的小人一心只想报仇。我高瞻远瞩，为德国创下了许多丰功伟绩，他们传给子孙后代的却是扭曲篡改的版本。其他人做下了许多坏事，对他们的谴责却将堆在我的头上。德意志民族最优秀的分子与国家社会主义同归于尽，这是真正的悲剧。那些活下来的人，那些即将统治德国的人，对我们丝毫没有兴趣。盟国可以任意摆布德国。”

希姆莱疲惫地坐进汽车，像是最后一次似的伸出手。“克尔斯滕，我衷心感谢你多年来对我的精心治疗。”他的眼里含着热泪。“我最后想到的是我可怜的家人。永别了。”

希姆莱和施伦堡来到疗养院时，太阳正在升起。贝尔纳多特觉得希姆莱看上去精疲力竭，还有些不安。帝国元首仿佛是猜出了他的心思，说最近几天他几乎没合过眼。他们坐下来共进早餐。尽管希姆莱一直不由自主地用指甲轻轻叩着门牙，但疲劳似乎并没有影响他的胃口。

不知何故，希姆莱拒绝了贝尔纳多特提出的那些并不过分的要求，不同意把斯堪的纳维亚的囚犯从丹麦送到瑞典。随后，他主动提出把关押在拉文斯布吕克的所有妇女交给红十字会。仅仅几小时前，他还只同意释放一千人——然后，他便回卧室就寝了。

中午刚过，希姆莱派人叫来了施伦堡。帝国元首躺在床上，痛苦地看着施伦堡说，他觉得身体不舒服。

“我再也不能为你做什么了。”施伦堡恼怒地说。他花了几个星期的时间安排秘密会谈，可是会谈却毫无结果。

稍后，当他们的汽车沿着拥挤的高速公路向附近的指挥部缓缓前行时，希姆莱说：“施伦堡，我害怕即将发生的一切。”

“那会给你行动的勇气。”

希姆莱一言未发。

晚饭后，施伦堡开始批评卡尔登勃鲁纳“坚持不惜一切代价撤走所有集中营囚犯的这种盲目而不现实的态度”，他说，这是一种犯罪。

“施伦堡，别说了，”希姆莱像一个受到责备的孩子似的说道，“因为布痕瓦尔德和贝尔格—贝尔森没有撤空，希特勒已经生了好几天的气。”

在所有集中营里，红十字国际委员会目前最为关心的是萨赫森豪森和拉文斯布吕克集中营。这两座集中营刚好位于朱可夫进攻柏林的必经之路上。红十字会代表菲斯特医生赶到萨赫森豪森（位于奥拉宁堡城郊，距地下掩体仅十九英里）时，已是4月21日凌晨三点了。一些囚犯已经被赶出了营房，在大雨中整队，准备出发；东面十英里开外，朱可夫的大炮正不祥地怒吼着。

菲斯特当即请求集中营司令官，党卫队上校凯因德尔把萨赫森豪森移交给红十字会。但凯因德尔拒绝了。他说自己要执行希姆莱的命令，在俄国人到达之前，撤走除医院之外的全体集中营人员——而就在此时，在库特哈尔茨瓦尔德，希姆莱正向马祖尔保证说，集中营的撤退行动已经全部停止。

将近四万名囚犯——面黄肌瘦，疾病缠身，衣衫褴褛——排成两条长队。看守们驱赶着他们，在倾盆大雨中朝西北方走去。跟不上队的立即被打死，扔进了壕沟。菲斯特医生尾随着这支悲伤的队伍。刚走出四英里，他便发现了二十具尸体，都是头部挨了一枪。

“当自己的妻子被奸污时，丈夫甚至不起来反抗，这样的人有什么用？”是戈培尔在说话。在庆祝希特勒生日那篇花言巧语的演讲中，他曾预言，一个奇特的胜利将从表面的失败中产生。刚刚，他又迈出了合乎逻辑的下一步。他痛苦地向自己的副官们承认，战争已经不可挽回地输掉了——这不是希特勒的原因，而是人民让他失望了。“国家社会主义的所有计划和所有观念对于这样一个民族来说过于崇高……现在，他们得到了应有的下场。”

他面带讥讽地仔细看着自己的副官们。“还有你们——你们为什么要和我一起工作？现在，你们的细喉管就要被切断了！”他大步朝门口走去，随后又转过身来。“但是，如果我们辞职，整个大地都会颤抖！”

他还承认某些文职领导人的失败，并号召他们要自我牺牲。“我的家人此刻都在家里，”他含着眼泪说，“而我们要待在这里。先生们，我要求你们留在各自的岗位上。如果有必要，我们将会知道如何死在这里。”

反复无常的戈培尔在这一天中忽而绝望，忽而愤怒。当两个秘书骑自行车逃往农村之后，他埋怨他的新闻官，“现在我问你，怎么可以发生这种事？现在怎么能够保证办公室按正常时间上班？”

在东线，谣言从一个司令部传到另一个司令部：据说柏林的领导人已经放弃了所有希望，最高统帅部正准备迁往贝希特斯加登。这些谣言只让海因里希一个人振作了起来。它们很可能意味着希特勒也将撤往南方，这样部队也许就可以有秩序地撤退。

俄国人已在维斯杜拉河集团军的防线上撕开了六个缺口。这是红军自莫斯科大战的黑暗岁月以来一直等待的最后总攻。六天来，朱可夫及其参谋人员靠白兰地硬撑着，一直没有合眼。他打开的两个最深的突破口，分别在泽洛和往北二十四英里处的弗里岑。突破泽洛的那支队伍已继续向西挺进柏林，此刻距它的目标——地下掩体，只有二十英里。突破弗里岑的那支部队已经又往前推进了两倍的距离，现已到达柏林正北，正在靠近萨赫森豪森集中营。它的目标是包围柏林，并从后面抵达柏林西南。那时，它将同出其不意地从南而来的科涅夫部队会师；柏林将被彻底包围。

海因里希告诉克莱勃斯，他希望在城外保卫柏林，并且命令雷曼将军阻截突破泽洛的那些俄国人。雷曼模仿法国马恩的出租车队，让九十个营的人民冲锋队搭乘出租车、地铁和轻轨全速开赴东线。4月21日中午之前，海因里特再次打电话给雷曼，问有多少个营到了新阵地。

“十三个，”雷曼答道，“但是大部分人赤手空拳。有武器的人也只有五发子弹。不仅如此，许多人还军服不整。”

到了中午，突破泽洛的俄国人离柏林已经非常近，他们的炮弹开始落在柏林城界之内。当克莱勃斯和约德尔正在汇报海因里希的情况时，地下掩体里已经可以听到隐约的炮声。布赛和曼特菲尔都很好地守住了阵地，他们说，但是朱可夫的一支部队成功地突破了他们之间的弗里岑。如今，这支俄国部队已经快要抵达奥拉宁堡，有可能包围曼特菲尔军。为了对付这支部队，海因里希已经将一支小预备队——党卫队将军弗莱克斯·斯坦纳指挥的一个新装甲兵团的核心部分——部署在柏林以北二十五英里处。

本来跌坐在那里的希特勒立刻一跃而起。对他来说，如同斯科尔兹内和鲁德尔一样，斯坦纳是个神奇的名字。2月份，正是他从波美拉尼湾发起的拼死进攻减慢了朱可夫的前进速度。希特勒开始仔细察看一张地图。最后，他抬起头，两眼放光。反攻！他愈加兴奋地说。斯坦纳将向东南方向进攻，切断朱可夫的先头部队：这样一来，只需一击，就可以解救柏林，并且使曼特菲尔免遭包围。

“任何让手下后退的指挥官都必须在五个小时内予以枪决！”他说。

没人提出任何反对意见，命令传达给了海因里希。海因里希不情愿地将其传达给了将不得不执行这一命令的那个人。

在过去的几个月中，斯坦纳接到了很多不可能的命令，而此刻这个命令是最为荒唐的。他的装甲兵团只是徒有虚名。总共只有一万人，都是刚刚从什切青和但泽乘船撤回来的。而现在，要让他用这些筋疲力尽的战士和寥寥几辆坦克去粉碎一支至少拥有十万人的强大装甲部队。

傍晚，海因里希得知科涅夫正在迅速向柏林挺进。六点四十五分，他打电话告诉克莱勃斯，布赛的第九军必须在当夜撤回，否则将很可能完全陷入重围。“我要为我的良心和战士们负责任。”当柏林那边传来的只是沉默时，他补充说。

“元首对他下达的命令负全部责任。”克莱勃斯冷冷地说。

“问题不在这里。我对我的部队有责任。”

当晚晚些时候，克莱勃斯打电话给海因里希，激动地告诉他，舍尔纳顶住了科涅夫向柏林的挺进。“敌人已同后方失去了联系，”他说，“元首希望你特别注意，他并未改变让第九军坚守阵地的决定。他认为，只有第九军原地不动，舍尔纳才有可能再次发起进攻。”

“舍尔纳什么时候继续进攻？”

“两三天后。”

海因里希确信，那时布赛肯定已被彻底包围了。“那太迟了！”他干脆地说，随后挂上了电话。

他是对的。科涅夫仅仅是暂时被舍尔纳的进攻拖延了，随后，他振作精神，继续向柏林扑去。

# “元首歇斯底里大发作”

虽然斯大林向哈里曼保证，说苏联的主攻方向是德累斯顿，但是，到了4月22日，即使对于最天真的人来说，他的真实意图也已经暴露无遗了。的确，科涅夫的一支部队正在向德累斯顿前进，然而，另一支更为强大的部队已经利用舍尔纳和海因里希中间的空隙朝西北方向横扫而去。拂晓时分，这支部队到达了地下掩体以南三十五英里的卢肯瓦尔德。早晨六点，一辆俄国微型装甲汽车沿着大道风驰电掣般开到了附近的IIIA军官战俘营。一万七千名盟国战俘赤着上身涌出营房，疯狂地欢呼着。小车停下之后，驾驶员打开顶上的活门爬出车外。俄国战俘一拥而上，抓起他一次次抛向空中。

四个小时之后，一支小型俄国装甲部队来到了战俘营门口。一位身材高大的步兵战士站在第一辆坦克上，拉着手风琴放声歌唱。在一辆半履带式装甲车上，一位战士漫不经心地弹着巴拉莱卡琴，好像奏着音乐奔赴战场是理所应当的事。粗犷的俄国人跳到地上，同战俘们握手，并拿出葡萄酒、伏特加和啤酒，不停地为三巨头、艾森豪威尔、科涅夫、空中堡垒、斯托莫维克攻击机和斯蒂倍克汽车干杯。

当红军的坦克车队轰鸣着离开时，一辆坦克转向栅栏，把铁丝网连根拔起。“你们现在自由了！”坦克指挥官用德语喊道。

在卢肯瓦尔德南面，科涅夫向德累斯顿发起的攻势遭遇到了意想不到的顽强抵抗。希特勒把他最强大的防御力量部署在了这里——他错误地相信这里是斯大林的主要目标。有几处，俄国人几乎对舍尔纳的反扑毫无抵抗。在将近一英里的一段防线上，负责把守的是一支由十八名预备役军官组成的奇特队伍。其中包括米哈伊尔·科里亚科夫，一位空军记者，由于宗教信仰的原因，他被调到了步兵部队。现在，科里亚科夫上尉只是一个职位低下的通信兵。

4 月 22 日黎明，科里亚科夫把他的步枪靠在排指挥所小屋的墙上，拿出一个珐琅圣母像，跪了下来，开始祷告。然后，他开始给躺在散兵坑里的战士们送食物。散兵坑挖在长满绿色禾苗的冬麦地里。前面几百米处有一片树林，一条公路从树林中间穿过。一派安静平和。突然，公路上出现了一些人影。

“通信员！”排长大声喊道，“去看看是什么人！”

科里亚科夫走上前去，看见了一支长长的难民队伍。有人推着装满行李的婴儿车，有人骑着自行车，还有一些人跟在装得满满当当的马车后面徒步走着。忽然，很多土块溅在了科里亚科夫的脚上，他听到从树林里传来了德国自动步枪那短促清脆的射击声。马匹向前奔去，掀翻了好几辆马车，孩子们掉了出来。紧接着，炮弹开始爆炸，科里亚科夫连忙卧倒，动弹不得。每次他试图爬走，树林里都射出一排子弹将他困住。他趴在地上，大声祷告：“没人可以帮我们，除了你，圣母！没有其他的希望……”

一只有力的手抓住他的领子，把他拎了起来。一个高大的德国人低头盯着他，举着枪托，“波兰人？”他吼道。

科里亚科夫设法向他解释了自己是一名俄国上尉。德国人放下枪，把他推向另一个士兵，一个十四岁左右的男孩。在一个指挥所里，德国人问科里亚科夫是否曾虐待过德国妇女。

他摇摇头。

“好，好！”一名上尉嘲弄地说。他扬手给了科里亚科夫一记耳光，把他的眼镜打落在地，然后开始愤怒地用德语大喊大叫。科里亚科夫只听懂了一个词：“枪毙！”

四个肥胖的德国女人朝他们跑过来，歇斯底里地朝困惑不解的德国上尉喊叫着。为首的女人擦去脸上的眼泪，向科里亚科夫微笑着。在她险些被奸污时，科里亚科夫救了她。她的三个女儿挤在一起，一边点头，一边流着眼泪微笑。

一位上了年纪的德国上校在一旁默默地看着。他拾起科里亚科夫的眼镜，一声不响地递给了这个俄国人。

当天早晨，在地下掩体里，斯坦纳是人们谈话的主要话题。他是否已从北面发动了解救柏林的进攻？如果已经发动了，那现在打到哪里了？希特勒三番五次地问克莱勃斯同样的问题，而每次都被告知：没有消息。

十一点，克莱勃斯终于通过电话联系上了海因里希。他还没有机会开口，这位小个子将军就说："今天是希特勒离开柏林的最后机会。我没有足够的兵力去救他！"

斯坦纳怎么样？

海因里希差点大笑出来，但是，他彬彬有礼地说，把最后一线希望寄托在斯坦纳身上实在太愚蠢了。克莱勃斯的语气尖利了起来，他说，阻止柏林被围是海因里希的职责。抛弃希特勒是可耻的！

这番话的结果只是激怒了海因里希。"你说我必须阻止元首不体面地落入包围。然而，你不顾我的意愿，不听我的劝，不考虑我已把指挥权交由你支配这一事实，仍然不允许我把部队从前线撤下来保卫他。"

克莱勃斯还没来得及回应，电话便断了。他设法再次接通了海因里希，对他说："元首不同意部队撤退，因为这会把德国分割成南北两部分。"

"这一分割早已是事实。"海因里希说道。接着，他要求克莱勃斯再次请示元首，并在一点之前给他答复。

三点钟，克莱勃斯终于打电话给他，说布赛可以撤回一部分部队。

海因里希立即给布赛打电话，然而布赛却一点都不满意。"这只是一些不完全的措施。"他说，"要么我和我的所有部队一起撤，要么我就留在此地。"

"好吧！撤退。"海因里希作出了决定。他故意下达了这么一个含糊的命令，布赛可以将其解释成允许他撤出全军人马。

但是，布赛不能让海因里希承担这样的责任。"我有元首的命令。他要求我原地不动。"他不动声色地说。这只是一个借口。假如现在撤退，他将不得不抛弃法兰克福要塞里的比勒的部队。他们已经陷入了重围。二十四小时以来，他们一直试图在俄国防线上打开一个缺口，却始终没有成功。只有等比勒成功地与第九军余部会合之后，布赛才能撤退。

戈培尔博士似乎已将昨天抨击德国人民的激烈言论完全忘记了。"我应该承认柏林人的优秀和勇敢，"他一边看着窗外在柏林上空盘旋的盟国飞机，一边对他的新闻官说，“他们甚至不躲进掩体，而是抬头看向天空，看看要发生什么。”

街道被破砖烂瓦和抛锚的汽车堵住了。戈培尔不得不取消了每日的记者招待会，开始录制一篇对人民的演讲。但是，录音还没有结束，俄国的炮弹便在附近爆炸了。一颗炮弹的落点特别近，窗上仅剩的几块玻璃都被震得粉碎。戈培尔镇静地停了一会儿，然后继续录音。结束之后，他转身问录音师，电台播放这篇讲话时，人们是否能听到刚才的爆炸声。“你不觉得这是很好的音响效果吗？”

午餐时，戈培尔盛气凌人，甚至可以说很愉快。提到丘吉尔时，戈培尔说他是个“小矮子”，又把艾登描述成一个“装腔作势的假绅士”。然而，当他的老朋友温克尔医生打电话给他时，他郑重地感谢了温克尔过去为他所做的一切，然后低沉地说：“我们再也见不到面了。”

随着时间一小时一小时地流逝，希特勒越来越紧张烦躁。他无法得知斯坦纳攻势的进展情况。每当克莱勃斯向他报告说没有确切消息时，他都更加沮丧。事实上，斯坦纳那个可怜的仅有一万人的“装甲兵团”仅仅向西南方向前进了八英里，现在已被彻底拦在了那里。

当天下午的元首会议中出现了几张新面孔。海军少将埃里希·沃斯代表邓尼茨。邓尼茨正在德国北方建立一个独立司令部。娶了希特勒一位女秘书的空军上将埃卡德·克里斯蒂安代替科勒尔出席。科勒尔的新司令部位于柏林西北方向。当然，鲍曼也出席了会议。此外还有凯特尔、约德尔、克莱勃斯以及古德里安留给他的副官弗莱塔格·冯·洛林霍芬少校和其他副官、秘书们。

约德尔不顾克莱勃斯一贯的乐观态度，向希特勒报告了真实情况：柏林已有三面被围。朱可夫的一支部队已到达城东。另一支部队由北面向波茨坦逼近，很可能将在一周后同来自南方的一支科涅夫的部队在那里会师。

约德尔的话让希特勒非常不安。他要求知道全部情况。斯坦纳向前推进了多远？最后，克莱勃斯被迫承认，斯坦纳的兵团仍然存在，但没有其他的消息。

希特勒猛地抬起头，开始粗重地呼吸起来。他用紧张嘶哑的声音命令道，除了几位将军和鲍曼之外，所有人都出去。其他人急忙推推搡搡地走出会议室。他们一声不响地站在候见室里，心里非常忧虑。

门刚一关上，希特勒就跳了起来，他的左臂砰地垂了下来。他步履蹒跚地走来走去，激动地挥舞着右臂，大骂他身边的人都是叛徒和骗子。他尖声叫道，他们都太低微，太可怜了，根本不能理解他的伟大抱负。他是腐化和怯懦的受害者，而今天所有人都背弃了他。

他的听众们从未见过他如此彻底地失去控制。他指着将军们责骂，将战争的灾难归咎于他们这类人。只有鲍曼提出了抗议，军官们不禁大吃一惊。可是，鲍曼的话无疑是为了让希特勒冷静下来，并不是为军人们辩解。

希特勒喊了几句斯坦纳，然后突然跌坐在椅子里。他痛苦地说："战争输了！"接着，他又用颤抖的声音说，第三帝国已经以失败而告终，他此刻唯一能做的只有一死了。他的脸色变得苍白，身体开始断断续续地抽搐，仿佛是受到了强烈中风的折磨。

忽然，他不动了。他微张着嘴，坐在那里，用他那空洞的双眼盯着前面。这比他狂怒的时候更让旁观者惊慌。时间一分一秒地过去——后来谁也不记得究竟过了多久。终于，元首的脸上慢慢泛起了血色。他猛地抽动了一下。鲍曼、凯特尔和布格道夫恳求他保持信心。如果连他都丧失了信心，那么一切就真的完了。他们劝他立即动身去贝希特斯加登。但是他缓缓地摇了摇头，有气无力地说，他决不离开地下掩体。如果他们想走，随他们的便，但他要在首都等死。接着，他要求见戈培尔。

外面房间的人几乎听到了发生的一切。菲格莱因抓起电话，告诉希姆莱刚刚所发生的事。大吃一惊的帝国元首赶忙打电话给希特勒，恳请他不要放弃希望。他答应立刻派党卫队去。

"柏林的人都疯了。"希姆莱对党卫队中央办公室主任戈特洛布·伯格尔中将说。伯格尔头脑简单，一刻都未怀疑过国家社会主义的伟大目标。他认为，现在只有一件事可做。"您应该立即去柏林，帝国元首先生，"他说，"当然，要带上您的警卫营。如果元首打算留在帝国总理府内，您没有权力把一个警卫营的人留在这里。"看到希姆莱毫无反应，伯格尔反感地说："好吧，我去柏林，您也应该去。"

希姆莱没有去，而是再次给地下掩体打电话，恳求希特勒离开柏林——徒劳无功；菲格莱因接过电话，催他的上司亲自来劝说。他们争论了许久，最后，希姆莱终于同意在瑙恩同菲格莱因见面。瑙恩位于地下掩体以西二十五英里处——就在柏林仅剩的一条逃生走廊正中。

希姆莱同格布哈特医生一起在约定的地点等候菲格莱因。格拉维茨教授自杀之后，格布哈特被提名为德国红十字会的新主席。两个小时后，格布哈特建议由自己单独去见希特勒，请求元首批准他的这一任命。

希姆莱欣然同意，如释重负，他不必再等菲格莱因，可以返回他的司令部了。他要格布哈特放心，元首肯定会同意这项任命的，并让他告诉希特勒，帝国元首的警卫营将誓死保卫地下掩体。说完，他转身向北走去，消失在夜色之中。

当得到元首精神崩溃的消息时，戈培尔还在自己的家里。他得到通知说希特勒要立刻见他。这一灾难性的消息对他的刺激比对任何人都大。正当他准备出门时，又接到通知说希特勒还想见玛格达和孩子们。五点左右，戈培尔夫人镇静地吩咐保姆给孩子们收拾一下，去见元首。孩子们非常高兴，想知道阿道夫叔叔会不会给他们巧克力和糕点。他们的母亲推测，他们可能是要去赴死。她强颜欢笑，告诉孩子们："你们每人可以带一件玩具，只准带一件。"

戈培尔全家分乘两辆汽车朝地下掩体驶去。当泽姆勒送他们离开时，他注意到他的上司神情冷静，郑重其事，但玛格达和孩子们却哭了。

这一家人被安顿在了离希特勒房间不远的四个小房间里；然后，戈培尔和妻子便前去见元首。戈培尔宣布，他也要留在地下掩体里自杀。玛格达说，她也要这样做，谁都不能改变她的主意，甚至希特勒也不行。她还坚持让六个孩子同他们一起死。

凯特尔终于清空了会议室，这样，他便可以和希特勒单独谈谈。他想说服希特勒在当晚前往贝希特斯加登，在那里开始谈判投降事宜。和之前的很多次一样，元帅刚说了几个字，希特勒就打断了他。"我知道你要说的每一个字：'必须立刻作出决定！'"希特勒提高了嗓门，"我已经作出了决定。我决不离开柏林。我要守卫这座城市，直到最后一刻！"

凯特尔说，这简直是"疯了"。他不得不"要求"元首立即飞往贝希特斯加登。在那里，元首可以继续指挥帝国和武装部队，但在柏林却做不到这一点，因为柏林同外界的联系随时可能被切断。

"没人阻拦你立即飞往贝希特斯加登。"希特勒回答道，"事实上，我命令你这样做。但是我本人将留在柏林。仅仅一个小时前，我通过广播宣布了这个决定。我不能食言。”

凯特尔痛苦地说，如果希特勒不走，他也不走。正在这时，约德尔走进了会议室。

希特勒又召来了鲍曼，命令他们三人飞去贝希特斯加登，在那里，凯特尔将拥有指挥权，而戈林则作为元首的私人代表。

“七年来，我从未违抗过您的任何命令，”凯特尔回答道，“但是，这个命令，我拒绝执行。”他提醒元首，他仍然是武装部队的最高统帅。“您指引并领导了我们这么久，现在，您突然要把您的参谋部派走，并且希望他们自己去指挥战斗，这实在令人无法想象。”

“无论如何，一切都在土崩瓦解，我再也无能为力了。”希特勒回答道。他又说，剩下的事留给戈林处理。

“没有一个战士会为帝国元帅而战斗。”其中的一位将军说。

“你说‘战斗’是什么意思？今后可能没有什么战斗了。如果我们不得不进行谈判的话，帝国元帅会比我做得更好。至于我，要么就投身于柏林战役并打赢它，要么就死在柏林。”他不能冒落在敌人手中的危险，会在最后一刻自杀，他说。“这就是我最终的、不能改变的决定。”

将军们发誓说，情况并没糟糕到这种地步。舍尔纳仍然很强大，温克的第十二军可以掉头回来解救柏林。几天之后，斯坦纳将得到足够的人力，可以在北面同时发起进攻。

希特勒的眼睛马上亮了起来。令人难以置信，希望回来了，他的决心也回来了。他开始提出各种问题。很快，他便详细地拟出了拯救柏林的方法。

凯特尔说，他马上亲自去向温克下达命令。希特勒完全恢复了常态，热情地一定要凯特尔留下，先喝一碗豌豆汤。最终，他们决定，由凯特尔和约德尔在柏林西面的波茨坦附近设立一个新的最高统帅部。这样的话，如果柏林被围，他们可以轻松地撤到邓尼茨那里去。克莱勃斯将留在地下掩体，担任元首的军事顾问。

凯特尔和约德尔拿着一野餐篮的三明治、白兰地和巧克力——元首亲自下的命令——乘坐一辆参谋部的汽车，离开了帝国总理府的废墟。天已经黑了。“我能够告诉温克的只有一件事，”凯特尔悲伤地说，“那就是，柏林战役已经开始，元首的命运危在旦夕。”

午夜即将到来之时，凯特尔在地下掩体西南约六十英公里处的一个偏僻的森林窝棚中，纯属偶然地找到了温克的指挥所。凯特尔命令他掉头向东北方向发起进攻，突破科涅夫的包围圈。与此同时，布赛将向西北方向进攻；他们将一起解救柏林。温克说这不可能：布赛已陷入重围，眼看就要弹尽粮绝了。

凯特尔开始恳求他。柏林战役已经开始，他说，这次战役的胜败决定着希特勒和德国的命运。援救希特勒是第十二军和第九军的责任。他说，元首的生命如今完全取决于温克，并且吐露了一个甚至没有告诉过约德尔的想法：他决心把元首从地下掩体里弄出来，如有必要，不惜使用武力。

温克表示反对。解救柏林的计划基于一个并不存在的师。但是，凯特尔却继续恳求。最后，这位年轻的将军只得答应尽力而为。他看着凯特尔的汽车渐渐消失，心里惦记着自己生长于斯的柏林，惦记着城里的妇女和孩子们的命运。

这些天来，弗莱塔格·冯·洛林霍芬少校一直在劝克莱勃斯想想办法，以免两人都死在地下掩体里。可是，他的上司要么是不愿有所行动，要么是不能，只是放任自己随波逐流。他告诉这位年轻的男爵，他对自己被选为元首的最后一任军事顾问一事丝毫不感到骄傲。“但是现在，我无法改变这种状况。我奉命留下，所以你必须跟我一起留下。”

4 月 23 日午夜刚过，克莱勃斯终于使希特勒作出了让步——至少他认为是个让步。布赛可以撤退。克莱勃斯立刻打电话把这个好消息告诉了海因里希。当然，允许撤退的唯一目的是让布赛同温克一起进攻，解救柏林。

但是，布赛仍然拒绝撤退。不过，这次他告诉了海因里希真正的原因。他说：“在比勒的所有部队撤出法兰克福之前，我不能撤退，”他说，“我要一直等到比勒同我们会合。”

海因里希被激怒了——但是他能理解，于是，他挂上了电话。

在希特勒崩溃的几个小时之后，克里斯蒂安将军闯进了位于柏林城外的科勒尔司令部。“元首崩溃了！”他描述了刚才发生的可怕事情。

科勒尔的第一反应就是打电话给在贝希特斯加登的戈林——帝国元帅是希特勒的合法继承人。“我们通常请示的那个人不愿意离开他所在的地方，”科勒尔对戈林的副官贝尔恩德·冯·布劳希奇上校说，“但我必须离开这里。”

布劳希奇知道科勒尔指的是希特勒。他说："帝国元帅希望你马上来这里。"

挂上电话后，科勒尔转向克里斯蒂安，问道："最高统帅部在干什么？"

"最高统帅部将离开柏林，并于今晚在坎普林茨（柏林和波茨坦之间的一个坦克训练学院）集合。最高统帅部决定将西线的部队投入东线，继续进行战斗。"

科勒尔拨通了地下掩体的电话。"发生了什么事？"他问希特勒的空军副官冯·贝罗上校，"克里斯蒂安告诉了我很多事……我大吃一惊。这都是真的吗？"

"对，是真的。"

科勒尔问，他是否应继续在北线的防御。

"是的。"

但科勒尔要的是另外一个答复。"这样不好，"他恼怒地说，"现在是这样一个决定性的时刻。"他说他必须去南方，亲自向帝国元帅报告一切情况。

"好吧。"对方答道。

"他（希特勒）不可能改变决定吗？"

这一次贝罗做了否定的答复。

科勒尔急忙驱车赶到了最高统帅部的新指挥部，向约德尔求证克里斯蒂安所讲的令人难以置信的故事。

"克里斯蒂安告诉你的都是真的。"约德尔冷静地回答。

科勒尔问，元首是否真的会自杀。

"在这个问题上，元首非常固执。"

"莱比锡市长全家自杀后，元首曾说：'这是在愚蠢而怯懦地逃避责任。'"科勒尔非常愤慨，"而现在，他要做同样的事！"

"你说得对。"

"那么，你要怎么办？对我有什么吩咐？"

"没有。"约德尔说。

科勒尔说，他必须立刻出发，亲自去向戈林汇报。应该去告诉戈林，元首说了："如果我们不得不进行谈判的话，帝国元帅会比我做得更好。"这种消息，科勒尔说，绝不能通过电报对其说明。他必须亲自去。

"你说得对，"约德尔言简意赅地答道，"没有其他办法。"

4 月 23 日拂晓之前，科勒尔及其参谋部全体人员乘坐十五架 JU-52 式飞机，动身前往慕尼黑。

在俯瞰贝希特斯加登的上萨尔斯堡胜地，戈林已经通过一条不太靠得住的渠道得知了许多相关消息。当天上午，他告诉他的门房约瑟夫·齐希斯基——没有告诉其他任何人——鲍曼发来一封密电，通知他元首神经崩溃了，要戈林行使指挥权。戈林半信半疑，他该怎么办呢？立刻行动，还是等待？

直到中午，科勒尔才到了戈林那所位于上萨尔斯堡的舒适而朴素的房子。他激动地向帝国元帅和纳粹党官员菲利普·布勒讲述了希特勒崩溃的事情。当然，戈林已经知道了大部分细节，所以并没有太大反应，这让科勒尔很意外。戈林问希特勒是否还活着。他有没有任命鲍曼为其继承人？科勒尔答道，他离开柏林时，希特勒还健在，柏林还有一条，或者也许两条逃生走廊。这座城市大概还可以再守一周。“无论如何，”他最后说，“现在是您该采取行动的时候了，帝国元帅先生！”

布勒表示同意，可是戈林仍犹豫不决。希特勒没任命鲍曼为继承人吗？他再次问道。他的死对头鲍曼也许会发来一封电报，诱使他过早地接管政权。“如果我照办，他会说我是叛徒。如果我不行动，他会指控我没能抓住最关键的时机。”

他召来了恰巧在附近的鲍曼的私人助手，以及上萨尔斯堡的党卫队司令。他还派人去找汉斯·拉默斯部长。此人是帝国总理府的主管，一位法律专家。1941 年，希特勒亲自起草了两份正式文件，指定了元首的继承人。而拉默斯正是这两份文件的保管人。这些文件规定，在元首暂时或永远不能履行自己职责的时候，指定戈林为希特勒的代表。同时，在元首逝世后，戈林将成为他的继承人。

戈林想知道柏林的军事形势如何，是否能保证他接管政权——毕竟，希特勒已陷入重围——但是拉默斯无法判断。

戈林清楚地知道，随着鲍曼对元首的影响日益扩大，自己的影响正在逐渐缩小。他问，自 1941 年以来，希特勒是否曾下达过什么废除他的继承资格的指示。

拉默斯回答说没有。“如果元首曾经下达过其他任何指令，我肯定能知道。”他时常会确定一下，这些文件有没有被取消。他声称，这项命令具有法律效力，甚至不需要再次公布。

有人建议他给元首发封电报，问他是否想让戈林做他的代理人。大家都赞成这一建议，于是，戈林开始草拟电文。过了很久，他还没写完。科勒尔急忙打断了他，说这么长的电报根本发不过去。

“对，确实如此，”戈林表示同意，“你另写一封吧。”

科勒尔和布劳希奇每人起草了一封电报，戈林选中了其中一封，上面写道：“元首，鉴于您决定留在柏林，您是否希望我根据1941年6月29日颁布的命令，接管帝国的完全指挥权？”

戈林又读了一遍电报，然后拿起笔添上：“……拥有处理国内外事务的全权。”这样，他便可以与盟国进行和谈。他还有些担心，便说：“假如他不答复我怎么办？我们应该定个时限，在那之前，我必须得到答复。”

科勒尔建议给希特勒八个小时的时间，于是，戈林草草写道：“如果晚上十点之前没有答复，我将假设：您已被剥夺了行动自由。我会认为您的命令仍然具有法律效力，并为我们的人民和祖国的利益而采取行动。”他停顿了一下，接着又匆忙写道，“您应该认识到，在这生命中最困难的时刻，我有多同情您，这种感情无法用语言来表达。愿上帝保佑您，尽快将您带来这里。您最忠实的，赫尔曼·戈林。”

他重重地向后靠去。“太可怕了。”他说，“今晚十点，如果得不到答复，我必须立刻行动起来——比如发表告武装部队书、告人民书等等。”他的行动方针已趋于明确。“我要马上停止战争。”

巧合的是，与此同时，阿尔伯特·施佩尔正在建议希特勒任命邓尼茨为继承人。已有想法的希特勒反复思考着这个建议，但是什么都没说。

施佩尔乘飞机来柏林是想向希特勒当面告别，并且要坦白一件事。他没有为之道歉，只是透露说，几周来，他一直在劝说军事长官和重要领导人保全工厂和桥梁，阻挠希特勒的“焦土”政策（当然，他没有坦白自己最近计划暗杀希特勒的事。他想通过通风系统把毒气灌进地下掩体——但是发现通风管旁边有一根新安的烟囱）。二十九岁那年，施佩尔在希特勒的建筑师保罗·特罗斯特教授手下工作。不久，元首便把他拉入了自己人的圈子，如今更是钟爱地把他看作最亲密的朋友之一。施佩尔认为自己会被逮捕，甚至可能会被枪毙，可希特勒似乎只是因他的部长能够坦白以告而“深受感动”。

施佩尔还没跟希特勒告别，戈林的电报便到了。不等元首说话，鲍曼就愤愤不平地说，戈林竟然要求在晚上十点之前作出答复，这简直像是最后通牒。他受到的侮辱似乎比任何人都大，并与戈培尔一同要求处决戈林。

希特勒迟疑了片刻，然后承认说，他早就意识到了戈林的不足；此外，帝国元帅还非常堕落——他是一个吸毒的瘾君子。不过，他的语气突然又变了，说道："但他还是能够就投降一事去进行谈判。事实上，无论谁去都没关系。"虽然他拒绝下令处决戈林，不过还是被大家说服，给戈林发出了这样一封电报：

> 你的行动代表了对元首和国家社会主义的高度背叛。对背叛的处罚是死亡。但是，鉴于你过去为党效劳，如果你辞去一切职务，元首将免去你的死罪。请回答是否同意。

这封电报是由鲍曼起草的。过了一会儿，希特勒又发出了另外一封电报：

> 41 年 6 月 29 日的命令已通过我的特别指示被废除。我的行动自由无可争议。我禁止你采取任何你打算采取的行动。

然后，希特勒又发出了第三封电报。这封电报与前两封截然不同，也许更确切地表明了他本人的态度：

> 你认为我已不能按自己意愿行事的假设是完全错误的，不知这个可笑的想法出自何处。我要求立即坚决地进行辟谣。顺便说一下，我只会在我认为合适的时候，把权力交给我认为合适的人。在那之前，我本人仍将拥有指挥权。

鲍曼肯定是担心这封电报将是元首原谅戈林的前奏。他通过无线电秘密通知上萨尔斯堡的党卫队司令，立即以高度叛国罪逮捕戈林[1]。

---

[1] 克莱勃斯从地下掩体打电话给凯特尔，详细对他讲了戈林被解职的事。凯特尔"被吓坏了"，坚持说这里面肯定有"误会"。突然，鲍曼的声音打断了他们的对话。他大叫着说，戈林甚至失去了"元首的首席猎手的工作"。凯特尔不屑回答。他想，形势"如此严峻，怎么

过去几周里接连的灾难让司令部的神圣性突然消失得无影无踪——对德国军官们来说，司令部曾是如此不可侵犯。很多指挥官宣布独立，甚至发动兵变，这在国防军的历史上是前所未有的事情。首先，古德里安公开反对希特勒，并且最终希望自己被解职；接着，海因里希当面反抗希特勒，甚至下达含糊不清的命令，妄图先发制人；最后，温克无视希特勒的直接命令，擅自决定向东进攻。

反抗之风从上吹到下。例如，海因里希阻挠希特勒，布赛反抗海因里希，而且，没有比布赛自己的指挥部更混乱的地方了。他手下的第五十六装甲兵团暂时调离第九军，目前正在柏林以东二十英里处，企图阻击突破泽洛的俄国人。该部队指挥官赫尔默特·魏德林将军接到了两个相互矛盾的命令：布赛要求他向东南推进，与第九军主力会合；希特勒则威胁说，如果他不马上向柏林城界靠拢，便会立即被枪决——有人向他误报，魏德林已经一路逃回了波茨坦。

由于魏德林皮肤粗糙，举止粗鲁，他的手下给他起了个外号："带刺的卡尔"。他是一名头脑简单的职业士兵，只想履行自己的职责。他决定亲自去见克莱勃斯，彻底弄清状况。

在地下掩体，克莱勃斯和布格道夫冷淡地接待了他。"究竟发生了什么事？为什么要枪毙我？"魏德林脱口而出。

克莱勃斯严厉地回答道，元首非常生气，因为魏德林迁走了设在柏林西面的指挥所。太荒唐了！魏德林发作了。他拿过一张形势图，想证明他的指挥所与俄国战线的距离从未大于过两英里。这很明显是事实。克莱勃斯和布格道夫让魏德林放心，他们马上去向元首汇报真实情况。

克莱勃斯和布格道夫回来时，只见魏德林情绪非常激动。他刚收到他的司令部发来的一封电报，通知他最高统帅部已解除了他的职务。他谴责两位将军是走狗，胆小得不敢向元首反映关于同僚的真实情况，生怕自己因此而失宠。

---

还能说这些讽刺挖苦的话"。听到这一令人痛心的消息之后，陆军元帅始终无法入睡。这件事突然加剧了"帝国总理府的绝望情绪"，尤其是加剧了"鲍曼日益增长的影响"。凯特尔想，只有他可以让元首变得如此轻率。然后，他想知道接下来将会发生什么事情。希特勒是否决定处死戈林，然后在最后一刻自杀？

克莱勃斯没有生气。他告诉魏德林，解除他职务的命令已经被取消，元首希望马上见他。他们下了一段楼梯，沿着一条走廊走进了候见室。房间里的长凳上坐着几个人，魏德林只认出了里宾特洛甫。

克莱勃斯和布格道夫快步陪着他走进了主会议室，希特勒正坐在一张桌子后面研究一张地图。他们进来之后，希特勒转过身，露出了他那肿胀的脸、狂热的眼神。他毫无诚意地笑了笑，伸出手低声问道："我们见过面吗？"

魏德林说见过——一年前在上萨尔斯堡，他被授予橡树叶勋章的时候。

"我记得你的名字，"希特勒说，"但是想不起来你的模样。"魏德林心想，你自己的脸只是一张强颜欢笑的面具。他注意到，元首坐下时，脸痛苦地抽搐了一下。

根据克莱勃斯的建议，魏德林透露，他已经命令部队向东南方向挺进，同布赛军的主力会合。克莱勃斯说，如果不取消这一命令，柏林东南将出现缺口，来自泽洛方向的朱可夫部队将从这个缺口蜂拥而入。

希特勒的右腿不住地颤抖。他连连点头称是，然后，滔滔不绝地解释了他制定的解救柏林的计划。温克的第十二军将从西南方向发起进攻，而布赛将从东南方向发起进攻。这两支部队将合力打败柏林南面的俄国人。与此同时，斯坦纳将从东北方向打过去，牵制柏林背面的朱可夫部队。温克和布赛一旦打败南面的俄国人之后，便将挥师北上，发动大规模联合进攻，帮助扫清北面的敌军。

如果说希特勒觉得这个计划很清楚，但是，对于魏德林这样一个讲究实际的军人来说，这简直太混乱了。这是现实还是梦境？

突然，克莱勃斯宣布，将由魏德林负责柏林东部和东南部的防守。魏德林不知所措。当他站起来时，希特勒也试图起身，但是又跌坐在了椅子里，只好抬了抬手。魏德林走出会议室。元首的身体状况让他非常难过。他感觉头晕眼花。这里发生了什么事？国防军还有没有最高统帅？在地下掩体的上层，他打电话给他的部队，命其改变阵地，防守柏林东郊。然后，他问克莱勃斯："我归谁指挥？"

"由元首直接指挥。"

魏德林研究着柏林地图，建议由一个人统一负责柏林的防守。

"有这么一个人，"克莱勃斯说，"那就是元首。"

"我感觉自己是在做梦！"魏德林叫道。他的坦克兵团和布赛的其他部队都已受到重创。难道克莱勃斯认为眨眼之间就可以击退强大的俄国军队？“如果守不住奥得河，”他说，“那就必须宣布柏林为‘不设防城市’！”

然而，克莱勃斯只是微微一笑，似乎这不过是陈词滥调。他说道：“元首之所以命令守住柏林，是因为他很肯定：一旦柏林陷落，战争就会结束。”

午夜即将到来之时，几辆轿车开到了卢贝克市内一座公园附近的一座小房子前。卢贝克是汉堡北面波罗的海上的一个德国港口。希姆莱和施伦堡在几名党卫队军官的随从下，走进了这座房子——这是瑞典的领事馆——受到了贝尔纳多特的欢迎。贝尔纳多特把他们带进一个只用蜡烛照明的小房间。谈话刚开始，就传来了空袭警报。贝尔纳多特问希姆莱是否愿意和其他人一起钻进下面的掩体。希姆莱还是那副样子，好久都下不了决心。当他得知掩体只不过是一个普通的地下室时，不禁又迟疑了一会，然后才走了进去。在地下待着的一个小时里，希姆莱大部分时间都在不停地逐一向大家提出问题，就好像在做民意测验一样。贝尔纳多特觉得他看上去疲惫不堪，只是强打精神装出一副镇静的样子。

警报解除后，他们回到了上面的小房间。贝尔纳多特请他们喝一杯，但希姆莱只想喝汽水。“我认识到了，你说的是对的。”他出人意料地说，“战争必须结束。”他听天由命地叹了口气。“我承认德国败了。”元首可能已经死了。他说，他不再受自己誓言的约束。

在两支蜡烛摇曳的烛光映照下，希姆莱的面容越发显得鬼鬼祟祟，优柔寡断。这全取决于一件事情，他继续说道，那就是盟国怎样对待德国人。如果他们把德国人民全部消灭的话，希特勒便将成为英雄和烈士。“在目前的情况下，”他矜持地喝了一小口汽水，然后说道，“我完全有权做主。为了使尽可能多的德国领土免遭俄国侵略，我希望在西线投降……但不能在东线投降。我一直是，将来也永远是布尔什维主义不共戴天的敌人。”他问伯爵是否愿意把这个提议转达给瑞典外交部，从而转达给西方各国。

贝尔纳多特不喜欢这个主意。他说，如果东线不停战，西方盟国不可能与德国单独媾和。

“我非常清楚这有多么困难，”希姆莱回答，“但我依然想尝试使几百万德国人免遭俄国侵略。”

贝尔纳多特同意向其政府转达投降的要求，但他想知道，如果遭到拒绝，希姆莱有何打算。“如果那样的话，我将接过东线的指挥权，战斗至死。”

他说他希望会见艾森豪威尔，并愿意立即无条件投降。“作为一个老于世故的人，我应该向艾森豪威尔伸出手吗？”他推心置腹地问道。

临走时，希姆莱说，这是他一生中最为痛苦的一天，他必须立刻赶往东线。他果断地大步迈向黑暗之中，爬上汽车，坐在方向盘前。他踩下油门，汽车冲过一道栅栏，一头撞上房子周围的一道铁丝网。在场的瑞典人和德国人设法把汽车拖了出来，希姆莱东倒西歪地下了车。伯爵对领事馆的几名随员说，这似乎有所象征。

次日早上，即 4 月 24 日，克莱勃斯及其两位副官弗莱塔格·冯·洛林霍芬少校和格哈德·博尔特上尉被允许进入了元首的会议室。戈培尔和鲍曼也在里面。

在克莱勃斯汇报情况时，博尔特被喊去接电话，听取前线发来的紧急消息。他回来时，戈培尔探身过来，低声问道：“有什么消息？”博尔特告诉他，罗科索夫斯基元帅的白俄罗斯第二方面军的坦克突然攻击了曼特菲尔的北翼，并已推进了三十英里。它不仅像朱可夫在曼特菲尔的南翼所做的那样，切断了其北翼，并且表明了斯大林的主攻方向是柏林。俄国三个方面军——约二百五十万人——正在向首都会聚。

希特勒满怀希望地转向博尔特。他一个劲地摇着头，这让博尔特感到有些紧张。博尔特汇报了这一新灾难。希特勒沉默了片刻，然后厉声说道：“鉴于我们拥有奥得河这道天险，因此，俄国人的这次胜利完全是由于那里的德军指挥官无能。”

克莱勃斯试图为海因里希和曼特菲尔辩解。他们的预备队——包括斯坦纳的兵团——全都被调走了，有的被调去加强曼特菲尔的右翼，那里的压力非常大；有的被撤回来防守柏林。这让希特勒想起了斯坦纳那次夭折的进攻。他用颤抖的手指着地图说，明天必须从柏林以北发起一次进攻。“第三装甲军要把全部可用兵力投进去，这肯定会无情地削弱未受到攻击的其他地段的兵力。北面必须重新建立与柏林的联系。立刻把这个命令传下去。”

布格道夫建议由斯坦纳指挥这次进攻，希特勒一听就火了。“我用不着这些骄傲自大、令人讨厌、优柔寡断的党卫队军官！在任何情况下，我都不需要斯坦纳担任指挥官。”

克莱勃斯走出会议室时，看见魏德林正在候见室里等待。“昨天晚上，你给元首留下了极好的印象，”他说，“现在，他命令你全权指挥柏林防御战。”

“你还是把我枪毙了更好。”魏德林答道。他接受了这个任务，条件是只有他可以下达有关柏林防御的命令。他不想受到戈培尔这样的柏林卫士的任何干涉。

当天下午，约德尔来到一个人——斯坦纳——的司令部，后者本应与这场从北面发起的新攻势毫无关系。“元首命令，”约德尔宣布，“你必须立即发起进攻。”

“我不愿向柏林进发，”斯坦纳回答道。他从未有过如此轻蔑的语气，不过，如今这在国防军中已属司空见惯。他说，掩护力量太少，他的大部分手下都会被歼灭。“我不想干！”他重复道。

约德尔怒视着他，秃顶涨得通红，这毫无疑问意味着他的怒火正越燃越炽。可是斯坦纳也不示弱，他死盯着约德尔，把他看得局促不安。斯坦纳的行为并非一时冲动。他深信只有同西方谈和才能挽救德国。一个星期前，他同曼特菲尔秘密商定，要尽快同艾森豪威尔联系，告诉他盟军可以通过他们的防线直抵奥得河。

斯坦纳正在同约德尔争论，这时，有人报告说，一千名希特勒青年团团员和五千名飞行员刚刚到了。把他们动员起来，以便抵御敌人对柏林的进攻！约德尔命令道。斯坦纳又一次拒绝了。他说，他们未经训练，会在战斗中丧命。他把这些人派回了他们原来的基地。

约德尔放弃了，返回了最高统帅部，几个小时后，凯特尔来了，劝斯坦纳发起进攻。

斯坦纳非常为难。有哪一位德国陆军元帅曾像凯特尔这样低声下气过？但他只能回答：“不，我不会进攻。这次进攻太愚蠢了——只是白白送死。随你怎么处置我吧！”

凯特尔同样发现毫无希望，于是便离开了。

虽然希姆莱和盖世太保头子米勒都明确许诺，红十字国际委员会还是没能制止萨赫森豪森集中营囚犯的转移。不过，红十字会仍然希望拯救附近的拉文斯布吕克集中营内的两万名妇女。他们派出一名代表，阿尔伯特·德·科加特里克斯。他带着一封急件去找党卫队上校鲁道夫·赫斯。赫斯是德国集中营的副主管，曾任奥斯维辛集中营的司令官。

科加特里克斯向北面走去。路上堵满了难民，因此，他拖延了许久，直到夜幕降临才到达拉文斯布吕克。他找到集中营司令官党卫队少校弗里茨·祖伦茨，说他必须要见赫斯。可是，赫斯不久前出了车祸，现在不在这里。

科加特里克斯描述了萨赫森豪森集中营囚犯在转移途中遭受的残暴虐待，并警告祖伦茨，那些应该为此负责的人将来是要受到清算的。他提议由红十字会代表负责管理拉文斯布吕克集中营的妇女，让她们留在营区里，直至俄国人到来。

但是祖伦茨说，他已接到希姆莱本人的明确指示，要撤空集中营。此外，军事形势并未绝望。俄国人不仅将被拦住，而且还会被即将发起的大规模反攻打回他们的大草原。

"只有一千五百个病号可以留下。"他说，"你知道吗？俄国病号都跪在地上乞求我们，不要把他们扔下，以免落在他们同胞的手里。"

次日，即4月25日上午九点，几千名妇女在指挥部门前排成了长队。祖伦茨在他的办公室里接待了科加特里克斯，谈及他的这些"女士们"士气很高，并让他看了她们写的介绍信。

一名女党卫队员走进办公室，报告说："文件已全部销毁。"

指挥官偷偷做了个手势，让这个女人闭嘴。然后，他向红十字会代表介绍了她，并且问道，最近转移的那些囚犯受到了什么样的对待。

"人道的对待。"她简练地回答。

"你看！你看！"祖伦茨叫道。他耀武扬威地举起双臂，开始滔滔不绝地为集中营体系辩护，赞扬在对囚犯的教育和训练中取得的显著成绩。他声称，关于集中营的那些可怕故事都只不过是"诽谤宣传"，并且要领科加特里克斯去亲眼看看拉文斯布吕克集中营的情况。

尽管营房里塞满了三层的床铺，但科加特里克斯所看到的更像一座战俘营。他参观了医务室、图书室和干净得让人吃惊的监狱大楼。但是祖伦茨不许他参观集中营东部的几座楼房，据说那是为国防军生产纺织品的工厂。

祖伦茨似乎很偶然地叫住一名女囚犯，问她是否遭到过虐待或者挨过打。她有没有什么委屈？这个女人对看守人员只有夸奖。又有几名女囚被选了出来——都是祖伦茨选的——得到了完全一样的回答。每名囚犯回答之后，祖伦茨都要转向红十字会的代表，低沉地说："请看吧！"他叫过来一名党卫队女看守。

"你虐待过囚犯吗？"他问。

"那是被禁止的！"她似乎被冒犯了似的说道。

"要是你打她们会怎样？"

"那我们会被处罚的。"

他又问了几名看守同样的问题，得到的都是同样的回答。离开集中营时，科加特里克斯非常想要求祖伦茨带他参观毒气室和焚尸炉，不过还是控制住了自己。

在办公室里，他会见了萨赫森豪森集中营的指挥官，党卫队上校凯因德尔。上校非常冷漠地否认了在转移囚犯的途中曾发生过任何暴行。科加特里克斯指控说，红十字会的两名司机和一位代表曾亲眼看到一些犯人被打死。

凯因德尔耸了耸肩，"也许有些党卫队看守的确这样做了，但这只是为了减少他们的痛苦——这是一种人道的行为。我不明白，你们为什么要对这几个死人这么大惊小怪——而对德累斯顿的德国平民遭到的可怕轰炸却一言不发。"他承认，某些党卫队士兵确实可能有过分鲁莽的举动。但经常虐待犯人的是匈牙利人、罗马尼亚人和乌克兰人——他们的心理状态完全不同。

科加特里克斯同祖伦茨一起走了出来。祖伦茨亲密地挽住他的胳膊，诡秘地——令人反感地——说："有我在这里，你不用担心会发生这种事。"

贝希特斯加登的党卫队指挥官接到鲍曼的电报之后，立即听令把戈林及其家人禁闭在他们的家里。在帝国元帅戏剧性的生涯中，要数过去的四十八小时最为疯狂：元首崩溃了；他以为自己将被召去接管第三帝国；接下来，是希特勒的三封电报；而现在，他确信自己将被处决。

前一天夜里，一名党卫队队员把一支只有一发子弹的手枪放在戈林的床头柜上。"我不会自杀。"戈林对他的门房齐希斯基说，并轻蔑地把枪扔到了一旁。"我要对我所做的一切负责。"

次日，即4月25日上午，几名党卫队军官当着戈林夫人及其侍从长的面，试图劝他在一份文件上签字，宣布自己由于身体的原因，辞去一切职务。戈林拒绝了；虽然接到了那些电报，他还是无法相信希特勒真是这样想的。不过，当党卫队的人掏出手枪时，戈林马上便签了字。正在此时，天空中传来了飞机的轰鸣声，大家连忙钻进了房子下面的掩体里。

盟国飞机经常在去轰炸萨尔斯堡、林茨和其他目标的路上飞越贝希特斯加登上空。不过迄今为止，元首在上萨尔斯堡的住所尚未遭到轰炸。可是今天，两大批盟国轰炸机要集中力量摧毁山上的希特勒隐居处。艾森豪威尔虽然确信元首仍在柏林，但同样确信纳粹政府的其余人员已经向这个“民族堡垒”撤退，准备在上萨尔斯堡建立司令部。

十点，第一批轰炸机冲向山脊，在元首住所的上空投下烈性炸弹。半个小时后，第二批轰炸机飞来了，这次数量更多。在将近一个小时的时间里，一架接一架的轰炸机向上萨尔斯堡投下了大量巨型炸弹。

最后一架轰炸机飞走之后，驻扎在慕尼黑的第六航空军司令，空军上将罗伯特·里特尔·冯·格莱姆驱车来到上萨尔斯堡。希特勒的梦幻之地变成了一堆烧焦的废墟。格莱姆沮丧地环顾四周。元首的住处，著名的伯格霍夫，正好中了一颗炸弹。它的一侧已全部倒塌，锡屋顶被爆炸的气浪掀开，悬在半空中。几百码开外，鲍曼的房子被炸得很厉害，还在冒着滚滚的黑烟。再往前，是戈林房子的断壁残垣。党卫队的营房、普拉特霍夫旅馆和希特勒撰写《我的奋斗》一书的小屋都燃着熊熊的火焰。

作为一名忠诚的纳粹分子，格莱姆接到了柏林发来的电报，命他去地下掩体报到。这时，他找到了科勒尔，他听说科勒尔也接到了同样的命令。格莱姆开始指责戈林离开地下掩体并且做出“叛变”的行为。起初，科勒尔还为他的上司辩护，后来，他埋在心底已久的不平爆发了。“我根本不应该为帝国元帅辩护。”他说，“他犯下的错误不胜枚举。他让我的人生痛苦不堪——他卑鄙地对待我，无缘无故地说要把我送交军事法庭审判并枪决。他还当着总参谋部全体人员的面，威胁要枪毙总参谋部的军官。”不过，科勒尔不愿像格莱姆一样说得那么过分。“我知道，4 月 22 日和 23 日，帝国元帅没有做出任何可以被称为叛变的行为。”

格莱姆丝毫不为所动。他声称，根本无法为戈林的行为辩解。然后，他便启程去了柏林。

当天清晨，舍尔纳——最近刚被晋升为陆军元帅——乘坐的飞机降落在了柏林附近的一个机场。他下了飞机，驱车直奔地下掩体。希特勒要见他。

他怀疑，元首可能得知了他同西方谈判的企图。像希姆莱、沃尔夫和斯坦纳——他们都是党卫队领导人——一样，他也是在独立地做这件事。不过，同西方谈判的倡议最早是由汉斯·考夫曼博士[1]提出的。考夫曼本是外交部的官员，因与里宾特洛甫发生争吵而被调到了中央集团军的一个机枪营。他说服了舍尔纳，他们可以利用捷克民族主义者设法同盟国单独媾和。这是一个复杂的计划，但是在考夫曼的多次秘密行程之后，两架德国军用飞机载着捷克人起飞了——一架去瑞士，一架去意大利——想展开谈判。可是，美国人和英国人不知道这个计划的后台是舍尔纳，草率地拒绝了。

舍尔纳虚惊一场，希特勒热情如常地欢迎了他钟爱的战地指挥官。不过，舍尔纳对希特勒接下来的话完全没有心理准备。“你去组织一个阿尔卑斯山要塞。”希特勒解释道，奥地利和德国之间的山区应该尽快设防，并且调集现有的精锐部队进行防守；这道防线并非针对西方，而是对付布尔什维主义的最后一道屏障。

舍尔纳走出地下掩体，去找戈培尔和瑙曼博士接受进一步的详细指示。宣传部长解释说，还有一个类似的“北方工程”将由邓尼茨在基尔运河河畔修建。这两个要塞具有伟大的政治意义。他说，在这两个地区一定要保持严格的军纪，这是至关重要的。这样的话，如果某天必须向西方投降，我们手中将仍然牢牢掌握着这些部队，那么，毫无疑问，艾森豪威尔会让德国参谋长继续指挥它们。

戈培尔继续说道，当西方各国人民像他一样得知了雅尔塔会议上达成的那些可耻协议——协议允许俄国人占领大部分东欧地区——他们会逼杜鲁门和丘吉尔进攻俄国。盟国军事首脑们知道，单靠他们自己是无法战胜红军的，因此，他们必将感激不尽地接受南北要塞的德国部队的帮助。

红军对柏林的钳形攻势就要合拢了。朱可夫和科涅夫之间的逃生走廊只剩下几英里宽。柏林南郊的滕珀尔霍夫国际机场附近，战斗特别激烈。如果任何飞机想在这个机场降落，简直就等于自杀。

“多刺的卡尔”——魏德林花了一整天的时间重新布置了柏林四周的防御。当他赶往地下掩体报告战况时，时间已近午夜。希特勒伏在铺满地图的

[1] 这不是他的真名。他仍担心因试图同盟国单独谈判而受到某些同胞的报复。

桌子上；戈培尔像只鸟似的蹲在桌子对面的一条凳子上。魏德林从其他人面前走过，指向一张大地图。柏林的包围圈即将收口，他粗声粗气地说。希特勒猛地抬起头，蹙起了眉头。魏德林对此视若无睹，继续说道，从地图上看来，双方兵力相当：一个德国师对一个俄国师。"但我们的师名存实亡，"他讥讽地说道，"在兵力上是一比十。至于火力，悬殊更大。"

希特勒拒绝承认这种悬殊。他说，柏林的陷落就是整个德国的毁灭。他要留在地下掩体里——与柏林共存亡。只有戈培尔开了口——他附和着希特勒所说的每一句话。他们的看法如此一致，你来我往，一唱一和。他们的看法完全一致，所以也谈不上谁唱谁和。

魏德林非常生气，竟然没有人发表不同的意见。希特勒说的每一句话，大家都默认了。他们真的胆怯到如此地步，连话都不敢讲？他真想大声疾呼："我的元首，这太疯狂了！这些兵力薄弱、弹药不足的部队根本守不住柏林这样一座大城市。想想吧，我的元首，如果继续战斗，柏林人民要遭受多么惨重的苦难啊！"但是，他同样一言未发。

海因里希的整条战线已经摇摇欲坠，但是，他刚刚收到了一个振奋人心的消息：比勒终于在法兰克福附近突破了俄国人的包围圈，同第九军主力会合了——布赛终于开始向西面的温克那里撤退。

曼特菲尔也将陷入包围，朱可夫和罗科索夫斯基已经从南北两面夹击过来。罗科索夫斯基的部队已经渡过奥得河，占领了长二十五英里，宽四十五英里的一块阵地。尽管如此，希特勒仍然坚持要求曼特菲尔守住阵地。

"你能够执行这个命令吗？"海因里希问道。

"我们大概可以守到晚上，"曼特菲尔直率地回答，"到时我们就得撤退。"

海因里希指出，这将意味着要打一场运动战。

"我们没有更多的选择。"曼特菲尔答道，"如果我们原地不动，就会像第九军那样陷入重围。"

海因里希承认，曼特菲尔必须很快撤退。随后，他驱车前往西南方向去见斯坦纳。斯坦纳在电话里告诉他，最高统帅部仍然希望他向柏林方向发起进攻。

海因里希见到斯坦纳时，他正同约德尔争得面红耳赤。斯坦纳说，想发动这次进攻是不可能的。这只是让他的手下去白白送死。

“这是一项特殊任务，”海因里希劝他，“是解救元首的毕生唯一的机会。你至少可以试试。”他还说，从战术角度来看，也应该发动进攻。这可以掩护一下曼特菲尔的侧翼。但是，斯坦纳仍然拒绝给出明确的答复。

海因里希和约德尔驱车冒着大雨向最高统帅部驶去。最高统帅部刚刚迁到格布哈特医生的疗养院附近。海因里希让约德尔看路上的大群难民和空袭后仍在燃烧的房屋。“你看看这些。”他说，“我们是为了什么在继续战斗？看看百姓受了多大的苦。”

“我们必须救出元首。”

“救出他之后，该怎么办呢？”

约德尔含糊地答道，元首一旦被救了出来，便能够掌控局面，这只有他能做到这一点。

这一含糊其辞的答复让海因里希更加确信，最高统帅部根本没有制定继续战争的有效战略。夜幕降临之后，他走进了自己的指挥所。这时，电话铃响了。他连大衣也没顾得上脱，便急忙拿起听筒。

“我是曼特菲尔，”听筒里传来清晰的声音。俄国人已冲进沼泽地，他的第二道防区。“我要求立即允许我向预定阵地撤退。否则就来不及了！”

希特勒最近刚刚重申了他的命令：不经最高统帅部的许可，严禁任何部队大规模撤退。但海因里希毫不犹豫地说道：“开始撤退。同时放弃什切青要塞。”他挂断了电话，命令艾斯曼上校马上通知最高统帅部，他已亲自下令让第三装甲军撤退——让希特勒的命令见鬼去吧。

# “我们应该建设一个新世界，一个更美好的世界”

希特勒崩溃的那天，美国第八十四师的一支摩托化部队滚滚驶进了地下掩体以西一百空英里的萨尔茨韦德尔城。被看守丢下的大约四千名集中营囚犯和奴工躲在房子里，几乎和当地百姓同样惊恐。

诺瓦科夫斯基是最早冒险涌到街上的人之一。1937年，年仅十七岁的诺瓦科夫斯基获得了波兰文学院青年作家奖。两年后，他和父亲因为出版地下报纸《永生的波兰》而被捕入狱。他的父亲在《凡尔赛和约》时代曾与帕德雷夫斯基共过事。老诺瓦科夫斯基没能活到看见达豪集中营被解放，他被一名暴怒的看守用铁锹打死了。但是，他的儿子先后熬过了盖世太保的监狱和集中营。2月初，他逃了出去，跑到西面的萨尔茨韦德尔。在那里，他在一家糖厂里找到了藏身之处，和波兰奴工们躲在一起。

萨尔茨韦德尔的街道上挤满了美国摩托车、吉普车、卡车和装甲车，搅起了一团团的烟雾和尘土。诺瓦科夫斯基可以听到空中传来飞机的轰鸣声。这正是他多年来梦想的解放的场景。

一辆吉普车停了下来，一个高大的黑人跳下车。人们疯狂地鼓掌，鲜花如雨般落在他身上。他用两手拨开人群，在一根电线杆上钉上了一块写有“减速”的木牌。他摘下钢盔扇着风，然后挤过人群回到车上，按了一下喇叭，开动了吉普车。

其他美国士兵看上去同样厌烦，只是面无表情地看着囚犯们。甚至在往外扔切斯特菲尔德牌香烟时，他们的神情也十分冷淡。他们说不上傲慢，但是，他们的举止显示出，在看到这些可怜无助的人时，他们毫不掩饰他们的蔑视。诺瓦科夫斯基想，也许，他们只是对这一切都感到厌倦了。

只有一组摄影人员表现出了特别的兴趣。他们劝说消瘦的囚犯们回附近的集中营去，以便拍摄一些铁丝网里面的镜头。当让一些孩子再次跨进集中营大门时，他们号啕大哭了起来。

城里，一群群奴工在街上游荡着，想找机会报复。一些赤着脚的罗马尼亚人把一桶桶果酱倒在人行道上，暴怒的妇女们用双手砸碎了商店的橱窗，还有一个俄国人一把把地将鲱鱼扔向空中。

一个受了伤的党卫队队员被拖出车库，活活踩死了。几名饿得瘦骨嶙峋的囚犯痛苦地走近尸体。他们无力地踢了几下，然后扑了上去，用双手和牙齿撕咬着这具可恨的尸体。诺瓦科夫斯基也想加入他们的行列，他想高喊："挖出他的眼睛！为我饱受折磨的父亲，为我的同胞，为我被炸毁的城市报仇！"可是，这些话都哽在了喉咙里。他歇斯底里地狂笑着，眼泪泉水般从脸颊上流下来。他想道，你们这些婊子养的，我还活着。

一支美军巡逻队挤在一辆吉普车上，朝着人群上方开了一枪，然后责备似的鸣了声喇叭开了过去。这简直是一场离奇的噩梦。在一家百货公司门前，诺瓦科夫斯基看见两个酩酊大醉的法国人裹在一件破烂的婚纱里，一边接吻一边抚摸着彼此的头发。几个吉普赛孩子拿着一袋面粉往一个波兰老妇人身上倒，老妇人跪在地上口吐鲜血。

他看见运河对面有一群囚犯爬上了一辆装满酒精的铁路罐车。谁都打不开阀门，于是，有人找来了一把斧子。里面的液体很快便喷射了出来。大家高声尖叫，拿出军用饭盒、帽子和鞋接酒喝。一个捷克男孩大叫："这是甲醇！有毒！"可是谁都不理他。

骚乱几近巅峰，美国人不得不把囚犯重新关押起来。诺瓦科夫斯基同另外几百人一起被锁在了一座旧兵营的健身房里。但是，噩梦仍在继续。一群年轻姑娘唱着波兰歌曲《我们每天的忧虑》，而在她们旁边几码远的地方，酒精中毒的男人们痛苦地打着滚，吐出紫色的液体。腹泻的人就地解决，旁边的人怒不可遏，将他们推到一边。

一群男孩子找到了一些体育器械，开始像猴子一样攀绳子，荡秋千。突然，其中一人掉在一堆废铁上，惨叫了几分钟，然后咽了气。可是，他们仍然没有停止大笑大叫。

午夜时分，情况变得令人难以忍受。一个酒精中毒的意大利人痛苦不已，像个动物一样疯狂地在睡觉的人身上爬来滚去，一会儿学猫叫，一会儿学犬吠。当爬到墙壁跟前时，他不断地用头猛撞上去，最后，他瘫倒在了散热器下面，一声不吭了。

直到黎明时分，美国人才打开大门，叫法国人、荷兰人、比利时人、卢森堡人和捷克人出去；他们将被转移到军官的住处。剩下的人愤怒地尖叫起来，开始对美国人和解放日破口大骂。“我们也是盟友！”’一个愤怒的意大利人吼道。

巨大的房间里一阵歇斯底里。一个乌克兰女人认为一个波兰女人偷了她的梳子，于是扯下了对方的项链。波兰女人尖声向她的同胞呼救，人群中爆发出一声呐喊：“打死乌克兰人！”

突然，一个扬声器响了。“喂，喂！”这个声音用五种语言宣布，他们将检查健身房。八点钟，几名美国军官探头看了看里面，大吃一惊，连忙又缩了回去。然后，他们命令让孩子们马上出来。一个谣言传开了，说犹太女人住进了别墅，吃上了白面包、鸡蛋和巧克力。人们怒吼起来：“她们洗热水澡，还穿着睡袍到处跑！”“她们跟美国兵睡觉！”

“你们看这些婊子养的多么照顾自己人！”有人叫道，“犹太人总是帮犹太人，却让基督教徒像狗一样死去！”

“像狗一样！”上百人齐声重复道。

“那是因为我们不是像他们一样的肮脏的犹太人！”一个戴着男式帽子的老妇人尖声喊道。

一位姑娘愤怒地向他们喊道：“那是因为我们被送进焚尸炉时，你们正在谷仓里跟德国农夫胡搞！”

房间里顿时安静下来。所有人都盯着那个姑娘。她身材矮小，相貌丑陋，长着一个大脑袋，活像插在柱子上的南瓜。她的两只招风耳朵通红。“来啊，打我呀！”她嘶哑地叫道。

“犹太人！”有人大叫道。人群向那个姑娘冲去。一位戴着眼镜、教授模样的老人用胳膊护住姑娘。“别碰她！”

疯狂的攻击者们把他们两人推倒在地，用麻袋捂住他们。“教授”的身上压满了人；妇女们大把大把地扯下姑娘的头发，并用手指抠她的眼睛。“这下是为牛奶，”一个妇女大喊道，“这下是为巧克力，这下是为谷仓里的农民，你这肮脏的犹太人！

女孩的保护者停止了挣扎，身子软了下来。

“噢！上帝！”一个女人惊叫道，“他们死了！”

妇女们四散而逃，两个俄国人擦干死者脸上的血迹，把尸体拖到一个墙角，扔在一堆尸体上面。

扬声器又响了，劝囚犯们耐心一点，饭菜马上就会送到，他们都会被转移到新的住处。几分钟后，囚犯们开始一排排地领取饭菜。每人发了一份热汤和白面包。接下来的一个小时里，囚犯们满怀敬畏地见证了一场让人难以置信的大改造：健身房被打扫得干干净净，大家都洗了澡，还领了新衣服。

美国兵让他们排起了队。一位帅气的美国中士边看漫画边给大家发食品包裹，每个人都像靠近圣坛一样慢慢走近他的桌子。野蛮的神情已经从许多孩子脸上消失。现在，一切都显得如此简单，如此合乎逻辑，如此容易。几乎每个人都在微笑，扬声器里播放着歌曲：“我爱你，我爱你，我爱你！”

美国人的奇迹还没有结束。几辆卡车运来了四个活动教堂。半个小时后，一位东正教神父、一位犹太教士、一位天主教神父和一位新教牧师在足球场上带领大家做起了礼拜。奏完圣歌之后，扬声器里传来一段祷告：“哈利路亚！上帝胜利了。罪恶的思想已经化为尘土与灰烬。哈利路亚！正直者手上的镣铐已被移除。牺牲者的灵魂将升入天堂……”

神父向大家发放了一些印有祷告词的传单。诺瓦科夫斯基抢过几张，向厕所走去。他已经足有五年没见过这么软的纸了。

4月23日下午两点，杜鲁门总统和他的主要军事顾问和外交顾问举行了一次重要会议。他们是史汀生、福雷斯特尔、莱希、马歇尔、金和斯退丁纽斯。出席会议的还有外交部长助理詹姆斯·邓恩，以及刚刚从莫斯科回来的三名苏联问题专家——哈里曼、波伦和迪恩将军。

斯退丁纽斯报告说，将于几个小时后同总统会晤的莫洛托夫在波兰问题上寸步不让，坚持要求在旧金山会议上为卢布林政府保留一个席位。“迄今为止，我们同苏联达成的协议一直是单行线，这种情况不能继续下去，”杜鲁门厉声说，“必须立刻改变，否则就永远没有机会了。我打算继续旧金山会议的计划，如果俄国人不愿支持我们，就让他们见鬼去吧！”

他要求每个人都发表自己的意见。史汀生坦白承认自己不太了解这个问题，但是质疑采取如此强硬的政策是否明智。“我因这个问题而非常焦虑……我认为，我们应该格外谨慎，看看我们是否能够不正面冲突便解决这些困难。”

“这不是一起孤立事件，”福雷斯特尔反驳道，“而是俄国单方面行动的无数例子之一。”在保加利亚、罗马尼亚、匈牙利和希腊问题上，苏联都采取了类似的立场。“我认为，我们迟早都要面对这一问题。”

“真正的问题在于，我们是否能够参与苏联统治波兰的计划，”哈里曼说，“很明显，我们正面临着同俄国人决裂的可能，但我认为，如果处理得当，这是可以避免的。”

“我并未打算向莫洛托夫发出最后通牒。”杜鲁门说。他只是想阐明美国政府的立场。

史汀生仍然因总统的态度而感到不安。“我想知道，如果在波兰问题上，美国立场强硬，俄国人究竟会作出什么反应呢？”他说。他告诉自己，现在是想尽一切办法控制哈里曼和福雷斯特尔等人的时候了，他们显然对俄国人越来越生气。不过，他对杜鲁门感到非常抱歉，杜鲁门接手了一个困难的局势，而且很可能会被迫作出轻率的决定。“我本以为，考虑到他们自身的安全问题，俄国人会比我们更加现实。”他说，“我很遗憾地看到，仅这一起事件就映射出了两国之间的巨大鸿沟。”

莱希同样感到不安。“我希望能够以适当的方式向俄国提出这一问题，以免关闭日后和解的大门。”他说，“雅尔塔会议结束时，我有这么一个印象，苏联政府并未打算允许一个自由的政府领导波兰。如果苏联政府表现得与此不同，反而会使我惊讶。”他认为，可以用两种方式解释雅尔塔协议，同俄国人决裂是一件很严重的事情。“但我们应该告诉他们，我们支持自由独立的波兰。”

马歇尔终于提出了大家肯定都在思索的一个问题。“我希望苏联人能在对我们有利的时候参加对日战争。”他说，“俄国人完全可以推迟参与远东战争的时间，直到我们把所有的苦活都干完。”同莱希和史汀生一样，他也觉得“同俄国决裂一事非常严重”。

“问题是否在于要不要邀请卢布林政府参加旧金山会议？”金问道。

“这件事已经了结。不是问题所在。”杜鲁门答道，“问题在于如何执行卢布林政府同苏联政府签订的协议。”听取了大家的意见之后，杜鲁门做出了决定——福雷斯特尔和哈里曼的意见最为合理。“我打算告诉莫洛托夫先生，我们准备执行雅尔塔协议，并且我们期待俄国也能同我们一样。”

五点三十分，莫洛托夫同葛罗米柯大使和翻译M. 巴夫洛夫一起到了。斯退丁纽斯、哈里曼和莱希留下来参加会晤——还有波伦，他要负责翻译。杜鲁门对客人们表示欢迎，然后说道："我非常遗憾地得知，在波兰问题上，尚未取得任何进展。”

这种直接而坚决的态度肯定让俄国人相当震惊，他们已经习惯了罗斯福那种温和的劝说。杜鲁门说，无论有多大的困难和分歧，美国还是决心建立联合国组织。假如在波兰问题上双方不能达成任何协议的话，那么，他非常怀疑战后双方能否成功合作。“这既包括经济合作，也包括政治合作……除非得到公众的支持，否则，我不希望国会通过这种措施。”

他把一封写给斯大林的信递给莫洛托夫：

> ……美国政府认为，只有苏联邀请一批真正具有代表性的波兰民主领袖到莫斯科磋商，在克里米亚作出的关于波兰的决定才能得到执行……在4月18日致斯大林元帅的信中，美国政府和英国政府已经尽了最大努力，以便应付当前的局势，并实施在克里米亚制定的计划……
>
> 苏联政府必须认识到，时至今日仍不执行在克里米亚作出的有关波兰问题的决定，必将严重动摇人们对三国政府的团结以及决心一如既往继续合作的信心。
>
> 哈里·杜鲁门

莫洛托夫接过信，用他惯用的繁复而正式的语气说："我希望表达一下苏联政府的观点。苏联政府希望一如既往地继续同美国和英国合作。”

“我同意，”杜鲁门马上回应道，“否则，我们现在的会谈就毫无意义了。”

莫洛托夫大吃一惊。他继续说道，合作的基础已经奠定，三国政府已经找到了解决分歧的共同方式。此外，三国政府一贯平等相待，从未发生过其中一国或两国将自己的意志强加于人的事情。

“我们只要求，”杜鲁门说，“苏联政府执行在克里米亚作出的关于波兰问题的决定。”

他如此的坦率令人耳目一新，哈里曼想道。莱希也同样对此印象深刻。

莫洛托夫有些生硬地答道，他的政府支持克里米亚的决定。“这是有关我们名誉的问题。”他说，当前存在的良好关系为将来提供了明朗的前景。“苏联政府坚信，一切困难都能够克服。”

杜鲁门浓重的鼻音打断了他。“关于波兰问题已经达成了协议。现在只有一件事要做，斯大林元帅要履行自己的诺言，执行这项决议。”

莫洛托夫答道，斯大林已在 4 月 7 日的信中阐明了他个人的观点。“就个人而言，我无法理解，如果三国政府能在南斯拉夫政府的问题上达成一致意见，为什么不能给波兰套用同一个模式呢？”

“关于波兰问题已经达成了协议，”杜鲁门厉声说道，“苏联政府只需要去执行它。”

很显然，莫洛托夫被惹恼了。他说，他的政府支持雅尔塔协议。“但是我不能同意，其他国家废除了这些决定，却被认为是苏联政府对其的违背。毫无疑问，涉及到邻国的波兰问题，对苏联政府来说是非常重要的。”

杜鲁门可不想让他回避主要问题。“美国准备忠实地执行雅尔塔会议上达成的一切协议，并且只要求苏联政府采取同样的行动。”美国希望同俄国保持友好关系。“但是我希望你们明白，这只能建立在双方共同遵守协议的基础上，而不是在单方行动的基础上。”

莫洛托夫第一次露出了怒容。“这辈子都没人敢这么对我说话！”他喊道。

“执行你们的协议，”杜鲁门说，“就再不会有人这么对你说话！”

拿下莱比锡之后，霍奇斯继续挺进至穆尔河——在那里停了下来，等待俄国人。巴顿的部队也靠近了预定停止进攻的地区，随时都可能同红军会师。4 月 23 日早上，第六装甲师的亚历克斯 · 巴尔特中士在他的 SCR 506 号坦克里通过无线电台 4160 频道呼叫 ：“美军靠近南德。注意，俄国军队！这里是美国盟友，正在米特韦达准备同你们会师。”

八点二十分，他再次呼叫了几遍。突然，一个俄国人的声音开始反复地说 ：“太好了！美国人！”可是，一阵响亮的德语歌声干扰了他的声音。

巴尔特懂俄语，因为他的母亲是俄国人。九点三十分，他第二次联系上了红军，并且报上了他的坐标。他正在问俄国人的方位时，德国音乐又一次突然出现。一个声音开始谴责德国的敌人，咒骂所有的亲犹太人。干扰太大了，并且锲而不舍地持续到了下午一点十分。终于，巴尔特听到了俄国人齐声欢呼的声音。最后，一个俄国人诙谐地说道："德国人在哪里？他们好像要等到饿得受不了，然后就开始成群结队地投降。"那个俄国人拒绝透露他们的位置。"我们正在向美军防线前进。"他说，并且要求巴尔特报一个比米特韦达更好认的地方。

"克姆尼茨。"

俄国人纠正了巴尔特的发音。

"我们的部队丝毫未损，"巴尔特说，"我们已到达了目的地。向你们致敬。祝我们的朋友好运!

"明天，同志。明天，兄弟。"对方停顿了一下。"伟大的时刻就是明天。请注意。明天早上。愿上帝与你们同在，我们的朋友。明天，八点。你们原地别动，我们来了。"过了一会儿，传来另一个俄国人的声音："第三军，第三军，我们现在正向你们靠拢。现在，我们只能说这些。你们的俄国同志没有睡大觉。我们够忙的了。"

"美国人，不用担心！"一个德国人挖苦的声音插了进来，"你们就要碰到你们的俄国流氓朋友了。"

当兴奋的巴尔特前去报告这次通话时，他的指挥官说："巴尔特，你不是在逗我吧？"

"哈里斯上校，"中士说，"我跟了你三年多，可从来没有逗过你。"

尽管俄国人对巴尔特作出了承诺，可是第二天，没有任何一支红军部队前来同巴顿的部队联系。霍奇斯的部队更加急躁；他们已经在穆尔河畔待了一个多星期。下午三点左右，第一军的几名急切的军官主动提议带巡逻队去东岸——但是却被警告说要控制一下自己。

第一个获准的是第六十九师第二七三步兵团 G 连的中尉阿尔伯特·科茨布。他将率领七辆吉普车和一支巡逻队去穆尔河东岸。上级告诉他，经常有报告说俄国巡逻队在穆尔河和易北河之间的狭长地带出没。如果他遇到某支，应安排其指挥官同 C. M. 亚当斯上校会面。但是，他向东不得，再重复一遍，不得超过两英里。

科茨布中尉——他的父亲是一位有着俄国血统的美国正规军上校——召集了三十五人，渡过穆尔河，向易北河前进。走了几英里之后，他们遇到了大约七十五名德国人，对方一心只想着投降。他们缴了德国人的枪，命令他们朝后方走。下午五点三十分左右，科茨布到达了上级给他的巡逻队规定的最远地点屈伦。

科茨布给“特里哈德”——他所属团的代号——发报。“特里哈德”命令他进一步在屈伦附近方圆三英里的范围内进行侦察。除了几名德国战士和被看守抛弃的盟军战俘——巡逻队经过时，他们挥手示意，高声叫喊——他什么也没发现。在一所房子里，他发现一对父母和两个孩子瘫倒在餐桌上——他们服毒自杀了。科沃布回到屈伦时，天已经黑了，于是，他决定在这里过夜。

次日，即 4 月 26 日清晨，科茨布再次率领巡逻队向东前进——上级命令他与俄国人联系，他决心一定要做到。尽管命令他只能再前进三英里，但他却继续向东，越过丘陵地带，朝易北河前进。每座山头都在诱惑他走向下一座。他的吉普车一直把装电台的吉普车远远抛在后面，生怕接到叫他撤回的命令。

地下掩体里，德国官方通讯机构的海因茨·洛伦茨向希特勒报告，他刚刚听到一个中立国宣布，俄国人与美国人已在穆尔河会师。双方在占领区问题上发生了一些小冲突。俄国人指责美国人违反了在雅尔塔会议上达成的关于占领区的协议。

希特勒一下子坐直了，两眼放光。然后，他僵硬地靠回椅背，说道：“先生们，这是我们敌人之间不和的又一明显例证。明天，他们之间便可能发生争端，如果我在今天要求和平，德国人民和历史难道不会说我是罪犯吗？”他继续说着，似乎力气在逐渐增强，“布尔什维克和盎格鲁—撒克逊人都拿德国当自己的猎物，他们之间不是每一天——不，每时每刻——都可能爆发战争吗？”他转向克莱勃斯，难以察觉地点了一下头。这位陆军参谋长开始汇报战况。希特勒两次打断了他：温克在哪里？曼特菲尔第三军的攻势有何进展？克莱勃斯两次都是胆怯地给出同样的回答：“没有消息。”

上午十点三十分，科茨布中尉已经到了穆尔河与易北河的中间。他继续沿着二级土路往前走。一个小时后，他的小部队开到了离易北河只有一英里的一个居民点。美国人突然看见一个头戴皮帽的骑兵拐进了一个院子。科洨布激动地追了过去，迅速把他拦住。这是一个红军骑兵。他怀疑地看着他们。科洨布通过一个翻译问他指挥官在哪里，但俄国人只是向东挥了挥手臂。

几分钟后，美国人到了易北河畔。他们往上游走了一英里，来到了斯特雷拉村。这似乎是一个废弃的村子，科洨布可以看见一座浮桥的残骸。对岸，有几个人影在到处乱转。他命令巡逻队停下，举起双筒望远镜仔细观察右岸的人。通过他们的制服和胸前反光的勋章，他确定了他们是俄国人。他看了看表，刚好十二点零五分。

科洨布试着用电台同苏联人联系。没有接通，于是他转向他的司机，上等兵爱德华·拉夫，命他发出美国人和苏联人约定的识别信号。拉夫用卡宾枪尾部的发射器射出了两枚绿色信号弹。奇怪的是，对岸的人只是走到河边，向这边看过来。

科洨布喊道："美国人！"仍然没人回应。他决定设法过河。看到岸边有四条小船拴在一起，他便小心地把一颗手榴弹放在打了结的绳子上，拉动了导火索。几分钟后，他登上了一条小帆船，和他在一起的还有拉夫、机枪手上等兵约翰·惠勒、步枪手士兵拉里·哈姆林、会讲俄语的军医斯蒂芬·科瓦尔斯基，以及会讲德语的步枪手上等兵约瑟夫·波罗夫斯基。他们用木板和枪托当桨，向对岸划去。易北河水流湍急，但他们终于划到了从右岸探向河里的浮桥尽头。当美国人从船上跳下来时，三个俄国人小心翼翼地沿着陡峭的河岸向他们走来。科洨布介绍了自己的身份，说他希望尽快安排俄国指挥官同美国指挥官会面。红军战士露出了微笑，开始热情地拍打美国兵的后背。

正当一位摄影师给他们拍照时，一位胸前挂满勋章的俄国军官开着车过来了。他是第一七五步枪团的亚历山大·T. 加尔捷夫中校。科洨布向他敬礼。他举手回礼，然后伸出了手。这非常具有历史意义，他说，对于两国来说，是一个光荣的时刻。科洨布表示赞同。一位矮胖的公关军官走到美国人面前，让他们同一位俄国摄影师一起返回对岸，然后从上游再次渡过易北河，去会见第五十八近卫步兵师的师长。

大家登上了帆船，开始奋力划行。可是，俄国人和美国人的第一次共同努力失败了——湍急的水流把他们冲向了下游。左岸的美军吉普车紧跟着颠簸而下的帆船，直到它最终靠岸。

他们乘上五辆吉普车，掉头向南，朝上游几英里处的一艘人力渡船驶去。下午一点三十分，科茨布起草了一封发给团长的电报：

特里哈德指挥官：

任务已完成。正安排指挥官会面。当前方位（87-17）。没有伤亡。

他们又被带回了易北河东岸。当摄影师们又在给他们拍照时，科茨布听见有人用英语说："我的上帝，这儿有美国人！"科茨布四下看去，发现三名被解救的战俘正高兴地大叫着，那是两个美国人和一个苏格兰人。科茨布不顾俄国人的反对，坚持让这三个人和他们一起走。他们被带到了俄国人的团部，一座大农舍。在那里，已经摆好了一张大餐桌。科茨布脱下湿透的鞋袜去晾晒，庆祝活动开始了。

大家刚刚开始第一轮祝酒，弗拉基米尔·鲁萨科夫少将便到了。第五十八近卫步兵师师长沉默寡言，似乎不愿同这位年仅二十一岁的赤脚美国中尉坐在一起。大家频频举杯，为罗斯福、杜鲁门、丘吉尔和斯大林干杯。最后，鲁萨科夫起身离开了，大家变得更加放松。事实上，一个美国兵（一个印第安人）把一个俄国军事警察部队的女兵（一位迷人的年轻女士）扭到了地板上。直到科茨布在他头上砸了一下，才把他从那姑娘身上拉开。

花了将近两个小时，科茨布的电报才到了团部。亚当斯上校发现科茨布因急于同俄国人取得联系而违反了命令。他感觉很复杂，便通知了师部。埃米尔·F. 莱因哈特少将非常震惊，大发雷霆。他的上级明确地命令他，不许派巡逻队去穆尔河对岸五英里以外的地方，以免发生意外事件，妨碍两军会师。科茨布至少跑出去了二十五英里。

莱因哈特希望先确定会面一事，然后再向上级报告——他知道，他们会生他的气，就像他生科茨布的气一样。他命令压下这个消息，然后要他的作战官坐飞机前往科茨布报告的会面地点，查明情况是否属实（不幸的是，科茨布电报中提供的坐标不准确，把他带到了实际地点以南五英里的地方）。

下午四点，亚当斯收到了科茨布的第二封电报。

安排尚未完成。稍后同你联系。

亚当斯还不知道，他们团派去拦截难民的另一支巡逻队也一路来到了易北河畔。当天下午早些时候，第一营的情报军官威廉·罗伯逊少尉——一位身材矮小，少言寡语的年轻人——抵达了托尔高。托尔高往南二十英里就是科茨布第一次渡过易北河的地方。罗伯逊刚刚接纳了附近的一个战俘营中获救的两名美国战俘，正在这时，对岸射来了一梭子弹。罗伯逊闯进一家药店，找到了红蓝两色的油漆以及一面白旗。他草草画了一面美国国旗，登上托尔高城堡的高塔，把旗挂在了一堵矮墙上。他向下看去，发现一座垮掉的大桥像一件变形的玩具似的探进了易北河。他挥动手臂，高声喊道："停止射击……我们是美国人！俄国！美国！"他不小心误用俄语叫了一声："同志。"但马上又改口叫道："有人懂英语吗？"

射击停止了，他看见有人从对岸的废墟中探出了身子。他突然觉得，他们开枪可能只是为了取乐；他这边肯定不会有人回击。那两名获救的美国战俘之一——海军少尉佩克——也登上了塔楼，他探出头去，又招来一梭子弹。罗伯逊一直在挥手呼喊，直到对岸停止了射击。突然，一枚绿色信号弹从东岸腾空而起，接着又是一枚——识别信号。于是，罗伯逊命令两名手下到附近的战俘营去找一个俄国战俘。

他继续喊话，请对岸的人过河，但是没人过来。他又歉疚地喊道，他没有信号弹。下午三点二十分，俄国人再次开始射击，一枚反坦克炮弹差点击中罗伯逊。正当俄国人炮火齐发的时候，俄国战俘到了。他向同胞们大喊了几句，几名红军战士开始向断桥走来。罗伯逊和他的人跑下塔楼来到街上。俄国战俘跑在前面，敏捷地沿着断桥弯曲的钢梁向对岸爬去。罗伯逊和佩克紧跟在他身后。东岸，红军在河岸附近等着，不过终于有一个战士开始顺着钢梁来接罗伯逊他们。

在离东岸不远的地方，这个战士同那名俄国战俘相遇了。互相愉快地问候了几句之后，两人错开了身子，都继续向前爬去。罗伯逊小心翼翼地用双手和膝盖向前爬着。突然，他迎面遇上了那位红军战士，但是没找到什么合适的话可说。他咧嘴笑了笑，然后拍了拍这位盟友的膝盖。

下午五点三十分，亚当斯对托尔高的第二次会师仍然一无所知。他发电报给科茨布：

暂时停止组织会见，等待进一步的命令。不得重复，不得使用电台。速派通讯员回来报告俄国部队的番号与规模，联系的地点和时间，俄国部队同上一级指挥部的联系方式。保持联系，向我报告你的一切行动。

然而，亚当斯接到的下一封电报并非来自科茨布，而是他手下第二营的主任参谋弗雷德·克雷格发来的。

我已同科茨布中尉接触上。他正在同俄国人接触。

亚当斯彻底迷惑不解了。克雷格也巡逻到了易北河吗？他的意思是实际上的接触，还是什么？难道所有人都疯了吗？

另外两支巡逻队也带着与科茨布相同的任务被派了出去——并且也带着同样的警告：往东不准超过五英里。这两支队伍之一就是克雷格的巡逻队——包括四名军官和四十七名战士。像科茨布一样，克雷格一路向东探查，越走越远，全然不顾亚当斯两次电令他停止前进。下午三点，他在距易北河几英里的地方遇到了科茨布的联络吉普车，从而得知美军已经与俄国人联系上了。

克雷格决定继续向东前进。突然，他看见一队骑兵正沿着右边的一条公路向西奔去。美国人在飞扬的尘土中停了下来，几乎所有人都不约而同地叫道："俄国人！"

远处的骑兵以及一些自行车兵和摩托兵突然掉过头，径直朝美国人飞奔而来。上等兵艾格·贝鲁塞维奇——出生在中国哈尔滨，但父母都是俄国人——抓过相机，拍下一张照片。第一个来到他们面前的是一个自行车兵。他拼命地蹬着踏板，然后在离美国人几码远的地方跳下车来。他咧嘴一笑，伸出了手。这时是下午四点四十五分。

在一片"美国人！俄国人！"的欢呼声中，骑兵们像美国西部牛仔那样勒住了马。贝鲁塞维奇走到一位红军中尉面前，用俄语说："在这历史性的时刻，我以美国军队和我们的指挥官的名义向您致意。能够身在这里，我感觉非常荣幸和光荣。"

"这是一个历史性的时刻，"俄国人答道，就好像是在发表一篇事先准备好的演讲，"我们两国军队一直在为这一伟大时刻的到来而浴血奋战。能够身在这里，是我的巨大光荣。我们在此相遇真是太棒了。这是一个将永垂青史的时刻。”

正当大家互相拍照，彼此递烟时，一个美国兵跳上一匹马，像个牛仔似的骑着马四下腾跃。俄国中尉说，他的巡逻队必须继续执行任务。克雷格决定继续向易北河前进。他找到了科茨布用过的那条简陋的渡船，渡过了易北河。登上东岸之后，一位身材矮胖的将军——鲁萨科夫——前来迎接了他们。贝鲁塞维奇向他敬礼，然后介绍了巡逻队和克雷格。

鲁萨科夫警惕地说道：“请出示证件，我也会给你们看我的证件。”

克雷格把自己的身份牌递给他。鲁萨科夫好奇地看着贝鲁塞维奇佩戴的师徽章，问道：“这是什么？”

“这是第六十九师的臂章，”贝鲁塞维奇把交缠在一起的“6”和“9”指给他看。如此松弛的安全措施让将军大吃一惊。“毕竟，战争已经结束了，”贝鲁塞维奇说，“我们仅仅是把它们戴上。”

晚上八点，困惑的亚当斯上校仍然在想，克雷格是否真的同科茨布的巡逻队取得了实质上的接触？同时，他仍然对罗伯逊在托尔高同俄国人会师一事一无所知。然而，此时罗伯逊刚好把他的吉普车开到了一营指挥所的门前——带着四名俄国人。营长维克托·康利少校恰好站在门外。他以为罗伯逊带来了一群俄国醉鬼或者波兰难民。中尉向他介绍三位红军军官和一名军士时，他正想骂他一顿。

康利起初不敢相信。然后，他觉得“好像头顶上的天塌了一样”。他的第一个念头是给俄国人一瓶威士忌，拍拍他们的后背，然后说声“很高兴认识你们”，便把他们打发回去。但是他又想到，自己总归会受到处罚，于是便打电话给亚当斯，说他的指挥所里来了四名俄国人。他该拿他们怎么办？

“我的上帝！”亚当斯惊呼道。停顿了一下之后，他下令把他们全都带到团部。当他们走进亚当斯那群情沸腾的团部时，已是将近晚上九点了。自从听到这个消息后，团部就陷入了一片骚动。

莱因哈特听说巡逻队带回四个俄国人后，顿时勃然大怒。怎么会发生这种事？命令是不得走出去五英里。这些军官有毛病，分不清五英里和二十五英里了。他下令将此事的相关人员，包括俄国人，统统带到师部，这样他就可以亲自审问了。

他打电话给兵团司令许布纳将军，将军一听，便对莱因哈特大发雷霆。激动的许布纳联系了霍奇斯，霍奇斯又打电话向布雷德利报告了这个惊人的消息。布雷德利对此表现得非常镇静。

“谢谢，考特尼，谢谢你打电话告诉我，”他说，“我们已经等了很久。渡过奥得河之后的那七十五英里，俄国人肯定是在边走边玩。”他挂上电话，打开一罐可乐，然后在墙上那幅地图上的托尔高处画了一个圈。

华盛顿，英国大使怀南特在午饭后通知杜鲁门，希姆莱通过瑞典政府提出建议，要让西线的德军全部投降。丘吉尔希望通过越洋电话同美国总统商讨此事。杜鲁门打电话给马歇尔，马歇尔建议他在五角大楼的通讯中心和丘吉尔通话。

马歇尔的作战师师长约翰 · E. 赫尔少将安排使用扰频器系统，以保证总统的通话机密。他打电话给代理国务卿约瑟夫 · 格鲁，想了解一些新消息，但格鲁也不了解内情。国务卿不知道，在国务院大楼的某个房间里，正在破译美国驻斯德哥尔摩大使 H. V. 约翰逊发来的一封很长的电报。

杜鲁门、莱希、马歇尔、金、赫尔和理查德 · 帕克上校聚集在了五角大楼的通讯室里。下午两点十分，大家听到丘吉尔在说 ：“喂，总统先生吗？”

“是我，首相先生。”

“听到您的声音真高兴！”

“非常感谢，我也很高兴听到您的声音。”杜鲁门说。

“我同富兰克林谈过几次，但是……您收到贵国驻斯德哥尔摩大使的报告了吗？”丘吉尔说，他收到了英国驻瑞典大使维克托 · 马利特爵士发回的一份详细报告，并且猜想杜鲁门肯定也从约翰逊那里得到了类似的消息。杜鲁门认为他指的是怀南特发来的消息，并不知道格鲁刚刚带着破译完毕的约翰逊大使的电报离开了国务院。他说 ：“对，我收到了。”

“有关那个建议的？”

“是的。我只收到一个简短的消息（怀南特的电报），说有这样一个建议。”

“没错，当然，”丘吉尔说。他仍然以为杜鲁门从约翰逊那里得到了消息。“我们认为听起来非常不错。”

“他要在哪儿投降？

丘吉尔很迷惑，杜鲁门怎会如此缺乏理解力？他说，希姆莱提到了在意大利、南斯拉夫以及西线投降，“……但他没打算在东线投降。因此，我们认为可能必须向斯大林报告此事。当然，这也就是说，我们认为应该按照我们的条件在全线同时投降。”

如果说丘吉尔有些含糊其辞，杜鲁门却毫不含糊。“我认为必须迫使他同时向三国政府投降——俄国、你们和美国。我认为我们根本不应该考虑接受逐步投降。”

“不，不，不，”丘吉尔连忙说道，“不能考虑接受希姆莱这种人提出的逐步投降。希姆莱会像其他人一样代表德国讲话。因此，我们认为，他应该同时和三国政府进行谈判。”

“很好，这正是我的想法。”

“当然，我明白，这是希姆莱的联合战线的局部投降。而艾森豪威尔仍然有权受降——他肯定希望对方投降。”

“是的，当然。”

最后，杜鲁门终于意识到，两人所说的并不是同一个消息。他说：“我没有收到斯德哥尔摩的来电。关于这个问题，您刚刚告诉我的就是我所了解的全部情况。不过我知道，您是因为收到了斯德哥尔摩的一封电报，所以才要与我通话。”

“我明白了。”丘吉尔说。他把斯德哥尔摩发来的电报念了一遍，然后说道，他认为他们有责任把希姆莱的建议告诉斯大林。

“我也这样想，”杜鲁门说，“您通知斯大林了吗？”

“我拖延了两个小时，想等您答复我的电报后再通知他……”那封电报还在处理之中，但是格鲁带着约翰逊的那封电报马上就要到五角大楼了。“不过，现在我已经给斯大林发了电报。我给您念一下电报内容……”

杜鲁门对丘吉尔单独行动这一事实并未在意。他打断了对方：“好吧，那您就通知斯大林，我也会立即把我们这次谈话的事告诉他。”

“说得对！我念一下发给斯大林的电报，我也把它发给了您。‘随后发给您的电报是我刚从英国驻瑞典大使那里收到的。美国总统也已获悉这一消息。’我以为您已经收到了呢。电报还没到吗？”

“没有，我还没有收到这封电报。”

丘吉尔继续念那封给斯大林的电报：“英国政府最为关注的问题是，要安排德国同时向三大国无条件投降。”

“我完全同意。”杜鲁门说。

“我们认为应该告诉希姆莱，德国部队应该就地向盟军或盟军的代表投降，个人或整个部队都可以。在此之前，盟军将在各个方向和各个战场全力进攻继续抵抗的德军。上述任何情况都不应影响我们的讲话的发表。”

没有一个美国人明白最后一句话的意思。丘吉尔所说的“讲话”意思是“宣布”。他还忘了加上原电末尾的几个字：影响会师[1]。

“几分钟前，我把它发了出去，”丘吉尔继续说道，“并且给您也发了一份，还附上了我给您的私人电报。您知道的，就是我刚才念的那份。我当即召开了战时内阁会议。他们通过了我刚刚给您读的那封电报。”

“我也通过了。”

“通过我给斯大林发出的那封吗？”

“我通过了您发给斯大林的那封电报。并且，我要立刻用同一条电话线给斯大林发电报。”

“非常感谢。这正是我所需要的。”在座的美国旁听者中，至少有一人表示怀疑，那就是赫尔将军。他觉得丘吉尔是在试探总统的口气，看看能否撇开俄国同希姆莱打交道。“我很高兴，”丘吉尔说，“我确信我们一定能达成一致意见，我希望斯大林可以回电说：‘我也同意。’这样，我们就可以授权我们驻斯德哥尔摩的代表告诉贝尔纳多特，可以把消息转达给希姆莱。因为，在我们三国一致同意之前，不能采取任何行动。”

“同意。”

“真是非常感谢。”

“谢谢。”总统说。

“您还记得我们要在欧洲会师时发表的讲话吗？”

杜鲁门仍然困惑不解。“首相先生，我不明白您电报中的最后一句话。”

“您知道我在说什么——已经写好的讲话、声明。我想，一旦部队会师，便马上将其公布。”

“我觉得您说得对，”杜鲁门终于明白了，“我同意……我希望不久便能见

---

[1] 斯大林收到的电报措辞有几处不同。这一电话会谈的内容来自一份美方抄本。电话接听的效果和丘吉尔的口误可能是造成这些错误的原因。

到您。”

“我也是这么计划的。关于这个问题，我很快就会给您发电报。我完全同意您在波兰问题上采取的一切行动。我们此刻正并肩前进。”

“很好！我希望能够这样继续下去。”

“事实上，在这件事上，我会跟随您的指引，无论您做什么，我都会支持您。”

“谢谢您。晚安！”

晚上八点，总统开始对参加旧金山联合国大会开幕式的代表们发表广播讲话。从未有过这样一次迫切需要召开的会议，他说。“与会的代表们，你们都将成为一个更加美好的世界的建筑师。我们的未来掌握在你们手中。通过你们在这次会议上的努力，我们将获知，苦难深重的人类是否能够获得公正持久的和平……

“这次会议将集中力量专门研究一个问题，那就是成立一个维持和平的基本组织。我们要制定一部基础的宪章。

“我们问题的实质在于，提供一个解决国家间争端的明理的机构。

“我们必须建设一个新世界，一个更为美好的世界——在这个世界里，人类永恒的尊严将受到尊重……”

两天后，三巨头同时宣布，美国军队与俄国军队已经会师。罗伯逊中尉在托尔高同俄国人会师的细节很快传遍了全世界。当他带领三名普通士兵把那面曾向俄国人挥舞过的手工国旗献给艾森豪威尔时，盟军总司令——他相信他们是最早同红军会师的人——当场给他们每人晋升一级[1]。

---

[1] 在《远征欧洲》一书中，艾森豪威尔仍然称托尔高是第一个会师的地点。那些在斯特雷拉最早与红军历史性会师的人没有得到晋升。科茨布中尉甚至一直没有获得上级答应颁发的奖章。

# 第四部
# 并非完整的胜利

# “追捕歹徒”

美国军队和俄国军队会师以后，希特勒帝国被一分为二。南半部如今由凯塞林元帅指挥，其中包括德国东南部、将近半个捷克斯洛伐克、奥地利的大部分、南斯拉夫西边一角，以及意大利北部。凯塞林的东线顽强抵抗，牢牢地守住了从德累斯顿直到亚得里亚海一线，但西面的整个防御区却濒临崩溃。

德国北半部的局势则更加危险。希特勒把这里交给了海军元帅邓尼茨指挥。这个地区同样幅员辽阔：包括了挪威、丹麦、将近半个普鲁士，以及东部的许多“要塞”。柏林本身也将成为最后一个“要塞”；几个小时后，科涅夫和朱可夫便将完成对这个昔日普鲁士首都的包围。

4 月 26 日凌晨两点三十分，凯特尔给邓尼茨发了一封电报。邓尼茨正在汉堡以北约五十英里处的普伦，他的司令部设在那里。

> 柏林战役将成为一场决定德国命运的战斗……你要支援柏林战役……援兵将被空运到柏林市内，并通过陆路和水路开到柏林城前的防线……

半个小时后，凯特尔发电报给舍尔纳。舍尔纳的部队刚好在俄国人和美国人会师的地点以南：

> 中央集团军：你部摸清情况后，便从包岑和德累斯顿之间向北发动进攻，以解救柏林……

凯特尔给他们提出的要求都是不可能完成的任务，不过，拂晓时分，柏林即将被解围的谣言传遍了全城。就连目前负责柏林防务的魏德林将军这样讲求实际的人也在日记中写道："这是充满希望的一天。"

克莱勃斯一再打电话给魏德林，每次都有"好消息"：温克军即将前来解救希特勒；三个装备精良、兵力强大的营"已经到达"；而邓尼茨则从潜艇训练中心选调了最优秀的军人前往首都。

开始每日巡查之后，魏德林的乐观情绪烟消云散了。在动物园附近巨大的防空控制塔上，新任柏林炮兵司令汉斯·奥斯卡·韦勒曼上校告诉魏德林，他只能通过普通电话同所属部队联系。韦勒曼办公室的墙上挂满了地图，上面详细标明了柏林炮兵的作战范围和最大射程。但是，这些东西毫无用处，因为他没有通讯网。韦勒曼说，他只有寥寥数辆用来拖炮的牵引车，而且弹药供应也在日益减少。如果某天每门炮能够分到一颗以上空运来的炮弹，那就真是个幸运的日子了。

魏德林几乎在城里的所有指挥所都发现了类似的绝望情绪。入夜之后，他回到了自己的司令部，精疲力竭，满心沮丧。他从最近捕获的俘虏口中得知，自己很快便将遭到两三个俄国装甲军和至少两个步兵军的进攻。他打电话给克莱勃斯，告诉他敌人已经从西面、西南和东面攻进了市区，并且正向纵深推进。就连这样也没能吓到克莱勃斯，他断言，不出几个小时，温克便能打开缺口。

天黑时，魏德林又在柏林城里巡视。波茨坦广场和莱比锡大街都遭到了猛烈的轰炸，灰尘像浓雾一样从碎砖烂瓦上升起。空无一人的街道上到处都是瓦砾，中间夹杂着巨大的弹坑。要乘车前进非常困难，于是将军下车开始步行。敌人的炮火愈来愈猛，他便走进地铁通道，沿着铁轨走到了下一站，那里挤满了惊恐万状的平民。

无论是否吓破了胆，柏林人仍然满怀希望。温克正赶来援救柏林！随着广播持续追踪报道温克部队的稳定进程，他们的情绪也不断高涨。

然而，事实上，仅有一个军团——第二十军团正在向柏林挺进。它的任务仅限于赶到波茨坦，为柏林守军的撤退打开一条通道。而温克军的主力则仍在向东推进，以援救布赛。

"解救布赛以后，"温克对他的参谋长赖希海尔姆上校说道，"我们便返回易北河，将我们的部队移交给美国人。这将是我们最后的任务。"英美两国对其部队的空袭莫名其妙地停止了。温克希望，这意味着西方将同他们一起攻击布尔什维克。

在温克东面三十英里处，陷入重围的布赛的第九军正缓慢而艰难地向西移动。战士们已经精疲力竭。只有对身边难民的责任心和很快便能同温克会合的希望，仍在支撑着他们继续前进。

最高统帅部发来急件，命令布赛同温克一起向柏林方向发起进攻，布赛置之不理。他的部队是一个巨大的移动“凯瑟尔”(在这里意为“大锅”，指被围的部队，或袋形阵地)。如果他们能同温克会合，就已经是奇迹了。幸运的是，布赛从小就熟悉柏林南面的这片沙土林地，而且他还在这个被称为“恺撒沙箱”的地方受过军事训练。他灵巧地带领部队在丛林中穿行，避开了敌军的轰炸机和坦克。

“凯瑟尔”里面有一个移动的团体——男人、女人、孩子、马匹、卡车、大车、床、缝纫机、干粮箱和行李。奇怪的是，没有人惊慌失措。平民们知道，虽然他们身陷重围，但毕竟还活着。天气和煦，食物充足，并且他们对军事指挥官完全信任。

“凯瑟尔”里面还有从奥得河畔的法兰克福突围出来的幸存者。四天前，刚刚晋升为将军的比勒在俄国人的包围圈上打开了一条通道。这座要塞里的三万名伤员和平民逃了出来，同第九军的主力会合了。

两天来，冯·格莱姆将军一直在试图进入已被包围的柏林，去向希特勒报到。下午六点，他操纵飞机降落在了加多机场那弹痕累累的跑道上。在他身后，是著名的试航飞行员汉娜·莱契。和格莱姆一样，她也是一个热忱的国家社会主义分子。小飞机再次起飞，擦着树梢向十五英里开外的帝国总理府飞去。头顶上的天空中，到处都是激烈的空战。突然，机舱底板出现了一个大窟窿，格莱姆颓然倒地。飞机失去了控制，直向地面插去。这时，汉娜从负伤的格莱姆后面伸过手来，抓住了操纵杆。她设法把飞机拉平，然后安全降落在了勃兰登堡门下面那条宽阔的大街上。她截下一辆汽车，把格莱姆搀了上去。

第一个在地下掩体里迎接她的是她的一位老朋友，玛格达·戈培尔。玛格达深情地拥抱了她，然后眼含热泪说道，在这种时刻，还有人勇敢忠诚地来到元首身边，真的让她非常惊讶——除了少数几人之外，其他人都逃跑了。

汉娜来到医务室。希特勒的私人医生正在照顾格莱姆。格莱姆的右脚被打烂了。过了一会儿，元首进来了，他的脸上流露出感激之情。“知道我为什么叫你来吗？”他问格莱姆。

“不知道，元首。”

“因为赫尔曼·戈林叛变了，他抛弃了我和他的祖国。他背着我和敌人接触——你能看出他有多鬼鬼祟祟吧。”他低着头，双手不住地颤抖。他把戈林发来的电报递给格莱姆。“这是最后通牒，明目张胆的最后通牒！现在，一切都完了。看看我要遭遇些什么：叛变，丢脸；什么样的失望、背叛，我都经历过，可是这次不同以往。”他停住了，无法再说下去。他半闭着眼看向格莱姆，用非常低沉的声音说道，“我特此宣布，由你接替戈林的职务，出任空军总司令。我以德国人民的名义授予你这个权力。”

格莱姆和汉娜握住元首的手，恳求允许他们也留在地下掩体，以弥补戈林的欺骗行为。希特勒深受感动，告诉他们可以留下。他说，他们如此的一个决定将在空军的史册上长久流传。

当晚晚些时候，希特勒把汉娜叫到自己的房间。“汉娜，”他轻声说道，“你也要和他们一样跟我一起死。我们每人都有这样一小瓶毒药。”他把两个胶囊递给她，一个是给她自己的，另一个是给格莱姆的。“我不希望我们中间任何一个被俄国人抓住，也不希望他们找到我们的尸体。每个人都要负责毁掉自己的尸体，以免留下可以辨认的特征。我和爱娃的尸体将被焚毁。你可以给你自己想个方法。”

汉娜的眼泪夺眶而出。“您要活下去，元首。这是每一个德国人的愿望。”

但希特勒却摇了摇头。“作为一名战士，我必须服从我自己的命令，誓死保卫柏林。”他背着手，在小屋里脚步蹒跚但又很迅速地踱来踱去。“我原以为，只要我留下，德国的所有士兵都会以我为榜样，前来解救柏林。”他转向汉娜，脸色突然又轻快起来，“但是，我的汉娜，我仍然拥有希望！温克将军的部队正从南面向我们靠拢。他必须，也必将击退俄国人，赢得足够的时间拯救我们的人民。到那时，我们便可以守住了。”

翌日，即 4 月 27 日黎明，柏林已被完全包围。最后两个机场——加多和滕珀尔霍夫——也被俄国人占领了。可是，一阵乐观的情绪却迅速传遍了地下掩体，因为他们刚刚收到温克的电报，宣布他的第二十师已经到达距波茨坦仅有几英里的费尔希。

戈培尔的办公室人员立刻通过广播宣布，温克已经抵达波茨坦，并预测其将很快到达柏林。如果温克能成功到达柏林，为什么布赛不能呢？

“毋庸置疑，形势已经朝有利于我们的方向转变，”柏林人被告知，“美国人正向柏林进军。战争的伟大转折唾手可得。必须不惜一切代价守住柏林，直到温克军到达！”当天的战报也顺利广播了，其中透露了进一步的细节：

> 陆军最高统帅部宣布：“在英勇的柏林战役中，再一次向全世界展示了这场为生存而战的反布尔什维主义斗争。当首都以史无前例的方式自我防卫之时，我们易北河畔的军队已掉头北上，以援救柏林的守卫者。这些来自西线的部队在一条宽广的战线上进行了激烈的战斗，从而击退了敌人，抵达了费尔希。”

温克简直不敢相信，他的确切位置竟然被如此公然地泄露了出去。“明天我们一步也无法前进！”他对他的参谋长嚷道。俄国人肯定也听到了这则广播，他们将把所有力量集中在费尔希。他说，这简直是出卖。

中午的会议结束之后，希特勒在一位矮个小伙子的胸前别上了一枚铁质十字勋章。刚刚击毁了一辆俄国坦克的这位小伙子眼圈发黑。他默默转身，来到走廊里，然后便颓然倒在了地上。克莱勃斯的两位副官——弗莱塔格·冯·洛林霍芬和博尔特——被这一场面深深震动，开始抱怨眼下这种难以忍受的局面。鲍曼走到他们身后，亲切地将双臂搭在他们的肩膀上。他告诉他们，希望还未完全破灭：温克已在途中，很快就能解救柏林。“在元首生命中最黑暗的时刻，你们留在这里，并且仍然信任他，”他甜言蜜语地说，“在这次战役胜利结束之后，你们将坐拥高官厚禄，这是为了奖励你们的忠诚。”两位副官瞠目结舌，满腹狐疑地看着他。他们“从未听过这样的话”。作为职业军人，他们总是被鲍曼及其手下以极度的猜疑来对待。

一天中的大部分时间，汉娜·莱契都是在戈培尔的套房里度过的。戈培尔似乎无法忘却戈林叛变一事。“这个杂种一贯自封为元首最大的支持者，现在却没有勇气留在元首身边。”他挥舞着手臂，边说边一瘸一拐地在房间里来回走动。他说戈林是无能之辈：他的愚蠢毁掉了我们的祖国，而如今他却企图领导全国。“仅此一点就证明了他从来不是我们的人。他的内心一直非常软弱，是个叛徒。”

他像扶着演讲桌似的抓着椅子靠背，宣称此刻身在地下掩体的人们正在谱写德国的历史，他们将为帝国的荣耀而献身，从而使德国之名永垂千古。

汉娜觉得戈培尔太夸张了，不过她对戈培尔夫人却只有钦佩。当着六个孩子的面，戈培尔夫人总是情绪饱满。当她觉得快要控制不住自己时，就会暂时离开房间。“我亲爱的汉娜，”她说道，“你必须帮我让孩子们离开世界。他们属于第三帝国和元首，如果这二者不复存在，他们也就没有活着的意义了。不过你必须得帮我。我最担心的就是自己会在最后一秒钟过于软弱。”

汉娜给孩子们讲她飞行的故事，教他们唱歌。孩子们后来又唱给“元首叔叔”听。“元首叔叔”向他们保证，俄国人很快就会被赶走——明天他们便可以再次在花园里玩耍。

汉娜也去拜访了爱娃·布劳恩。她认为爱娃是个肤浅的女人，把大部分时间都花在梳妆打扮上。“可怜的，可怜的阿道夫，”爱娃一再念叨，“众叛亲离。哪怕死一万人，也不能让德国失去他！”

丘吉尔和杜鲁门的电话会谈虽然是最高机密，但还是莫名其妙地泄露了出去。美国报纸宣称，据报告，“一些纳粹高级领导人未经希特勒授权，在最高统帅部的支持下”提出在西线投降。没有提及希姆莱的名字，也没有透露消息来源。

当晚，魏德林企图让希特勒认识到，柏林已被完全包围了，而防御圈正在迅速缩小。而且，甚至再也不能通过空运得到补给。他开始谈及平民和伤员的惨状，但是克莱勃斯打断了他，开始他自己的报告。戈培尔的助手瑙曼博士被叫出去接电话，对方通知了他所谓向西方投降的提议一事。他回到会议室，对希特勒耳语了几句。随后，希特勒急切地低声同戈培尔交谈了起来。

魏德林被打发走了。他来到候见室，发现鲍曼、布格道夫、阿克斯曼、赫维尔、希特勒的副官以及两位女秘书都在那里随意地聊着天。在会议室受到挫折的魏德林转向这些人，一股脑儿地把克莱勃斯和希特勒拒绝聆听的情况都告诉了他们。他说，他们唯一的希望是尽快离开柏林，不要等到为时太晚。只有外面的部队同时发起进攻接应他们，突围才有可能成功。现在温克已经到达波茨坦附近，所以，他们必须在四十八小时内行动。所有人都赞成他的意见，就连鲍曼也表示同意。

这鼓励了魏德林。克莱勃斯一出会议室，他便再次向其提出了这个建议。克莱勃斯同样表示接受，并且说道，他可以在第二天晚上向元首详细介绍这个突围计划。

五十英里开外，温克的指挥部里，一名发报员正在给魏德林发一封电报：第十二军的反攻在波茨坦以南受阻。部队已陷入激烈的防御战。建议你们向我部突围。温克。

发报员等待对方的确认，但是没有收到任何信号。

在德国北部邓尼茨的司令部里，施威林·冯·克罗西克伯爵正在日记上写一篇长文。实际上，他的日记是对国家社会主义的事后剖析。当然，他的观点纯属个人意见，但也反映了许多德国人的看法。这些德国人仍旧渴望为这场已经失败的战争找到一个解决办法。

克罗西克写道：

> 像戈林这样一个才华满腹、大权在握而又广受爱戴的人，没有在战争中发挥所有这些特质，而是粗心大意，一心热衷于打猎、收藏，这真是可惜……战争期间，他一直躺在空军在战争最初几年为他赢得的功勋之上。他没有及时提供战斗机，致使帝国遭到可怕的空袭，他是此事唯一的罪魁祸首。警告和抗议，他都置若罔闻。由于空军的失败，我们才在军事上输掉了这场战争，因此，戈林必须要对降临在德国人民头上的灾难负责。政治方面的主要责任在于里宾特洛甫。正是由于他的自负与贪婪，才使中立国与我们变得疏远……
>
> 其他要负责任的是埃里希·科赫之流。他在东方施行的罪恶的欺骗政策使我们更像压迫者，而非解放者。结果，乌克兰人和俄国其他地区的人民拒绝同我们合作，甚至也不愿同我们并肩战斗。与之相反，他们参加了游击队，同我们进行殊死的战斗。最后，还有鲍曼之流，我认为他是元首邪恶的灵魂，是元首幕后的阴影……鲍曼使党凌驾于一切之上——党甚至可以组织人民冲锋队，这造成了众所周知的后果。党内的

对立与竞争加剧了那些庸才们对权力的欲望，党员之间的政治分歧开始无止境地扩大……因此，最终大批忠诚勇敢的德国人像对待解放者一样热烈地欢迎西方的入侵部队。这不仅是因为他们摆脱了轰炸的恐惧，还因为他们摆脱了大人物们制造的恐怖……

国家社会主义的诞生地慕尼黑，仍然是德国南部最重要的城市。4 月 27 日傍晚，这座城市面临着两个威胁：一个来自城外，一个来自城内。帕奇将军的美国第七军正迅速逼近慕尼黑，而在该城中心，第七军区司令部内，一小撮德国战士正准备从纳粹手中夺取慕尼黑，把它交给盟国。

他们的领导者是一个翻译连的连长鲁普雷希特·格恩格罗斯上尉。1941 年的寒冬，他在战争中第二次负伤后从俄国归来，当上了慕尼黑地区二百八十名翻译的指挥官。从那时开始，他便谨慎地组织了一个抵抗小组。

格恩格罗斯是个高大魁梧的年轻人。他博学文雅，待人和蔼——对于一个革命者来说是最不可能的结合。他出生在中国的上海，但十一岁时，他的全家搬到了慕尼黑。他在慕尼黑大学攻读了法律，然后进入伦敦经济学院，受教于哈罗德·J. 拉斯基教授。1939 年，他获得了博士学位。

1944 年秋，格恩格罗斯将自己的地下组织命名为“巴伐利亚解放行动”。他以这二百八十名翻译为核心，并继续在知识分子和专业人士中发展新成员。他定期在家中召开会议。莱奥·霍伊温和奥托·海因茨·莱林是他的两位合作者——和他一样，他们也是曾在俄国负伤的年轻军官。通过他们的帮助，格恩格罗斯与慕尼黑的一些类似的集团建立了联系。这些集团的成员包括律师、教授、法官、市政府官员、医生和牙医。

除了自己的翻译连之外，格恩格罗斯目前还控制着其他几支小部队，以及阿格法、施泰因海尔和库斯特尔曼工厂的工人。但是他知道，要夺取城市还是非常困难的：他必须逮捕慕尼黑区长、凯塞林的参谋长，以及巴伐利亚的帝国最高行政长官弗朗茨·里特尔·冯·埃普将军，还要占领电台和报社。

这是一个复杂的计划，但是格恩格罗斯坚信，如果能得到帕奇将军的配合，他一定可以成功。他已经派出两名信使去帕奇那里，通知他自己即将进行暴动，请他停止对慕尼黑的一切空袭，以使暴动的最后准备工作更加顺利地完成。空袭真的停止了，格恩格罗斯相信帕奇已经了解了他的计划，一旦“巴伐利亚解放行动”夺取了慕尼黑，并且宣布其为“不设防城市”，帕奇便会立即进入该城。

4 月 27 日晚上，格恩格罗斯坐在兵营内他那潮湿憋闷的卧室里陷入了沉思。一个文员正在用打字机打出最后的命令。通知已经发往外围地区，“打野鸡”军事行动将于次日凌晨两点开始。

几个月来，格恩格罗斯以及他的家人一直提心吊胆，生怕走漏了风声。现在，他怀着孕的妻子带着孩子躲进了一个山间小屋。格恩格罗斯本人也采取了特殊的预防措施。他的床下放着一根绳子。他可以在几秒钟之内跳出窗外，顺绳而下，跑到等在下面的汽车前。霍伊温曾经忍不住发出过警报，就是想看看大个子格恩格罗斯怎么从绳子上滑下来。

晚上七点，翻译连集合了。军士长把头探进格恩格罗斯的房间，满面笑容地说道：“连队已准备好保卫慕尼黑，长官。”

格恩格罗斯走出房间，目光扫过他的队伍。“时机已经到了，”他说，“我们将解放自己。我们将结束这场毫无意义的战斗，从而结束对我们国家的毁灭。”他说，如果有人想退出，他可以理解。“但是，跟我走的人就必须坚持到底。在这里，我正式宣布，你们可以不再遵守对希特勒的誓言！”

大家的反应非常一致。就连为了减少怀疑而故意保留在连队里的几名纳粹分子也被他们的热情感染，自愿参加行动。白布条被分发了下去。凌晨两点，它们要被缠在大家的左臂上。

全市各处，参与这一密谋的部队开始进入阵地。贝茨中尉带领六十一营的一个排向普拉赫出发，准备逮捕威斯特法尔将军；十九营的普茨中尉率领他的排赶往政府主楼，去抓保罗·吉斯勒区长。几支部队负责占领市议会厅，这里是两家报社——《最新消息报》和国家社会主义党人的机关报《人民观察家》的办公室所在地；还有几支负责抢占两个电台：北郊的慕尼黑电台，以及慕尼黑东北二十英里处的埃尔丁的一个电台。

霍伊温带着大约二十人，搭乘几辆轿车和一辆旧卡车，向南面的施塔恩贝格湖赶去；他们的任务是摧毁肯普芬豪森的最高统帅部通讯设备。恰好在午夜之前，他们到达了战士营房附近的停车场。霍伊温悠闲地走进营房，说自己要找人。他仔细地检查了每层楼，看那里有多少战士。大楼几乎是空的。他回到自己的车队，等待凌晨两点的到来。

午夜刚过，格恩格罗斯和莱林便驾着一辆从一位高级纳粹官员那里偷来的奔驰车向冯·埃普将军家驶去。他们后面跟着几辆卡车，上面载着一个排的战士。一个小警卫室的人把他们拦住了。格恩格罗斯告诉值勤中士，他要跟埃普的副官卡拉肖拉少校讲话——此人也参加了密谋。然后，格恩格罗斯掏出一把刀，割断了电话总机控制板的电线。

警卫们吓懵了，根本没有抵抗；其中一些人甚至表示愿意参加暴动。当卡拉肖拉走出来时，满脸都是惊骇。“看在上帝的份上——你们真的干了？”

格恩格罗斯和莱林一起走进这座大房子。埃普正在同几名文官开会。卡拉肖拉把这位一副贵族气派的老将军带到大厅里。1919 年，埃普协助推翻了慕尼黑短暂的共产党政权，至今仍是一位深孚众望的人物。

“你被‘巴伐利亚解放行动’逮捕了。”格恩格罗斯说。

埃普一脸傲慢，丝毫没受影响。

“你听着，”格恩格罗斯不耐烦地说，“你有责任洗去你的褐色（纳粹）历史，为巴伐利亚人民做点事。我们希望你签署一份南巴伐利亚投降的声明。”

埃普转向他的副官。“我怎么能向一个上尉投降？”

格恩格罗斯觉得好笑，建议他们一起去弗赖辛，那里有“巴伐利亚解放行动”的一位少校，名叫布劳恩。

“我要是拒绝去呢？”埃普问。

“那我们把你当俘虏押去。”

格恩格罗斯让莱林负责冯·埃普将军，然后冒着冰冷的细雨驱车赶往他的指挥所。指挥所设在慕尼黑北部的一座铁路桥下。他被告知两座电台已被完整无损地占领，于是立刻动身前往慕尼黑电台去做一次广播讲话。就在黎明之前，他拿起话筒，宣读了一篇事先准备好的讲稿。讲话概述了“巴伐利亚解放行动”的目标，并在结尾发出热情洋溢的恳求，号召大家加入暴动。

至今为止，一切都在按预定计划顺利进行。凌晨两点整，霍伊温带着十个人走进肯普芬豪森的士兵营房，大喊道：“举起手来！”同样，这里也没有任何反抗。有几个人还主动提出帮忙破坏电报电话中心。

但是，初步的胜利让人产生了错误的印象。上午九点，格恩格罗斯接到报告，说暴动遇到了严重困难。负责逮捕威斯特法尔的那个排遇到一支党卫队部队的顽强抵抗，不得不四散而逃。当普茨中尉带着他的排去政府大楼逮捕吉斯勒区长时，数枚手榴弹迎头炸来。在一场激战之后，他们同样被迫空着手撤了回来。

不过，也有报告说群众普遍给予了支持——施莱斯海姆机场的机组人员破坏了他们的飞机；有一个师的全体官兵主动投降；还有几支部队的战士们把武器扔进了安佩尔河和格隆河。对于慕尼黑人民来说，暴动是一个胜利。巴伐利亚的蓝白两色旗飘扬在了马里恩广场上空。在格恩格罗斯的广播讲话之后，数千名市民开始到街上示威。许多人猜测希特勒已经死了，打电话把这个好消息告诉了朋友们。街上挤满了人群，“战争结束了”的呼声响彻慕尼黑。

但是，上午九点五十六分，南部德国广播电台的一个播音员突然掐断了正常的节目，他说：“现在，请听慕尼黑—上拜恩区区长讲话。”然后，吉斯勒本人开始讲话：“保罗·吉斯勒区长谨向对此表示关注的全体德国人民解释我们地区一个叛国电台的活动：在一个名为格恩格罗斯上尉的家伙的指挥下，一群翻译连的可耻无赖企图制造假象，使人相信他们夺取了慕尼黑政权。”他说，这一切都是谎言，叛徒们很快就会被包围。

十五分钟后，格恩格罗斯又在电台发表讲话，试图消除吉斯勒讲话的影响。他说，冯·埃普将军已交出了整个巴伐利亚。他要求广大人民帮助“新领导人尽快恢复正常生活”。格恩格罗斯的讲话是真诚的，可是暴动已出现了另一个不利的转折。埃普本已准备向弗赖辛的布劳恩少校投降，但是，当他听到格恩格罗斯在广播里说，“巴伐利亚解放行动”发誓要废除武装力量。老将军对此无法忍受，断然拒绝了合作。布劳恩少校非常生气，打发这个“老傻瓜”回了家。

到了中午，目标远大的暴动几近失败。德国西南民事部不断发表广播讲话，谴责占领慕尼黑电台的叛徒。“在格恩格罗斯上尉的所谓领导下的犯罪分子未经抵抗便全部投降了。”一位播音员广播道。然后，他向大家介绍了吉斯勒，吉斯勒叙述了那场企图逮捕自己的失败尝试。

“大家不要拿那个愚蠢的格恩格罗斯当回事，”他继续说道，“他说的没有一句是真的。不过，我还是要号召你们展示出你们对祖国的忠诚与热爱。在战争最艰难的阶段，你们慕尼黑人曾经特别地表现出了这种高度的忠诚和爱国精神……这些可耻的无赖想在最艰难的时刻玷污德国的名字，他们将立即被枪决，彻底消灭。然而，慕尼黑人民永远不会反对同敌人作战的英勇士兵。慕尼黑人民永远不会忘记牺牲的烈士，也永远不会偏离对德国，对阿道夫·希特勒的忠诚！我们要坚持这种忠诚与热忱！德国万岁！元首万岁！万岁！”

吉斯勒迅速控制了全市。“巴伐利亚解放行动”的十六名重要成员和格恩格罗斯的父母都被关进了监狱。到了下午两点，格恩格罗斯本人承认已无法进一步抵抗。他宣布暴动结束，请大家各奔前程。格恩格罗斯和他的三名同谋者，乘着一辆挂着党卫队牌照的汽车逃离了慕尼黑。

暴动结束了，但是“巴伐利亚解放行动”造成的动荡却没有结束。军营里一派杂乱，几近兵变。除了最为忠实的国家社会主义者外，几乎无法组织起任何人。局势非常混乱，不得不把前线的一些部队撤了回来。到了午夜时分，吉斯勒本人也被迫扔下了他的司令部。通向南面和东面的公路上挤满了战士和官员。他们试图逃出正向慕尼黑合拢的三个美国步兵师——第三师、第四十二师和第四十五师的包围。

最后，格恩格罗斯的确实现了他的目标——尽管并非以他所希望的方式。美国部队胜利地开进了一座满是欢呼的德国人的城市，手里只握着一束束的鲜花。

# “意大利解决办法”

随着敌人从东西两侧推进德国领土，越来越多的德国人终于明白，他们不可能赢得这场战争。进行有条件投降的尝试越来越多。从希姆莱到格恩格罗斯，很多人出于不同的动机，都卷了进来。

3 月 1 日，一位国家元首也企图同西方谈判，这就是贝尼托·墨索里尼。墨索里尼派他的儿子维托里奥给米兰的舒斯特枢机主教带去了口信。枢机主教要求见到书面文件。于是，3 月中旬，小墨索里尼带着一份名为《国家元首的谈判建议》的文件再次来到米兰。在这份文件中，墨索里尼提出向盟军最高统帅部投降，“以免给意大利北部人民带来更多的苦难，并保护仅存的工农业财富免遭彻底毁灭……”，从而挽救他的国家免于共产主义的统治。如果能够达成谅解，“当前专门审判法西斯党员的罗马法庭”不去迫害那些曾向意大利社会共和国宣誓效忠的人，墨索里尼会进一步答应解散共和法西斯党。

梵蒂冈对投降感兴趣有三个原因：它希望使意大利北部人民不用忍受德国人和法西斯分子进行最后的绝望挣扎带来的恐怖；保存国家的工业设施；并阻止共产党人夺取政权。几个月以来，多尔曼上校一直在代表沃尔夫将军同舒斯特枢机主教讨论和谈的可能性。枢机主教是沃尔夫与梵蒂冈沟通的渠道。枢机主教曾答应，如果德国人不破坏意大利北部的工业设施，他将充当沃尔夫和意大利游击队之间的调停人。

舒斯特枢机主教通过驻伯尔尼的教廷大使向盟国转达了墨索里尼的提议，但是，直到 4 月 6 日，墨索里尼还是没有收到答复。然而，当天他读到了一则来自瑞士的报道，获悉了另一个寻求和平的行动。当然，这就是“纵横字谜行动”。这篇报道与事实非常接近。

> 星期三（4 月 4 日），驻米兰德军接到命令，不得离开营房。据新法西斯和纳粹圈子的人说，这项措施同旨在解决驻意大利德军命运的谈判有关。游击队运动的两名成员获释，并被送往边界。据说他们随身携带着明确的提议。两人之一名为费卢西奥·帕里，是解放北意大利全国委员会的军事部门首脑。帕里被捕于米兰，并被党卫队关押在维罗纳。

墨索里尼迷惑不解，心烦意乱。他召来了德国驻意大利大使鲁道夫·拉恩博士，要求他作出解释。拉恩当然知道并赞成“纵横字谜行动”，但却佯作不知。他通知沃尔夫，这位意大利领袖非常不安。

第二天，拉恩和沃尔夫打电话给加尔达湖畔大本营里的墨索里尼。这位领袖开始详细介绍他的一个计划。他准备在科莫湖以北的瓦尔泰利纳山区进行最后的死守。沃尔夫忧心忡忡地听着。这样一个行动会危及“纵横字谜”谈判。他告诉墨索里尼，在瓦尔泰利纳设防毫不实际，并建议他“在我们附近活动”。

盟军于 1943 年 7 月打进意大利之后，法西斯领导人发动了政变。他们逮捕并废黜了墨索里尼，让维克多·伊曼纽尔国王重回了王位。9 月份被斯科尔兹内营救出来后，墨索里尼在意大利北部的加尔达湖畔建立了一个新的法西斯共和国政府。但是，他只不过是希特勒的傀儡，因为德国部队控制着整个地区。现在，元首和墨索里尼之间出现了一条深深的裂痕。墨索里尼的最后一线希望是为这场灾难性的战争寻求某种“意大利政治解决办法”。因此，他甚至从未向希特勒报告过在瑞士进行的和平谈判[1]。

1945 年 4 月 11 日，墨索里尼收到了梵蒂冈的一封来信，信中说盟国已

---

[1] 几个星期前，在一次“私下谈话”中，希特勒对亲信承认，他与墨索里尼“牢不可破的友谊”可能是一个错误。“事实上，非常明显，同意大利结盟给我们敌人提供的好处比给我们自己的还要多……尽管我们全力以赴，但是，如果无法赢得这场战争，那么，同意大利联盟将成为导致我们失败的原因之一！如果意大利不卷入冲突，倒是可以帮我们一个大忙。”他说，他仍然对意大利人民保持着“本能的友好感情”。“但是，我真的怪自己没有听从理智的声音。理智曾告诉我，要慎重把握对意大利的友谊。”

断然拒绝了他的提议。墨索里尼顿时觉得万念俱灰。

自从希特勒发动的阿登战役这一搏失败以来，墨索里尼变得格外狂躁。“他纯粹是靠梦想活着，一直生活在梦境之中。”他年轻的通俗文化部部长费尔南多·梅扎索马说，“他与现实没有一丁点的联系。他在一个他为自己臆造出来的世界里生活和行动，一个完全虚幻的世界。他活在时间之外。他的反应，他的欢乐与沮丧同生活从未有过任何关系。它们都是莫明奇妙地突然产生的。”

当伊瓦诺·福萨尼在加尔达湖中的一座小岛上采访这位领袖时，墨索里尼似乎处于半疯癫状态。“如果现在是夏天，”他对这位记者说，“我会脱掉大衣，像个精力充沛的孩子一样在草地上打滚。”福萨尼将这一冲动的幻想归因于如下事实：墨索里尼的卫兵、部长、他喋喋不休的夫人多娜·拉凯莱，以及哭哭啼啼的情妇克拉拉·贝塔西暂时不在他的身边。

他谈及自己的错误，但是又指责其他人犯的错误更大。英国采取了“残忍的外交政策”，而希特勒又不听他的劝告，入侵了俄国，是这些迫使他卷入了战争。他猛烈攻击国王、反动宫廷、总参谋部，以及自私的工业和财政集团。然后，他平静而悲伤地坦白承认，自从在王宫被捕之后，他一直都被监禁着。“我对自己的命运不抱任何幻想。生命仅是永恒之中的短短一瞬。斗争结束之后，他们会朝我吐口水。但是以后，他们可能会来把我擦干净。那时我将微笑，因为我会同我的人民握手言和。”

另一位记者玛德莱娜·莫勒觉得他看上去很像一名罪犯，因为他脸色苍白，脑袋剃得精光，两颗黑眼珠毫无生气。他似乎不止是顺从，甚至还有些低声下气。“你想知道些什么？”他问道，“我记得七年前你到过罗马。当时，我是一个引人注目的人物。而现在，我已经过时了……今天早晨，一只小燕子被困在了我的房间。它拼命地在房间里飞来飞去，最后精疲力竭，掉在了我的床上。我小心翼翼地捧起它，这样就不会吓着它。我拉开窗户插销，然后松开了手。起初，小燕子不明白是怎么回事。它四下看了看，然后便张开翅膀，愉快地轻啼一声，飞向了自由。我永远不会忘记那声愉快的鸣叫。但是，窗户永远不会为我打开，除非是让我走进地狱……”

“是的，夫人，我完了。我的宿星已经落入了尘埃。我仍旧在工作，但我知道一切都只不过是闹剧。我在等待这场悲剧的结局，奇怪地置身其外。一年来，我感觉很糟糕，除了流食，没吃过别的。我不抽烟，不喝酒……总之，也许我是注定了要为我的人民指明道路。可是，你是否曾听说过一位谨慎而精明的独裁者……

“痛苦如此漫长。我就像风暴中一条船上的船长。船只遇难了，我发现自己坐在一条根本无法控制的木筏上，正在波涛汹涌的海洋之上漂流。再也没人听得见我的声音。但是，可能有一天，全世界都将聆听我的声音。”

4 月 13 日夜里，希姆莱打电话给沃尔夫，命他“火速”返回柏林报到——他刚刚获悉这位属下一再尝试进行和谈的事。沃尔夫答应立刻就去。随后，他仔细考虑了一番，写信给希姆莱说，他不能去柏林。

次日，希姆莱打了两次电话，再次命令沃尔夫到柏林来。沃尔夫置之不理，若无其事地参加了墨索里尼在加尔达湖畔召开的每日会议。这位意大利领袖仍然想在瓦尔泰利纳进行最后的顽抗，但是，几乎所有与会者都表示反对。鲁道夫·格拉齐亚尼元帅——意大利军队总司令，一位上了年纪的白发老人——嚷得最凶：就算有可能，如果没有取得德国盟友的完全同意，就把他的部队从前线调回来，那简直太可耻了。

“没人必须去瓦尔泰利纳，”墨索里尼平静地说，“你们每个人都应该为自己作出决定。”

会后，沃尔夫再次试图劝阻墨索里尼去瓦尔泰利纳。

“我还有什么其他牌可出？”墨索里尼问道。

“放弃你的社会主义计划，与西方资本主义讨价还价。”

“太棒了！”领袖回答。沃尔夫觉得他很认真。

“只要耐心一点。”沃尔夫说。他警告墨索里尼，不要再通过舒斯特枢机主教做任何和谈的准备工作。

如果说沃尔夫已经暂时稳住了墨索里尼，但他自己的问题却日益增多。他该如何应付希姆莱要他飞去柏林的命令呢？他发电报给杜勒斯征求意见。杜勒斯通过帕里利警告他，不要去柏林，并且建议他立即带参谋部和家人到瑞士去。

尽管如此，沃尔夫仍然决定冒险前往柏林，面见希特勒和希姆莱。4 月 16 日晚上——朱可夫对柏林发起总攻那天——沃尔夫在首都以南约十六英里处的一个机场降落。格布哈特医生在那里等着他。谨慎的希姆莱想让格布哈特试探一下沃尔夫。格布哈特把他带到地下掩体附近的阿德隆酒店，两人在那里过了夜。次日上午，他们驱车来到疗养院，同希姆莱共进午餐。午餐结束之时，沃尔夫已经让希姆莱相信，他所做的一切都是希特勒的愿望。

这时，卡尔登勃鲁纳闯了进来，说他必须同希姆莱单独谈谈：他刚刚收到一名特工发来的电报，说沃尔夫与舒斯特枢机主教正在进行秘密谈判，并且可能在几天后签订意大利全线停火协定。

沃尔夫被叫回房间，希姆莱愤怒地指责了他。

“我从未亲自同舒斯特枢机主教进行过关于投降的谈判！”沃尔夫发誓说。这是真的；他一直将该责任委派给了一名部下。他的愤怒非常真实，以致希姆莱开始动摇了。但是，卡尔登勃鲁纳却没有这么轻信。他们争论了一个小时。希姆莱一会儿相信这个，一会儿又相信那个。沃尔夫想，这就像是在拔河，而希姆莱就是那根绳子。他很纳闷，这个优柔寡断的小个子怎么竟然曾是他所崇拜的英雄呢？

最后，沃尔夫要求他们一起去柏林，当着元首的面洗清卡尔登勃鲁纳对他的指控。当然，希姆莱拒绝前往。沃尔夫一再坚持，至少要让卡尔登勃鲁纳跟他去。他若有所指地说道，他准备向元首报告，希姆莱和卡尔登勃鲁纳已收到了关于在瑞士进行谈判一事的详细报告——而希姆莱特地禁止他向元首报告有关谈判的消息。他希望，在元首得知此事时，卡尔登勃鲁纳能够在场。

这是勒索，他们三人都清楚。但是卡尔登勃鲁纳没有被吓住。他说他会去地下掩体，而这听起来就像是个威胁。4 月 18 日凌晨一点，两个死对头出发了。整整两个小时，他们肩并着肩，一言不发，车厢里一片难堪的寂静。但是，就在他们走进地下掩体之前，沃尔夫说了几句话，卡尔登勃鲁纳气得脸都白了。“如果你向元首复述你的特工发来的消息，那么，我不会孤身一人上绞架。你和帝国元首会在我身边一起被绞死！”

他们在走廊里遇到了希特勒。“啊！你来了，沃尔夫，”希特勒惊讶地说，“太好了！请等一下，等情况报告会开完。”

凌晨四点，会议室的门开了，菲格莱因招手示意沃尔夫进去。希特勒十分冷淡，开口便直奔主题。“卡尔登勃鲁纳和希姆莱已经告诉我了，你在瑞士与杜勒斯进行了谈判。”他迈步走近沃尔夫，两眼盯着他，“是什么让你公然无视我的权威？作为驻意大利的党卫队指挥官，你只熟悉政治和军事总形势的一小部分。我没有时间，也没有机会向每一位指挥官介绍其他战场的战况，或者政治形势。你要承担多么重大的责任，你明白吗？”

“明白，元首。”

“是什么让你这样做的？”

沃尔夫提醒希特勒，他们在 2 月 6 日同里宾特洛甫举行过一次会议。“您在会上听到了我提出的建议，如果不能确定那些秘密的特殊武器可以及时制造出来，那么，我们就应该开始同盟国谈判。”

他飞快地说着，谁都没有打断他。他始终直视着元首的眼睛，一刻也没有移开——他觉得，如果他移开自己的目光，就会把命丢掉。沃尔夫说，他把元首在那次会议上明显的赞成态度解释成了“祝福”，因此，他便相应地采取了行动。他解释道，由于没时间请示柏林，3 月 8 日，他自作主张地会见了杜勒斯，随后描述了当时的情景。

“现在，我欣喜地向您报告，元首。通过杜勒斯，我已成功地同总统、丘吉尔首相和亚历山大元帅取得了联系。我请求您给我进一步的指示。”

他说完之后，希特勒又盯着他看了一会儿。“好，”他终于说道，“我接受你的建议。你太幸运了。如果你已经失败了，我就会像抛弃赫斯那样抛弃你[1]。”

沃尔夫如释重负，向希特勒介绍了粉饰一番之后的瑞士谈判的情况。他强调指出，鉴于军事形势与俄国的态度，无条件投降不可避免。

“好吧，我会考虑一下这个问题。”希特勒说，“但是我得先睡一会儿。”

傍晚，他们在空袭的间隙又会了一次面。希特勒决定去呼吸一下新鲜空气，叫人拿来了大衣。他与沃尔夫、卡尔登勃鲁纳和菲格莱因一边在总理府花园的废墟中间漫步，一边继续讨论。

“我考虑了今天上午你提出的问题。”希特勒开口说道，但他很快又改变了话题。他首先描述了他为保卫柏林而建立的纵深配备的反坦克系统。每天都有二百五十辆俄国坦克被击毁，他说。即使是红军，也无法承受这样的损失。他们的进攻很快便会停止，但他承认，俄国部队和英美部队最终会在柏

---

[1] 希特勒可能是故意误导沃尔夫。如果他说的是真话，那就意味着他已秘密派赫斯去英国了。那样的话，一旦谈判成功，他便可以抢得头功。

林以南的某地会师。他声称，罗斯福和丘吉尔在雅尔塔会议上同意让俄国人进入欧洲，但是，他确信俄国人不会止足于预定的位置。

“然而，美国人不可能容忍这种情况，因此，他们不得不用武力击退俄国人。到那时，”希特勒忽然停了下来，用锐利而得意的目光盯着沃尔夫，“到那时，人们会花大价钱来请我参加决战——帮助这一方或那一方！”他说，他可以在柏林坚守至少六周，甚至八周，顶住东方和西方的攻势。“在这段时间里，这一冲突将会爆发，然后我便可以作出决定。”

沃尔夫张口结舌。“元首，在这样一场战争中，您应该站在哪一边还不清楚吗？”

希特勒再次转向沃尔夫。稍加思索之后，他说：“谁给我好处最多，我就站在谁那边。”他纹丝不动地站在那里，抬头望向天空，“或者帮助首先同我建立联系的一方。”

沃尔夫心目中的所有英雄都一个一个地倒下了。“这场西欧诸国讨伐本世纪的新成吉思汗的战斗”怎么了？他想道。昔日的理想主义哪里去了？

希特勒继续说道，由于罗斯福总统的去世，盟国的队伍很可能分裂。

“没错，元首，”沃尔夫说，“但是，难道没有人向你报告，我们头顶上每天都盘旋着一万五千架次到两万架次的飞机吗？每一天，每一个小时，”他几乎是在“不可宽恕”地说着，“都有生命和财产损失。难道我们不应该考虑一下这个问题吗？”

“我不能允许自己因为这些报告而软下心肠。”希特勒草率地答道。必须作出最终决定的人不能让自己被战争的恐怖吓倒。“因此，按我说的做：乘飞机回去，代我向冯·菲廷霍夫将军问好！”

他的情绪变了，开始像是在自言自语地说道：“如果我领导的这场德国人民的决战最终失败了，那么，德国人民就不配存在。”来自东方的那个种族将证明自己在“物种上的优越”。到那时，除了“英勇地倒下”之外，别无他事可做。他抬起头，恍惚地看向沃尔夫，突然，他的乐观情绪又回来了。“回意大利去，同美国人保持联系，但是，要看看是否能争取到更好的条件。尽量拖延一下，因为建立在这种含糊不清的许诺之上的无条件投降实在荒谬。”

一个仆人走到他们面前，说道：“元首，晚间情况报告会的时间到了。”

沃尔夫认为墨索里尼被稳住了，其实他错了。这位意大利领袖正准备去米兰，心中隐约地希望通过与民族解放委员会（游击队）或西方同盟国谈判，寻求结束这场战争的“意大利解决办法”。如果不行，他总归还是可以去北面的瓦尔泰利纳，进行最后的防守。“最终，”他对格拉齐亚尼元帅说，“法西斯主义将在这样一个地方英勇地倒下。”

那天，当多恩·潘西诺神父来看他时，他仿佛有些不祥的预感似的说：“现在向我告别吧，神父。谢谢你为我做的祷告。请你继续为我祈祷，因为我需要它们。我知道，我将要被枪毙了。”

太阳落山之时，他在费尔特里内利别墅的花园里同他的妻子告别，也跟他的姐姐埃德维杰说了再见。他还说，他已准备好“进入死亡的无边寂静之中”。然后，他带领一支小车队动身去了米兰。

4 月 20 日，沃尔夫返回了他的指挥部。不管希姆莱[1]和希特勒有何意见，他都比从前更加坚定了在意大利无条件投降的决心。经过相当激烈的争论之后，凯塞林的继任者冯·菲廷霍夫将军终于同意派两名军官去亚历山大的司令部，进行关于投降的谈判。

具有讽刺意味的是，此时杜鲁门和丘吉尔刚刚作出了决定，要停止与沃尔夫或其代表的进一步接触，以避免同斯大林产生更多的摩擦。当天晚些时候，联合参谋部给设在那不勒斯附近的陆军元帅亚历山大的司令部发出了一封电报：

> ……非常明显，至少在目前，驻意大利德军总司令（菲廷霍夫）并未打算按照我们能够接受的条件让他的部队投降。
>
> 在这种情况下，考虑到这个问题在我们同俄国人之间引起的错综复杂的新困难，我们两国政府决定：美国战略情报局应该立即停止同德国密使的接触。美国参谋长们应据此要求战略情报局。
>
> 你应该视此事为已经结束，并且照此通知俄国人……

[1] 几个小时前，希姆莱打电话给沃尔夫，命其不得再前往瑞士，并且威胁地补充说，“为了他们的安全着想”，他已把将军的家人从意大利的布伦纳地区转移到了蒂罗尔。

4月23日，沃尔夫带着他和菲廷霍夫亲自挑选的两个人秘密穿过了瑞士边界，准备协商投降条件事宜。菲廷霍夫的代表是维克多·冯·施韦尼茨中校，此人的祖母是美国第一任联邦首席大法官约翰·杰伊的直系后裔。沃尔夫选的是文纳少校。文纳现在正穿着这位党卫队将军的软呢格子猎装。

三人由魏贝尔少校和胡斯曼博士护送到了卢塞恩。但是，直到他们在魏贝尔家安顿好，魏贝尔才透露说，盟国已终止了一切谈判。几乎和德国人同样愤慨的魏贝尔试图安抚他们。最后，他打电话给杜勒斯。“我们的局势非常棘手！如果不能适当地处理好这件事，那么，我们就会被人嘲笑几百年。”

杜勒斯重申，他接到了严格的命令，不准再同沃尔夫进行任何接触。“可是我们恰恰不能这样做，”魏贝尔对其施加压力，“德国代表已经到了，准备签署无条件投降书，可是盟国却不想见他们！看起来你们似乎是想通过杀人来结束战争。”杜勒斯终于让步了：他会发电报给亚历山大，让他请求联合参谋部允许杜勒斯同沃尔夫恢复“接触”。

但是，魏贝尔无法确定，在收到积极的答复之前，他能否把这三位客人留住。第二天上午，他们像关在笼子里的老虎一样走来走去。沃尔夫说，他必须立刻回自己的司令部，因为军事形势发生了突变。几个月以来，博洛尼亚以南的哥特防线战事寥寥。这条防线从利古里亚海延伸到亚得里亚海，由二十五个德国师和五个意大利法西斯师防守。但是，马克·克拉克中将的第十五集团军刚刚发动了大规模进攻，想夺取博洛尼亚，渡过波河，并且已经突破了德国—意大利法西斯的防线。现在，克拉克已经占据了有利地形，可以出动坦克，穿过波河河谷的平原，毫无阻碍地长驱直入。

更糟糕的是，沃尔夫收到了一封希姆莱发来的电报。电报十万火急，沃尔夫不得不从瑞士边界魏贝尔的家中给他打去电话。希姆莱说：

> 坚守意大利前线，并保证其完整无损，这比以往任何时候都更加重要。停止进行任何谈判。

然而，沃尔夫对魏贝尔说，他仍然希望圆满完成“纵横字谜行动”。不过，随着时间慢慢逝去，意大利南部的盟军司令部始终没有任何答复。

沃尔夫的处境甚至比他自己意识到的还要糟糕。他一直在与民族解放委员会谈判德国投降一事——但这些谈判只不过是烟雾弹，期望能在“纵横字谜行动”成功之前，稳住游击队员。

沃尔夫带领两名密使进入瑞士那天，舒斯特枢机主教警告多尔曼上校，除非沃尔夫本人立即前来米兰，否则，与游击队员的一切接触都将被切断。多尔曼打电话给沃尔夫，向其报告这一最新的危机。沃尔夫指示他“拖延时间”，并告诉舒斯特枢机主教，沃尔夫接受游击队员的条件，并将“尽快”去米兰。

舒斯特枢机主教告诉多尔曼，他安排在三天后，即 4 月 25 日，与游击队员会面。地点在米兰的枢机主教府。沃尔夫必须出席这次会议。

枢机主教还要求墨索里尼参加这次会议，但墨索里尼还没有决定自己的行动路线。人们给他提供了六七种逃跑的办法，包括开飞机送他和克拉拉·贝塔西去西班牙，但他始终无动于衷。

在枢机主教府举行会议那天上午，格拉齐亚尼元帅试图取得墨索里尼的许可，允许他把在克拉克的攻势面前节节败退的部队撤至北方的新阵地，但是墨索里尼拒绝讨论这一问题。他说，他六点钟与舒斯特枢机主教有个约会，他要向民族解放委员会投降，以“避免军队受到更大的损失”。

午后，墨索里尼走出他设在省政府里的总部，登上一辆破旧的高级汽车，准备前往枢机主教府。正在这时，工厂的汽笛长鸣，宣告大罢工开始了。游击队员公开地列队走上了街道。这位意大利领袖要出去一事，甚至都没告诉他的保镖——党卫队中尉弗里茨·比策尔。在最后关头，比策尔冲到了院子里，勉强挤上了汽车。汽车缓缓开动，他摇摇晃晃地竭力稳住身子，因为他的半个屁股坐在领袖的膝盖上。

墨索里尼走进枢机主教府的接待室时，舒斯特枢机主教感觉自己看见了“一个被巨大灾难吓呆了的人”。枢机主教试图使他振奋起来，但他仍旧无精打采，不愿说话。枢机主教请求他投降，以免使意大利遭到无谓的破坏。但是，墨索里尼说，他要率领三千名黑衫党党员在瓦尔泰利纳战斗到底。

“领袖，”枢机主教说道，“别再抱任何幻想了。”他暗示说，这个数字应该是三百。

“可能稍多一点，”墨索里尼答道。然后，他又微笑着补充说，“尽管不会多很多。我没有抱任何幻想。”

当枢机主教提醒他想想拿破仑垮台的情况时，墨索里尼那疲倦的眼睛里突然泛出了生气。“我的百日王朝同样即将灭亡。我必须像波拿巴那样听天由命。”

游击队的三位代表被带进了房间：民族解放委员会的高级军事代表拉法埃莱·卡多尔纳将军、笃信基督教的民主党律师阿塞莱·马拉扎，以及共和党（或行动党）的一位工程师里卡多·尤巴迪。新来的这几位吻了吻枢机主教的戒指，然后被介绍给了墨索里尼。墨索里尼微笑着快步走到他们面前，向他们伸出手。代表们局促不安地同他握了握手。

当满头银发的格拉齐亚尼元帅在墨索里尼的两名部长陪同下大步跨进客厅时，气氛变得愈发尴尬。枢机主教指向房间中央的一张椭圆形大桌子，说道：“我们都坐过去好吗？”

“好，”墨索里尼急躁地说，“你们有什么建议？”

“我得到的命令简单明确，”游击队的发言人马拉扎说，“我只需要求你投降，并且接受你的投降。”

墨索里尼心生不快。“我不是为了这个来的！我知道的是，我们要在这里开会讨论条件。我为什么来这里——为了保护我的手下、他们的家人，以及法西斯民兵。我必须知道他们将面对什么。我的政府成员的家人必须得到保护。此外，我还听说民兵将作为战俘交给敌人。”

“这些只是细枝末节。”另一名游击队员插话说，“我相信我们有权决定这些问题。”

“太好了，”这位意大利领袖说，“这样的话，我们就可以达成某种协议。”

格拉齐亚尼将军跳了起来。他说：“不，不行，领袖！请让我提醒你，我们对我们的盟友负有责任。我们不能抛弃德国人，不能单独进行这种有关投降的谈判。不经德国人同意，我们不能签署任何协议。我们不能忘记责任和荣誉的规则。”

“恐怕德国人并没有被这种顾忌所困扰。”游击队将军卡多尔纳说道，“在过去的四天里，我们一直在同他们讨论投降条件。我们已经就所有细节达成了一致意见，随时都会签订条约。”

马拉扎注意到墨索里尼的脸上掠过一丝痛苦的神情。他问：“德国人没有通知你的政府吗？”

“不可能！”这位意大利领袖吼道，“把条约给我看看！”

当然，墨索里尼其实了解很多，但在与会者们看来，他的惊讶与愤怒似乎很真实。“德国人背着我干这种事！”他跳了起来，宣称在同德国领事交涉之前，他不会采取任何行动。“这一次，我们可以说，是德国背叛了意大利！”

他威胁说要对全世界发表广播讲话，谴责德国人，然后便咚咚地走出了客厅。

最后，墨索里尼终于作出了决定。在省政府，他用手指戳点着一张地图喊道：“立刻离开米兰。目标科莫！”

他身穿法西斯民兵的制服，大步迈上走廊，他的部长们紧跟在他身后。一位部长求他别再去枢机主教府，另一位想确定他会留在米兰。还有两位建议他飞往西班牙，而几乎是与此同时，又有一位大叫道：“别去！领袖！”在这期间，他的秘书一直在他眼前挥舞着一沓文件，要他签字。这简直像是诙谐歌剧里的一幕。

墨索里尼肩挎冲锋枪，两只手里各拎一个塞得满满的公文包。他拥抱了两位老同志，然后大声叫道：“到瓦尔泰利纳去！”

晚上八点左右，墨索里尼的随行人员——包括格拉齐亚尼元帅和德国卫队——分乘十辆汽车在一片狂乱的告别声中开出了院子，向北面的科莫驶去。

“我们去哪儿？”一位部长问另一位。

“上帝才知道，也许是去地狱。”

在一辆挂着西班牙牌照的阿尔法—罗密欧上，坐着克拉拉·贝塔西。“我听任命运摆布，”她给一位朋友写道，“我不知道会在我身上发生什么，但是我不能质问我的命运。”

在卢塞恩，沃尔夫仍然没有收到杜勒斯的回音。他告诉魏贝尔，他不能再留在瑞士了。克拉克正在向意大利北部继续深入，而游击队则要求在米兰一决生死。此外，多尔曼还报告说，墨索里尼行动诡秘，不知道在干什么。

午夜前后，沃尔夫从基亚索穿过边界，回到了意大利。由于旅途劳累，他决定在科莫湖西岸的党卫队边防警察总部洛加特利别墅过夜。他正准备上床，格拉齐亚尼元帅突然闯了进来。他在科莫逃离了墨索里尼一伙，想寻求党卫队的保护。

格拉齐亚尼元帅的到来给了沃尔夫一个意料之外的机会，他想说服这位老人，让他相信率部投降是拯救意大利的最佳方式。起初，格拉齐亚尼严词指责他背叛领袖，但是沃尔夫反驳道，他一直在为意大利的利益着想。他的话非常有说服力，最后，格拉齐亚尼元帅拟就了一份文件，授权沃尔夫率意大利的全部军队投降。

在外面的黑暗之中，还有其他一些不把党卫队看作保护者的意大利人。这就是武装的游击队员。他们刚刚得知沃尔夫到了这里。于是，他们开始悄悄地包围别墅。4 月 26 日拂晓，整个别墅已被牢牢围住。不过，他们忘了割断电话线。

上午晚些时候，魏贝尔少校接到报告，说即将在科莫湖抓到“一条大鱼”。魏贝尔谨慎地询问了几句，便断定了这是沃尔夫。他安排当晚同一个名叫布斯泰利的特工在基亚索车站见面，试图找一个解救沃尔夫的办法。

然后，魏贝尔打电话给格韦尔尼茨。“如果我们不迅速行动，”他说，“沃尔夫就会被杀掉，谈判的事就完了。”

格韦尔尼茨向杜勒斯报告了这个情况。杜勒斯说他很遗憾。他知道沃尔夫有多么重要，但他得到了严格的命令，不能再同沃尔夫接触。“我无能为力。”格韦尔尼茨问，他是否可以得到战略情报局的一名特工唐纳德·琼斯的援助。琼斯的公开身份是美国驻卢加诺副领事。杜勒斯摇了摇头，再次说他已被捆住了手脚。格韦尔尼茨决定自己行动，他冲动地说：“我要出去一趟，两三天便回来。”

“再见。”杜勒斯只说了这么一句。但是格韦尔尼茨确信，杜勒斯的眼里闪过了一丝光芒。八个小时后，格韦尔尼茨和魏贝尔在基亚索下了火车。让他们大吃一惊的是，琼斯竟然在那里等着他们。“我已等候你们多时了，”他说，“我听说你们想解救沃尔夫。”

魏贝尔很快便发现，琼斯对此事一无所知。只是因为布斯泰利的关系，他才插手此事。“解救沃尔夫对瑞士来说相当有好处。”魏贝尔说道，假装这与杜勒斯毫无关系。他请求琼斯助他一臂之力，并提醒他，自己曾多次帮过他的忙。“现在，我希望你也帮我一次忙。”

琼斯欣然同意。他们都认为，解救沃尔夫的唯一方法就是让琼斯大胆地冲过游击队的防线。对于游击队员们来说，代号为“斯科蒂”的他非常有名。

他们打电话给洛加特利别墅。难以置信的是，电话线竟然还通着。他们告诉沃尔夫，很快将有两辆汽车尝试突破游击队的防线去救他。

晚上十点，琼斯的突击小组驱车驶离了基亚索，留下魏贝尔和格韦尔尼茨在一个灯火昏黄的车站小饭馆紧张地等待着。琼斯刚进入意大利境内便遭到了射击。他跳下车，站在前车灯的光柱中。

“是斯科蒂朋友！”黑暗中有人叫道。枪声停止了。他们挥手示意“斯科蒂”继续前行。

格韦尔尼茨和魏贝尔在那家饭馆足足等了两个小时，午夜时分，他们紧张得受不了，便步行来到了瑞士海关。在那里可以看到从意大利来的任何汽车的灯光。他们什么也看不见，只是不时听到远处传来的枪声。要是琼斯在别墅打起来被人发现怎么办？格韦尔尼茨可以想象出一个标题：《美国领事从意大利游击队手中营救德国党卫队将军沃尔夫》。更何况现在杜鲁门和丘吉尔已经答应了斯大林，要停止一切谈判！

他们回到饭馆，坐立不安地又等了一小时，然后再次来到边界。意大利那一侧一团漆黑。他们几次听到汽车驶近的声音，然后又渐渐隐去。凌晨两点，几道细微的光柱突然刺破了黑暗。两辆汽车靠近了边界，是琼斯他们。格韦尔尼茨向自己的汽车走回去。他打算一看到沃尔夫确实获救，便立刻毫不引人注目地离开。

但是，一个高大的身影拨开了人群，径直向格韦尔尼茨走来。那正是沃尔夫。“我永远不会忘记你为我做的事。”他说。格韦尔尼茨决定利用一下沃尔夫的感激之情。他们一起驱车来到卢加诺的一家旅馆。格韦尔尼茨建议沃尔夫给米兰的党卫队指挥官写一封信，命令他停止与游击队作战。

沃尔夫不仅写了这封信，还交出了格拉齐尼亚签署的那份文件。此外，他还答应，要利用自己的影响，阻止对国家财产的破坏，并保护政治犯的生命安全。

格韦尔尼茨问道：“如果希姆莱突然在这里出现，说：‘我要收回指挥权，我要逮捕你。’你会怎么办？”

“如果这样的话，我当然会反过来逮捕希姆莱。”

4 月 27 日下午，沃尔夫独自离开了。他要返回他设在意大利北部的博尔扎诺的新指挥部。为了避免遇到游击队，他不得不从奥地利境内绕行。

格韦尔尼茨驱车前往阿斯科纳，想回家睡一会儿，但刚睡着就被杜勒斯打来的电话吵醒了：华盛顿刚刚发来一封电报，允许他同德国人恢复谈判[1]。而亚历山大的指挥部也发来电报，命令他马上把沃尔夫的两名密使送到意大利南部。

[1] 很明显，在杜勒斯得知此事之前，斯大林便已被告知了盟国政策的这一突然转变。就在前一天，丘吉尔致电斯大林：

我们在几天前已与其中断了一切联系的德国使者现在又来到了卢塞恩湖。他们声称可以全权率驻意大利军队投降。因此，我们已经通知亚历山大元帅：他可以允许这些使者去驻意大利的盟军司令部……请您即刻派俄国代表前往亚历山大元帅的司令部。

亚历山大元帅有权接受他战线上的大批敌军无条件投降，但是所有的政治问题都将留给三国政府解决……

我们在意大利流了很多血，擒获阿尔卑斯山以南的德军是对不列颠民族珍贵的奖赏，而在这一事件中，美国曾经和我们患难与共……

# 独裁者之死

墨索里尼到达科莫市政厅不久，就给多娜·拉凯莱发了一封电报。拉凯莱已经搬到了蒙泰罗别墅，那里距离沃尔夫被游击队包围的洛加特利别墅不足一英里。墨索里尼在电报中告诉他的妻子，他已经到了“我生命的最后阶段，我这本书的最后一页”，并请求她原谅“他在无意中对她做下的一切错事”。他恳求她把两个孩子——安娜·玛莉亚和罗马诺——带到瑞士去，她可以在那里“开始一段新生活”。

多娜·拉凯莱刚刚读完信，电话铃就响了，是墨索里尼。为了找到她，他已经拨了整整一天电话。“我听天由命了，”他以一种平静而顺从的语气说道，“我现在只剩孤身一人，拉凯莱。我非常清楚，现在一切都完了。”简短地跟两个孩子说了几句之后，墨索里尼要求他的妻子到科莫来，最后看他一眼。

他们在市政厅昏暗的院子里道了别。墨索里尼交给她几份文件，其中包括丘吉尔的一些来信。他希望这些可以帮助她越过边境。“如果他们盘问你，拦住你，或者对你不利的话，”他说，“你就要求把你交给英国人处理。”

4 月 26 日，黎明即将到来之时，墨索里尼和一小队人沿着蜿蜒曲折的科莫湖西岸驱车而上。虽然天空飘着如织的细雨，风景却仍然非常美丽。在距科莫二十五英里的梅纳焦，他停在了一位当地法西斯官员的别墅前，并说要在此等候他的部长们，以及新法西斯党书记亚历山德罗·帕沃利尼答应召集的三千名黑衫党党员。在墨索里尼沉沉睡去之后，他的其他随行人员，包括克拉拉·贝塔西，在两辆装甲车和几连共和国战士的护送下追上了他们。

墨索里尼醒来时，发现大路一侧停着长长的一列车队。在这里等黑衫党太危险了，他说。于是，他命令所有人都拐到一条旁路上去。然后，他和克拉拉登上了一辆阿尔法—罗密欧，沿着一条狭窄的山路向西面的瑞士驶去——而党卫队保镖比策尔中尉以及其余的车辆则在后面紧紧跟随。

在格兰多拉小镇上，墨索里尼和他的随从们下榻于米拉瓦莱旅馆。他们在那里四下闲逛，沮丧地听着广播里报道克拉克胜利推进和北部游击队大起义的新闻。

埃莱娜·柯蒂·库恰蒂是领袖一位前情妇的漂亮女儿。她找到墨索里尼，自愿骑自行车回科莫，弄清是什么拖延了帕沃利尼和三千名黑衫党党员。当克拉拉遇到在花园谈话的二人时，歇斯底里地尖叫了起来，说这位姑娘应该被打发走。墨索里尼非常尴尬，试图制止她。在挣扎中，她被地毯绊住摔倒了，于是开始号啕大哭。

下午，三名官员不辞而别，向西面几英里处的瑞士边境走去。正当其他人考虑他们是否也该逃走时，逃跑的三人中有一人跑了回来。他给大家带来了一个令人气馁的消息：他的两个同伴在边境线上被游击队俘虏了。

薄暮时分，墨索里尼不耐烦地告诉比策尔，他要立即出发去瓦尔泰利纳，不等帕沃利尼了。黑衫党党员可以去那里找他。比策尔警告他，游击队肯定设了路障；此外，在试图沿湖边公路逃亡之前，他的手下需要休息一晚。墨索里尼答应在旅馆待到天亮。

当天早些时候，一支由八个人组成的游击队巡逻队走下科莫湖西岸的群山，来到靠近湖北端的多马索城。他们的队长是皮埃尔·路易吉·贝利尼·德斯泰莱伯爵，一个满嘴胡须的二十二岁的帅小伙。他毕业于佛罗伦萨大学法律系。他的父亲是一位骑兵上校，于 1944 年被德国人捕获，饱受虐待后在狱中死去。

科莫附近的游击队是受共产党控制的。但贝利尼和他年仅二十岁的副手乌尔巴诺·拉扎罗都不是党员。而且，实际上，他们强烈反对共产主义。与类似的受共产党领导的小组中的其他很多人一样，他们的主要目标是打击德国人和法西斯分子，以帮助意大利重获和平。

贝利尼的巡逻队进城只是为了买烟。但是，一群人将他们团团围住，并在胜利的喜悦中把他们抛了起来。战争结束了！十几个声音齐声高喊。贝利尼走进一家冰激凌店，听见一位电台播音员正在说："盟军已渡过波河；德军正在撤退。盟军已到达布雷西亚，正在米兰方向集结。米兰爆发起义，游击队已占领城内所有关键场所和大部分兵营。"

热情的市民们叫嚷着要加入贝利尼的队伍。他们希望贝利尼能接管整个多马索地段。但是，贝利尼手中的武器只够武装五十人，而这个地区至少有两百名装备精良的敌人。

尽管如此，贝利尼还是决定行动。他给附近的格拉韦多纳法西斯驻军指挥官写了一封信，要求他在晚上九点之前投降。然后，他让一位姑娘骑自行车沿着湖边公路去科莫，给她遇上的第一个敌军士兵下达最后通牒。类似的信件也发给了其他法西斯分子和德国驻军。

下午，第一个明确的好消息来了：帕索桥的驻军投降了。可是，没过多久，贝利尼便得知，在湖北端的这座关键的大桥附近，新奥洛尼亚的德军正用机枪扫射任何敢于接近的人。贝利尼和拉扎罗大胆地走到了这个德军据点，要求进行谈判。贝利尼声称自己是地区游击队司令，并威胁道，除非德国人投降，否则他就要用迫击炮把德国人炸成碎片。德军指挥官吓得乖乖地交出了他的左轮手枪。

回到多马索时，贝利尼发现市民们正要处死几名法西斯俘虏。"我们游击队员不能让自己为法西斯分子和德国人犯下的全部暴行负责！"他高声喊道，"以怨报怨只会危害我们的事业，把我们降低到和敌人一样的水平！"

午夜时分，贝利尼已经控制了从湖北的大桥到栋戈的十英里长的湖边公路。在栋戈以南半英里处，他用一棵树的树干、几个大石块和带刺的铁丝设置了一道路障。这是一个完美的死胡同。狭窄公路的一侧是向下延伸的陡峭湖岸，另一侧则矗立着一块林木茂密的巨石——穆索岩。然后，被这一整天的艰巨工作累得精疲力竭的贝利尼上床睡觉去了。

此时，帕沃利尼刚刚乘坐一辆装甲车来到了米拉瓦莱旅馆。他告诉墨索里尼，科莫的大多数黑衫党党员已经向游击队投降了。这时，他的脸上还淌着雨水。当领袖问他带来了多少人去瓦尔泰利纳作战时，帕沃利尼犹豫了一下，然后答道："十二个！"

黎明时分，墨索里尼和剩下的随行人员加入了向湖边公路驶去的一支由二十八辆卡车组成的德国车队。装甲车里坐着帕沃利尼、几名政府官员，还载了两皮箱的文件和钱。在车队末尾附近那辆挂着西班牙牌照的黄色阿尔法—罗密欧里，坐着克拉拉、她的兄弟和她兄弟的家人。

墨索里尼独自开着他的阿尔法—罗密欧走在前面。在梅纳焦市郊，他叫住一个行人，问他附近是否有游击队。回答是："到处都有！"墨索里尼停住车子，走向装甲车，钻了进去。当车队穿过距栋戈一英里的穆索时，已经将近六点三十分了。突然，前方半英里处，隐约露出了一棵缠满带刺铁丝的巨大树干。那正是贝利尼的路障。

游击队的机枪手们朝天打了一梭子，以示警告。装甲车开火回击，打死了一个步行去栋戈的老工人。不过，车队里的一辆车上摇起了一面白旗，枪声停止了。两名游击队员从路障后面走出来，一位德国军官迎了上去，要求见他们的指挥官。

在多马索，一个手下把贝利尼叫醒了，告诉他有一支德国车队正向栋戈方向驶来。"告诉前方路障拦住这支队伍，"他命令道，"不管发生什么，不许任何人通过。"

贝利尼派了两名信使去北面寻求支援，自己则在拉扎罗的陪同下驱车全速向栋戈赶去。途中，他指示拉扎罗，在他尝试谈判时，要把他们的全部兵力部署在可以俯瞰路障的那块大岩石上的关键位置。

在栋戈，一个宪兵向贝利尼报告了路障那里的最新消息。伯爵开始沿着公路向前走去，几分钟后，他碰上了站在装甲车旁的三名德国军官。德国指挥官操着一口非常流利的意大利语自我介绍说，他是奥托·基斯纳特上尉。"我奉命带我的手下去梅拉诺（位于奥地利边境附近），我正打算去那里。我们要从梅拉诺进入德国，在那里继续和盟军战斗。我们不打算与意大利人作战。"

贝利尼回答说："可我也得到命令，要拦阻一切敌军队伍，不能让任何人通过。"实际上，他根本没得到任何命令，只是认为这样可以吓唬一下德国人。"因此，我要求你们投降，我会保证你和你手下的安全。"

"但我们双方的最高统帅部已经达成了一项协议，"基斯纳特在虚张声势，"我们德国人不准袭击游击队，而游击队要允许我们自由通过。"

"我没得到这样的命令。"

“我们已经从米兰一直走到了这里，所有人都让我们通过，一枪没放。这就证明的确有这项协议。”

“如果你们真的一直走到了这里，只能说明你们没遇上任何游击队，或者说你们遇上的人兵力不足，没有攻击你们。”贝利尼决定比他更虚张声势，把他吓退，“我们已控制了整个地区，并占据了有利地形。而且，我还拥有一支强大的队伍。你们已经进入了迫击炮和机枪火力的范围。我可以在十五分钟之内把你们彻底消灭。”

拉扎罗把贝利尼叫到一旁，告诉他这里有二十八辆满载德国兵的卡车、一辆装甲车、一辆德国指挥官的小车，还有十辆挤满了老百姓的小汽车。拉扎罗说，每辆卡车上都有一挺重机枪、几支冲锋枪和一些轻型防空炮。

贝利尼知道，如果真打起来的话，他不可能牵制住这样一支力量。他决定要在北面几百码处的奥尔巴河谷桥底下埋地雷。但是，这需要时间。伯爵回到了三个德国人身旁。“首先，”他说，“我们必须知道和你在一起的是些什么人，并且，他们中间是否有意大利人。”

基斯纳特承认装甲车里的确有意大利人，其他车里也有几个。“他们不由我负责。我只关心我的人。你是怎么决定的？”

“我们决定，没有命令，就不能放你们过去，我们负不起这个责任。我们的指挥部离这儿有一两英里，我们要去那里请示一下。最好你们中间有谁和我们一起去，和我们的上级直接联系。”贝利尼根本不知道他的师部在哪儿。他只是想把基斯纳特和他的手下分开，这样他们就无法行动了。

当贝利尼告诉基斯纳特，去那里需要一个半小时的时间时，基斯纳特说：“太远了。我们没有时间可以浪费！你还是现在就作出决定吧。”

“不可能，”贝利尼简短地答道，“我不能放你们过去。”

最后，基斯纳特说，如果可以坐德国车的话，他就同意和贝利尼一起去他的司令部。

贝利尼低声告诉拉扎罗，在前面展示一下他们的力量：所有武装人员都站到公路上去，劝老百姓穿上些红色的东西，让他们看起来也像游击队员。

贝利尼和基斯纳特乘坐一辆德国车进入栋戈，路过了一些简单的路障和一群身披红绸巾形迹可疑的人。在湖尽头的桥上，贝利尼叫住一位游击队员，问道：“所有人都各就各位了吗？地雷准备好了吗？”

游击队员疑惑不解，直到看见伯爵眨了眨眼，他才突然醒悟，说道：“一切都准备好了。该点导火索时请预先通知我。”

贝利尼继续向北驶去。当基斯纳特已经到达忍耐的极限时，他停下车来，假称他必须独自一人步行去司令部。他会带回最终的决定，他说。

在穆索，离路障不远的地方，教区神父马伊内蒂先生正要走进他的家门，一个留着胡子的人朝他跑了过来，对他说道："我有话必须跟您说，我的神父！我要投降，但我不希望我的被捕引起任何麻烦。绝对不能。我要去您家里。您去叫一个游击队员来，然后我就投降。”此人是尼科拉·鲍姆巴奇。三十年前，他和墨索里尼都是社会革命党人。后来他成了意大利共产党的领导人，而且和列宁交上了朋友，不过，最终还是被清除出党了。现在，他是墨索里尼最亲近的顾问之一。

“都是我的愚蠢害了我！”他说。他透露说，领袖就在路障那边的车队里。

正在他们交谈之时，另外一个老百姓模样的人和一个男孩一起走了过来，说道："我叫罗马诺，是政府的一个部长。我儿子和我在一起。我想把他托付给您，因为我不知道会在我身上发生些什么。”

神父刚把这个十五岁的男孩带进家里，一群政府官员——包括梅扎索马部长和保罗·泽比诺部长——便敲响了他的门。“我们都是要人，”一个人对神父说，“请您为我们说句好话吧！”

贝利尼和基斯纳特回到了路障前。他说自己已从司令部得到了命令，但却丝毫不漏口风。所有人都期盼地转向贝利尼，他知道，再也拖不下去了。他盯着基斯纳特的眼睛，坚定地说："我们的决定是：首先，只允许德军车辆和德国士兵前进；因此，所有意大利人和平民的车辆都要交给我们。其次，所有德军车辆必须在栋戈停下接受检查，而德国人员必须出示他们的身份证件。第三，你们还需要在帕索桥再停一次，等待批准后你们继续前进。”

基斯纳特犹豫了片刻，然后说道，他不能在“危难时刻”抛弃他的意大利盟友。但贝利尼毫不动摇。于是，德国人要求给他半个小时，让他和他的军官们“商议”一下。

贝利尼点了点头。他坐在路障上，点着了一支烟。这时，一位神父神秘地低声对他喊道："过来！”是马伊内蒂先生。

“什么事？”

“墨索里尼在这儿！不要让他走，我们肯定他在这儿！”

贝利尼不敢相信。不过，他还是叫拉扎罗去调查一下。拉扎罗朝车队走去，但他并没把这个命令当回事，也没有执行。

基斯纳特又来找贝利尼。他说，如果装甲车上的乘客也接受这些条件，他就接受。

贝利尼向站在装甲车附近的一群人走去。装甲车停在路中间，挡住了车队。“这里由谁指挥？”他问。

一位身着便装的中年人上前一步，说道：“我叫弗朗切斯科·巴拉库，内阁副国务秘书。”他的胸前戴着一枚勋章，表明他曾在战争中因伤致残。接着，他介绍了他身边站着的两个人，墨索里尼的军事副官卡萨利诺沃中校和一名叫做乌坦佩尔热的黑衫党党员。

贝利尼用军礼回敬了他们的法西斯礼，然后问道：“你们有何打算？”

“当然是继续和德国车队在一起。”巴拉库略感意外地答道，“这还用问吗！”贝利尼建议他投降。“不，我们必须不惜一切代价从这里过去。我再说一遍：我们要跟德国车队一起走。”

贝利尼对巴拉库的军人姿态印象深刻，但仍说道，他已和德国人达成了一个协议，要分解这支队伍。“你们不要自欺欺人，认为德国人会为了你们的安全而冒险战斗。他们不想再打仗了——这是很明显的。”

“就算这样，我们也必须继续赶路。”

贝利尼重复道，这绝无可能。“你们想去哪儿呢？”

“你是一名战士，而且行为也像是一名战士。”巴拉库循循善诱地说道，“因此，你会理解像我这样一个老兵的。”他说，他曾宣誓要帮助的里雅斯特抗击铁托的斯拉夫人。“如果我们可以到达那里，我坚信我们能够组织起一场抵抗运动，那样的话，至少可以试着拯救我们祖国的这一部分，为了它，曾有无数意大利人洒下了他们的热血。”

贝利尼彬彬有礼地听着，然后说道，即使他把这一伙人放过去，另外一批游击队员也会很快拦住他们。至于的里雅斯特的未来，将由盟军去决定。

“你是个什么样的意大利人？”乌坦佩尔热突然激动地叫道，“难道你忘了那些为保卫的里雅斯特而牺牲的父辈了吗？”

“就我对祖国的热爱而言，”贝利尼刻薄地说道，“无论是从你，还是那些你的同类身上，我都学不到任何东西。你们欢迎了外国侵略者，驱逐并且屠杀了自己的同胞！”

“我认为每个人都是根据自己的理解在履行职责。”巴拉库以一种调解的语气插嘴说。他再一次请求允许通过。

“你可以看到，德国人开始紧张了，”贝利尼说，“既然我们还没达成协议，我认为最好是先让他们过去，起码开到栋戈，那时我们可以心平气和地重新开始讨论。”

让他意外的是，巴拉库也觉得这是一个好主意。贝利尼告诉基斯纳特，可以开动了。装甲车开到路边，让车队过去。墨索里尼蜷缩在一件德国军用大衣里，也坐在其中一辆敞篷卡车上。

只有一辆民用汽车被允许跟着卡车队——那辆挂着西班牙牌照和外交标记，飘着西班牙国旗的阿尔法—罗密欧。车里坐着冒充西班牙领事的马切洛·贝塔西，他的夫人和孩子，以及他的妹妹克拉拉。

巴拉库又一次开口恳求，但贝利尼非常坚定。最后，巴拉库问道，他是否可以返回科莫，向他的上司解释为什么他不能去的里雅斯特。

“你的上司？是墨索里尼吗？你希望在哪里找到他呢？”贝利尼问道。

“我不是说墨索里尼。我的意思是格拉齐亚尼元帅，我当然知道他在哪儿。”

贝利尼还是拒绝了这一请求。卡萨利诺沃和乌坦佩尔热不禁开始叫嚷。“闭嘴！看在上帝的份上！”贝利尼也高声嚷道，“让我们来作决定。你们想听就听着，但是闭紧你们的嘴！”

三人中有两个回到装甲车前，开始激动地和车里的一个什么人讲起话来。贝利尼想起了神父跟他讲的。墨索里尼真的有可能在这里吗？他从装甲车的后门迈上去，仔细察看了一番车内的人。“看清楚了吗？”乌坦佩尔热嘲讽地问道，“你期望找到谁？”

贝利尼决定让巴拉库返回科莫；毕竟，他只是个残废的老兵。他告诉巴拉库，装甲车可以在二十分钟后往回走。“但我警告你——如果你们试图往前走，我们就会开枪。”

伯爵又通知大岩石上的人，装甲车要掉头返回。只有在它企图朝栋戈方向开去时，他们才能开枪。

三点十五分，装甲车开始往前开，想找一个路面宽敞的地方掉头，然而，大岩石上的游击队员以为他们是要去栋戈，于是便开了火。他们打了一梭子子弹，又向装甲车底下扔了个手榴弹。手榴弹爆炸了。一块白布探出了炮塔。帕沃利尼从后面跳下车，沿着湖岸向下面的湖边跑去。负责看管墨索里尼文件的那个黑衫党党员抱着一沓文件紧随其后。巴拉库的右臂中了一枚榴霰弹，而卡萨利诺沃和乌坦佩尔热都在公路上被擒获。

栋戈城的广场完全可以成为一出浪漫歌剧的完美布景。广场的三面都是中世纪建筑，冰雪覆盖的阿尔卑斯山是背景的幕布，而在舞台前面，就是科莫湖。

拉扎罗正在这里检查德国车队，突然听见了枪声。他非常担心，但还是继续检查着车队排头附近的德国士兵的身份证件。突然，有个人很兴奋地叫道："比尔！"——这是他在游击队里用的名字。是当地的鞋匠朱塞佩·内格里，他刚刚因为帮助游击队而坐了三个月的牢。

"什么事？"拉扎罗问道。

"我们终于抓住了那个大杂种！"内格里低声说道。

"你在做梦！"拉扎罗说。

"不，不，比尔，是墨索里尼。我亲眼看见了他。"

"在哪儿？"

"就在这儿的一辆卡车里。穿得像个德国人！"

这太让人难以置信了，但是拉扎罗的脉搏却开始加速。"你肯定是看错了！"

"我看见他了，一眼就认了出来。我发誓，真的是他，是墨索里尼本人。"他解释说，在检查一辆卡车上的德国人证件时，他发现一个人蜷缩在驾驶室附近，毛毯一直裹到了肩膀。"他把军大衣的领子竖了起来，又把德国头盔盖在脸上，所以我看不见他的脸。于是，我向他走去，要看他的证件。但是车上的德国人拦住了我，说：'酒鬼，酒鬼。'"于是，鞋匠在他身边坐下，拉下了他的领子。"他一动没动。我只看到了他的侧脸，但立刻就认出了他。比尔，肯定是墨索里尼。我发誓。我没透露我认出他了，赶紧下车来告诉你。"

两人沿着这排敞篷卡车往回走，最后，内格里停了下来，指着一个衣领翻起、钢盔盖在眼睛上的士兵。拉扎罗走近卡车，伸手拍了拍蜷缩者的肩膀。

“同志！”

那人对这声法西斯式的招呼恍若未闻，于是拉扎罗又拍了拍他的肩膀，讽刺地说：“阁下！”还是没有反应。拉扎罗暴躁地叫道：“贝尼托·墨索里尼骑士！”

那人抖了一下。拉扎罗确信，他认出了墨索里尼。拉扎罗跳上车，一群人围了过来。他走到那个蜷缩着身子的人旁边，摘掉他的头盔，一个秃头露了出来。拉扎罗取下这人的墨镜，翻下他的衣领，正是墨索里尼。他紧抓着一支冲锋枪，将其放在两膝之间，枪托抵着下巴。

拉扎罗夺过枪，把墨索里尼拎了起来。“你还有其他武器吗？”墨索里尼一言不发，解开大衣纽扣，递给他一支九毫米口径的“格利森蒂”长管自动手枪。

两人互相凝视着。拉扎罗一时不知所措。这就是那个他既敬畏又诅咒的人。墨索里尼面色蜡黄，似乎在等待拉扎罗说些什么。他看上去一点也不害怕，只是非常疲劳。

围观的人群开始愤怒地叫嚷——两天前，四名当地的游击队员被法西斯分子谋杀了。

拉扎罗想说几句有历史意义的话，可他脑海中唯一出现的是：“我以意大利人民的名义逮捕你！”他很惊讶，自己的语气竟如此平静。

“我不会反抗。”墨索里尼沉闷地说。

“我可以向你保证，只要你在我的看管下，没人会动你一根头发。”话刚出口，拉扎罗便意识到，对一个几乎完全秃顶的人讲这种话，简直太可笑了。

“谢谢你。”墨索里尼说。

当拉扎罗押送他穿过广场，向市政厅，也就是从前的曼季宫走去时，人群涌了过来，开始破口大骂。

一个身材高瘦的男子走近墨索里尼，问道：“你知道我是谁吗？”

“不知道。”领袖回答，转身避开了他。

“我叫鲁比尼，是鲁比尼部长的儿子。你不记得你曾三次把我召回罗马吗？”塔一样的鲁比尼在矮胖的独裁者头顶晃悠着。墨索里尼的大衣没系扣子，几乎碰到了地面。“我是栋戈市长。你现在记起来了吗？”

“对，对。”墨索里尼说，“我现在想起来了。”众人的斥骂变得更为激烈。

“不用担心，”鲁比尼博士安慰他说，“在这里，你不会受到伤害。”

“我对此非常确信，”墨索里尼半信半疑地答道，“栋戈的百姓非常宽宏大量。”

当他们进入市政厅时，拉扎罗问道：“你儿子维多里奥在哪里？”

“我不知道。”

“那格拉齐亚尼元帅呢？”

“不知道。我想他在科莫。”

拉扎罗押送他来到了一个大房间。房间里摆放着简单的家具，窗外就是广场。十几个好奇的市民挤过了拦阻的卫兵，一直跟在他们后面。墨索里尼脱下德国大衣，坐在一条长凳上。

“你想喝点什么吗？”拉扎罗问道。

“谢谢你。我要一杯水。”

“为什么你的部长们坐在装甲车里，而你却与德国人一起待在卡车里呢？”

“我不知道。他们让我坐那辆车。也许他们最后还是背叛了我。”

拉扎罗下令清空房间。“任何人都不得打扰这个俘虏，”他对一个卫兵说道，“一定要保护好他。如果必要，你可以开枪。”

突然，门猛地被打开了。两个游击队员将巴拉库、卡萨利诺沃和乌坦佩尔热推了进来。

一见到墨索里尼，他们立刻啪地立正。“领袖万岁！”

他心不在焉地点了点头。

人群拥在门前，试图挤进来。“把他们都赶走！”拉扎罗命令道。他让一个游击队员把墨索里尼被擒的消息告诉贝利尼。然后，他又回到了德国车队那里。

“有一位西班牙领事想马上动身。”一位游击队员告诉他。

“你检查过他的证件了吗？”

“检查过了，似乎都没问题。他说他必须立即回瑞士，因为有一个约会。我可以放他过去吗？”

“等一等，我要亲自去看看。”拉扎罗走到一辆黄色的阿尔法—罗密欧跟前。司机是一个身材魁梧，满头金发的男人；他那短粗的下巴上有一块胎记。他身旁坐着一位美丽的少妇，正紧张地看着拉扎罗。后座上坐着另外一位妇女，脸半躲在皮衣领子里，旁边坐着两个孩子。

拉扎罗迈上了踏板。“您是西班牙领事吗？”

“对，”马切洛·贝塔西一脸恼怒地答道，“我有急事。”

他那流畅的意大利语引起了拉扎罗的怀疑。“我可以看一下您的证件吗？”

贝塔西非常生气，但最后还是交出了三本黄色封皮的护照，上面盖着“西班牙驻米兰领事馆”的章。拉扎罗不喜欢这位“西班牙官员”。当他发现其中一张照片上的章是印上去的，而不是用钢印压上去的，心中不禁暗暗高兴。“这些护照是假的，”他说，“你们被捕了！”

后座上的贝塔西夫人用哀求的目光看着拉扎罗。

“你这是什么意思？”贝塔西咆哮道，“你会为此付出代价的。”他说，他与一位英国贵族约好了晚上七点在瑞士见面。“我从没见过这样无礼的行为！”

拉扎罗将护照放进衣袋，命令抗议连天的贝塔西把车开到市政厅去。然后，他动身去找贝利尼。

在城边的公路上，他遇到了伯爵。“我刚刚在栋戈抓住了墨索里尼。”他若无其事地说道。

贝利尼的第一个念头是：真是一个多余的麻烦！“很好。”他说道，“我们去看看。”

墨索里尼仍旧坐在长凳上，茫然地看向空中。在贝利尼眼中，他显得老朽不堪。

贝利尼说自己是指挥官。“我向你保证，你不会受到任何伤害。”

领袖用探寻的目光看着年轻的伯爵，然后低下头沮丧地咕哝道：“谢谢你。”

贝利尼找到巴拉库，当地的药剂师已将他的右臂用绷带包扎好了。“你为什么要试图往前走呢？”贝利尼问道。巴拉库说话不算数，这让他很痛心。“你们为什么开枪？”

巴拉库解释道，是游击队员先开的枪。“你不能认为是我违背诺言！”

贝利尼关切地询问了巴拉库的伤势，然后起身去看一眼那些“西班牙人”。他们已被带到市政厅的一个小房间里。贝塔西立刻从他的椅子上站了起来，伸出手，自我介绍说他是西班牙领事。“我非常着急。我在米兰使馆工作，现在肩负着一项最为重要的外交任务。”他要求准许他和他的妻子儿女马上离开。

贝利尼说，只有等到他们的证件被核实，才能放他们走。他朝着克拉拉的方向点了下头。“那位夫人是和你们一起的吗？”

贝塔西看看他的妹妹。“不，我们不认识她。她要求搭车，我们只是顺路捎带着她。”

一个孩子跑向身材高大、一头金发的贝塔西太太，用意大利语问道：“妈妈，我们为什么要在这里待着？这些愚蠢的游击队员不让我们走吗？”

“您对孩子教育得不错，太太！”贝利尼说道。

她结结巴巴地道着歉：“您知道，孩子们就这样……他们听什么就学什么。”

“那您呢，太太，您是谁？”贝利尼转向克拉拉问道。她很漂亮，他想道，但是看上去精疲力竭。

“噢！我不是什么特殊人物。骚乱爆发的时候，我恰巧人在科莫，为了逃避危险，我请求这些人让我搭车，好去一个宁静的地方。毫无疑问，现在我陷进了麻烦之中。你要拿我怎么办？”

贝利尼说稍后再作决定。他敬了个礼，离开了。

拉扎罗正在大房间里检查部长们的公文包和皮包。检查完之后，他问墨索里尼：“你的呢？”

“我只有一个皮包，在你身后。”

拉扎罗把一个黄褐色的皮包放在桌子上。他刚要打开皮包，领袖便一脸严肃地低声对他说：“那些都是秘密文件。我警告你：它们都非常具有历史意义。”

拉扎罗匆匆扫了几眼那些文件。其中有关于的里雅斯特和维罗纳审判[1]的材料，以及一份逃往瑞士的计划；还有一个文件夹，装的全是与希特勒的往来信件。在文件底下，有一百六十个金币。

“这是打算给我最信任的朋友的。”墨索里尼嘟哝道。

拉扎罗还找到了五张支票，其中三张都是五十万里拉的。他把钱放到一

[1] 墨索里尼对1943年7月25日政变中逮捕他的意大利人所进行的审判。

旁，然后把余下的东西递给了墨索里尼：一双黑色皮手套、一块手帕和一支铅笔。他递给墨索里尼一支烟。领袖谢绝了，但巴拉库接受了。

贝利尼刚回到小房间，就听见外面一阵骚动。他看见三个游击队员从码头把帕沃利尼押来了；他浑身透湿，正在往下滴着水。贝利尼害怕大家会对这个让人深恶痛绝的家伙处以私刑，忙冲了出去，把他护送到了市政厅。

帕沃利尼的前额上淌着血，浑身颤抖着。当他看见墨索里尼时，无力地举起右前臂行了个礼。墨索里尼微微地点了点头。

直到傍晚，贝利尼才完全意识到抓获墨索里尼所需要承担的沉重责任。他必须提防两种危险：一是另外一支德国队伍可能会试图解救领袖，二是市民可能会杀掉他。

经两位共产党游击队领导人——米凯莱·莫雷蒂和内里上尉（他的真名是路易吉·卡纳莱）——的同意，贝利尼决定把领袖转移到一个较为安全的地方过夜。首先要把他公开地送到约三英里外的山上的吉尔马西诺边防兵营，然后再让几个心腹把他秘密带到一个最终的藏身之所。

当墨索里尼和边防兵营的一名中士登上汽车时，太阳就快落山了。贝利尼坐在司机身旁，后面跟着一卡车的游击队员。他们当着众人的面驶出了城区，然后开上了一条极为陡峭原始的山路。贝利尼看着科莫湖变得越来越小，而地平线却越来越宽，露出了白雪皑皑的山峰。在那群山之中，贝利尼曾经经历了整整一年的艰难与危险。现在差不多要结束了，他可以回家了——如果他还有家，如果他的家人还活着的话。

他本该痛恨后座上的那个矮胖子，但奇怪的是，他恨不起来。他转过身去，掏出一盒烟。

“不用了，谢谢。”领袖说道，然后又解释说，他很少抽烟。

“我一直羡慕那些从没抽过烟的人。想抽烟却没有烟可抽，这简直太可怕了。”他们都一言未发。随后，贝利尼又转过身去，说道：“你这一生做了许许多多的事情，有好的，有坏的……但我永远也不能理解的——也是我永远不能原谅的——就是你让你的部下对落到你们手中的我们的同志那样惨无人道，那样野蛮……”

“你不能因为这个而指责我！”墨索里尼激动地说道，“这不是真的！”他一拳砸上自己的膝盖，说他有材料可以证实这一点。

到了兵营之后，贝利尼再次向墨索里尼保证，他是安全的。“所有人都得到了命令，要体谅你，要听从你的愿望。再见。我们很快就会再见的。在我走之前，你还想要些什么吗？”

领袖说不要什么，但是随后便改变了主意。“我希望你能向一位被你们扣留在栋戈的女士转达我友好的问候。她和一位西班牙绅士在一起。”

“你希望我对她说些什么呢？”

“噢，没什么特别的。就说我很好，我向她问好，她不用担心我。”

“一定办到——但是，告诉我，这位女士是谁？”

“噢，你知道……是一位密友。”

“如果你想让我跟她谈话，至少要把她的名字告诉我。”

“她的名字有什么关系呢，”领袖尴尬地说，“她只是一个好朋友，我不想给她带来任何麻烦，可怜的女人。”

贝利尼说，他还是要知道她是谁。

墨索里尼偷偷地环顾了一下四周。“是贝塔西夫人。”他轻声说道。

和其他人一样，贝利尼知道她是领袖的情妇。“我会给这位夫人带去您的口信。”

“求您别对任何人透露这件事！”墨索里尼说，“我相信您，但这个秘密应该只有我们两人知道。我不希望她因为我的缘故而受到任何伤害。您必须答应我，不会让其他任何人知道。”

贝利尼敬了个礼，离开了。

墨索里尼放松了下来。晚餐时，他给卫兵们描述了他去俄罗斯见斯大林的过程，以及大英帝国迫在眉睫的崩溃。卫兵们听得目瞪口呆。“青春是美好的，美好的！”墨索里尼高声感叹道。一个年轻的卫兵微笑起来，于是他便说道：“没错，没错，我就是这个意思。青春的确是美好的。即使年轻人手持武器对着我，我还是喜欢他们。”他把他的金表递过去，“拿着它，将来好纪念我。”

在市政厅的一个小房间里，克拉拉·贝塔西向一名卫兵要了一杯白兰地。但是，酒拿来之后，她只是浅呷了一口。她仍然戴着头巾式的帽子，穿着一件貂皮大衣；左手还戴着一枚金的结婚戒指。她又要了咖啡，挑剔地品尝了一下之后，她说不太好，问是否能再要杯白兰地。

卫兵让她喝他刚才端来的那杯。

“那里面有灰尘了，”她有些愤怒地说，“可能会对身体有害。”不过，最后她还是端起了那杯白兰地，揩了揩酒杯边沿，然后把它喝了。“我希望这不会使我生病。”她说道。

她被一枚别针刺破了手指，要求找一个医生来；然后，她又弄坏了一个指甲，要一把指甲锉。

当贝利尼走进来时，只有她独自一人。“有人托我代他向您致意。”贝利尼平静地说道。

她吃惊地抬起头。“向我致意？是谁？”

“一个我刚刚离开的人。”贝利尼坐到她身旁，“我的俘虏之一。”她唯一认识的是让她搭车的那位西班牙绅士。“不，是一个您非常熟悉的人。墨索里尼。”

“墨索里尼！但我不认识他……”

贝利尼说，不用再假装了。“我知道您是谁，太太。墨索里尼亲口告诉我了。”他站起来装作要走。他想，她只不过是一个女冒险家。

“拜托，”她说，“您能向我保证吗？真的是墨索里尼本人托您带的口信？”

“我再对您说一遍，我知道您是谁。您是贝塔西夫人。”

她深深叹了口气。“对，没错。我是克拉拉·贝塔西。”突然，她提出了一大堆问题。墨索里尼捎来了什么口信？他在哪里？他处境危险吗？谁是这里的指挥官？

贝利尼恳求她冷静下来。他就是这里的指挥官，他说，墨索里尼没有任何危险——不过只是眼下。

“眼下？”她惊慌地叫道，“为什么是眼下？他会出什么事吗？发发慈悲吧！告诉我！”

他告诉她，如果没有人企图解救墨索里尼，他就不会受到任何伤害。

“解救他？这世上有谁会做这事？只要你知道近些天来我所看到的事！上帝，多么卑鄙啊！树倒猢狲散。全跑了。他们只想着挽救自己这具可怜的皮囊。没有一个人想想他们曾声称爱戴过的这个人，他们本该为他抛弃自己的生命……”她抽泣起来，然后又安静了。贝利尼坐在那里看着她，想知道自己是否一直对她有所误解。“他让您对我说些什么呢？”她又一次问道。

“他只是让我向您转达友好的问候，不用担心他。”

她乞求他把墨索里尼交给盟军。贝利尼说：“这事与盟军毫无关系。相反，我会竭尽所能保证他不落入他们手中。他的未来只与意大利人有关……”

当他起身时，她又有些犹豫地问道：“告诉我，你们会怎么对待我呢？”

“我不知道。您和墨索里尼非常亲近，而且太有名了。当局会作出决定。”

突然，她问贝利尼，他是否相信她是由于自私自利才成了墨索里尼的情妇。

他非常为难，回答不了这个问题。

“噢，上帝！您也相信！您相信关于我的那些传闻！”她开始呜咽，“我那么爱他，我们心心相印，只有和他在一起时，我才觉得自己活着。但是，好景从来不会长久。您必须相信我！”

有那么一会儿，他认为她是在演戏；随后，他和善地说道，他相信她所说的一切。

她用手帕捂住眼睛。“您的心真好。”她的声音在颤抖。然后她问，他是否可以帮她一个忙。

他说，他必须先听听是什么事。他把自己的椅子挪近了一些，点上一支烟等着。她似乎是在组织思路，半闭着眼睛。最后，她用一种平静的语气告诉他，她是在 1926 年遇到墨索里尼的，当时她只有二十岁。“他仍然看上去很年轻，总是想方设法隐瞒他的年纪。”他当时四十三岁；打动她的不是他的外貌，而是他强烈的个性和给她留下的坚定、果敢的印象。然而，她感觉他在强颜欢笑，心神不宁；她感觉他有那么多的情妇，却没有一个给过他真正的爱情。“但是，我所期望的全部，就是他能像对待一个亲爱的、可信赖的朋友那样想着我，当他面对我时，可以暂时摆脱生活的压力。”

她问贝利尼，这么长的一个故事，会不会让他厌烦。贝利尼诚实地回答说，当然不会。她向他讲述了她和墨索里尼之间的爱情，而她对政治全然不感兴趣；还有，就连他以前的情妇们都去向她寻求帮助。“请相信我，我经常为这些女人说好话。我一直知道他有过很多情妇，可那并没让我嫉妒。我理解她们，也原谅了她们。能做一个可以支配他的心和他的情感的女人，我就很满足了。”因此，她从没想过要在最后时刻离开他。她凑过身来，握住贝利尼的手，说道：“让我去见他！”

贝利尼大吃一惊。他轻轻推开她的手，说法西斯分子可能会试图解救领袖，那会威胁到她的性命。

“现在我知道了，”她叫道，并且不断地重复，“你们要杀死他！”最后，她用颤抖的手指擦干了眼泪。“您必须答应我，如果墨索里尼被杀，我要待在他身边，直到最后一刻。我要和他一起被枪毙。这个要求过分吗？”

“可是，太太……”

“我要和他一起死。”她的声音仍在颤抖，但却冷静了下来，“一旦他死了，我的生命便再也没有意义。无论如何我都会死，只是更慢，更痛苦。”

她努力克制的激情比她爆发时更让贝利尼感动。“请不要这样自寻烦恼。我向您发誓，我并未打算杀死墨索里尼。”

她探询地看着他，他微笑了一下，想使她放心。她叹了口气。“我相信您。”她说。

“我会试着尽力而为。”告别时，他对她说。

贝利尼走进大房间，告诉那两位共产党游击队员——内里上尉和莫雷蒂，隔壁房间里的那位夫人是克拉拉·贝塔西。他重复了一遍她的请求，然后说道：“我认为这没有什么危害。我刚刚就想答应她，但是，我首先要知道你们的意见如何。”

内里和莫雷蒂都说没有异议，于是，贝利尼又回到了另外那个房间。

“好吧！太太，”他欢喜地说道，“我们将按您的要求去做。我们决定让你们在一起。您高兴吗？”

“谢谢！谢谢！”她想亲吻贝利尼的手，但他窘迫地抽了回去。

晚上十一点，贝利尼、内里和莫雷蒂仍然没有收到米兰游击队总部的指示。他们决定执行自己的计划，把墨索里尼藏起来。贝利尼说，他要立即出发，去吉尔马西诺找墨索里尼。

伯爵走到城市广场上时，雨下得正大。科莫湖看上去非常诡异。真是一个完美的夜晚，他想，正好可以转移领袖。他告诉司机把车开往边防兵营。

游击队负责人布费利把贝利尼带进一个小房间，墨索里尼正躺在一张帆布床上。

“您在睡觉吗？”布费利柔声问道。

领袖掀开毛毯。“不，我只是打个盹。”

“很抱歉打扰您，您得起床了。我们要带您去别的地方。”

“只是去一个更安全的地方。”贝利尼补充道。

“我一直在等着。”领袖说。

他打着寒战，伯爵让他穿暖和点。

“我去把您的大衣拿来。”布费利说着就去拿放在椅子上的德国军大衣。

“不，不，”墨索里尼急忙说道，“我再也不要这件德国军大衣了。我现在与德国人一刀两断了。他们已经背叛了我三次。我什么也不要他们的。我宁愿要些其他的东西。”

贝利尼帮他穿上一件边防军的大衣，又把一件军用斗篷围在他的肩上。他对领袖说，最好用绷带把他的头缠上，以免被人认出来。“您介意吗？”

“不，如果您认为这很必要的话。”

除了眼睛和嘴之外，领袖的整张脸都被挡住了。他们开始返回栋戈。“请告诉我，”领袖犹犹豫豫地问道，“您同那位夫人谈过了吗？”贝利尼说已经谈过了。“她怎么样？”

“就现在的情况而言，很好。当然，她非常沮丧，担心将来。”贝利尼身边那个缠了绷带的人影一声不响。“现在，我要给您一个惊喜。我想这会让您开心的。那位夫人要求和您重聚，她非常诚挚地乞求我，恳求我，最后，我们同意了。”

“什么！”墨索里尼显然被感动了。他无声地和他的绷带纠缠了一会儿，接着清了几下嗓子，问道，“我可以知道你们要带我去哪里吗？”

“科莫附近，在那里，您将被关在一个最为安全和最为秘密的地方。”

在科莫，当地游击队指挥官乔瓦尼·萨尔达尼亚上校刚刚接到一封米兰总部发来的电报：速将墨索里尼及部长们带到米兰。

萨尔达尼亚打电话给米兰，说带领袖去那里过于危险。最后，他们决定用船将领袖送到布莱维奥，湖东岸距科莫约四英里的一个村子。在那里，他可以暂时藏在一个工业家雷莫·卡德马托里那僻静的别墅里。他们通知卡德马托里，很快要去一位客人，是一个受伤的英国军官。卡德马托里猜测可能是墨索里尼。于是，他来到他的泊船屋，和他家的老园丁一起站在台阶上等待着。

墨索里尼和他的两位押送者正在接近栋戈。他们拐过一道弯，看见一辆汽车停在一座桥旁，于是便停了下来。莫雷蒂从车里钻了出来，告诉伯爵一切都准备好了。贝利尼看见内里上尉和克拉拉也从车里钻了出来，便告诉墨索里尼，他可以去他们那里了。

“晚上好，阁下！”克拉拉非常正式地问候了他。

“晚上好，夫人。”墨索里尼答道。他们冒着倾盆的大雨默默地凝视着彼此。“您为什么要跟着我呢？”

“因为我想跟着。不过，您怎么了？受伤了吗？”

“没有，这没什么。”墨索里尼紧张地摸了摸缠着绷带的头，“只是个预防措施。”

“我们必须走了。”贝利尼说道，“回您的车子里去吧，太太。”

“为什么我们不能待在一起呢？”克拉拉问道，“您答应过我的。”

贝利尼说，分乘两辆车更为安全。曾帮助看管墨索里尼的一位名叫吉娜的女游击队员大摇大摆地走到贝利尼面前。“不必担心！”她挥舞着一支大号左轮手枪，说道，“他逃不出我的手掌心。要是我发现了什么可疑形迹，就会干掉他。”贝利尼告诉她，除非自己下命令，否则一枪都不许开。“好吧，但是如果你出了什么事，我会把他当场枪毙！”

他们三人坐在后座上，墨索里尼坐在他俩中间。坐在另一辆车上的内里上尉在前面领路；每个路障的游击队员都认识他。接近梅纳焦时，墨索里尼预测说，今年的收成会非常不错，尤其是谷物和葡萄。这时，突然打来了一梭子机枪子弹。

贝利尼命令司机把车开到公路最右端，躲在一块突出的大岩石底下。内里跳下车，对方认出了他，于是，枪声停止了。但是，又往前走了两英里，下一道路障上的游击队员却没有认出内里。不过，当他们看见贝利尼时，有一个人叫道：“佩德罗！”这是伯爵在游击队里的名字。“我简直不敢相信！你还活着！”

贝利尼解释说，他身旁这个“木乃伊”是一位受了重伤的游击队员。“我们要带他去科莫，这事非常急。看看你是否能让我们快点通过！”

在距科莫五英里的莫特拉西奥广场上，他们听到远处传来了枪声。一个当地人告诉他们，盟军正在科莫与几小撮法西斯分子展开巷战。

他们商议了一阵，决定往回走。内里说，他知道在远离湖边公路的一个村子里，有个不错的藏身之处。他们掉头驶去，走了十四英里后，汽车到达了阿扎诺。

“大家都请下车，”内里说，“我们还要再步行一小段。”

在瓢泼的大雨中，他们沿着一条穿城而过的陡峭的鹅卵石小路向上爬去。很快，路边的房屋便被抛在了身后，眼前只有无尽的田野。脚下非常滑，对穿着高跟鞋的贝塔西来说尤其如此。贝利尼从她那里拿过一个沉重的包裹，交给了一名看守。裹着毯子的墨索里尼扶着贝塔西的一条手臂，贝利尼扶着另一条。他们沿着山坡艰难地跋涉了半英里多，终于到了本扎尼戈村的边缘。

内里走向眼前的第一座房子，一幢白色的三层楼房，敲响了后门。

贾科莫·德·马里亚走下楼梯，打开门，眨了眨他惺忪的睡眼。内里请求他掩护一个“伤员”，于是，大家被请了进去。贾科莫带着他们沿狭窄的楼梯来到了二楼的厨房。他的妻子莉亚已经在那里的大壁炉里点上了火。

马里亚夫妇同意绝对保密地收留几天墨索里尼和克拉拉，并让儿子们都上山，好给这两位腾出地方来。莉亚煮了一壶代用咖啡。墨索里尼不喝，但是，曾在栋戈拒绝了更好的咖啡的克拉拉，现在却急不可耐地喝掉了她那杯。

贝利尼和莫雷蒂爬到顶层去查看孩子们的房间。房间不大，有两个小箱子，一个洗脸盆，两把椅子，一个衣柜和一张双人床，床头挂着一张俗艳的宗教画。从小窗户望出去，贝利尼发现自己离地面足有二十英尺；逃跑是不可能的。

贝利尼回到厨房时，墨索里尼和克拉拉正静静地坐在壁炉旁，享受着炉火的温暖。贝利尼命令两名看守留下执勤，他会派人来替换他们。他还答应让人把克拉拉的衣箱从栋戈运来。离开厨房之前，他转身最后看了一眼两人。墨索里尼的脸上仍然缠着绷带，手插在兜里，正朝后靠着，凝视着壁炉里的火焰。而克拉拉则向前弓着身子，双肘抵在膝盖上，用手托着下巴。

几分钟后，克拉拉说要去盥洗室，莉亚把她带到一个简陋的棚屋里。一个看守站在门口守着。当莉亚回到厨房时，墨索里尼已经解下了绷带。他的长相太眼熟了。莉亚把她的丈夫叫到一旁，低声说道：“好像是墨索里尼，但这不可能啊！领袖到一个农民家来干什么？”他们猜测这是一个德国战俘，但是想不出那个漂亮女人是谁。

莉亚把克拉拉带到卧室。“过来看看，”克拉拉向楼下的墨索里尼喊道，

“她为我们准备了一个干净的房间！”

领袖像任何一个旅游者那样尽责任地用手试了一下床，然后对莉亚说：“很好。谢谢你。”

克拉拉问，是否能再给他们一个枕头。“他习惯枕两个枕头。”她解释道，“我一个也不枕。”

莉亚又拿来了一个枕头，并向他们道了晚安。下楼梯时，她想，这两个人真不错！

在米兰，一大批游击队领导人决定派瓦尔特·奥迪西奥去把墨索里尼带回来。奥迪西奥在军队里名为“瓦莱里奥上校”。会晤延期了，但共产党人都留了下来。他们得知，意大利共产党总书记帕尔米罗·陶里亚蒂已秘密下令立即处决墨索里尼和他的情妇。大家一致决定，一旦俘虏的身份被证实，瓦莱里奥上校便应立即枪决他们。瓦莱里奥本人曾在西班牙打过仗，是一名热诚的共产党员。

为了预防盟军方面有任何活捉墨索里尼的企图，共产党发电报给锡耶纳的盟军指挥部：

> 民族解放委员会为不能将墨索里尼移交贵方而深表遗憾。他已由人民法庭审判，并在法西斯分子枪决十五名爱国者的地方被正法了。

4月28日天刚亮，瓦莱里奥便和一支由十五名装备精良的游击队员组成的护送队离开了米兰。但是，一个小时后，他被反对带墨索里尼去米兰的科莫地区游击队拦住了。他们要求得到把墨索里尼关在他们自己监狱里的荣幸。

最后，瓦莱里奥——一个四十岁左右的大个子，身材魁梧粗壮，嘴唇上留着小胡子——挥动着手枪，坚决要求允许自己打电话给米兰总部。电话接通了，最后达成了一个妥协方案：瓦莱里奥可以继续前往栋戈，并带走墨索里尼，但他必须由两个分别名为斯福尔尼和安杰利斯的科莫游击队员陪同。

一点三十分，一名游击队员跑了进来，气喘吁吁地告诉贝利尼，一辆卡车和一辆黑色轿车刚刚开进了栋戈广场。一些自称是游击队的武装人员包围了市政厅，他们的领导者要求会见地区指挥官。

贝利尼害怕他们是要策划解救俘虏。于是，他打电话给在多马索的拉扎罗，要他立即前来援助。然后，他走出市政厅，来到了广场上。十五个人正手持冲锋枪站成一排。他们身穿熨得非常平整的卡其色新制服，似乎是些陌生的游击队员。一位略有些秃顶的脸色黝黑的高个子自我介绍说是瓦莱里奥上校，自由志愿军团总司令部派来的特使。“我需要就一个极为重要的问题和你私下谈谈。”他傲慢地说。

贝利尼让他来自己的办公室。“让你的手下留在这儿，你随我来。”

“我的手下必须和我一起去。”瓦莱里奥说。

贝利尼问这些人饿不饿。当然，他们早就饿了。于是，贝利尼打发他们去了厨房。

贝利尼发现瓦莱里奥的身份证件都符合手续，但是，上校身上有些什么东西让他心生不安。伯爵说，他更愿意把这些重要犯人交给他自己的指挥部。“毕竟，是我们俘虏了他们。”

“这不可能。”瓦莱里奥简练地答道，“我是来枪决他们的。”

贝利尼大吃一惊。

“判决结果已由民族解放委员会发放下来，这是总部的命令，由我负责执行，而我打算遵命从事。”

贝利尼说，他必须与他的同事们商量一下，内里、莫雷蒂、吉娜（那个女游击队员）——都是像瓦莱里奥一样的共产党员——与贝利尼想法一致。“我们不能把他们交出去。”吉娜一再重复道。但谁也想不出其他办法。

“我们会把俘虏移交给你们。”最后，贝利尼对瓦莱里奥说道，“但是我们全都反对你们的做法。”

瓦莱里奥神气十足地看向伯爵，跟他要一张俘虏的名单。“贝尼托·墨索里尼，”他念道，然后用铅笔在上面打了个叉，“死刑！克拉拉·贝塔西……死刑！”

贝利尼说，竟然要枪毙一个女人，这简直难以想象。

“她是墨索里尼的顾问，多年来一直支持他的政策。”瓦莱里奥说道。

“她只是他的情妇！”

瓦莱里奥恼怒地说，他有他的命令。“我知道我在做什么！”他吼道，“这件事应该由我来决定！”他说他很着急，必须在天黑前带着尸体回到米兰。贝利尼则坚持说，判决应由一个正式成立的法庭宣布。但是，他最终同意把所有俘虏带到市政厅。

一名游击队员带来消息说，两个名为斯福尔尼和安杰利斯的人声称他们是由科莫民族解放委员会派来的，要阻止瓦莱里奥的行动，并接管墨索里尼。但是，由于他们拿不出必需的证件，所以，当瓦莱里奥下令把他们关起来时，贝利尼不得不袖手旁观。

克拉拉·贝塔西的兄弟被带了进来。

“您会讲西班牙语吗？”瓦莱里奥用西班牙语问道。

贝塔西犹豫了一下，然后答道：“不会，但我会讲法语。”

“什么，”瓦莱里奥语带讽刺地说道，“一个不会说西班牙语的西班牙领事！”

贝塔西毫无说服力地解释道，他在意大利生活了二十年，不过，六个月之前曾去探望过住在西班牙的父亲。

“那么，和你父亲讲话时，你是说法语吗？”瓦莱里奥嘲弄道。他跳起来，一巴掌掴在贝塔西的脸上。“我知道你是谁，你这个下流胚！”说着，他掏出手枪。“你是维托里奥·墨索里尼！你不记得你在电影制片厂里那神气活现的样子了吗？”

贝塔西张口结舌。“可是……您搞错了。”

瓦莱里奥被激怒了，把他逼到墙脚，对拉扎罗说道：“把他拉出去，立即枪毙！”

拉扎罗不情愿地抽出手枪，命令贝塔西走在他前面。下楼梯时，贝塔西坚持说他不是维托里奥·墨索里尼。当他们穿过广场时，两侧的人群挤了过来，叫嚷道：“看他多胖！”“杀了他！”

拉扎罗挥动手枪，吓得喧嚷的群众不敢接近。他领贝塔西来到嘉布遣会修道院，派人去找一个神父来。然后，他为他的犯人点着了一支烟。

“我的确不是西班牙领事，”贝塔西承认道，“但我也不是维托里奥·墨索里尼。我是意大利情报局局长。”

拉扎罗希望贝塔西不要讲话，这样他便可以考虑一下。他怎能仅仅因为这个人是维托里奥·墨索里尼便杀掉他呢？

嘉布遣会神父来了，拉扎罗走开几码，给两人半个小时的单独相处时间。半小时之后，神父恳求拉扎罗再给他们几分钟，“以解释一些非常重要的事实”。

“我不是西班牙领事，但我也不是维托里奥·墨索里尼！”贝塔西喊道，

“我是马切洛·贝塔西！”

“什么？”拉扎罗问道，他认为那人说了“佩尔塔西”。

“马切洛·贝塔西。”犯人重复道。

“佩尔塔西，佩尔塔西？”

“不是佩尔塔西，是贝塔西。”

当瓦莱里奥、莫雷蒂和内里敲响马里亚家的门时，已是下午四点左右。瓦莱里奥冲上三楼，砰地推开了卧室的门。“我来救你们了！”他说道。

“真的吗？”墨索里尼讽刺道。

克拉拉开始在一堆衣服里翻找。瓦莱里奥不耐烦地问：“你在找什么？”

“我的短衬裤……”

上校让他们快点，然后撵他们走下了楼梯。

莉亚从楼上的窗户里看着他们走出了大门。她走进卧室。两个枕头上都沾染了睫毛膏。

墨索里尼和克拉拉被押解着穿过本扎尼戈，来到了城里的小广场上。几个妇女正在广场上的石水槽里捶洗衣服。他们穿过一个古老的拱门，然后爬上了一辆停在那里的轿车。两个男人站到车门处的踏板上，然后，车子缓缓驶下了陡峭的山坡，向阿扎诺开去。两个好奇的渔民在后边追赶着。

刚走了几百码，车子就停在了通向一座别墅的一扇大铁门前。

瓦莱里奥下了车。他假装感觉到了危险，低声说道：“我听见有声音！”他警告墨索里尼和克拉拉保持安静。“我去前面看看。”他悄悄走下公路，来到一个急转弯处，然后又走了回来，低声喊他们躲到大门附近去。

墨索里尼感到非常不安，但还是朝大门走了过去。克拉拉跟上了他。没有一丝声音。一阵可怕的寂静。突然，瓦莱里奥高声喊道：“奉自由志愿军团总司令部的命令，我要还意大利人民以公道！”

墨索里尼一动不动地站在那里，但克拉拉却搂住了他的脖子，喊道：“不，他不能死！”

“走开，要是你不想死的话。”瓦莱里奥说道。

克拉拉走到领袖右边。瓦莱里奥一脸大汗，将冲锋枪对准墨索里尼，扣动了扳机。什么事都没发生。他抓过自己的手枪，但手枪也卡住了。他向莫雷蒂喊道：“把你的枪给我。”

莫雷蒂递给他一支贝利尼一个月前刚刚给他的七点六五毫米口径的冲锋枪。瓦莱里奥站在距墨索里尼五英尺远的地方，一连开了五枪。墨索里尼颓然跪了下去，然后扑倒在了地上。

瓦莱里奥把枪口转向了克拉拉。

贝利尼去接吉尔马西诺边防兵营里的另外六个俘虏。回栋戈的路上，俘虏们一面走下陡峭的山坡，一面谈论着眼前的风景。“遗憾的是，我们无法更好地欣赏它了。”帕沃利尼轻松地说道。

“我想知道我们为什么会死在这里。”卡萨利诺沃沉思着。

“哦？你期待的是什么？”帕沃利尼打趣道，“墨索里尼总是对的。”

当贝利尼在市政厅门前钻出汽车时，拉扎罗和贝塔西刚好走过来。拉扎罗解释道，他的犯人声称是马切洛·贝塔西，而不是维托里奥·墨索里尼。一位游击队员打断了他，说自己见过好几次维托里奥。“我可以向你保证，这位西班牙领事不是他。”

当贝塔西看见其他俘虏时，便高声叫道：“他们认识我！”可是，帕沃利尼、卡萨利诺沃和巴拉库却都转过脸去。在他们眼里，他比拉皮条的还差劲。

“你们认识这个人吗？”拉扎罗问道。

一阵静默。

拉扎罗转向巴拉库。“你认识这个人吗？”

“不认识。”副国务秘书直视着前方说道。

“那你呢，帕沃利尼？”

“不认识。”

贝塔西愤怒地喊叫道：“告诉他我是谁！快，告诉他！你们认识我，所有人都认识！”

“你们到底认不认识这个人？”拉扎罗不耐烦地问道。最后，巴拉库终于承认他认识。“好，那他是谁？”拉扎罗嚷道。一阵长久的寂静。最后，巴拉库看着贝塔西，轻蔑地说：“我们只知道他叫‘福斯科’。”

贝塔西惊得瞪大了眼睛。

他被带走了。

几分钟后，又有一辆轿车冲到市政厅门前。瓦莱里奥从车里探出身来，激动地叫道：“正义得到了伸张！墨索里尼死了！”

贝利尼大吃一惊。“但我以为，我们已经同意……”

“我知道，我知道。但我不能浪费更多的时间。其他人在哪里？在你们手里吗？”

贝利尼气愤地把瓦莱里奥带到了市政厅一楼，所有的俘虏都被关在华丽宽敞的金厅里。瓦莱里奥一到，鲁比尼博士便拦住了他，恳求他不要再枪毙任何人。上校拒绝了，鲁比尼愤怒地说，他要辞掉市长的职务。

修道院的一位神父被召来了，并得到了三分钟时间安慰俘虏。外面飘起了蒙蒙细雨。天色阴沉，给广场这剧场般的布景挂上了一幅幽暗的幕布。市民们簇拥在一起，满怀热情，几乎有如过节般喜庆。瓦莱里奥希望成立一支行刑队，一半是他的人，一半是贝利尼的人。

“我们反对你所做的事，”贝利尼说道，“但我必须服从，所以，我会把俘虏移交给你。不过，仅此而已。我永远不会命令我的任何手下参加行刑。不仅如此，移交俘虏之后，我就会撤离广场，这样，我就不会亲眼目睹行刑，也可以表明我的不赞成。”

“我命令你留在这里！”瓦莱里奥吼道，“懂吗？这是命令！”

“如果是命令的话，”贝利尼生硬地说，“我会服从。”

十五名俘虏在游击队员的押送下开始缓缓穿过广场。他们默默地沿着湖边的矮墙排成一排，背对着湖水。瓦莱里奥的行刑队手持冲锋枪，站在五码开外。神父做临终祈祷时，瓦莱里奥想起了那个西班牙领事，于是下令让他与其他俘虏排在一起。贝塔西被从市政厅押来了。

“我们不愿意让他和我们在一起，”其他死刑犯叫嚷道，“他是个叛徒！”他们挥舞着拳头。

贝塔西吓得跌跌撞撞地退了回去。

“让他和他们排在一起！”瓦莱里奥叫道，“把他干掉！”

“我看不出这样做有什么不同。”贝利尼说。

瓦莱里奥发了慈悲，贝塔西被带到了一边。

行刑队队长叫道：“俘虏们，注意！向后……转！”数名死刑犯举起手臂行法西斯礼，还有几人高呼“意大利万岁”，而其他人则看上去不知所措。但是，他们最后全都转了过去，面朝着湖水。只有巴拉库向前迈了一步，指着胸前的勋章说：“我有金质奖章。我有权被正面枪决。”

贝利尼要瓦莱里奥同意这个请求，但他却回答道：“背后！你将和其他人一样从背后被枪决！”

巴拉库敏捷地转过身去。广场上一片寂静。

“行刑队……准备。瞄准。放！”

一阵噼噼啪啪的枪响，接着又静了下来。

“把贝塔西带出来！”有人叫道。

贝塔西拼命地挣扎着，脸上充满了恐惧。两个游击队员把他拖到了前面。“你们不能枪毙我！”他尖叫道，“你们不能！你们犯了一个可怕的错误。无论如何，我所做的一切都是为了意大利！”

一看见那些尸体，他便突然挣脱了看守，冲过人群，向栋戈旅馆的方向跑去，要找他的妻子和孩子们。他被抓住了，经过一番拳打脚踢之后被带回矮墙前。他猛地一挣，又一次脱了身。他狂吼一声，跳进了湖中，开始疯狂地游动。一串步枪子弹击中了他，他消失了。

行刑手们非常紧张，无法控制地疯狂向空中开着枪。枪声终于渐歇之后，瓦莱里奥要求贝利尼把贝塔西的尸体从湖里打捞出来。“找别人吧。”伯爵说。

第二天是星期天，一大早，墨索里尼、克拉拉和其他被处决的法西斯分子的尸体便被运到了米兰的一个正在建造的加油站。九个月前，十五名人质就是在那里被德国人枪杀的。尸体被人从车上倒了下来，堆成一堆，直到天亮才有人把它们摆成一排。墨索里尼的尸体被侧着放置，这样，他的头便枕在了克拉拉的乳房上。

一大群人聚集到了这里，对尸体拳打脚踢，任意毁坏。墨索里尼大张着嘴，被捆住双脚倒挂在了一根突出来的钢梁上。他的情妇被挂在他身边，裙子垂下来盖住了头。不过，最后，一位妇女登上一只木箱，把裙子塞进了克拉拉被捆住的双腿之间。奇怪的是，她看起来很安详，而墨索里尼的脸则被打烂了，肿胀起来，可怕地扭曲着。

二十三年前，墨索里尼仅凭一种思想便向罗马进军，夺取了政权。今天，他饱受唾骂，死在了这里，而法西斯主义的命运也是如此。

# “元首死了”

4 月 28 日上午，维斯杜拉河集团军几乎已经彻底解体，而军官们也已濒临公开叛乱的边缘。

布赛的第九军不再是一支军事部队，而只是身处包围之中的一群筋疲力尽的人，一心只想着和数千名平民一起逃到温克将军的战线后面，以使自己处于安全之地。海因里希集团军的另外一半人马，曼特菲尔的第三装甲军也已放弃了他们的阵地，正向西线且战且退。这同时也是为了逃离俄国人，向英国人和美国人投降。

曼特菲尔公然挑衅希特勒，下令进行了这次全面撤退。当海因里希在上午十点打电话给约德尔将军，告诉他有一个军团已经退到了哈弗尔河时，一贯温和冷静的约德尔咆哮了起来：“每个地区都在对我撒谎！”

凯特尔直接打电话给曼特菲尔，指责他的“纯粹失败主义”。他说，他下午要去设在新勃兰登堡的第三装甲军指挥部，亲自了解一下到底发生了什么。

海因里希得到通知后，立即驱车来到新勃兰登堡，一直在那里与曼特菲尔一起等到了两点三十分。这时，他们收到一封电报，指示他们到十八英里以南的新施特雷利茨市去见凯特尔。两位将军上路了。不过，半路上，他们就看见凯特尔和他的随行人员正在靠近。在一个湖附近，双方的人都下了公路。会议在一片小树林里开始了。曼特菲尔的三位参谋藏在附近。他们手持冲锋枪，决定如果凯特尔作出任何要逮捕他们指挥官的举动，他们就动手抓住他。

“集团军只会后退！”凯特尔叫道，“军官们太软弱了。如果你们学学其他人的样子，有勇气采取严厉的措施，枪毙它一千个逃兵，集团军就能守住阵地！”

海因里希生硬地答道，他“不会这样干”。凯特尔转向曼特菲尔，指责他没收到命令便擅自撤退。海因里希高声为他的属下辩解。凯特尔告诉他，他就是“不够强硬”。

海因里希冲动地抓住凯特尔的胳膊，把他拉到公路上。公路上乱成一团，挤满了四散逃亡的车辆。海因里希指着一辆马拉小篷车，上面坐满了厌战的空军人员。“你自己为什么不给我做个榜样呢？”他问道。

凯特尔拦住那辆小篷车，命令乘客下来。“把他们带回第三装甲军指挥部，送交军事法庭！”说完，他便向自己的汽车走去。突然，他又停住了脚步，生气地向海因里希晃动着一根手指。“从现在起，要严格执行最高统帅部的命令！”他吼道。

然而，海因里希并没有被吓住。“最高统帅部连现在的准确情况都不知道，我怎么能执行它的命令呢？”

凯特尔被激怒了，高声叫道：“总有一天你会知道这么跟我说话的后果！”

曼特菲尔像海因里希一样目中无人地走上前来。“第三装甲军只执行冯·曼特菲尔将军下达的命令！”

凯特尔怒视着两位叛逆的将军，再次对他们说，要一字不差地服从命令。“你们要对历史的定论负责！”

“我对我下的一切命令负责，”曼特菲尔说，“我不会将其归咎于其他任何人！”他的三位参谋手持上膛的冲锋枪，缓缓走上前来。

然而，凯特尔只是绕过他们，连句再见都没说，就登上了他的汽车。

黄昏时分，俄国人突破了掩护曼特菲尔部队撤退的防线，向新勃兰登堡蜂拥而来。海因里希打电话给凯特尔。

“你一擅自放弃阵地，就发生了这种事。”凯特尔恼怒地厉声喝道。

“我从未擅自放弃任何阵地，”海因里希冷冷地反驳道，“这是形势使然。”他要求准许放弃斯维内明德，防守这里的只有一个未经训练的新兵师。

“你真的认为我可以对元首说，奥得河上的最后一个堡垒将被放弃吗？”

“我为什么要让这些新兵去白白送死呢？”海因里希对他喊道，“我要对我的手下完全负责。我参加过两次世界大战。”

“你根本没有任何责任。责任首先应由下达命令的人来承担。”

“我一直认为要对我的良心和德国人民负责。我只是不能糟蹋人命。”他再一次正式要求撤退。

“你必须守住斯维内明德。”

“如果你坚持的话，就去另外找一个人来执行你的命令吧。”

“我警告你，”凯特尔气急败坏地说，“你活得够久了，应该知道在战时违抗命令意味着什么。”

“元帅先生，我重复一遍，如果您希望有人执行这道命令，请另找别人。”

“我第二次警告你。违抗命令意味着上军事法庭受审。”

这一次，是海因里希大发雷霆了。“从没有人像这样对待过我！”他叫嚷道。他奋力控制住自己。“我尽我所能地履行了自己的职责，这得到了全体军官同僚的一致认可。如果我允许别人强迫我做明知不对的事，那就失去了自尊。我会通知斯维内明德，凯特尔元帅坚持要防守那里。但是，鉴于我不同意这道命令，我要把我的指挥权交由您处置！”

“根据元首授予我的权力，我要解除你的指挥权！立即将你手中的所有事务移交给冯·曼特菲尔将军。”

不过，曼特菲尔可没心情扮演一个千依百顺的角色。他发电报给凯特尔，说他拒绝接受指挥权和随之而来的晋升。电报的结尾，是一句极其挑衅的话：“这就是曼特菲尔下达的全部命令。”

事实上，这就是维斯杜拉河集团军的终结。

上下级之间的裂痕在地下掩体里也同样明显。4 月 28 日黎明即将到来之时，鲍曼、克莱勃斯和陆军人事部门首脑布格道夫陷入了一场酒后的争论。“九个月前，我带着全部的力量与理想开始着手做我现在的工作！”布格道夫抱怨道，“我一次又一次地试图协调党和军队的工作。”因此，他说，他的军官同僚们开始蔑视他，甚至说他是军官队伍的叛徒。“而今天，事实摆在眼前，这些指责都是对的，我的工作徒劳无功。我的理想主义放错了地方，不仅如此，它还天真而愚蠢！”

克莱勃斯试图让他安静一些，但喧闹声已经把隔壁房间的弗莱塔格·冯·洛林霍芬吵醒了。他摇了摇睡在上铺的年轻的博尔特。“你错过了一场好戏，我的朋友！”他低声说道。他们可以听见布格道夫正对抚慰他的克莱勃斯大吼。“不要管我，汉斯——必须把这些说出来！就这些！四十八小时后可能就太晚了……充满信念和理想的年轻军官已经大批大批地死去了。他们是为了什么？为了祖国吗？不！他们是为你们死去的！”

布格道夫把矛头转向了鲍曼。他吼道，为了党员们个人的发展，已经有数百万人牺牲了。“为了你们奢侈的生活，为了你们对权力的欲望，你们摧毁了我们几百年的文化，摧毁了德意志民族。这是你们最为可怕的罪行！”

“我亲爱的朋友，”鲍曼以安慰的语调说道，“您不应该在这方面如此进行人身攻击。即使其他所有人都中饱了私囊，至少我是无可指摘的。我可以拿我的全部身家发誓。为您的健康干杯，我的朋友！”

隔壁房间的两个偷听者听见了一阵杯子的碰撞声，接着便悄无声息了。

整个上午，魏德林将军都在忙着拟定一个分成三个梯队逃出柏林的计划。显然，俄国人一两天内就会抵达帝国总理府。魏德林深信，他可以在晚间会议上得到元首的赞同，因此，他命令属下的所有指挥官在午夜之前来地下掩体报到。

戈培尔夫人正在她的居所写信给前一次婚姻生的儿子——哈拉尔德·克万特，目前，克万特已成为盟军的战俘。她告诉他，全家人，包括六个孩子，上个星期以来一直住在元首的地下掩体里，“以便给我们作为国家社会主义者的生命一个唯一可能并且最为光荣的结局”。

纳粹主义的“光荣思想”就要终结了，“和它一起终结的，还有我这辈子所见过的美好的、崇高的、善良的一切”。她继续说道，一个没有希特勒和国家社会主义的世界，是不值得生存于其中的。这就是为什么她把孩子们带到了地下掩体里。对于战败后的生活来说，他们太善良了，根本无法承受，“仁慈的上帝会明白，我为什么要让他们舍弃那种生活”。

她说，前一天晚上，元首把他自己的党徽别在了她胸前，那使她感到无比地骄傲与快乐。“希望上帝给我力量，让我完成我最后也是最困难的职责。”她写道，“我们现在期望的只有一件事情：忠心地为元首而死，并且和他一起结束我们的生命。”这样的结局是“命运的恩赐”，她和“爸爸”过去从不敢期望于此。

“我亲爱的儿子，”戈培尔夫人最后写道，“为德国而活下去吧！”

在旧金山，为成立一个联合国组织而召开的会议仍在进行之中。安东尼·艾登与英国代表团在马克·霍普金斯酒店八楼举行了他们的第一次会议。

“顺便说一下，”在对同事们简要介绍了波兰问题后，他说，“有一条来自欧洲的消息可能会让你们感兴趣。我们从斯德哥尔摩获悉，希姆莱通过贝尔纳多特提议，要率德国向美国人和我们无条件投降。当然，我们要让俄国人也知道此事。”

他的态度非常漫不经心，以至于大多数听众都对此无动于衷。不过，杰克·威诺克，一个年轻的新闻官员却暗暗想道，我的天，多好的一个题材！回到设于酒店的大本营之后，他发现报纸上并没有谈及这一投降提议。他推测，伦敦的某个人“没把这当回事”。

就是这个题材，他自言自语道，有了它，一夜之间就可以结束战争。但是，如果他把这个消息透露出去，并且被人查出来，那么自己的乌纱帽就保不住了。他怀着满心沮丧去睡了。

4 月 28 日凌晨一点左右，他被路透社的保罗·斯科特·兰金打来的电话吵醒了。“发生什么事了吗？”兰金问道，“我要为今天下午的报纸找些材料。”

威诺克犹豫了一下，然后决定碰碰运气。所有的报纸都会转载路透社的电讯，英国广播公司也会播发。威诺克将希姆莱提议的细节都告诉了兰金，并要求他不要透露消息来源。

“那当然。”兰金向他保证。接着，他在佩利斯酒店的大厅里，用电报将这条消息发回了通讯社：

> 昨日，这里的官方权威人士透露，据斯退丁纽斯、艾登和莫洛托夫得到的消息，希姆莱保证德国无条件投降的信件已送至英国和美国政府，但并未发给俄国。据权威人士透露，希姆莱已通知西方盟国，他可以安排无条件投降，他本人赞成这一解决办法。兰金。

电报未经审查便传到了路透社。当美联社驻旧金山记者杰克·贝尔得知这条最重要的战争新闻已经被人抢了先时，他把会议代表汤姆·康纳利参议员逼到角落里，要求证实这一消息。几分钟后，美联社的一条题为《投降》

的新闻简报发布了。

美联社旧金山4月28日电。一位美国高级官员今日证实，德国已无条件向盟国政府投降，正式公告即将发表。

旧金山《呼声报》出版了一期号外，头版的通栏大字标题是《纳粹投降了》。几份号外被带到了旧金山歌剧院，莫洛托夫正在这里主持大会的一次会议。代表们开始四下奔走，争相祝贺。然而，莫洛托夫瞥了一眼报纸后，只是正了正他的夹鼻眼镜，然后敲了敲他的小木槌，让大家遵守会场秩序。

在华盛顿，白宫被电话铃声淹没了。兴奋的人群迅速聚集在一起，唱起了《上帝保佑美国》。在马路对面的布莱尔大厦，杜鲁门打电话给正在家里的海军上将莱希，让他向艾森豪威尔核实这一消息。莱希打电话给盟国远征军最高统帅部的比德尔·史密斯。“有报道说，德国人已向艾森豪威尔要求停战。”他说，“但是没有任何官方消息，事实究竟如何？”

史密斯说，并未接到这样的要求。杜鲁门的怀疑得到了证实：报道很大程度上是基于希姆莱向贝尔纳多特提出的建议。

当杜鲁门离开布莱尔大厦，穿过马路回到白宫时，天已经黑了。“正如你们看到的那样，我正在那边工作，谣言便出笼了。”他告诉新闻记者们，“我接到了来自旧金山的一个电话，国务院召我过去。我刚刚与海军上将莱希联系过，让他打电话给我们驻欧洲的总司令。这个谣言并无根基。这就是我要讲的全部。”

在地下掩体的上层，德国官方新闻机构德通社的小办公室里，海因茨·洛伦茨的助手沃尔夫冈·博伊格斯正在收听敌方广播。差几分九点时，他听到了英国广播公司播发的兰金的报道。他翻译了报道，然后立即送到了“金笼子”，这是德通社记者们给希特勒的住处起的绰号。

希特勒无动于衷地看着这篇报道，似乎已经接受了末日的来临。他要求另外找个人核查一下译文，确定译文正确无误之后，他平静地把博伊格斯打发走了[1]。

---

[1] 据特雷弗—罗珀说，是洛伦茨通过希特勒的侍者海因茨•林格把报道带进去的，元首

希特勒召来了戈培尔和鲍曼，三人锁起门来秘密商议着。整整一天，鲍曼都在对这种叛逆行为不断地加以指责。就在一个小时之前，他发电报给邓尼茨说："背叛似乎已代替了忠诚。"当门终于打开时，整个地下掩体已弥漫着各种谣言。希特勒命人把关在上层由武装人员看守的菲格莱因带下来。此前一天，这位希姆莱的联络官从地下掩体逃走，偷偷去了他位于夏洛滕堡郊区的房子，不料却被抓了回来，并被希特勒亲口下令逮捕。

希特勒怀疑任何与希姆莱有关的人——甚至包括爱娃的妹夫。一小时之后，菲格莱因被送上了军事法庭，被指控犯有叛国罪，并被判以死刑。随后，他被押到总理府花园枪决了[1]。

当魏德林前来参加晚间会议时，地下掩体仍然处于骚乱之中。他向希特勒通报了俄国人的最新进展，并告诉他，所有的弹药、粮食和军需品供应站不是已落入敌人手中，便是正在遭受炮火攻击。两天后，他的部队就会失去给养，无法再继续抵抗。"因此，作为一名战士，我建议我们立即冒险突围。"希特勒还未予置评，他便立即阐述了这一计划的细节。

纯属臆想！戈培尔奚落道。但克莱勃斯认为，从军事角度来看，这是可行的。"当然，"他连忙补充道，"这要由元首来作出决定。"

希特勒沉默不语。最后，他终于问道，如果突围成功会怎么样？"我们将仅仅是从一个'凯瑟尔'逃往另一个。而我，元首，难道要睡在旷野，一个农庄里，或者类似的什么地方，在那里等死吗？不，对于我来说，留在总理府要比那好得多。"

午夜时分，魏德林离开了会议室。他的指挥官们在候见室里围住了他。他告诉他们，他失败了。"现在我们只有一条路可以走，"他阴郁地说，"战

---

"气得脸色发白"。文中说法来自博伊格斯，他曾为驻贝希特斯加登的美军工作。

[1] 菲格莱因生命的最后两天至今仍是个谜。通常认为，当他在家里被捕时，他打电话给爱娃•布劳恩，请她替自己向希特勒求情，而她气愤地拒绝了。但奥托•京舍断言，并没有这段电话对话；他监控着所有外来电话。此外，京舍还说，4月28日夜里，爱娃哭着来找他，坚持说"亲爱的赫尔曼"不可能背叛元首。

肯普卡说，主管保卫希特勒的警察、党卫队准将约翰•拉登胡伯告诉他，菲格莱因并没藏在他的房子里，而是藏在一个煤箱的上层。当时，他身披一件长皮衣，脚穿拖鞋，头戴运动帽，颈围围巾；在他的公文包里，发现了希姆莱与贝尔纳多特谈判的详细材料。

斗到最后一个人。”不过，他答应他会再次试着说服元首。

希特勒离开会议室，去看望受伤的格莱姆。汉娜·莱契也在那里。希特勒跌坐在格莱姆床边，脸色非常苍白。“我们唯一的希望是温克，”他说道，“为了让他进入柏林，我们应该召集一切可以动用的飞机来掩护他的部队前进。”温克的大炮，他宣称，已经轰炸了波茨坦—普拉茨一线的俄国人。“黎明之前要召集一切可动用的飞机。”他命令格莱姆飞往离格布哈特医生的疗养院不远的雷希林机场，在那里召集他的飞机。只有靠德国空军的支持，温克的部队才能成功。“这是你必须离开掩体的第一个理由；理由之二是，必须阻止希姆莱。”他的嘴唇和双手哆嗦着，语调也变得不稳定。“一个叛徒永远不能继任我做元首。你必须出去，保证他不能成为元首。”

格莱姆说，他不可能抵达雷希林，而且，他更想死在地下掩体里。

“作为帝国的士兵，用尽一切可能性是我们神圣的职责。”希特勒说道，“这是唯一剩下的成功的机会。我们有责任抓住它。”

“就算我们必须要成功，现在我们又能做些什么？”汉娜问道。

然而，格莱姆已被希特勒的最后几句话深深打动了。“汉娜，我们是留在这里的那些人的唯一希望。哪怕只有最微小的机会，我们也应该为了他们而抓住它……也许我们能帮上忙，但是，不管能不能，我们都会去的。”

这番话让希特勒的情感突然溢于言表。“在所有的武装力量中，德国空军自始至终是打得最好的。”他说，“至于它的技术劣势，应归咎于其他人。”

格莱姆忍住疼痛开始着装。汉娜含着眼泪走向元首。“元首，为什么，为什么您不让我们留下来呢？”

希特勒看着她。“愿上帝保护你们。”

戈培尔夫人交给汉娜两封给她儿子的信。她摘下一枚钻戒，要汉娜戴上它，以表纪念。爱娃·布劳恩也交给汉娜一封信，是给她妹妹菲格莱因夫人的。后来，汉娜忍不住看了这封信；她认为其中的言辞“非常庸俗，矫揉造作，并且幼稚”，以至于她把信给撕了。

黑暗的夜晚被烈焰熊熊的建筑物照亮了。当一辆装甲车把汉娜和格莱姆载到藏在勃兰登堡门附近的一架“阿拉多 96”式训练机前时，他们可以听到一阵密集的轻武器的射击声。汉娜发动小飞机，沿着东—西轴心大街向前滑去，然后在密集的炮火中起飞了。刚飞到屋顶的高度，俄国人的探照灯就发现了这架阿拉多。在高射炮火的接连轰炸中，它像根羽毛一样四处翻滚。汉娜把油门推到底，向上爬升，逃离了炮火的漩涡——下方，柏林陷于一片火海之中。汉娜朝北面出发了。

希姆莱的背叛结束了希特勒的犹豫与希望。尽管他对格莱姆表露了信心，但是，如今他认识到，温克的行动同样注定将会失败，终于要开始为末日做准备了。准备工作从地下掩体小地图室里异乎寻常的一幕开始了，这是一场婚礼。希特勒常对他的朋友们说，他不能承担“婚姻的责任”。也许他还害怕这样可能会削弱他作为元首的唯一性；对于大多数德国人来说，他几乎是一个基督般的人物。然而，现在这一切都结束了，他的资产阶级本能驱使着他，要用这场推迟已久的神圣婚姻来报答他忠诚的情妇。

有人从附近的一支人民冲锋队里找到一个低级官员，把他带到掩体里主持仪式——非常相称的是，他的名字叫瓦格纳。希特勒和爱娃起誓说他们是纯雅利安血统，戈培尔和鲍曼在一旁见证。在简短的仪式之后，爱娃签下了“爱娃·布……”。有人提醒了她，于是，她划掉“布”字，签上了“爱娃·希特勒，原姓布劳恩”。

随后，希特勒邀请鲍曼、戈培尔夫妇，以及他的两位秘书克里斯蒂安夫人与荣格夫人到他的房间去喝香槟。接下来的一个多小时里，他一直在追忆往事。不时有其他人加入他们的行列——京舍、克莱勃斯、布格道夫、贝罗，甚至还有素食厨师弗劳雷恩·曼齐阿里。最后，希特勒说道，这是他的生命以及国家社会主义的最后时刻；在他最亲密的同志叛变之后，死亡将是一种解脱。他来到另外一个房间，开始对荣格夫人口述他的政治遗嘱。

他控诉说，无论是他，还是德国的其他任何人，都不希望发起战争，战争“完全是由那些犹太血统的，或为犹太人的利益服务的国际政治家挑起的”。他谴责英国人逼他入侵波兰，“因为英国的政治派系需要战争，一方面是由于商业上的原因，一方面是受到国际犹太人宣传的影响”。

他宣称，他之所以留在柏林，“是为了在我认为元首与总理的职位再也不能维持下去的时刻，可以自愿以身殉国”，他将“满心欢喜”地死去。但是，他已命令他的军事指挥官们“继续参加祖国的战斗”。任何一个地区、一座城市的投降，都是不可能的。他号召指挥官们“要树立至死仍忠于职守的光辉榜样”。

他解除了希姆莱和戈林的一切职务，原因是他们“瞒着我，违背我的意志，秘密与敌人进行谈判，并非法地企图夺取国家控制权”。

至于他自己的继承人——国家元首以及武装部队最高统帅这两个职位——希特勒指定了海军元帅邓尼茨。戈培尔任总理，鲍曼任党务部长，舍尔纳任陆军最高统帅；希特勒说，前两人曾要求和他一起死，但是他命令他们，“要把民族利益置于个人感情之上”，保留自己的生命。

遗嘱的结尾和开头一样，也是对犹太人的攻击。“最重要的是，我命令我国政府和人民坚持不懈地支持种族法，毫不手软地打击毒害各民族的国际犹太人。”一直到死，他都固执于自己的观念。

荣格夫人在遗嘱上注明日期：1945 年 4 月 29 日凌晨四点。希特勒在底下草草签上了名字，戈培尔、鲍曼、布格道夫和克莱勃斯作为证人也签了字。

接着，希特勒又口述了他的私人遗嘱。他把他的财产留给党，“或者，如果党不存在了，就留给国家”，并指定“我最忠诚的党内同志，马丁·鲍曼”作为遗嘱执行人。“他可以把所有值得作为私人纪念品的东西交给我的亲属，或用于维持他们的中产阶级生活水平。这尤其适用于我夫人的母亲，以及我所熟知的忠诚的男女同事们——特别是我以前的秘书们，温特尔夫人以及其他所有人，她们多年来的工作给了我很大帮助。”

“我的夫人和我选择了死亡，以逃离被打倒或者投降的耻辱。我们希望将我们的遗体在我为人民服务十二年来从事大部分日常工作的地方立即火化。”

这些阴郁的准备工作终于引起了激烈的争论。当元首告诉戈培尔，要他和他的家人离开地下掩体时，戈培尔认为这是一种蔑视而非优待。柏林的捍卫者怎么能离开？戈培尔吼道。希特勒坚持如此，因此争执变得非常激烈，以致希特勒终于说道：“连我最忠实的信徒也要不服从我了！”说完，他就去睡了。

戈培尔含着泪水回到了他的卧室。他没有沮丧，也开始写自己的遗言，题为《元首政治遗嘱的附录》。

元首命令我，如果守卫帝国首都的防线崩溃，就离开柏林，到他所任命的政府去担任一个主要职务。

有生以来，这是我第一次必须坚决拒绝服从元首的命令。我的妻子和孩子们与我一起拒绝。在元首最急需帮助的时刻抛弃他，不仅为人性和忠贞所不容，而且，也将导致我在余生之中，被世人看作一个可耻的叛徒和下贱的无赖。同时，我还会失去我的自尊，以及同胞对我的尊重，日后再造德意志民族和德国未来的任何尝试中，都将需要这一尊重。

在这场战争中最为危急的这些日子里，在纠缠着元首的叛逆的梦魇中，至少还有一人会无条件地陪他到死；即使这与元首在政治遗嘱中正式下达给我的，而且从实质上来说也是完全有道理的命令背道而驰。

因此，我相信我正在为德国人民的前途付出最好的服务。在今后的艰苦岁月里，榜样将比常人更为重要。总能找到把祖国领向自由之路的人；但是，如果不是从清晰醒目的榜样基础上开始的话，重建我们民族的生活将是不可能的。

基于这一理由，我和我的妻子一起，并代表我们的儿女（他们太小了，还不能表达自己的意见，如果他们足够成熟，必会毫无保留地同意我们的决定）表达我们无法改变的决心：即使帝国首都沦陷，我们也不会离开，而是要在元首身边结束我们的生命。因为，如果不能生活在元首的身边并为他服务，生命对于我个人来说将再也没有价值。

英国喷火式战斗机从柏林城中一片燃烧着的废墟上空掠过。下面的尸臭让联队长约翰尼·约翰逊想起了诺曼底战役中的法莱兹。他可以看见俄国坦克正滚滚驶入城中。突然，一大队“雅克”式歼击机出现了。他担心会导致混战，连忙呼叫道：“好！小伙子们，保持队形。不要乱动！”

一百多架“雅克”开始慢慢转到喷火式战斗机背后。约翰逊命令他的机队向右拐，绕过俄国人。这时，他的僚机驾驶员警告说，他们头顶上有更多的俄国人，约翰逊答道：“密集飞行。保持队形！”

两个机群怀疑地互相包围了。约翰逊冒险靠近对方，然后向俄国负责人摆动起机翼，但是对方没有回应。突然，俄国人掉转机头，散乱地向东面飞了回去。缺乏纪律的机群忽升忽降，疾速离去，让约翰逊想起了一群在空中盘旋兜转的野椋鸟。经常会有几架突然掉落下去，一头扎进下面的废墟堆里。

上午十点左右，俄国陆军的三支主要力量从东、南、北方向朝地下掩体同时挺进。这座濒临灭亡的城市周围的包围圈越收越紧，苏联的先头部队已经秘密潜入了动物园。他们从河马园和天文馆里对两个巨大的防空塔楼开始了射击。这两个塔楼是好几个师的指挥所，同时也是炮兵中心。在其中一座的四楼上，柏林炮兵部队的指挥官韦勒曼上校正出神地看着苏联坦克一次次徒劳地试图击中大楼的窗户。他可以看见伸展在他四周的这座大城市——燃烧着，冒着烟，几乎已完全被摧毁。威廉一世纪念堂的钟楼上烈焰熊熊，显露出一种骇人的美丽，就好像一支巨大的火把。

一英里外的地下掩体里，马丁·鲍曼正准备把希特勒的遗嘱和他自己的遗嘱寄给希特勒的继承人，海军元帅邓尼茨。为了确保它们顺利寄达，鲍曼决定分别派出两名密使：他的私人顾问，党卫队上校威廉·山德尔，还有海因茨·洛伦茨。戈培尔也希望把他的遗嘱发往外界，于是也给了洛伦茨一份副本。

布格道夫把希特勒政治遗嘱的另一份副本托付给了元首的军事副官威利·约翰梅尔少校，并命他将其带给舍尔纳元帅。布格道夫另外给了约翰梅尔一份手写的证明，解释说这份遗嘱“是在得知希姆莱叛变这一打击性的消息后”写出来的，是元首的“不可改变的决定”。“一旦元首下达命令，或一旦证实他已死亡”，就公开发表遗嘱。

当弗莱塔格·冯·洛林霍芬、博尔特，以及布格道夫的副官威斯中校得知三位信使将要带着希特勒遗嘱的副本离开地下掩体时，他们决定也要请求准许自己离开。“既然一切都结束了，”他们对克莱勃斯说道，“就让我们和部队一起去战斗吧！或者说，给我们一个重返温克将军部队的机会。”克莱勃斯表示理解。他去见希特勒，将此事向他报告。希特勒没有表示异议，只是说，在他们离开之前，他想见一下这三个年轻人。

中午，希特勒与他们聊了很久。他们指望怎么逃出柏林呢？博尔特指出了一条路线，沿动物园走到皮彻道夫桥，他们可以在那里找到一条船，然后划船顺哈弗尔河而下。

“在那座桥附近！”希特勒插话说，“我知道有个地方有几条电动船，行驶起来毫无噪音。”接下来的十五分钟里，他为他们制订了一条沿河而下的按部就班的逃亡路线。这显示了他“非凡的”记忆力，但三位军官只是敷衍地听着。和希特勒的许多军事计划一样，这一路线在理论上无懈可击，但执行起来非常困难。他们穿上迷彩服，戴上钢盔，挎上冲锋枪，离开了地下掩体里压抑的气氛，出现在了赫尔曼·戈林大街上。

那个曾光荣地以其姓名命名这条大街的人即将被鲍曼处以死刑。鲍曼给上萨尔斯堡的特工发了一封电报：

> 柏林局势更为紧张。如果柏林和我们都陷入敌手，那么，必须处决“四·二三”事件中的叛徒。战士们，履行你们的职责吧。你们的生命与荣誉均取决于此。

但是，戈林已经说服了他的党卫队卫兵，把他和他的妻子、女儿，以及膳食主管带到他家位于奥地利毛特恩多夫附近的城堡去。驱车离开的时候，戈林的衣襟里藏着一根火炉烟筒；烟筒内卷着一幅他最喜欢的画——价值二百五十万马克。

4 月 29 日下午，地下掩体里的人们都在做着令人毛骨悚然的准备工作。希特勒的前任外科医生哈泽大夫毒死了元首最心爱的阿尔萨斯狼狗布隆迪。另外两条狗则被枪杀。希特勒亲手把毒药胶囊交给了他的两名女秘书，荣格夫人和克里斯蒂安夫人。他充满歉意地说，这是一点微薄的诀别礼物，并且赞扬了她们的勇气；不幸的是，他又说，他的将军们不像她们这样可靠。

六点钟，墨索里尼被游击队暗杀的消息到达后不久，肯普卡去看望了希特勒。希特勒右手拿着一张柏林地图；身着灰色夹克，黑色裤子。尽管他的左手微微地颤抖着，但整个人似乎非常镇静。“你怎么样，肯普卡？”他问道。

司机说，他要回勃兰登堡门那里的紧急防御阵地去。

“官兵们怎样？”

“他们士气高昂，正在等待温克的援军。”

“对……我们都在等待温克。”希特勒平静地说。然后，他伸出了手。“再见，肯普卡，照顾好你自己。”

正当他们握手时，肯普卡的一个同伴在走廊里叫道：“快点，俄国人要来了！”

当元首会议在晚上十点开始时，魏德林心情沉重。他谈到了街巷里进行着的那些无望的激战。他说，他的那几个师不比营多几个人了。士气非常低落，弹药几乎耗尽。他挥舞着一份陆军的战地报纸，上面充斥着关于柏林即将被温克解救的乐观的报道。将士们不会上当，他指责道，这样的欺骗只会使大家痛苦。

戈培尔还是听不进这种现实的评价。他指责魏德林是失败主义，又一场争论爆发了。鲍曼不得不设法使他们冷静，以便让魏德林继续讲下去。魏德林以一个破坏性的预言结束了他的报告：战斗将在明晚结束。

所有人都目瞪口呆，场上一片寂静。希特勒语气疲惫地问总理府地区的指挥官，党卫队准将莫恩克，他是否也注意到了同样的情形。莫恩克说是的。

魏德林再次恳求突围出去。希特勒举手示意大家安静。他指着自己的地图，听天由命而又一派嘲讽地说道，他根据外国电台的广播标出了部队的位置，因为他自己部队的人员已经不再费事来向他报告了；他的命令不再有人执行了，因此，再作任何期望都是毫无用处的。

当他艰难地从椅子上站起来向魏德林告别时，将军再一次乞求他在弹药用尽之前改变主意。希特勒低声对克莱勃斯说了些什么，然后转向魏德林。"我同意你用小股部队突围。"他说，但是又补充道，投降绝不可能。

魏德林沿着走廊往外走，心中思忖着希特勒是什么意思。小股部队突围实际上不就是投降吗？他发电报给他的所有指挥官，命他们于次日早晨到本德勒布洛克的指挥部集合。

午夜时分，冯·贝罗上校和他的勤务兵带着希特勒给凯特尔的一封信离开了地下掩体。信中指定邓尼茨作为元首的继承人。元首赞扬了海军的英勇表现，并原谅了空军因戈林而导致的失败。但他严厉批评了整个陆军总参谋部，说它完全不能与第一次世界大战时的陆军总参谋部相比。最后他说："在这场战争中，德国人民所付出的努力与牺牲如此之大，以至于我不能相信它们都已付诸东流了。我们的目标仍然应是为德国人民在东方赢得土地。"

贝罗和他的同伴沿着其他人所走的路线离开了地下掩体。在黑暗之中，他们的行进要更容易些。刚好在黎明之前，他们在帝国体育馆追上了弗莱塔格·冯·洛林霍芬那一队人。

在上层的主餐厅里，希特勒在向他的二十余名部下和女秘书们告别。他的眼里蒙着一层薄雾，在荣格夫人看来，他似乎是在凝视着远方。他从队伍前走过，依次与他们握手，然后走下了通向他的套房的旋转楼梯。

一种奇特的新的欢乐气氛突然随之而来。种种障碍不复存在，高级将领与年轻军官们毫无拘束地随便闲聊着。在战士和勤务兵们吃饭的食堂里，人们自发地跳起舞来。喧嚣声越来越大，以至于一个传令兵跑来警告他们小点声，不要吵到下层；鲍曼正在试图集中精力起草一封给邓尼茨的电报。在电文中，鲍曼抱怨送交柏林的报告全都受到了凯特尔的“控制，隐瞒，或者扭曲”，他还命令邓尼茨“马上对所有叛徒进行无情的打击”。

午夜时分，桑普森神父站在一座俯瞰新勃兰登堡的山冈上，听着红军坦克越来越响的隆隆声。曼特菲尔已经把他的指挥部从城里撤走了，只留下了一支后备部队。

上个星期，苏联飞机在该城和IIA战俘营上空撒下传单，警告说罗科索夫斯基“就在你们的门口”。他的确已在那里了。几十辆苏联坦克碾倒了战俘营带刺的铁丝网和瞭望哨。美式卡车载着多管火箭滚滚驶来，开始从三英里外向新勃兰登堡开火。一个小时之后，城市陷入了一片火海。就连远处山上的战俘们也能感觉到灼人的热气。对于众多正向烈焰熊熊的城市游荡而去，打算趁火打劫的法国人、意大利人和塞尔维亚人来说，自由的诱惑太大了。但是，他们却遭到了俄国人的射杀。而美国人，在他们所信任的卢卡斯中士和桑普森神父的率领下，按照英国广播公司加密广播的指示，留在了战俘营里。

对于战俘营里幸存下来的三千名俄国人来说，解放只不过是一句空话。仅仅是有嫌疑与德国人合作的那些人被立即枪决；其他人则领到了枪，被派往前线。

一位俄国将军问桑普森神父是否对德国人有什么不满。神父说，战俘营里的医生曾拒绝帮助美国人。将军把自己的手枪递给他。“干掉他。”他简单地说道。

从新勃兰登堡回来的战俘们带回了很多让人反感的消息：凶杀、抢劫，还有强奸。那位长着一张娃娃脸的五十岁的法国神父和桑普森神父都觉得必须去城里，看看他们能帮忙做些什么。

曾是一座美丽小城的新勃兰登堡此刻仍在燃烧，街上堆满了碎砖残瓦。身穿制服的苏联女兵指挥着来来往往的重型军用卡车。尸体烧焦的味道令人难以忍受，但是法国神父仍果敢地在尸体堆中向前走着，同时给以祈祷和安慰。在桑普森神父的眼里，他似乎是一个被蹂躏世界中的教会的象征。

4月30日中午，动物园被苏联人占领了，甚至有报告说一支先头部队已经抵达与地下掩体相邻的那条街。但是，很难看出这些消息是否对元首产生了影响。在与荣格夫人、克里斯蒂安夫人和弗劳雷恩·曼齐阿里共进午餐时，他随意地聊着天，就好像这只不过是又一次“小圈子”的聚会，并无任何问题产生。

然而，这是不寻常的一天。女士们刚离开不久，希特勒又要京舍把她们喊回来，同时再把鲍曼、布格道夫、克莱勃斯、沃斯、赫维尔、瑙曼、拉登胡伯，以及鲍曼的秘书弗劳雷恩·埃尔泽·克吕格尔叫来。希特勒把京舍叫到一旁，说他和他的妻子将一起自杀，他希望他们的尸体能被火化。“在我死后，”他解释道，“我不希望自己被陈放在一个俄国蜡像博物馆进行展览。”

京舍打电话给肯普卡在地下掩体里的房间。肯普卡恰好刚从勃兰登堡门的指挥所回来。“埃里希，我得喝点什么，”京舍说道，“你那儿有烈酒吗？”京舍的声音中有一种奇怪的味道，肯普卡无法确定那究竟是什么。“你有什么喝的吗？”京舍又问，并且说他要过来。

肯普卡知道，肯定出了什么事情。在过去的这些天里，没有人曾想过喝酒。他找出一瓶法国干邑白兰地，等待着。电话铃响了。又是京舍。“我急需两百升汽油。”他嗓音嘶哑地说道。

肯普卡认为他是在开玩笑。“不可能！”他答道。

“汽油，汽油，埃里希！”

“你要两百升汽油干什么？”

“我不能在电话里对你说。我需要汽油，一定要送到元首地下掩体的入口处。”

肯普卡说，剩下的全部汽油——大约四万升——都埋在蒂尔加腾公园里。“冒着炮火去找油，这无疑是送死。等到五点钟炮火停止再说吧。”

“我连一小时都不能等。你看是否能在坏掉的汽车里收集一下？”

下午三点三十分，希特勒拿起一支瓦尔特手枪。他住处的会客室里，只有他与爱娃·布劳恩两人。爱娃已经死了。她瘫倒在一张长椅的扶手上，服毒自尽了。还有一支瓦尔特手枪扔在红地毯上，没有开过火。

希特勒坐在一张桌子前。他身后是一幅腓特烈大帝的肖像。在他面前的储物柜上，放着一张他母亲年轻时的照片。他把枪管插进嘴里，扣动了扳机。他向前扑去，撞飞了一只花瓶。花瓶击中了爱娃的尸体，然后落到了地毯上。里面的水洒了出来，淋湿了爱娃的裙角。

鲍曼、京舍和林格在会议室里听见了枪声。他们犹豫了片刻，然后闯进了希特勒的会客室。京舍看见希特勒趴在桌子上，顿时软了下来，跌跌撞撞地回到了会议室。肯普卡走过来与他搭话。

“看在上帝的分上，奥托，”司机说道，“发生了什么事？你肯定是疯了，仅仅为了两百升的汽油就要我派人去送死？”

京舍与他擦肩而过，“砰”的一声关上休息室的门，这样就不会有人碰巧闯进来。然后，他又关上了通往元首套房的门，接着转过身来，瞪着双眼说道：“元首死了！”

肯普卡惊呆了，他认为希特勒只可能是心脏病发作了。

京舍一时失语。他伸出手指做手枪状，然后放进嘴里。

“爱娃在哪里？”

京舍指向希特勒的会客室，终于蹦出了几个字：“她和他在一起。”他花了好几分钟才结结巴巴地讲完了事情的经过。

林格从希特勒的会客室里探出头来。“汽油，”他叫道，“汽油在哪儿？”肯普卡说，他带来了大约一百七十升汽油，就在花园入口处的油桶里。

林格和斯达姆普菲格医生用一条深棕色的军用毛毯裹住希特勒的尸体，把他抬了出来。元首的脸被盖住了一半，左臂耷拉着。鲍曼抱着爱娃的尸体跟在后面。爱娃穿着一条黑色的裙子，一头金色长发松散地垂了下来。肯普卡一看到爱娃被鲍曼抱在手上，就忍不住了。她生前一直讨厌鲍曼，他暗暗想道：“别再多走一步了！”他朝京舍喊道：“我来抱爱娃。”然后默默地把她从鲍曼手中抱走了。爱娃尸体的左侧湿漉漉的，肯普卡以为是血；实际上，那是那个被打翻的花瓶里的水。要走四段楼梯才能到达花园，半路上，尸体差点从肯普卡的手里滑下来。肯普卡停住了脚步，无法继续往前走。不过，京舍很快就过来帮他，他们一起把爱娃的尸体抬到了花园。

俄国人又一次枪炮齐发，数枚炮弹射进了碎石堆中。只有帝国总理府那状如锯齿的围墙还没有倒塌，每一次炮弹爆炸，都让它震颤良久。

透过一团团的烟尘，肯普卡看见希特勒的尸体正放在距离地下掩体入口不足十英尺的地方。它被放在一个浅坑里，旁边是一台大型混凝土搅拌机。他的裤腿卷起；右脚向里撇着——他在坐车长途旅行时总是采取这个特有的姿势。

肯普卡和京舍把爱娃的尸体摆放在希特勒右侧。炮火突然加快了速度，变得更加密集，他们不得不躲进了入口。肯普卡等了几分钟，然后冲过去抓过一桶汽油，又向尸体跑回来。他把希特勒的左臂往身体上凑了凑。这个动作毫无必要，但他没办法让自己往元首身上浇汽油。一阵风吹动了希特勒的头发。肯普卡打开了油桶。这时，一颗炸弹爆炸了，弹片纷纷向他的身上落去；一颗榴霰弹从他头上呼啸而过。他又一次爬回来躲避。

京舍、肯普卡和林格在入口处等待炮火暂时停歇。当炮火停了之后，他们回到了尸体旁。肯普卡因厌恶而瑟瑟颤抖，把汽油洒在尸体上。他想，我不能这么做，但我做了。他看见也在往尸体上泼汽油的林格和京舍脸上有着同样的反应。在入口处，戈培尔、鲍曼和斯达姆普菲格医生怀着病态的兴趣探头看了过来。

衣服被油浸透了，最强劲的风都吹不动它。轰炸又开始了，但三个人仍旧一桶又一桶地倒空了油桶，直到把停放尸体的浅坑灌满。京舍建议用一颗手榴弹来点火，但肯普卡不同意。把元首的尸体炸掉，这个想法太让人抵触了。他看见入口处的消防水龙带旁有一块很大的破布。他指给京舍看，京舍一把抓了过来，浸上了汽油。“火柴！”肯普卡喊道。

戈培尔递给他一盒。肯普卡划着火柴，把它丢到破布上。京舍拿着燃烧的破布跑了过去，把它扔在尸体上。一团蘑菇形状的火球伴随着一团团的黑烟从尸体上升了起来。在一座燃烧着的城市的背景下，这只不过是一团小小的火焰，但它却是最令人毛骨悚然的。大家神情恍惚地看着它。

火焰开始缓缓地吞噬着尸体。饱受震动的人们蹒跚地退回了入口。更多的汽油被运来了，在接下来的三个小时里，京舍、林格和肯普卡不停地往燃烧着的尸体上浇着汽油。

十九天之内，这个世界的三位领导人死去了——一位死于中风，一位死于他自己之手，另一位死于他的人民之手。其中的两位——罗斯福和希特勒——是在同一年，即 1933 年，担负起了国家的领导职责；并且两人都被密友称为“元首”。但是，他们的相似之处仅止于此。

直到晚上七点三十分左右，漫长的火葬工作才结束。随后，精疲力竭的京舍和肯普卡踉踉跄跄地回到了地下掩体。会议室里一片骚乱。卫队长拉登胡伯和大本营区域的指挥官莫恩克当众哭了起来；其他人则近乎歇斯底里地争论着一些无关紧要的琐事。没有元首领导他们，所有人都似乎不知所措了。最后，戈培尔控制住了自己的情绪。作为新任总理，他要召集一次会议以恢复秩序，并要求鲍曼、莫恩克、布格道夫和克莱勃斯参加。戈培尔的首批决定之一，是命令拉登胡伯将希特勒和爱娃的遗骨埋葬在花园里肯普卡的小房子旁边。然后，他们开始讨论派会讲点俄语的克莱勃斯越过火线，去和苏联人商谈某种协议的可能性。

魏德林还不知道希特勒已死。黄昏时，他收到克莱勃斯发来的一封电报，命令他马上去地下掩体报到，并禁止从柏林突围，即使是小股部队也不行。这简直是疯了，魏德林真想不听他的；再过二十四小时，任何突围便都不可能了。敌人的队伍已深入至波茨坦广场区域，而另外一队人马已经沿着威廉大街一路推进到了空军部。

虽然路程还不到一英里，但是魏德林花了将近一个小时才来到了总理府。当他走入地下掩体时，天已经黑了。走廊里狂热的气氛让他迷惑不解，但是，第一个让他感觉出事了的迹象，是戈培尔坐在希特勒的桌前。克莱勃斯语气严肃地要他发誓保守秘密，然后透露说希特勒自杀了。

有如五雷轰顶的魏德林被告知，元首的死讯已经通知了斯大林，仅斯大林一人。克莱勃斯说，他将亲自去告诉朱可夫这一自杀事件，以及新政府的成立。之后，他会要求休战，并开始关于德国投降的谈判。希特勒一死，他与布尔什维克战斗到底的愿望便突然无影无踪了。

魏德林无法相信克莱勃斯是认真的，只是怀疑地看着他。“作为一名战士，你认为在胜利果实唾手可得之时，俄国最高统帅部会同意谈判休战吗？”他说，必须提出无条件投降，只有这样才能结束柏林这场无谓的战斗。

绝对不可能投降。戈培尔叫道。

“帝国总理先生，”魏德林说，“您真的相信俄国人会与由您任总理的德国政府进行谈判吗？”

也许是一生之中的第一次，戈培尔无法立即反唇相讥。当他终于开口时，那些话是一个按照自己的愿望，歪曲现实的人才能说出来的。他宣称，实现希特勒的遗愿是一项神圣的职责，克莱勃斯只能要求休战。

在返回战斗岗位的路上，肯普卡路过了斯达姆普菲格医生的房间。他看见玛格达·戈培尔正坐在一张桌子旁，一脸茫然。她认出了肯普卡，于是要他进去。“我跪着乞求元首不要自杀，”她语气平平地说道，“他轻轻地扶起了我，平静地说，他必须离开这个世界。这是为邓尼茨铺平拯救德国之路的唯一方法。”

为了转移她的注意力，肯普卡说，确实还有逃出去的可能。他告诉她，他有三辆输送人员的装甲车，有可能安全地把他们所有人都运出去。

她深深地叹了口气，脸上放晴了。这时，戈培尔走了进来，说克莱勃斯要亲自去见朱可夫，并要求“大家自由地离开地下掩体”。他曾发誓要与希特勒一起死，但是挽救自己和家人的本能占了上风。然而，就连这种本能也有它的限度。“万一谈判不成功，”他冷酷地说道，“我已作出了决定。我将留在地下掩体里，因为我不愿选择留在世上扮演一个永久难民的角色。”他转向肯普卡。“当然，我的妻子和孩子们可以走。”

“如果我的丈夫留下，”戈培尔夫人连忙说道，“那我也会留下。我要和他共命运。”

没人将希特勒的死讯通知海军元帅邓尼茨。他只知道元首已指定他为继承人。鲍曼发电报告诉他，书面任命随后就到，因此海军元帅“有权采取适应形势需要的任何措施”。

鲍曼隐瞒全部真相，也许只是为了将这一消息亲自告诉邓尼茨。和戈培尔不同，他决定不管发生什么，他要逃出柏林。毫无疑问，他希望自己可以成为地下掩体里第一个见到邓尼茨的人。到那时，因为他的在场，他就可能保住自己的权力。

海军元帅是一名没有政治欲望的军人，这项任命完全出乎他的意料。他推测，希特勒之所以任命他，是为了给武装部队的一名军官扫清道路，以便体面地结束战争。他发电报给希特勒说，他的忠诚不附带任何条件，他将竭尽全力去柏林解救他。“然而，如果命运迫使我作为您的继承人来统治德国的话，我会继续战争，争取一个配得上德国人民这场史无前例的英勇斗争的结局。”

邓尼茨一直害怕希特勒之死会导致中央权威的终止，以及随之而来的混乱，那将使成千上万的人无谓地失去他们的生命。现在，如果他迅速行动，无条件投降的话，也许能够避免这样的灾难。但是，首先他必须查明，这项任命是否能被希姆莱平静地接受，他在全国各地都有武装部队，而自己却一无所有。邓尼茨亲自打电话给希姆莱，最后，希姆莱不情愿地答应到普伦来讨论“一件重要的事情”。

邓尼茨把一支打开保险的手枪放在了他办公桌上的几份文件下面。他觉得这样做有些夸张，但却是必要的。希姆莱带着六个全副武装的党卫队勤务兵到了，不过却独自一人进了邓尼茨的办公室。邓尼茨拿出宣布任命他为希特勒继承人的电报。“请您看一下这个。”他紧盯着希姆莱说道。帝国元首的脸色变得十分苍白，整个人“仿佛被针扎了似的”抖了一下。即使在他试图与丘吉尔和杜鲁门谈判的消息曝光之后，希姆莱仍旧深信他会被指定为希特勒的继承人。在一阵令人尴尬的沉默之后，他站起身来，笨拙地鞠了个躬。“如果是那样的话，”他说道，“请让我在您的政府中做您的副手。”

希姆莱那可怜的语气给了邓尼茨信心，但他还是将手挪向了藏着的手枪。“这不可能，”他坚定地答道，“我没有工作给您！”

希姆莱清了清喉咙，好像要说些什么。然后，他听天由命地起身离开。邓尼茨也站了起来，把希姆莱送到门口。希姆莱低着头走出大楼，后面跟着他的六个保镖。

# “而现在，你却在我们背后插刀”

自从波兰流亡政府于 1933 年来到伦敦后，关于这个不幸国家的命运之争便从未停止过。在雅尔塔会议上，三巨头似乎找到了一个解决办法；随后斯大林又改变了主意，致使罗斯福和丘吉尔不仅为此交换了大量充斥尖酸刻薄之语的信件，还在如何与斯大林较量的问题上产生了分歧。3 月底，罗斯福接受了丘吉尔的观点，但是不久，他便去世了。杜鲁门被迫要去应对这一他知之甚少的局势。因此，直到 4 月底，丘吉尔和杜鲁门才终于准备好要以一个牢固的统一阵线形象出现。

几天以来，丘吉尔一直在仔细研究斯大林的最后一封来电。电报明确地说，问题的唯一答案是在波兰身上采取南斯拉夫的范例。4 月 29 日，丘吉尔寄出了一封长达两千五百零九个单词的回信，而信中的激动情绪和其长度不相上下。

丘吉尔说，双方在南斯拉夫五五开的协定并没有很好地执行：铁托成了一个绝对的独裁者。此外，南斯拉夫与波兰毫不相干，三巨头已经在雅尔塔就后者达成了一个明确协定。丘吉尔继续写道，“在克里米亚会议之后对这件事情的处理方式上”，杜鲁门和他都认为自己“受到了极其不公正的对待”。

丘吉尔指责说，由于从波兰散布出来的一些消息，整件事情已经愈加恶化。例如，据报道，有十五名波兰人失踪了。他们在一个月前离开华沙，前去同苏联人谈判。丘吉尔问道，如果不允许英国人和美国人去波兰查明事件的真相，他又该怎样为这样的一些消息辟谣呢？

他说，斯大林和他所控制的国家，以及许多其他国家的共产党凑在一起，而讲英语的民主国家和他们的盟国则聚集在另一个阵营，这种前景不会使人感到多少宽慰。

> 显而易见，他们之间的争吵将把世界搞得四分五裂，而我们双方的所有领导人要是同这种争吵有任何瓜葛的话，都将在历史面前遭到耻笑。长期地互相猜疑、互相诽谤，长期奉行敌对的政策，都将酿成灾祸，妨碍世界的繁荣昌盛，而广大人民只有靠我们三人才能达到繁荣昌盛的目标。我希望在这封倾心以告的电报中，没有只字片语会在无意中得罪您。如果有，请告诉我。但是，我恳求您，我的朋友斯大林，请不要低估在某些事情上开始出现的分歧，您或许以为这些对我们只是小事，但是它们却象征着讲英语的民主国家对于生活的看法。

丘吉尔的坦率，结果只是激怒了斯大林。他回信说，如果卢布林政府“不能作为未来全国统一政府的基础”，便将“不可能指望成功完成克里米亚会议所提出的任务”。

此前，斯大林曾否认自己知道十五个波兰人失踪一事。现在，他则温和地承认，他们是被扣留在了苏联。不仅如此，盟国得到的消息是错误的——他们是“十六个人，而不是十五个”。

> ……这伙人由著名的奥库利茨基将军率领。对于这位与其他十五个波兰人一起“失踪”的波兰将军，鉴于他特别可恨，英国情报机关故意保持了缄默。但是，关于这件事情，我们并不打算保持缄默。以奥库利茨基将军为首的这十六人是被苏联前线的军事当局逮捕的，目前正在莫斯科接受调查。奥库利茨基将军一伙，尤其是奥库利茨基将军本人，被指控在红军后方准备并进行破坏活动，造成了几百名红军官兵死亡。这伙人还被指控在我军后方非法持有无线电发报机。这是法律所禁止的。所有这些人，或其中的一部分——根据调查的结果——将被交付法庭审判。红军就是这样不得不打击蓄意破坏者和扰乱治安者，以保护它的部队和后方。

这些指控实际上是毫无根据的。但是，另外一条指控紧随其后：英国情报机关散播谣言，声称苏联人在卡廷森林屠杀了这些波兰人。斯大林在回信的末尾用威胁的口气写道：

> 从您的来信中可以看出，您不愿把波兰临时政府作为将来全国统一政府的基础，您也不准备让它在那个政府里拥有一个应得的位置。我必须坦率地说，这样一种态度排除了达成解决波兰问题的一致决定的可能性。

然而，在一个问题上——意大利的投降——丘吉尔和斯大林最终的意见是一致的。杜勒斯获准继续进行“纵横字谜行动”后，便立即要求格韦尔尼茨带那两名德国密使搭乘汽车和飞机前往位于卡塞塔附近的亚历山大司令部。起初，文纳少校和冯·施韦尼茨上尉反对盟军提出的无条件投降条款；但是，在一次长达一夜的私下会谈中，格韦尔尼茨说服了他们：每耽搁一分钟都意味着额外的损失与牺牲。

尽管如此，施韦尼茨仍然坚持给冯·菲廷霍夫上将发了一封电报，简要介绍了这些条款。可是，直到 4 月 29 日，还是没有任何答复。于是，施韦尼茨接受了劝说，在投降协议上签了字——定于 5 月 2 日中午投降——这样，文纳和他便可以及时把文件带给菲廷霍夫，让他命令前线部队停火。

在苏联少将 A. P. 基斯朗科出席的这个重要仪式上，施韦尼茨的讲话导致大家一阵惊愕。他说，就个人而言，他超越了自己的权限。“我姑且认为我的总司令，冯·菲廷霍夫将军可以接受，但是，我不能对此负全部责任。”现场的见证人们诧异地窃窃私语，但是亚历山大的参谋长，威廉·摩根中将毫不犹豫地说道：“我接受。”于是，他代表盟军在下午两点十七分签了字。

第二天，丘吉尔发电报给斯大林：我们应该共同为这次大投降而感到高兴。他的喜悦为时过早。格韦尔尼茨设法把两名德国人带回了瑞士，但却无法让他们穿过边界再去奥地利了。因为瑞士政府的最高机关——瑞士联邦委员会，已下令关闭所有边界。秘密谈判在全世界范围内的公开，对一个因严守中立而感到自豪的国家来说，显然是非常难堪的。

这时，艾伦·杜勒斯出现在了舞台上。他不顾外交礼节，在早饭前来到了一位瑞士官员家中。这位官员正在刮胡子，杜勒斯打断了他，劝他准许德国人过境。最后，4 月 30 日上午十一时，文纳和施韦尼茨终于获准离开瑞士去意大利。他们开着一辆摇摇晃晃的汽车，沿着偏僻的奥地利公路向多洛米蒂山的博尔扎诺德军指挥部驶去。刚刚下过雪，路上的积雪尚未清除。他们之所以要走这条迂回的路线，是因为据说卡尔登勃鲁纳已封锁了主要公路，目的是阻止有关投降的文件被送到菲廷霍夫手里。

4月27日夜里，沃尔夫赶回了他在意大利的指挥部。他发现，到处都是混乱与踌躇。因斯布鲁克区区长霍夫刚刚通知最近奉命指挥南部所有德国部队的凯塞林，一项条约已在卡塞塔签订。凯塞林命令菲廷霍夫来因斯布鲁克见他。他激动地一再重复道，任何投降都不可能。随即，他当场解除了菲廷霍夫和他的参谋长汉斯·勒蒂格尔将军的职务，并命令他们去博尔扎诺东北的多洛米蒂山军事撤退区报到，在那里，他们会接到进一步的命令，并可能会被交由军事法庭审判。

菲廷霍夫顺从地动身去了多洛米蒂山，完全对沃尔夫和“纵横字谜行动”失去了任何幻想。但勒蒂格尔不愿跟他一起去。他与沃尔夫联手，向德军驻意大利的新任指挥官F. 舒尔茨将军施压，迫其与之同谋。然而，舒尔茨是位不动声色的职业军官，没有凯塞林的完全同意，他便拒绝行动。

文纳和施韦尼茨终于在4月30日午夜抵达了博尔扎诺，此时，形势似乎已毫无希望了。投降将在三十个小时后进行，而舒尔茨仍旧不愿认同该条约。沃尔夫和勒蒂格尔一直谈到天亮，最终得出了结论，唯一的解决办法是逮捕舒尔茨。早晨七点，他们把这位愤怒的将军和他的参谋长关进了集团军中央指挥所——一个用炸药炸开一块巨大岩石建成的一个宽敞的地下掩体。

舒尔茨被孤立了起来，但是这导致了新的问题。统率两支驻意大利德国部队的赫尔和莱梅尔森将军已被说服参加“纵横字谜行动”。但是，他们认为逮捕舒尔茨是对全体军官的一种侮辱，并收回了他们的决定：他们说，在这种情况下，他们既不能服从勒蒂格尔，也不会率他们的部队投降。

中午时分，亚历山大元帅发电报给沃尔夫，催他提供情况。菲廷霍夫和沃尔夫是否认可在卡塞塔签署的条款？停战是否仍将在5月2日实现？沃尔夫住在设于皮斯托亚公爵的宫殿的指挥部里，这封电报被秘密安放在他卧室旁边小更衣室里的一台机器接收到了。报务员瓦察尔·哈德基——简称沃利——是一个捷克人，他为藏身在这座宫殿里的杜勒斯工作。上个星期，杜勒斯一直吃的是假装为沃尔夫点的食物。

沃尔夫带着一项任务离开了。他要试着与刚刚被他关起来的那个人讲讲理。当然，舒尔茨“被伤得很深”：他刚抵达新司令部的第二天就遭到了逮捕。循循善诱的沃尔夫花了两个小时的时间，终于使舒尔茨勉强承认，在意大利投降对祖国来说可能是有益处的。“好吧，我们同意。”他最终说道，“我们不会提出个人或官方的反对意见。但是，没有凯塞林的同意，我们不能投降。”

然而，沃尔夫需要的是同盟者，而非中立者。“听我说，我们不要再浪费时间了。现在，德国正岌岌可危，而不是个人的问题。和我一起把这件事情办好吧。告诉您部队的指挥官们，必须严格执行投降的命令。”

虽然舒尔茨还未被彻底说服，但还是给赫尔和莱梅尔森打了电话，他们答应在 5 月 1 日晚上六点前来参加驻意大利德军主要指挥官的会议。沃尔夫自己则打电话给德国驻意大利空军指挥官里特尔·冯·波尔将军。“我的天，我们真的陷入了窘境！”波尔惊呼道，“是你把我们大家弄了进来！”

“不，波尔，我没有使你们陷入窘境。不管这一步有多么困难，我相信，你们会认识到，这是唯一可行的，唯一明智的解决方式。看我的吧。”

“好吧。”波尔叹着气说，“我同意。”

这些将军们生性保守，他们不愿意独立行事是可以理解的。同样可以理解的，是集团军总部里那些狂热的亲纳粹青年军官的态度。他们刚一得知投降之事，就威胁说要叛乱。勒蒂格尔把他们叫到自己的办公室：继续战斗是愚蠢的行为，他不能再承担这样的责任。

一位年轻上尉向前迈了一步。“那么，长官，您为什么不放弃指挥权，把它交给一个愿意承担这一责任的部下——依照元首的命令？”

勒蒂格尔说，他熟知这道特殊命令。“然而，此时此刻，我认为实行停火是我更重要的责任，因为通过它，可以避免进一步的无谓流血。上尉，想一想身处前线的你的同志们的苦难命运吧。即使在此时此刻，他们中间的一些人仍旧在为丢失的阵地而战斗着。而他们迟早也会面对我刚刚以全体驻意大利帝国武装部队名义而作出的决定。”勒蒂格尔说，他会独自承担作出这一决定的责任，“如果我不再有能力担负这一责任的话，我会让你和参谋部知道，上尉。”

六点钟，沃尔夫开始了指挥官会议。没有时间可以浪费了，他说。离停战的最后期限还剩不到二十个小时。德国驻意大利海军司令的代表海军少将勒维施站在一个角落里，用悲哀的语气一再地说："海军元帅永远不会同意，看在老天的份上，我们不应该强迫他这么做！"波尔发言说，空军将接受投降。赫尔和莱梅尔森都犹豫了一阵，然后宣称继续战斗是毫无道理的。

现在就看驻意大利最高统帅舒尔茨的了。"我完全同意。"他说道。沃尔夫心想，自己胜利了。然而，舒尔茨接着又说，没有凯塞林的同意，他还是什么都不能做。

人们接通了元帅的电话，但是他不在。半个小时后，他们再次拨打电话，还是没找到他。深邃的掩体里越来越闷，让人很不舒服。八点钟，亚历山大的另一封电报到了：究竟是否同意签字投降？如果不能马上收到肯定的答复，盟军将重新开始进攻。

沃尔夫回答，他尽量在十点前作出答复。他第三次打电话给凯塞林的指挥部。他的参谋长威斯特法尔将军说，现在不能打扰他。"这是我们最后的机会！"沃尔夫吼道，"但是你和舒尔茨将军都不愿承担责任。有四名指挥官站在这里，要求您给我们权力做必须要做的事。我们谁都没有任何个人野心；我们谁都没打算寻求敌人的保护。我们本来准备维护我们的行动，并服从元帅的意见。但是，现在必须马上作出决定，否则就会为时过晚，又得继续战斗。"威斯特法尔说，他会同凯塞林商量此事，半小时后回电话。

十点钟，威斯特法尔仍然没来电话，沃尔夫知道，他必须说服房间里的这些人独立行动了，特别是舒尔茨。"舒尔茨在逃避问题！"愤怒的沃尔夫叫喊道，"这里似乎没人有足够的胆量作出一个独立的决定，即便它关系到上万名士兵的性命，以及数千个德国家庭的不幸。所以，这个房间里的其他人必须作出决定。让舒尔茨去干他愿意干的事吧——凯塞林也是！"

所有人都被震撼了，房间里一阵寂静。突然，赫尔将军转向他的参谋长，用权威的语气平静说道："给第十军所有部队下命令，明天中午放下他们的武器。"

这是一个转折点。随后，莱梅尔森和波尔也下达了同样的命令。

当晚十点，沃尔夫发电报给亚历山大，说停火将按计划实施。不过，他的话里有一种暗示，但他自己却并没有感觉到。他知道，凯塞林和舒尔茨还是有可能破坏投降。一个小时后，有人冲了进来：电台刚刚广播了希特勒的死讯。解脱的泪水涌上了沃尔夫的眼睛。现在，凯塞林和舒尔茨不再受他们对希特勒所发的誓言束缚了。但是，希特勒之死对舒尔茨产生了一种出乎意料的效果。“先生们，”他高声说道，“迄今为止，我一直非常顺从！我有保留地同意了你们的决定，并试图对这一逆境泰然处之。但是，不要忘记你们今天早晨对我的恶言中伤，而尽管如此，我仍给予了你们道义上的支持。我准备同意你们的意见，但我是被迫服从的。元帅对我说，他信任我，而我不能滥用他的信任。我不能这样做，也不可能这样做——你们必须明白这一点。”他的脸涨得通红。“你们怎敢来这里威胁我？马上给我出去！”他指着门。“我厌倦了这一切！我仍然是这里的最高统帅。如果你们选择走你们自己的路，那很好。但那是你们自己的责任。看在上帝的份上，不要指望我也这么做！”

沃尔夫咆哮着走出房间，赫尔、莱梅尔森和波尔跟在他身后。在两个主要出口处，都站着全副武装的卫兵，沃尔夫害怕遭到逮捕，于是带着他们通过一条秘密隧道回到自己的指挥部。

沃尔夫的怀疑是完全有依据的。午夜刚过，一封电报便到了，命令逮捕勒蒂格尔，而他已经从隧道里独自逃跑了。“继续战斗。”凯塞林宣布。希特勒的死显然并没有改变任何事情。

波尔、莱梅尔森和赫尔决定，还是待在自己的指挥部里更安全些，并力劝沃尔夫和他们一起走。但沃尔夫想留在宫殿里，如有可能，还要挽救“纵横字谜行动”。他命令可靠的党卫队部队在周围防守。但他又有新的担心，卡尔登勃鲁纳也许会派奥托·斯科尔兹内带一支空降兵突击队来逮捕他[1]。于是，他命令七辆坦克在大门前排成一排，随时准备保护他。

他不知道凯塞林究竟是怎么打算的：他可以撤销关于投降的命令；他可以逮捕所有的阴谋者，把他们当作叛徒枪毙；他也可以置之不理，默认投降。

没过多久，沃尔夫就得知了凯塞林的确切想法。5 月 2 日凌晨两点，凯塞林在电话里吼道：“你们怎敢没有命令就擅自行动？”

沃尔夫提醒凯塞林，一个多月前他就已经知道了这一密谋。“如果您那时就能和我们一致行动，本来可以少流许多血，也可以避免很多破坏。”沃尔夫说，他可以为凯塞林的全部军队争取到同样的投降条件。“我只需要发个信号，一切就都解决了。而且，您似乎忘记了，从一开始您就置身其中。

[1] 得知这件事时，斯科尔兹内讽刺说：“要是认为这些党卫队队员会跟我打，那才荒谬呢。”

您知道一切关键的事情，而现在，您却弄走菲廷霍夫，在我们背上捅刀！”沃尔夫说，必须尊重在卡塞塔达成的协定；他坚信，历史将会证明他们是对的。“只有听从我的建议才是正确的。您似乎没有认识到事情的重要性。”

凯塞林打断了他；他不再生气，但是非常激动。“你的意思是，你与英国人和美国人达成了协定，要帮他们打铁托和俄罗斯？”

“元帅先生，我不知道您打哪儿来的这种荒谬想法。这根本不可能！”沃尔夫解释说，他只是通过谈判达成了一个单纯的军事投降协定。“我设法挽救了很多我们的人。他们不会去西伯利亚、北非或上帝才知道的什么地方。我还可能为无数其他人做同样的事。”继续一场必败的战斗是没有责任感的表现。“尤其是现在，元首之死已经公之于世，您也从您的誓言中解脱出来了，因此，您必须拒绝再向另外一个人发誓。忠诚的誓言是不能转移到任何地方的。我对海军元帅邓尼茨丝毫不感兴趣。我认为自己对他毫无责任。对我来说，邓尼茨狗屁不如。如今，不管是谁在继续战斗，他都纯粹是一个战争罪犯。”

他终于说完了，而凯塞林又抱着同样的激动与他争论了起来。两人的密切关系只是让这场争论更为激烈。双方互相大吼大叫，直至筋疲力尽。接下来，威斯特法尔和文纳继续争论。这场激烈的对话整整进行了两个小时，当它终于结束时，沃尔夫头昏脑涨地坐了下来。

四点三十分，电话铃又响了，是舒尔茨。怒气冲冲的沃尔夫刚要说“我对你的想法毫不在乎”，这位驻意大利最高统帅却宣布说，凯塞林刚刚打电话给他，允许他批准投降。

为了听到这些话，沃尔夫曾几次冒险前往瑞士，差一点在科莫湖畔被游击队抓获并击毙，并直面过希姆莱和希特勒的狂怒。此外，他还卑躬屈膝，被迫逮捕过一个同僚，并多次遭到辱骂。然而，成功却让他兴致突降；这一刻，他毫无感觉。他告诉沃利发电报给亚历山大，说“凯塞林也接受了条件”。随后，他便扑到床上睡着了。

# “东方的铁幕越来越接近了”

4 月 30 日午夜，布赛那巨大的移动“凯瑟尔”即将土崩瓦解。精疲力竭的战士们只是由于害怕可能会被俄国人大屠杀，所以还在挣扎着向西面的温克的第十二军运动。

汉斯·肯平上校奉命阻止俄国人突破“凯瑟尔”北侧，于是率领两万名士兵离开了奥得河。此刻，经过十天持续的运动战之后，他属下的党卫队第三十二装甲精锐师虽然曾得到过大量增援，却已缩减到了四百人，而他一辆坦克也没有剩下。肯平——一个大个子，身材跟斯科尔兹内差不多——作战多年，却从未经历过如此之多的苦难。他手下的许多人都累得扶不起来了。“如果你们想脱身，”肯平对一群妇女说道，“只能靠你们自己了。”于是，她们捡起地上的步枪和冲锋枪，朝西面走去。附近的大多数士兵也挣扎着站了起来，跟在她们后面。

在从奥得河向“凯瑟尔”南侧艰难跋涉的人群中，有数名受伤的百姓。但是，就在黎明前夕，百姓们听到了一阵野蛮的吼叫声，接着看见了几个隐约的身影——俄国人。他们疯狂地跑进树林，一直奔到达默河边；这条河只有二十五英尺宽，但河水却冰冷刺骨。战士们匆匆扎了几个筏子，然后把自己的衣服撕成条状，开始拉着筏子上的妇女们过河。

伊丽莎白·德意志曼的丈夫在俄国打仗时失去了一条腿。当第一批俄国人闯进视野时，她刚刚抵达西岸。两位光着身子把她送到安全地带的战士已经不能动弹了，他们求她在俄国人过河之前逃跑。但她只是用手搓着他们冻僵的身体，并用她的皮大衣盖住他们。

他们可以听见对岸传来歇斯底里的尖叫和几声枪响。随后是一片寂静。

他们认为俄国人已经走了。突然，一个高大的红军战士在薄雾中隐约出现了。他的额头上缠着染了血的绷带，将手枪对准了他们。“不用害怕。”他用德语说着，然后咧嘴笑了。

一位苏联军官抓过伊丽莎白，但那个高个子俄国人用手枪抵住了他的肋骨，“不，不，这女人属于他。”他指着其中一个德国人说。当他带着他的俘虏们穿过树林时，遇到了两个德国人：一个鼻子被残忍地割掉了，另一个被阉割了。但是，这个俄国人一直向这些德国人保证：他们是安全的，还发给他们大块的面包和火腿。

布赛的四面八方都受到了红军的威胁，于是，他召集了一支先头部队，试图作最后的拼死一搏，突破敌人的战线，与温克会合。整个“凯瑟尔”里只剩下两辆“虎”式坦克了。他们从废弃的车辆里收集了汽油，发动了最后一次攻击。

在黑暗中，他们遭遇了俄国机关枪和迫击炮的猛烈攻击。但是，两辆“虎”式坦克仍设法继续前进，继续开炮，打得炮管都红了。坦克后面，步兵涌了上来，还有几百名妇女和姑娘，她们也拿着冲锋枪、步枪和弹药。

仅仅十英里以西，温克正在等待着他们；他刚刚骑摩托车来到了前线。他属下的指挥官们警告他，红军即将突破他们的防线，第十二军必须撤退。但他无法忘记“凯瑟尔”里那数千名妇女和儿童。“我们必须原地不动。”他通过无线电对他的指挥官们说，“布赛还没到。我们必须等他。”

在5月1日的第一缕晨光中，温克的前哨看见几枚燃烧弹射向了空中；随后，一些模糊的身影走了过来。那正是遍体泥污的第九军官兵。他们高声喊道：“我们成功了！”“我们自由了！”然后，便倒在了地上。他们已经精疲力竭，一动也不能动了。

魏德林认为俄国人是不会和地下掩体里的人谈判的，这当然是正确的。当天中午，一脸严肃的克莱勃斯从位于滕珀尔霍夫机场的苏联前线回来了。他报告说，他和第八近卫军指挥官瓦西里·崔可夫元帅谈过了。崔可夫又打电话给朱可夫，朱可夫要求德国向三巨头无条件投降。

戈培尔指责克莱勃斯错误地传达了他的提议，于是，一场激烈的争论爆发了。戈培尔又痛骂了其他人，要求他们派另外一个使者去俄国人那里，取消克莱勃斯的一切提议，并宣布要“战斗到底”。

魏德林劝大家要坚持他们的突围计划。“继续柏林战役已经彻底不可能了！”

克莱勃斯说，他不能批准，但随后又改变了主意。“立即下达命令吧，”他说，“但要在这里等一会儿，以防有变。”

当其他人都在制定着各种逃跑计划时，戈培尔却准备赴死了。他要求斯达姆普菲格医生给他的六个孩子注射毒药。但斯达姆普菲格说，他不愿因此而内疚——他自己也有孩子——于是，戈培尔开始在上层的避难者中另外寻找一位医生。

在动物园的防空塔上，一位名为弗立克的情报军官把韦勒曼上校拉到一边，用颤抖的、几乎细不可闻的声音说道，他刚刚听说希特勒死了，政府将向全世界宣布这个消息。和其他许多人一样，韦勒曼起初拒绝相信这一消息。他告诉弗立克要保守秘密。

5 月 1 日，邓尼茨在普伦又收到了鲍曼发来的一封高深莫测的电报：

遗嘱已经生效。我会尽快去你那里。在此之前，我建议你不要发布这一消息。

到了这时，邓尼茨确信希特勒已经死了，而为了某些原因，鲍曼想隐藏真相。他个人认为，应该立即把真相告诉德国人民以及武装部队，否则，来自其他渠道的流言蜚语将会导致一场混乱。但是，他掌握的可靠消息很少，因此决定暂时遵从鲍曼的要求。然而，显而易见，这场战争已经输掉了。既然不可能采取某种政治解决办法，作为国家元首，他有责任尽快结束敌对行动，以防止无谓的牺牲。

“在我看来，”他对凯特尔和约德尔说，“舍尔纳的军队应该放弃他们眼下固守的阵地，朝美军战线的方向撤退。”这样的话，投降开始的时候，他们就可以投向西方。

他决定率领德国北部向蒙哥马利投降。为此，他发电报给谈判专家海军上将汉斯·格奥尔格·冯·弗雷德堡，要他准备执行一项特殊使命。此事结束之后，他将尝试让西线的余部投降，同时拖住俄国人。但是，这些谈判必须拖得越久越好，以便成功实现向西线的大规模撤退。

同一天，他向武装部队发表了他的第一个声明，保证他有坚定的意愿，要继续“与布尔什维克战斗，直到将我们的部队以及东部各省成千上万的德国家庭从奴役与毁灭中拯救出来”。而且，“你们对元首所发下的效忠誓言，现在将你们每一个人、所有人都和我绑在了一起，因为他亲自指定我做他的继承人”。

他还派人找来了驻捷克斯洛伐克、荷兰、丹麦和挪威的帝国专员。此时，他指示他们要竭尽所能地避免在这些国家出现新的流血事件。他在电话里对里宾特洛甫说：“考虑一个接班人吧，如果想到什么人，就给我回电话。”一个小时后，里宾特洛甫亲自打电话给邓尼茨。“我反复地考虑了这个问题，我只能推荐一位能够胜任这项工作的人——我自己。”

邓尼茨真想“当场笑出来”，但是，他礼貌地拒绝了这一提议。他要求施威林·冯·克罗西克接受这个职位。“你不要指望赢得任何荣誉，但是为了德国人民的利益，你和我都义不容辞，必须接受我们的任务。”

希姆莱刚一得知这项任命，便把施威林·冯·克罗西克召到了他的住所。“我听说你要担任外交部长一职。”他说，“我只能向你表示祝贺。从没有哪位外交部长曾遇上过这么好的机会！”

伯爵盯着他。“您是什么意思？”

“几天之后，俄国人与美国人将发生冲突，到那时，我们德国人将成为决定性的力量。因此，我们进军乌拉尔山的目标从没有比如今更接近于实现。”

“您仍然认为您个人还有任务要完成吗？”施威林·冯·克罗西克略带奚落地问道。

“当然！我才是中流砥柱。艾森豪威尔和蒙哥马利迟早都会认识到这一点。我所需要的只是同他们每人谈一小时，这样事情就能解决了。”

傍晚时分，邓尼茨终于收到了鲍曼和戈培尔发来的关于希特勒死讯的正式通知：

元首于昨日十五点三十分逝世。在他4月29日写下的遗嘱中，他指定您为帝国总统，戈培尔为帝国总理，鲍曼为党务部长，赛斯—英夸特为外交部长。根据元首的命令，遗嘱将寄给舍尔纳元帅，放在柏林城外一个安全的地方保管。鲍曼今天将尝试去您那里，向您说明形势。对武装部队和公众宣布此事的方式与时间由您决定。请确认收悉。

不过，邓尼茨可没打算让戈培尔或是鲍曼进入他的政府。他下令说，只要他们进入普伦，就将其逮捕。

他还决定，现在该把希特勒的死讯告诉人们了[1]。晚上九点三十分，汉堡广播电台中断了它的节目，宣布即将播放“一条沉痛的重要消息”。随后，电台播放了一段瓦格纳的歌剧，接着是布鲁克纳第七交响乐那缓慢的节奏。音乐过后，一个庄严的声音宣布：“我们的元首，阿道夫·希特勒，同布尔什维主义战斗到最后一刻，今天下午（实际是前一天下午）在他设于德国总理府的作战大本营里为祖国牺牲了。4 月 30 日（遗嘱上的日期是 4 月 29 日），元首指定海军元帅邓尼茨接替他的位置。现在，由元首的继承人、海军元帅对德国人民讲话。”

邓尼茨说，希特勒“率先”牺牲了，而自己的首要任务是“把德国的男女老少从一路推进的布尔什维克敌人的破坏中解救出来”。

天黑之后不久，韦勒曼上校得到通知，命其立即去魏德林设在本德勒布洛克的指挥部报到。突围计划已被取消了。

韦勒曼要求他的首席参谋带着冲锋枪和他一同前往，而他的司机也自愿做他的保镖。俄国人已经占领了利希滕施泰因桥，因此，几乎不可能从蒂尔加腾公园斜穿过去。三人在防空塔下等待着，一场枪战结束之后，他们走上了东—西轴心大街。突然，几颗炮弹在他们头上爆炸了，他们连忙跳进了一个弹坑里。这让韦勒曼想起了在凡尔登时的情景。他们冒着持续的炮火爬出弹坑，继续向东走去。在弗雷德里希·威廉大街，他们在密集的炮火中冲过了宽阔的路面。新胜利大街已经成了一片废墟：从“大熊”阿尔布雷希特到霍亨佐伦王朝的恺撒·腓特烈三世，勃兰登堡—普鲁士的历任统治者的雕像都从底座上被炸了下来。他们小心翼翼地穿过瓦砾堆，来到了国防部大院。7 月 20 日，施道芬堡和其他人就是在这里被枪决的。

---

[1] 邓尼茨认为希特勒死于一次空袭。他后来说：“我现在庆幸自己当时不知道希特勒是自杀的，因为那样的话，我就必须把这个情况告诉广大人民，而许多士兵就会立即放下他们的武器。”

地下掩体里笼罩着一种压抑的气氛，仿佛世界末日已经来临。戈培尔召见了他的副官冈特·施瓦格曼，并向他简单介绍了过去几个小时里发生的重大事件。“一切都完了。”他说，“我要和我的妻子儿女一起死。你把我的尸体烧掉。”他交给施瓦格曼一个银质相框，里面是希特勒的照片，然后向他告别了。

地下掩体里的其他人得到了逃跑的最后命令。他们分成了六个单独的小组。晚上九点，第一个小组将逃往最近的地铁入口，然后沿着铁轨走到弗雷德里希大街站。在这里，他们将从地铁站出来，渡过施普雷河，然后向西或西北走，直到遇上西方盟军或邓尼茨为止。其他五组也将沿着同样的路线陆续出发。

肯普卡负责领导由三十名妇女组成的一队。晚上八点四十五分，他来到戈培尔的套房向他告别。孩子们已被毒死。戈培尔夫人平静地请求肯普卡代她向她的儿子哈拉尔德问好，并告诉他自己是怎么死的。

戈培尔夫妇手挽着手离开了他们的房间。戈培尔非常冷静地表示感谢瑙曼医生的忠诚与理解；而玛格达则只是伸出了手。瑙曼亲吻了她的手。

戈培尔面无表情地说，他们要沿着台阶走到花园去，这样朋友们就不必抬他们的尸体了。他和瑙曼握了握手，然后陪着他脸色苍白、默默无语的妻子向出口走去。他们在陡峭的水泥台阶上渐渐消失了，瑙曼、施瓦格曼和戈培尔的司机拉赫站在原地痴痴地看着。

一声枪响，然后又是一声。施瓦格曼和拉赫快步跑上台阶，发现戈培尔夫妇平躺在地上。一个党卫队队员正盯着他们——是他开枪打死了他们。施瓦格曼、拉赫和这个党卫队队员把四桶汽油泼在了尸体上，然后点着了火。没等火焰燃起，他们就回到了地下掩体。他们接到了命令，要放火把掩体烧掉。他们把最后一桶汽油倒在了会议室里，然后扔上了一根点燃的火柴。

当火焰舔舐着曾是无数激烈争议的中心的会议桌时，莫恩克和京舍率领第一组撤离了地下掩体。第一组包括赫维尔大使、海军少将沃斯、希特勒的三位秘书和一位厨师。他们中的大多数人已经很久未见过天日。当他们走出地下掩体时，发现火灾比他们想象的要严重得多。整个柏林似乎都着了火。此时已然入夜，但总理府的废墟却被跃动的火焰映得一片通明。一颗炮弹在附近爆炸了，他们顿时被包围在了碎石粉里。总理府废墟靠近威廉大街和沃斯大街的拐角处的一侧有个小洞，他们一个接一个地爬了过去。与此同时，步枪和机枪的刺耳射击声似乎越来越响了。接着，他们排成一列，疾步跑过长达两百码的满地碎石，消失在了恺撒霍夫饭店对面的地铁口里。

不久，他们在弗雷德里希大街站钻了出来，冒着密集的炮火跑上一座铁架人行桥，向施普雷河对岸冲去。

约有一百人——军士与高级军官都有——涌进了魏德林在本德勒布洛克的办公室。将军站在办公桌后面，饱经风霜的面孔上一脸严肃。“先生们，”他强有力地高声说道。随后，他把希特勒的婚礼和自杀一事告诉了他们。“按照他的临终遗嘱，他的尸体已在总理府花园火化了。因此，我们从我们所发下的誓言中解脱了。”

他谈到了克莱勃斯与俄国人失败的谈判，谈到了戈培尔继之而来的命令：至死保卫柏林。“我的心情非常沉重，我再也无法承担在这场无望的战争中牺牲更多人的责任，因此，我决定投降。”他准备派他的参谋长特奥多尔·冯·达夫维去与俄国人谈判。“这样，这场可怕的悲剧才能结束！”

他的听众们鸦雀无声地站在那里。他们知道，这是魏德林的军人生涯中最为糟糕的时刻。没有人发表任何反对的言辞。

午夜即将到来之时，魏德林向俄国人发出了第一批信号。一个小时后，对方才答复道：“我们将等候你。”魏德林告诉达夫维，只有俄国同意了以下条件，他才能投降：部队要体面地投降；立即停火；保护平民，反对恐怖主义；保证必需的食品供应，士兵的个人财产要留给士兵；官兵要和他们的部队待在一起。

达夫维动身去了俄国人的前线。

肯普卡将他的小组带出了弗雷德里希大街地铁站。不过，他决定在渡过施普雷河前，先在上将酒店里等一等。凌晨两点，他小心翼翼地溜出酒店，看见一小队人在黑暗中走了过来。小队由身穿党卫队军官制服的鲍曼率领，队伍中还有瑙曼医生、斯达姆普菲格医生、拉赫、施瓦格曼、阿克斯曼和党卫队上校贝茨，希特勒的私人驾驶员之一。

鲍曼在寻找坦克帮助他们通过俄国人的防线。正在这时，三辆德国坦克和三辆装甲运兵车在黑暗中隐隐出现了。肯普卡拦住了第一辆车。车上的指挥官说，他是党卫队中尉汉森，这几辆车是北方师的一个装甲连余下的全部。

肯普卡命他向齐格大街慢慢驶去，这样，他的小组便可以在装甲车的保护下跟在后面。鲍曼和瑙曼走在一辆坦克的左侧，肯普卡在他们后面几步远。突然，苏联的反坦克炮与轻武器一齐开了火。肯普卡旁边的坦克爆炸了，一股巨大的火焰冲天而起。他看见鲍曼和瑙曼被炸到了一旁，确信他们都已经死了[1]。接着，他感觉到斯达姆普菲格撞在他身上，他失去了知觉。

当肯普卡苏醒过来时，发现自己什么都看不见。他摸索着向前爬了大概四十码，然后撞到了什么东西上。他缓缓起身，摸索着沿着障碍往前走——那是一个路障。渐渐地，他的视觉恢复了。贝茨正头昏眼花地站在他的面前，头皮被掀了起来，露出了颅骨。他们互相搀扶着，踉踉跄跄地朝上将酒店的方向走回去。走了几步，贝茨说他走不动了。肯普卡四下望去，看见了豪赛尔曼夫人，她是希特勒的牙医布拉斯克教授的助手。她答应把贝茨带到她家去。

对于肯普卡来说，显然已不可能把他的小组平安带出柏林了。他命令他们解散，想方设法逃出去。肯普卡本人则沿着一座人行桥冲过了施普雷河，和四个奴工一起躲进了一幢铁路部门的建筑。奴工中一位漂亮的南斯拉夫姑娘领肯普卡来到阁楼，给了他一件满是污垢的连裤工作服。肯普卡的右臂负了伤，但他累极了，顾不得包扎，径自躺在了地板上。

此时，冯·达夫维上校已经平安地抵达了红军的防线，并谈妥了投降一事。俄国人给周围的德军部队发去信息，要求他们立即投降：“我们答应体面地对待你们。每位军官都可以保留他们的随身武器。每名军官和士兵都可以随身携带他们的背包。”

浓烟滚滚的城市里，各处的德军士兵开始打着白旗走出地下室和小型掩体。魏德林本人的投降没有发生意外。他沿着吊桥跨过地方部队守卫的战壕，

[1] 不过维尔纳·瑙曼活了下来——到现在还活着。他、鲍曼和其他四个人继续走到了莱特尔站，在那里分了手。希特勒青年团的领导人阿瑟·阿克斯曼声称，当晚晚些时候，他看见了鲍曼的尸体。但他的说法没有得到证实。当晚逃离地下掩体的人中，有很大一部分都活着出去了。在所有的纳粹头子中，马丁·鲍曼可以说最有可能不被抓获，因为，即使在德国，认识他的人也很少。他是一个无名之人，很容易藏匿起来。一位党卫队权威人士最近证实，有人在南美洲见过鲍曼。如果真有高级纳粹分子逃脱了的话，那就是鲍曼；他是一个天生的幸存者。

然后向一个苏联师投降了。他被带到了崔可夫的司令部。在那里，他亲笔起草了一封电报，命令他的部下立即放下武器[1]。

黎明前夕，蒂尔加腾公园大雾弥漫。韦勒曼上校佩戴着他所有的勋章走出了防空塔，他的部下紧跟在他身后。突然，德军机枪从公园里开了火，子弹击在塔上又弹跳开去。但是，苏联谈判代表非常冷静，阻止自己的人进行回击。韦勒曼高声喝令，德国人停止了射击。他的两千名部下排成了一列长队，穿过公园，跨过倒下的树木朝北面走去，一直走到了东—西轴心大街。接近蒂尔加腾公园的高架铁路时，雾散去了一些，韦勒曼看见数百辆苏军坦克沿着这条往常希特勒阅兵的大街，以检阅队形排在那里。这一景象令人心生惧意但又印象深刻。

一看到前来投降的德国人，俄国人便纷纷跳下坦克，把香烟递给他们。"战争结束了！"他们叫道，"战争结束了！"

他们这种坦率的同志情谊鼓励韦勒曼指向了二十名希特勒青年团的团员，并且大声问道："他们可以回家吗？"

"回家吧！"苏联代表大声答道。

韦勒曼把双手围在嘴边，高声喊道："小伙子们，你们都可以回家了！"

年轻人们兴奋地尖叫着，四散而去，奔赴自由。而年长的德国兵则对俄国人这种出乎意料的同情之举心怀感激，由衷地欢喜。

肯普卡被一阵俄国人的喧闹声吵醒了。他在阁楼里看到红军战士正亲热地捶打着奴工们。那个南斯拉夫姑娘向他招手，肯普卡不安地走了下来。年轻女人微笑着把他带到一位苏联政委面前，政委怀疑地看着他。姑娘说："这

---

[1] 5月9日，魏德林、达夫维、五位将军、三位上校和唯一的一位一等兵坐上一架飞机，被带到了莫斯科。这个中年一等兵曾是波茨坦的一个烟商，他的名字叫杜鲁门。在他被俘后，人们问他是否是杜鲁门总统的亲戚。他猜测有可能是，因为他的一位叔祖移居到了美国。因此，他被重兵看守。

在莫斯科，杜鲁门与达夫维同住一间牢房。有一天，在受到俄国秘密警察多次审问后，他告诉达夫维："政委刚才告诉我，我与美国总统没有任何关系，我得向所有人说明这件事。"三个月后，他被带离了这间牢房，而达夫维再也没见过他。

达夫维最终在1955年12月回到了西德，而魏德林则于同年11月死在了一所苏联监狱中。

是我丈夫。”政委拥抱了肯普卡，并喊叫道：“同志，柏林完了，希特勒完了！斯大林是我们的英雄！”

俄国人拿出了食物和伏特加酒，黎明来临之时，他们开始了喧闹的狂欢。

除了一些顽固德军的零星枪声外，柏林战役已经结束了，守城者都已顺从地投了降。

然而，地下掩体以西仅仅六十五空英里的地方，数千名德国士兵和老百姓正挤在易北河东岸的唐格明德，伺机向西逃亡。大桥已被炸毁，但德国工兵们在桥的残骸上搭起了一座只能步行通过的便桥。在美国人的观望下，每天都有将近一万八千名德国士兵与老百姓到达西岸。还有几千人分别乘坐木筏、橡皮船和小船从其他地方渡过易北河。

5 月 2 日上午，俄国人突破了温克的左翼。温克的参谋长建议立即开始与美国人谈判。温克说他愿意投降，但希望再拖延一个星期，这样，易北河东岸的老百姓就可以继续逃往西岸。

马克斯·冯·埃德尔斯海姆将军作为谈判代表被派过河了。美国人同意让德国部队从三处渡过易北河，但是拒绝再让平民过河。

在柏林北面，曼特菲尔的军队——几乎是维斯杜拉河集团军所剩的全部军队——正在撤退，竭力想在罗科索夫斯基追上他们之前，抵达英国人和美国人的战线。不过，罗科索夫斯基对波罗的海重要港口卢贝克的兴趣已远远超过了收拾俘虏。艾森豪威尔催蒙哥马利加快向波罗的海进军的步伐，好在俄国人夺取石勒苏益格—荷尔斯泰因、甚至丹麦之前便抵达那里。

蒙哥马利非常尖刻地答道，他很清楚该怎么做；辛普森的军队从他手下调走之后，他进攻的速度自然便放慢了。艾森豪威尔回应道，他会把李奇微的第十八空降军团的四个师暂时拨给他。

隔在蒙哥马利与波罗的海之间的，只有布鲁门特里特那筋疲力尽的部队。在过去的几个星期里，布鲁门特里特与英国人进行了一场绅士的战役，在尽量避免伤亡的情况下且战且退。自 4 月中旬以来，敌对双方一直保持着非正式的联系。这天早晨，英国第二军的一位联络官非正式地拜会了布鲁门特里特，并对他说，鉴于俄国人即将包围卢贝克，阁下的军队想知道，德国人是否允许他们在俄国人之前占领这个波罗的海港口。

布鲁门特里特也不愿让卢贝克落在俄国人手里，于是，他当即下令，停止对正在前进的英国人进行攻击。

英国第七装甲师立刻迅速向北推进，而德国难民则继续逃向西边。他们的行动非常协调。傍晚时分，数千名难民安全到达了易北河入海口的西岸，而英国人也在红军之前进入了卢贝克。

那一天，汉娜·莱契和格莱姆走出海军元帅邓尼茨的指挥所时，遇到了希姆莱。

“等一等，帝国元首先生。”汉娜说道，“您能不能抽出点时间？我有一件极为重要的事情。”

“当然可以。”他似乎心情不错。

“帝国元首先生，听说，在没有得到希特勒命令的情况下，您就同盟军进行了接触，并且提出了和平建议，这是真的吗？”

“对，怎么了？”

“您在最困难的时刻背叛了您的元首和人民。这是叛国罪，帝国元首先生！”

希姆莱也许已经习惯了这样的攻击，因为他的反应更多的是歉意而非气恼。他解释道，希特勒“痴迷于自豪与光荣”，实际上，他已经疯了，“早就应该被制止”。

“疯了？我不到三十六个小时前刚从他那里来。他已为他所信仰的事业牺牲了。他勇敢地死了，他的死充满了您所说的那种‘光荣’，而您、戈林和其他人现在却得作为打了烙印的叛徒和懦夫活下去！”

“我之所以这样做，是为了不让德国流血，是为了拯救我们国家残留的东西。”

“您说流血吗，帝国元首先生？现在您谈到了它？多年前您就应该想一想了，在人们还没把无谓地流那么多血与您等同起来之前。”

争论被一阵机关枪的嗒嗒声打断了：盟国的飞机从头顶低低掠过，正在扫射这一区域。

在基尔附近的新指挥部里，希姆莱接见了由于希特勒的死讯而哀恸不已的莱昂·德格勒尔。这个比利时人说，他打算先去丹麦，然后再去挪威，在那里，他要继续与布尔什维主义斗争到底。他问希姆莱有什么计划。

希姆莱从嘴里取出一颗氰化物胶囊，这让人不禁毛骨悚然。接着，他又几近狂喜地说，他认为还可以跟邓尼茨政府做些交易。“我们必须赢得六个月的时间！到那时，美国人就会跟俄国人开战了。”

“帝国元首先生，”德格勒尔冷冷地说道，“我认为这需要六年。”

薄暮时分，邓尼茨和施威林·冯·克罗西克在基尔附近的一座桥上会见了海军上将冯·弗雷德堡。弗雷德堡是被选去与蒙哥马利谈判的人。邓尼茨指示他提出率整个德国北部投降，但同时还要强调试图逃往英国人战线的德国难民与士兵们的可怕处境。

随后，邓尼茨和施威林·冯·克罗西克继续驱车来到了弗伦斯堡，他们的新指挥部。弗伦斯堡位于德国的最北端，紧邻丹麦边境。途中，邓尼茨通过了新任外交部长起草的一篇政治演说；这位海军元帅希望尽快将其广播出去。

抵达弗伦斯堡之后，施威林·冯·克罗西克马上来到了广播站。“女士们，先生们，”他开口说道。他告诉他们，惊慌失措的人们正如潮水般试图逃向西方。“东方的铁幕越来越近；在铁幕后面，在人们看不见的地方，所有落入布尔什维克魔爪的人民都正在受到摧残。”他说，旧金山会议将努力草拟一部章程，以保证终结战争——在可能到来的第三次世界大战中，人们将会使用可怕的新式武器，“导致整个人类的死亡和毁灭”。然而，一个布尔什维克的欧洲，他预言说，将成为向苏联二十五年来系统计划的世界革命迈出的第一步。“因此，我们不知道惴惴不安的人类对旧金山（会议）有何期望。而且，我们还认为，必须颁布一部世界性章程，这不仅是为了阻止未来的战争，也是为了把发动战争的火药桶挪走。但是，如果红色纵火犯插手其中的话，这部宪法就不可能诞生。”

“今天，世界必须作出一项对于人类历史来说最为重要的决定。这项决定关系到是骚乱还是安定，是战争还是和平，是死还是生。”

# 漫长的投降的开端

英国人在波罗的海的行动已经抢占了俄国人的先机。而显而易见的是，与红军的会师正指日可待。马修·李奇微的第十八空降军团借给了蒙哥马利，参加德国北部的战役；他指示美国第七装甲师向前探索，并定时与大本营进行联系。

第八十七骑兵侦察中队的 A. 诺尔顿中尉被选来带领这支部队。他最近刚从西点军校毕业。上司告诉他，“有谣言说，俄国人目前驻于东边某地——距我军驻地约五十英里到一百英里”。诺尔顿要给苏联指挥官带去几瓶三星的轩尼诗，并说服其回到美军的防线。

5 月 2 日傍晚，诺尔顿带领九十人，分乘十一辆装甲车和大约二十辆吉普，穿过他们自己的防线，朝东北方向驶去。这支小特遣队如同一支大军的先头部队一般勇敢地扑上了大路。驶出几英里之后，他们就开始陆续遇到一些惊讶的德国士兵。这些士兵迫切地想要投降，扔掉手中的武器，主动成为了盟军的俘虏。

诺尔顿的部队进入了帕希姆——位于敌人防线后面二十英里处——他们更像是解放者，而非征服者。德国军事警察已经清空了主要的街道，人行道上排着六排欢呼的士兵和市民，他们以为诺尔顿一行是要去东边参加反对布尔什维主义的战斗。[1]

---

[1] 次日，一位德国少校发电报给他的上司恩斯特•冯•容根费尔德师长，说他刚刚在帕希姆以东六英里处的一个岔道口遇到了一名美军上尉，他指挥着二十辆坦克。

我们两个坦克指挥官率四十辆状况良好的坦克，要求您亲自下令于5月4日早晨向东夜幕降临时，美国人又往东走了九英里，来到了吕布茨，这里已经超出了无线电联系的范围。诺尔顿在一个大啤酒馆里设立了指挥所。他的权威非常之盛，一夜之间，共有大约二十万德军前来投降。第二天一大早，他让两个德国军官坐在他装甲车的前座上，然后继续向东赶路，去与俄国人会师。"现在，先生们，"他对两个德国人说，"如果我的车轧上了地雷，你们和车子里的所有人一样，都会立刻死去，甚至死得更快一些。"

小心翼翼地在雷区走了十五英里之后，他们接近了雷彭廷城。"那是我们的炮兵部队！"一个德国人指向前方一支长长的队伍，其中有马匹、车辆，以及徒步行军的战士们。

诺尔顿把他的望远镜递给这个德国人。"再看看，霍普特曼先生，然后告诉我，德国军队什么时候开始有戴着皮高帽的哥萨克骑兵了？"

这支部队远远超出了诺尔顿的想象。这是一个难以驾驭的大杂烩，包括农场里的四轮马车、俄式敞篷四轮车、破旧生锈的军事车辆、公共汽车、德式送货卡车、自行车和摩托车。四轮马车上坐满了妇女和孩子；牲口群在队伍一侧的田野里慢步走着。诺尔顿心想，这简直是一支游牧民族的车队。俄国人高声叫了起来，向美国人挥着手。

一辆套着两匹马的四轮马车驶近了，上面坐着一男一女。在诺尔顿看来，他们似乎都是农民。然而，驾车的是负责指挥这支部队的上校，而女人则是个健壮的护士。

上校和诺尔顿握了握手，接着拍拍彼此的后背，用俄语叫道："同志！""我们是美国人！"他们在对方的地图上签了名，随后，诺尔顿递给他一瓶三星的轩尼诗。

俄国战士们已经向美国的装甲车蜂拥而去。他们校了校大炮，打开顶盖，然后又关上，用无线电互相通话。诺尔顿觉得，他们好像小学生在参观军事展览。一个战士不小心打响了一挺机枪，子弹在上校身边击起一团尘土。他的部下爆发出一阵大笑，互相捶打着彼此的后背。

---

线发起进攻。我们认为，既然希特勒已经逝世，那么，打击俄国人，消灭他们的时刻便到了。因此，我们要求您，期待您，下达明确的命令，对东线发起进攻。我们坚信我们将打败并驱逐俄国人，同时我们也确信，各处的其他同志都会立即学习我们的榜样。

容根费尔德发电报给美军指挥部，希望得到关于联合进攻的消息与指示。但是，他没能与其联系上，因此拒绝主动下令。

上校专横地用一根手指指向一座大房子。几个哥萨克人飞奔过去，破门而入。一阵玻璃破碎的声音传来，然后是木头折断的声音，接着又传来几声尖叫。两个上了年纪的德国人向前门开了枪。一个哥萨克人抓住一个孩子的裤子后裆处，把他拎了出来，然后又把他扔在了一道树篱上。上校转向诺尔顿，邀请他进入自己的新指挥所。

和往常一样，他们频频为斯大林、杜鲁门、丘吉尔，以及任何他们能想起来的人和事干杯。就在正午之前，师指挥官到了。他告诉诺尔顿，当晚他将在去帕希姆途中的一个教堂会见美军指挥官。

诺尔顿注意到一位醉醺醺的俄国特遣队长踉跄地从屋里走了出来，向几个正在仔细研读笔记本的年轻军官走去。他胡乱地用手指着一张地图，嘴里嘟哝着什么。年轻军官们互相交换了一下眼色，好脾气地顺从了。他们合上笔记本，高声下了几句命令。数千名战士齐声应和，简直如同一阵怒号。接着，他们开始乱哄哄地向西面跑去，并且像墨西哥革命党人一样边跑边朝天放枪。

离开雷彭廷时，诺尔顿回头看向自己的一辆装甲车。只见一个俄国少校正从二炮手的位置上探出身来。他醉醺醺地狂笑着，身子左摇右晃。他的手臂上搭着一条毛巾，开始用一把老式的直形剃刀给炮手刮胡子。

当天上午，海军上将冯·弗雷德堡在三名军官的陪同下，被带到了蒙哥马利的指挥部。指挥部设在吕讷堡灌木林，位于汉堡东南约三十英里处。蒙哥马利从一辆房车里钻了出来，这就是他过去几年来的家。他大步走向他们，开口问道："这些是什么人？他们要干什么？"

弗雷德堡在飘扬着的英国国旗下宣读了凯特尔发来的一封信。信中，他提出率北部的全部德军投降，其中包括那些正在与红军作战的部队。蒙哥马利轻快地答道，后者应该向俄国人投降。"当然，如果有德军士兵举着手向我走过来，他们自然就是我的俘虏了。"

向这些"野蛮的俄国人"投降是难以想象的，弗雷德堡说。蒙哥马利答道，在开始战争之前，尤其是在 1941 年 6 月进攻俄国之前，德国人就应该考虑到这一切。

弗雷德堡最后问道，难道不能做一些安排，允许他们大部分的部队和老百姓逃来西线吗？蒙哥马利拒绝了。他要求在德国北部、荷兰[1]、弗里斯兰省以及弗里西亚群岛、黑尔戈兰、石勒苏益格—荷尔斯泰因和丹麦的德国部队全部投降。

“我无权作出决定，但我确定海军元帅邓尼茨会接受这一条件。”弗雷德堡答道。接着，他再次提出了难民问题。

蒙哥马利说，他“不是一个残忍的人”，但他拒绝讨论这个问题。德国人必须无条件投降。“如果你拒绝的话，我就继续战斗。”

心烦意乱的弗雷德堡请求允许他回去见邓尼茨，向他转达蒙哥马利提出的条件。

最早进入柏林的美国人是两个平民：战地画家兼《美国退伍军人》杂志的记者约翰·格罗思，以及《纽约先驱论坛报》的西摩·弗赖丁。他们没有得到美方和苏方的许可，自己设法来到了德国首都；一吉普车的美军摄影记者紧随在他们身后。午饭后，会讲意第绪语[2]的弗赖丁说服了一位苏军上尉，允许他们继续向市中心前进。冒着“黄色的大雨”，他们从徒剩四壁的滕珀尔霍夫机场旁边驶过。白色的办公大楼已经被烟熏黑了，几十架被炸烂的飞机躺在弹坑累累的停机场上。

墙上布满了用石灰水草草刷上的纳粹标语：“狼人[3]万岁！”“跟着我们的元首走向胜利！”而俄国宣传员们则到处用漂亮的字体还以同一句话：“希特勒们来了又走，但德国人民与德国国家要继续生存。斯大林。”

当这两辆美国吉普车驶上柏林大街，驶近勃吕彻尔广场时，红军战士

---

[1] 1944年9月17日，流亡政府发出号召，要求在被占领的荷兰发动一场铁路工人的总罢工。作为报复，一直到10月底，德国人都禁止向整个荷兰西部供给食物，并没收了一切运输工具。每人每天的食品配给量下降到四百五十克，到了11月末，已经开始有人饿死。1945年4月初，德国人提出允许盟国在一定的条件下向占领区运送食品。最终，在德国驻荷兰总督阿图尔·赛斯—英夸特和艾森豪威尔的参谋长比德尔·史密斯之间达成了一项协议。4月29日，轰炸大队的二百五十三架飞机在鹿特丹和海牙附近空投了五十万份的食物配给。到5月8日晚为止，总共空投了一千一百万份的英国和美国食物配给。

[2] 意第绪语：犹太人使用的国际语，历史上为中欧和东欧的犹太人所用的语言，是多种语言的混合。——译注

[3] 在第二次世界大战的最后阶段，由纳粹党领导的在同盟国战线后方进行的游击队行动的代号。——译注

们热烈欢呼起来。勃吕彻尔广场已经变成了一个垃圾场，里面全是变了形的坦克，上面还“粘着一些已被烧焦的尸体”。广场上堆满了德军扔掉的装备——袜子、内衣、枪支、炮弹和地雷。每一堆瓦砾都散发着死尸的恶臭。

吉普车绕过一个个弹坑缓缓开到了威廉大街。在房屋燃烧的火光映衬下，一堆堆的废墟就好像一堆堆“碎饼干”。他们听见远处传来了隆隆的大炮声，稍近一些的地方，清脆的机枪声听起来像是打字机的声音。

在格罗思眼里，威廉广场像极了洛克福奶酪。在他左边，几面烧焦的墙壁中间包围着一个巨大的瓦砾堆——帝国总理府。在东面的墙上，高高地挂着一张斯大林的巨幅黑白照片，俯瞰着广场上的弹坑。而南面的墙上则歪歪斜斜地挂着一幅希特勒的油画像。废墟上空到处飘扬着鲜红的苏联国旗，在蒙蒙的细雨中，看上去好像变成了深紫色。

美国人把车停下，开始仔细地检查废墟。弗赖丁在总理府四周闲逛，想找到希特勒的尸体。但是，要想把这一堆瓦砾全部挖走，需要一队推土机工作一星期。

美国人重新坐上吉普车，沿着菩提树下大街向前驶去。眼前是一片冒着烟的废墟，犹如一幅巨大的灰色全景图。前方，红军战士正大批地穿过勃兰登堡门，去消灭蒂尔加腾公园里最后一股顽抗的德国部队。唯一的亮色是挂在勃兰登堡门上方那一排鲜红的旗帜。门顶上那辆象征胜利的战车已经扭作一团，难以辨认。拉车的四匹马中的三匹已被炮火掀倒。左边，阿德隆饭店已被炮火击中，上层的一扇窗户里挂出了一面大大的红十字会旗帜，给这一带涂上了唯一的一抹白色。

格罗思翻过门柱之间的路障，跟在俄国人后面进入了蒂尔加腾公园。里面的景象让他想起了去年的许特根森林战场，倒下的树干像“散落的火柴棍”一样铺在散兵坑和狭长的散兵壕上。他躲在一堵已被炸塌的墙壁后面，看着苏联人冲进了烟雾之中。

三点过几分，一种可怕的寂静笼罩了公园。突然，一阵狂喜的欢呼声响起了。一位倒在污泥之中的俄国军官看向格罗思，微笑着说：“柏林完蛋了！”

邓尼茨别无选择，只能接受蒙哥马利提出的条件。他命海军上将冯·弗雷德堡签署德国北部的战术投降条约，其中包括荷兰与丹麦。随后，弗雷德堡将飞往兰斯，向艾森豪威尔提出率西线的所有其他德军单独投降。

傍晚时分，在吕讷堡灌木林，蒙哥马利得意洋洋地走进一座挤满记者的帐篷。在他的战服外面，套着一件驼绒的海军粗呢大衣。“请坐，先生们！”他傲慢地说道。大家席地而坐。他精心打扮了一番——在记者理查德·麦克米兰看来，这一信号表示蒙哥马利的心情很特别。

“有一位名叫布鲁门特里特的先生，”蒙哥马利开口说道，“据我所知，他统帅着波罗的海和威悉河之间的所有部队。星期三，他派人来对我说，他想在星期四率所谓的布鲁门特里特集团军前来投降。据我们所知，这并非一个集团军，而是一个旅的编制。他想率其投降。这将由英国第二军负责。

“我告诉他：‘你可以来。没问题，我很高兴！’可是昨天上午，布鲁门特里特没有来。他说：‘据我所知，我的上级正在做一些事情，因此我不来了。’

“他没有来，但是，却有另外四个德国人前来见我。”他对他们讲述了前一天与弗雷德堡的会面。

这时，一位参谋示意他，弗雷德堡终于回来了，于是蒙哥马利便向他的房车走了过去。弗雷德堡和他的四位同伴在雨中紧张不安地等待着，全都紧绷着脸。透过房车开着的门，他们可以看见蒙哥马利正胡乱翻动着一些文件。最后，他走了出来，站在英国国旗下面。德国人举手行礼。蒙哥马利拖了一会儿才给以回敬。弗雷德堡被护送进了房车，蒙哥马利问道，他是否准备在完全投降协议上签字。海军上将沮丧地点了点头，然后便被打发出去了。

五名德国人再次坐立不安地等待着，双手一会儿紧握，一会儿又松开。就快到六点钟时，蒙哥马利再次钻了出来。他大摇大摆地走到他们面前，略带一丝微笑，说道：“这是一个伟大的时刻。”然后，他飞快地扫了他们一眼，似乎是想寻求他们的赞同。

元帅领着德国人走进了另外一个帐篷。这个帐篷是专门为投降仪式而搭建的。他平铺直叙地朗读了投降条款，然后转向弗雷德堡。“你先签。”蒙哥马利两手插在衣袋里，像一只心满意足的老鹰一样看着。

他朝他的摄影师喊道：“你拍下那张照片了吗？在英国国旗底下的那张。”摄影师拍了。“好。那是一张具有历史意义的照片——具有历史意义！”

在兰斯，艾森豪威尔已经放弃了等待吕讷堡投降的消息。他说他要回家。

“您为什么不再等五分钟呢？”他的私人秘书凯·萨默斯比中尉说道，“电话可能会打来。”

刚好约五分钟之后，电话铃真的响了。“太好了，太好了！”艾森豪威尔说道，“这太好了，蒙蒂。”

艾森豪威尔的海军副官哈里·布彻上尉想知道，海军上将冯·弗雷德堡明天来兰斯签署投降条约时，盟军总司令是否会亲自参加。艾森豪威尔答道，他“不想跟人讨价还价”；他将告诉参谋部具体要做些什么，但是，在签署投降条约之前，他不想见这些德国谈判者。

在诺曼底登陆后不久，三巨头便就投降协约的条款取得了一致意见。然而，雅尔塔会议之后，这些条款又在另一份投降文件中被修改了，将对德国的瓜分囊括了进去。美国驻伦敦大使约翰·怀南特担心这两份不同文件的存在将导致混淆，因此，他打电话给在兰斯的“甲壳虫”·史密斯，提醒他可能会产生的复杂局面。史密斯说，他甚至连第二份投降文件的权威样本都没有。此外，三巨头和法国还没有授权盟国远征军最高统帅部签署这一文件。

这下子，怀南特更加不安了。他打电话给华盛顿的国务院，催其立刻发电报给盟国远征军最高统帅部，授予其签署权。

当天一大早，两名德国军官带领一支武装部队来到了巴特伊施尔附近的那个盐矿。盐矿离贝希特斯加登不远，里面存放着从维也纳艺术历史博物馆和奥地利画廊运来的无数上好的艺术品。他们声称，巴尔杜·冯·席腊赫命令他们，不能让这些最有价值的艺术品落入即将到达的俄国人之手。然后，他们威胁说，谁反对就枪毙谁。

他们挑选了一百八十四幅珍贵的油画——其中包括五幅伦勃朗的，两幅丢勒的，八幅勃鲁盖的，九幅提香的和七幅委拉斯开兹的——以及四十九袋挂毯和几箱雕塑，然后，将它们装上两辆卡车，向瑞士出发。

几个小时后，这支小车队在一个名为戈尔德内·勒弗的小旅馆前停下了。这家旅馆位于一个提洛尔人的小村子。他们把那些艺术品藏在隔壁一家旅馆的地窖里，并告诉那位不太高兴的主人——他叫戈德——从现在起，不让这些奥地利的珍品落入俄国人之手，就是他本人的责任了。

由于盟军的两条战线正在越拉越近，东西方对艺术珍品、黄金、武器，以及科学家都开始了争夺。一位美国文物、美术和档案协会的中尉发现了戈尔德内·勒弗地窖里的藏品，而他的同僚们则在附近的贝希特斯加登找到了戈林那些价值连城的艺术珍品。许多杰作仍然放在火车站的板条箱里，但更多的已被装进了停在铁路侧线上的货车中。

其他的美国专家们则积极网罗德国科学家。一位美军上尉突然出现在IIA战俘营，说服桑普森牧师帮他穿过俄国人的防线，把一位著名的德国导火索专家从邻近的一座城市秘密地接来。这段故事简直就是一部惊悚小说。为了让全队人通过最后一座苏联人的检查站，神父不得不一杯接一杯地与当地的俄国指挥官拼伏特加。他勉强完成了他的使命，摇摇晃晃地向自由走去。

这些行动中最为机密的“阿尔索斯”行动之所以能够成功，在很大程度上是靠了一个俄国血统的加利福尼亚人的坚持与英勇。他就是鲍里斯·帕斯上校。他的特遣队比战斗部队抢先一步，在黑森林中夺取了一堆做试验用的铀，并俘获了三位参与德国原子计划的著名物理学家。

不过，美国真正的收获简直是天上掉了馅饼。维尔纳·冯·布劳恩博士和他的主要V-2专家们认为，法国和英国不可能进行重要的火箭研制计划，因此便主动向美国第四十四师投降了。几乎与此事同样重要的是，被特斯曼和胡策尔藏在德兰登铁矿里的那十四吨有关V-2的资料也被找到了。

尽管开始得比较缓慢，但是，霍尔加·托夫托伊上校的“V-2特殊任务”在詹姆斯·哈米尔少校的领导下，同样也获得了成功。一百套V-2型火箭刚刚从北豪森撤走几个小时，俄国人便占领了这一地区。哈米尔得到命令，既要撤走这些火箭，又“不能让人看出我们已经掠夺过这个地方”。不过，奇怪的是，没人告诉他北豪森将成为苏联的占领区，因此，哈米尔根本没想到要把剩下的火箭毁掉。

哈米尔刚刚离开，弗拉基米尔·尤拉索夫中校就到了北豪森。他来这里的目的是把一个水泥厂撤到苏联去，却纯属偶然地发现了大隧道里那些剩下的火箭。“真奇怪啊，”他的司机尼科莱说，“这是最机密的德国武器，美国人却把它留给了我们。美国人倒真是不错的家伙，就是有些太相信人了。”后来，尤拉索夫陪一位上校来到地窖里。他简直不敢相信，不禁放声大笑起来。“美国人竟然把这些东西留给了我们！不过，再过五年或十年，他们就得痛哭流涕了。想想看吧，当我们的火箭飞过大洋的时候会怎么样！”

对于两份投降文件的问题，比德尔·史密斯的回答是，起草第三份文件——这份文件只适用于战场上的军事投降。因为这只是一种战术投降，所以就不必得到三巨头的授权。他打电话给丘吉尔，指出德国人肯定更愿意签署这样一个简单的文件，这将拯救无数生命。

弗雷德堡终于抵达兰斯时，已经是下午五点多了。比德尔·史密斯告诉这位海军上将，艾森豪威尔要求各条战线都立即无条件投降。这样，德国人仅在西线投降的希望便破灭了。弗雷德堡必须设法尽可能地进行拖延，以便让东线的百姓有更多的时间逃往西线。他告诉史密斯，他只被授权前来谈判，而不是投降，他必须与邓尼茨联系一下。而他没有带来密码，也没有安排好与邓尼茨指挥部用无线电联系的频率，因此，联系需要一定的时间。此外，由于通讯不良，要使所有战线上的德国部队都知道签字投降的消息，至少要花上四十八小时。

在说这番话的同时，弗雷德堡一直在偷偷地扫着摊在桌上的一张军事形势图。史密斯把图向他推去，说道：“很明显，您还没有完全意识到德国军队的绝望处境！”

海军上将凝视着地图。德国自东向西都被表示进攻的箭头刺穿了。他无法将自己的目光从两个特别大的箭头上移开——那都是史密斯凭空虚构出来吓唬弗雷德堡的。泪水涌上了海军上将的眼睛，他问是否可以给邓尼茨发封电报。

直到深夜，怀南特才知道史密斯竟然制定了第三份投降文件。他在电话里告诉史密斯，这份新的文件是一份纯军事文件，依照《日内瓦公约》和《海牙公约》，它将从法律上迫使盟国不得不支持国家社会主义的法令，从而阻碍对战犯的审判。它同时还剥夺了盟国要求无条件政治投降的权利，并将最终导致质疑盟国对德国的最高权威。此外，随心所欲地更替三巨头一致通过的文件却不通知俄国人，这会招致莫斯科方面的合理抗议。

怀南特对此事非常重视，亲自把这个情况告诉了丘吉尔。丘吉尔决定不予干涉。怀南特的坚持只换来了一个让步：史密斯在他那简单的文件中又加上了一段，说联合国稍后将起草“一份有关投降的总体文件，取代这一文件”。当然，怀南特认为史密斯这份文件已经获得了联合参谋部和美国国防部的认可。他发电报通知国务院，说协议已最终达成。但是，国防部和联合参谋部——同俄国人一样——甚至都不知道这第三份投降文件的存在。[1]

柏林落入红军手中之后，布拉格便是仍被德国人控制着的唯一一个中欧的大首都了。俾斯麦曾说过一句名言，谁控制着布拉格，谁就控制着整个中欧。这句话对丘吉尔来说，至今仍有一定的意义。4月的最后一天，他发电报给杜鲁门说，由巴顿来解放布拉格“很可能完全改变捷克斯洛代克的战后局势，并且有可能对邻国产生很大的影响”。他警告说，如果西方却步不前，捷克斯洛伐克“将会走上南斯拉夫的道路”。

国务院敦促杜鲁门要注意这一番话，代理国务卿约瑟夫·格鲁补充说，向横贯布拉格的沃尔塔瓦河发起进攻，将会为美国人在将来与苏联人的谈判中提供优势。杜鲁门要求参谋长联席会议对这一点作出客观评价。参谋长们转而询问艾森豪威尔。艾森豪威尔回答说，红军处于占领捷克斯洛伐克的“绝佳位置”，他们肯定会在巴顿之前抵达布拉格的。

> ……除非接到联合参谋部的命令，否则，我不会尝试任何仅仅是为了得到政治上的好处，而在军事上并不明智的行动。

认为苏联人将首先抵达目标的看法——和人们对柏林的断言一样——不攻自破了。巴顿突然穿过德国边界，进入了捷克斯洛伐克境内，一路上并未遇到什么抵抗。

“感谢上帝，感谢上帝！”捷克斯洛伐克流亡政府的总统爱德华·贝内斯博士得知这一消息后，高声叫了起来。“哈尼奇卡，哈尼奇卡！”他哽咽地喊着他的夫人，“美国人刚刚进入捷克斯洛伐克！巴顿越过了国境线！”

仅仅几个星期之前，如果是俄国人正在接近布拉格的话，他同样也会如此热情。那时，他还是信任斯大林的。1943年，他去了莫斯科，“在极其融

---

[1] 三天后，即5月9日，国务院回电报给怀南特说，国防部不明白为什么没有在兰斯签署三大国已一致通过的那份文件，而他们对史密斯这份文件也一无所知。

洽、友好和诚恳的气氛中”，他与苏联人签订了一项战后友好互助合作条约。他让他的同胞们放心，斯大林已答应保持捷克斯洛伐克的领土完整。“苏联认为，共和国会保持民主与进步……苏联没有向我们提出任何特殊的要求。我们的政策就是我们民主主义多数派的政策。”

甚至在1944年底红军进入他的国家，并且当地共产党人开始夺取政权的时候，这种信任都没有动摇过。当时，有人要求让下喀尔巴阡俄罗斯脱离捷克斯洛伐克，加入苏联；后来，在苏联政委们和俄国秘密警察的帮助下，“民族委员会”成立了，其任务是夺取城市与村镇的行政权。那些试图反抗的人都被当做德国人的合作者关进了监狱。斯大林写信给贝内斯，说这一切都是“误会”，但是，这一地区的人民希望脱离捷克斯洛伐克，他又能怎么办呢？同时，他又向贝内斯保证，他无意破坏与捷克斯洛伐克达成的协议。

然而，令人担忧的报告不断传来。到了1945年3月中旬，贝内斯终于相信，他的流亡政府不能再留在伦敦。在回捷克斯洛伐克的途中，他在莫斯科做了短暂的停留。斯大林设正式晚宴招待了他。元帅举杯为斯拉夫的团结祝酒，并指出，红军并不是“一支天使部队”，如果做出了什么不好的行为，应该予以原谅。他呼吁，每个民族都应独立，无论它是好是坏。“苏联不会干涉盟国的内部事务。我知道，甚至在你们中间，也有人对此表示怀疑。”他转向贝内斯。“也许，就连您都有些疑虑；但是，我可以保证，我们绝不会干涉盟国的内部事务。这就是列宁的新斯拉夫主义，我们布尔什维克共产党人遵循的原则。”

在克里姆林宫的阴影之下，来自伦敦的代表开始了与捷克斯洛伐克共产党代表的会晤。一个政府产生了。表面上，捷克和斯洛伐克的六个政党在这个政府中享有相等的席位。但该政府还包括六位“非政治”成员，他们都是“享誉全国的名人和专家，不必考虑其政治倾向”，尽管事实上，他们中的大多数都是共产党人或其支持者。这样的结果便是，共产党可以左右新政府作出的一切重要决定。

在被德国人占领的捷克斯洛伐克部分地区，一些过去独立活动的地下组织开始了联合行动。他们的共同目的是阻止德国人对国家财产进行破坏，并确保战后捷克斯洛伐克的真正民主。

与其他东欧和中欧的城市不同，布拉格几乎完全没有遭到战火的破坏。

它那风景如画的城堡、教堂和桥梁——看上去简直像是从童话故事中走出来的——都仍完好无损。5 月 4 日下午，急不可耐的布拉格市民打乱了地下组织开始暴动的时间表。他们拆除用德文书写的路标，或者将其涂上油漆，然后再写上爱国标语。布拉格电台威胁说要重惩这种恶意破坏行为，但是这些警告没有产生任何效果。第二天一早，街头小贩开始公开售卖镶有黑框的小幅讣告，上面写着："第三帝国——人类的祸害。"讣告底部是一句古老的捷克谚语："气球吹得过胀就会爆炸。"

一条假消息传来，说巴顿离这里只有十八英里。这导致了普遍范围的公众示威。一辆装饰着盟国旗帜的有轨电车全速驶过市中心的文瑟劳斯霍拉广场，车铃疯狂地丁当作响，售票员从车尾探出身子，高呼着解放口号。

到了中午，许多窗户上都挂起了捷克的旗帜，商店的橱窗里贴上了贝内斯、马萨里克和斯大林的照片。波希米亚和摩拉维亚保护国的纳粹国务部长卡尔·赫尔曼·弗兰克下令整肃街道，但是，只有寥寥几个党卫队的人朝示威游行的人开了枪。

捷克民族革命委员会的成员迅速聚集到一家保险公司的办公室里，一致决定要来领导这场为时过早的革命。委员会自己的起义计划在很大程度上要依赖于英国人空投的武器，但英方却一再将其拖延。委员会的首要任务是要找出一个有广泛群众基础的挂名领导人。最后，他们选择了六十四岁高龄的阿尔伯特·普拉扎克博士，查理大学的一位教授。

三点钟，委员会通过广播向人民发出呼吁，号召他们在街上设起路障。市民们冒着冰冷的大雨开始在所有关键的街角竖起障碍。男人们从街道上挖出沉重的圆石块，妇女们则将它们垒在一起。有轨电车被整个从轨道上推出来，翻倒在了人行道上。

一吉普车的美国人突然出现在文瑟劳斯霍拉广场。这是由匈牙利血统的尤金·福多尔中尉率领的美国战略情报局的一个小组。捷克人认为这些美国人是巴顿的先头部队，热情地拥抱了他们，并将他们带到起义的军政（委员会）联合指挥部。美国人被告知他们可以进城，并毫不费力地占领这座城市。随后，军事指挥部的内汉斯基少校建议，由他和福多尔一起回去见巴顿将军。他急于替这次起义名义上的军事首脑库特尔瓦塞尔将军向美国人转达一项正式请求：来帮助布拉格吧。

委员会的一位共产党人激烈地表示反对——毫无疑问，他希望红军首先到达——但他的意见被多数票否决了。

福多尔带内汉斯基回到了美军指挥部。指挥部设在往西五十英里处的比尔森。他们在那里找到了正和许布纳将军在一起的巴顿。福多尔描述了首都的绝望形势，这让巴顿深为震动。于是，他恳求布雷德利让他攻占布拉格。布雷德利回答说，这个决定不是他可以作的，要听听艾森豪威尔的意见。

布雷德利打电话给艾森豪威尔，对方告诉他，必须在比尔森暂时止步，在任何情况下，巴顿都不许向布拉格进军。[1]

在布拉格，有报告传来，说德国的两个师正在接近该城。英国许诺的武器仍未空投。绝望之中，一群捷克军官没有通知委员会就去请求一队身穿德军制服的俄国人帮助。这是所谓的弗拉索夫军的一个师。在过去的三个星期里，该军目中无人地从其位于法兰克福以南的奥得河畔的阵地，游荡到了距离布拉格不足三十五英里的地方。

将近三年以前，安德烈·安德烈耶维奇·弗拉索夫中尉——原蒋介石的军事顾问，莫斯科保卫战中的英雄之一——在列宁格勒附近被德国人俘虏了。当时，他对苏联国内的事态突然觉醒，给其他的苏联战俘写了一封慷慨激昂的公开信，对斯大林予以谴责。纳粹宣传家们确信，他们可以利用这么一个人作为工具。于是，他们派弗拉索夫去各战俘营游说，招募其他红军战士参加希特勒对布尔什维主义的讨伐。

然而，让他的看守们气愤的是，弗拉索夫继而又开始抨击纳粹党人。他说纳粹把俄国当成一个仆从国，并对俄国人民施行恐怖政策。“今天，争取俄国人民参加这场伟大的斗争还是可能的，”他写道，“到了明天就为时已晚了。”很多重要的德国军官都赞同弗拉索夫的意见。这位戴着一副角质架眼镜，骨瘦如柴的大个子顿时身价倍增，一百多万俄国战俘纷纷前来投奔。

---

[1] 此前一天，艾森豪威尔重新考虑了不去占领布拉格这一决定——可能是由于丘吉尔和格鲁不断地给他施压。不过，他选择了请求俄国人亲自许可他夺取捷克首都。他发电报给在莫斯科的迪恩将军，请他告诉红军参谋长阿列克塞·安东诺夫上将，美国军队现在可以一直前进到沃尔塔瓦河。

安东诺夫的反应很快，而且也属预料之中。为了避免“部队之间可能会造成的混乱”，他请求艾森豪威尔不要越过比尔森。红军已经按照艾森豪威尔的要求在德国北部停止了进军。安东诺夫希望，作为回报，盟军总司令可以“满足我们的愿望”。

但是，希特勒对弗拉索夫仍然持怀疑态度。“我们绝不会成立一支俄国军队，这是最为可笑的幻想。”他说，“只要机会一出现，他们便不会去反对俄国，而是要反对德国人。因为任何民族都只会想到它自己，而不是其他人……最重要的是，必须避免一件事情的发生：我们不能把这些部队给一个第三人，第三人会把它们置于自己的控制之下，然后说：‘今天你们和他们一起干活，明天就不要再干了。’总有一天，我们会发现罢战的口号响彻整条战线。到那时，他们会突然组织起来，准备对我们敲诈勒索。”

不过，希姆莱认为，这样的部队仍然可以成为一个有力的政治因素。当人力变得极其匮乏时，他派人去找弗拉索夫，准许他先组织一支五万人的部队。一天之内，即 1944 年 11 月 20 日，就有六万人想要入伍。然而，由于希特勒继续持怀疑态度，并且装备也不充足，最终只成立了两支部队：俄罗斯解放军（R.O.A.）第一师和第二师。

俄罗斯解放军第一师开赴布赛的战线攻打红军，仅仅几个小时之后，希特勒的预言就变成了现实。在对优势极大的苏联军队毫无意义地进攻了一天之后，第一师师长谢尔盖 · K. 布尼亚琴科将军在没接到命令的情况下便把他的部队从前线撤了下来。他解释说，战争几近结束，一个师改变不了形势；他现在最关心的是拯救人的生命。布尼亚琴科决定与俄罗斯解放军的另一个师以及弗拉索夫本人会合，于是命令部队朝捷克斯洛伐克开拔。他的部下撕下了军装上的纳粹党党徽，并油印了三万份德文传单来谴责希特勒。俄罗斯解放军现在已经“组织起来，准备敲诈勒索”了。

德国最高统帅部动之以情，甚至派出几卡车的食物向他们求和。但是，这两万名俄罗斯人仍继续向南挺进。舍尔纳派出两个代表团，力劝布尼亚琴科“协调这一冲突”，但是，这些努力均不奏效。于是，舍尔纳亲自造访了叛变的这个师。他与布尼亚琴科和弗拉索夫争辩了一个小时，然后不得不满心厌恶地放弃了，乘飞机回了他的指挥部。

俄国人一路走到了布拉格西南约二十五英里处的贝龙地区，然后暂时停了下来。从那里，他们要进一步南下，与俄罗斯解放军第二师会合。

5 月 4 日午夜前后，一个捷克军官代表团来到了设于苏科马斯蒂村的布尼亚琴科指挥部。为了掩人耳目，他们在军装外面套了便服。代表团提出了一个非同寻常的请求：希望这些俄国人可以支持布拉格的起义。布尼亚琴科请求出去一下，然后，他带着弗拉索夫回来了。弗拉索夫问了捷克人一些问题，接着向布尼亚琴科和他的团长们问道："怎么办，谢尔盖·库兹米奇？怎么办，先生们？我们现在该怎么做呢？"

大家沉默良久。突然，布尼亚琴科吼道："我认为我们应该帮助我们的斯拉夫兄弟！"

弗拉索夫转向捷克人，说道："我们将支持你们的起义。干吧！"

德国坦克已经开始向首都集结，要去帮助陆军部队。"纳粹要来了！"游击队控制的布拉格电台宣布，并敦促人们加固路障。"我们希望得到弗拉索夫弟兄们的帮助！"捷克人再次直接向盟国求援。"我们需要紧急援助。"他们要求得到飞机、坦克和空投物资。"德国人正无情地镇压起义，看在上帝的份上，帮帮我们吧！"

天刚破晓，弗拉索夫军的第一支分队便徒步向布拉格出发了。他们的德国军装上佩戴着俄罗斯解放军的徽章。行军简直就像一次欢乐的阅兵礼。每一个村镇，一排排的捷克人都在欢呼着"万岁"。流着眼泪的妇女快活地给路过的战士们送来食物，而年轻的姑娘们则把花瓣撒在他们的脚下。当天傍晚，他们便将进入布拉格。

# “自由的旗帜正在全欧洲飘扬”

邓尼茨不确定自己是否能够满足艾森豪威尔提出的所有前线无条件投降的要求。就算他可以接受这样的条件，但他控制不了东线的那些人；他们非常害怕俄国人，因此，很可能无视邓尼茨的命令，逃往西线。他决定再试一次，设法说服艾森豪威尔，不要把东线的德国士兵和老百姓丢给布尔什维克。5 月 6 日，他让约德尔飞往兰斯去提出一个新的建议，并交给他一份书面指示。

> 再向美国人解释一次我们为什么希望分别投降。如你跟艾森豪威尔的谈判不能取得比弗雷德堡更多的成绩，那就答应在所有前线同时投降，但是，要分两个阶段进行。第一阶段，停止一切敌对行动，但要给予德军部队自由调动的权利。第二阶段，这种自由将受到限制。尽量使两个阶段间隔得长一些。如果可以的话，设法使艾森豪威尔同意，单独的德军士兵可以在任何情况下向美国人投降。你在这些方向上的成就越大，德军士兵与难民在西线获救的人数就会越多。

邓尼茨还授予了约德尔代理签署全线投降协议的权力。他说：“只有当你发现你的第一目标，即分别投降不能实现的情况下，才能使用这一授权。”他又警告约德尔，在收到他通过电报发去的最后许可之前，不要签署任何东西。

当天晚些时候，有人主动提出要帮助邓尼茨进行谈判，这让他深感意外。刚被德国空军从党卫队手里解救出来的戈林发来电报：

> 您知道帝国首脑鲍曼策划的一连串阴谋吗？这些阴谋威胁到了国家的安全，其目的是要除掉我。一切针对我所采取的行动都是因为我对元首提出了一个忠诚的请求，我问他，他是否希望他所下达的关于继承人的命令生效……
>
> 我刚听说，您打算派约德尔去与艾森豪威尔谈判。考虑到我国人民的利益，我认为我也应该去见见艾森豪威尔，这是元帅与元帅之间的会面。战前，我在元首责成我同外国进行的重大谈判中所取得的成绩，充分证明我有能力创造一种个人的气氛，对约德尔的谈判会有所帮助。此外，近几年来英美领导人的意见可以表明，他们对我比对其他德国领导人更有好感。在这最为艰难的时刻，我坚信，我们所有人都应该精诚合作，不要忽略任何可以最好地服务于德国未来的东西。

邓尼茨把电报扔到了一旁。

多年来一直生活在希特勒控制下的那些人，突然陷入了一种不知所措的自由之中。奥地利的一座山间别墅里，在与阿道夫·艾希曼的最后一次会面中，卡尔登勃鲁纳几乎是漫不经心地问道："现在你要怎么做呢？"他一边玩着单人纸牌，一边呷着白兰地。

艾希曼说他要去山区，和那些坚定的纳粹分子会合，进行最后一搏。

"不错，对帝国元首希姆莱来说也不错。"卡尔登勃鲁纳语带讽刺地说道。显然，死脑筋的艾希曼对此毫无察觉。"现在，他在和艾森豪威尔谈判时可以挺起腰板了，因为他知道山上的艾希曼绝不会投降——因为他不能投降。"卡尔登勃鲁纳啪地扔下一张纸牌。"这些都是废话，"他平静地说道，"游戏结束了。"[1]

---

[1] 在纽伦堡审判之后，卡尔登勃鲁纳被处以绞刑。艾希曼去了山区，但并未参加战斗，而是假称自己是空军下士巴特，和平地向一支美军部队投降了。在战俘营中，他又说自己是一名党卫队中尉，名叫奥托·艾克曼。1946年，他不费吹灰之力便逃走了，躲到了南美洲。十四年后，他在阿根廷的布宜诺斯艾利斯被以色列特工抓获，并被秘密带往耶路撒冷审判——并最终处决。

面对这些问题，希姆莱的反应是逃离弗伦斯堡。

“您不能弃之不管。”德国中央保安总局第三局局长，党卫队将军奥托·奥伦道夫反对道，“您应该发表一篇广播演说，或者给盟国发去一个声明，说您对所发生的一切负全责。您还应该说明您为什么会这样做。”

希姆莱勉强同意了，不过，他只是为了避免与之争论。他跟施威林·冯·克罗西克搭话，紧张不安地问道：“请告诉我，在我身上会发生什么事？”

“你或其他任何人身上会发生什么事，我丝毫不感兴趣。”伯爵恼怒地说道，“我只对我们的使命感兴趣，而非我们个人的命运。”他对希姆莱说，他可以自杀，或者戴上假胡子销声匿迹，“不过，如果我是你的话，我就开车去蒙哥马利那里，对他说，‘嘿，我是希姆莱，党卫队将军，我已做好准备对我所有的部下负责……’”

“部长先生……”希姆莱还没说完，伯爵就转身走掉了。

当晚，希姆莱神秘兮兮地对他最好的朋友们说，他还有一项非常重要的使命。“多年来，我一直身负重任。而这个伟大的新任务，我将不得不独自去完成。或许你们当中的一两个人可以陪我一起去。”

他刮掉了小胡子，在一只眼睛上蒙了块纱布，化名为海因里希·希青格尔——带着六个追随者，包括格布哈特医生——躲藏了起来。两星期后，他被英国人俘虏了。进行常规检查的医生注意到希姆莱嘴中有什么东西，但是，当他伸手进去想把那东西掏出来时，希姆莱把它咬破了。那就是他曾给德格勒尔看过的那颗氰化物胶囊。他几乎是立时就毙命了。

在巴黎，盟国远征军最高统帅部挑选了十七名记者前来报道德军投降的消息。5 月 6 日下午，他们的飞机启程飞往兰斯。途中，艾森豪威尔的公共关系部部长，弗兰克·A. 艾伦准将说，过早地泄露谈判一事可能会带来灾难性的后果。他要求在场的所有人都签下保证书，“在最高指挥部发布这一消息之前，不去传播这次会议的结果，也不去传播这一事实的存在”。

到达兰斯之后，记者们乘车来到了艾森豪威尔的指挥部。指挥部设于男子职业技术学院里，是一幢红砖砌成的现代化的三层大楼。艾伦把他们带到一楼的一间教室，告诉他们稍等片刻。

与此同时，另外一队记者乘坐吉普车从巴黎赶来了，其中包括《纽约时报》的雷蒙德 · 丹尼尔和《芝加哥论坛报》的海伦 · 柯克帕特里克。他们对于专断地选择一些人来独家报道这件大事非常生气，一再尝试着进入校舍，但是却被艾伦的命令阻拦在外。他们站在人行道上，和进出大楼的每一个人攀谈。弗雷德里克 · 摩根中将对他们的境况表示同情，他对艾伦说，对拦在门外的那些记者们得想些办法。艾伦却以为他是抱怨这些记者们待在那里，于是便让军事警察把他们赶走了。

五点半左右，约德尔和他的副官在两位英国将军的陪同下走进了校舍。他们被带到了海军上将冯 · 弗雷德堡面前。约德尔含混地跟他的同胞打了声招呼，然后关上了门。片刻之后，弗雷德堡走了出去，说想要杯咖啡，以及一张欧洲地图。

德国人在艾森豪威尔的情报部门主管肯尼思 · 斯特朗少将的陪同下，来到了比德尔 · 史密斯的办公室。斯特朗能讲一口流利的德语。约德尔极力维护德方的立场：他们愿意向西方而非俄国人投降。七点三十分，斯特朗和史密斯告别了德国人。他们沿着走廊来到艾森豪威尔的办公室，汇报了他们的进展，然后就回去了。

片刻之后，布彻上校走进艾森豪威尔的办公室，提醒他带着两支笔——一支是金笔，另一支是镀金笔——它们都是艾森豪威尔的一位老朋友肯尼思 · 帕克临时寄给他的。艾森豪威尔告诉他的海军副官，“哪怕是死”也不能丢掉这两支笔——一支要给帕克寄回去，另一支要送给杜鲁门。

布彻问：“那丘吉尔呢？”

艾森豪威尔说：“噢！上帝，我没想到这一点！”

走廊尽头，约德尔最终也同意向俄国人投降了，但他要求推迟四十八小时。“你们自己很快就要与俄国人交战了。尽量从他们手中多救一些人吧！”

约德尔非常坚持，于是斯特朗再次去见艾森豪威尔，告诉他德国人态度很坚决。“您就同意他们吧。”斯特朗建议道。

艾森豪威尔不愿推迟签字。“你可以告诉他们，从今天午夜起，再过四十八小时，我就封锁西部前线，再也没有德国人可以通过。无论他们签不签字。不管他们需要多少时间才能撤完！”

尽管话语中充满威胁，但实际上，他算是答应了约德尔的请求——两天的宽限。尽管如此，当约德尔口授一封致邓尼茨和凯特尔的电报时，还是非常沮丧：

艾森豪威尔将军坚持要我们今天签字，否则便会封锁盟国前线，就连试图单独投降的人也不能通过，而谈判也将中断。混乱或签字，除此二者，别无选择。请求立即回电，告知签字投降的授权是否可以生效。若能如此，敌对行动便将于5月9日德国时间零点零一分停止。

邓尼茨收到这封明码电报时，已经接近午夜，而此时，约德尔已经又发出了一封电报：立即回电。刻不容缓。海军元帅认为这些条款“纯属强取豪夺”，但他没有其他选择。约德尔赢得的四十八小时至少可以使数千人免遭屠杀，或者沦为奴隶。他授权凯特尔回电接受。午夜过后不久，最高统帅部首脑发电报给约德尔：

海军元帅邓尼茨授你全权按既定条件签字。

凌晨一点三十分，史密斯的秘书鲁思·布里格斯少校打电话给布彻。“好戏就要上演了。”她说，并让布彻带上那两支笔赶快来。结束战争怎能没有笔呢？

即将举行仪式的大厅是以前学生们打乒乓球、下象棋的娱乐室，有将近三十平方英尺大小，墙上挂满了地图。房间的一头放着一张大桌子，老师们平时用它来判卷子。

布彻进来时，发现房间里已经挤满了参与者和见证人，其中包括选出来那十七名记者，伊万·苏斯洛帕罗夫少将，以及另外两名俄国军官；法国代表弗朗索瓦·塞维兹少将；三名英国军官——摩根将军，哈罗德·伯勒海军上将和詹姆斯·罗布空军元帅；美国驻欧洲战略空军部队指挥官卡尔·斯帕茨将军。

比德尔·史密斯大步迈了进来，摄影机照明灯的强光射来，让他不快地眨了眨眼。他检查了一下坐席的安排，然后简单向大家介绍了签字的程序。过了一会儿，约德尔和弗雷德堡走了进来。当灯光射过来时，他们犹豫不决地停下了。

重要人物都围着那张大桌子坐了下来。布彻把金笔放在史密斯面前，把镀金笔放在史密斯正对面的约德尔面前。史密斯对德国人说，要签署的文件已经准备好了。他们是否准备签署？

约德尔微微地点了点头，然后在第一份文件上签了字。根据这一文件，将于中欧时间次日晚上十一点零一分彻底停止敌对行动。他的脸上似乎无动于衷，但斯特朗注意到，他的眼眶已经潮湿了。布彻拿过那支金笔，将自己的犀飞利牌钢笔递给了约德尔——这会是一个不错的纪念品——让他签署第二份文件。最后，史密斯、苏斯洛帕罗夫和塞维兹都签了名。这时刚好是1945 年 5 月 7 日凌晨两点四十一分。

约德尔俯身用英语跟桌子对面的史密斯说道："我有句话想说。"

史密斯答道："当然可以，请说吧。"

约德尔拿起桌上那唯一的话筒，开始用德语说道："将军，签字之后，德国人民和德国武装力量，不论是福是祸，就交到胜利者手中了。在这场长达五年多的战争中，他们所完成的事情和遭受的痛苦可能比世界上任何其他民族都要多。此刻，我只希望胜利者对他们能够宽大为怀。"

艾森豪威尔焦急地在他和他秘书的办公室之间来回踱步。对于凯·萨默斯比来说，这种静默"过于沉重了"。

史密斯大步走了进来，苦笑着宣布，投降文件已经签订了。萨默斯比中尉听到外面的走廊里传来一阵沉重有力的靴子声，于是本能地站了起来。约德尔和弗雷德堡旁若无人地从她面前经过，走进了艾森豪威尔的办公室。一进门，他们便突然止步，双脚一碰，敏捷地行了个礼。她觉得他们简直就是"电影里纳粹分子的原型，表情乖戾，阴郁，拘谨而又可鄙"。

艾森豪威尔纹丝不动地站在那里，她从未见过他这么像一名军人。

"你们明白刚刚签署的投降文件里面的条款吗？"

斯特朗翻译了这句话，约德尔说："明白，明白。"

"你们日后会得到进一步的详细指示。我希望你们能够切实执行。"

约德尔点了点头。

"就这样吧。"艾森豪威尔生硬地说道。

德国人鞠躬敬礼，然后转身回去，再次从萨默斯比中尉面前走过。突然，艾森豪威尔露出了满脸笑容。"来，我们大家合个影！"当摄影师们挤进来的时候，他说道。办公室里所有的人都拥在盟军总司令的身边。总司令则把两支金笔摆成象征胜利的V字形，高高举起。

他给联合参谋部发了一封电报：

盟军已于当地时间1945年5月7日两点四十一分完成他们的使命。艾森豪威尔。

他打电话给住在巴特维尔东根市菲尔斯滕霍夫酒店的布雷德利。布雷德利刚睡了四个小时，就被电话铃声惊醒了。他打开灯，听见盟军总司令说道：“布雷德利，一切都结束了。一封电报正电传过来。”

布雷德利又给巴顿打电话。巴顿正在停在雷根斯堡的房车里睡觉。“乔治，艾克刚刚打电话给我，德国人投降了。5月8日午夜生效。整条战线上都要控制行动。现在再有伤亡就太没意义了。”

布雷德利打开他的地图板，用一支中国制造的铅笔写道：“登陆日起第三百三十五天。”然后，他走到窗前，一把扯开了用来遮挡灯光的帘子。

教室里，那十七名记者刚刚写完他们的报道，记录了这场战争中最为重大的一个消息——欧洲的和平。当艾伦将军走进来宣布一天半之后才能发布消息时，他们的新闻稿已送去审查了。艾森豪威尔将军表示遗憾，但“从高度的政治层面考虑”，他不能放手行事，因此，目前什么也不能做。

记者们一致表示抗议。“我个人认为应该发布这一消息。”艾伦说道。他刚刚给出的日期纯粹是随口一说；三大国并没有商定哪天可以宣布德国投降。“我会尽力争取在规定的日期之前使其发表，但我不知道能否成功。无论如何，我们现在没有什么事情好做了，只能回巴黎去。”

签订投降协议的消息还没有传到莫斯科。苏联将军尼克莱·瓦西勒维沙·斯拉文走进美国军事使团的办公室，递给迪恩将军一封安东诺夫将军的来信。安东诺夫抱怨说，尽管兰斯的投降谈判仍在进行之中，邓尼茨却“继续通过广播号召德国人与苏联人继续战斗……不要在西线抵抗盟军……对公众来说，这意味着邓尼茨已与西方单独媾和，并且仍在继续与东方作战。我们不能给欧洲舆论提供借口，使其可以声称存在一个单独媾和”。

同时，安东诺夫刚刚得知，由史密斯准备的新投降文件与三巨头一致通过的那份文件存在差异，因此，他拒绝承认其有效性。

接着，让迪恩大吃一惊的是，安东诺夫又补充道："苏联最高统帅部更希望在柏林举行签字投降的仪式。"朱可夫元帅将代表红军签字。

斯拉文将军解释道，苏联人希望只签署一次这份文件——就是在柏林的这一次。他们根本不希望苏斯洛帕罗夫在兰斯签署任何文件。"柏林仪式很快便可以组织好，"斯拉文说道，"不会导致任何耽搁。"

在兰斯，艾森豪威尔的政治顾问罗伯特·墨菲和安东诺夫一样，也被这份投降文件搞得心烦意乱。他从未见过这份文件。他把比德尔·史密斯从床上拉起来，问他原来通过的那个文本去哪儿了。3月底，是他亲自把那份文件交给参谋长的。

史密斯甚至想不起来曾经拿到过这么一份文件。

"你不记得那个蓝色的大文件夹吗？当时我告诉你，那是大家一致通过的条款。"墨菲问道。

仅仅几天之前，史密斯还曾与怀南特长时间地讨论过这份文件。这时，他说他"想起来了"。很快，两人便来到他的办公室，动手找了起来。他们在他的私人绝密文件柜里找到了这个蓝色的文件夹。而墨菲最终相信，史密斯"只不过是患了罕见的健忘症，在他印象中，欧洲咨询委员会从未批准过投降协定"。

九点半左右，布彻走进了艾森豪威尔的卧室。他正躺在床上，身边放着一本简装的西部小说——《疯狂的子弹》。莫斯科的电报到了，艾森豪威尔回电给安东诺夫说，他将非常高兴于次日前往柏林，具体时间由朱可夫来定。

半个小时后，在巴黎斯克瑞博酒店举行的记者招待会上，艾伦将军重复了他在兰斯对十七名记者所讲的话：次日下午三点之前，任何有关投降的新闻都不能发表。记者们本来就正在为自己受到的对待而感到生气，此时，他们在酒店大堂里转来转去，威胁说要草拟一份决议，反对盟国远征军最高统帅部的公共关系部。爱德华·肯尼迪——当初那十七名记者中的一个，也是美联社巴黎分社的主任——回到四楼他的办公室里，检查起了最新的报道：

戴高乐办公室宣布，他准备在胜利日发表演说；塞维兹将军告知《费加罗报》的一名记者，他已在兰斯代表法国签了字。

中午，巴黎的多家报纸刊登了伦敦发来的消息，说唐宁街10号要装扬声器。看来，丘吉尔即将正式宣布投降的消息了。

消息真的宣布了，但不是由丘吉尔宣布的。三点刚过，肯尼迪就听到英国广播公司广播了已翻译成英语的施威林·冯·克罗西克刚刚通过弗伦斯堡电台所作的讲话："女士们，先生们！根据海军元帅邓尼茨的命令，德军最高统帅部今天宣布，所有部队无条件投降。"他号召德国人民作出牺牲。"在未来的黑暗之中，我们应该紧紧跟随着三颗星的光芒指引，它们始终象征着真正的德国特性，那就是：团结、公正与自由。"

肯尼迪觉得非常不可思议，邓尼茨政府竟然未经盟国远征军最高统帅部的同意就作了这一广播讲话。他打电话给艾伦的办公室，但只被告知，将军很忙，没时间跟他讲话。他冲到美国新闻检查负责人理查德·梅里克中校的办公室，说他认为不必再扣住这条消息了，因为盟国远征军最高统帅部已通过德国人将其发布了。"我现在通知你，我要发布这条消息。"

"悉听尊便。"梅里克答道。

肯尼迪就该消息写了一篇精简版，然后通过军用电话联系上了美联社伦敦分社。在斯克瑞博酒店，任何人都可以说要打给"巴黎军方"，然后便能接通伦敦的任何号码。就算是敌方的特工也可以溜进酒店这样做。

"卢，我是爱德·肯尼迪。"他对伦敦分社的刘易斯·霍金斯高声嚷道，"德国无条件投降了。这是官方消息。在日期上标明是在法国的兰斯，把消息发出去。"肯尼迪的声音越来越小，霍金斯不得不听了十多遍录音才完全听懂。

既然消息来源于巴黎，而且只是通过伦敦进行传递，因此，英国审查员们准许将其一字不动地传给美联社纽约总社。在这里，因为可能会需要作些修改，消息又在外事部门的办公桌上耽搁了八分钟。没有任何改动。伦敦时间下午三点三十五分（东部战争时间上午九点三十五分），消息迅速通过报刊与广播传遍了西方世界。

反响在顷刻之间就产生了。丘吉尔那天已经给艾森豪威尔打了六次电话，试图发布这一消息。四点左右，他打电话给五角大楼的海军上将莱希询问情况。

“根据已经达成的协议，”莱希答道，“我的上司要我告诉您，没有乔大叔的同意，他不能有所行动。您听明白了吗，先生？”

“你要不要找个耳朵好点的人过来听？”丘吉尔说道，“你知道，我有点耳聋。”

莱希开始对首相的秘书重复这句话，但丘吉尔不耐烦地打断了他。“喂！德国总理（外交部长施威林·冯·克罗西克）一个小时前通过广播发表了——”

“我知道。”

“——一篇演说，声称他们已经宣布德国军队无条件投降。”

“我们知道。”

“似乎只有我和总统两个是世上不知道发生了什么事的人。那这样做还有什么用呢？”他说他将不得不亲自在下午六点发布这条消息。

“您还没有征求乔大叔的同意吧？”莱希再次强调，没有斯大林的同意，杜鲁门不会作任何声明。

“全世界都知道了，我不明白为什么我们要继续拖延……这种态度太愚蠢了。”丘吉尔重复道，他再也不能推迟对这一消息的公布了。“全世界都知道了。”

“现在他们都知道了，没错，先生。所有人都知道了。”

一个小时后，丘吉尔又打来了电话。“我们和艾森豪威尔联系过了，并且同他谈了谈。”莱希说，“他说他的指挥部还未宣布此事，只有当伦敦、莫斯科和美国发表了声明，他才会对外宣布。”

丘吉尔答道，伦敦群众正在聚集。“必须宣布这一消息……”

“我了解您的困难，但我不能告诉您该怎么做。”莱希答道，“不过，总统说，没有斯大林的同意，他不会作任何声明。”他答应，莫斯科的消息一到，他就立即通知丘吉尔。

“一定要告诉总统我有多痛心。我希望我们可以同时发表这一声明。”

“我会把您的话转达给总统。”

“我认为我不能再拖延了。”

“我对此表示抱歉。”莱希说。

伦敦人越来越焦急地等待着丘吉尔的正式声明。六点刚过，三架“兰开斯特”式飞机从城市上空低低地掠过，投下了红色和绿色的照明弹。盟国的旗帜开始出现在商店和住宅里，数千名市民涌上了大街。

将近两个小时里，人群一直在原地乱转。接着，期待多年的声明由英国新闻部发表了：明天，将是结束欧洲战争的胜利日。但是，对于伦敦人来说，战争今天晚上就结束了。欢腾的庆祝仪式开始了。从皮卡迪利大街到韦平区，篝火熊熊燃起，映红了整个天空。拖轮、汽艇和小船喧闹地沿着泰晤士河上上下下。皮卡迪利广场挤满了一边跳舞一边欢呼的狂热的人群。当焰火蹿上天空之际，陌生人互相拥抱，人们唱起了《滚酒桶》《蒂帕雷里》《洛蒙德湖》《祝福大家》，有的合拍，有的不合拍。长长的队伍在大街上蜿蜒而行，边朝王宫走去边齐声高唱："我们要国王！"

纽约的庆祝是无声的。他们还需要在太平洋地区打赢另外一场仗。此外，由于十天前过早地散布了和平的谣言，现在人们普遍怀疑消息的真实性。不仅如此，很多人还回想起了1918年那次假停战。

此时，那个挑起这一切的美国人爱德华·肯尼迪，已被盟国远征军最高统帅部无限期中止了发布其他新闻的权利。但是，这并不能宽慰在巴黎的其他记者。德鲁·米德尔顿发给《纽约时报》的一封电报代表了他们的心情。他说，这整件事情是"战争史上最大的一场闹剧。我烦死了，受够了，气极了，恼怒不堪"。

在奥斯陆，挪威人公开挑衅德国占领军，以此作为庆祝。维德库恩·奎斯林仍然留在王宫里。他的名字已经成了叛徒的同义词。此刻，他正在接见莱昂·德格勒尔。德格勒尔从德国逃了出来，途经丹麦来到此地，打算继续与布尔什维主义斗争。奎斯林面目浮肿，眼珠紧张地转来转去，不停地用手指敲着桌子。在德格勒尔看来，他似乎不堪重负，已完全被掏空了。在接下来的半个小时里，奎斯林只是与他聊了聊天气，德格勒尔离开的时候，幻想已经彻底破灭了。他已经做了他所能做的一切，坚持到了最后。但是，现在他可以到哪里去战斗呢？

他前往皇太子奥拉夫的宫殿，拜见帝国驻挪威总督约瑟夫·特波文博士[1]。一位身穿制服的总管如同平日一样给他们送上了饮料。特波文的小眼睛像希姆莱一样眨着，他严肃地说："我曾要求瑞典为你提供政治避难，但

[1] 不久，特波文饮弹自尽。奎斯林企图逃跑，但是被抓了回来。

是被拒绝了。我希望用潜艇送你去日本，但是投降非常彻底，潜艇无法离开港口。”不过，还有一架施佩尔部长的私人飞机。“你今晚愿意冒险飞往西班牙吗？”

从奥斯陆到比利牛斯山脉的距离是两千一百五十公里，而飞机的最大航程只有两千一百公里。不过，高空飞行可以节约燃料。当晚八点，一名佩戴德国高级勋章的飞行员接走了仍然穿着党卫队制服的德格勒尔。他们驱车驶过奥斯陆拥挤的大街，尽管有几个好奇的庆祝者注意到了他们，但他们一次也没被拦下。

午夜之前几分钟，他们起飞了。他们安全地飞过了已被敌人占领的荷兰、比利时和法国上空。随后，燃料用光了，飞机坠入了圣塞巴斯蒂安海滩旁的浪花里。这里距离西班牙的比亚里茨有三十五英里。德格勒尔身上五处骨折，但他已经身处佛朗哥的庇护之中。

丘吉尔虽然被投降问题分了神，却并没有忘记被围困的布拉格人民，他通过无线电向艾森豪威尔发出了最后呼吁：

> 我希望，如果您有部队的话，不要让您的计划妨碍您向布拉格进军，也不要过早地与俄国人会师。我认为，如果您有部队的话，您是不想止足不前的，何况这个国家已经空了。不必给我回电，但是，请告诉我，我们何时可以再次见面谈谈。

然而，停留在比尔森的艾森豪威尔哪怕是一英里都无意再往前走。参谋长联席会议、杜鲁门以及他自己，都认为布拉格的命运与他们无关。

只有弗拉索夫赶来援救布拉格了。俄罗斯解放军的一个团已经与德军展开了激烈的巷战。5 月 7 日晚，布尼亚琴科将军得知，从南边来的党卫队的一个师正在接近布拉格。他命令一个后备团前往离城八英里的一座小山上构筑工事，要“不惜一切代价”拦住敌人。

次日上午十点左右，德国人看来是被牵制住了。然而，几个小时之后，得胜的俄罗斯解放军便开始撤离布拉格。布尼亚琴科对一位团长解释道，是捷克人要求他们离开的：布拉格不再需要他们的帮助；科涅夫元帅的坦克即将进入该城。[1]

弗拉索夫的人害怕自己的同胞不会对自己手下留情，于是匆匆离开了这座被他们拯救的城市。他们非常难过，不知所措，只能动身向西南方向返回。这次可没有欢迎的队伍了。既没有鲜花撒在他们的脚下，也没有递过来的食品和“你好”的欢呼声。[2]

正午刚过，德军驻布拉格指挥官鲁道夫·杜辛特将军被蒙住双眼带到了捷克民族革命委员会的指挥部，他的儿子被关押在那里。杜辛特将军五十多岁，高大英俊，衣着无可挑剔。一名自由战士扯掉将军的蒙眼布，布条滑稽地挂在了他的一只耳朵上。然而，将军仍然非常正式地笔直站在那里，直到那根布条被取走。

尽管代表着一支败军，但杜辛特却坚持争辩了四个多小时，直到捷克人终于同意放他的部下去西面向美国人投降。尽管如此，杜辛特仍旧意志消沉。“我现在算什么呢——一个没有军队的将军！”他的儿子缠着满头的绷带被带了进来。“我现在能做的只有回家，坐在水沟里仰望蓝天，”杜辛特说道，“但这是我们罪有应得。”

这是报复的一天。由于多年来遭受的压迫，全城的捷克人都在愤怒地与德国人作战，不管他们是士兵还是平民。

很快，布拉格重获了自由。当红军终于到达该城时，街上几乎已经见不到一个德国人了。然而，俄国人开始把解放布拉格和捷克斯洛伐克西部的功劳归到自己头上，而他们的要求是在该国随后的权力斗争中成为一支强大的

[1] 捷克民族的革命委员会的一名成员，奥塔卡尔•马霍特卡博士断然否认弗拉索夫的人是被捷克人赶走的。

[2] 弗拉索夫的五万战士中，约有一半逃过了英美防线，其他人则被红军包围了。没有自杀的那些人被当作俘虏带回了苏联。弗拉索夫本人和布尼亚琴科以及其他八名领导人在莫斯科受到了审判，他们的罪名是“间谍、蛊惑军心，以及针对苏联进行恐怖活动”。一个军事委员会宣布“所有被告都承认他们的罪行”。他们被处以了绞刑。

在雅尔塔会议上，丘吉尔和罗斯福曾达成协议，将把他们各自占领区内的苏联公民遣送回去。因此，逃到西线的大多数人最终也被交给了俄国人——有时是被英美守卫强行押送回去的。在奥地利的利安兹，一群哥萨克人被塞进了撤离的卡车。他们在自己家人的四周围成一个保护圈，徒手与英国士兵进行搏斗。至少有六十人被英国人击毙，其他人则跳入德拉瓦河，宁愿淹死也不回苏联。

武装力量。

5月8日早上，东线唯一的大仗在南斯拉夫打响了。铁托的游击队完全包围了亚历山大·勒尔上将F集团军的二十万残部。在过去的两个月中，已有近十万人战死沙场。

在勒尔的右翼，南部集团军在伦杜利克博士这位奥地利历史学家的指挥下，守卫着从奥地利南部到捷克斯洛伐克边界一线。自从维也纳陷落以来，他的四个军战事寥寥。伦杜利克坚信，美国人和英国人会与他联手对布尔什维克开战，于是，他派出一名特使去见美国第二十军团的沃尔顿·H.沃克少将，请求允许他的后备部队通过美军防线前往东线。沃克刻薄地拒绝了。幻想破灭的伦杜利克对兰斯的谈判一无所知，毅然下令于当天上午九点停止对西方的敌对行动，并通知迎战苏联部队的四个军脱离部队，向西线撤退。

在伦杜利克的北面，舍尔纳元帅已命令他的集团军掉头逃向美军的防线。他收到了邓尼茨的一封电报，通知他全线无条件投降将于午夜生效。从那一刻开始，舍尔纳便应停止战斗，原地不动。他的参谋部的一些人感觉自己被出卖了，但舍尔纳却豁达地接受了这一现实。他命令他的手下分成小股部队，竭力逃往西线，并尽可能地多带上一些老百姓。

上午十点，最高统帅部的威廉·迈尔—德特林上校来到了布拉格以北约六十空英里处的舍尔纳指挥所。和他一同前来的还有四名美国人。迈尔—德特林告诉舍尔纳，一旦午夜时分投降生效，他将被解除全部指挥权。

舍尔纳发出了最后几封电报，然后开始计划乘一架“大鹳鸟”式飞机去蒂罗尔，这样，他便可以按照希特勒的命令，接管“阿尔卑斯山要塞”的指挥权。[1]

[1] 当他到达那里时，“阿尔卑斯山要塞”已经不复存在，而战争也已结束了。一个星期后，他向美国人投降了，随后被送往苏联。他在那里受到了审判，并被处以二十五年徒刑。他在苏联的时候，他的参谋长奥尔德维格•冯•纳茨默尔将军指责他抛弃了自己的部下；九年后舍尔纳回到慕尼黑时，发现自己在很多德国人眼里成为了懦夫的象征。他再次受到了审判，并根据间接证据被判有罪，而这次审判他的是德意志联邦政府。后来，他的几十位军官同僚自愿作证，舍尔纳乘飞机去蒂罗尔的确是为了接管“阿尔卑斯山要塞”的指挥权——而不是为了保全自己的性命。

将近中午的时候，希特勒钟爱的飞行员汉斯—乌尔里希·鲁德尔在完成任务返回布拉格北边的空军基地时，才得知战争已经结束了。他集合了他的手下，对他们的英勇和忠诚表示感谢，并同他们一一握手。

他和其他六名飞行员分别驾驶三架“容克87”式和四架“福克—伍尔夫190”式飞机向美军防线飞去。鲁德尔希望可以在那里治疗一下他那条断腿。在巴伐利亚巨大的基青根机场上空，鲁德尔可以看到正在列队前进的美军士兵。他带领他的机组缓缓掠向跑道。轮子刚一触及地面，他便猛踩一侧的踏板，同时踢向方向舵的脚蹬。起落架落了下去。他打开座舱罩，一名美军士兵正用手枪对着他，并伸手来拽他胸前金色的橡树叶徽章。鲁德尔用力将他推开，猛地关上了座舱罩。一辆吉普车开了过来，上面坐着几个美国军官。他们把他带到救护站，包扎了那条渗着血的断腿。接着，他又被送到军官食堂。他的同僚们一见他便跳了起来，向他行了个希特勒式的礼。一位翻译告诉鲁德尔，美军指挥官反感这样敬礼，并问他是否会讲英语。

“就算我会讲英语，但我们是在德国，在这里我只讲德语。”鲁德尔说，“至于敬礼的问题，我们奉命要这样敬礼，作为战士，我们必须执行命令。而且，我们根本不在乎你们是不是反感。”他挑衅地怒视着邻桌的几名美国军官。“德国人之所以被战败，并不是由于他们无能，而仅仅是因为敌军过于强大。我们在这里降落，是因为我们不愿意留在苏联占领区。同时，我们希望不要更多地讨论这一问题。我们想洗个澡，吃点东西。”

美国人让这些俘虏去洗了澡。当他们吃饭时，翻译告诉他们，美军指挥官想知道，他们是否愿意与他和他的军官们进行一次友好的交谈。

和鲁德尔一样，从东线逃来的数百万德国人也试图得到美国人的庇护。许多人聚集在奥地利的恩斯河边，希望能渡过这条河，抵达美军第六十五师的防线。

傍晚时分，党卫队第十二装甲师的几支筋疲力尽的纵队接近了大桥。大桥上用木头垒起了沉重的路障，如今只清出了一个小口，仅容一辆卡车勉强挤过。突然，有人高声叫道：“俄国人来了！”顿时，人群向大桥蜂拥而去。卡车开进了人堆里。至少有十五人当场身亡，还有无数人受了伤。桥头被完全堵住了，受到惊吓的德国人沿着一英里长的河岸一字散开，不停地狂叫道：

“俄国人来了！俄国人来了！俄国人来了！”

一辆低矮的中型坦克哐当哐当地向大桥驶来。一名红军中尉站在炮塔里，当他看到这六千人疯狂地试图逃避一门火炮的情景，不禁放声大笑。

5月8日清晨，杜鲁门给他的母亲和姐姐写了一封信：

亲爱的妈妈，亲爱的玛丽：

今天，我六十一岁了，而昨晚，我是在白宫的总统卧室里就寝的。房间已经粉刷完毕，也配置了一些家具。我希望周五之前可以为你们把一切都准备好。我这支昂贵的金笔不如想象中那样好用。

这将是具有历史意义的一天。上午九点，我要对全国发表一篇广播讲话：宣布德国投降。文件已于昨日上午签署，今日午夜，全线的一切敌对行动都将停止。这难道算不上生日礼物吗?

我与英国首相一起度过了一段神圣的时光。他、斯大林以及美国总统达成协议，将在一个对我们大家都合适的时间，在三国首都同时宣布这个消息。我们一致同意在华盛顿时间上午九点，即伦敦时间下午三点，莫斯科时间下午四点[1]。

丘吉尔先生天刚亮便开始给我打电话，他想知道，我们是否可以不管俄国人，立即宣布这一消息。我拒绝了。然而，他仍劝我跟斯大林谈一谈。不过，他最后还是得坚持原来通过的计划——但是他气得就像一只淋湿的母鸡。

自从4月12日之后，事情一直在以一种极快的速度进行着。没有一天不作出重要的决定。迄今为止，幸运一直伴随着我，我希望能够长

[1]事实上，斯大林仍抗议这么早就宣布投降一事。他在最近给杜鲁门的一封电报中陈述了他的理由：

……红军最高统帅部不能确信德国最高统帅部下达的无条件投降的命令会被东线德军部队执行。因此，我们担心，如果苏联政府今天便宣布德国投降，我们可能会发现自己陷入了一种尴尬的境地，并且误导了苏联舆论。应该记住，德国人在东线的抵抗并未减弱。恰恰相反，根据截获的电报判断，有相当多的德军士兵已直言打算继续抵抗，而不服从邓尼茨的投降命令。

由于这一原因，苏联最高统帅部希望等到德国投降生效，并将政府对投降一事的宣布推迟到5月9日莫斯科时间晚上七点。

此以往，但这是不可能的。我希望，即使我犯了错误，也不要错得不可救药。

我们期盼着你们的到来。我可能不能如约去接你们，但我会派最漂亮、最安全的飞机去，并给你们提供一切方便。所以，请你们不要让我失望。

致以无尽的爱。

哈里

上午八点三十五分，记者们静悄悄地涌进了白宫的总统办公室。杜鲁门和他的夫人、女儿，以及一批军政首脑已经在那里等候他们了。“好，”总统说，“首先，我想给你们念一个小小的声明。我希望你们从一开始就明白，这次记者招待会上所发布的任何消息都必须在东部战争时间今天上午九点公布于众。”

他说，他马上要宣读一则公告。“只需要七分钟，所以，你们不用着急，你们还有很多时间。”记者们笑了起来。

“这是一个庄严而光荣的时刻。艾森豪威尔将军通知我，德国军队已向联合国投降了。自由的旗帜飘扬在整个欧洲上空。”他自己打了个岔，“这也是在庆祝我的生日——今天是我的生日。”

“生日快乐，总统先生！”几个人高喊道，人群中又一次发出了笑声。

杜鲁门读完了公告。公告的结尾，他恳请大家要“工作，工作，再工作”，以结束战争；目前只胜利了一半。接着，他又宣读了一则声明，号召大家要毫不留情地对日本作战，直至其无条件投降。同时，声明中还清晰地为日本人民列举了无条件投降的意义：

它意味着战争的结束。

它意味着那些把日本带向如今的灾难边缘的军事首脑们权力的结束。

它意味着陆军和海军战士们可以回到他们的家庭、农田和工作岗位上。

它还意味着不再延长已无望取得胜利的日本人民此刻的艰难与痛苦。

无条件投降并不意味着消灭或奴役日本人民。

（如果在1944年对德国人作这样一个声明的话，冲突可能会早一点结束。）

杜鲁门抛开了他的讲稿说："你们记住，美国的领导人们一直在这里强调，我们想要的是一个正义与公正的和平。这正是我们试图在旧金山得到的——我们即将得到它——一个正义与公正的和平的框架。我们面临着一些很重大的问题。"

他宣布，星期天，即5月13日，将是一个祈祷日，并且特别指出，"这非常合适，因为这一天也是母亲节"。

上午九点，他坐在白宫广播室里，向全国人民发表了广播讲话。"这是一个庄严而光荣的时刻，"他开始讲道，接着，他又冲动地加上了一句没给记者们读过的话，"我只希望富兰克林·D. 罗斯福能够活着见证这一天……"

与此同时，丘吉尔在唐宁街10号的内阁办公室向英国人民发表了讲话。他首先回顾了过去的五年，然后严肃地说道，他希望自己现在可以说，他们所有的悲伤和苦难都已经结束。但是，还有许多事情要做。

"在欧洲大陆上，我们仍然需要确保，那些令我们投入战争的单纯而高尚的目的，在胜利后的几个月内不会被漠视和忽略，'自由'，'民主'和'解放'这些字眼不会失去它们的本意。如果公正与正义得不到实施，如果极权主义或警察的政府取代了德国侵略者，那么，惩罚希特勒一伙的罪行便将毫无用处。我们自己并无所求，但我们必须确保我们为之战斗的事业在谈判桌上得到认可，不仅在纸上，也要在事实上延续下去。首先，我们必须要努力确保正在旧金山创建的联合国世界组织不要徒有虚名，不要成为一个保护强国而嘲弄弱国的组织。在这辉煌的时刻，胜利者应该扪心自问，他们的崇高品格应该配得上他们掌握的巨大力量……" [1]

讲话结束之后，丘吉尔前往下议院。但是，由于人群如潮，这短短的一

[1] 在丘吉尔和杜鲁门发表讲话的同时，苏联电台播送的却是一栏儿童节目。其内容是两只兔子与一只小鸟的故事。斯大林决心要到次日才发表声明。

段路竟花了他半个小时。当他终于迈进下议院时，全体成员都起立欢呼。他提议下议院暂时休会，并“向万能的上帝致以恭顺的、虔诚的感谢，是他把我们从德国统治的威胁下解救了出来”。然后，他穿过喧闹的人群，带头走向了威斯敏斯特教堂。

在白金汉宫进过午餐之后，他驱车来到位于白厅的卫生部。他走到一个阳台上，但是，人群的欢呼声让他差点开不了口。“这是你们的胜利，”他高声喊道，“这是每一个国家的自由事业的胜利。在我们漫长的历史中，我们从未见过比这更为重要的一天！”

上午十点，瓦西里·索科洛夫斯基元帅和朱可夫参谋部的其他人员在滕珀尔霍夫机场注视着一架准备着陆的美国运输机。他们以为这是艾森豪威尔，但是，飞机甚至都不是从兰斯飞来的；飞机从莫斯科来，里面坐着迪恩将军。俄国人显然手足无措，并且觉得有些受到了侮辱。通知俄国人，艾森豪威尔不来了，这就是迪恩的棘手任务。在艾森豪威尔用无线电通知莫斯科他将高兴地去柏林参加第二次签约之后，史密斯和另外几人建议他，为了盟国的威望着想，应该派他的副手，皇家空军元帅阿瑟·特德爵士前去。因为代表苏联签字的朱可夫只是一个集团军的指挥官，级别比艾森豪威尔低得多。

一个小时后，从兰斯来的特德一行到了。由从德国人手中夺来的各种车辆组成的一支醒目的车队载着他们朝柏林郊区驶去。他们被安置在了农舍里。在这一行人中，有三名陆军妇女队成员，其中包括凯·萨默斯比。她坐在她的农舍里，一小时接一小时地等着。她想，幸好艾森豪威尔没来。她确信，这种“侮辱人的拖延”，会让艾森豪威尔“怒气冲冲地”返回兰斯。

不过，俄国人并没有浪费时间。在城市的另一端，奉命把水泥厂撤到苏联的弗拉基米尔·尤拉索夫中校和其他几名军官正在聆听苏联驻柏林司令官派来的经济问题代表的讲话。“把柏林西区的一切东西都拿走！”代表说道，“你们明白吗？一切东西！如果你们拿不了，就把它们摧毁！不能留给西方盟国任何东西。没有机器，没有床睡觉，甚至没有夜壶撒尿！”

虽然朱可夫最终在特德代表团抵达五个小时之后会见了他们，但是，在西方盟国的一些观察家看来，元帅似乎只是试图拖延签字——事实上，这正是他的意图。他在等待维辛斯基。此时，维辛斯基正带着莫斯科的指示乘飞机向柏林赶来。

不过，在这次会谈中，一个重要的争议得到了澄清。由于艾森豪威尔没有代表西方盟国出席，因此，戴高乐下达指示，由让·德拉特勒·德塔锡尼将军代表法国签字。一些美国人和英国人认为，这不过是戴高乐沙文主义的又一例证。[1] 最后，包括朱可夫在内的众人一致同意，由特德代表英国签字，斯帕茨将军代表美国签字，德拉特勒代表法国签字，这才打破了僵局。

德拉特勒很快发现，要举行仪式的大厅里没有法国国旗。几个俄国姑娘匆忙用一面纳粹旗、一条床单和两条蓝色的哔叽工装裤做了一面三色旗，但是，她们把蓝、白、红三色横着缝了起来。德拉特勒婉转地告诉她们，她们做的是一面荷兰国旗，姑娘们应该把彩条拆开，重新竖着缝上。

但是，艾森豪威尔的缺席造成了更进一步的影响。特德一脸担忧地走进大厅。“全都完了，”他告诉德拉特勒，“维辛斯基刚从莫斯科来了，他不同意我们和朱可夫一起拟订的方案。他欣然同意由您签字，这样的话，法兰西的复兴将得到公开肯定。但是，他断然反对由斯帕茨签字。他的理由是，既然我要替艾森豪威尔签字，那么，我就当然是美国的代表。而斯帕茨现在提出，如果您签字的话，他也要签字。”

德拉特勒只是重复了一遍他从戴高乐那里得到的含蓄的命令。“如果我没有完成任务便返回法国，”他答道，“也就是说，没让我的国家参与签署第三帝国投降的文件，那么，我就应该被处以绞刑。为我想想吧！”

“我不会忘了您。”特德表示理解地微笑着。然后，他离开去见俄国人。

---

[1] 戴高乐认为，他受到了丘吉尔和罗斯福的轻慢对待。他们不仅对他公开嘲笑，还拒绝让他参加雅尔塔会议，而且，直到会议全部结束才肯告诉他会议的结果。当法国人在攻克斯图加特后不愿撤离时，大多数美国人都被激怒了。杜鲁门亲自发电报给戴高乐，说他对“贵国政府在这件事情上的态度及其明显的后果表示震惊”，并威胁道，如果法国军队贯彻“法国政府的政治要求”，他将“整个重新安排部队指挥权”的问题。

最为了解这一情况的美国人，美国第六集团军指挥官雅各布•L. 德弗斯将军最近说，整个斯图加特事件被他的同胞过分地夸大了。“这一纷争非常荒谬。他们把它变成了一个难题。”德弗斯本人一直理解法国人的渴望。他将这一理解主要归因于他参谋部的一位上校亨利•卡伯特•洛奇，此人能讲一口流利的法语。

争论持续了两个小时。朱可夫指出，就逻辑上而言，不需要任何见证人签字。特德则同样强烈地坚持，投降文件上必须有一个名字代表四千万法国人，还有一个代表一亿四千万美国人。

最后，正是维辛斯基找到了一个解决办法：斯帕茨和德拉特勒签字时要比特德和朱可夫签得低一些。

当晚将近十一点半，凯特尔、弗雷德堡和空军上将汉斯·于尔根·施通普夫走进了投降的房间。照明灯的强光让他们一时什么都看不见。凯特尔大步迈了过来，他那身正式的军服让人印象深刻。他猛地举起手杖，轻快地行了个礼，然后梗着脖子，仰着头，僵硬地坐在了朱可夫对面。"噢，法国人也在！"维辛斯基听见他在看到德拉特勒时嘟哝道，"这下都全了！"

眼窝深陷的弗雷德堡坐在元帅的左边，施通普夫坐在右边[1]。

朱可夫站了起来。"你承认投降议定书吗？"

"是的！"凯特尔响亮地答道。

"你有权力签字吗？"

"有。"

"把你的授权书给我看看。"

凯特尔把授权书递给他。

"你对你将要签署的投降文件的执行还有什么意见吗？"

凯特尔一字一句地说道，请宽限二十四小时。朱可夫用询问的眼神四下看了一圈，然后说道："这一请求已被驳回。不能更改。你还有其他的意见吗？"

"没有。"

"那就签字吧！"

凯特尔站起来，扶了扶他的单片眼镜，然后走到了桌子尽头。他坐到德拉特勒身边，把军帽和手杖放在了这个法国人面前。德拉特勒示意他把这些东西拿走，元帅便把它们推到了一边。接着，他从容不迫地摘下一只灰色的手套，然后拿起一支笔，开始在几份投降文件上签字。

摄影记者和通讯记者们涌上前来，为了看得更清楚甚至爬上了桌子。一位俄国电影摄影师的助理企图挤进去，却被人一拳打在了下巴上，向后翻了

---

[1] 十五天后，弗雷德堡自杀身亡。

过去。

特德面向德国人，用他尖细的声音说道："你明白你刚刚签署的这些文件的条款吗？"

凯特尔再次挺身站起，举起手杖行了个礼，然后昂起下巴，大步走出了房间。

在弗伦斯堡，希特勒的继承人，海军元帅卡尔·邓尼茨坐在一张办公桌前，写完了给全体军官的告别演说：

> 同志们……在我们的历史上，我们倒退了一千年。千年来一直属于德国的土地如今落入了俄国人手中。因此，我们应该遵循的政治路线极为简单。很明显，我们必须跟随西方强国，在西方被占领的土地上和他们一起工作，因为，只有这样，我们才能寄希望于将来从俄国人手中夺回我们的土地……
>
> 尽管今天在军事上彻底崩溃了，但我们的人民已不是 1918 年的德国人民。他们没有被撕成碎片。不管我们是想创造另外一种形式的国家社会主义，还是顺从于敌人强加给我们的生活，我们都应确保，无论在任何情况下，国家社会主义给予我们的团结一致都会继续下去。
>
> 我们每一个人都前程未卜。然而，这并不重要。重要的是，要高度保持我们之间的同志情谊，这一情谊是在对我们国家的空袭之中建立的。只有通过这种团结，我们才有可能征服即将到来的艰难时世，而只有通过这种方式，我们才能确信德意志民族不会灭亡……

但是，这番话里丝毫没有暗示自约德尔从兰斯回来之后便一直萦绕在他心头的那些东西。约德尔带回了一份《星条旗报》，上面刊登了在布痕瓦尔德集中营拍摄的照片。起初，邓尼茨拒绝相信曾经发生过这样的暴行。但是，不容置疑的证据越来越多，他不得不正视现实——集中营体系的恐怖不仅仅是盟国的宣传。

这些发现深深动摇了他对国家社会主义的信仰，他在想，为了赢得希特勒的那些成就，是不是付出了太大的代价。他想到了他那两个在战斗中为元首捐躯的儿子。

和其他许多德国人一样，邓尼茨刚刚开始看到元首的主义，即独裁主义的种种危险。或许，人的本性就是这样：只要拥有独裁的权力，就无法拒绝滥用权力的诱惑。

写完这封致军官们的演讲时，海军元帅已是疑虑重重。他又匆匆扫了一遍，然后慢慢地叠起信纸，把它锁进了办公桌的抽屉里。